海安年鉴 2021

HAIAN YEARBOOK

海安年鉴编纂委员会 编

方志出版社
Publishing House of Local Records

图书在版编目（CIP）数据

海安年鉴. 2021 / 《海安年鉴》编纂委员会编. —
北京：方志出版社，2021. 12
ISBN 978-7-5144-5081-1

Ⅰ. ①海… Ⅱ. ①海… Ⅲ. ①海安—2021—年鉴
Ⅳ. ① Z525.34

中国版本图书馆CIP数据核字（2021）第269750号

海安年鉴（2021）

编　　者：《海安年鉴》编纂委员会
责任编辑：范　静

出 版 者：方 志 出 版 社
地址　北京市朝阳区潘家园东里9号（国家方志馆4层）
邮编　100021
网址　http://www.fzph.org
发　　行：方志出版社发行中心
电话（010）67110500
经　　销：各地新华书店
印　　刷：南京新世纪联盟印务有限公司

开　　本：889 × 1194　1/16
印　　张：27.25
字　　数：973千字
版　　次：2021年12月第1版　2021年12月第1次印刷
印　　数：0001 ~ 1000册

ISBN 978-7-5144-5081-1　**定价：**288.00元

编纂机构和编审人员

海安年鉴编纂委员会

主任委员　于立忠　谭　真

副主任委员　张　浩　卢　林　曹　铖

委　　员　章晓丽　杨国来　王群飞　杨光俊　陈锦璜　张志刚　杨　斌　许金龙　张元根　臧　忠　谢国华　段海峰　周颖亚　华志刚　于俊卿　王　晨　刘成亮　吴　晶

海安年鉴编辑部

主　　编　杨　斌

副 主 编　唐仲荣　陈　远

编　　辑　季陈娟　赵蓉蓉　赵海群　李国良　贲柠华　李天姝　陈　萍　张　梅

图片支持　海安市融媒体中心

彩页设计　徐石金

审 稿 人

（以姓氏笔画为序）

丁晓峰	王　良	王文之	王晓群	王霖玉	毛中海
叶晨玲	田友峦	田美娟	史根生	任　镇	吉拥海
朱　栋	朱海笑	仲伟平	刘　群	刘　燕	刘华骥
刘垦择	许祥法	许海如	严　荔	李艳红	杨　治
杨　莉	杨春岭	吴建华	吴秋月	邱　郡	狄建梅
沈　俊	沈建平	张　宇	张加勤	张海森	张树林
陆秋燕	陆晓静	陈文进	陈兴斌	陈　惠	陈宇峰
陈克东	陈　焱	陈崇进	陈　强	陈银君	邵婷婷
杭永宏	杭亚军	季　陈	季　然	金　华	周　健
周　锋	周龙彬	周秀文	周学峰	赵　孟	赵秋明
施汉平	夏　晶	夏宏年	顾宇飞	顾爱群	徐　立
徐幼松	徐　峰	徐　倩	徐春勇	奚树菁	凌和稳
高云飞	涂祖凤	谈晓燕	曹　青	曹　寅	曹艳阳
曹晓玲	康传广	葛铁宏	蒋爱东	储张刘	景圣余
谢　斌					

编辑说明

一、《海安年鉴》是由中共海安市委、海安市人民政府主办，海安年鉴编纂委员会负责编纂的地方综合性、资料性年度文献。创刊于1999年，《海安年鉴（2021）》为第23卷。

二、《海安年鉴（2021）》以马克思列宁主义、毛泽东思想、邓小平理论、“三个代表”重要思想、科学发展观、习近平新时代中国特色社会主义思想为指导，坚持辩证唯物主义和历史唯物主义的立场、观点和方法，全面记述2020年海安市基本面貌和各行各业的发展情况，为各级部门决策提供依据，为社会各界人士及海内外客商提供研究海安、投资置业的系统资料。

三、《海安年鉴（2021）》收录时限为2020年1月1日至12月31日，个别事物适当追溯、下延，便于读者了解始末。收录内容以现行海安市行政区划为界，凡在区域范围内的机关、团体、企事业单位有价值的信息和资料，不论归属，均予收录。

四、《海安年鉴（2021）》采用分类编辑，分为类目、分目、条目3个层次，部分分目下设子分目。卷首设影像海安、目录、特载、大事记，主体部分设海安概貌、中共海安市委、海安市人民代表大会、海安市人民政府、政协海安市委员会、海安市纪委监委、群众团体、法治 军事、经济管理、开发区与园区建设、对外及港澳台经济、农业、工业、建筑业、商贸服务业、城乡建设、交通 物流、金融业、生态环境、教育、科技、文化、卫生健康、体育、社会生活、街道 镇 场、人物 荣誉27个类目，卷尾设附录、索引。与《海安年鉴（2020）》相比，调整类目1处（文化 旅游），将文化单设类目，旅游调整至商贸服务业。同时对部分分目进行调整。全书222个分目，18个子分目，960个条目，表71张，随文插图98幅。部分条目设附、链接、阅读延伸，链接主要摘录媒体的相关文章，阅读延伸摘取有关调研报告的内容或对正文做诠释说明。全书以条目为主要信息载体和基本结构形式。

五、《海安年鉴（2021）》文稿由各单位、各部门提供，单位负责人主审，年鉴编辑部负责编辑修改，最后由年鉴编委会审核。凡全栏目或多个栏目系同一作者的，只在最后一个条目末署名。年鉴彩页图片由市融媒体中心及本刊图片库供稿，随文插图由各单位、各部门提供，已知作者均在图片下方署名，未知作者均注明提供图片的部门。

六、《海安年鉴（2021）》数字、计量单位、标点符号等用法按现行图书出版规定执行。主要数据以市统计部门公布的为准，价格以现价为主，不变价予以注明。计量单位除涉农的面积使用“亩”外，其他使用法定计量单位。一次文献中人称、数字、计量单位等用法保持原状。

七、《海安年鉴（2021）》对所涉及的部分机构名称使用规范化简称，缩略语在首次出现时给予注释或标注全称。行文中江苏省简称省、全省，海安市简称市、全市。

八、《海安年鉴（2021）》为便于检索，目录详细至条目，索引根据年鉴内容和事物性质编制主题词索引，所在信息均可由目录、索引、书眉查验。

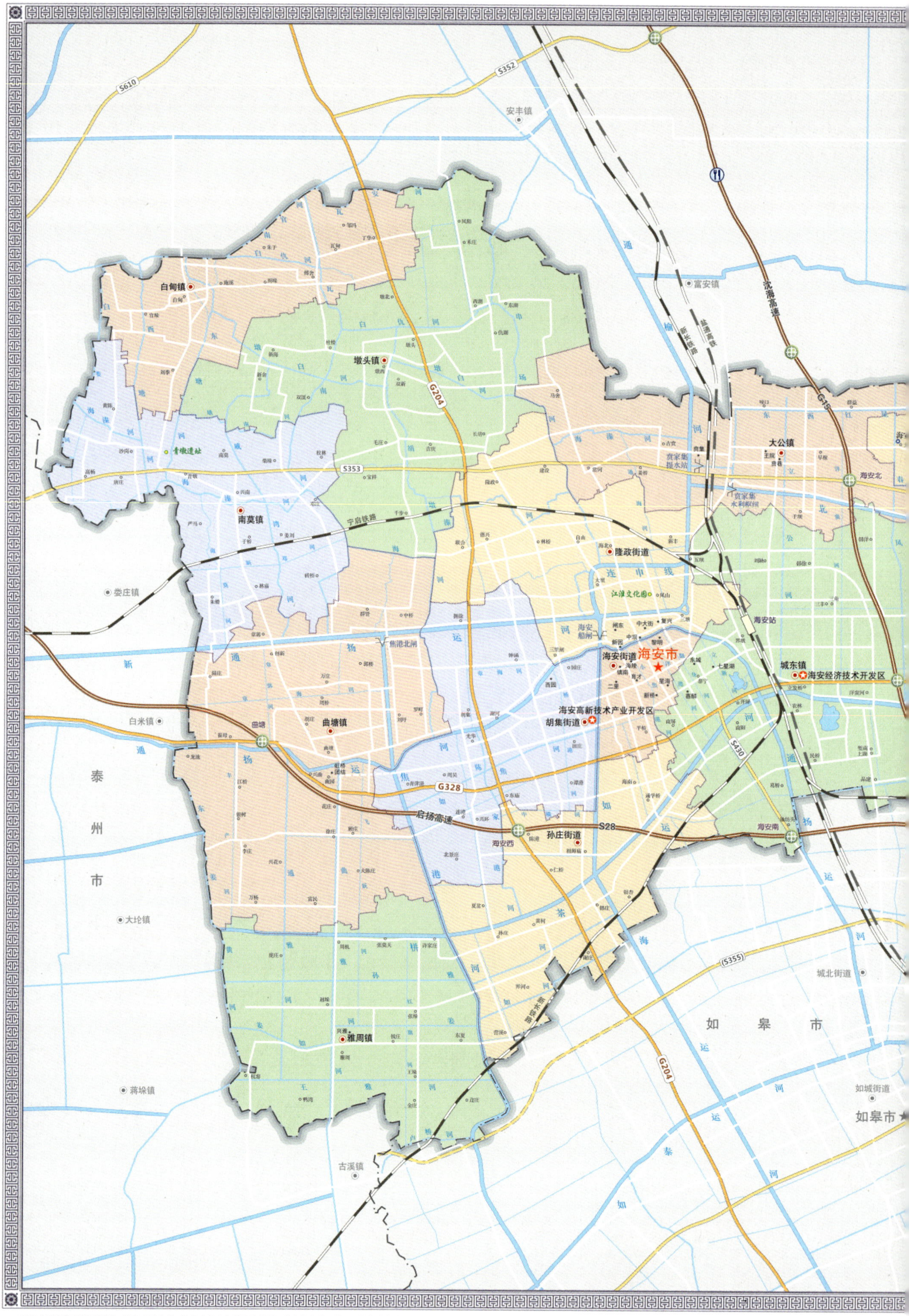

海安市自然资源和规划局　海安市民政局　海安市住房和城乡建设局　海安市交通运输局　海安市水利局　海安市文化广电和旅游局　联合监制　　南通市测绘院有限公司　编制　　湖南地图出版社　出版

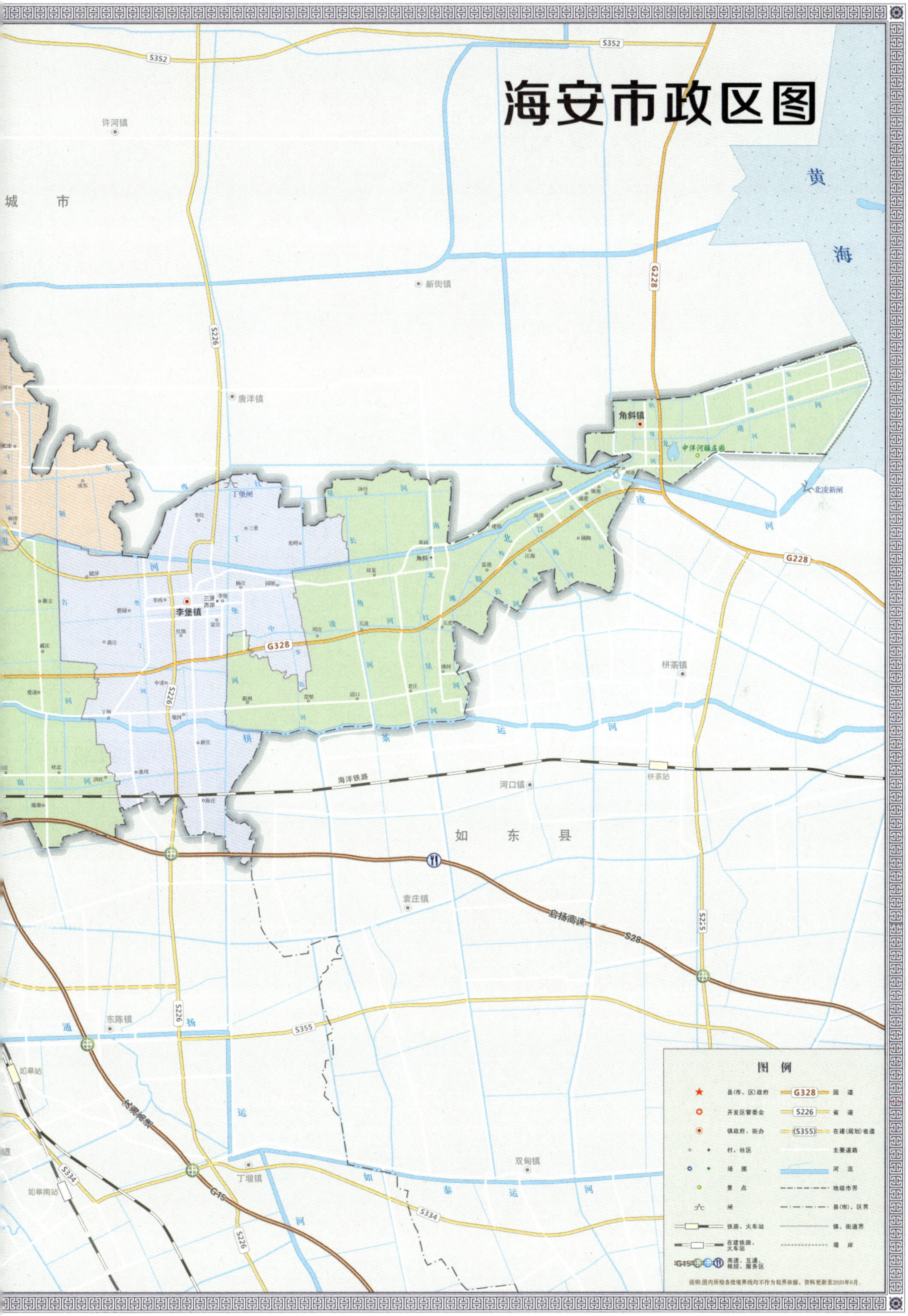

审图号：苏F（2020）4号　统一书号：125530 · 374　2020年8月编制

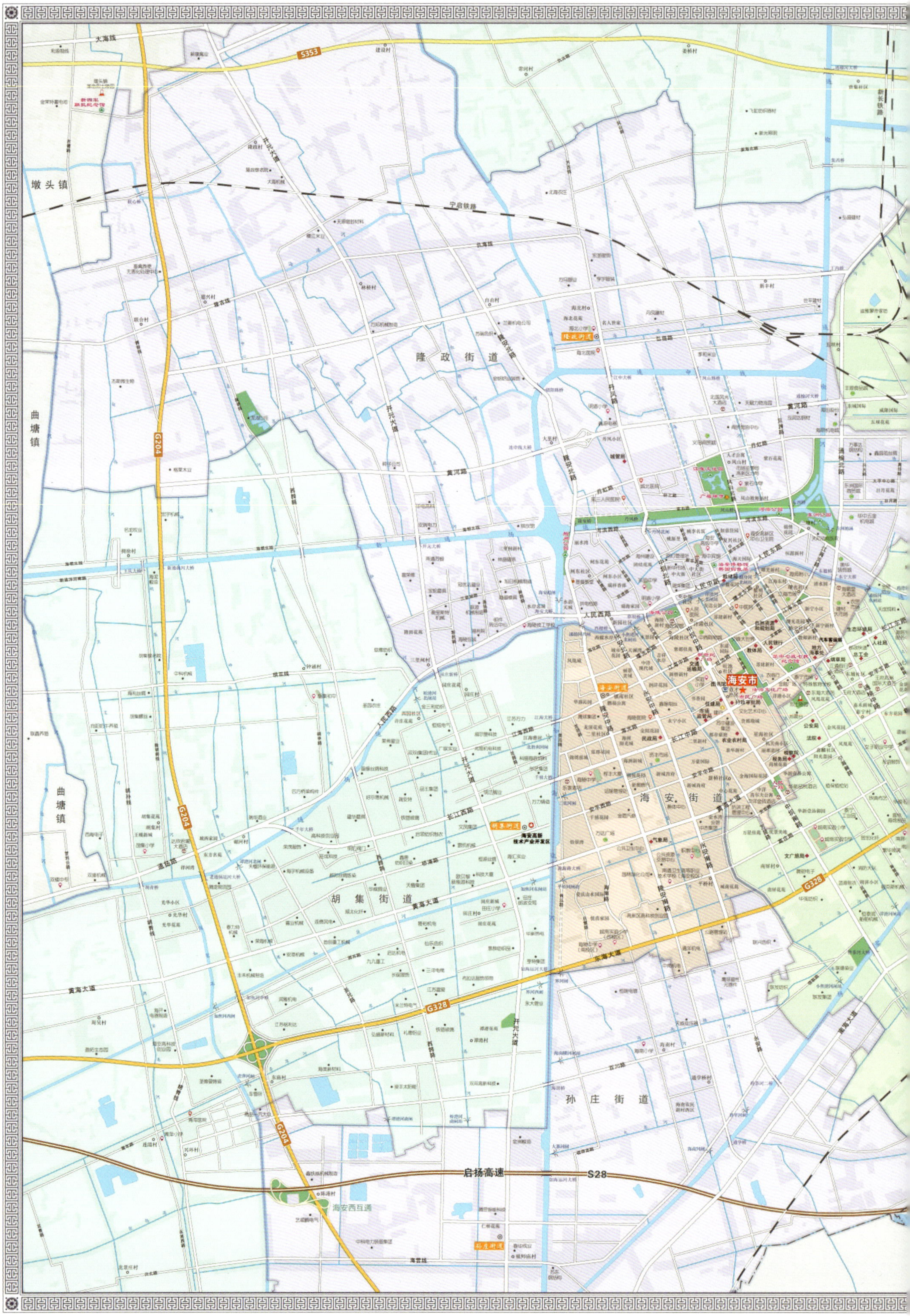

海安市自然资源和规划局　海安市民政局　海安市住房和城乡建设局　海安市交通运输局　海安市水利局　海安市文化广电和旅游局　联合监制　　南通市测绘院有限公司　编制　　湖南地图出版社　出版

审图号：苏F（2020）5号　统一书号：125530·375　2020年8月编制

上湖创新区全景图

姜 明 / 摄

数字海安 2020

辖区面积	1184平方千米
年末常住人口	87.43万人
年末户籍总人口	91.41万人
地区生产总值	1221.63亿元
工业应税销售	2371.19亿元
规模工业主营业收入	1448.05亿元
固定资产投资完成额	536.88亿元
一般公共预算收入	64.54亿元
金融机构年末存款余额	1838.92亿元
城镇居民人均可支配收入	50044元
农村居民人均可支配收入	25176元

荣誉海安 2020

全国县域经济综合竞争力百强榜第24位
全国最具投资潜力中小城市百强榜第7位
全国工业百强县（市）第17位
全国创新百强县市第15位
全国文明城市
国家卫生城市
全国无障碍环境示范城市
全国第五批率先基本实现主要农作物生产全程机械化示范市
国家慢性病综合防控示范区

全国爱国卫生运动委员会文件

全爱卫发〔2021〕2号

全国爱卫会关于命名2018—2020周期国家卫生城市(区)的决定

各省、自治区、直辖市及新疆生产建设兵团爱卫会：

近年来，各地深入开展爱国卫生运动，积极推进卫生城镇创建活动，加强和创新社会管理，推动城市基础设施完善，改善环境卫生面貌，不断强化卫生防病基础，提高人民群众的健康水平和文明卫生意识，打造了一批整洁、健康、宜居的现代城市，促进了经济社会协调健康发展。特别是新冠肺炎疫情发生以来，持续深化爱国卫生运动，为疫情防控奠定了扎实的环境基础，营造了良好的社会氛围。

经北京市等29个省(区、市)爱卫会推荐，按照《国家卫生城市评审与管理办法》(全爱卫发〔2015〕4号)，全国爱卫办组织专家对2018—2020周期申报创建国家卫生城市(区)的城市(区)进行了

— 1 —

资料评审、暗访、技术评估和综合评审，并进行了社会公示。根据评审结果和公示情况，全国爱卫会决定，命名北京市朝阳区等120个城市(区)为国家卫生城市(区)(名单见附件)。

希望被命名城市(区)珍惜荣誉，再接再厉，以习近平新时代中国特色社会主义思想为指导，认真贯彻党的十九大和十九届二中、三中、四中、五中全会精神，落实国务院《关于深入开展爱国卫生运动的意见》(国发〔2020〕15号)，继续推进爱国卫生工作全面深入开展，建立健全城市卫生长效管理机制，着力解决影响群众健康的突出问题，把卫生创建成果巩固好、发展好，促进城市建设与人的健康协调发展，为建设健康中国、全面建设社会主义现代化国家作出新的更大贡献。

附件：2018—2020周期国家卫生城市(区)命名名单

全国爱国卫生运动委员会
2021年1月6日

(信息公开形式：主动公开)

— 2 —

2020年12月7日，海安市全国文明城市创建表彰暨常态长效管理工作推进大会在市文化艺术中心举行　　　　姜　明／摄

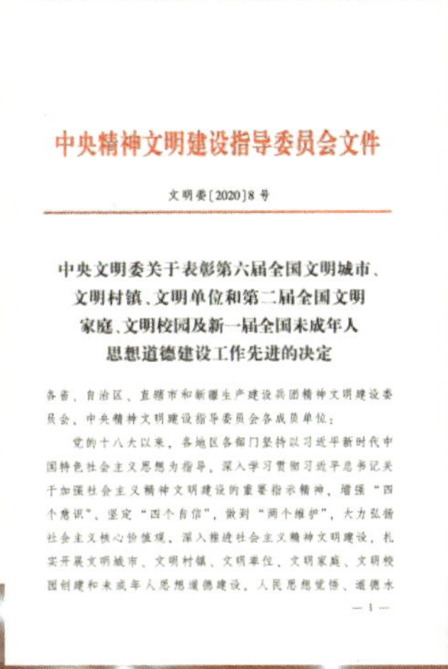

中央精神文明建设指导委员会文件

文明委〔2020〕8号

中央文明委关于表彰第六届全国文明城市、文明村镇、文明单位和第二届全国文明家庭、文明校园及新一届全国未成年人思想道德建设工作先进的决定

各省、自治区、直辖市和新疆生产建设兵团精神文明建设委员会，中央精神文明建设指导委员会各成员单位：

党的十八大以来，各地区各部门坚持以习近平新时代中国特色社会主义思想为指导，深入学习贯彻习近平总书记关于加强社会主义精神文明建设的重要指示精神，增强“四个意识”、坚定“四个自信”、做到“两个维护”，大力弘扬社会主义核心价值观，深入推进社会主义精神文明建设，扎实开展文明城市、文明村镇、文明单位、文明家庭、文明校园创建和未成年人思想道德建设，人民思想觉悟、道德水

— 1 —

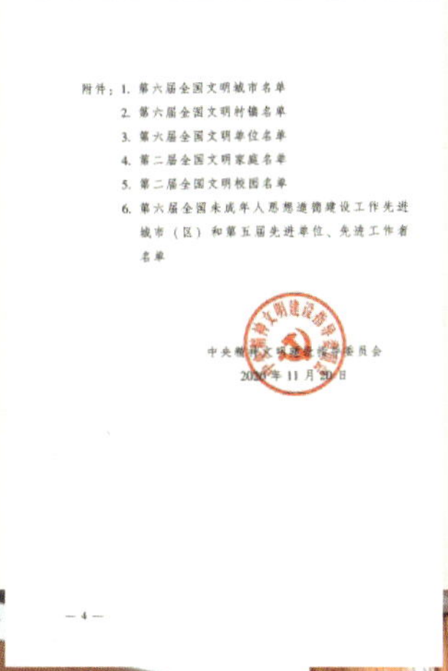

附件：1. 第六届全国文明城市名单
2. 第六届全国文明村镇名单
3. 第六届全国文明单位名单
4. 第二届全国文明家庭名单
5. 第二届全国文明校园名单
6. 第六届全国未成年人思想道德建设工作先进城市（区）和第五届先进单位、先进工作者名单

中央精神文明建设指导委员会
2020年11月20日

— 4 —

2018年，海安启动全国文明城市创建工作。2018年度年终测评列全省第二，2019年度列全省第一，2020年列全省第一、国家测评列全国第10位，成功创建全国文明城市。同年，海安成功创建国家卫生城市。

2020年1月25日—2月24日，海安市人民医院、海安市中医院4批次派出11名医护人员驰援湖北抗击新冠肺炎疫情。4月1日，7名医护人员凯旋；4月3日，4名医护人员凯旋。

2020年1月25日，海安市人民医院第一批援鄂医疗队出征　　夏卫华 / 摄

2020年2月10日，海安市中医院支援湖北医疗队出征　　市中医院 / 供图

2020年2月11日，海安市人民医院第二批援鄂医疗队出征　　夏卫华 / 摄

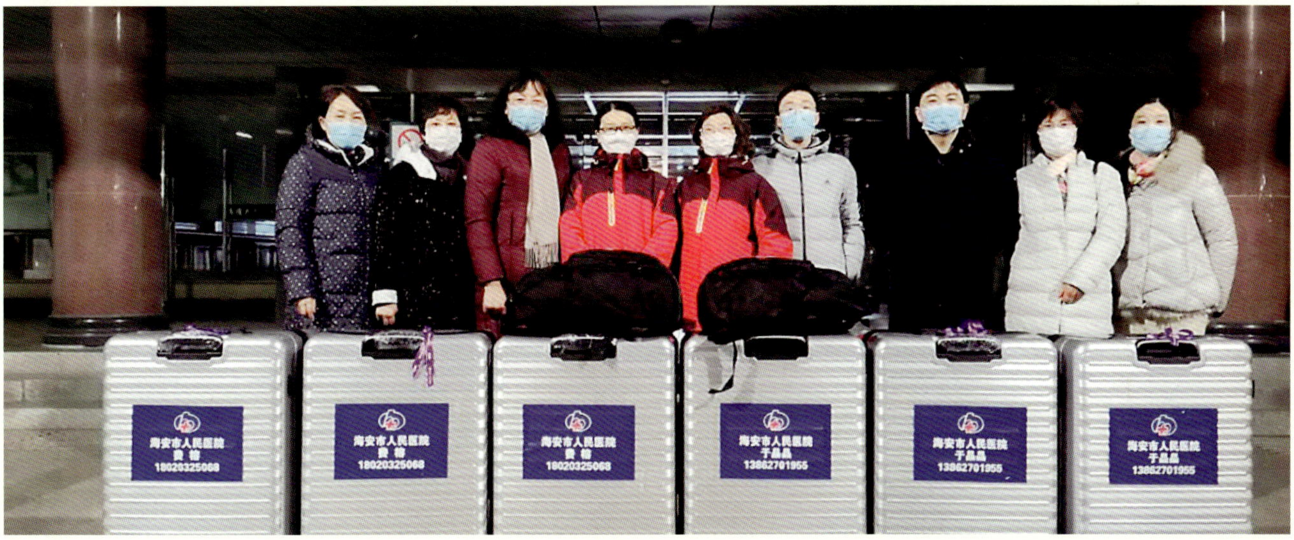

2020年2月24日，海安市人民医院第三批援鄂医疗队出征　　夏卫华 / 摄

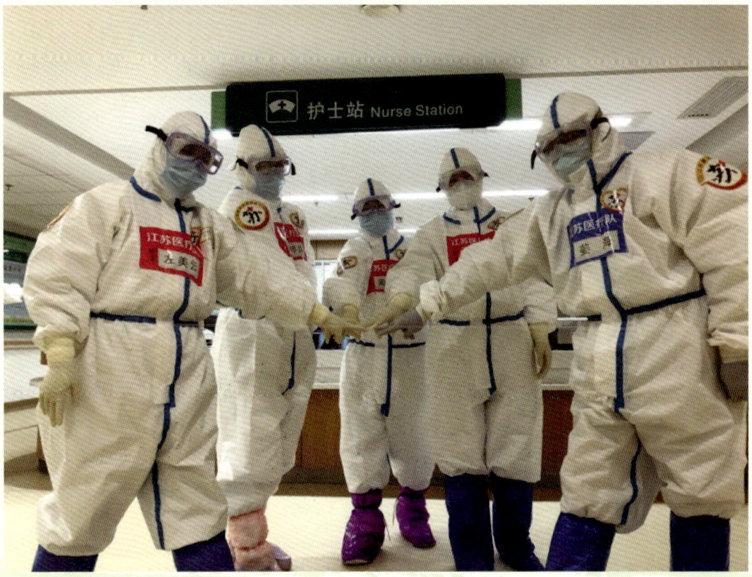

海安市人民医院第一批援鄂医疗队医护人员在武汉市江夏第一人民医院

市人民医院 / 供图

2020年2月26日，市委书记顾国标（左一）带队走访慰问部分援鄂医护人员家属，向他们送上鲜花和慰问品

姜 明 / 摄

2020年4月1日，海安市第一批援鄂7名医护人员凯旋 姜 明 / 摄

2020年2月26日，市委副书记、市长于立忠(右二）带队走访慰问部分援鄂医护人员家属，向他们送上鲜花和慰问品
姜 明 / 摄

2020年4月1日，市民列队欢迎凯旋的援鄂医护人员
姜 明 / 摄

2020年4月3日，海安市第二批援鄂4名医护人员凯旋 姜 明 / 摄

2020年8月4日，中共海安市委十三届九次全体会议举行 姜 明 / 摄

2020年12月31日，中共海安市委十三届十次全体会议举行 姜 明 / 摄

2020年1月16日，中国人民政治协商会议海安市第十四届委员会第四次会议在市行政中心报告厅开幕　姜　明／摄

2020年1月17日，海安市第十六届人民代表大会第四次会议在市文化艺术中心开幕　姜　明／摄

2020年7月18日，海安举办第七届“创新创业在海安”主题活动　　姜　明 / 摄

2020年11月7日，海安举办第七届“中科院专家走进海安”主题活动　　姜　明 / 摄

2020年5月23日，中国·海安523文化艺术节暨“一带一路”国际文化交流节在海安523文化产业园开幕　　姜　明 / 摄

2020年10月30日，中国·海安投资贸易合作洽谈会在中洋金砖酒店举行　　姜　明 / 摄

海安撤县

2020年，中国天楹股份有限公司、江苏文凤化纤集团有限公司、鑫缘茧丝绸集团股份有限公司工业销售超百亿元。图为文凤集团厂区 姜 明／摄

2020年11月，江苏威尔曼科技有限公司入选全国第二批专精特新“小巨人”企业。图为威尔曼公司厂区

姜 明／摄

设市大会

2020年,中国天楹股份有限公司主营业务收入超210亿元，首次跻身《财富》中国500强，被评为国家制造业单项冠军示范企业。图为天楹集团厂区　　姜　明／摄

坚持新发展理念，综合实力迈上更高台阶

与“十二五”末相比，全市地区生产总值增加485亿元，年均增长7.7%。粮食生产全省十五连冠。新增规模以上企业237家、亿元以上企业60家、国家制造业单项冠军示范企业5家、省级以上专精特新科技“小巨人”企业25家。全国县域经济综合竞争力百强榜排名列24位，前移11位。2018年成功撤县设市。

天楹集团生产车间　　姜　明／摄

凤山港务码头　　　　姜　明／摄

2020年5月26日，中欧国际货运班列（海安—东盟）从市商贸物流园的上海铁路局集团公司海安物流基地首次开行　　　　姜　明／摄

2020年6月5日，柬埔寨新亿力电力设备有限公司与江苏亚威变压器有限公司共同投资的智能电站设备制造生产项目举行“云签约”仪式　　　　姜　明／摄

常安纺织产业园 孙宝峰 / 摄

电子信息产业园 姜 明 / 摄

海安经济技术开发区一角 孙宝峰 / 摄

时尚锦纶产业园鸟瞰图 顾华夏 / 摄

坚持深化改革，内生动力活力持续释放

与"十二五"末相比，三次产业结构占比由7.4：54.5：38.1优化调整为5.7：54：40.3。新开工亿元以上工业项目575个、新竣工308个，较"十二五"均增长50%左右。打造常安纺织产业园、机器人及智能制造产业园、时尚锦纶产业园、电子信息产业园、商贸物流产业园、海安开发区台商产业园、海安高新区台商产业园七大专业园区。南通海关海安办事处、铁路海关监管场站、保税物流中心（B型）等一批对外开放平台相继建成。

2020年6月25日，海安单体规模最大的商业综合体万达广场开业　　姜　明／摄

海安船闸　　翟慧勇／摄

中央广场　　姜　明／摄

坚持城乡统筹发展，城市形象实现全面提升

与"十二五"末相比，城镇化率提升7.6个百分点，达到62.9%。新通扬河生态区、上湖创新区全面启动建设。通榆路快速通道、226省道、353省道、宁启复线电气化改造、盐通高铁、连申线航道等一批重点交通工程相继建成。

2020年6月16日，通榆路快速化改造工程正式通车　　蒋先祥／摄

2020年12月30日，盐通高铁开通运营，海安迈入高铁时代
姜　明／摄

海安恒泽水务有限公司尾水生态湿地　　姜　明／摄

海安市在相关河道种植水生植物，大力改善水生态环境。图为生态洋港河一角　　仇稳山／摄

高新区镇南村小游园　　姜　明／摄

东洲公园　　翟慧勇／摄

乐百年小镇　　姜　明／摄

坚持绿色发展，生态文明建设不断深化

与“十二五”末相比，PM2.5平均浓度从每立方米55.9微克下降到35.4微克，空气质量优良天数比率从68.5%上升至84.9%。全面消除劣V类水体。海安获评国家节水型社会达标市、全国绿化模范城市，创成全国无障碍环境示范城市。

南通理工学院海安校区　　姜　明 / 摄

2020年6月11日，海安市人民医院门急诊病房综合楼正式启用　　市人民医院 / 供图

青墩遗址博物馆　　姜　明 / 摄

体育中心　　姜　明 / 摄

图书馆　　姜　明 / 摄

坚持以人民为中心，人民生活质量普遍提高

与“十二五”相比，民生投入累计431亿元，增长75.9%。完成为民办实事项目75项。城乡居民人均可支配收入分别增长45.2%、51%。8581户、14171名建档立卡低收入人口实现稳定脱贫。海安创成全国文明城市、国家卫生城市、全国慢性病综合防控示范区，连续16年获评江苏省平安县（市），获评全国民族团结进步示范市。宁蒗支教群体被授予江苏“时代楷模”荣誉称号。

2020年3月25日，牧原食品股份有限公司举行海安牧原30万头现代化生猪养殖项目开工奠基仪式　　姜　明 / 摄

2020年10月26日，江苏天成集团有限公司举行重大项目投产暨奠基仪式　　姜　明／摄

2020年12月，中国农业产业化龙头企业协会公布全国农业产业化龙头企业100强名单，鑫缘茧丝绸集团股份有限公司列第86位。是月，中国丝绸协会授予鑫缘集团“2020年度全国茧丝绸行业创新企业”称号。图为鑫缘集团旗下子公司中丝鑫缘生物科技有限公司厂区一景　　鑫缘集团／供图

2020年，江苏联发纺织股份有限公司获评国家技术创新示范企业。图为联发纺织公司厂区　　向中林 / 摄

2020年5月29日，江苏鹏飞集团股份有限公司一批成套水泥装备发往乌兹别克斯坦

姜　明 / 摄

江苏铁锚玻璃股份有限公司生产车间　　顾华夏／摄

2020年，江苏铁锚玻璃股份有限公司入选国家企业技术中心。图为铁锚玻璃公司厂区　　姜　明／摄

2020年，海安持续开展“重特大项目突破年”活动，新开工亿元以上产业项目119个，其中10亿元以上重大项目44个，5个项目入选省级重大项目，37个项目入选南通市级重大项目。图为5月18日，江苏弘盛新材料股份有限公司三期项目举行开工仪式　　姜　明／摄

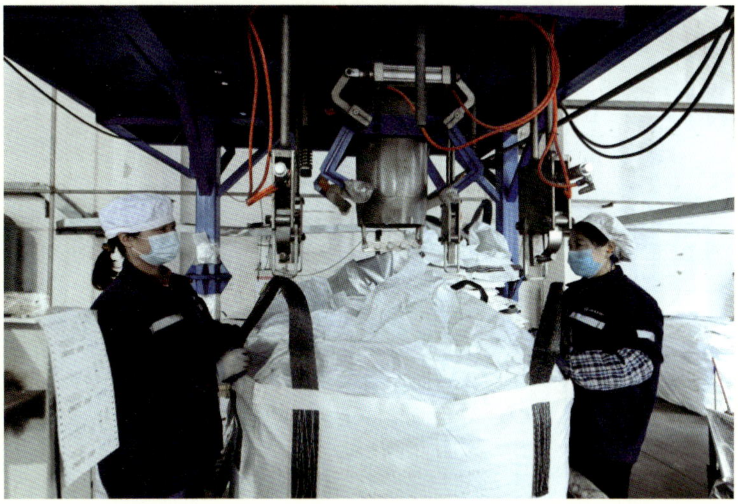

江苏弘盛新材料有限公司省级智能生产车间　　顾华夏 / 摄

江苏福克斯新能源科技有限公司厂区　　姜　明 / 摄

2020年7月2日，“枢纽海安　物流天下，产业高地　幸福之城”高铁冠名列车C3796从上海虹桥首发　　姜　明／摄

2020年11月30日，江苏省苏中建设集团股份有限公司承建的内蒙古呼和浩特伊泰华府世家住宅项目（二期）入选2020—2021年度第一批中国建设工程鲁班奖　　市建管局／供图

2020年建成的226省道绿色通道　　蒋先祥／摄

新通扬河生态区廊道工程一景　　新通扬河生态区／供图

白甸镇适时调整传统农业种植结构，发展特色农业种植。图为2020年7月9日，白甸镇施溪村村民在采收秋葵

翟慧勇／摄

海安市开发区洋蛮河社区　　姜　明／摄

2020年，海安全面小康实现程度达96.8%，如期建成高水平小康地区。巩固脱贫攻坚成果，成为全省建立解决相对贫困长效机制试点县（市）。

安平路微空间停车场 蒋先祥／摄

2020年，曲塘镇郭楼村有26家企业，吸纳村内1000多名劳动力就业，人均年收入3万元以上。图为郭楼村航拍图 姜 明／摄

2020年3月29日，海安市第十届梨花节在大公镇于坝村开幕，吸引众多市内外游客到大公镇欣赏风光、感受乐趣

姜　明／摄

雅周镇许家庄村实施藕鱼混养增加效益。图为2020年6月4日，村民在藕鱼混养的水田里追施营养肥　姜　明／摄

西场街道壮志村发展花卉产业，在扮靓乡村的同时成为农民脱贫增收的特色产业。图为2020年11月25日，村民在农业园搬运羽衣甘蓝

翟慧勇／摄

2020年是脱贫攻坚年、收官年，全市广大群众以勤劳的双手脱贫致富。图为7月28日，海安开发区群众在用手工致富

姜　明／摄

海安“地摊经济”丰富市民夜生活。图为2020年7月1日，海安东大街繁华里夜市景色　　姜　明／摄

2020年7月29日，留守儿童在胡集街道田庄村农家书屋里阅读书籍　　姜　明／摄

2020年8月16日，海安太极健身爱好者展示健身项目　　濮端建／摄

目　录

Contents

特　载

大事记

海安概貌

中共海安市委

海安市人民代表大会

海安市人民政府

政协海安市委员会

海安市纪委监委

群众团体

法治　军事

经济管理

开发区与园区建设

对外及港澳台经济

农　业

工　业

建筑业

商贸服务业

城乡建设

交通　物流

金 融 业

生态环境

教　育

科　技

文　化

卫生健康

体　　育

社会生活

街道　镇　场

人物　荣誉

附　录

索　引

MAIN CONTENTS

特载

Special Issue

苏中七战七捷纪念碑

百年梦想·印记

实现高水平全面小康社会的建设，是党委政府的庄严承诺，是百万海安人民的共同心愿。

百年梦想百年梦圆，复兴征程筚路蓝缕。海安人民在历届党委、政府的正确领导下，艰苦奋斗、勇往直前，实现了从封闭迈向开放、从贫穷迈向小康、从落后迈向繁荣的历史巨变。星移斗转、沧海桑田，全面小康、硕果累累。海安持续打好“三大攻坚战”，经济社会事业保持良好发展质态，工业经济成为南通地区“领头雁”，经济社会综合考核连续9年名列南通第一，全国百强县（市、区）综合实力排名中列第24位，成功入选2020年度中国全面小康百佳示范县（市）。

海安的全面小康历程既有海安的特色，更有海安的探索。海安市委、市政府紧紧围绕“枢纽海安，物流天下”“产业高地，幸福之城”的战略定位，全力建设江苏东部综合交通枢纽、长三角北翼产业高地、全省创新驱动发展示范地区、宜居宜业幸福之城。

海安，这片土地上呈现着一幅幅小康生活的现实图景。

海安市脱贫攻坚和全面建成小康社会发展历程

2012年，党的十八大报告提出“两个百年”奋斗目标，全面建成小康社会，是“两个百年”奋斗目标的第一个百年奋斗目标，是实现中华民族伟大复兴中国梦的关键一步。海安自觉肩负起走在前列的使命，扛起先行者的担当，坚定不移贯彻新发展理念，借改革开路，凭实干破难，奋力书写经得起历史检验的高水平全面小康时代答卷。

2020年，海安市全面建成小康社会综合实现程度96.69%。监测指标六大类实现程度分别为经济发展类85.0%、人民生活类99.1%、“三大攻坚”类100%、民主法治类100%、文化建设类100%、资源环境类99.6%。41项监测指标中，有37项指标达到或超过目标值，占指标总数的90.2%。

稳住经济基本盘，让“走在前列”成为鲜明标识

全面建成小康社会离不开雄厚的物质基础。

在迈向高水平全面小康的征程中，海安对标新发展理念，抢抓“一带一路”建设、长江经济带发展和长三角区域一体化发展等重大机遇，进一步放大在产业发展、科技创新等方面的优势。

海安市充分发挥优越的区位交通优势，实现“公铁水”无缝对接，成为连南贯北、承东启西的区域性枢纽城市。图为2020年10月10日，328国道和204国道在海安交会处一瞥　姜明／摄

坚持工业强市不动摇，时尚锦纶、装备制造、轨道交通、新材料等十大产业纷纷崭露头角。通过持续实施“机关部门服务企业科技行”“中科院专家走进海安”等活动，95%以上规模企业实现产学研合作，一大批企业脱胎换骨。高新技术企业发展到374家，年净增数、总数均居全省县级城市前列。2018—2020年，每年落户海安的亿元以上项目均超过100个。

坚持创新驱动不放松，海安深入实施创新驱动发展战略，积极开展企业创新能力提升三年行动，深化科技体制改革，全力培育经济发展新动能。2017—2019年，连续3年被表彰为全省落实“科技创新40条”“科技改革30条”成效明显的地区，苏中唯一。在“2019年全国创新百强区县”榜单中，海安位列第14位。

2020年年末，海安人均国内生产总值（2010年不变价）为10.99万元，是2010年的2.6倍。服务业增加值占国内生产总值的41.5%，比2010年提高6.6个百分点，第三产业成为经济增长“新引擎”。常住人口城镇化率62.69%，比2010年提高13.46个百分点，新型城镇化稳步推进。研发经费投入2.69%，高技术产品出口额占出口总额的9.7%，科技创新作用凸显。海安获评2019年度全省推进高质量发展先进县（市）；列2020年全国综合竞争力百强县（市）第24位，居苏中、苏北地区之首。

补短板强弱项，让全面小康更具“含金量”

小康全面不全面，短板指标是关键。

海安紧扣“高水平”“全面性”两大基点，以更为积极主动的姿态，针对短板弱项加强动态监测、分析评估、跟踪问效、深挖发展潜力，提高全面小康“含金量”。

由于地处南通、盐城、泰州三市交界，海安曾是交通末梢和辐射边缘。海安抢抓交通建设提速机遇，打造公路港、铁路港、航运港、金融港、信息港“五港合一”综合性枢纽。随着沪苏通铁路、盐通高铁的开通，一个立足长三角、辐射中西部、联动海内外的“枢纽海安、物流天下”品牌逐渐叫响。

完善公共交通网络建设，海安不断加大对公交换乘枢纽站、公交场站及新能源车充电桩等配套设施建设力度。大力推进路网升级提档工程，打造安全便捷出行环境。海安还着力优化调整开辟公交线路，提高实载率；积极推进智能公交建设，鼓励绿色出行。2020年12月初，108辆定制新能源纯电动公交车亮相海安街头。

海安坚决打赢蓝天碧水净土保卫战。2020年，海安市空气质量优良天数比率上升至84.7%。地表水达到或好于Ⅲ类水体比例从最初的零达标提升至91.7%，全面消除劣Ⅴ类水体。生态保护修复全面加强。森林覆盖率21.75%，城市建成区绿地率40.7%，农村自来水普及率100%，农村卫生厕所普及率99.5%。成功创建全国绿化模范城市。

海安，“推窗见绿、出门见园、移步见景”的生态新城初具风姿。一年四季，小广场内草木葱茏、景色宜人，微公园里树影婆娑、鸟语花香，三三两两的居民结伴而行。诗意般的绿色生活与城市的繁华完美结合、相映成辉。

坚持民生导向，用“获得感”彰显小康“高度”

检验高水平全面小康的一个重要标尺，就是人民群众能够不断体验到生活在变化、在改善。

海安坚持把群众“认可”“满意”作为根本标准。聚焦群众关切的重点难点问题，在教育、医疗、就业、收入、住房、养老等群众的操心事、烦心事上下功夫，用民生“温度”彰显小康“高度”。学有所教、劳有所得、病有所医、老有所养、住有所居，给海安人带来稳稳的获得感。

没有全民健康，就没有全面小康。海安不断完善健康基础设施，累计投入10多亿元，新建公共卫生中心、人民医院综合楼、中医院病房楼、第三人民医院住院楼等，启动建设市妇幼保健院、上湖三甲医院、中医院急救中心科研教学病房综合楼以及南莫中心卫生院门诊楼等，规划新建应急医院。先后投入5000余万元，完成206个社区卫生服务站（村卫生室）的改扩建，解决就医“最后一公里”的难题。

教育是最大的民生。为进一步完善教育体系，提升办学水平，解决“孩子上学报名难”的苦恼，海安2020年在教育基建领域投入近5亿元，重点增加学习教育、义务教育阶段资源供给。建成城南幼儿园、三幼御府分园、明道幼儿园闸西分园、高新区实验幼儿园、李堡镇新区幼儿园、南莫镇沙岗幼儿园、长江路小学二期、海师附小海光校区、上湖高中。

幸福是楼，平安是基；万丈高楼，还需平地起。先后五任市（县）长出庭应诉，行政机关负责人出庭应诉制度被誉为“海安样本”“南通现象”“江苏经验”，作为基层实践素材写入“行政诉讼法”。海安实现全国普法先进市“五连冠”，“省平安县（市、区）”十六连冠……2020年，基层民主参选率98.8%，每万人拥有社会组织数32.5个。人民陪审员参审率98.6%，每万人拥有律师数3.01人，依法治国实践得到深化。科学立法、严格执法、公正司法、全民守法深入推进，法治政府建设加快，权力清单制度、政务公开制度逐步完善，群众安全感和法治建设满意度显著提高。

2020年年末，海安市全体居民人均可支配收入（2010年不变价）3.03万元，比2010年增长107.5%；城乡居民收入比1.99，较2010年缩小0.21。居民恩格尔系数29.1%，城镇和农村居民人均住房建筑面积分别为58.7、66.4平方米，城乡居民家庭人均住房面积达标率87.4%。城镇登记失业率控制在1.73%以内，基本养老保险覆盖率98.15%，城乡医保参保率98%，每千人口执业（助理）医师数2.77人，每千老年人口养老床位数36.28张。

全面小康，不仅是物质上的富足，更意味着精神上的丰盈。2020年，海安以全国第十、全省第三的优异成绩创成全国文明城市。一位位时代先锋、最美人物、道德模范、身边好人持续涌现，一支支志愿服务队伍愈发“兵强马壮”，一场场新时代文明实践活动有声有色，成效斐然。漫步海安，每一个不经意间，你都会看到温暖的搀扶、善意的微笑、礼貌的问候、真诚的礼让。

跨越重大关口，让“脱贫攻坚”成果落地生根

脱贫攻坚战是高水平全面建成小康社会的底线任务。为确保小康路上“一个不少、一户不落”，海安不断提高社会保障水平，积极推进精准扶贫，带着感情和责任做好普惠性、基础性、兜底性工作。

2016年起，海安市实施“双六双帮”脱贫致富奔小康工程，以建档立卡低收入人口和南通市级经济薄弱村为工作重点，以解决（农村贫困人口不愁吃、不愁穿，保障其义务教育、基本医疗和住房安全）突出问题为关键，全面落实产业引领、就业创业、健康援助、教育助力、住房安全、兜底保障、助残护残、扶志教育、资产收益等各项行动到村、到户、到人。

2018年12月，海安在南通率先试点建立“江海健康扶贫基金”，对低收入人口住院医疗总费用实施6%的医疗补助。2020年，出台《海安市因病支出型贫困家庭救助实施细则》，救助54户家庭56人，救助费用132.6万元。2020年年底，海安全市低收入人口政策范围内自付比例控制在住院总费用的10%以内，所有定点医疗机构保障政策全部纳入“一站式”平台结算。

牵住产业扶贫“牛鼻子”，海安因地制宜发展优质稻米、禽蛋、蚕桑、水产、

海安市城东镇热港村调整传统农业种植结构，通过土地流转进行草坪特色种植，帮助村民脱贫致富。图为2020年7月16日，草坪种植基地内，村民们在抢收草坪
翟慧勇／摄

蔬菜园艺五大产业，推动一、二、三产业加快融合，实现了从传统农业向现代农业的历史跨越，为产业扶贫提供了源头活水。对有劳动能力的建档立卡低收入户，重点加强技术指导，帮助制定产业发展计划，协调争取产业扶持资金。新型经营主体持续壮大，累计拥有家庭农场798家，农民合作社969家。农业基础不断巩固，高标准农田比重全南通市领先，农业综合机械化水平超过90%。

在做好健康援助、富民增收工作的同时，海安坚持扶贫与扶志扶智相结合，做好思想扶贫文章。聚焦全市在校就读的建档立卡贫困家庭子女，打出"免缴学杂费+资助生活费+设立奖学金"的"组合拳"。

2020年，海安市有1324名建档立卡户学生享受学费补助152万元，2210名建档立卡户学生享受助学经费203万元，发放低收入家庭学生专项奖学金167人19.9万元。

至2020年底，全市8372户13804名建档立卡低收入人口全部实现现行南通市定标准7000元和"两不愁三保障"全覆盖，13个南通市定经济薄弱村经营性收入全部超过50万元。黄桥革命老区52个村村营收入和低收入人口与全市同步达标。

（市融媒体中心　市统计局）

辉煌"十三五"·答卷

这五年，海安人民携手共同逐梦，高水平全面建成小康社会，第一个"百年梦"如愿实现。

这五年，海安保持应有定力，共同克服贸易战、新冠疫情等多重不利因素，在大战大考中交出高分答卷。

这五年，海安完成华丽蜕变，成功撤县设市，在海安发展史上留下浓墨重彩的一笔。

这五年，海安展示全新面貌，创成全国文明城市、国家卫生城市，海安发展能级全面提升。

这五年，海安始终创先争优，高质量发展、项目建设、营商环境、党的建设等各项考评持续位居南通前列、全省第一方阵，高质量发展综合考评在南通实现五连冠，连续两年被表彰为全省推进高质量发展先进县（市）。

"十三五"期间海安市经济社会发展成就

海安是江海文明的起源，积淀着博大厚重的文化底蕴，孕育了灿若星辰的名人先贤，成就了"海陵胜地"的美名盛誉。改革开放以后，一代又一代海安儿女谱写了开拓进取的壮丽篇章。特别是党的十八大以后，海安以越是艰险越向前的坚韧毅力，敢教日月换新天的豪情壮志，成功改写了区域经济版图，从曾经南通的"小六子"一跃成为高质量发展的"排头兵"。

稳增长、促转型，综合实力大幅提升

至"十三五"末，海安地区生产总值、固定资产投资、社会消费品零售总额分别为1221.6亿元、536.9亿元、356亿元，年均增长7.7%、10.5%、7.2%，增幅高于全省、南通平均水平。产业结构持续优化，三次产业占比由7.4∶54.5∶38.1调整为5.9∶52.6∶41.5。工业经济蓬勃发展，应税销售突破2000亿元大关，江苏长江以北县级城市总量第一；拥有百亿级企业3家，50亿级企业7家，获评国家级制造业单项冠军示范企业5家、国家级专精特新"小巨人"企业5家，规模企业、亿元企业、新三板挂牌企业数连续多年稳居南通第一。服务业提质增效，应税销售1820亿元，是2015年的2.4倍；商贸物流园蝉联全国优秀物流园区、最具价值内陆港。建筑业持续壮大，总产

图1　"十三五"期间海安市地区生产总值对比图

值1800.9亿元，年均增长12.3%；累计获鲁班奖38项、国优奖33项、詹天佑奖31项，被评为全省建筑产业现代化示范城市。农业现代化水平持续位居全省第一方阵，实现粮食生产全省十五连冠；雅周现代农业园成功创建首批省级现代农业产业示范园。国家创新型县（市）、全省科技创新体制综合改革试点城市建设取得显著成效，高新技术企业总数374家，五年净增255家，全社会研发投入占比、高新技术产业产值占比均居全省第一方阵，连续四年被表彰为全省推动科技政策落实和科技体制改革成效明显地区；县域人才综合竞争力全省第五、江苏长江以北第一。质量强市成绩斐然，新增中国质量奖提名奖1个、省长质量奖提名奖3个，获批国家知识产权强县工程示范县（市），万人发明专利拥有量南通第一。"高质量发展争第一、百强排名进二十"稳步推进，在全国县域经济综合竞争力百强榜、最具投资潜力中小城市百强榜、制造业百强县（市）排名中分别列第24位、第7位、第12位，分别前移35位、2位、27位。

抓项目、推改革，发展活力不断增强

海安持续开展"重特大项目突破年"活动，新开工亿元以上产业项目682个、竣工415个。50亿、100亿级重特大项目实现历史性突破，24个项目入选省级重大项目，入选项目数全省县级城市领先，在南通市19次项目建设考评中18次夺得流动红旗。机器人及智能制造、电子信息、粮食物流等十大专业园区健康发展，成为承载重大项目、引领产业转型、推动经济发展的主阵地。对外开放水平持续提升，完成进出口总额673.9亿元，年均增长12.2%。进境肉类指定监管场地获批运营，填补苏中地区空白。主动策应国家"一带一路"倡议，成功开行中欧（海安—东盟）国际班列、铁海快线班列。全力突破发展瓶颈，土地节约集约利用和闲置土地处置工作获国务院表彰。金融服务实体能力明显增强，贷款余额1411.2亿元，是2015年的1.9倍，各项贷款余额、占比均居南通前列，金融生态环境综合排名全省第六。常态化开展招工引劳，新增高校毕业生、蓝领技能人才近8万人。持续深化"不见面审批（服务）"改革，连续五年在全省营商环境评价中位居前列。党政机构改革任务全面完成，机关效能明显增强。海安开发区获批江苏自贸试验区联动创新发展区，海安高新区获批省级高新区，商贸物流园省级服务业综合改革和曲塘镇省级经济发达镇行政管理体制改革通过验收。

强功能、提品质，城乡面貌焕然一新

海安全力推进现代化中等城市建设，全市城镇化率68.8%，城乡建设投入超500亿元，成为全省构建滨海特色城镇带7个中等城市之一，城市建设品位和内涵得到省委书记娄勤俭充分肯定。不断提升城市发展能级，100平方千米城市框架全面拉开，50平方千米城市核心区功能更加完善，图书馆新馆、博物馆新馆、青墩遗址博物馆、城市规划展览馆建成开放。全面启动上湖创新区（中意生态园）、新通扬河生态区建设，两大新区成为展示城市形象、推动城市发展的新增长极。省级综合交通枢纽优势持续放大，海启高速、通榆路快速通道、353省道、连申线航道等一批重点交通工程相继建成，宁启铁路动车组、沪苏通铁路、盐通高铁开通运营，海安全面拥抱"高铁时代"。污染防治攻坚成效显著，空气质量优良天数比率、PM2.5平均浓度实现"双达标"。水环境质量实现历史性好转，市

2020年9月5日，白甸镇稻田、小河、道路交织，民居遍布其间，构成一幅初秋水乡美景图　　仇稳山／摄

考以上断面平均水质优Ⅲ比例91.7%，通过全国河湖管护体制机制创新试点县验收。金属表面处理中心、印染产业集成中心、家具产业喷涂中心等一批“绿岛”项目全面实施。镇村人居环境整治三年行动取得明显成效，在全省率先通过调度销号。

办实事、施法治，民生事业跨越发展

城乡居民人均可支配收入分别为50044元、25176元，比“十二五”末分别增长45.3%、52.1%。成为江苏长江以北唯一人口净增长县（市）。

持续实施民生实事工程，每年民生投入占一般公共预算比重均超80%。脱贫攻坚任务全面完成，成为全省建立解决相对贫困长效机制试点县（市）。保障体系更加健全，城乡基本养老、基本医疗保险覆盖率97.6%、98.7%，均居南通第一。教育事业蓬勃发展，教育现代化省级监测得分创历史新高；教育保障力度持续加大，新建各类学校23所，成功引进2所高等院校，教育教学质量省市领先。宁蒗支教群体被授予江苏“时代楷模”荣誉称号，获评全国脱贫攻坚先进集体。“健康海安”建设扎实推进，公共卫生服务体系不断完善，成功创建国家慢性病综合防控示范区；医疗救治水平稳步提升，人民医院、中医院通过三级乙等医院复评。文化事业和文旅产业繁荣发展，文化艺术中心被评为第八届全国服务农民、服务基层文化建设先进集体，歌曲《蓝天下》获评全国“五个一”工程奖。统一战线不断巩固壮大，成功创建全国民族团结进步示范市。平安海安、法治海安建设全面深化，连续16年获评江苏省平安县（市）。扫黑除恶专项斗争取得胜利，群众安全感、法治建设满意度保持全省前列。市域治理现代化指挥中心在南通率先建成运行，实现专职网格员全覆盖，网格规范达标率全省第一。信访矛盾攻坚化解成效明显，获评全国信访工作“三无”（无重复上访、无集体上访、无信访积案）县（市）。安全生产专项整治扎实推进，建成全国工贸行业安全生产标准化样板区，安全事故起数、死亡人数均逐年下降。实现全省双拥模范城六连冠。

图2　“十三五”期间海安市城乡居民人均可支配收入对比图

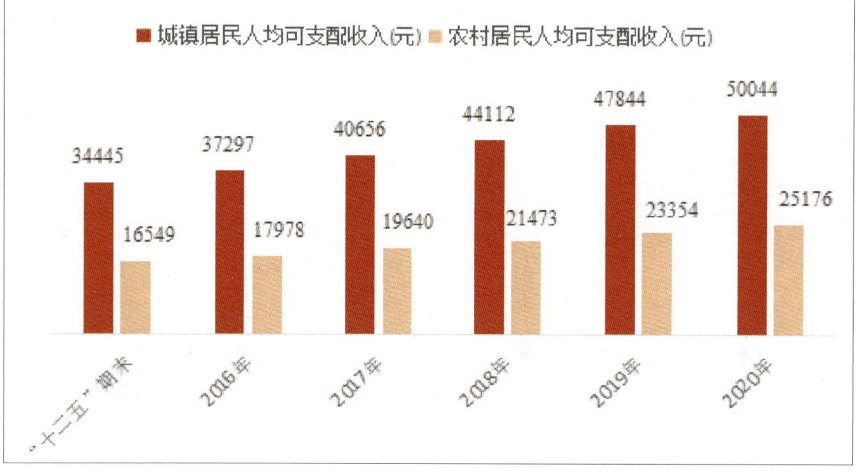

强作风、管队伍，党的建设全面加强

海安全面落实新时代党的建设总要求，推动全面从严治党向纵深发展，经验做法全省交流。认真抓好宣传思想工作，连续七年获评全省基层党员冬训工作示范市，市委理论学习中心组获评全省县以上党委（党组）理论学习中心组示范点。“两学一做”“不忘初心、牢记使命”等党内集中教育放样省市，形成常态化制度机制。认真开展党史学习教育，挖掘海安红色资源，建成一批党史学习教育基地，不断激发助推发展的“红色动能”。雅周镇东夏村入选全国“红色村”试点，南通唯一。全国新时代文明实践中心建设试点工作通过省级评估验收，“百姓名嘴30×50”孵化工程受到中宣部表彰。融媒体中心建设率先通过省级验收。高质量推进基层党组织标准化建设，“两新”组织党建工作经验做法全省放样。流动党员管理入选中组部试点，“风筝”“云端”工作法全省示范。曲塘镇党委获评江苏省先进基层党组织。深入实施干部选拔任用“晒绩比选”“成绩单+综合考评”机制，领导干部政治素质考察工作全省试点。大力推进“261”年轻干部培养选拔计划，高素质专业化干部队伍建设持续加强。圆满完成镇党委和村（社区）“两委”换届。深化运用“三项机制”（干部鼓励激励机制、干部容错纠错机制、干部能上能下机制），大力推行“四大行动”（思想引领、素质提升、创先争优、关爱暖心）“两个担当”（干部为事业担当、组织为干部担当），常态化开展“谈优谈差”，在全省率先推行科级干部荣誉退休制度，为干部澄清正名典型案例全省通报表扬。严格落实中央八项规定及其实施细则精神，集中整治形式主义、官僚主义，作风建设成果不断巩固深化。深入实施“清风惠民”项目，有效治理基层“微腐败”。一体推进不敢腐、不能腐、不想腐，反腐败斗争压倒性胜利持续巩固。政治生态监测评价纳入全省试点，政治生态优化工程经验做法全省推广。持续深化政治巡察，从体制机制上解决了一批制约高质量发展、弱化基层从严管党治党等方面的突出问题。高标准完成省委巡视海安和南通市委环保、安全、基层减负等专项巡视巡察整改任务，整改成效赢得省委巡视办充分肯定。纪委监委获评“全省带头建设模范机关工作走在前列纪检监察组织”。人大工作与党委同向，与政府同行，与人民同心，不断创新地方人大监督实践，以“小切口”强化闭环监督做法全省推广；政协“有事好商量”协商议事室实现全覆盖，形成协商议事海安样板。老干部工作连续八年南通第一，“五联五共”（机关联基层、强村联弱村、国企联民企、公医联民医、公校联民校；实现组织共建、资源共享、平台共用、活动共办、发展共赢）老干部社区党建工作入选全省创新典型案例。

（市融媒体中心　市发展改革委）

疫情防控·实录

2020年，新冠病毒突袭而至，疫情来势汹汹，
大家只能看到对方的眼睛，
但是，永生铭记那隔离不了的“逆行深情”，
风雨同舟，守望相助，
抗击新冠肺炎疫情，海安在行动。

海安市抗击新冠肺炎疫情

2020年新年伊始，一场由新型冠状病毒引起的肺炎（简称新冠肺炎）在国内蔓延，人民群众的生命安全和身体健康遭受严重威胁。面对突如其来的考验，海安市委、市政府坚决贯彻习近平总书记重要讲话和指示精神，全面落实党中央、国务院和省委、省政府以及南通市委、市政府决策部署，坚持人民至上、生命至上，迅速打响疫情防控的人民战争、总体战、阻击战。坚持科学防治、精准施策，第一时间成立疫情防控指挥部，调动社会各方面力量投入到疫情防控之中，健全及时发现、快速处置、精准管控常态化防控机制。根据疫情形势变化，适时调整防控策略，牢牢守住“外防输入、内防反弹”防线。通过艰苦努力，疫情防控和经济社会发展取得阶段性成效，为全国抗疫大局做出海安贡献。

强化组织领导，建立健全疫情防控体系

新冠肺炎疫情发生后，海安市委、市政府第一时间启动重大突发公共卫生事件一级响应，成立疫情防控工作指挥部，由市长任总指挥、分管副市长任副总指挥，成立由分管副市长任组长的疫情防控领导小组，领导小组下设办公室、医疗救治组、交通管控组、社会防控组、新闻宣传组、物资保障组，明确“一办五组”工作人员及职责职能。市政府主要负责人多次召集召开疫情防控专题会议，部署开展实施联防联控工作机制，现场检查市级定点收治医院，协调解决负压救护车购置经费，督促落实应急准备情况。

2020年2月8日，海安市公安局组织警力在高速路口开展疫情防控通道查控工作　　市公安局／供图

市卫健委分别召开医疗卫生机构负责人会议，及时传达省、南通市相关工作要求，部署应急专家队伍建设、人员培训、健康宣传、应急物资储备、应急值守等工作，市级层面组建防治工作领导小组和专家组，制定疫情防控工作方案、应急预案和可疑病例转运工作方案，建成南通首家县级核酸检测实验室，市应急医院、4家二级区镇中心卫生院发热门诊及核酸检测实验室全面布局。

海安市突发公共卫生事件网格化智能监管平台上线运行，实现信息采集、跟踪、监控等功能，形成“防、控、治、管”四位一体的全流程闭环管理。利用大数据信息筛查具有发热、咳嗽等症状的异常人群，及时反馈上报相关信息，做到提前预警、“网格化”管理。在海安范围内实现监管平台、HIS系统和公共卫生系统互联互通、联防联动。通过区域卫生信息平台升级大数据分析系统，对医院、网格管理员、自行填报等来源的数据进行整合分析，实现全体征智能识别，对发展趋势、人群态势等做出多维度分析，为决策提供科学依据，精准助力疫情防控。

在疫情防控转入常态化之后，市委、市政府积极谋划、科学调整全市卫生健康机构布局，不断健全公共卫生应急体系体制机制，在应急医院建设、核酸检测实验室建设以及发热门诊建设等方面持续加大支持力度。

坚持生命至上，全力以赴疫病救治工作

海安市公共卫生人员和医护工作者

组建9个临时党支部，不惧风险、冲锋在前，以良好的精神风貌和精湛的技术践行初心使命，发扬特别能吃苦、特别能战斗的优良传统，全力构筑保护人民群众生命安全和身体健康的防线。1月24日，海安确诊首个病例，一周内实现海安确诊病例“零新增”，一个月内实现海安确诊病例全治愈，以“海安速度”跑赢新冠疫情。

海安市建立以疾控中心、人民医院、中医院专家为主的防治专家技术小组和应急处置团队。明确定点收治医院1家，发热门诊5家，其他医疗机构开设预检分诊和发热病例专用诊室。加强院感防控、规范诊疗流程，协调做好可疑患者的专家会诊、样本采集送检、市内外转诊及发热门诊、疑似病例信息上报等工作。全面统筹区域内优质资源，按照“集中患者、集中专家、集中资源、集中收治”原则，抽调重症医学科、呼吸科、传染性疾病科等60多名中高级职称医务人员参与一线医疗救治，全面充实定点医院救治力量。按照一人一案、分类救治的原则，对轻症患者及早地进行隔离观察和对症治疗，对所有患者加强病情监测，严防轻型转重症，加强重症患者的救治，及时邀请上级专家会诊，努力提高救治成功率，降低死亡率。同时，开展基层医务人员业务培训3000多人次，强化发热门诊、预检分诊规范运行，力保首诊不漏、应转尽转。第一时间通过网络媒体向社会公布发热门诊有关信息和定点医院布局，设置隔离床位25张。落细流行病学调查，累计出动200多人次，对确诊患者5人、密切接触者330多人开展深入细致的流行病学调查。派出医务人员近1000人次，强化交通卡口、车站、码头旅客体温检测。加强重点人群、重点场所卫生学指导，指导企业、社区等重点场所，落实疫情防控技术指南。

市人民医院快速反应，先后多次召开各类会议紧急部署疫情防控工作，制定工作方案和应急预案；将尚未启用的门急诊综合病房大楼腾挪出来，设置发热门诊和隔离病区；根据国家疫情防控规范要求，果断关闭四个病区，抽调医护人员到预检分诊、体温检测点、发热门诊值班；在入院的六个卡点设置预检处，测量体温、询问病史，严防死守，坚决做到守土尽责，获南通市督查组肯定。海安地区第一例新冠肺炎患者在除夕夜确诊，并经南通市新冠肺炎专家组会诊确认。先后有5名患者第一时间在医院确诊后，得到及时治疗，充分显示作为定点医院的责任担当和有力作为。4月12日门急诊正式搬迁至新门急诊大楼。医院对综合楼二楼进行改造，4月27日将发热门诊及隔离观察病区搬迁至综合楼二楼。发热门诊、隔离病区根据国家、省、南通市要求进行设置，布局合理，在省、南通市的多次检查中获上级主管部门高度表扬。

市中医院以疫为令、闻令而动，成立疫情防控工作领导小组、工作小组、专家组，密集制定实施新冠肺炎疫情防控流程、工作方案、应急预案、住院患者收治规定、发热门诊工作制度、会诊制度等规章制度。规范设置预检分诊，发热门诊，医学隔离治疗区，严密排查重点地区、关注地区人员，全方位开展新冠肺炎疫情防控工作，落实落地落细各项防控措施。疫情期间，医院研制推出以太子参、黄芪、黄芩、金银花等中药组成的“益气抗毒方”，累计应用2000余剂；制作便于携带的“抗疫香囊”，免费发放1250个，广受海安群众好评。10月，PCR实验室建成并投入使用，确保门急诊及住院患者、陪护人员的核酸及时检测。

主动请缨出征，义无反顾驰援湖北抗疫

一方有难，八方支援。海安市坚持防控“一盘棋”，坚决完成上级防疫物资调拨任务，选派3批次11名医护人员驰援湖北武汉、黄石，社会各界人士积极捐款捐物，“中国好人”尤晨光、海安援鄂医疗队等逆行英雄以“海安力量”助力全国疫情防控。

1月25日大年初一，海安第一批赴武汉医疗队喊响“我是共产党员，我先上”的口号，市人民医院的感染性疾病科副主任医师姜海，主管护师、护士长周蓉，护师张婷焱，ICU护师周玲华，ICU主管护师左美云等5名医护人员奔赴武汉支援。2月10日，海安市中医院护理人员汤智钦、肖海玲启程湖北，援助湖北应对新冠肺炎疫情，这是南通市第一批中医援鄂医疗队、国家第三批中医医疗队。2月11日，海安市人民医院再次选派副主任医师朱伯金、护师于敏前往湖北支援疫区。2月24日，海安市人民医院第三批援鄂医疗队重症医学科护师费榕、于晶晶驰援湖北省黄石市支持一线疫情抗击。

11名医护人员，53天日夜奋战，他们与时间赛跑、跟病毒搏击，用无畏、坚韧、奉献铸就了一道道守护生命的“白衣长城”，在湖北彰显海安医护人员的风采。

4月1日的海安城，警车开道、铁骑护卫、横幅飒飒……海安用最高礼遇迎接援鄂医疗队第一批返回海安的7名队员。4月3日，第二批援鄂医疗队的4名医务人员返回海安。至此，11名“逆行英雄”圆满完成支援任务，安全归来，实现了“打胜仗、零感染”的目标。

《逆行日记》选编

“疫”往无前

周遭危机四伏，疲累深入筋骨，心底里总在期待一份长长久久的席地而坐或“葛优式躺”，然后素面朝天，大口大口地自由呼吸。但是，行走在病床之间，直面一道道挣扎或期待的目光，我知道天使的羽翼带给他们的不仅仅是一份美丽的崇敬，更是一份冰雪消融、春暖花开的希冀。

41床的郭大爷，两肺大片渗出性病变，弥散功能很差。两周的竭力疗治，未能解除艰困，病情愈发恶化。经研究，决定由我给他上经鼻高流量湿化氧疗（HFNC）。

站在大爷面前，他求生的双眼死死地紧盯着我，眼神里是希冀，也有彷徨。“别紧张，我是江苏的朱医生，您一定得信我！”我竭力以平静的语气舒缓他的不安与紧张，一边麻利地给他换上HFNC。但是，氧饱和度却在陡然间急剧下降，患者面色也急速地发绀。无数次的临床经验告诉我，唯有冷静才能走出险情。于是，我当机立断，立即调整既定参数，将氧流量调至100，流量调至60。随着氧饱和度的逐渐上升，大爷脸色渐渐红润，呼吸也慢慢如常。

终于，郭大爷竖起颤抖的大拇指，用含笑、信任的眼神盯望着我。那一刻，无须言语，却心心相印，水乳交融；那一刻，欣慰浩荡心海，骄傲蓬勃情怀……

2月17日于黄石大冶市人民医院

朱伯金

全面统筹协调，精准落实疫情防控举措

海安市坚持“可知可控、精准防控”，全体党员干部特别是基层区镇村（社区）干部，落细落实联防联控措施，坚决守住“外防输入、内防扩散”的防线。广大医务工作者、公安干警、机关干部、志愿者，众志成城、守望相助，坚守岗位、默默奉献，用血肉之躯构筑疫情防控的钢铁长城。他们让“海安精神”在疫情防控中熠熠生辉。

落实责任，从严加强社会面管控。海安市设立疫情防控情报信息、人员管控、交通管理、舆情管控、医疗秩序、巡逻防控、案件查处、综合保障、专项督导9个工作组，全面收集疫情及社会稳定有关情况，突出农村和社区工作重点，全面压实基层一线责任，打造联防联控工作体系。市委组织部开展“江海战疫党旗扬”行动，第一时间发出倡议书，1.2万多名党员主动请战，组织800多支党员志愿服务队，59支机关防疫小组，冲锋在疫情防控一线。市委宣传部组织理论宣讲志愿者原创三句半、顺口溜、方言快板、京戏新唱等28件作品，利用村头1000多个应急大喇叭播放，广泛宣传防疫防控知识。市公安部门加强巡逻防控、交通查控，检查车辆29万余辆、人员50万余人次。加大矛盾纠纷化解力度，防范化解涉疫矛盾纠纷168起。严防境外疫情输入，及时掌控426名境外到海安人员信息。全面推广“大数据+网格化+铁脚板”核查模式，累计排查47万余户131万余人次。后疫情时期，在强化常态化社会及社区防控的同时，强化内部疫情防控工作，确保了社区及内部安全。开展新冠肺炎防控先进典型宣传，评选发布10批100位“最美抗疫先锋”，交警大队曲塘中队民警王汉文家庭获评江苏省“最美抗疫先锋”，市个体私营经济协会党员王世荣获评全国抗击新冠肺炎疫情民营经济先进个人。

动员力量，备齐备足防疫物资。市财政局强化防控资金保障，筹措防控资金1.5亿元，确保防控经费及时足额到位；加强疫情防控资金监管，支持防疫物资生产与销售，落实好疫情防控期间医疗和专职防疫工作者各项待遇；推进疫情防控物资便利化采购，提高采购资金使用效益。市商务局组织近40家商贸流通骨干企业备足商品库存，保障重点物资和生活必需品供应；出动316人次，指导全市56座加油站（点）、227家商场超市、41家有形市场、180家住宿宾馆和2211家餐饮场所等近3000家市场主体疫情防控工作，确保市场保供平稳有序；为52家超市、市场供应商开具177台生活必需品供应车辆的通行证明，有效缓解生活物资保障供应难点堵点。市卫健委全面排查各医疗卫生机构个人防护设施、消杀药械、救治药品等储备情况，对短缺耗材想办法补充采购。市发展改革委主动联系医疗物资供应商，安排专门人员常驻市内3家个人防护用品生产厂家，提升供应能力。

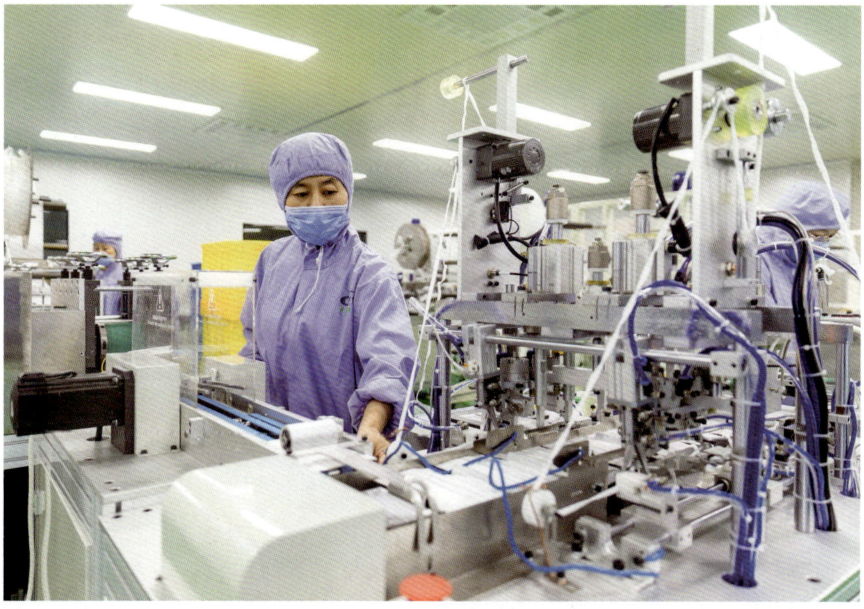

新冠肺炎疫情发生后，南通汇优洁医用材料有限公司扩建新车间，并对原有设备进行全面技术升级，新上40条全自动口罩生产线，日产一次性医用口罩100万只，保障口罩供应。图为2020年8月18日，公司生产车间内，工人在抓紧生产口罩

翟慧勇／摄

加强督查，全力保障社会稳定。海安市及时开展野生动物“全链条”检查，查处的1起野生动物违法交易案件被市场监管总局评为典型案例。深入推进农村厨师告知承诺和加工厨具集中暂存措施，签订承诺书502份，封存炉具535套，劝阻农村聚餐1.1万余场次、超6万桌。妥善处置网络热议的“中坝北路某药店发国难财”“新浪微博爆料高价售卖口罩”等防疫用品涨价的价格舆情，组织开展熔喷布、口罩等防疫物资专项整治，及时调研口罩生产领域价格现状，反映的相关情况为省市局决策部署提供有力支撑。全面强化30家农贸市场疫情防控工作，规范活禽销售，严禁野生动物经营，督促指导市场主办单位落细落实人员管控、宣传引导、清洗消杀、食品溯源等防控措施。出台《海安市进口冷链食品集中监管工作方案》，坚持严要求、高标准的驻场管理制度，出库27批次合计416吨冷链食品；前移监管窗口，坚持24小时值守高速卡口，实现对进口冷链运输车辆的“全覆盖”输入管控。

及早科学谋划，多措并举助力复工复产

突出“六稳”“六保”，海安市不失时机、动员部署推进复工复产、复商复市、春季农业生产等工作，两个月基本实现生产生活秩序全面正常化，凝心聚力谋求“海安未来”。

政策落实“不掉链”，为复工复产加

大财政投入。海安市先后出台支持企业抗疫情稳发展“18条”、支持服务业企业健康发展“10条”、支持建筑业健康发展“11条”、助企稳岗“8条”等一系列政策措施，最大程度保护市场主体，激发市场活力。市财政设立1亿元应急纾困资金，争取抗疫特别国债3.7亿元。全面落实援企稳岗各项措施，全市企业获稳岗返还资金2118.9万元、抗疫贷款234.8亿元。开展消费促进季活动，累计投放消费券1145.8万元，拉动消费1亿元以上。3月中旬工业企业实现全面复工复产，7月各行各业全面恢复正常水平。全年，新增市场主体2.9万户，累计13.5万户，比上年增长26.9%。

就业招聘“不打烊”，为复工复产提供用工保障。制定出台《海安市关于应对新冠肺炎疫情支持企业复工用工的政策意见》及相应配套实施细则，给予企业或职工稳岗返还、引工、交通、吸纳超龄人员从业伤害保险、岗前培训、以工代训等19项补贴3522万元，最大程度扶持企业复工用工。市人社局组织7个工作组深入各区镇、街道规模以上企业开展“点对点、一对一”送政策、送服务上门活动，走访服务企业525家，发放宣传资料2000余份。开展“赴外招聘10日攻坚战”，分12组到云南、陕西、四川等疫情风险较低且劳动力丰沛的劳务基地开展实地招聘活动，通过包机、包车等方式引进926名省外务工人员到海安就业。

政务服务“不缺位”，为复工复产开通“绿色通道”。企业要复产，道路交通运输是关键。海安市在沈海高速海安出口为企业开辟快速通道，为546辆持有通行证的复产复工保障运输车辆给予优先通行。根据企业提供资料，1570余名外来复工人员只要提供相关手续就可顺利通行。各金融机构制定融资需求保障、贷款成本压降、担保转贷支持等方面的惠企政策，累计发放抗疫贷款234.8亿元，其中，人行海安支行发放再贷款10亿元，海安农商银行单列抗疫信贷产品规模30亿元。中投海安担保、惠业转贷在2019年实际收费标准上合计降费118.6万元。应用新技术为复工复产“保驾护航”，在南通双弘纺织公司搭建全省首个热成像体温筛查系统，中央电视台《新闻联播》进行专题报道。市政府建立派驻联系企业干部服务机制，点对点、全覆盖服务企业防控疫情。疫情期间，企业办事有需求，各窗口服务部门公布24小时咨询热线，安排人员值守，确保企业、群众电话咨询和办事预约能及时响应；推行特殊时期涉企服务事项邮寄办理、容缺办理机制，实行特事特办、急事急办。（海　鉴）

全国文明城市创建·纪实

2018年2月15日，海安获评“全国文明城市”提名城市。海安围绕“让城市更美丽、让社会更文明、让人民更幸福”的目标，全面启动“全国文明城市”创建工作。

2018年3月28日起，在全市范围内开展为期100天的交通秩序大整治行动，拉开创文首轮攻势。

2018年4月，海安开始实行“路长制”管理。

2018年5月15日，《海安市民文明守则》《幸福城　文明人——海安文明三字歌》“海安全国文明城市创建标志”正式公布。

2019年7月11日，“‘卫’然成风一起来”创建国家卫生城市文明实践志愿服务活动启动，14万名志愿者投身“创卫”，文明海安“卫”然成风。

2019年11月，海安市先后启动“微空间”治理工程、“公厕开放联盟”、农贸市场提档升级工程等，让百姓从家门口看得见、摸得着的“微变化”中感受“微幸福”，打通便民服务“最后一米”。

2019年，海安创建全国文明城市工作在全省年终测评中列15个提名城市第一位。

2020年6月，海安市领导以文明志愿者的身份到沿街店铺和居民家中宣传全国文明城市创建，点燃群众的创文自觉性和热情。

2020年11月20日，全国精神文明建设表彰大会在北京举行，海安市委书记顾国标代表海安市领取全国文明城市奖牌，海安正式跨入全国文明城市的行列。

首创必成、高分创成。全国文明城市是国内城市综合类评比中的最高荣誉，也是最具价值的城市名片。这块金字招牌来之不易，凝聚了海安全体党员干部群众1000多个日日夜夜的努力。

海安市荣膺“全国文明城市”称号

2018年起，海安始终秉持“以文明创建提升城市品位、优化营商环境、解决民生问题”的理念，始终保持“每天都是创建日”的工作状态，建机制、强队伍、严考核、抓长效，持续扎实推进全国文明城市创建工作，群众获得感和满意度显著提升。2020年，海安市以全国第十的优异成绩创成全国文明城市，在海安发展史上留下了浓墨重彩的一笔。海安市委、市政府高度重视全国文明城市创建工作。创建之初，海安市响亮提出“首创必成、高分创成”的创建目标，以“起步就是冲刺、开局就是决战”的姿态推进各项创建工作，在省内15个县级提名城市中一路领跑。2018—2020年，

2020年12月7日，海安召开全国文明城市创建表彰大会，市民代表储祥梅、公安干警代表彭爱洲、城管队员代表张健、村居工作人员代表朱爱东、志愿者代表王美琴、城市建设工人代表于洋、环卫工人代表金卫莉、物业公司代表阮夕芳（从左至右）共同为海安全国文明城市揭牌　　姜明 / 摄

海安三年省级测评成绩分别列第二、第一、第一，三年总成绩全省第一。

机制建设融入平常，驰而不息、久久为功

2018年年初，海安建立全国文明城市创建组织机构，市委、市政府主要领导任创建总指挥，9名市委、市政府负责人任副总指挥。根据创建工作任务下设15个创建工作组，每个工作组由分管市领导任指挥。市委、市政府主要领导每两个月主持召开一次创建指挥部工作例会，协调解决重点难点问题。市委、市政府各相关领导定期不定期采取“四不两直”（四不：不发通知、不打招呼、不听汇报、不用陪同接待，两直：直奔基层、直插现场）的方式深入一线和具体点位进行督查推进。各区镇、街道及各责任部门主要负责人每月利用1天以上时间督查研究文明城市创建工作。市创建办每两周召开一次重点责任部门创建工作例会，点评前一阶段创建工作完成情况，布置下一阶段创建工作任务。

创建为民、创建惠民。全国文明城市创建伊始，市委、市政府制定“2018—2020年创建工程提升方案”，梳理出老旧小区整治、背街里巷整治、农贸市场升级改造等16类重点工程项目，总投资12亿元。市创建指挥部办公室每年将创建工作任务分解下发到各责任单位，明确序时进度、配合单位、完成标准及考核奖惩等，压紧工作责任，狠抓工作落实。

严格督查考核，推行“任务清单、问题清单、整改清单”三个清单制度，确保各项创建任务真正落到实处。对各类点位，长效办实行每日一检查、每周一通报、每月一考核。组织月度创建竞赛，对11个重点责任部门、8个区镇和7个街道、75个路长单位创建工作每月进行测评排名，并在市内主要媒体公布。实施对市级机关部门加4分减3分的年度目标绩效考核，对区镇设立“文明城市创建杯”考核办法，促进各区镇、各单位在创建工作中扛旗夺杯、争先晋位。

管理整治融入日常，持之以恒、常抓不懈

严查、严改。建立健全市政设施快查快修机制，打破红线内外的界限，加大对市政道路主路面及人行道板砖破损、绿化带踩踏缺失、城市配套设施毁损等巡查力度，确保问题第一时间发现、第一时间处理。市长效办明确专人对公益宣传情况实施项目化管理，全天候巡查，对发现的污损、脱落等问题即时通报，督促整改。针对撤并前乡镇集镇区管理存在的诸多薄弱环节，组织长效办重点巡查、跟踪整改。市创建指挥部每月专题召开集镇管理工作现场会，观摩集镇整治现场点，对区镇农贸市场管理、停车秩序、非法小广告清理、农村环境综合整治等难点问题现场“解剖麻雀”，督促整改落实。

严查、严管。市场监管、公安、城管、社区组成的“一场四方”管理队伍进驻农贸市场，加大对市场内外动态保洁不到位、出店经营、车辆乱停乱放等问题联合执法管理，严明纪律、严格考核，确保效果。强化公安、城管的网格化管理，确保城乡主次干道、商业大街机动车、非机动车停放有序。压实商家店铺“门前五包”责任制，建立网格化监管机制，实行“失信惩戒、守信激励”措施，将门前“五包”市容环境责任制纳入店铺信用承诺契约管理体系，提升商户自觉履责意识。不断强化文明交通及停车管理，机动车、非机动车按标识统一停放和机动车“礼让行人”成为城市更加亮丽的风景。车辆整齐划一停放、非法小广告整治、文明养犬、城中村“微空间”治理等成为海安创建的亮点和品牌。

严查、严治。城管局、公安局、消防大队每周开展一次联合“执法进小区”活动，着力整治小区乱种植、乱停车、乱晾晒、乱拉线充电以及堵塞消防通道等突出问题。针对市民不文明遛狗的问题，组织公安、城管、农业农村局与社区密切配合、联合推进“文明养犬，遛狗牵绳”活动，加大捕捉、收容流浪犬和无主犬力度。制定《海安市犬类管理暂行办法》，进一步明确相关部门工作职责，明确犬主责任和义务。常态组织“全民吹哨”行动，开展“不文明行为随手拍”有奖征集活动，依据有关法律法规，加大对市民乱扔烟头（垃圾）、随地吐痰、车窗抛物、非机动车逆行等不文明行为的整治力度。

严查、严惩。持续对非法小广告整治工作保持高压态势。一方面，在各小区设立便民服务栏，方便群众需求；另一方面，公安、城管、社区联手严厉打击非法乱涂乱画小广告行为，一旦发现乱张贴、乱喷涂小广告行为第一时间开展侦查工作，对查获的不

法人员顶格处理，并在报纸、网络、电视等媒体进行曝光。持续强化非机动车文明交通管理，对非机动车闯红灯的违法行为人除进行罚款教育外，还将按照《海安市非机动车驾驶人、行人文明交通信用管理实施办法》，纳入失信黑名单进行管理。

宣传引导融入经常，内化于心、外化于行

在各媒体上常态化开展以“创建文明城市，我支持、我参与、我奉献”为主题的宣传活动，建立由所有区镇、街道和市级机关部门参与的微信公众号宣传网络矩阵，定期开展创建主题系列宣传，形成集群效应。不断加密全市城乡主次干道、商业大街、城市出入口醒目位置的公益广告，新增各类特色公益小品，注重将公益宣传延伸到手机视频彩铃、电视开机画面，融入群众日常生活之中。各村居制作以“创建文明城市，让我们生活更幸福”为主题的宣传册页，发放到社区居民，宣传文明创建成果。持续深化推行《海安文明新风16讲》，广泛开展文明倡导、文明劝导、文明规范、文明实践四大行动，引导广大市民认知认同。

创建文明城，全民齐行动。深入开展“大手牵小手，文明一起走”等主题活动，以学生带动家庭，以家庭带动社会。紧紧抓住党员机关干部这一关键群体，在2020年开展“大走访、大问计、大宣传”活动3次，走访城区每一户家庭，宣传文明创建，征求群众意见，帮助解决问题；组织“路长制”管理活动，75个市级机关、省市级文明单位，参与管理全市城区75条主次干道、商业大街；

2020年6月5日，海安市领导以文明志愿者的身份到沿街店铺和居民家中宣传全国文明城市创建　姜明／摄

每个市级机关部门结对共建1个薄弱村居，帮助解决基础设施、村居管理等方面的突出问题。强化物业管理公司参创责任，制定物业管理公司21条创建责任清单，物业管理公司创建成效与年终星级评定挂钩。大力开展爱国卫生运动，深化“四清四化”（清垃圾、清道路、清河道、清杂物，绿化、净化、亮化、美化）行动，全市10个区镇、209个行政村组建5236支行动小分队，开展“清洁家园·守护净土”环境整治9860次，营造干净卫生的良好人居环境，城乡环境面貌焕然一新。

文明花开、情暖人心，身边感动引领城市文明。深入贯彻落实《新时代公民道德建设实施纲要》《新时代爱国主义教育实施纲要》，不断提升公民思想道德素质。加大道德典型选树力度，将道德典型培育选树工作列入市级机关年度精神文明建设考核，列入区镇年度“文明创建杯”考核。常态化开展“道德讲堂”活动，坚持每季度在各镇村设立“善行义举榜”，在各行业设立“最美人物榜”，每季度评选一次“海安好人”，多层面开展选树工作。制定《海安市道德模范与身边好人奖励帮扶和礼遇实施办法》，明确10条常态化帮扶礼遇举措。海安累计有19名典型入选“中国好人榜”，3人获评江苏省道德模范，刘宏燕获全国道德模范提名奖。常态评选星级“诚信文明经营户”“诚信示范街”，发挥“诚信红黑榜”的警示教育和宣传作用，营造“守信受益、失信难行”的社会氛围。李堡镇杨庄村获评全国文明村，海安街道蒋龙生家庭获评全国文明家庭，江苏省海安高级中学获评全国未成年人思想道德建设工作先进单位。　（市文明办）

大事记

Major Events

海安广电中心

1　月

5日　中共海安市委十三届八次全体会议举行。

14日　全市“不忘初心、牢记使命”主题教育总结会议召开。

15日　全市新时代文明实践“农技进千户、政策进百企、科普进十校”志愿服务活动启动仪式举行。

16日　苏州大学—海安市人民医院、中医院共建协同创新中心签约仪式在苏州大学举行。7月3日，苏州大学—海安市人民医院临床医学协同创新中心揭牌。8月28日，苏州大学—海安市中医院科研协同创新中心揭牌。

16—19日　政协海安市第十四届委员会第四次会议召开。

17日　省委宣传部副部长赵金松率队到海安，慰问海安市全国道德模范提名奖获得者、江苏省道德模范刘宏燕和江苏省道德模范赵风和。

△　南通市文化科技卫生“三下乡”集中服务示范活动在海安开发区石桥村广场举行。

17—20日　海安市第十六届人民代表大会第四次会议召开。

18日　第九届里下河捕鱼节在白甸镇西泊乡村旅游集聚区举行。

21日　海安市举办2020年春节联欢晚会。

22日　海安市举行第四届“草根上讲台 乡音传理论”理论宣讲志愿者风采展示活动。

25日　海安市人民医院感染性疾病科副主任医师姜海，感染性疾病科主管护师、护士长周蓉，感染性疾病科护师张婷焱，ICU护师周玲华，ICU主管护师左美云5名医护人员驰援武汉。工作地点是武汉市江夏区第一人民医院。

28日　南通市新型冠状病毒感染的肺炎疫情防控指挥部指挥长、市委副书记、市长王晖率队到海安，督查指导疫情防控工作。

△　海安市召开新型冠状病毒感染的肺炎疫情防控工作电视电话会议。

31日　市委书记顾国标主持召开座谈会，听取全市新型冠状病毒感染的肺炎疫情防控工作汇报。

是月　海安高新区周吴村、南莫镇姜刘村、海安开发区爱凌村获批第二批国家森林乡村。

2020年1月21日，海安春节联欢晚会在市文化艺术中心上演　　濮端建／摄

2　月

1日　南通市委书记徐惠民到海安调研新型冠状病毒感染的肺炎疫情防控工作。

△　江苏省副省长马秋林率队到江苏广达医材集团有限公司调研生产情况，并部署新型冠状病毒感染的肺炎疫情防控工作。

2日　工业和信息化部装备二司副司长徐春荣一行到江苏广达医材集团有限公司调研防护服生产情况。10日，一行再次到广达医材调研。

3日　市委副书记、市长于立忠率队到海安高新区集中医学观察点调研。

5日　市委组织部举行首批疫情防控党员突击队授旗出征仪式。

10日　海安市中医院ICU护士汤智钦和心肺内科护士肖海玲两名护理人员驰援武汉。工作地点是武汉市江夏方舱医院。

11日　市人民医院呼吸内科副主任医师朱伯金和感染性疾病科护师于敏两名医护人员驰援湖北省。工作地点是湖北省黄石市大冶市人民医院。

△　全市召开企业复工复产工作视频调度会。

△　达欣集团向市红十字会捐赠76.1万元，助力疫情防控工作。

13日　南通华新建工集团向市红十字会捐款60万元，助力全市抗击疫情。

19日　南通市副市长赵闻斌率队到海安调研疫情防控、农业企业复工复产、“菜篮子”产品稳产保供等工作。

22日　海安开发区与Changshu Smart Textiles（HK）co，Limimited签约总投资1.5亿美元的高档毛毯生产及出口项目，该项目落户常安纺织科技园。

24日　海安市人民医院ICU主管护师于晶晶和ICU护师费榕两名医护人员驰援湖北省。工作地点是湖北省黄石市中医院。至此，海安市累计4批次11名医护人员驰援湖北抗击疫情。

△　海安市安排专机接165名陕西略阳务工人员到海安。

28日　全市举行上半年项目集中开工活动，集中开工亿元以上产业项目123个。

3　月

2日　江苏省工业和信息化厅副厅长胡学同率队到海安调研企业疫情防控和复工复产工作情况。

△　鑫缘茧丝绸集团股份有限公司获评江苏省首批产教融合型试点企业。

3日　央视《新闻联播》节目报道海安市启用“黑科技”助力企业安全复

工复产的做法。

5日 海安市新时代文明实践“春之声”系列活动之“携手抗疫·最美春风润海陵”——纪念“三八”国际妇女节110周年活动举行，活动采用线上直播的方式，展示全市各界妇女在抗击新冠疫情战场中的巾帼风采。

7日 海安市召开2020年城区房屋征收动员会。

18日 海安市举行退役军人关爱基金设立大会。

24日 南通市委书记徐惠民到海安调研部分支柱企业、重点企业发展情况。

25日 牧原集团海安30万头现代化生猪养殖项目开工仪式举行。

△ 海安市召开2020年春季学期复学及学校疫情防控工作视频会议。

△ 南通市生猪恢复生产工作座谈会在海安召开。

26日 意大利曼托瓦省给海安发来省长莫赛利签名的电子感谢信，感谢海安捐赠疫情防控物资。

28日 全市实施“公筷公勺”行动启动仪式举行。

△ 海安市第十届梨花节在大公镇于坝村万亩梨园开幕。

4 月

1日 海安市举行海安援鄂医疗队第一批返海仪式，7名医护人员凯旋。

2日 全市举行“我们都讲普通话”全民践行活动启动仪式。

3日 海安市举行海安援鄂医疗队第二批返海仪式，朱伯金、于敏、于晶晶、费榕4名医务人员凯旋。至此，全市驰援湖北的11名医护人员全部返回海安。

△ 江苏省委编办副主任钱亚东率队到海安调研。

△ 江苏天成科技集团有限公司被国家标准化管理委员会认定为第十批国家农业标准化示范区项目之一“国家蛋鸡全产业链标准化示范区项目”承担单位。

7日 海安市“疫”网情深志愿红——致敬抗疫英雄暨世界卫生日志愿服务活动举办，通过网络直播形式，向广大市民分享“逆行英雄”的抗“疫”日记和抗“疫”故事，仅海安市融媒体中心的直播平台就有十多万人观看。

14日 全市举行捐赠海外侨胞和香港同胞防疫物资发送仪式。

15日 曲塘镇恒科众创城工业综合体项目开工，项目总投资50亿元，总用地面积约54公顷，以高端装备制造、汽车零部件、电子电气和时尚轻工产品为主导产业。

16日 徐州市委副书记、统战部部长徐大勇率队到海安考察。

17日 中国工程院院士、中国建材股份有限公司总裁彭寿率队到海安考察。

△ 全市区镇退役军人志愿者服务联盟成立暨授旗仪式在大公镇举行。

18日 全市创建全国文明城市决战决胜动员大会召开。

20日 “读书赏景悦人生”——海安市第十届“新华杯”全民读书节启动仪式在市文化艺术中心举行。

△ 全省沿海渔港渔船综合管理现场推进会在海安召开。

22日 省人大常委会副主任曲福田率队到海安，开展《江苏省电动自行车管理条例（草案）》立法调研。

23日 南通市焦港河“河长制”工作会议在海安召开。

24日 南通市人大常委会常务副主任、党组副书记庄中秋率队到海安，就人大工作及农村住房建设情况开展调研。

△ “文明实践同助力，知识产权伴我行”暨2020年知识产权宣传周启动仪式在市文化艺术中心广场举行。

25日 全市机关作风建设大会召开。

27日 全省2019年度高质量发展总结表彰大会上，海安市被表彰为江苏省2019年度推进高质量发展先进县（市、区），市委书记顾国标被表彰为江苏省2019年度推进高质量发展先进县（市、区）委书记。

29日 海安市举行异域同心共抗疫——海安市向柬埔寨捐赠抗疫物资仪式。

△ 省委依法治省办公室发布江苏省第四届“十大法治事件”“十大法治人物”评选结果，南通双弘纺织有限公司总经理杨广泽获评省第四届“十大法治人物”。

30日 南通市委书记徐惠民调研南通市市域治理现代化指挥中心建设情况，调研选取海安市、如东县作为南通市市域治理现代化指挥中心联调联试县（市）。

是月 海安市获评2020年江苏省农村电子商务示范县。

5 月

4日 海安籍作家、江苏省文化和旅游厅副巡视员徐循华的作品《通扬河

2020年4月20日，海安市启动第十届全民读书节活动。图为市民陪孩子们在泛书房阅读书籍 姜明／摄

畔》分享会在泛书房举行。

7日　南通睿睿防水新技术开发有限公司参与修订《江苏省建筑防水工程技术规程》。

8日　庚子战疫·海安市美术书法摄影优秀作品大展开幕。

11日　全市举行“‘卫’您逆行战疫情”——海安市纪念5·12国际护士节暨最美抗疫先锋颁奖典礼。

12日　南通市人民政府批复同意变更海安市部分行政区划。中城街道更名海安街道，南城街道更名孙庄街道，西城街道更名胡集街道，北城街道更名隆政街道。

12—13日　全国桑蚕业标准化技术委员会研讨会在海安召开。

13日　南通市政协主席黄巍东率队到海安，调研“有事好商量”协商议事工作情况。

16日　海安街道、胡集街道、孙庄街道、隆政街道和城东镇立发办事处、洋蛮河办事处、西场办事处召开干部大会。18日，各街道党工委、办事处举行揭牌仪式。

18日　江苏弘盛新材料股份有限公司三期工程举行开工奠基仪式。

20日　海安市实验小学北校区建设签约仪式举行。

21日　副省长赵世勇一行到海安调研农业农村工作。

22日　全市举办抗疫先锋事迹宣讲报告会。

△　省人普办主任、省统计局副局长张明率队到海安调研第七次全国人口普查工作。

△　“新时代正气歌”——“5·10”思廉日廉洁文化专场文艺演出在市文化艺术中心举行。

23日　中国·海安523文化艺术节暨“一带一路”国际文化交流节在海安523文化产业园开幕。

25日　国务院江苏安全生产督导组第二组组长、应急管理部安全生产基础司副司长王小拾等国务院督导组成员到海安，就安全生产及专项整治工作进行督察。

26日　中欧班列（海安—东盟方向）从海安物流基地正式发车，驶往越南河内，这是长三角地区至东盟的国际货运班列首次开行。

27日　南通市委副书记、市长王晖率队到海安，调研经济社会发展工作。

28日　全省夏收夏种暨促进粮食稳产增效现场推进会在海安召开。是日，全省水稻机械化种植现场推进会在海安召开。

△　2020年“全国科技工作者日”活动在市文化艺术中心小剧场举办。

30日　2019年度全市群众文艺创作节（剧）目会演作品决赛举行。

31日　首届海安市雅周现代农业园摄影大赛暨媒体采风行活动开幕式举行。

6　月

2日　省生态环境厅副厅长于红霞带队到海安调研生态安全缓冲区建设项目。

5日　柬埔寨新亿力电力设备有限公司与江苏亚威变压器有限公司共同投资的智能电站设备制造生产项目举行云签约仪式。

6日　海安市上湖三甲医院项目开工仪式举行。

△　南通市变压器业商会第一次会员大会在海安召开。

9日　五星级瑞海金陵饭店委托经营管理合同签订仪式在南京金陵大饭店举行。

10日　全省高标准农田建设项目竣工验收工作推进暨现场观摩会在海安召开。

11日　海安市人民医院门急诊病房综合楼正式启用。

12日　徐州市委书记周铁根，市委副书记、市长庄兆林率徐州市党政代表团到海安考察。

△　海安市新时代好少年颁奖典礼暨“新华杯”第十五届未成年人读书节启动仪式在城南实验小学举行。

13日　海安市举行“苏韵流香”——扬泰盐通四市非遗精品展演活动。

16日　通榆路快速化改造工程通车仪式举行。

17日　省人大常委会副主任邢春宁率队到海安，就涉野生动物“一决定一法”及《江苏省野生动物保护条例》开展执法检查。

20日　中国海安首届云端家具展销会暨东部家具原辅材料采购节开幕。

22日　省商务厅副厅长朱益民率队到海安调研开发区去行政化改革推进工作。

△　全国道德模范提名奖获得者刘宏燕工作室在城东镇立发办事处揭牌成立。

23日　省妇联党组书记、主席张彤，省妇联副巡视员兼发展部部长施郁佩一行到海安调研妇女儿童权益维护及婚姻家庭矛盾纠纷排查化解工作。

△　江苏省水利厅、生态环境厅、住建厅组成的技术核查组到海安，对新通扬运河三里闸应急水源地达标建设情况进行技术核查。

25日　海安万达广场开业，是海安迄今为止单体规模最大的商业综合体，汇集180余家国内外知名品牌，其中20余家品牌首次进驻海安。

29日　苏州大学—海安市人民政府全面合作签约仪式举行。

△　广西壮族自治区东兰县委副书记、县长徐迪克率教育代表团到海安，洽谈两地教育合作。

7　月

1日　沪苏通铁路开通，海安至上海首趟D9565次列车运行。

2日　“枢纽海安，物流天下”“产业高地，幸福之城”高铁冠名列车C3796从上海虹桥首发。

3日　省司法厅副厅长周福莲到海安，就《江苏省城乡网格化服务管理办法》立法工作开展调研。

6日　全市创建省级安全发展示范城市动员部署会召开。

8日　海安至康高端养老项目在曲塘镇举行开工奠基仪式。

9日　上海铁路局江苏海安物流基地铁路1号线首列沪苏通铁海快线班列海安—上海洋山港、浙江宁波港启动运营。

10日　盐城市委书记戴源，盐城市委副书记、市长曹路宝率党政代表团到海安考察机器人及智能制造产业。

△　南通市副市长、新通扬运河南通市级河长王洪涛带队到海安，调研新通扬运河“河长制”工作开展情况。

11日 全市骨干林带管护工作动员会召开。

12日 全市环保服务业商会成立大会召开。

14日 南通市副市长、市公安局局长张轩率南通市第三评估验收组到海安，对海安“七五”普法工作进行终期评估验收。

15日 “百企联百村 共走振兴路”行动企村对接会召开。

△ 海安上海交通大学智能装备研究院举行揭牌仪式，这是上海交通大学在县级市设立的第一家校级研究院。

17—19日 第七届“创新创业在海安”主题活动举行。

18日 海安市与南京农业大学全面战略合作签约暨南京农业大学海安专家工作站揭牌仪式举行。

△ 南通跃通数控设备股份有限公司入选工业和信息化部2020年度智能制造系统解决方案供应商项目供应商。

20日 海安市烈士陵园改建工程奠基。

22日 海安市融媒体中心获全省首批互联网新闻信息服务许可。

△ 生态环境部淮河流域生态环境监督管理局副局长程绪水率队到海安调研北凌河水生态环境。

27日 中国天楹股份有限公司入选《财富》中国500强，排名480位。

28日 江苏美申美克精密机械项目奠基仪式在曲塘镇举行。

8 月

4日 中共海安市委十三届九次全体会议举行。

△ 以色列驻上海总领事馆领事葛丽茉到达欣集团进行商务访问。

6日 张家港市委常委、政法委书记黄亚平，市委常委、宣传部部长朱艳率队到海安，考察海安全国文明城市创建工作。

7日 乐百年小镇固定翼飞机起降点项目签约仪式举行。

△ 省新闻出版局副局长李贞强率队到海安，调研海安农家书屋和“扫黄打非”工作。

9日 “丝绸之路”世界模特大赛华东赛区总决赛暨颁奖典礼在中洋金砖酒店举行。

11日 “创青春”海安青年创新创业大赛决赛举行。

12日 省地方志办公室党组书记、主任左健伟一行到海安调研地方志工作。

△ 省违法违规“小化工”专项整治督导组组长史照良率队到海安，督导违法违规“小化工”专项整治工作。

13日 海安经济技术开发区海安机器人及智能制造众创社区获批江苏省众创社区备案试点，南通唯一。

14日 云南省丽江市委常委、宁蒗县委书记杨承新率领考察团到海安，了解海安经济社会发展情况，希望海安市委、市政府再续“宁海教育合作”。

△ 省政府副秘书长谢润盛率队到海安，调研海安重大项目建设、乡村振兴等工作开展情况。

15日 全市机关作风效能建设推进会召开。

△ 国务院道路交通安全专责督导组组长、公安部交管局副局长石勇率队到海安，现场督导检查海安道路交通安全专项整治工作。

16日 海安市举办“丹凤杯”秋季农机展销会。

17日 省卫健委二级巡视员吴红辉、省卫健委健康促进处（省爱卫办）副处长单玲英率队到海安，就海安创建国家卫生城市工作进行技术评估。

19日 全市召开创建全国文明城市推进大会。

△ 省委宣传部常务副部长焦建俊率队到海安调研民族团结进步事迹宣传工作。

21日 由浙江万洋集团分期投资25亿元的众创城项目成功签约落户李堡镇，打造集智造研发、生产生活服务、金融服务和智慧园区管理于一体的产业集聚高质量发展平台。

22日 全市举行“拒绝舌尖上的浪费 引领文明新‘食’尚”——“厉行勤俭节约、反对铺张浪费”在行动启动仪式。

△ 海安市人民医院丁永斌教授工作室揭牌仪式举行。

28日 南通市蛋鸡产业联盟成立大会在海安召开。是日，南通市渔业产业联盟成立大会在海安举行。

△ 张益余国画作品展开幕式在市文化艺术中心举办。

28—31日 江苏省青少年乒乓球锦标赛在海安举办。

29日 海安市中医院晋升扬州大学医学院附属医院揭牌仪式举行。

9 月

1日 国家市场监管总局执法稽查局局长燕军率队到海安，调研海安“长江禁渔”工作。

8月16日，海安市举办“丹凤杯”秋季农机展销会　　濮端建／摄

2日 海安市人民政府与江苏省环保集团战略合作签约仪式在中洋金砖酒店举行。

△ 省市场监管局特殊食品安全监管处处长俞春霞率队到海安，复核海安创建省级食品安全示范城市工作现场。

3日 第五个“中华慈善日”暨海安市慈善基金会成立十周年宣传表彰大会举行。

△ 海安小麦统计单产418.3公斤，连续12年位居全省第一。

7日 江苏省委政法委委员、省公安厅党委委员、副厅长程建东率队到海安，调研海安市域社会治理现代化工作。

△ 海安宁蒗支教教师群体被省委宣传部授予江苏“时代楷模”称号。

8日 山西省临汾市委副书记、洪洞县委书记黄巍率洪洞县党政代表团到海安考察项目招引建设、开发园区发展和城市规划建设等相关情况。

△ 南莫镇青墩村、雅周镇许家庄村入选省“文旅e乡村”公共数字文化服务试点村。

△ 全市首届青年职工岗位技能竞赛开幕式在市供电公司举行。

10日 海安宁蒗支教教师群体先进事迹报告会在南通市行政中心举行。

△ 阿尔法机器人（杭州）有限公司与海安高新区签约，总投资50亿元的阿尔法智能电子制造项目落户海安高新区。

11日 以“海陵飘香庆小康”为主题的“中国农民丰收节”新时代文明实践系列活动启动。

12日 教育部党组书记、部长陈宝生在云南省调研时看望慰问海安支教教师。

13日 山东省临沂市委书记王安德率临沂市党政代表团到海安考察科技创新、项目建设、产业园区发展等情况。

14—15日 市委书记顾国标作为全国唯一的县级代表，在全国民族团结进步创建经验交流现场会上作《三十二载接续奋斗八千里路风雨兼程 教育合作架起民族团结的桥梁》的交流发言。

15日 海安在北京昆仑饭店举行“链接世界的海安”国际经贸合作推介会。

△ 省政府扶贫办副主任刘文俊率队到海安调研脱贫攻坚工作。

15—16日 福建省卫健委二级巡视员陈宝贵到海安，就海安创建国家卫生城市工作进行技术评估。

17日 南通市建筑行业产业工人队伍建设改革观摩部署会在海安召开。

18日 江苏房地产开发行业研讨会（高峰论坛）在海安举行。

△ 海安机器人及智能制造产业园配套加工联盟成立。

19日 南通市稻米产业联盟成立大会在海安举行。

22日 “江苏省金融服务高质量发展园区行”首场活动在海安经济技术开发区举行。

23日 全市2020年度退役军人光荣返乡欢迎仪式暨培训动员大会在海安中专举行。

24日 齐克庞德电子（江苏）有限公司全面投产仪式举行。

27日 江苏省海安高级中学外国语学校工程项目奠基。

△ 中国·墩头第五届荷花艺术节在乐百年健康小镇开幕。

29日 中国残联理事、中国盲人协会主席李庆忠率队到海安，就海安创建“十三五”无障碍环境示范市进行验收。

30日 南通市农村流动党员管理工作现场推进会在海安举行。

10 月

9日 全市村（社区）“两委”换届工作部署会召开。

12日 扬州市委书记夏心旻，市委副书记、市长张宝娟率扬州市党政代表团到海安考察产业转型升级、城市建设等情况。

△ 陕西略阳县委书记吴维强率队到海安考察海安—略阳对口协作工作。

△ 海安市纪念新四军“联抗”部队成立80周年座谈会召开。

13日 海安市获评2019—2020年度全省基层党员冬训工作示范市。

14日 江苏省副省长、省公安厅厅长刘旸率队到海安调研智慧警务工作。

△ 全市首个正压式户外核酸采样工作站在市公共卫生中心核酸采样点投入使用。

16日 南通市法治乡村建设现场推进会在海安召开。

△ 鑫缘茧丝绸集团股份有限公司党委书记、董事长储呈平获全国脱贫攻坚奖奉献奖。

18日 宁启线（南莫至海安区间）下行K186+765米处铁路桥梁被一工程车辆撞击，导致铁路桥梁部分受损。是月27日，中国铁路上海局集团有限公司新长工务段完成受损桥梁更换。

2020年9月24日，海安市在雅周现代农业园举办“中国农民丰收节”特色项目比赛，是“中国农民丰收节”新时代文明实践系列活动之一　雅周现代农业园／供图

21日 东部全球家具博览中心被江苏省知识产权局认定为2020年江苏省“正版正货”示范街区。

23日 海安街道、胡集街道、孙庄街道、隆政街道和城东镇立发办事处、洋蛮河办事处、西场办事处分别举行街道纪工委揭牌仪式。

26日 由中国饲料工业协会、中国畜牧业协会主办的农牧业全产业链高质量发展峰会在海安举办。是日，天成集团举行重大项目投产暨奠基仪式。

△ 国家退役军人服务中心主任张培祥率队到海安，就退役军人服务保障体系建设开展调研。

30日 中国·海安投资贸易合作洽谈会举行。

△ 全球浙商总会互联网委员会主席、盘石集团董事局主席田宁率队到海安考察，商讨盘石集团与海安战略性合作相关情况。

31日 2020年直播经济产业峰会暨“中国主播海安行”活动在中洋金砖酒店举行。

11 月

1日 海安市第七次全国人口普查进入入户登记阶段。

△ 达欣集团鲁班传人支援服务队的“幸福改造家”志愿服务项目在第五届江苏志愿服务展示交流会上获金奖。

3日 海安市政协举行“同心筑梦向未来 携手奋进新时代”有事好商量专题文艺演出。

5—6日 江苏省高级人民法院二级巡视员苏华率队到海安，就海安“七五”普法工作开展终期考核验收。

6日 市委书记顾国标会见正威国际集团董事局主席王文银。

△ 全省妇联系统基层维权工作现场推进会在海安召开。

△ 市飞鹤公共交通有限公司获评第五届全国119消防先进集体。

7日 海安举办第七届“中科院专家走进海安”主题活动。

10日 “融合聚变传媒力量”——海安市庆祝第21个中国记者节活动在市文化艺术中心举行。

11日 全省民族团结进步创建工作培训班开班仪式暨经验交流会在海安召开。

△ 总投资100亿元的万吨冷链港项目在商贸物流产业园开工奠基。

△ “粟裕与苏中”座谈会在海安召开。

12日 中国·海安青墩文化艺术节在海安大剧院开幕。是月14日，中国·海安青墩遗址——江海文明之源暨长三角史前文化论坛举行。

△ 海安市第十六届法治文化节暨“社会治理实践十大优秀案例”颁奖典礼在市文化艺术中心举行。

11月10日，“融合聚变 传媒力量”——海安市庆祝第21个中国记者节活动在市文化艺术中心举行　　濮端建／摄

14日 新时代文明实践中心建设全国试点海安样本研讨会召开。

18日 海安在广东省深圳市举行“产业高地 幸福之城”江苏海安（深圳）高质量发展恳谈会。

△ 省级农产品质量安全县验收第二组组长、泰州市农业农村局副局长彭德旺率验收组到海安，评价验收海安市创建省级农产品质量安全县工作。

19日 海安市文化艺术中心获评第八届全国“双服务”文化建设先进集体。

△ 苏中建设集团股份有限公司入选“2020年长三角百强企业”第95位。

20日 全国精神文明建设表彰大会在北京举行，海安市荣膺“全国文明城市”称号，市委书记顾国标代表海安领取全国文明城市奖牌。李堡镇杨庄村获评全国文明村，蒋龙生家庭获评全国文明家庭，江苏省海安高级中学获评全国未成年人思想道德建设工作先进单位。

△ 隆政街道新丰村入选第十批全国“一村一品”示范村镇，南通唯一。

21日 省人社厅副厅长、党组成员朱从明率队到海安，就民营企业人才人事综合改革开展调研。

22日 第七届海安乡村旅游节暨风情滨海海鲜节开幕。

23日 省委宣讲团成员、省级机关工委常务副书记、作风办主任李新平到海安宣讲党的十九届五中全会精神。

△ 上海仪电集团副总裁黄金刚率队到海安考察海安智慧城市打造等情况。

△ 江苏省扶贫“三会”“滴水·筑梦”助学金发放仪式在海安中专举行。

24日 江苏省海安高级中学党委书记、校长吕建被国务院表彰为全国先进工作者。

△ 江苏威尔曼科技有限公司获评全国第二批专精特新“小巨人”企业。

25日 中国丝绸大会暨中国丝绸交易会上，中国丝绸协会授予鑫缘茧丝绸集团股份有限公司“2020年度全国茧丝绸行业创新企业”称号，授予江苏鑫缘医疗科技有限公司“全国茧丝绸行业抗击新冠肺炎疫情先进单位”称号。

27日 南通市达欣工程股份有限

公司上海分公司被上海市总工会授予上海市五一劳动奖状。

28日 曲塘汽车客运新站启用仪式举行。

△ 中国经济传媒大会上，中国天楹股份有限公司董事长严圣军获评2020年中国经济新闻人物，全国仅10人入选。

是月 南通龙洋水产有限公司牵头申报的“黄渤海循环水精准养殖与清洁生产模式示范”项目入选科技部2020年度国家重点研发计划“蓝色粮仓科技创新”项目，南通唯一。

2020年12月15日，江苏品牌产品线上丝路行暨第五届中国东部家具（线上）博览会在中洋金砖酒店开幕 濮端建／摄

12 月

2日 全市民营企业经济纠纷调解中心揭牌仪式在市人民法院举行。

3日 海安铁联物流有限公司获评中国仓储服务金牌企业、中国五星级仓库。

5日 新创话剧《索玛花盛开的地方》首演观摩活动在海安大剧院举行，话剧以海安教师支教云南宁蒗的事迹为创作背景。

10日 省人大常委会委员、教科文卫委主任周琪，省人大代表、监察司法委副主任委员张锦道率队到海安，就省政府2020年民生实事项目落实情况开展调研。

15日 江苏品牌产品线上丝路行暨第五届中国东部家具（线上）博览会开幕。

18日 第五届中国·海安五金机电博览会开幕。

19日 中国海安第五届国际石材展暨石材与地产国际设计论坛在滨海新区石材城展览中心开幕。

△ 海安市常安现代纺织商会成立大会举行。

21日 全国木门智能制造技术与装备发展研讨会在海安举行。

△ 南通极粟软件科技有限公司获评江苏省2020年度技术先进型服务企业。

2020年12月19日，中国海安第五届国际石材展暨石材与地产国际设计论坛在滨海新区石材城展览中心开幕 姜明／摄

22日 江苏铁锚玻璃股份有限公司技术中心被认定为2020年（第27批）国家企业技术中心。

△ 海安获评全国第五批率先基本实现主要农作物生产全程机械化示范县（市、区）。

△ 海安天楹环保能源有限公司、南通双弘纺织有限公司入选江苏省“绿色工厂”。

24日 市老促会五届四次、扶贫协会四届四次理事会暨市老促会成立30周年总结会召开。

25日 海安邮政管理局成立暨揭牌仪式举行。

27日 南通市委副书记、市长王晖率队到海安开展南通市委十二届十三次全会项目观摩活动。

△ 江苏海迅实业集团股份有限公司举行企业志《海迅年轮》首发式，这是海安首部公开出版的企业志。

28日 海安集成电路技术创新中心启动仪式举行。

△ 江苏鹏飞集团股份有限公司通过海关AEO高级认证。

30日 海安市第一条高铁——盐通高铁正式开通运营。

31日 中共海安市委十三届十次全体会议举行。

海安概貌

The Outline of Haian

青墩遗址

海安名片

【中国茧丝绸之乡】 1965年，海安县蚕茧总产134.9吨，名列苏北第一。1971年，蚕茧总产1512吨，成为苏北第一个蚕茧万担的县。1981年，蚕茧总产4113.7吨，夺得全省第一，以后连年居全省首位。1997年8月，海安被评为“中国茧丝绸之乡”。2002年，蚕茧总产1.81万吨，跃居全国第一。2008年，蚕茧总产1.95万吨，连续8年全国县级排名第一。此后海安蚕桑业有所收缩，但在全国仍有重要地位。2015年，“海安桑蚕茧”获评国家地理标志保护产品。2016年，海安被评为优质茧丝生产基地、中国丝绸流行面料生产基地。鑫缘茧丝绸集团荣获中国质量奖提名奖，集团不仅在江苏海安，而且在广西、安徽、山东等地建立桑园产业基地，带动20多万户蚕农增收和几十家丝绸企业发展。2020年，海安蚕茧总产5366.9吨。

【中国禽蛋之乡】 海安是禽蛋生产大市。1978年以后，海安农民叩开农牧结合的大门，走出一条“种养加出”的致富之道，被国内经济界誉为“海安之路”。20世纪80年代中期以后，海安之路愈走愈宽。家禽饲养量名列全省前茅，1997年家禽饲养量4307万羽，禽蛋产量13.97万吨，被中国农学会中国特产之乡推荐暨宣传活动组织委员会评为“中国禽蛋之乡”。此后10多年，家禽年饲养量稳定在4000万~5000万羽之间。2010年后，有所下降。2020年，海安家禽年末存栏1820万羽，年内出栏1760万羽，饲养量3580万羽。

【中国湖桑之乡】 1951年，胡集、双楼、仁桥等乡组织合作桑园7处，引进栽种湖桑6744株。1960年1月，海安利用150千米河堤栽植乔木桑，《新华日报》头版头条报道海安县河堤桑园化的消息，并发表评论员文章《百年大事一年办》。20世纪60年代后期，为不占用大田栽桑，海安利用河堤、圩堤、渠道、路边及田埂栽桑。1969年，全县“三堤一边桑”3.5万亩，《新华日报》《蚕业科学》载文报道，中央人民广播电台、省电台曾拍摄新闻纪录片放映。1983年，海安实施缩棉扩桑决策，至1986年拓植新桑园6.44万亩。全县桑园15.17万亩。21世纪初，缩粮扩桑，至2002年，全县新增桑园3.6万亩，桑园总面积15.3万亩。海安湖桑叶厚大而疏，多津液，少椹；饲蚕，蚕大，得丝多，蚕桑产业一度成为海安“致富产业”。2004年，海安被国家林业局命名为“中国湖桑之乡”。2008年，海安桑园14.2万亩。此后，因园区开发和市场因素，桑园面积有所减少。2020年年末，全市桑园面积6.56万亩。

【中国河豚之乡】 1993年，海安河豚人工培育开始起步，是国内最早进行河豚人工培育研究的地方。1994年，江苏中洋集团与南京师范大学生命科学学院合作研究开发河豚的人工养殖技术，当年繁殖成功的几十万尾小河豚，最终成活2000多尾。1996年，开展河豚养殖控毒技术和健康养殖技术研究，并与南京师范大学生命科学学院、县卫生防疫站联合攻关，获得重大进展，解决了长江河豚规模化养殖问题。1998年，江苏中洋集团全面调整养殖结构，低价抛售所有鳗鱼、甲鱼，大规模养殖河豚，拉长河豚产业链，提供商品鱼种苗、技术、饲料。2000年，江苏中洋集团拥有并申报河豚养殖核心技术专利——控毒及健康养殖。2002年，江苏中洋集团制定河豚省级地方系列标准。2003年，卫生部在海安召开全国首次养殖河豚安全利用工作会议。2004年开始，江苏中洋集团向国家质检总局申请“南通长江河豚国家地理标志产品保护”。2005年，中洋河豚获省名牌产品称号。2007年2月，国家质检总局发文，批准对南通长江河豚实施地理标志产品保护的公告。南通长江河豚成为南通历史上第一个地理标志产品，也是继阳澄湖大闸蟹之后中国鲜活水产品的第二个地理标志保护产品。2008年，江苏中洋集团国家河豚良种场建成并投入使用，全县河豚产量867吨。2009年，海安被中国渔业协会授予“中国河豚之乡”称号。2014年，海安河豚获得中国地理标志证明商标。2019年，海安通过“中国河豚之乡”复评。至2020年，举办十届河豚文旅节，“河豚之乡、休闲海安”成为海安的旅游名片。

【中国建筑之乡】 海安是江苏著名的建筑之乡。20世纪六七十年代，海安建筑工人开始走出海安，到外地施工。80年代，从新疆至青岛、从大庆到上海、从南京到北京、从海南岛到内蒙古大草原，海安建筑队伍都留下一串串闪光的足迹，并有千人队伍跻身于国际建筑市场，在苏联、约旦、科威特、伊拉克等国施工。1990年，由市民和专家投票评出中华人民共和国成立40年来上海“十佳建筑”，海安建筑队伍承建的曲阳新村高层住宅楼名列榜首。1991年，海安建筑队伍承建的北京天文台兴隆观测站2.16米天文望远镜观测室，获得鲁班奖。1992年1月26日，省政府授予海安县“建筑之乡”称号。1997年，海安列江苏24个“建筑之乡”综合实力第四位。2002年，海安再次被省政府命名为“建筑之乡”，江苏省苏中建设集团率先获评国家特级资质总承包施工企业。2004年，全县建筑业首次实现施工产值超百亿元。2007年，海安县被省政府命名为“建筑强县”。2011年2月12日，县委、县政府将农历正月初十命名为“海安建工节”。2012年2月1日，中国建筑业协会在海安举行授牌仪式，海安成为江苏省第一个、全国第七个“中国建筑之乡”。是年，建筑业施工产值672.3亿元，入库税金8.8亿元，承建高层建筑3486幢，其中29层以上超高层建筑1099幢。2016年，海安被列为江苏省建筑产业现代化城市。2020年，海安市完成建筑业施工产值1800.9亿元，建筑工程获鲁班奖2项、国家优质工程奖2项、詹天佑奖4项、中国安装工程优质奖1项。

【中国民间艺术（龙舞）之乡】 海安龙舞有龙灯舞、苍龙舞、扁担龙舞、人龙舞、手龙舞、草龙舞等系列龙舞，最著名的是罗汉龙舞（龙灯舞的一支）、苍龙舞。罗汉龙舞雄浑豪放，苍劲有力；苍龙舞精致秀美，优雅轻盈。龙舞以隆政街道新丰村丁家罗汉龙最为出名。丁家龙已有传人十九代，舞艺成熟。丁家龙仿效杂技堆宝塔技法，在不使用任何器械的情况下，凭空叠罗汉，由引龙人、舞龙人逐个踩肩而上，形成三层相加、四层相叠的“宝塔”形状。其时龙头昂首向天、龙球劲抖、龙尾扫地、龙身翻腾，恰似蛟龙出水，腾云驾雾一般，难度之高、场面之惊险、技艺之精湛，令人叹为观止。1986年年底，参加省首届音乐舞蹈节，丁家龙“站、蹲、跪、坐、躺”五舞生花，反身拧、龙摆尾、里外滚、大起花等十八般舞艺样样叫绝，一座“四层宝塔”的生动场面，赢得经久不息的热烈掌声。丁家龙舞获得特等奖，受到时任全国舞蹈家协会主席吴晓邦的高度赞赏，誉为“中国龙舞之一绝”，并与舞龙人合影留念。此后，上海、江苏、中央电视台纷纷为之录像播出。是年，苍龙舞在中南海为中央领导人献艺，获得好评。1988年，参加北京国际旅游年舞龙大赛，获优秀表演奖；参加广州全国首届广场民间舞蹈大赛，获“金孔雀杯”大奖。2001年1月下旬，丁家龙参加北京市第十五届龙潭庙会暨中华优秀民间花会大赛，获得金奖。2002年3月20日，江苏省文化厅命名海安县为“江苏省民间文艺之乡”。2003年3月1日，文化部社图司命名海安县为“中国民间艺术（龙舞）之乡”。是年9月，海安龙舞获第五届江苏省“五星工程”金奖。2008年，文化部将原有“中国民间艺术之乡”和“中国特色艺术之乡”名称统一为“中国民间文化艺术之乡”，海安成为“中国民间文化艺术之乡”。2013年，海安罗汉龙、苍龙舞被列为江苏省非物质文化遗产项目。2020年，苍龙舞传承人仲美娟、罗汉龙传承人丁永生入选省级非遗传承人，苍龙舞传承人华江明入选南通市级非遗传承人。（海　鉴）

自然地理

【地理位置】 海安市位于南通市北部，地处南通、泰州、盐城三市交界处。东临黄海，东南与如东县接壤，西与泰州姜堰区、泰兴市毗邻，南连如皋市，北依盐城东台市。2018年，海安撤县设市。市境西宽东窄，东西直线距离最长71.1千米，南北最宽39.25千米，轮廓酷似一把金钥匙，市域地理坐标北纬32° 32′ ~32° 43′、东经120° 12′ ~120° 53′。全市总面积1183.57平方千米，海岸线长8.55千米。海安是苏中地区交通枢纽，是江苏省委、省政府确定的两个县级枢纽城市之一，水陆交通四通八达，沈海（沿海、盐通）高速与启扬（江海）高速，204国道、328国道、228国道、353省道、226省道、403省道与430省道，宁启电气铁路、宁启铁路与新长铁路和海洋铁路均交会于海安，连申航道（通榆运河）与通扬运河、如海运河、焦港运河、栟茶运河等均以海安为交汇点，拥有南通地区唯一的千吨级内河港口凤山港，成为江苏东部沿海地区承东启西、连南贯北的“公、铁、水”现代综合交通枢纽和长三角北翼重要的“节点城市”。

【地质　地貌】 海安是江积、河积、海积平原区，分别为古潟湖相沉积和黄泛冲积、海相沉积、长江冲积而成。地貌特征是地势低平，平原约占78.3%；水网密布，域内河道纵横、沟渠稠密、湖荡众多。海安地貌按成因、地理位置、成陆先后和地貌显示等可划分为里下河低浅洼圩田平原、长江三角洲微凹平原、三角洲平坦平原3个区域。域内各级河道、沟渠、池塘密布成水网，尤以西北部地区最为明显。（海　鉴）

【气候】 海安地处中纬度黄海之滨、北亚热带的北侧，受季风气候影响，气候温和，雨水充沛，日照充足，四季分明。常年主导风向东南风、东风，春夏季多东南风，秋季多东北风到东风，冬季多西北风、北风、东北风。主要自然灾害有风、水灾、旱灾、低温冻害等。2020年，海安市降水总量与常年（1981—2010年）相比较为正常，但分布不均。年暴雨日数6天，≥0.1毫米的年降雨日数134天，均超过历史最高值；6月降水量较常年异常偏多，超过历史同期最大值；6月的大雨日数6天、暴雨日数5天，均超过历史同期最大值。气温较常年偏高，其中3月的极端最高气温27.2℃，与历史同期持平；8月的高温日数12天，超过历史同期最大值。日照正常。

气温　2020年，海安市年平均气温16.4℃，较常年同期偏高1.1℃，全年≥35℃的高温日数13天，其中，6月出现1天、8月出现12天。年极端最高气温36.9℃，出现在8月16日。8月15—19日出现连续高温天气。年极端最低气温-9.1℃，出现在12月31日。

降水　2020年，海安市年总降水量1203.2毫米，较常年偏多19%。全年日降雨量≥50毫米的暴雨日6天，一日最大降水量65.6毫米，出现在6月29日。6月9日入梅，入梅较常年偏早（常年平均入梅日6月20日）。7月22日出梅，出梅偏晚（常年平均出梅日7月13日），梅雨期43天。海安国家气象观测站测得梅雨量545.0毫米，较常年偏多167%。梅雨期间强降水过程频繁，出现6天暴雨日。受梅雨锋影响，6月12—14日，出现连续3天日雨量≥50毫米的暴雨天气，并伴有大风和短时强降水等强对流天气，海安国家气象观测站测得3天累积雨量176.6毫米。全年，出现7段5天以上的连阴雨天气，分别出现在3月25日至4月1日、4月17—21日、6月12—18日、7月11—15日、7月17—23日、8月25—29日和11月18—27日。

日照　2020年，海安市年日照时数1754.6小时，较常年偏少15%，年日照百分率40%。

台风（大风）　2020年6月16日和6月29日，海安市出现暴雨，并伴有7~8级阵风，海安国家气象观测站测得日降雨量分别为59.4毫米、65.6毫米，瞬时极大风速每秒16.5米，海堤每秒18.0米。7月19日，出现暴雨天气，并伴有7~9级阵风，海安国家气象观测站测得日降雨量60.4毫米，瞬时极大风速每秒16.8米、海堤每秒21.5米。9月1—2日，受第9号台风“美莎克”影响，海安市出现大风和降水天气，并伴有8级阵风，海安国家气象观测站测得瞬时极大风速每秒17.5米。

强对流天气　2020年5月2日下午，海安市部分地区出现雷暴和雷阵雨等强对流天气，其中城东镇上湖村出现持续时间约3~5分钟的短时冰雹，冰雹最大直径约1厘米。8月6日6时至7时，墩头镇等地发生9级雷雨大风、雷暴、短时强降水等强对流天气。8月9日14时左右，海安市出现雷暴、短时强降水等强对流天气。

寒潮　2020年2月14—17日，海安市出现寒潮天气，并伴有降雪和8级阵风，14—16日最低气温降幅12.0℃，16日最低气温-1.7℃；3月26—28日，出现寒潮天气，并伴有降水和大风，26—28日最低气温降幅13.8℃，28日最低气温3.4℃，东部海堤瞬时极大风速每秒20.1米。12月27—31日，出现寒潮天气，并伴有大风，28—30日最低气温降幅10℃，30日最低气温-8.0℃，31日最低气温-9.1℃；角斜、李堡、大公、墩头、雅周等镇阵风风力8级，瞬时极大风速每秒20.4米；孙庄街道阵风风力9级，瞬时极大风速每秒21.1米；东部海堤瞬时极大风速每秒24.6米。

雾霾　2020年，海安市出现大雾32日和霾35日。其中，1月13日、1月21日、12月12日、12月13日出现最小能见度低于50米的强浓雾；2月12—15日出现连续4天大雾天气。

（彭　伟　彭小燕）

【水系　水文】海安市地势平坦，河网稠密，地面高程在1.6~6.0米之间（废黄河高程），处于引江的末梢和排水入海的尾部。全市以328国道、204国道为界划分为河南、河北、河东3个自然区域，分属两个不同的水系，即长江水系和淮河水系。328国道以南、204国道以东地区为河南、河东地区，属长江水系。由焦港河、如海运河、通扬运河和丁堡河引水灌溉，由栟茶运河、北凌河经小洋口闸、北凌新闸排水入海。该地区河网正常水位2.05米，历史最高水位4.76米（1954年7月23日），历史最低水位0.59米（1953年6月11日）。328国道以北、204国道以西的地区为河北里下河地区，属淮河水系。该地区总面积422.4平方千米，占全市总面积38.1%，其北部为低洼圩区，总面积254平方千米，占全市总面积22.9%，地面高程平均2.5米，最低的仅1.6米。由新通扬运河、通榆河引水，经省里下河地区的四大港（射阳港、黄沙港、新洋港、斗龙港）排水入海，该区河网正常水位1.1米，历史最高水位3.57米（1991年7月11日），历史最低水位0.37米（1978年5月8日）。2020年，海安市汛期平均降雨量163.9毫米，与多年平均值相等。水位总体正常，高水位历时短。汛期上、下河平均水位为2.59米和1.31米，均与往年平均水位相当。6月29日13时，通扬河水位3.34米，超警戒水位0.34米；7月19日18时，串场河水位2.13米，超警戒水位0.23米。汛期台风数量较少，第4号台风“黑格比”灾害影响较小，未造成人员伤亡。

全市有一级河7条，长204千米，为栟茶运河、焦港河、北凌河、新通扬运河、通榆运河、如海运河、通扬运河。二级河20条，长314千米，为江海河、滩河、沿港河、丁堡河、南北红星河、东西红星河、友谊河、新古河、春风河、立公河、陈家港河、曲雅河、姜黄河、海溱河、东塘河、串场河、胡墩河、戚湾河、墩白河、瓦南河。三级河346条长1566千米，四级河845条长1668千米。

（王　飞）

建置沿革

【历史沿革】海安是南通地区成陆最早的地方，5000多年前，海安就有人类居住。夏、商、西周属“海阳”地。西周以后至战国，先后属吴、越、楚。据现存的明清时期《如皋县志》记载，春秋时期，海安、如皋一带称郧，又名海阳（今立发）。吴曾在此与鲁、卫、宋相会。秦代属东海郡。西汉元狩六年（公元前117年）始属海陵县地。东晋义熙七年（411年）始建宁海县。南朝泰始七年（471年）析宁海县西境置海安县。不久海安县废，地仍属宁海县。唐初宁海县省入海陵县。唐景龙二年（708年）分海陵县东境置海安县。唐开元十年（722年），海安县省入海陵县，直至明洪武初年，海陵县省入泰州。民国29年（1940年）新四军东进抗日，苏中地区先后建立抗日民主政权，由于战争形势不断变化，海安地区行政区划变迁频仍。民国32年1月建立紫石县，属苏中第三行政区，县名缘于爱国民主人士、原江苏省省长韩国钧的字紫石。民国34年10月，苏皖边区成立，紫石县属苏皖边区第一行政区。民国37年3月，紫石县改名海安县，仍属苏皖边区第一行政区。海安东部为黄海，因海水经常浸淹农田，遂取名海安，取“永不扬波”之意。民国38年4月，苏皖边区政府撤销，成立苏南、苏北人民行政公署，海安县属苏北泰州行政区。1950年1月，海安县划归苏北南通行政区。1953年1月，撤销苏南、苏北两个行署区和南京特别市，建立江苏省，海安县属江苏省南通专区。1971年，南通专区改为南通地区。1983年，江苏省各地区行政公署撤销，实行市管县体制，海安县隶属南通市。2018年，撤销海安县，设立县级海安市。海安市由江苏省直辖，南通市代管。

【建置区划】1949年，海安县有172个乡镇，1952年调整为155个，1956年调整为79个。1958年，改建30个人民公社。1959年调整为40个人民公社，1962年调整为42个。1963—1983年，在43~44个之间变化。1983年，撤社建乡，辖40个乡，3个镇。1986年，李堡乡并入李堡镇，角斜、西场、胡集、南莫、墩头5个乡撤乡建镇。全县有县属镇8个，乡34个。1992年，大公、隆政、吉庆（烈士）、双楼、雅周、仁桥6个乡先后撤乡建镇。1995年6月、8月，分别撤销沿口乡、仇湖乡，设立沿口镇、仇湖镇。年底，撤并乡镇，乡镇总数由42个调整为34个。2000年又调整合并为29个，2001年合并为22个，2004年合并为14个。2011年合并为10个区镇。2016年1月，撤销海安镇，设立中城、南城、西城、北城4个街道，由海安高新技术产业开发区代管。2018年，海安撤县设市，以原海安县行政区划为海安市行政区划。2020年5月，海安市变更部分行政区划，中城街道更名海安街道，南城街道更名孙庄街道，西城街道更名胡集街道，北城街道更名隆政街道，4个街道行政区域不变。年末，全市辖海安街道、孙庄街道、胡集街道、隆政街道，城东镇、曲塘镇、李堡镇、角斜镇、大公镇、雅周镇、南莫镇、白甸镇、墩头镇，206个行政村（含村居合一）、31个社区，有国家级开发区1个（海安经济技术开发区，与城东镇区镇合一）、省级高新区1个（海安高新技术产业开发区）、沿海重点园区

1个（老坝港滨海新区，与角斜镇区镇合一）。（海　鉴）

人口　民族

【人口】新中国成立后，生活水平逐步提高，人口迅速增长。1953—1957年、1962—1970年出现两次人口生育高峰。1971年后计划生育工作逐步加强，人口出生率逐步下降。20世纪90年代，海安进入第三次人口生育高峰，倡导新型生育观，人口增长得到合理控制。1998年，总人口98.9万人，首次出现负增长，人口自然增长率-0.67‰。此后，人口逐年减少。2020年年末，海安市户籍总人口91.41万人，比上年减少7480人。全年出生人口5139人，人口出生率5.60‰；死亡人口10504人，人口死亡率11.44‰，人口自然增长率-5.84‰。迁入人口4142人，迁出人口6192人，净（负）增加人数7480人。全市人口密度每平方千米773人。根据海安市第七次全国人口普查结果，2020年末，全市常住人口87.43万人，比上年增长1.3%，其中，居住在城镇的人口60.12万人、农村27.32万人；男性43.43万人、女性44.01万人，总人口性别比98.68（以女性为100，男性对女性的比例）；人口年龄构成为0—14岁8.38万人，15—59岁50.61万人，60岁及以上人口28.45万人。2010—2020年，全市常住人口增加7997人，增长率0.92%；城镇人口比重提高19.56个百分点；总人口性别提高11.02个百分点。

【民族】20世纪90年代前，海安人口以汉族为主，但也有为数不多的少数民族。后随着经济快速发展，少数民族人口逐年增加，大部分属于婚迁或务工人员。2020年，海安市人口以汉族为主，汉族常住人口87.01万人；少数民族36个，少数民族常住人口4080人，其中，景颇族1人，塔吉克族1人，锡伯族1人，拉祜族2人，佤族2人，高山族3人，哈萨克族3人，裕固族3人，维吾尔族4人，京族4人，仫佬族9人，土族10人，达斡尔族11人，羌族11人，黎族15人，畲族16人，哈尼族18人，水族20人，纳西族20人，普米族22人，藏族24人，傈僳族33人，傣族38人，仡佬族47人，朝鲜族55人，瑶族59人，蒙古族96人，白族104人，满族153人，回族158人，壮族300人，布依族302人，彝族360人，侗族508人，土家族686人，苗族981人。（吴　栋）

方言　风俗

【方言】海安市方言隶属江淮方言区。江淮方言受官话的影响形成上江官话与下江官话。海安地处长江下游地区，在江淮方言区中隶属通泰片，为下江官话。境内方言因地理位置不同分为海安话、东路话、南乡话、下河话四类。东路话又因李堡、角斜近代有启海移民而操吴语，形成当地人能说两种话的现象。海安市区居民大多说海安话，并以市区为中心，向东、向西15千米左右的扇形区域构成方言小区。其他方言有向海安话靠拢，再向普通话贴近的趋势。下河话受海安话影响较明显，南乡话次之；东路话，向海安话靠拢的速度相对较慢。

【风俗】海安市地域在宋、元、明、清时分属泰州、如皋及东台诸邑，民间风俗源流分别与此三地相通。市内以东西向的通扬运河和南北向的串场河为地理分界线，分为3个区域，因自然条件不同，故生产、生活方式有明显差异，形成3个风俗文化区域。河南地区，过去以种植杂粮为主，养猪为其主要副业，乡民相对贫困，民性热情好客，拘守礼数，进取精神相对淡薄。河北地区，以种植水稻为主，渔业养殖为副，百姓出门临河，大都以舟代步，社会流动性较差，民性俭朴，能吃苦耐劳，观念意识相对保守。河东人过去以赶小海（取鱼、捉虾、拾贝）和烧盐为主，农家副业以手工钩结著称。民国初年，一些启海人移居于此，废灶兴垦，带入启海习俗。河东民性精明强干，善于经营，而又勤劳耐苦，敢于开拓。因此，河东地区历来为全市较富之区。海安市区、曲塘、李堡为传统三大重镇，商业繁荣，尤以粮食业与海货为最，商家习俗也多与此相关。中华人民共和国成立后，河南旱改水，河北沤改旱，全域稻、麦、棉、桑普遍种植，自然条件的改善和生产方式的一体化，使风俗区域差异有所缩小。20世纪80年代实行经济改革后，工业、建筑业和商贸服务业、现代农业迅速发展，交通四通八达，社会流动性极大提高，现代信息传播迅速，地区之间声气相通，海安与移民文化、宗教文化、外来文化等交相碰撞、渗透，互为融合、吸收，群众传统的乡土观念发生变化。加之海安深厚历史文化的积淀，孕育了当代海安人勤劳耐苦、海纳百川、创新超越、不断进取、崇文重教的品性，城乡一些风俗逐渐融合于整个现代社会的时尚之中，演变发展成具有海安特色的民俗风情。

（海　鉴）

文化遗存

【青墩新石器遗址】青墩新石器遗址位于海安市区西北20多千米的南莫镇青墩村，总面积7万多平方米。1973年首次发现。1977—1979年3次发掘，试掘面积515平方米，出土大量新石器时代的陶器、玉器、石器、骨器、古尸骨骸和麋鹿角等古生物亚化石及稻谷、核桃等实物资料1000多件，其中带柄穿孔陶斧为国家一级文物，鹿角制作的耒和三叉形投掷器在江苏系首次发现，刻纹骨簪、鹿角具有重要的研究意义。2002年10月，省政府公布其为江苏省文物保护单位。2006年5月，国务院公布青墩遗址为第六批全国重点文物保护单位。

【吉家墩遗址】吉家墩遗址位于海安市区偏北约5千米左右的隆政街道隆政村九组，与西北边青墩遗址相距仅10多千米，是江淮东部地区青墩文化的组成部分。1987年村组开挖鱼塘时，在吉家墩西南约100米处发现古人类的居住遗迹及墓葬遗存，南通博物苑考古专家勘探鉴定为新石器时期居住遗迹。吉家墩遗址还发现新石器时代极其罕见的“树皮葬”现象。

【立发桥石碑】清同治年间（1862—1874年）立发桥石碑于清同治元年（1862年）三月立，由陈士绂、范征华、陈士登、丁远慎、僧静华等募捐建造款，顾元辂题跋，仲续馀书写，金元章修造，此碑现存于立发中学内。民国年间如皋立发桥石碑，立于民国4年（1915年），由如皋沙元炳撰文，顾锡爵书写，倪景山镌刻。碑文主要记载了立发桥地区在春秋、宋朝、清朝等时期的历史，叙述了鲁哀公十二年（公元前483年）吴、鲁、卫、宋等会于郧和吴凿邗沟导淮入海、宋代设海陵监和如皋移县以治等史实，说明了立发桥在历史上的重要地位。

【平倭冢记碑】 平倭冢记碑位于城东镇西场办事处刘景韶纪念馆前院半亭内。碑高196厘米，宽88厘米，碑基高36厘米，为明代嘉靖三十九年（1560年）如皋县知县童蒙吉立。碑文记载明代嘉靖三十九年夏，浙江海防兵备副使刘景韶率兵在西场设伏围困倭寇三昼夜，取得斩敌大酋长以下1572人，活捉15人的战绩。1982年，省政府公布为省文物保护单位。

【韩国钧故居】 韩国钧故居建于清代光绪三十二年（1906年），坐北朝南四进式宅院。厅、廊、庑、轩齐全，槅门、窗扇雕花，古树、奇石映衬。每进有天井相隔，回廊通连，院壁上四体石刻镶嵌。院内存有数十个石鼓、砖雕、字碑，收藏古今字画千幅。门厅上挂国防部原部长张爱萍为故居题额，正厅高悬国民党元老于右任、陈果夫、吴稚晖，江苏省原副省长冷遹秋贺寿匾，抱柱为清代协办大学士翁同龢题联。故居颇具官宦之家的气派，文人宅第的风雅，人称"韩公馆"。后花园火车厢式小花厅为联合抗日座谈会会址，1982年省政府公布为省文物保护单位。2013年5月国务院公布韩公馆为第七批全国重点文物保护单位。

【广福教寺大殿】 广福教寺（又名广福禅寺）大殿建于唐代贞观二十年（646年），宋代景定年间（1260—1264年）扩建，清康熙浙江提督学政陆舜重建。民国年间毁于战火，唯存大雄宝殿。中华人民共和国成立后，大殿一度为省海安中学图书馆，1992—1993年原拆原建于易址的新广福禅寺内。

【宋井】 宋井位于省海安中学校园（原广福教寺内），井口直径80厘米，井深8.8米，弧形井砖，凹凸榫连接。省海安中学按省古建专家提出的保护方案，拨款施工，使宋井得以保护，并为校园增添一处历史景点。2003年，公布为县级文物保护单位。2004年，公布为南通市文物保护单位。

【楠木厅】 楠木厅为清代前期建筑，面阔3间，建筑面积92平方米，主要木结构均为珍贵的楠木，梁柱粗壮，青石柱础，透空木雕，庄重古朴，为苏中地区不可多见的上品居宅。楠木厅原坐落于海安中大街12号，为清顺治云南按察司副使崔之四居宅，后数易其主。1995年8月，旧城改造时为海安交通旅社客房，县政府组织285名民工，将楠木厅主体木结构整体抬移至韩国钧故居西侧。1998年，公布为南通市文物保护单位。2013年5月国务院公布韩公馆为第七批全国重点文物保护单位时，楠木厅亦在其中。（海 鉴）

经济和社会发展

【经济发展】 改革开放以后，经过一代又一代海安人的不断奋斗，赢得"全国百强县""全国中小城市综合实力百强县""全国文明县城""全国绿化模范县""国家卫生县城""全国文化先进县""全国体育先进县""全国特殊教育先进县""全国科技进步先进县"等荣誉。2020年，海安市实现地区生产总值1221.63亿元，比上年增长5.8%。人均地区生产总值14.13万元。财政总收入255.87亿元，其中一般地方公共财政预算收入64.54亿元；财政总支出277.11亿元，其中一般公共财政预算支出128.80亿元。固定资产投资536.88亿元。农林牧渔业总产值134.34亿元。规模以上工业产值1437.09亿元，新兴产业产值、高新技术产业产值占规模以上工业比重分别为46.1%、34.9%。服务业增加值507.31亿元，社会消费品零售总额356.06亿元。外贸进出口总额175.53亿元，实际利用外资3.59亿美元。城镇化率62.69%。全国县域经济综合竞争力百强榜、最具投资潜力中小城市百强榜、工业百强县市、创新百强县市排名继续前移，分别列第24位、第7位、第17位、第15位。

【产业特色】 海安农业以现代畜牧业、蚕桑业、现代渔业为主要特色，先后获评中国禽蛋之乡、中国湖桑之乡、中国河豚之乡。坚持工业强县、物流天下战略，工业、服务业成为海安经济发展的主体。工业重点培育时尚锦纶、纺织丝绸、装备制造、汽车及轨道交通、新材料、电子信息、机器人及智能制造、节能环保、现代建筑、现代家具十大产业

2020年，海安市创成全国文明城市，城市面貌焕然一新。图为东洲公园一景
姜明／摄

集群，2020年十大产业集群（不含现代建筑）实现开票销售1192亿元，占规模以上工业开票销售总额72.72%。海安是中国茧丝绸之乡、中国建筑之乡，获批电梯设备、建材机械、锻压设备、磁性材料四个国家火炬特色产业基地，拥有鹏飞集团股份有限公司、铁锚玻璃股份有限公司、通润汽车零部件有限公司、亚太轻合金科技有限公司、中国天楹股份有限公司五个全国制造业单项冠军示范企业。海安是江苏省委、省政府确定的两个县级枢纽城市之一，持续推进“枢纽、物流、产业”三大优势融合发展，新开行海安至东盟跨境货运班列、上海洋山港和浙江宁波港的铁海快线班列，海安商贸物流园获评全国优秀物流园区，并通过省级现代服务业改革试点验收。2020年，海安市三次产业结构由上年的5.8∶53.9∶40.3调整为5.9∶52.6∶41.5。

【社会民生】 进入新世纪后，海安坚持民生优先，致力民生改善，社会事业不断取得进步。教育教学质量持续领先，高考高分段人数领跑全省，中考综合指标多年列南通市首位，2020年教育现代化省级监测得分92.44。开创中国教育史上群体支教先河，先后派教师到云南、新疆、西藏、陕西等驻点支教，宁蒗支教群体获评江苏“时代楷模”。文化事业焕发新活力，成立海安市融媒体中心（传媒集团），建成文化艺术中心、博物馆新馆、图书馆新馆、青墩遗址博物馆等公共文化设施，举办14届青墩文化艺术节。实施“健康海安”战略，海安市获评国家慢性病综合防控示范区。完善城区“15分钟健身圈”服务功能，体育中心建成开放，2020年全市人均体育场地面积3.77平方米，城乡居民体质测试合格率93.2%，经常参加体育锻炼人口比例40.3%。深化平安法治海安建设，海安获评全国信访工作“三无”市，2005年起连续16年获评江苏省平安县（市）。积极应对人口老龄化，推进“链式养老”服务和医养融合发展，海安被省政府表彰为养老服务体系建设“真抓实干成效明显的地方”。2017年起全面推进乡村振兴，至2020年年底建档立卡人口全部脱贫，海安被确定为省建立解决相对贫困长效机制试点市。2020年，城镇、农村居民人均可支配收入分别为50044元、25176元。新增城镇就业9987人，城镇登记失业率1.72%。社保覆盖面有效提升，城乡基本医疗、养老保险覆盖率分别为98.7%、97.6%，城乡基本养老保险覆盖率列南通市首位。

（陶虹蓉）

2007—2020年海安市地区生产总值（现行价）一览表

表1

年份	地区生产总值（万元）				人均地区生产总值（元）
		第一产业	第二产业	第三产业	
2007	2192881	280242	1167107	745532	23281
2008	2739787	324735	1478092	936961	29206
2009	3045476	351404	1650543	1043529	32509
2010	3604710	387808	1959218	1257684	38532
2011	4360293	435938	2314632	1609723	46599
2012	4881706	484873	2504204	1892629	52047
2013	5736316	489700	2843800	2402815	61008
2014	6350389	521640	3094426	2734324	67400
2015	7332731	544384	3993517	2794830	77896
2016	8128139	566976	4382046	3179117	86543
2017	9180890	595608	4997680	3587602	98150
2018	10481184	622113	5663371	4195700	112711
2019	11312073	661259	6090090	4560724	122362
2020	12216289	718973	6424200	5073116	133096

说明：2017年起，将科技研发投入数据纳入地区生产总值，对2004年以后数据进行调整；2015—2018年，地区生产总值数据根据第四次经济普查数据修订

海安的一天

表2

指　　标	单位	2020年	2019年
每天创造的财富			
地区生产总值	万元	33469.28	31046.78
第一产业	万元	1969.79	1811.67
第二产业	万元	17600.55	16739.97
工业	万元	13898.95	12495.13
建筑业	万元	2707.73	2514.10
第三产业	万元	13898.95	12495.13
房地产业	万元	2183.04	1663.31
财政收入	万元	7010.01	5830.49
粮食	吨	1708.30	1707.98
水产品	吨	129.93	126.21
纱	吨	215.51	310.43
化学纤维	吨	983.17	839.84
每天的收支			
城镇居民人均可支配收入	元	137.11	131.08
农村居民人均可支配收入	元	68.98	63.98
城镇居民人均消费性支出	元	74.61	74.79
农村居民人均消费性支出	元	50.36	51.14
每天对外经济活动			
进出口总额	万元	4808.96	3819.72
出口	万元	3714.24	3084.31
实际外商直接投资	万美元	98.27	87.31
每天人口变动			
出生人数	人	14.08	13.47
死亡人数	人	28.78	23.02

（市统计局）

中共海安市委

CPC Haian Municipal Committee

中央广场

重要会议

【市委十三届全体会议】 市委十三届九次全体会议　2020年8月2日在海安市行政中心东附四楼报告厅召开。会议高举习近平新时代中国特色社会主义思想伟大旗帜，全面贯彻落实省委、南通市委全会精神，总结上半年工作，部署下半年任务，动员全市上下迎难而上、锐意进取，奋力夺取疫情防控和经济社会发展“双胜利”，高水平全面建成小康社会，在新的起点上开创高质量发展新局面。市委书记顾国标代表市委常委会作《夺取双胜利，实现小康梦，在新的起点上开创高质量发展新局面》的工作报告。市长于立忠作会议小结，就如何贯彻落实此次市委全会精神以及相关重点工作进行具体部署。会议审议并通过《中国共产党海安市第十三届委员会第九次全体会议决议》，公布上半年市级机关部门、区镇考核结果，并进行二季度单项流动杯、综合杯竞赛奖杯授杯仪式。

市委十三届十次全体会议　12月31日在海安市行政中心东附四楼报告厅召开。市委书记顾国标代表市委常委会作《振奋精神再出发，科学谋划谱新篇，奋力开启全面建设社会主义现代化新征程》的工作报告。会议肯定2020年工作成效。会议要求，深入学习贯彻党的十九届五中全会精神，认真领会落实习近平总书记视察江苏重要讲话指示精神，准确把握海安“十四五”发展的基础条件，深刻认识海安“十四五”时期面临的形势和机遇，牢固确立“十四五”发展的指导思想、原则和目标，科学谋划“十四五”时期海安发展蓝图。会议指出，要重点抓好2021年经济社会发展工作，不断壮大实体经济，加快构建现代产业体系；全力推进项目建设，持续增强发展后劲；持续扩大开放开发，加快拓展发展空间；坚持科技创新引领，增创区域核心竞争力；统筹城乡融合发展，建设现代化中等城市；践行绿色发展理念，推动环境质量持续改善；实施乡村振兴战略，推进农业农村现代化；持续保障改善民生，增强群众获得感幸福感；切实加强社会治理，提升社会治理现代化水平；毫不松懈抓好常态化疫情防控。会议强调，要深入贯彻落实新时代党的建设总要求，推进党建“十大工程”，提高党建工作水平，为开启全面建设社会主义现代化新征程提供坚强政治保证。

【市委常委会会议】 2020年，海安市第十三届市委常委会召开24次会议，即十三届市委常委会第76次会议至第99次会议。

1月4日，十三届市委常委会召开第76次会议。会议传达学习南通市委十二届十次全体会议精神。讨论政府工作报告（讨论稿）、2020年市政府为民办实事项目计划（讨论稿）、关于海安市2019年国民经济和社会发展计划执行情况与2020年国民经济和社会发展计划草案的报告（讨论稿）、关于海安市2019年预算执行情况和2020年预算草案的报告（讨论稿）。听取海安市第十六届人民代表大会第四次会议筹备工作情况和人大常委会工作报告起草情况汇报，政协海安市第十四届委员会第四次会议筹备工作情况和政协常委会工作报告起草情况汇报。传达上级有关生猪稳产保供会议精神。会议还讨论相关干部人事任免事项。

1月18日，十三届市委常委会召开第77次会议。会议听取市人大常委会、市政府、市政协及市人民法院、市人民检察院党组2019年工作汇报。讨论市委、市政府领导分工调整工作、亿元以上项目招引考核奖励办法、2020年项目审批服务工作考核办法、2019年度总结表彰大会有关事项。

1月22日，十三届市委常委会召开第78次会议。会议研究2019年机关目标绩效考核、区镇目标责任制考核情况。研究部署新型冠状病毒疫情防控工作。

1月28日，十三届市委常委会召开第79次会议。会议专题研究新型冠状病毒感染的肺炎疫情防控工作。

2月8日，十三届市委常委会召开第80次会议。会议研究新型冠状病毒感染的肺炎疫情防控工作。传达学习十九届中央纪委四次全会精神，全国、全省宣传部部长会议及全国、全省、南通市“扫黄打非”工作会议精神。讨论关于认真学习贯彻中国共产党重大事项请示报告条例的通知。会议还研究其他事项。

2月22日，十三届市委常委会召开第81次会议。会议举行市委党的建设工作领导小组会议，研究党的建设相关事项，讨论2020年全市党的建设工作意见，讨论市委常委、市人大常委会和市政协党组负责人、市政府党员副市长党建工作联系点调整方案，听取意识形态工作情况汇报，讨论海安市委常委班子主体责任清单、海安市纪委监委监督责任清单。举行市委应对新型冠状病毒肺炎疫情防控工作领导小组会议，传达学习省新型冠状病毒肺炎疫情防控工作领导小组关于“加强科学防治精准施策，坚决打赢疫情防控阻击战，统筹推进经济社会发展”的指导意见。讨论市委常委会成员、市政府领导班子成员2020年安全生产重点工作清单，研究安全生产工作。传达学习省委关于加强新时代人大工作和建设的意见，省委书记娄勤俭、省长吴政隆在省委人大工作会议暨纪念省人大设立常委会40周年大会上的讲话精神。讨论海安市人大常委会2020年度工作要点、政协海安市委员会2020年度工作要点以及其他事项。

3月7日，十三届市委常委会召开第82次会议。会议学习《新时代公民道德建设实施纲要》。研究2019年市委巡察工作总结及2020年工作计划。讨论关于应对新冠肺炎疫情支持服务业企业健康发展的若干政策意见，2019年关工委主要工作情况和2020年工作要点，市委常委会2020年工作要点，关于成立市域治理体系和治理能力现代化领导小组的通知，海安市党政机关办公用房管理办法，海安市党政机关公务用车管理办法，2020年报南通市先进集体、劳动模范和先进工作者候选名单以及其他事项。

3月21日，十三届市委常委会召开第83次会议。会议传达学习全国、全省、南通市组织部长会议精神。研究扫黑除恶专项斗争工作。学习中共中央办公厅、国务院办公厅印发的关于构建现代环境治理体系的指导意见。讨论关于推行村党组织书记专职化管理的实施意见（试行）、海安市村“两委”班子和村党组织书记综合分析研判实施办法、海安市村党组织书记选拔任用实施办法、海安市村党组织书记教育培训实施办法、关于进一步推进落实“干部为事业担当、组织为干部担当”的若干措施。听取关于普通高中二年级选科问题和海安市信访领域重大风险防范化解工作情况的汇报，研究相关工作。会议还研究其他事项。

4月11日，十三届市委常委会召开第84次会议。会议传达学习全国、全省、南通市统战部部长会议精神。传达南通市落实党风廉政建设责任制领导小组办公室关于对海安市2019年度落实党风廉政建设责任制检查考核的反馈意见，研究整改工作方案，听取2019年度海安市落实全面从严治党责任检查考核情况汇报。讨论市委全面深化改革委员会2020年工作要点、关于调整市委全面深化改革委员会组成人员的通知、关于调整市委全面深化改革委员会专项小组的通知。听取2019年度“谈优谈差”活动开展情况汇报。讨论关于鼓励现代建筑产业高质量发展的若干意见、关于实施应对新冠肺炎疫情支持建筑业健康发展的若干措施。研究开发园区体制机制优化提升工作和有关机构设置改革方案。讨论关于“海陵英才”计划及若干政策的补充意见、关于实施“海陵名家工程”及其配套政策的意见、关于实施“海陵名师工程”及其配套政策的意见、关于实施“海陵名医工程”及其配套政策的意见。

4月24日，十三届市委常委会召开第85次会议。会议传达学习中央、省、南通市政法工作会议精神，讨论全市政法工作会议暨政法干警能力提升年动员部署会方案及相关表彰名单。召开市委全面依法治市委员会会议，研究全面依法治市工作。传达学习省、南通市纪委五次全会精神，研究市纪委十三届五次全会报告及相关会议方案。研究安全生产工作。召开开发园区管理体制优化调整（街道设置）工作领导小组第一次会议，讨论关于成立海安市开发园区管理体制优化调整（街道设置）工作领导小组的通知、关于建立市委常委联系街道制度的通知、关于成立海安市开发园区管理体制优化调整（街道设置）工作人员转隶协调组的通知，听取两区街道办公用房相关情况汇报。讨论关于新时代加强和改进人民政协工作的实施意见、关于加强乡镇政府服务能力建设的实施意见等其他事项。

5月10日，十三届市委常委会召开第86次会议。会议研究开发园区体制机制优化调整有关文件、开发园区管理体制机制优化提升中街道财政财务管理的有关规定、两区“区街分设”生态文明建设工作和安全生产工作职责划分的建议；讨论关于明确海安等七个街道管理范围和办事处驻地的通知，关于明确开发区、高新区与街道职责分工的意见，开发园区体制机制调整后考核工作调整若干意见，开发区、高新区及街道干部人事调整工作操作口径，开发园区管理体制优化调整(街道设置)工作人员转隶基本原则和人员转隶方案。讨论关于城管执法力量下沉改革工作方案。审议关于推进基层整合审批服务执法力量的实施方案。会议还研究其他事项。

5月16日，十三届市委常委会召开第87次会议。会议学习南通市委书记徐惠民在南通市委办公室一支部学习苏州“三大法宝”、答好南通“发展四问”研讨（扩大）会议上的讲话精神。传达学习南通市纪委关于进一步深化党内问责工作部署要求。讨论海安市环境信访问题责任追究实施办法（试行）。传达学习上级国土空间规划相关文件、会议精神，听取海安市国土空间规划编制工作情况汇报。会议还讨论其他事项。

6月6日，十三届市委常委会召开第88次会议。会议传达学习习近平总书记在全国两会期间的重要讲话和全国两会精神。研究党的建设工作，学习《纪检监察机关处理检举控告工作规则》和中央纪委国家监委关于做好失实检举控告澄清工作的意见。传达学习全省党校校长会议精神，研究党校下一步工作。讨论关于加强新时代人大工作和建设的实施意见。研究安全生产工作。学习《江苏省生态环境监测条例》，听取生态环境监测监控能力建设情况汇报。会议还讨论其他事项。

6月20日，十三届市委常委会召开第89次会议。会议研究新冠肺炎疫情防控工作。传达国家统计局第六统计督察组反馈意见整改工作部署会精神，研究统计工作。讨论市委“七一”纪念大会表彰的先进基层党组织、优秀党务工作者和优秀共产党员名单，关于中医院党总支升格为党委的建议方案，市人民医院、市中医院领导职数的建议方案，关于公务员职级晋升的操作方法。会议还研究干部人事工作。

7月11日，十三届市委常委会召开第90次会议。会议传达学习全国、全省常态化疫情防控下兵员征集暨大学生征兵工作会议精神，研究征兵工作。听取2020年意识形态工作情况汇报，研究下阶段工作。听取2020年党风廉政建设和反腐败工作情况汇报，研究下阶段工作。传达学习中央纪委常委、国家监委委员、中央巡视工作领导小组办公室主任王鸿津在第五期全国市县巡察办主任提级培训班上的讲话精神，研究巡察工作。学习《江苏省生态空间管控区域规划》。会议还讨论其他事项。

7月25日，十三届市委常委会召开第91次会议。会议传达学习省“万企联万村、共走振兴路”行动对接工作部署会和南通“千企联千村、共走振兴路”行动对接工作部署会精神，研究海安市贯彻落实举措。研究决胜高水平全面建成小康社会补短板强弱项工作要求、安全生产相关工作、食品安全相关工作、常安纺织科技园生态环境政策集成改革试点实施意见及系列政策、网络安全和信息化工作以及其他事项。

8月3日，十三届市委常委会召开第92次会议。会议传达学习省委十三届八次全体会议、南通市委十二届十二次全体会议精神。讨论市委十三届九次全体会议工作报告（讨论稿）及方案、南通市委十二届十次全会精神贯彻落实情况专项巡察专题情况报告以及海安市党政领导干部防范和惩治统计造假、弄虚作假责任制实施办法。

8月15日，十三届市委常委会召开第93次会议。会议研究全国文明城市创建工作。讨论2020年度海安市推动高质量发展考核办法。研究“宁蒗支教”有关工作。传达南通军分区党委十三届五次全体（扩大）会议精神。会议还讨论其他事项。

9月5日，十三届市委常委会召开第94次会议。传达学习省委、省政府关于深入推进美丽江苏建设的意见，研究贯彻落实意见。传达学习南通市推进市域社会治理现代化试点城市建设有关会议精神，研究贯彻落实意见。讨论海安市委落实南通市委第九轮专项巡察反馈意见相关整改方案。传达学习全国全省农村乱占耕地建房问题整治工作电视电话会议精神，研究贯彻落实意见。讨论贯彻落实《南通市城市绿化管理条例》实施方案。听取全国文明城市创建工作情况汇报。

9月30日，十三届市委常委会召开第95次会议。会议观看警示教育片《叩问初心（第一集）——信仰之失》。传达学习全国加强当前安全防范工作视频会议及江苏省、南通市续会精神，听取平安交通、道路交通安全和餐饮场所燃气安全专项整治情况汇报。研究海安市"十四五"专项规划建议目录。讨论关于做好全市村（社区）"两委"换届工作的意见以及其他事项。

10月24日，十三届市委常委会召开第96次会议。会议传达学习习近平总书记在深圳经济特区建立40周年庆祝大会上的重要讲话精神。听取秋冬季新冠肺炎疫情防控工作情况汇报，研究下一步工作打算。听取"扫黑除恶"专项斗争工作情况汇报，研究下一步工作打算。研究海安市家具产业加快健康发展三年行动计划。讨论关于进一步优化营商环境更好服务市场主体的实施意见以及其他事项。

11月21日，十三届市委常委会召开第97次会议。会议传达学习全国精神文明建设表彰大会精神，总结海安市创建全国文明城市工作。传达学习贯彻习近平总书记视察江苏重要指示和全面推动长江经济带发展座谈会重要讲话精神。传达学习中央纪委国家监委关于强化监督执纪问责着力整治"四风"问题中"低级红""高级黑"的工作措施。研究党的建设工作。学习落实《长三角地区2020—2021年秋冬季大气污染综合治理攻坚行动方案》。讨论关于省委危化品安全生产专项巡视反馈意见整改工作方案、落实南通市委第十轮专项巡察反馈意见相关整改方案。

11月28日，十三届市委常委会召开第98次会议。会议讨论海安市创建全国文明城市表彰大会方案，海安市创建全国文明城市工作先进集体和先进个人表彰名单，关于召开海安市老科技工作者协会第三次会员代表大会的请示、会议方案以及其他事项。

12月30日，十三届市委常委会召开第99次会议。会议传达学习江苏省委十三届九次全会和南通市委十二届十三次全会精神，研究贯彻落实意见。传达学习省委关于落实全面从严治党党委（党组）主体责任意见。听取意识形态工作情况汇报。传达学习中央全面依法治国工作会议及省、南通市相关会议精神，研究贯彻落实意见。传达学习习近平总书记关于平安中国建设重要指示和平安中国建设工作会议精神，研究贯彻落实意见；讨论海安市党政主要负责人履行推进法治建设第一责任人职责评价办法（试行）。学习江苏省城乡网格化服务管理办法。传达学习南通市2020年度迎接省综合考核暨县（市、区）综合考核工作动员部署会会议精神。讨论全国文明城市建设常态长效管理专项行动方案。讨论市委十三届十次全体会议工作报告及方案，研究关于制定海安市国民经济和社会发展第十四个五年规划和2035年远景目标的建议。听取全市第二次党内规范性文件集中清理工作情况汇报。讨论关于加强街道工作力量的若干措施、关于全面加强危险化学品安全生产工作的实施方案、海安市危险化学品使用安全专项治理行动工作方案、关于推进农村区域性医疗卫生中心建设的实施意见以及其他事项。

【专题会议】 *2019年度总结表彰大会* 2020年3月14日，海安市召开2019年度总结表彰大会，会议采用电视电话形式召开，各区镇、部门在各分会场收看收听。会议动员全市上下以先进典型为榜样，以更加昂扬的斗志、更加饱满的热情，奋力开创海安高质量发展新局面。会议宣读表彰决定和通报，播报表彰决定和通报具体名单。会议举行2019年度"红旗区（镇）"、2019年度综合优胜杯、2019年度税收超亿元企业、2019年度六星级企业家等颁奖仪式。

全市招商引资誓师出征动员会 3月10日，海安市召开招商引资誓师出征动员会。会议动员全市上下统一思想、铆足干劲，抢先快跑、率先对接，迅速掀起新一轮招商引资热潮，全面加快"走出去、请进来"步伐，全力以赴实现招商引资"开门红"和"新突破"，为全市夺取疫情防控和经济发展"双胜利"提供坚强保障。会议强调，要始终把重特大项目招引作为重中之重，持续聚焦重大项目招引，千方百计招引一批重量级、龙头型项目，努力在50亿元、100亿元重特大项目的招引上实现更大突破。会议要求，各区镇、各部门、各单位要在招商引资中"再燃激情、再创佳绩"，持续聚焦重特大项目招引和推进，以大招商、招大商促大发展。开发区、高新区、市直属广深招商局负责人接受出征授旗并做出征表态发言。各区镇招商引资分管负责人及市直属招商局负责人领取出征保障包。

制造业高质量发展大会 3月21日，海安市召开2020年制造业高质量发展大会。会议树立任何时候、任何情况下都要高举发展大旗，把工业立市、产业强市作为海安发展的第一方略的鲜明导向；凝聚必须把制造业高质量发展摆在核心位置，任何时候都要支持和服务企业、关心和尊重企业家强烈共识；传递疫情防控必将取得决定性胜利，生产生活秩序必将很快恢复正常，经济发展必将迎来强劲反弹的坚定信念。会议动员全市上下进一步统一思想、激昂士气，坚定不移实施"工业强市"战略，全力推动海安制造业向中高端迈进。会议要求要高质量打造海安制造业集群竞争优势，推动海安制造业平台转型升级，锤炼海安制造业品牌质量标准，优化海安制造业要素保障服务。

全国文明城市创建表彰暨常态长效管理工作推进大会 12月7日，海安市召开全国文明城市创建表彰暨常态长效管理工作推进大会，会议全面回顾创建历程，总结经验、表彰先进，动员全市上下珍惜荣誉、再接再厉，大力弘扬创建精神，不断推进文明创建深入开展，以创建工作所激发出来的热情和干劲，全面推动海安各项事业再创辉煌。公安干

警代表彭爱洲、城管队员代表张健、环卫工人代表金卫莉、物业公司代表阮夕芳、村居工作人员代表朱爱东、城市建设工人代表于洋、志愿者代表王美琴、市民代表储祥梅共同为海安全国文明城市揭牌。会议表彰创建全国文明城市先进集体190个、先进个人431人。市公安局、海安街道、城东镇嘉麟社区、市城管局、市市场监管局、曲塘镇做交流发言。 （市委办公室）

重大活动与决策

【海安争创省高质量发展先进市】 2020年4月27日，海安市在省委、省政府召开的全省2019年度高质量发展总结表彰大会上，被表彰为推进高质量发展先进市，全省仅20家单位获此殊荣，南通唯一；海安市委书记顾国标被表彰为推进高质量发展优秀县（市、区）党政正职。海安坚持“枢纽海安·物流天下”“产业高地·幸福之城”战略定位，提振“见第一就争、见奖杯就夺、见红旗就扛”的精气神，全力建设江苏东部综合交通枢纽、长三角北翼产业高地、全省创新驱动发展示范地区、宜居宜业幸福之城。海安市地区生产总值、工业应税销售、服务业应税销售、固定资产投资等主要经济指标协调发展，保持稳定增长态势，连续八年综合考核列南通市第一位。持续打造海安跨越发展的竞争优势和领先优势，实施“工业强市”战略，实施“5123”工业大企业培育工程，实施“企业创新能力提升三年行动计划”，促进一大批科技资源加快向海安集聚，促进一批企业步入发展“快车道”。项目建设再向高位攀登，年初组建专业招商队伍，专攻10亿元和1亿美元以上重特大项目招引；连续六年开展“月月看、家家到”观摩活动，全面推进项目早落地、早开工、早达产；建立“店小二”机制，优化营商环境，擦亮“海安服务”品牌。民生福祉不断改善，实施民生实事工程，排查解决突出民生问题，城乡基本养老、基本医疗保险覆盖率均列南通第一位，被确定为全省建立解决相对贫困长效机制试点县（市）。全力推进全国文明城市创建工作，深入推进新时代文明实践中心建设试点工作，打造“海安样本”。持续加强党的建设，在全市范围内开展“学习苏州‘三大法宝’、答好南通‘发展四问’”专题学习研讨活动，锻造新时代南通好干部。 （海　鉴）

【新时代南通好干部培养选拔】 2020年3月5日，南通市委书记徐惠民调研新出海口建设情况时指出，要在干大事创大业中发现使用新时代南通好干部，在攻坚克难、千锤百炼中形成“大通州湾”建设精神。海安市委组织部多举措锻造新时代南通好干部，实施“铸魂补钙、精研细判、强基赋能、薪火青蓝、关爱暖心”五大行动，着力打造“勇争一流、勇于担当、勇往直前”的高素质专业化新时代南通好干部队伍。始终把政治标准作为选人用人的第一标准，开列15条负面清单，建立个人自评、群众测评、单位鉴评、政治理论考评、多维座谈访评、联合把关研判“五评一判”工作机制。采取轮训班、中心组学习、领导干部上讲台等多种方式，开展“比学、考学、述学、评学”活动，累计培训干部1.69万多人次。探索建立领导班子和领导干部综合分析研判长效机制，通过调研座谈、考察考核、巡察审计、跟班学习和参加民主生活会等多种形式，全面深入听声音、摸口碑、辨品行、考担当、察实绩。结合届中调整、机构改革、区街分设等契机，实施全覆盖调研，建立干部管理集成系统，开展干部选拔任用“大数据”分析。建立健全“成绩单+综合考评”干部实绩考核评价体系，推行年初任务单、年中对账单、年底成绩单“三单制”，实施拟提拔干部“晒绩”比选制度。坚持干部“需求侧”与培训“供给侧”相结合，建立集中导学、条线培训和自主选学的“1+9+N”培训模式，先后举办主体班、专题班、研修班309期。搭建干事创业平台，推动干部到“三个一线”（区镇基层、经济园区、重点工作）实践锻炼。实施“261”优秀年轻干部培养选拔计划，健全年轻干部选拔链条，公开选调九批优秀青年人才。以制度创新激励干部担当作为，深化落实“三项机制”，先后出台以“思想引领、素质提升、创先争优、关爱暖心”为主题的鼓励激励“四大行动”，发布“干部为事业担当、组织为干部担当”18条46项举措，在全省率先推行科级干部荣誉退休制度，先后评选“最美基层干部”“争先创优先进个人”等先进典型，增强干部担当作为的内生动力和行动自觉。 （顾　明）

【新时代文明实践】 2020年，海安市围绕“123456”（组建一批志愿队伍，统筹网上网下两块阵地，实现市、镇、村三级全面覆盖，实施社会化参与、项目化设计、标准化推进、制度化激励“四化”并进机制，打造理论宣讲、教育、文化、科技与科普、健身体育五大服务平台，升格理论、德法、文明、文化、文艺、社科六类实践基地）工作体系，依托8大平台、6类基地、17个实践所、231个实践站、5000个实践点，常态化开展文明实践活动，形成联系服务群众的“10分钟志愿服务圈”。各级实践组织累计开展集中性、日常性、微小性文明实践活动1.4万多次，将思想、政策、文艺、健康、温暖等“套餐”送到90多万群众身边；网上网下为群众圆梦3160个，实现率超过98%；发布为民办实事项目1295条，完成率100%。中央电视台、中央文明网、《光明日报》《新华日报》等30多家省级以上媒体500多次报道海安经验做法。

11月14日，由新华报业传媒集团、中共海安市委主办“新时代 新思想 新实践”新时代文明实践中心建设全国试点海安样本研讨会在海安举办。省委宣传部副部长、省文明办主任葛莱出席会议并讲话，南通市委宣传部副部长、文明办主任蔡忠，海安市委书记顾国标等领导参加会议。会议回顾总结2018—2020年海安新时代文明实践中心建设试点工作，盘点成果收获，提炼经验做法，交流认识体会，谋划未来发展，推动试点工作进一步深化拓展、走深走实。会上，为与会专家颁发“海安市新时代文明实践中心建设特聘顾问”聘书，6名专家针对海安新时代文明实践研究、调研的情况做交流发言。墩头镇党委书记、新时代文明实践所所长周亚东，城东镇西场办事处爱凌村党总支书记、新时代文明实践站站长储瑞龙交流参与新时代文明实践工作的心得体会；基层理论宣讲志愿者阚海燕交流参与志愿服务的心得体会。会前，与会人员实地调研

海安新时代文明实践中心展馆、立发办事处好人馆、西场办事处爱凌村实践站、蔡正桥优秀文化传承点等处。（涂祖凤）

督查调研

【督查督办】 2020年，海安市委办公室重点做好市委全会、常委会等市委重要会议精神贯彻落实情况和市重大工程、重点工作推进情况的督查工作。做好市委主要领导批示的督查工作，全年办理市领导信访件、批示件等450余件，解决基层各类问题200余件。督办运转上级领导交办信件2件。常态化服务于市委常委会、市四套班子主要领导联席会议和市党政专题会议，组织召开年度总结表彰大会、市委十三届九次、十次全会等重要会议，圆满举办投资贸易合作洽谈会、创新创业在海安、中科院专家走进海安等重大活动，有序完成南通市落实"两个责任"月度检查等系列重要活动，助推全市高质量发展综合考核、项目建设考核等取得优良成绩。

【信息调研】 2020年，海安市委完善调研制度，深入调研全市经济和社会发展方面的重点、难点、热点课题，形成专业性调研文章数十篇。市委办公室编印《市委常委会会议纪要》24期、《调研与信息》12期、《党政专题会会议纪要》4期、《市委常委议军会会议纪要》1期，报送信息4000余条，被上级录用800余条，其中，数条信息被省委领导批示，多条信息被省委办公厅《快报》、南通市委办公室《南通信息》等内刊录用，被省委办公厅评为党委信息工作先进单位。起草重要文稿200余篇，制发市本级公文400余件，办理请示、报告等下级收文35件。运转各类电报和上级党委政府文件2000余份。编印《昨日要情》250期、《一周工作安排》53期。做好党内规范性文件审查、报备工作，向市委报备各类党内规范性文件32件，及时率、报备率、合法合规率均为100%；持续开展第二次党内规范性文件集中清理工作，形成"清理结果目录"，在349件党内规范性文件中，建议宣布废止77件，建议宣布失效48件，建议继续有效212件，12件需做修改。（市委办公室）

巡察工作

【概况】 2020年，海安市稳步推进巡察全覆盖，市委第十一、十二轮两轮巡察，对19个市级机关部门和事业单位开展常规巡察，对63个村（社区）开展延伸巡察，对脱贫攻坚、市政府投资工程变更遗留项目开展专项巡察，对7个单位开展巡察"回头看"。全市单位（部门）巡察覆盖率94.8%，实现对村（社区）巡察全覆盖。巡察发现问题1540个，形成问题线索139条，提出工作建议311条，推动解决民生、信访问题234个，立行立改问题17个。5月中旬至9月下旬，海安市委巡察办配合南通市委做好高标准农田建设等6个专项巡察组联络协调、服务保障等工作。第十一、十二轮对村（社区）巡察初步发现问题1234个，即知即改198条，受理信访96件。"清风扬帆网"宣传巡察组督促基层村党组织帮助老百姓修建水泥路、解决行路难问题，南通电视台报道巡察组帮助解决小区宠物店长期扰民问题。"巡察推动查处市残联康复部原主任吴某贪污、受贿的问题"被南通市委巡察办评为2019年度市县优秀巡察案例，"巡察推动解决水务集团个别职工侵占国有资产、谋取私利的问题"等5个案例被编入《南通市巡察发现典型问题留置案例汇编》，5篇海安市巡察文章发表于《方圆》杂志，《巡察"回头看"，督促追缴长期宕欠公款》发表于《党的生活》（2020年第3期）。

【巡察工作组织推进】 2020年，海安市强化组织领导，市委履行主体责任更加严实，召开书记专题会2次，分别听取市委第十、十一轮巡察综合情况报告；市委巡察工作领导小组指挥更加扎实，召开领导小组会议3次，研究制定工作方案、加强队伍管理、解决矛盾问题等。细化监督内容，进一步修订《海安市对村巡察"数字化"操作规程》，对照省委巡视办公室下发的"对村（社区）巡察监督重点清单"，就3大类、12项监督要点、94个突出问题表现等关键要素，细化分类成498个村类具体状态和616个社区具体状态，通过数字化编码、表格化分析，指引和参考对村（社区）巡察工作，形成海安经验。规范工作流程，严格执行"双底稿"（每人每日工作底稿、巡察报告问题底稿）制度，推动巡察工作流程具体化、精细化、常态化；探索巡察与现代信息技术深度融合，启动巡察整改信息管理系统建设；出台"关于加强市县党委巡察工作档案管理的意见（试行）"，制定巡察档案分类归档标准模板，并配备专用档案室、标准档案橱，订制巡察专用档案盒。严格执行考勤制度、回避制度、保密制度、请销假制度等规章制度，年内抽调1人参加省委巡视工作、2人参加省信用联社巡察组对海安农商行内部巡察，组建20人巡察队伍分别参加南通市委落实"六保"任务、安全生产两项市、县联动专项巡察工作。

【巡察监督协同联动】 2020年，海安市委巡察办公室深化与市审计局、市信访局、市纪委监委信访室等单位、部门协作，发函22份，收集被巡察单位信访举报、案件查处、审计发现问题及制度建设、业务开展等有效信息400多条；市委组织部、市委宣传部同步开展选人用人和意识形态工作专项检查，分别发现问题207个、201个。加强对巡察发现问题线索的分析研判，召开与纪委案件监督管理室、案件审理室联席会议2次，联合处理市委第十、十一轮发现问题线索148条，至12月月初，年度立案67人次，办结24件，待查43件。综合研究巡察中发现的制约高质量发展、群众反映强烈、侵蚀党的执政基础等深层次问题，形成专题报告，第十一轮巡察向市委提交加强国有资产管理和人民法院执行工作专题报告2个，对十一轮巡察综合报告中建议的5家单位、部门发函，推动巡察发现问题的解决。

【巡察问题整改落实】 2020年，海安市坚持"双反馈"机制，邀请市委、市政府分管领导参加分工联系的被巡察单位反馈会，对整改工作提出明确要求；坚持"三方审核"机制，派驻纪监组、巡察组、巡察办共同审核把关整改方案、整改报告，并出具审核报告；建立巡视巡察整改监督机制，深入问题整改现场“回头看”。加强跟踪督办，实现巡察整改动态管理，落实省委巡视整改要求，省委巡视反馈海安的40个问题全部整改到位；在对南通市第九轮高标准农田建设绩效、落实“六保”任务、脱贫攻坚3个专项巡察65个反馈问题实施逐项对账销号管理的基础上，针对南通市委第十轮对安全生产、基层减负工作、落实十二届市委十次全会精神等3个专项巡察提出的46个具体问题制定整改方案，确保按序时整改到位；抽查市委第七轮被巡察单位孙庄村整改情况，实地查阅整改台账，现场协调解决整改困难和问题。深化成果运用，建立“巡察发现问题线索移送办理情况跟踪反馈机制”，确保移交满1年内线索办结率不低于70%。

【巡察干部队伍建设】 2020年，海安市选派1人参加省委巡视、1人到南通市委巡察机构锻炼1年。在2019年巡察人才库的基础上，择优挑选，分别组建193人的市级巡察工作人才库、167人的村（社区）巡察工作人才库，实行“一次一组建，一次一授权”动态管理。强化学习培训，举办理论和实务专题讲座14场次，分2批次安排巡察干部到南通党风廉政建设中心参加培训，组织到张家港、扬州、苏州等地学习交流，巡察前对专兼职巡察干部开展专题培训3天。4月，表彰优秀巡察干部20人，并将优秀巡察人员列为市委表彰对象。

（市委巡察办公室）

组织工作

【概况】 2020年，海安市组织工作在南通市党的建设考核中列第一位，实现“五连冠”。村书记专职化管理省级试点，南通市农村流动党员管理现场推进会、换届业务实训会在海安召开，农村流动党员管理四项基本制度被南通市委组织部转发推广。海安在全省村书记专职化管理调度会，南通基层党建工作重点任务推进会、人才工作领导小组（扩大）会等多个会议上做交流发言。推进重点创新项目和重点课题调研，被省、南通市组工信息录用24篇，刊用数南通第一；被中央组织部组工信息录用1篇，南通县（市、区）唯一。

【基层党组织建设】 2020年年末，海安有基层党组织2196个，其中，党（工）委69个，党总支289个，党支部1838个。市委组织部以提升基层组织力为重点，严密组织体系，出台《各领域党组织书记抓基层党建工作责任清单和党组织标准化建设实施细则》，打造农村“头雁领航巩固提升”、城市社区“红色管家引领突破”、两新领域“品牌党建示范领航”、国有企业“‘三强三优’强企先锋”等特色品牌项目。4月成立物业行业党委，6月召开全市物业行业党建工作现场推进会，出台《关于推进“红色管家”扩面提质工作的意见》，构建“1+4”（加强党的全面领导和便民服务一窗口、综合执法一队伍、镇村治理一网格、指挥调度一中心）基层治理新模式。开展“双创双争”（创建模范机关、先锋支部，争当书记标杆、党员榜样）活动，在南通市率先推行全领域“第一书记”制度，作为县（市、区）唯一代表在南通市机关“第一书记”现场推进会上做交流发言。

【基层骨干队伍建设】 2020年，海安市委组织部建强基层骨干队伍，出台村党组织书记专职化管理“1+3”文件（关于推行村党组织书记专职化管理的实施意见和综合研判、选拔任用、教育培训实施办法），构建以“专职五级二十档”为核心的“五专”管理体系，江苏省《组工研究》刊发经验做法。推进村（社区）“两委”换届，11月26日承办南通市村（社区）“两委”换届业务实训会。全市书记、主任“一肩挑”比例100%。继续实施优秀村（社区）党组织书记选拔招聘事业人员制度，解决6名村（社区）书记区镇事业编制。做好75名大学生村官分流工作，完成首批“定制村干”分配。构建社区工作者队伍“五有五化”（工作有标准，岗位职责清单化；选配有制度，进入渠道规范化；从业有资格，能力素质专业化；发展有空间，职级薪酬阶梯化；管理有指向，绩效考评科学化）管理体系。加强“两新”党务工作者“四专”（专项选任、专业培训、专职管理、专属保障）建设，对全市343名“两新”组织党建工作指导员实行全员资格认证、全程纪实管理。举办农村党组织书记能力提升班、“两新”组织党组织书记示范培训班，开展“我是乡村振兴‘领头雁’”书记大讲坛，提升基层党组织书记队伍能力素质。

【党员队伍建设】 2020年年末，海安市党员总数5.79万人，其中女性1.35万人，占23.4%。农牧渔民2.16万人，占37.31%；离退休人员1.39万人，占24.01%。大专及以上学历党员2.12万人，占36.61%；中专4594人，占7.95%；高中、中技1.13万人，占19.52%；初中及以下2.08万人，占35.92%。党员年龄在35周岁以下9031人，36~45周岁7061人，46~55周岁9183人，56~60周岁5079人，61周岁以上2.76万人。统筹实施“2152”产业工人党员（每年至少引导2000名产业工人递交入党申请书，确定入党积极分子1000人，向重点企业投放定向发展指标50个，发展新党员200人）、“131”“新农民”党员（每年至少引导“新农民”1000人申请入党，培养“新农民”入党积极分子300人，发展“新农民”党员100人）等培养计划，执行发展党员全程纪实，注重在疫情防控一线发现、考验入党积极分子，全年发展党员410人。巩固深化“不忘初心，牢记使命”主题教育成果，制定领导班子、领导干部、普通党员“三张任务清单”。常态开展“红色海陵”主题党日季度展评，举办情景式竞赛，市肿瘤医院党支部“对标英雄忆初心，守护健康担使命”主题党日活动获评南通市主题党日“十佳案例”。巩固深化“风筝”工作法，试点探索“云端”工作法，12月20日召开驻宁流动党员“云”管理现场推进会。落实党内关爱帮扶举措，走访慰问老党员和生活困难党员4501人。

【干部选拔任用】 2020年，海安市贯彻落实“20字”（信念坚定、为民服务、勤政务实、敢于担当、清正廉洁）好干部标准，以“五抓五强”（抓根本强政治，抓关键强引领，抓源头强活力，抓结构强功能，抓作风强担当）行动为抓手，打造“勇争一流、勇于担当、勇往直前”的高素质专业化新时代南通好干部队伍。优化调整省级以上开发园区管理体制机制。制定镇街领导班子、中小学校（幼儿园）校（园）长、公立医院院长队伍建设意见，选优配强领导班子。严格执行“凡提四必”、职数预审、全程纪实、“双向公开”等制度，实施任前政治体检，严把选人用人政治关口。选优配强机关部门和区镇干部队伍，组织干部人事调整12批次，新提拔或进一步使用155人。健全完善年轻干部“选育管用”全链条机制，实施“261”年轻干部选拔培养计划（即到2021年，全市40岁以下正科职干部总数在20人以上，35岁以下科级干部不少于60人，30岁以下科级干部不少于10人），年内新提拔35岁及以下科级领导干部25人。先后召开省委选调生、90后副科职干部和85后乡镇党委副书记座谈会，公开选调第九批优秀青年人才，组织教育体育、卫生健康等专业领域年轻干部遴选，年轻干部在南通90后副科职干部和93后年轻干部综合能力考评中均列第一位。推行青年人才实践锻炼期积分管理考核，实施年轻干部“1234”墩苗计划（集中选派年轻干部10人左右到国家部委、省市机关挂职锻炼，市级机关干部20人左右担任驻村“第一书记”，干部30人到双招双引一线，缺乏基层工作经历的机关年轻干部40人“下乡补课”），全年集中选派中青年干部97人到重点工程、信访等岗位实践锻炼。

【干部教育培训】 2020年，海安市坚持把学习贯彻习近平新时代中国特色社会主义思想，党的十九届四中、五中全会以及总书记视察江苏重要讲话指示精神作为干部教育培训的首要任务，创新“1+9+N”培训模式（组织一次集中轮训，培训内容分经济高质量发展、项目建设和开放开发、科技创新、城乡融合发展、生态文明建设、乡村振兴、保障改善民生、社会治理、全面从严治党九大模块，培训结束后，学员开展调研，提出多条工作思路、建议和工作举措），举办园区高质量发展、长三角一体化等“短精特”专题研修班，完成主体班、专题班、研修班309期，培训干部1.69万多人次。落实上级调训任务，选派科级以上领导干部139人参加各类专题研修班。推动领导干部上讲台，市四套班子负责人带头，科级以上领导干部授课710多人次。实施“双优工程”（优质现场教学点、优质培训课程）创建，打造天楹集团、联发集团高质量发展现场教学点。《构建“精准选题、立体研修、跟踪管理”三位一体专题研修模式，打造高素质专业化干部队伍》获评南通市“十三五”期间干部培训工作重点创新案例。

【干部监督管理】 2020年，海安市贯彻执行个人有关事项报告“两项法规”（《领导干部报告个人有关事项规定》《领导干部个人有关事项报告查核结果处理办法》），完成江苏省管、南通市管和734名海安市管干部集中填报及262名正科职以上干部基本信息采集，集中随机抽查67名市管干部个人有关事项。严格执行重大事项请示报告制度，登记备案领导干部操办婚丧嫁娶等重大事项61件（次）。结合市委巡察工作，对25家单位实施政治监督、选人用人工作和担当作为情况专项检查，通过查阅档案、座谈了解、民主评议及向年度考核成员单位征求意见等方式，查找存在问题，坚持书面反馈、跟踪督查，确保问题整改到点到位。

【激励干部担当作为】 2020年，海安市贯彻落实鼓励激励、容错纠错、能上能下“三项机制”，研究出台“干部为事业担当，组织为干部担当”18条46项举措，支持和保护干部干事创业积极性。加大“三项机制”运用力度，市镇两级鼓励激励64人、容错纠错6人、能上能下12人、澄清保护1人、诫勉处理5人。注重典型引领，编印《案例选编》4期，19篇被省、南通市《案例选编》刊用。强化正向激励，在全省率先推行科级干部荣誉退休，全面落实谈心谈话、“双向约谈”、带薪年休假、优秀公务员健康休养等制度，用好关爱干部专项资金，持续激发“见第一就争、见奖杯就夺、见红旗就扛”的海安干部精气神。

【党员干部现代远程教育】 2020年，海安市委组织部整合“海陵先锋”党建全媒体平台，涵盖3个远教专用网站、1个党建电视专栏、1个广播节目、1个社交软件、1个微信公众号，通过电视专栏《党建之窗》、音频专栏《党员微故事》开展“空中教学”，依托中央、省、南通市教学平台及“海安智慧党建”平台开展“云上教学”。全市有348个远教接收站点，其中，终端站点236个、延伸站点112个，培育20个示范站点，更新236个站点“江苏先锋”智能设备，常态化开展“远教固定学习日”和“集中播放月”活动。开展“党课开讲啦”活动，邀请区镇（街道）党员干部领导、党组织书记、先进模范人物等到基层，采取集体围坐“板凳会”、农家小院“拉家常”和互联网“云端课”等形式开展“党课开讲啦”活动，至年底，1465个基层党组织累计开展3623场（次）活动，线上线下参与党员数量超过15万人次。创作制作党员电化教育精品，打造“远教e课堂”，摄制8集微视频专辑《韶华》，人物事迹片《上阵父女兵》《站岗人》在江苏卫视《时代风范》栏目播出；举办海安市首届党员教育全媒体作品创作大赛；《告时代书》等3部微视频在省党员教育作品观摩交流活动中获奖，13部作品在南通市级获奖。

【机关党建】 2020年，海安市在南通率先推行全领域“第一书记”制度，并作为县（市、区）唯一代表在南通市机关“第一书记”现场推进会上交流发言。组建59个机关青年理论学习小组，常态化开展读书交流、征文演讲、经典诵读等系列活动，经验做法被《江苏机关党建工作简报》单篇刊发、放样全省。强化信息宣传，全年在南通市级以上媒体宣传推介机关党建工作经验做法68篇次，《“四个引领”彰显机关党建“风向标”作用》获评中央和国家机关工委机关党建研究杂志社、全国党建研究会机关专委会优秀成果评选三等奖，“模范机关创建与高质量发展融合推进的实践路径探究”调研成果获评全省机关党建调研成果优秀奖，市级机关工委获评全省机关党建信息工作二等奖。

（曹晓婕）

宣传工作

【学习型党组织建设】 2020年，海安市委围绕《习近平谈治国理政》第三卷、党的十九届五中全会等专题，开展习近平新时代中国特色社会主义思想学习。市委中心组组织集中学习18次、交流研讨6次。推行党委（党组）理论学习中心组“三立”“三会”工作法（立规促学，立范示学，立业伴学；“观摩会”即每月轮流邀请各镇、街道书记列席市委中心组学习会观摩，“交流会”即每月安排两家单位围绕专题交流发言；“指导会”即旁听指导小组每月列席镇街、部门中心组学习会进行全面指导），举办秘书学习会，开展专题读书活动，对基层党委（党组）中心组进行巡学巡听，推动中心组学习制度化、规范化。在《海安日报》开设“学习与研究”专栏，刊发市委中心组成员、处级干部等人员理论文章105篇。推进“学习强国”学习平台使用，海安稿件被“学习强国”学习平台录用数量列南通市第一位。

【理论宣讲】 2020年，海安市紧扣学习贯彻习近平新时代中国特色社会主义思想主线，党员冬训参训率100%。打造“村村到 户户暖 冬训送春风”特色项目，创新“线上线下，大小喇叭”形式，推动党的创新理论“飞入寻常百姓家”。深化“百姓名嘴30×50孵化工程”（市名嘴骨干班成员30人，每人结对村居理论宣讲志愿者50人，走村入户宣讲），累计组织“百姓名嘴”到基层宣讲5000多场。成功举办第四届“草根上讲台，乡音传理论”风采展示活动。举办“山海云牵手”海安—略阳理论宣讲网上“云课堂”，“名师”“名嘴”同台为陕西略阳党员干部、理论宣讲骨干宣讲脱贫攻坚。刘万春撰写的《风云变幻砥柱中流——深度解读总书记的“变局观”》获评江苏省优秀理论宣讲报告，吴兰获评江苏省基层理论宣讲先进个人。“百姓名嘴30×50孵化工程”文明实践志愿服务项目入选全国新时代文明实践试点工作创新案例，南通唯一，《南通日报》专版报道。中央文明办一局负责人就出版《建设新时代文明实践中心指导手册》答记者问指出，海安市“百姓名嘴30×50孵化工程”做法实在有效、值得学习借鉴。《人民日报》《光明日报》《新华日报》、“学习强国”学习平台等省级以上主流媒体聚焦报道海安市理论宣讲特色做法90多次。新冠肺炎疫情期间，组织理论宣讲志愿者原创三句半、顺口溜、方言快板、京戏新唱等28件作品，利用村头1000多个应急大喇叭播放，广泛宣传防疫防控知识。

【核心价值观培育践行】 2020年，海安市下发《践行社会主义核心价值观，争做最美海安人主题实践活动意见》《关于在全市持续开展“我们的节日”主题系列活动的通知》，结合全国文明城市创建、新时代文明实践活动，进一步发挥传统节日思想熏陶和文化教育等功能，将中华优秀传统文化更好融入现代生产生活，促进核心价值观落细落小落实。开展新冠肺炎防控宣传，评选发布10批100位“最美抗疫先锋”，交警大队曲塘中队民警王汉文家庭获评江苏省“最美抗疫先锋”。组织开展典型选树，海安赴宁蒗支教教师群体被省委宣传部授予“江苏时代楷模”称号。全面排查海安当代、近代、古代文化精英、大国工匠、杏林名医等各类优秀人才，向“南通群英馆项目”推荐李文瑞、魏建功、周成虎等170多人。高质量举办2020年南通市文化、科技、卫生“三下乡”活动。

【新闻舆论引导】 2020年，海安市紧扣中心宣传，聚焦学习贯彻党的十九届五中全会精神、决胜全面建成小康社会等重大主题，坚持每月开展“全面小康看海安”全媒体采访走进基层行动，展示海安高水平建成小康社会的进展情况和显著成效；常态化开设好《新时代新作为新篇章》《学习苏州“三大法宝”》《坚决打赢脱贫攻坚战》等专栏，全面展示海安高质量发展的生动实践。强化主题宣传，聚焦“创新创业”主题全方位宣传，邀请人民网、新华网、《新华日报》等中央、省级主要媒体到海安参加新闻发布会；开设《决胜全面小康·决战脱贫攻坚》《打好污染防治攻坚战》《新时代新作为新篇章》《学习苏州“三大法宝”》等专栏，营造向上向好的良好氛围。注重民生宣传，办好《法治热线》《民生热线》《政风行风热线》等民生类栏目，组织媒体及时跟踪报道城市重点工程建设、城建交通工程、民生实事工程等民生热点，提升市民群众对政府工作的认同感。围绕“六稳六保”“高质量发展”“决胜全面建成小康社会”等工作，组织从项目建设、企业复工、外贸经济、春蚕养殖、小麦收割等不同条线和主题，多角度、深层次挖掘新闻素材。新华报业传媒集团、省广播电视总台全媒体先后到海安开展“书记访谈”活动，专题采访

2020年11月14日，海安市委宣传部在墩头镇双新村开展“我给农民讲全会”——党的十九届五中全会精神田间宣讲活动 翟慧勇／摄

市委主要负责人并进行重点报道。南通市级以上媒体录用海安稿件2100篇（条）以上，其中，中央电视台报道39条（《新闻联播》2条），《人民日报》30次，《人民日报（海外版）》40次。《新华日报》刊用海安新闻稿件120多篇，其中，头版22篇、头版头条2篇。依托“中科院专家走进海安”“创新创业在海安”等活动，邀请中央、省、南通市级媒体到海安采访，中央电视台、《科技日报》《新华日报》《文汇报》《新民晚报》及人民网等40多家媒体报道相关活动，突显“枢纽海安、物流天下”“产业高地、幸福之城”“河豚之乡、休闲海安”“创新创业型城市”等城市名片。新冠肺炎疫情期间，上级媒体报道海安疫情防控、复工复产稿件600多篇，其中，中央电视台《新闻联播》栏目、财经频道分别报道海安抗“疫”复工复产做法，《新华日报》、交汇点、荔枝云等省级媒体用稿70篇，“学习强国”学习平台录用稿件85篇。“网信海安”官微推出《E问E答》专栏，累计发布77期300条疫情通报信息。

【网络宣传管理】 2020年，海安市落实网络意识形态工作责任制，与各级党委（党组）签订“网络意识形态工作责任书”，明确责任义务。坚持网络舆情研判月度例会制度，及时排查舆情风险点，提升网络舆情研判分析能力。探索“432”网络综合治理模式（网络力量组织上，“网信+网安+区镇部门+志愿者”四核驱动；载体运用上，“传统媒体+新媒体+社会宣传媒介”三管齐下；治理模式上，“线上+线下”双网联动），以清朗网络环境稳定疫情舆情，“学习强国”学习平台、《江苏舆情观察》等网络宣传平台专题推广。成立海安青年思“享”会，建设“海陵E评”工作室，形成“日推材料、周报网评、月度培训、季度评星、年度选优”的工作机制，得到上级网信部门高度认可。成功举办第十届市领导网友见面会。开展“文明海安潮起来”抖音大赛，举办“幸福城 小康路”摄影作品展，集聚网上正能量。互联网党支部被省互联网行业党委授予先进基层党组织称号，海安、略阳两地网信“山海云牵手”项目获南通市2020年网络文化季优秀项目奖。（涂祖凤）

统战工作

【概况】 2020年，海安市创新打造“统战之家”“党群幸福侨”“留学人员创业园”“营馨家园”“红石榴扶贫基地”“同心荟”“侨胞之家”“村级小微商会阵地”等“一镇一街一品”特色统战工作品牌，继续推进无党派和党外人士、新的社会阶层人士统战工作，归国留学人员统战工作实现新突破，市归国留学人员联谊会全年开展会员活动3次。加强统战队伍建设，3月28日召开全市统战工作会议，5月20日组织部分乡镇统战干部到高邮市考察学习统战阵地建设、大数据平台打造、基层统战工作等方面的经验做法，5月28日组织120人参加海安市全面从严治党统战工作专题培训，提升统战工作水平。年内，海安应邀参加全国民族团结进步创建经验交流现场会，鑫缘茧丝绸集团获评全国民族团结进步示范单位，江苏省民族团结进步创建工作经验交流会、南通市统战部部长座谈会在海安召开，海安在南通市党的建设考核中统战工作位列第一。

【无党派和党外人士统战】 2020年，海安市做好无党派和党外人士统战工作，先后走访慰问少数民族代表人士、非公经济代表人士、宗教代表人士、新的社会阶层人士等无党派和党外代表人士，8月12日召开党外人士情况通报会，了解其生活和工作情况，听取对政府工作的意见、建议。鼓励无党派和党外人士积极参与社会公益事业，9月4日，市委统战部、市党外知识分子联谊会卫健分会在胡集街道兴环村开展“送医下乡·公益义诊”活动。全年，举办党外人士培训班2期。5月25—29日，海安市党外青年干部培训班在海安中专开班，党外青年干部39人参训；11月23—26日，举办全市第八期党外代表人士培训班，党外科级领导干部、党外政协委员、人大代表、统战社团骨干等50人参加。

【新的社会阶层人士统战】 2020年，海安市探索推进新的社会阶层人士统战工作，邀请市文联主席徐进分别做“百年大变局 世界与中国”和全国“两会”精神学习讲座专题讲座。推动新的社会阶层人士联谊交流，1月3日，市新的社会阶层人士联谊会（简称市新联会）开展2020年首次理事会活动；4月22日，成立以新的社会阶层人士（网络作家）参与为主的“南京、南通、泰州三市网络文学论坛——海安创研基地”，市新联会副会长、网络文学协会主席、网络作家段武明（笔名卓牧闲）创作的《朝阳警事》获第二届泛华文网络文学（现实题材类）“金键盘”奖；6月12日，市新联会二届二次会员大会在泛书房召开；11月19日，市新联会举办流金岁月——“经典再现”电影艺术家红色之旅（海安站）活动。推动网络人士统战工作，先后召开部分网络代表人士座谈会、统战工作推进会议暨网络人士统战工作会议、交通运输发展规划网友座谈会，发挥网络舆论阵地作用，助力海安经济社会发展。6月，南通市委统战部到海安调研网络人士统战工作，实地考察网络人士所在组织“海安网”编辑部、海安义工联。

【民族团结进步工作】 2020年，海安市民族团结进步工作全国示范，鑫缘茧丝绸集团获评全国民族团结进步示范单位，全省唯一。7月13日，省委统战部、省民族宗教委员会到海安调研民族工作，了解海安宁蒗支教、东桑西移、企业民族团结进步、学校民族团结教育等情况。9月，海安市委书记顾国标作为全国唯一县级代表，在全国民族团结进步创建经验交流现场会上做《三十二载接续奋斗八千里路风雨兼程 教育合作架起民族团结的桥梁》的交流发言。11月11日，全省民族团结进步创建工作培训班暨经验交流会在海安召开，与会代表们观看海安少数民族文化才艺展示，参观海安宁蒗支教图片展览馆、海安街道二里社区、明道小学集团丹凤校区、鑫缘茧丝绸集团等示范点。海安《石榴花开别样红，民族团结共追梦》《海安牵手宁蒗打造“扶智扶志”新样板》获全国统一战线“脱贫攻坚 奋斗有我”随手拍大赛图片类二等奖，为江苏所获最高荣誉，南通唯一。《海安牵手宁蒗打造“扶

2020年11月12日，海安街道少数民族群众在"红石榴家园" 阅读学习

翟慧勇／摄

智扶志"新样板》《苏中纺织扶贫车间，托起少数民族姐妹稳稳的幸福》《石榴花开 幸福海安》分获江苏省"助力小康·奋斗有我"统一战线微视频创意大赛图片类一等奖、三等奖、优秀奖，《情系石榴籽 共绘同心圆》获视频类优秀奖，海安在南通市内获奖等级最高、数量最多。

【宗教事务管理】 2020年，海安市有宗教活动场所16处，其中，佛教13处、道教2处、基督教1处。设立宗教团体1个，即市佛教协会。开展"平安宗教活动场所"创建活动，制定《海安市宗教活动场所安全工作整治方案》，市民宗局与宗教活动场所签订安全工作责任书。市委统战部、市应急管理局、市消防大队联合邀请专家对宗教活动场所进行安全检查，查出安全隐患212条，下发安全隐患整改通知书76份，所有隐患均整改到位。省民族宗教事务委员会两次到海安检查指导宗教活动场所安全管理工作。全年宗教活动场所安全无事故。开展宗教活动场所法治建设，省民宗委、南通市民宗局先后到海安调研宗教活动场所"四进"活动（国旗、政策法规、优秀传统文化、社会主义核心价值观进宗教活动场所）开展情况，实地参观广福禅寺法治宣传阵地、法治文化建设、社会主义核心价值观示范基地等阵地建设现场。8月21日，南通市宗教活动场所法治宣传阵地建设部署会在海安召开，会议上举行"南通市宗教活动场所法治宣传阵地创建示范点"揭牌仪式。依规审批新建和改扩建宗教活动场所，推进星级宗教活动场所创建提档晋级，全市获认定四星级宗教活动场所6个、三星级宗教活动场所3个。探索宗教文化事业区域合作新路径，苏州市寒山寺与海安白龙寺、太仓市同觉寺与海安报本禅寺签订战略合作协议，打造宗教工作跨江融合发展新样板。

【涉侨事务管理】 2020年，海安市办理好涉侨行政事务，提升为侨服务水平。在各区镇、街道开展"三调查"活动，分别调查华人、华侨、归侨、侨眷等基本情况，涉侨企业运行、国内外交流情况及其侨务工作，侨务工作组织网络、平台载体建设以及活动。建立健全电子台账，实行动态跟踪管理，做到全市侨界人士"五清"（海外关系清、家庭成员清、生活状况清、个人情况清、参与社会事业热情度清），掌握第一手人才资源。办理"三侨生"（归侨青年、归侨子女、华侨在国内的子女）身份认定28人、涉侨考生身份认定9人。关爱海外侨胞，助力海外同胞疫情防控。4月14日，开展捐赠海外侨胞防疫物资发送仪式，市委常委、组织部部长、统战部部长奚荣华与马达加斯加海安籍侨领朱文杰、新西兰海安籍侨领周杰祥进行视频对话，了解其抗击疫情的状况，并代表市委、市政府表达关心之情，4万个口罩等防疫物资被发往马达加斯加、法国、美国、葡萄牙、新西兰等国家和地区。9月29日，举办侨界人士"迎国庆·话中秋"座谈会，意大利、安哥拉、俄罗斯、苏里南等国家的在海安侨领参加活动。

（王俊哲）

精神文明建设

【群众性精神文明建设】 2020年，海安市坚持每季度在各村居设立一次"善行义举榜"，在各行业设立一次"最美人物榜"，在全市开展一次"海安好人"评选。诚实守信典型王加银、助人为乐典型尤晨光、助人为乐典型岳继峰入选"江苏好人"，其中尤晨光入选"中国好人"。王汉文家庭等3人组入选南通市文明新风典型。制定《海安市道德模范与身边好人奖励帮扶和礼遇实施办法》，明确10条常态化帮扶礼遇举措。在海陵公园建设海安好人馆，宣传好人事迹，弘扬好人精神。组织"践行核心价值观"主题实践活动，开展"好家风好家训""星级文明户""五好家庭"等评选活动，以优秀的"家文化"涵养新时代乡风文明，李堡镇杨庄村获评全国文明村，海安街道蒋龙生家庭获评全国文明家庭。制定《海安市推进婚丧礼俗改革工作管理办法》，明确规定"红白事"办事规模、参加人数、份子钱等标准，落实情况纳入村民星级文明户评比和各区镇文明创建杯考核。疫情发生后，制定并推广《海安文明新风"16讲"》，集中整治市民随地吐痰、不文明遛狗、车窗抛物、逆向行驶、损坏公物等行为，提升市民文明素质。

【未成年人思想道德建设】 2020年，海安市累计有8万多名中小学生以及村民、居民、家长近40万人次参与各项主题教育活动，80多项活动被"学习强国"江苏平台、交汇点、江苏文明网等媒体报道，在《海安日报》、海安电视台、悦海安等媒体上同步开设《礼韵海陵》专栏，刊播专版50多个，报道相关活动

140多次。江苏省海安高级中学获评第五届全国未成年人思想道德建设工作先进单位。

加强未成年人理想信念教育。深化“扣好人生第一粒扣子”主题教育，开展“社会主义核心价值观在我心中”微讲堂比赛、“我是小小红色讲解员”大赛、“向国旗敬礼”知识竞赛等活动，教育引导未成年人自觉践行社会主义核心价值观。加强红色教育，开展“网上祭英烈”“七彩的夏日”红色之旅活动，邀请抗战老兵讲述英雄故事30场；开展“红色小棉袄”送温暖等活动70场；组织青少年居家开展“云上拥军爱军，致敬最可爱的人”系列活动，参与人数1万多人次。开展网上童诗童画微视频创作、与湖北武汉儿童“云结对”、网上升国旗等活动，引导未成年人投入防疫抗疫。

关爱未成年人健康成长。成立心理健康教育中心组，举行心理健康教育、家庭教育讲座、团辅活动108场次，承办南通市心理健康教育研讨培训班，录制“抗疫‘心’指南”“暑期‘心’指南”12期，评选心理健康教育优质课14节、优秀案例32篇。实施“守护花开　一路‘童’行”项目，全市88家江苏省、南通市文明单位结对帮扶519名留守儿童，《海安市构建留守儿童健康成长“生命树”》被《江苏宣传工作动态》刊载。

探索文明礼仪养成新举措。创新“月习一礼　一校一仪”活动品牌，城南实验小学“幸福成长——十岁成长仪式”、明道小学“开笔礼——入学仪式”、城南实验中学“青春逐梦 不负韶华——青春仪式”等活动放样全市，自主设计“八礼四仪”校园漫画系列公益广告12幅，引导未成年人学礼仪、知礼仪、行礼仪。实施“1+N”基地联盟创建工程，以海安市文明礼仪养成教育实践基地为龙头，组织13家文明礼仪养成教育实践基地与全市各中小学、各社区（村）建立共建机制，举行“文明艺起来”“亲子共读”、文明礼仪知识讲座等活动，推进文明礼仪进基地、进家庭。

打造特色文化品牌。做好“家乡文化”，开展“我为家乡代言”“非遗进校园”等主题活动，推介海安的青墩文化、非遗文化、乡风乡韵等。做精“好少年文化”，开展新时代好少年选树学习宣传活动，评选“海安市新时代好少年”46人，明道小学程子轩获评“新时代江苏好少年”。做专“劳动美文化”，12月15日，召开海安市新时代中小学劳动教育现场会，发布劳动教育“六个一”项目（一个“童”字系列评选、一套精品课程建构、一批示范基地创建、一道文化景观探究、一群劳模走进校园、一场主题成果展演），“童”字系列活动中，29篇作品获省级奖项，4名教师获评优秀指导老师，4所学校获优秀组织奖，获奖等次、数量居南通前列；城南实验小学劳动场景在央视展播；江苏省海安中学劳动实践被教育部点名表扬。

（徐　译）

2020年10月26日，海安市墩头镇中心小学邀请抗美援朝老兵陈松谷给学生们上爱国主义教育课，加强未成年人理想信念教育　　周强　刘志彬／摄

【志愿服务】 至2020年年末，海安市有注册志愿者26.76万人，占城镇常住人口50.11%。志愿服务总时长874万小时，人均时长32.67小时。活跃志愿者26.37万人，活跃度98.54%。达欣集团实施的“幸福改造家”文明实践志愿服务项目获第五届江苏省志愿服务展示交流会金奖，南通唯一。（费海霞）

◆ 附

海安市主要志愿服务组织

福缘志愿者服务大队　2020年，海安福缘志愿者服务大队下设16支特色小分队，有志愿者1800多人。联合新时代文明实践中心、退役军人事务局在全市推广实施拥抱老兵——绿色就业“直通车”项目，获南通市第五届青年公益项目大赛金奖。禁毒“游艺”进校园项目获江苏省志愿服务大赛二等奖，受益青少年2000多人。实施“福佬”空巢行动项目，与城南实验小学学生共同服务二里社区、平桥社区“空巢老人”200余户。实施“福娃”项目，开展“福娃大团聚，亲子一日游”“六一爱心传温暖，彩画义卖献福娃”等活动，获第十二届中国青年志愿者优秀项目奖。人民网、美丽江苏网、《南通日报》《江海晚报》等媒体先后报道福缘志愿者服务大队40多次。（吴志元）

惠心志愿服务社　2020年，海安惠心志愿服务社有注册志愿者1108人，获评南通市优秀志愿者服务组织。聚焦服务“一老一小”，做好“一小”服务，持续实施“守护花开”项目，在双溪小学创新推动“童趣惠学”项目，承接的市妇联首届创投项目“智慧父母”通过家长沙龙、微讲堂、亲子主题活动为家长教育子女提供支持。做好“一老”服务，承接的省妇联社工服务项目“爱在芳华”为年老有需求的“三八红旗手”15人提供个性化菜单服务，搭建交流平台；实施的海安市第一届公益创投项

目“银龄伙伴”为泰宁村的结对独居老人10人提供关爱服务，“暖心助老”为七星湖社区的独居老人5人提供定期上门访视服务。此外，开展第五季助盲活动——“助你看世界”同游黄海森林公园活动、防控新冠肺炎疫情心理援助公益行动，产生较好反响。（徐 颖）

义工联合会 2020年，海安义工联合会有志愿者5400人。坚持项目常态化开展，实施的“爱·陪伴”助老敬老公益项目服务市内敬老院22家、老人3000人。开展“点单服务”，为南莫镇朱楼村孤寡、残疾及特困老人60人提供志愿服务。实施的“520·爱在身边”助学公益项目，全年发放助学金46人12.3万元。创新实施“公益开放日”志愿服务培训公益项目，为学校、单位和党建群建活动搭建平台，培养志愿者。参与疫情防控，传递正能量。开设“疫战有我”“直击抗疫一线”微信公众号专题，运用视频、朗诵、文字等形式宣传科学抗疫，原创方言快板深入大街小巷、田间地头；开展抗疫物资捐赠，向市人民医院、市中医院等5家单位捐赠护目镜400副，为云南宁蒗海安班的孩子采购医用口罩4000只。（王美琴）

机构编制

【概况】 2020年，海安市严格机构编制常规管理，健全完善“互联网+机构编制”新模式，发挥“一体化”平台作用，确保基础数据准确翔实；开展党政机构改革后首轮权力清单调整工作，重新梳理确认28个部门权力清单；依托事业单位监管与服务平台，推进年度报告公示工作，组织开展事业单位法定代表人培训；建立海安市编外人员管理系统，加强编外人员日常管理。严格控制和优化配置机构编制资源，强化安全生产监管领域机构编制保障，推动机构编制资源优化配置；推进全市中小学“三定”（定职能、定机构、定编制）工作，市委编办、市教体局按类别选择具有代表性的中小学开展调研，在摸清相关学校的职能履行、内部管理架构、人员编制配备情况以及运转困难等情况的基础上，按先分类试点后全面推开的方式，指导各学校形成“三定”规定和“两张清单”（职责事项清单和公益服务事项清单）；完成市域治理现代化指挥中心编制人员划转，核定事业编制27人、实有21人，政府购买服务29人。严格机构编制日常监督检查，围绕推进基层整合审批服务执法力量、公益类事业单位改革等年度重点工作，常态化跟踪问效，科学评估各单位（部门）的机构编制配置效益；落实机构编制法定化，市委编办、市委组织部、市人社局、市财政局、市纪委监委等部门建立联合监督机制，加大机构编制法律法规、政策规定的宣传落实力度，坚决查处违反机构编制法规、条例等情况。

【事业单位登记管理】 2020年，海安市办理事业单位注销登记81家，变更登记373家；变更机关统一社会信用代码证24家；变更群团统一社会信用代码证2家。开展机构改革后事业单位登记管理工作“回头看”，建立涉改单位登记任务清单，逐一核查登记事项，确保涉改单位登记事项全部办结。依托事业单位信用等级评价系统，从事业单位的业务活动和公益服务行为、登记管理机关对事业单位监管、相关管理部门对事业单位监管、其他信用状况等方面，对事业单位开展信用等级评价工作。优化办事流程，建立事业单位“不见面”工作制度，采取“网站+电话+工作群+远程协助”模式，做到登记事项一次性告知、一次性办结。（姜 蕙）

党校工作

【干部培训】 2020年，海安市委党校举办主体班次30期，培训干部2775人次，培训班次和人数较上年均大幅增加，超额完成年初制定的主体班培训计划任务。每个主体班次均设置专门的“党性教育单元”，党的理论教育和党性教育课程不低于总课时的70%，党性教育课不低于总课时的20%。首次采取春季班和秋季班集中开班，合班大课与分班授课相结合，充分利用教学资源，提高培训效率。创新授课形式，综合采用案例式、研讨式、情景模拟式等，提升培训效果。

【科研资政】 2020年，海安市委党校围绕经济社会发展过程中的各个专题开展研究，撰写科研文章。先后在《江苏党校报》《江海纵横》《现代商贸工业》及“学习强国”学习平台等媒体上发表各类文章30余篇、网评20多篇。1篇文章入选第九届江苏党的建设高层论坛，1项课题入选江苏省社科应用精品研究工程，2项课题获评江苏省党校系统优秀课题，1篇文章参与第十七届长三角地区党校校长论坛，另有10余人在各级征文、演讲比赛中获等级奖。围绕海安经济社会发展大局，结合热点焦点难点问题，开展调查研究，撰写决策咨询报告。全年，向市委、市政府呈报《党校思考》10期，9期被市委领导批示，其中5期被市委主要领导批示。

【党校理论宣讲】 2020年，海安市委党校发挥理论优势，组建理论宣讲队伍，打造“理论面对面，宣讲心连心”党校宣讲品牌。教师中2人入选党的十九届四中、五中全会精神海安宣讲团，4人入选海安市党员教育“百人讲师团”。宣讲团队打通理论宣讲“最后一公里”，深入企业车间、乡间田头，先后为部门、区镇街道、社区村居群众宣讲100多场，听众逾万人。

【党校新校区建设】 2020年，海安市委党校新校区建设作为市政府重点工程，投资1.5亿元，占地2公顷，教学综合楼建筑面积约2.1万平方米，综合服务楼建筑面积约1.6万平方米。新教学区和生活服务区成为集培训、科研、食宿于一体的多功能现代化干部培训中心，可同时满足6~8个班同时学习培训，信息化程度、智能化水平等均居南通市县级党校前列。（魏 玮 陈 露）

老干部工作

【概况】 至2020年年底，海安市有离退休干部党组织96个，离休干部210人、退休干部9803人。海安老干部工作以党的政治建设为统领，实施离退休干部党组织“六有一提升”（有党的组织、有领导班子、有工作制度、有组织活动、有作用发挥、有工作保障，提升组织力）、离休干部看病就医“三有一落实”（有就医绿色通道、签约服务医生、自付医疗费补助办法，落实好离休干部提高医疗待遇政策）、老干部工作“素质提升”和“银发生辉”志愿服务四项工程，年终考核列南通市第一位。注重调查研究，形成高质量调研报告7篇，1篇获全省重点课题调研成果二等奖，在各类媒体上用稿270多篇。实施“素质提升”工程，举办科级退休干部培训班2期，对全市离退休干部党组织书记106人开展政治理论、党建业务培训。市老干部青松艺术团获评江苏省群众文化“百千万”工程优秀文艺团队、全省离退休干部先进集体，市老干部红枫志愿服务大队获评南通市“最美老干部志愿服务团队”。

【老干部党建工作】 2020年，海安市离退休干部党组织全部通过省级达标验收，获评省级示范支部1个、南通市级示范支部3个，创建首批示范支部10个。结合区、街道分设改革，新成立街道离退休干部党组织7个，重新组建社区老干部党支部21个。完善“五联五共”（组织联建共谋、阵地联创共用、活动联办共抓、党员联抓共管、保障联促共享）模式，将离退休干部党建融入城市社区党建，经验做法被《中国组织人事报》推介，获评全省离退休干部党建创新典型案例。建立离退休干部党组织按期换届提醒督促机制，28个党支部完成换届选举。打造“一支部一品牌一特色”，“红枫家园”“红色领航·银助立发”“银耀天平·法泽海陵”3个党建品牌获评南通市老干部局党建“十佳品牌”。

【离退休干部服务管理】 2020年，海安市细化离退休干部签约医生服务、政府购买服务、个人定制服务、社会志愿服务“四服务”举措，依托“安康通”养老信息服务平台，将离休干部245人列为政府购买服务对象，拓展送学上门、家政服务、精神慰藉等服务内容。固化离休干部家庭签约医生“1+3”模式，分别从区（镇）医院、市中医院、市人民医院选择擅长老年病防治的医生，与离休干部签订“1+3”（1名离休干部签约3家医院）服务协议，形成就近方便、中西医结合的签约服务保障团队。疫情期间，专门成立服务小分队，向在海安的离休干部和县处级退休干部赠送“防疫大礼包”，为空巢、独居和有特殊困难老干部提供代购药品、代缴水电燃气费等系列服务。制定实施干部荣誉退休制度，分两批次为年内退休的市管干部38人举行集体荣誉退休仪式，《中国老年》、“江苏老干部”学习平台等媒体进行专题报道。拓展“连心大走访、结对暖人心”活动，面对面收集老干部意见、建议，每名工作人员每月电话联系结对老干部不少于2次，编印“文件学习资料”送学上门。

【老干部发挥正能量】 2020年，海安市实施“银发生辉”红枫志愿服务工程，建立健全260多人的“银发人才库”，组织老干部围绕助力脱贫攻坚、乡村振兴、文明城市创建、社会治理等开展志愿服务活动。疫情期间，全市老干部捐款93万余元支持抗疫，创作抗疫诗词书画作品500多幅，“南屏老兵”“老书记突击队”等红枫志愿服务组织的老干部积极参与基层联防联控。市老干部活动中心将党的理论和路线方针政策融入文艺节目中，全年到学校、乡村、企业开展惠民演出16场，市老干部诗书画研究会送春联到村（社区）5次、市老干部京剧协会送演出进校园2场。注重典型激励，4月16日，召开“银发生辉”红枫志愿服务总结表彰大会，制作《红枫燃情·爱满海陵》纪实片，表彰“最美夕阳标兵”10人、优秀红枫志愿者20人。市委将“七一”表彰5%的名额给予老干部党支部和老干部党员。《中国老年报》《银潮》以及“江苏老干部”“学习强国”学习平台等省级以上媒体宣传报道海安老干部先进典型事迹130余篇。

【老干部文体活动】 2020年，海安市老干部局常态化开展主题教育，举办十九届五中全会精神、意识形态专题辅导讲座，编印《习近平总书记关于老干部工作重要论述汇编》，组织开展“学习苏州‘三大法宝’，答好南通‘发展四问’”专题研讨和“畅谈奔小康，助推双胜利”“我看脱贫攻坚新成就”等活动。系列化开展颂党爱党活动，通过看、说、讲、演等形式，围绕建党99周年，举办“追寻红色印记·抒发爱党情怀”摄影书画展、“讴歌共产党·建功新时代”文艺演出；围绕纪念抗日战争胜利75周年，开展“离休干部‘红色记忆’主题访谈，讲述‘我的初心故事’”活动。组建红枫宣讲团，开展“三进三讲”（进村居、进校园、进企业，讲红色故事、讲革命历史、讲光荣传统）活动35场次。传承红色精神，聘请老干部担任苏中七战七捷纪念馆、角斜“红旗民兵团”史绩陈列馆等红色史馆义务讲解员。丰富老干部业余生活，组织全市63家单位的老干部1037人参加“我们的节日·重阳”老干部棋牌球比赛。（黄　钰）

海安市人民代表大会

Haian People's Congress

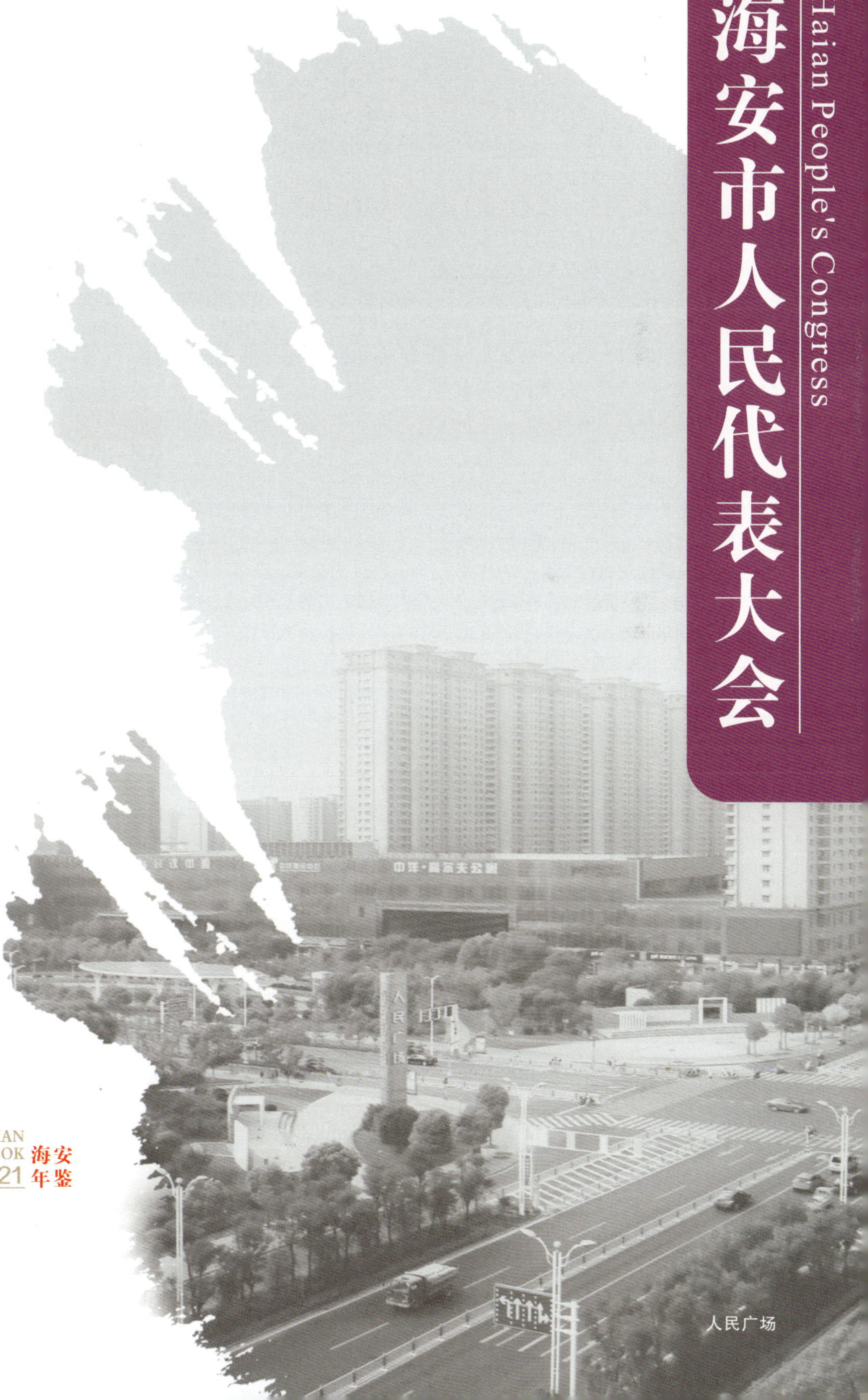

人民广场

重要会议

【概况】 2020年年初，海安市第十六届人民代表大会第四次会议召开。全年，市人大常委会召开常委会会议10次，听取和审议专项工作报告25项，形成审议意见13项，作出决议、决定12项，依法任免133人次。召开主任会议17次，听取工作汇报23项。

【十六届人民代表大会第四次会议】 2020年1月17—20日，海安市第十六届人民代表大会第四次会议在市文化艺术中心举行。会议听取市政府工作报告、海安市2019年国民经济和社会发展计划执行情况与2020年国民经济和社会发展计划草案、海安市2019年预算执行情况和2020年预算草案，并提请大会审议。会议听取市人大常委会工作报告、市人民法院工作报告、市人民检察院工作报告，同意并决定批准。大会通过议案审查报告，通过关于市人民政府工作报告的决议、关于2019年国民经济和社会发展计划执行情况与2020年国民经济和社会发展计划的决议、关于2019年预算执行情况和2020年预算的决议、关于市人大常委会工作报告的决议、关于市人民法院工作报告的决议、关于市人民检察院工作报告的决议。

【市十六届人大常委会会议】 2020年，海安市第十六届人大常委会召开10次会议，即市十六届人大常委会第28次会议至第37次会议。

2月27日，市十六届人大常委会召开第28次会议。会议学习习近平关于新冠肺炎疫情防控工作的重要指示精神以及省人大常委会关于依法防控新冠肺炎疫情切实保障人民群众生命健康安全的决定；传达学习省委关于加强新时代人大工作和建设的意见以及娄勤俭、吴政隆在省委人大工作会议暨纪念省人大设立常委会40周年大会上的讲话精神。听取和审议有关人事任免议案。表决通过相关人事任免事项。讨论市人大常委会2020年度工作要点。被任命人员做拟任职发言，并进行宪法宣誓。

3月27日，市十六届人大常委会召开第29次会议。会议学习习近平关于生态文明建设的重要思想，并进行环境保护法知识讲座。听取关于“深入践行新发展理念，推动高质量发展走在前列的议案处理情况”的报告。听取和审议部分南通市人大代表履职情况报告及人事任免议案。作出关于“深入践行新发展理念，推动高质量发展走在前列的议案”立案的决定。听取和审议关于全市环境状况和环保目标完成情况暨生态文明建设议案落实情况的报告、市政府关于全市2020年突出环境问题清单的报告及市人大相关调查情况的报告。表决通过人事任免议案及“关于环境状况和环保目标完成情况暨生态文明建设议案落实情况、突出环境问题清单编制情况”的审议意见。对政府相关报告及南通市人大代表履职报告进行满意度测评。

4月15日，市十六届人大常委会召开第30次会议。会议听取并审议关于提请审议变更部分行政区划的议案。决定同意部分行政区划变更方案，由市政府依法报南通市政府批准后实施。

4月30日，市十六届人大常委会召开第31次会议。会议听取和审议相关人事任免议案。表决通过相关人事任免议案。被任命人员做拟任职发言，并进行宪法宣誓。

5月28日，市十六届人大常委会召开第32次会议。会议学习习近平在十三届全国人大第一次会议上的讲话。听取和审议关于决胜高水平全面建成小康社会推进情况的报告，关于“深入践行新发展理念，推动高质量发展走在前列”的实施方案，市政府关于2019年度市人大常委会决议、决定、审议意见执行办理情况的报告，关于人大代表评议住建局、行政审批局工作整改意见办理情况的报告，关于新增地方政府债券纳入预算管理草案的报告，关于新增地方政府专项债券纳入政府性基金预算的报告，并专题询问决胜高水平全面建成小康社会推进情况。听取和审议关于市人大常委会刑事审判工作审议意见办理情况的报告、关于《江苏省河道管理条例》《南通市水利工程管理条例》执法检查情况的报告和相关人事任免议案。表决通过相关决议、决定、审议意见、人事任免议案，并对相关报告进行满意度测评。被任命人员做拟任职发言，并进行宪法宣誓。

7月28日，市十六届人大常委会召开第33次会议。会议学习习近平在企业家座谈会上的重要讲话。听取和审查市政府关于请求批准2019年度市本级及高新区财政收支决算草案的报告，作出关于批准2019年市本级及高新区财政收支决算的决议。听取和审议市政府关于2019年度市本级预算执行和其他财政收支情况的审计工作报告、关于2020年上半年国民经济和社会发展计划执行情况的报告、关于2020年上半年财政预算执行情况的报告，形成相关审议意见。听取和审议关于检查《国务院殡葬管理条例》《江苏省殡葬管理办法》执行情况报告，形成相关审议意见。对政府相关报告进行满意度测评。

10月8日，市十六届人大常委会召开第34次会议。会议学习省人大常委会常务副主任、党组副书记李小敏在全省人大监督工作会议上的讲话。听取和审议相关人事任免议案。听取和审议关于2020年市政府民生实事工程调整情况的报告、市政府关于2019年度国有资产管理及国有企业运行情况的综合报告、关于海安市乡村产业振兴情况的报告及市人大相关调查情况的报告、关于商事审判工作情况的报告及市人大相关调查情况的报告。形成相关审议意见。就龙头医院重点专科建设情况做专题询问。表决通过相关人事任免议案。被任命人员做拟任职发言，并进行宪法宣誓。

10月29日，市十六届人大常委会召开第35次会议。会议解读《南通市住宅物业管理条例》主要内容。听取和审议关于全市打赢脱贫攻坚战及建立解决相对贫困长效机制试点工作情况的报告及市人大相关调查报告、关于加强教师队伍（含校园长队伍、骨干教师队伍）建设推进海安教育持续高质量发展情况的报告及市人大相关调研报告、关于2020年市政府民生实事工程实施情况的报告及市人大相关调查报告、关于海安市物业管理条例执法检查的报告。形成相关审议意见。表决通过相关人事任免议案。被任命人员做拟任职发言，并进行宪法宣誓。

11月27—28日，市十六届人大常委会召开第36次会议。会议解读《江苏省宗教事务条例》主要内容。听取和审议市政府关于2020年市本级及高新区财政预算调整方案（草案）的报告及市人大相关调查报告、海安市人民法院审判质效情况报告、海安市人民检察院办案质效情况报告及人大相关调查报告、关于2019年度市本级预算执行和其他财政收支审计整改情况的报告及市人大相关调查报告。听取和审议市人大常委会任命人员报告履职情况。形成相关审议意见。审议通过《关于批准2020年市本级及高新区预算调整方案的决定（草案）》。对2020年向市人大常委会报告履职情况的人员进行满意度测评。

12月28日，市十六届人大常委会召开第37次会议。会议学习中国共产党第十九届中央委员会第五次全体会议公报和中央政治局常委、全国人大常委会委员长栗战书在第七个国家宪法日座谈会上的讲话精神。听取和审议关于2020年市本级财政预算调整方案（草案）的报告、关于市十六届人大四次会议代表建议办理情况的报告及市人大相关调查报告。听取和审议相关代表辞去代表职务的议案、关于召开海安市第十六届人民代表大会第五次会议的决定（草案）。形成相关审议意见。审议通过2020年市本级财政预算调整方案（草案）的报告、关于召开海安市第十六届人民代表大会第五次会议的决定（草案）以及相关代表辞去代表职务的议案。组织观看市人大常委会2020年重点督办建议完成情况的视频，对重点督办建议办理情况进行满意度测评。（储鹏飞）

人大监督

【概况】 2020年，海安市人大常委会紧贴市委推进经济高质量发展的主题，立足小康社会全面建成、产业发展转型升级、国有资产使用管理三个方面，依法有效监督，助推市委决策部署落地见效。精准监督生态环境建设、为民办实事项目实施、公共服务共建共享，推进民生改善。高频次开展执法检查，强化司法监督，推动严格执法守法、公正司法，提升区域法治创建水平。全年，开展执法检查9项、专题询问3次，审查规范性文件14件，组织代表评议2个部门工作，督办代表议案建议362件。

【经济工作监督】 2020年，海安市人大常委会围绕经济高质量发展，对代表提出的《关于深入践行新发展理念，推动高质量发展走在前列的议案》作出立案决定，调研半年、全年计划执行情况，听取和审议高质量发展监测指标完成情况报告，支持政府做好“六稳”工作，落实“六保”任务，推动高质量发展持续走在全省前列。围绕五个小康短板指标组织专题询问，听取和审议打赢脱贫攻坚战及建立解决相对贫困长效机制试点工作情况报告。组织“十四五”规划编制调研，召开座谈会13次，听取各方意见、建议。

围绕产业强市建设，跟踪建设全省创新驱动发展示范地区的议案年度办理情况，推动创新链与产业链有效融合。调研金融服务助推实体经济发展情况，支持政府提升政策效应。专题审议乡村产业振兴情况报告，支持政府始终坚持农业科技创新。

围绕国有资产使用管理，听取和审议财政预决算、审计等报告，审查批准决算、市本级及高新区预算调整方案，依法推进预算绩效管理。6月，预算联网监督系统全面上线，构建“发现—交办—整改—反馈”闭环式运行机制。专题听取市政府及相关部门审计整改情况报告。重点预审市商务局、农业农村局、交运局、退役军人事务局、海安中专等2021年部门预算，建议调增收入预算64.82万元，增加支出预算5341.27万元，调减相关支出预算50万元。审议国有资产管理和国有企业运行情况的综合报告，提出深化改革创新、健全现代企业制度、完善监管体系等意见。跟踪新增地方政府专项债券资金使用情况，依法批准政府债务限额，打好防范化解重大风险攻坚战。

【民生事业监督】 2020年，海安市人大常委会围绕生态环境建设，先后听取和审议全市环境状况和环境保护目标完成、生态文明建设议案办理及突出环境问题清单整改落实情况的报告，要求实施环境问题清单式整治、销号式管理。跟进城乡污水处理一体化实施情况，推动完善政策机制，强化企业监管和设施建设。

因疫情影响，市人大常委会第三十四次会议批准微调2020年政府为民办实事项目。主任会议听取农村公路提档升级、桥梁建设和亮化、安全智慧工程实施情况的报告，视察调研水利、教育、城建交通重点工程和小区电动车充电桩建设情况，推动重点项目建设。11月，专题审议实事项目完成情况工作报告，并提出意见、建议。电动自行车集中充电桩建设项目获省人大常委会领导的批示和肯定。

围绕全国文明城市创建，听取城中村土地流转绿化建设管理、“微空间”治理以及街区改造情况的报告，力促相关部门提升精细化、常态化管理水平。听取市政府应对新冠肺炎疫情、推动突发公共卫生事件应急体系建设情况的报

2020年7月17日，南通市人大常委会到海安调研科技进步发展情况。图为调研组一行在中丝鑫缘生物科技展厅参观 姜明/摄

告，促进增强全社会公共卫生意识，提升公共卫生应急处置能力。专题询问重点医院重点专科建设情况，支持与外地知名医院加强人才、技术等方面合作。围绕高水平提升教育质量与核心竞争力提出意见，要求加大教师补充和校园长培养力度，提升教师队伍整体素质。听取文旅融合发展情况汇报，要求持续扩大“青墩”“523”等文旅品牌影响力。关注残疾人就业权益保障和优抚政策落实情况，推进加大残疾人职业技能培训力度和优抚投入，落实惠残服务政策。

【司法监督】 2020年，海安市人大常委会加强法律法规执行监督，先后审议市人民法院商事审判工作情况报告，听取市人民检察院开展公益诉讼情况、服务保障民营经济发展情况的报告，要求立足发展大局，转变司法理念，优化资源配置，增强司法服务经济发展的法治效果和社会效果的统一。聚焦市人民法院、市人民检察院办案质效和“政法干警能力提升年”活动情况，督促在高质、高效上下功夫，加强队伍建设、完善质效考评制度，提升司法效能。关注未成年人刑事检察工作，促进推动关口前移，加强未成年人犯罪预防。

【执法检查】 2020年，海安市人大常委会对《中华人民共和国消防法》《中华人民共和国土壤污染防治法》《国务院物业管理条例》《国务院殡葬管理条例》《江苏省河道管理条例》《江苏省宗教事务条例》《南通市水利工程管理条例》以及《全国人大常委会关于全面禁止非法野生动物交易、革除滥食野生动物陋习、切实保障人民群众生命健康安全的决定》等法律法规开展执法检查，从精选议题、前期调研、制订方案、组织学法、实施检查、撰写报告、审议监督、跟踪落实等八个环节优化程序，要求相关部门完善体制机制，强化管理治理，提升法律法规实施效果。针对《中华人民共和国安全生产法》的贯彻实施，启用执法检查和专题询问，推进安全生产“一法一条例”严格执行，10个重点部门和单位的负责人就如何落实整治措施现场作答并表态。

【专项工作评议】 2020年，海安市人大常委会组织评议商务局工作，要求商务工作要注重量质并举，提升产业发展层次和利用外资水平，加快流通业态创新。关注产业重大项目、上湖创新区、新通扬河生态区建设情况，推进破解瓶颈制约，加快建设进程，尽快形成新的增长极、增长点。调研建筑业法务保障工作，促进建筑业高质量发展。听取土地利用“五化并进”和土地管理“六力驱动”机制双轮融合情况的报告，建议用好“增量”，盘活存量，保障产业发展空间。开展司法局工作评议，调研“七五”普法情况，督查《中华人民共和国民法典》等新颁布、新实施法律的宣传，要求结合实际，丰富普法形式，加大普法力度，深化基层矛盾纠纷多元化解，提供高质量法律服务，夯实良法善治的基础。围绕“扫黑除恶”专项斗争，力促强化办案攻坚、强化长效管理，增强百姓安全感。全年，接待涉法涉诉群众，受理并交办信访事项107件，接待信访人员100多人次。（储鹏飞）

人大任免

【概况】 2020年，海安市人大常委会依法规范任免133人次。按照法定时间节点、程序要求，制定规范流程，依法组织任前法律知识考试、任前承诺等人事任免和宪法宣誓活动。“一府一委两院”负责人34人和员额法官、检察官15人向常委会提交履职报告，接受满意度测评。对其中口头报告的6人，由常委会负责人带队，分别到其单位开展测评，个别座谈听取意见，并形成评价意见报市委。开展任后监督，增强任命人员尊崇宪法、遵守法律、依法行政的意识。

【人员任免】 海安市第十六届人大常委会第二十八次会议决定任命吉临兆为市人大常委会财经工委主任，周道为市人大常委会人事代表工委主任，许应军为市人大常委会内务司法工委主任，马艺文为市人大常委会教科文卫工委副主任，夏卫军为市政府办公室主任，周小军为市发展改革委主任，袁加根为市民政局局长，周平为市司法局局长，沈宏华为市人社局局长，许金龙为市住建局局长，吴昊为市城管局局长。免去花桂平市人大常委会财经工委主任职务，仲向阳市人大常委会人事代表工作委员会主任职务，李宏林市人民法院副院长职务，周明、孙国祥、李云市人民法院审判员职务，李如生市政府办公室主任职务，吉临兆市民政局局长职务，徐向东市司法局局长职务，周道市人社局局长职务，沈宏华市住建局局长职务，夏卫军市发展改革委主任职务，袁加根市城管局局长职务。接受花桂平、仲向阳、于木军辞去市第十六届人民代表大会常务委员会委员的请求，接受花桂平辞去市第十六届人民代表大会财政经济委员会副主任委员职务的请求。

市十六届人大常委会第二十九次会议决定免去卢义林市人民法院民一庭庭长、审判委员会委员的职务。

市十六届人大常委会第三十一次会议决定任命吴炜、刘志国、戴晓晨为海安市人民政府副市长。

市十六届人大常委会第三十二次会议决定任命季拥军为市人大常委会海安街道工作委员会主任，周海冰为市人大常委会孙庄街道工作委员会主任，储祥兰为市人大常委会隆政街道工作委员会主任，周龙法为市人大常委会胡集街道工作委员会副主任，韩春生为市监察委员会副主任，刘昌海为市人民法院审判委员会委员、民事审判第一庭庭长，许晓莉为市人民法院李堡人民法庭庭长，孙翠燕为市人民法院高新区人民法庭庭长，曹震宇为市人民法院曲塘人民法庭庭长，毛蓉为市人民法院民事审判第一庭副庭长。免去储祥兰市人大常委会人事代表工作委员会副主任职务，仲月军海安高新区人大工委主任、南城街道人大工委主任职务，孙卫华市北城街道人大工委主任职务，金德平市西城街道人大工委主任职务，罗晓冬市中城街道人大工委主任职务，朱斌市监察委员会副主任职务，刘昌海市人民法院民事审判第一庭副庭长职务，许晓莉市人民法院刑事审判庭副庭长职务，孙翠燕市人民法院曲塘人民法庭庭长职务，曹震宇市人民法院李堡人民法庭庭长职务，毛蓉市人民法院李堡人民法庭副庭长职务，丁培培市人民法院高新区人民法庭庭长职务，王永兰市人民法院审判员职务，姜锋市人民检察院检察委员会委员、检察员职务，周桂喜、龙海燕市人民检察院检察员职务。接受王银俊、仲月军、顾仁军辞去市第十六届人民代表大会常务委员会委员职务，丁维春辞去南通市第十五届人民代表大会代表职务。

市十六届人大常委会第三十四次会议决定任命卢林、夏卫军为海安市人民政府副市长，张育为市人大常委会民宗侨台工作委员会主任，周龙法为市人大常委会胡集街道工作委员会主任，朱志亮为市市场监管局局长，许祥法为市城管局局长，印创新为市监察委员会委员，刘兴海、卢雨阳、王林、陆兴逢为市人民法院审判员。免去卢忠平、彭晓红海安市人民政府副市长职务，陈鸣市人大常委会民宗侨台工作委员会主任职务，姜同泉市人大常委会内务司法工作委员会副主任职务，张育市市场监管局局长职务，吴昊市城管局局长职务，丁金林市监察委员会委员职务。接受马善华、严长军、陈鸣辞去市第十六届人民代表大会常务委员会委员职务。

市十六届人大常委会第三十五次会议决定任命丁仁清为市人大常委会立发办事处工作委员会副主任，徐小宏为市人大常委会洋蛮河办事处工作委员会副主任，魏旭为市人大常委会西场办事处工作委员会副主任，马海莲、张梅华、赵秋、徐志杨、唐涛、崔蓉为市人大常委会海安街道工作委员会委员，王宇、王开余、仇春东、杨春、曹培、曹为华为市人大常委会胡集街道工作委员会委员，王晓鸣、吴志国、陈小云、周静、贲越、韩忠兵为市人大常委会孙庄街道工作委员会委员，王林、毛太军、许小妹、孙玉华、周亚萍、奚勇为市人大常委会隆政街道工作委员会委员，石高山、李卫军、陈希芳、顾敏玲、黄俊山、崔荣稳为市人大常委会立发办事处工作委员会委员，王传威、田桂华、仲荣森、吕斌、陶艳、崔蓓蓓、蔡琴为市人大常委会洋蛮河办事处工作委员会委员，王万章、朱忠银、陈亚冬、杭永兰、姜哲、储瑞龙为市人大常委会西场办事处工作委员会委员。

市十六届人大常委会第三十七次会议决定接受储开银辞去南通市第十五届人民代表大会代表职务，曹许平、丁佐梅辞去市第十六届人民代表大会代表职务。（储鹏飞）

代表工作

【代表作用发挥】 2020年，海安市人大常委会不断拓展代表活动，组织代表参加评议、执法检查和专题视察，发挥代表参与常委会工作的作用。代表1200多人参与评议司法局、商务局工作，走访联系选民10035人，提出建议意见596条。分别邀请代表52人、45人列席常委会会议、政府常务会议。出台“关于加强新时代人大工作和建设的实施意见”，持续开展“代表高质量履职助推高质量发展”“五知四会三有”和“走送督”履职为民主题实践活动，支持和保障代表依法履职。发挥代表之家、代表联络工作站、代表履职基地平台作用，市级领导干部代表23人回原选区开展联系选民活动。加强代表履职能力建设，实施常委会会议首要议程学习制度，推进党组会、主任会学习常态化，举办专题讲座8场、学习研讨活动6次。

【代表建议督办】 海安市第十六届人大四次会议期间，市人大常委会收到代表建议362件，仲月军等人大代表提出的《关于深入践行新发展理念推动高质量发展走在前列的议案》被立案，确定重点督办建议9件。市人大常委会加大代表建议督办力度，由监委派员和各工委组成的督查组全程跟踪代表建议交办、督办、评价等各个环节，探索闭环管理

海安市第十六届人大四次会议优秀代表建议一览表

表3

建议人	建议标题	代表队	建议人	建议标题	代表队
仲月军	关于深入践行新发展理念 推动高质量发展走在前列的议案	孙庄街道	陈　敏	关于进一步加强农贸市场管理的建议	立发办事处
顾仁军	关于完善农村公路亮化工程的建议	角斜镇	李其荣	关于加快并规范安置房建设的建议	洋蛮河办事处
许小妹等10名代表	关于推进蚕桑产业振兴的议案	隆政街道	于清山	关于维修、改造、新建健身步道的建议	大公镇
王家安等11名代表	关于进一步重视改善和大力发展农村居家养老服务的议案	大公镇	许海涛	关于增加农村社区老年人活动场所的建议	李堡镇
王启涛	关于加强农村“三资”管理特别是用工管理的建议	南莫镇	王长荣	关于加大对历史资源保护和开发利用力度的建议	雅周镇
莫春年	关于加大353省道道路安全隐患治理的建议	南莫镇	卢丽云	关于对接2013年前事实用地村民的社会保障的建议	雅周镇
刘秀红	关于完善学校课后延时服务的建议	南莫镇	许应军	关于全力打造全要素“超市式”网格化服务管理一站式实体平台的议案	墩头镇
徐兴华	关于加强物业管理监管，重点解决电动车充电难、停放难问题的建议	胡集街道	王希桂	关于强化新型职业农民培训工作的建议	隆政街道
梅广稳	关于进一步推进科技人才队伍建设、夯实海安高质量发展根基的建议	海安街道	吉祖荣	关于调整设计规范，扶持企业改善职工住宿条件的建议	曲塘镇

机制。农贸市场升级改造、小区电动车充电桩建设、课后延时服务、农村公路亮化、353省道安全整治等9件重点督办建议由常委会负责人领衔督办，重点建议回复快、回声响，群众受益面广、获得感强。市人大常委会专题听取办理情况汇报，同时进行审议测评，一批群众关心的热点、难点事项得到较好落实。从收到的办理回复情况看，解决或基本解决的（A类件）301件，占建议总数的83.2%；解决中或已列入计划解决的（B类件）45件，占建议总数的12.4%；因受条件限制或其他原因暂时不能解决的（C类件）16件，占建议总数的4.4%。从收到的代表对建议办理反馈意见看，代表满意件357件，满意率98.6%；基本满意件4件，基本满意率1.1%（1件因代表过世未评价）；无不满意件。

◆ 阅读延伸

深入践行新发展理念　推动高质量发展走在前列的议案（摘要）

案由：南通市十五届人大四次会议期间，南通市委书记徐惠民在参加海安代表团讨论时，勉励海安要以“高质量发展争第一、百强排名进二十”为奋斗目标，突出发展高质量，为南通追赶超越、争当先锋贡献力量。

案据：从新时代发展要求看，推动高质量发展是大势所趋。党的十九大报告中指出：“我国经济已由高速增长阶段转向高质量发展阶段，正处在转变发展方式、优化经济结构、转换增长动力的攻关期”，中央经济工作会议也强调：“推动高质量发展是当前和今后一个时期确定发展思路、制定经济政策、实施宏观调控的根本要求”，中央就推动高质量发展进行八个方面的部署，省委提出“六个高质量”的具体要求，南通市委把争当“一个龙头、三个先锋”作为推动高质量发展的目标方向。从海安自身发展看，推动高质量发展走在前列是必然要求。海安发展从乡镇企业到外向型经济，再到创新型经济，走的就是一条发展质量提升之路。对照高质量发展要求与指标评价体系，海安在经济总量、产业结构、生态环境、公共服务等方面的发展还不平衡、不充分。这些需要认真研究，准确把握高质量发展的内涵要求，更加突出运行质态、改革创新、绿色生态、共建共享，全力打造产业高地，聚力建设幸福之城。

方案：围绕“高质量发展争第一、百强排名进二十”的奋斗目标，必须全面践行“以人民为中心”的发展思想和“创新、协调、绿色、开放、共享”新发展理念，全力打造更高水平的对外开放新局面。必须坚定不移走生产发展、生活富裕、生态良好的发展道路，积极推动经济发展从要素推动向创新驱动转变。

1.坚持提质增效，推动产业转型发展高质量。大力发展实体经济，围绕好“5123”大企业培育工程，实施一批投入总量大、技术水平高、产业带动力强的技改项目，推动产业迈向中高端。全力抢抓项目招引，以招大引强选优为导向，始终把项目招引和建设放在头版头条，加快重特大项目落地落实。深入推进创新驱动，大力培育高新技术企业，主动融入长三角科创圈，打造区域科创产业化基地和高端人才创新创业基地。加大人才集聚力度，实施更加积极的创新创业激励和人才吸引政策，确保各类人才引得进、用得好、留得住。推进两区管理体制机制改革，推行“一区多园”管理模式，高标准打造机器人及智能制造产业园、电子信息产业园等七大专业园区。持续优化营商环境，确保营商环境评价全省领先。

高质量发展，就是既要重视数量更要提升质量、既要规模扩张更要结构升级，体现更讲质量、更讲效益的根本要求。坚持“亩产论英雄”，建立以设备投入为核心的项目用地制度，以“入库税收”为核心的企业评价制度，促进质量效益明显提升。加强对项目亩均产出、税收贡献等要素的全程监管，把有限资源向主导产业、重点园区、优质大项目、效益好企业集聚。建立以提高全要素生产率为导向的企业综合效益分类评价制度，实施用地、信贷等差别化政策，倒逼企业、行业转型提升。

2.坚持绿色生态，大力建设宜居宜业幸福城。突出生态优先，推动环境质量根本好转。坚决打赢污染防治攻坚战，加大环境执法力度，坚守生态环保底线。统筹城乡发展，提升城市品质内涵。完善城市公共配套设施建设，全面提升城市规划、建设、管理水平，推进城市管理精细化；坚持城乡一体化发展，加快实现城乡基本公共服务均等化；加快“四好农村路”、通信、供气等基础设施建设，推动城乡基础设施互联互通。建设美丽宜居乡村。持续深化镇村人居环境整治三年提升行动，着力创建特色田园乡村。

3.坚持民生优先，持续增强人民群众获得感。坚持以人民为中心，高度重视民生保障，做到政策优先、财政投入优先，实实在在解决涉及人民群众的具体问题。优化教育卫生资源配置，扎实推进教育、卫生基础设施建设，加大教师队伍建设，切实解决“大班额”“上学远”等突出问题。全面推进医疗保障领域各项改革，加快推进基层医疗卫生机构建设，提升基层医疗卫生服务能力。大力发展文化产业，叫响公共文化服务品牌。实施更加积极的就业政策，推动城乡居民收入持续增加。健全完善多层次社会保障体系，加大养老服务体系建设，大力提升养老机构服务质量，促进养老事业健康发展。

【基层人大代表履职】 2020年，海安市人大常委会结合区、街道改革，探索建立街道选民代表议政制度，指导4个人大街道工委制定工作方案，选聘选民代表249人，召开选民代表议政会，设立专业议政小组，强化履职活动组织。实施镇民生实事项目代表票决制全覆盖，出台“关于进一步健全完善镇街生态环境状况报告制度的指导意见”，全市镇、街道人大开展生态环境报告工作，形成决议20项，交办问题109个，整改到位105个。海安基层人大工作创新做法得到省、南通市人大常委会肯定。（储鹏飞）

海安市人民政府

Haian Municipal People's Government

政府广场

重要会议

【市政府全体（扩大）会议】 2020年，海安市第十六届人民政府召开2次全体（扩大）会议。

4月30日，海安市十六届人民政府召开第八次全体（扩大）会议。会议的主要任务是贯彻中央、江苏省、南通市关于统筹推进疫情防控与经济社会发展最新部署要求和市委十三届八次全体会议、市“两会”精神，回顾总结一季度工作，安排部署二季度工作，动员全市上下坚定信心、鼓足干劲，担当作为、追赶超越，夺取疫情防控和经济社会发展“双胜利”，开创海安高质量发展新局面。市委书记顾国标到会讲话，市委副书记、市长于立忠做工作报告。市四套班子负责人参加会议。

10月24日，海安市十六届人民政府召开第九次全体（扩大）会议。会议的主要任务是总结2020年前三季度工作成绩，研究部署四季度工作，动员全市上下决战决胜四季度，全面冲刺全年各项目标任务，夺取“双胜利”、实现小康梦，为全市“十四五”发展奠定坚实基础。市委书记顾国标到会讲话，市委副书记、市长于立忠做工作报告，市四套班子全体负责人参加会议。

【市政府常务会议】 2020年，海安市第十六届人民政府召开12次常务会议，即市十六届人民政府第35次常务会议至市十六届人民政府第46次常务会议。

2月10日，海安市十六届人民政府召开第35次常务会议。会议讨论海安市因病支出型贫困家庭救助实施细则、关于表彰奖励“9·9”特大抢劫杀人案件侦破工作先进集体和人员的请示、关于落实《政府工作报告》2020年主要任务责任分工方案。研究安全生产工作情况和下阶段工作举措、生态文明建设工作情况和下阶段工作举措。

3月4日，海安市十六届人民政府召开第36次常务会议。会议传达学习中央全面依法治国委员会第三次会议精神、《突发公共卫生事件应急条例》《国家卫健委、最高人民法院、最高人民检察院、公安部关于做好新型冠状病毒肺炎疫情防控期间保障医护人员安全维护良好医疗秩序的通知》《江苏省委办公厅、省政府办公厅关于改革和完善疫苗管理体制确保疫苗安全和供应保障的通知》《江苏省内部审计工作规定》《南通市治超办关于转发〈无锡市政府“10·10”312国道锡港路上跨桥桥面侧翻事故调查报告〉的通知》。通报关于全面开展安全生产派驻督导工作的通知、海安市突发事件总体应急预案以及危险化学品事故灾难、生产安全事故灾难、重特大火灾事故、突发地质灾害、粮食、价格异动、重污染天气、新通扬河三里闸应急水源地突发环境事件、辐射事故、境外劳务纠纷及相关突发事件、生活必需品市场供应、城镇燃气突发事件、供水突发事故、建设工程安全事故、农业重大有害生物灾害、突发重大动物疫情、海洋渔业安全生产事故救援、气象灾害、食品安全事故、特种设备安全事故、药品和医疗器械安全突发事件等应急预案。讨论海安市被征地农民社会保障实施办法，关于应对新冠肺炎疫情支持服务业企业健康发展的若干政策意见，关于推进军民融合发展若干财政支持政策的实施意见，关于加快推进建筑领域股权梳理支持建筑产业加快转型、高质量发展的请示，关于拟公布海安市2019年城镇住房保障标准通知的请示。

4月1日，海安市十六届人民政府召开第37次常务会议。会议学习《国务院办公厅关于贯彻实施修订后的证券法有关工作的通知》《江苏省地图管理办法》。讨论关于实施应对新冠肺炎疫情支持建筑业健康发展的若干政策意见、关于开展全市建筑业相关竞赛活动的通知、关于健全行政裁决制度加强行政裁决工作意见、海安市国有土地上房屋征收与补偿办法、海安市国有土地上房屋征收评估技术细则、海安市新建成品住宅室内装修管理办法、海安市道路货物装载源头管理办法、关于阶段性减免社保费有关问题的请示。

4月18日，海安市十六届人民政府召开第38次常务会议。会议传达学习习近平、李克强对全国安全生产工作作出的重要指示批示精神以及4月10日全国和全省安全生产电视电话会议精神，研究一季度安全生产工作和考核情况以及下阶段工作安排、省级安全发展示范城市创建工作有关情况、一季度消防救援工作情况和下阶段工作安排、建筑领域安全生产大排查大整治大提升百日行动工作情况，讨论海安市2020年安全生产巡查计划安排、关于2020年第三批市级重大事故隐患挂牌督办整改的通知。研究部分街道行政区划变更情况、新冠肺炎疫情防控工作情况和下阶段工作安排、扫黑除恶专项斗争工作情况和下阶段工作安排、一季度生态文明建设暨污染防治工作情况和下阶段工作安排、关于开行海安至越南河内跨境铁路班列的工作方案。传达学习《江苏省政府办公厅关于进一步落实粮食安全责任制确保粮食稳产增效的通知》，研究落实海安市粮食安全责任制确保粮食稳产增效工作和恢复生猪生产工作情况、海安市对口帮扶略阳工作情况、海安市农业农村局深化企业改革工作方案。

5月21日，海安市十六届人民政府召开第39次常务会议。会议传达上级关于安全生产有关会议精神，听取海安市安全生产专项整治工作情况，讨论海安市安全生产委员会工作规则、海安市有关部门和单位安全生产工作职责规定、海安市创建省级安全发展示范城市总体方案、海安市违法违规“小化工”专项整治实施方案。传达中央政治局常委会、省委常委会关于疫情防控的要求，听取海安市疫情防控工作情况。传达学习《中共中央办公厅、国务院办公厅关于推动基础设施高质量发展的意见》、省长吴政隆在省政府行政复议委员会全体会议上的讲话精神，听取海安市2019年行政复议工作情况，研究2020年法治政府建设工作要点。传达学习上级国土空间规划相关文件、会议精神；听取海安市国土空间规划编制工作情况，关于三塘、凤山两个村及闸东等5个居委会委托海安街道管理情况。讨论海安市镇（街道）开展相对集中行政处罚权工作方案、关于促进外贸发展的若干政策意见、关于促进制造业利用外资的若干意见、关于鼓励企业“走出去”的若干政策意见、海安市水利工程管理实施办法、海安市实施蚕茧保护价收购工作方案、关于批准海安市中小学课后服务收费方案的请示、关于增加

2020年城乡居民医保财政预算的请示、关于人民医院更新救护车的请示、关于海安市曲塘中心卫生院购置医疗专用救护车的请示。

6月19日，海安市十六届人民政府召开第40次常务会议。会议传达学习《江苏省重大行政决策程序实施办法》、国家统计局第六统计督察组反馈意见整改工作部署会议精神。讨论海安市2020年城镇消防规划及公共消防设施建设实施计划、海安市工程建筑领域保障农民工工资支付实施办法、海安市声环境功能区划分方案。研究关于开展江苏有线国有股权集中管理有关情况、关于申请划拨经营性及闲置资产的请示、关于申请安全生产监管监察岗位津贴的请示、关于“镇南路、朝阳路、海化路”名称变更的请示、关于提高部分困境儿童生活补贴标准的请示、关于海安市困难残疾人生活补贴和重度残疾人护理补贴对象扩面定标的请示、关于追加2020年困难群众及优抚对象物价补贴预算资金的请示、关于调整海安市城乡居民基本养老保险基础养老金标准的请示。

7月21日，海安市十六届人民政府召开第41次常务会议。会议研究安全生产工作；讨论海安市安全生产专项整治三年行动工作方案，关于贯彻落实《江苏安全生产专项整治集中督导情况的通报》的实施意见，关于对滨海新区、李堡镇、大公镇安全生产巡查工作情况的报告。研究违法违规“小化工”专项整治开展情况及下阶段工作打算。传达学习江苏省食安委、南通市食安委全体（扩大）会议精神和《南通市委、市政府关于深化改革加强食品安全工作的实施意见》文件精神，研究2020年上半年食品安全工作情况及下阶段工作打算。讨论常安纺织产业园生态环境政策集成改革试点实施意见、关于进一步简化常安纺织产业园建设项目环境影响评价内容的十项措施、常安纺织产业园区废水排放总量和水污染物排放总量动态管理办法（暂行）、关于开展常安纺织产业园企业绩效综合评价暨差别化政策的实施意见（暂行）、常安纺织产业园科技创新激励政策、常安纺织产业园绿色金融扶持政策（暂行）。学习《江苏省水域保护办法》。研究海安市建设领域防尘降尘智能化监管系统建设方案、海安市决胜高水平全面建成小康社会补短板强弱项举措和建议、海安市2020年价格调控目标责任制实施意见、海安市体育彩票公益金资助体育场地设施建设管理的意见（试行）、海安市区镇公共资源交易管理办法、关于海安市巡游出租汽车运价改革的请示、关于2020年调整退休人员基本养老金的请示、关于调整海安市城乡低保等民政定补对象保障标准的请示、关于海安市墩头中心卫生院购置救护车的请示。

8月29日，海安市十六届人民政府召开第42次常务会议。会议传达学习江苏省委第九轮危化品安全生产专项巡视相关文件及讲话精神、《江苏省政府投资管理办法》。讨论海安市人民政府重大行政决策程序规定、海安市电动自行车消防安全管理办法、海安市工程建设项目审批制度改革实施方案、关于赋予镇街道部分市级经济社会管理权限的通知、关于转发《南通市政府办公室关于进一步加强建设工程施工安全监督管理实施意见》的通知、关于全面禁止现场搅拌砂浆的通告、海安市无障碍设施建设和管理办法、贯彻落实《南通市城市绿化管理条例》的实施方案。传达学习全国、江苏省、南通市关于农村乱占耕地建房问题整治工作相关会议精神，研究海安市贯彻落实方案。讨论海安市农村房地一体不动产登记工作遗留问题的处理意见（试行）、关于下调非居民用管道天然气价格的请示、关于购买军供保障车的请示、关于更换执法执勤警车的请示。

9月17日，海安市十六届人民政府召开第43次常务会议。会议研究海安市平安交通（含水上交通）、道路交通安全和餐饮场所燃气安全专项整治工作情况。传达学习《江苏省文化市场综合行政执法管理办法》，研究海安市文化执法工作情况。传达学习《江苏省蚕种管理办法》，研究海安市贯彻落实情况。讨论关于市属直管国有企业2019年经营目标绩效考核兑现方案、关于市属直管国有企业2020年经营目标绩效考核方案、海安市既有多层住宅加装电梯的指导意见（试行）、海安市既有住宅室内装饰装修管理办法、海安市进一步深化民营医疗机构改革工作试行办法。

10月22日，海安市十六届人民政府召开第44次常务会议。会议传达学习江苏省推动长江经济带发展领导小组会议精神、《江苏省省级财政专项资金管理办法》。讨论海安市第七次全国人口普查给予工作补贴的意见、海安市集体经营性建设用地入市试点实施方案、海安市既有建筑安全管理办法、关于进一步优化营商环境更好服务市场主体实施意见。研究城镇燃气安全生产、养老服务机构安全、宗教活动场所安全专项整治工作情况。研究新冠肺炎疫情防控工作情况。讨论海安市进一步推进紧密型医疗联合体建设实施方案、海安市家具产业加快健康发展三年行动计划、海安市2020—2021年冬春水利建设工作的实施意见、关于农村居民集中安置区社区治理服务体系建设的实施意见、关于海安市餐饮场所推广安装燃气泄漏安全保护装置推动燃气安全智能化监管的建议方案、关于开展海安市新时代技防城智能化和新一代雪亮技防工程建设的请示、关于请求批准2020年省以上专项资金安排使用方案的请示、关于海安中专更新教学调研用车的请示。

12月3日，海安市十六届人民政府召开第45次常务会议。会议传达学习《江苏省地方政府储备粮管理办法》并听取海安市相关工作情况汇报。研究烟花爆竹安全生产、废弃危险化学品处置、火灾防控安全专项整治工作情况。讨论关于全面加强危险化学品安全生产工作的实施方案、海安市危险化学品使用安全专项治理行动工作方案、海安市加快推进第五代通信网络建设实施意见、海安市推进新型基础设施建设行动方案（2020—2022年）、海安市食品安全监管事权清单、关于推进农村区域性医疗卫生中心建设的实施意见、关于加强紧密型医疗联合体运行保障的请示、关于实施海安市非编机关事业养老保险参保人员企业年金项目拟投资运营方案的请示、关于更新经营和业务保障用车的请示、关于更换医用救护车的请示等。

12月26日，海安市十六届人民政府召开第46次常务会议。会议传达学习《江苏省工业企业安全生产风险报告规定》并听取海安市相关工作情况汇报。讨论海安市政策性纾困基金管理办法、关于设立产业链投资子基金支持产业发展的指导意见。研究户外广告和渣土堆场安全、特种设备安全生产、建筑施工安全专项整治工作情况。讨论海安市人民政府关于扩大限制燃放烟花爆竹区域的通告、关于印发海安市加快推进“退二优二”工作实施意见的通知、海安市既有建筑安全管理办法、海安市新时代文明实践基金管理办法（暂行）、海安市新冠肺炎疫情防控应急预案（试行）、关于拟公布海安市2020年城镇住房保障标准通知的请示、关于调整部分优抚对象等人员抚恤和生活补助标准的请示、关于解决上海地区招商引资专用车辆的请示。（市政府办公室）

重要施政

【概况】 2020年，海安市政府坚持稳中求进工作总基调，贯彻新发展理念，落实高质量发展要求，统筹做好稳增长、促改革、调结构、惠民生、防风险、保稳定各项工作，完成市十六届人大四次会议确定的目标任务。在南通市率先组建县级市域治理现代化指挥中心，成立独立运行的区镇指挥中心，一体化、智能化、实战化运行机制初步形成。推进基层治理体系和治理能力现代化，优化提升省级以上开发园区体制机制，推进整合基层审批服务执法力量改革。营商环境不断优化提升，深化“放管服”改革，区镇赋权工作全面推进，项目审批持续提速，“一件事”改革纵深推进，海安高质量通过省级政务服务标准化试点验收。全面放开政府投资工程招标代理市场。推动国有企业市场化转型和竞争力提升，水务集团开展混合所有制改革，国有资本运营集团实体化运营，保安集团正式组建，高新区开投公司获评AA+信用评级。持续深化政务公开，建立健全府院良性互动机制，行政机关负责人出庭应诉率连续14年100%。坚持民生优先、普惠共享，群众幸福感、获得感不断加强，15项民生实事全部完成。

【市域治理现代化建设】 2020年5月，海安市在县（市）级层面上，设立市域治理现代化指挥中心，以智慧海安大数据中心为基础，调整优化功能布局，设立指挥大厅、呼叫中心、研判中心、办公中心、后勤中心，公安、城管、住建、应急管理、生态环境等10个重点部门入驻指挥大厅现场办公，“12345”政府公共服务中心设置席位32个。在镇级层面上，设立镇域治理现代化指挥中心，负责镇域治理现代化指挥平台运行和网格化服务管理。海安市域治理现代化指挥中心集汇聚共享、智能搜索、分析研判、监测预警、联动指挥、行政问效、集约服务等七大功能于一体，实现“市县镇村网格”五级联动指挥，打造“一个中心受理、一个平台指挥、一套系统运行、一张云图展示”的集约化、高效化、精细化社会治理新模式。

2020年5月，海安市设立市域治理现代化指挥中心，公安、城管、生态环境等10个重点部门先后入驻指挥中心　姜明/摄

研发市镇一体化指挥平台，搭建联动指挥和党建、城市管理、警务、高质量发展、社会治理“1+5+N”功能模块架构，对接南通市级标准版平台，同步完成数据共享交换平台连通。建成市镇两级视频会议系统、统一通信系统，并与南通级联。全年，市镇一体化指挥平台受理工单25.92万件次，办结25.77万件次，群众满意度99.6%。热线服务能力不断提升，“12345”热线平台整合全市各类政务热线20条，拓展政府网站市长信箱、微信公众号、“我的海安”APP等受理渠道，受理各类诉求9.1万余件次，比上年增长45%，其中，国务院“互联网+督查”工单23件次、省级工单1265件次、南通市级工单2677件次、海安市级工单8.7万件次，热线整体接通率99.2%、按时答复率99.2%、服务满意率99.6%。分析研判水平取得突破，开发海安“智慧大脑”应用，形成联动指挥实时数据展示和智能分析，智能研判当月事件类型、发生区域、新增事件环比变化情况，每周编制“市域治理工作周报”。联动指挥演练常态高效，开展市镇网格员三级联动指挥演练24次。

网格化服务管理提档升级。重塑网格配置，优化建立综合网格787个和大型园区、企事业单位等专属网格366个，整合配备基层辅助人员517人，实现专职网格员全覆盖。推行“巡办分离”，深化“警网融合”机制，落实“三官一律一员”（法官、检察官、警官、律师、调解员）进网格，“网格+”工作经验在全省推广。全年，网格员累计巡查走访上报事件12.97万件，每月主动巡查发现信息1万余起，协助处置3900余件，海安网格化服务管理知晓率全省第一、满意率全省前列。

电子政务系统运行安全高效。推动信息化系统集约化建设，完成除公安、教育、卫生等部门外的系统迁移部署工作，迁移市级自建业务系统58个，部署新建系统26个，梳理编制数据资源目录887项，归集数据6.6亿条，与南通市实现数据交换4.5亿条，初步实现全市云资源统一管理、集约共享。拓展智慧海安便民应用，“我的海安”APP上线“口罩预约、信用贷款、招生报名、居保验证”等一批便民功能，注册用户超16万人。疫情期间，“口罩预约”功能服务23.59万人次，总预约口罩数120万只；“安E贷”授信额度1.01亿元、用信金额1748万元，授信户数1078户、用信户数371户；“招生报名”累计服务2.03万人，覆盖全市64所幼儿园、46所小学、25所初中新生预报名信息审核；“居保退休验证”功能，实现手机一键验证，覆盖全市居保人员22余万人。（许晓益）

2020年7月25日，海安市文广旅局、市文明办、墩头镇联合组织在外大学生及其支教儿童开展“爱家乡、游海安”一日游活动　市文广旅局／供图

【民生实事工程】 2020年，海安市政府实施15项民生实事工程。1.促进就业创业。提供就业岗位不少于2.3万个，其中高校毕业生就业岗位不少于6000个；实施城乡劳动者就业技能培训4500人以上，培训职业农民1000人以上；完善创业扶持政策，支持成功自主创业1400人以上，创业培训600人以上。2.提升脱贫质量。开展因病支出型困难家庭医疗救助，稳定实现建档立卡低收入农户义务教育、基本医疗等公共服务的有效保障。3.精准扶弱助残。提高残疾儿童康复训练补贴标准，免费为160名残疾儿童提供机构基本康复训练；为100户重度残疾人困难家庭实施无障碍改造，发放残疾人辅具500件。4.助力强农惠农。整治农村河道、沟塘122条（处）；改造里下河80座圩口闸钢闸门，更新拆建30座圩口闸、20座排涝站和5座闸站结合工程，圩堤退圩加固20千米，新建圩堤护岸6千米。5.加强公益保障。对居住海安市的60周岁以上居民免费实施一次老年人健康体检；增加企业退休人员免费健康体检服务项目10个；全面推进失能失智人员长期照护保险工作。6.提升养老服务水平。主城区建成2家老年人日间照料中心，建成23家小区居家养老服务站。7.优化殡葬设施。加快推进市殡仪馆（安福园）改造工程。8.均衡配置教育资源。建成6所幼儿园（城区3所、区镇3所）；建成海师附小海光校区、长江路小学二期、海中东扩三期工程；实施2.2万平方米改薄（校安）工程。9.提升医疗服务能力。完成人民医院雅周院区改扩建工程；在西南片区建成1家社区卫生服务中心。10.丰富群众文化生活。完成送戏210场，送展览100场，送培训100场；文化艺术中心高质量运营，免费开展公益培训班30个，大剧院举办高质量文艺演出60场；组织开展“爱家乡、游海安”活动4次。11.改善居住品质。流转主城区城中村土地约43.13公顷，实施城市“微空间”治理建设工程；完成10个老旧高层住宅小区二次供水设施改造工程；实施城区活水畅流工程，推进城乡污水收集处理一体化；完成135个老旧小区“蜘蛛网”整治和38个城中村、老旧小区整治扫尾工作。12.提高交通便利程度。新改建农桥51座；建成“一事一议财政奖补路”100千米，实施农村公路提档升级工程50千米、亮化工程150千米；购置公交车108辆，优化城市公交线路。13.开展全域环境整治。提升城市整体保洁水平，推进城区垃圾综合治理；完成3条道路街区环境整治工程；实施农村改厕1.04万座；推进农村环境“四清四化”行动，打造全域环境“整洁村”。14.加强公共安全建设。升级改造68个老旧小区技防设施；改建4家农贸市场检测室，免费为民众提供食品快检服务；抽检食品（含食用农产品）不少于4000批次；常态化整治住宅小区电动车上楼充电等行为，启动住宅小区电动车室外集中充电车棚试点建设。15.开展法律援助服务。打造30分钟法律援助服务圈，实现法律援助咨询服务全覆盖，全年办理法律援助1300件。（张贤和）

行政体制改革

【省级以上开发园区管理机制改革】

2020年，海安市进一步优化开发园区管理机制，促进国家级海安经济技术开发区和江苏省海安高新技术产业开发区将工作重心向经济发展、城市建设等方面聚焦。优化改革方案，先期实地走访学习苏南等地区省级以上开发园区和相关镇、街道的管理体制及运行机制，制定区和街道管理体制和机构编制事项调整实施方案，明确改革后的机构设置、人员编制和领导职数等。优化组织架构，科学划分两个开发园区与街道职责，出台区与街道职责分工意见，形成统分结合、分工协作的“区街分设、职能分离”管理新体制；优化两个开发园区及相关街道的职能机构，进一步明确开发园区与街道的功能定位。优化工作体系，根据两个开发园区人员配比，适当调剂增加园区部分编制；优化人员划转方案，调整园区、街道考核办法，明确领导班子分工，经市委常委会讨论通过后组织实施并跟踪督查方案落实情况。

【基层整合审批服务执法力量改革】 2020年，海安市强化基层职责，市、镇均成立改革领导小组，按照重心下移、权责一致、应放尽放、有序下放的原则，将面广量大、基层管理迫切需要且能有效承接的审批服务执法权限等赋予各镇，明确镇为权力实施主体。强化有效运行，推进编制资源向镇倾斜，分别下沉各镇综合服务中心事业编制6人，用于加强镇综合行政执法局、为民服务中心和镇域治理现代化指挥中心；根据精简统一效能、分类统筹优化的原则设置职能机构和事业单位，改革后，减少事业单位29家，撤除挂牌42家。强化平台建设，各涉改镇在原有综治网格基础上重新划分网格，建成全覆盖服务管理网格；整合各镇原有条线网格力量，增加网格人员工作内涵；高标准建设为民服务中心，通过直接赋权、优化组合和流程再造，实行"一窗通办、一章审批、一站服务"的工作机制，推行"不见面审批"改革，推进公安、税务、市场监管等驻镇服务窗口进驻为民服务大厅。

【公益类事业单位改革】 2020年，海安市做好公益类事业单位改革摸底工作，掌握各级、各行业、各领域事业单位机构设置、职能配置等实际情况，摸清事业单位在管理、运行、服务等方面的困难问题，初步梳理出规模过小、功能萎缩、公益职能弱化的事业单位，立足社会事业发展实际，深化公益类事业单位改革。优化已有的事业机构资源，坚持控总量、促转型，对面向社会提供公益服务的公共文化、公共卫生等事业单位，加大支持保障力度，放宽限额数量要求。推进市疾控中心、市卫生监督所机构升格工作；落实全省疾控中心机构编制标准要求，配备市疾控中心编制；推进公立医院综合改革，加快建立现代医院管理制度，增强公立医院公益属性。推动事业单位撤并整合工作，结合事业单位信用等级评价，加大小银杏少年宫等"小散弱"事业单位撤并整合力度；对确需新设立的事业单位，采取"撤二建一"办法，先行撤销部分事业单位，市残联建立海安市残疾人综合服务中心，先行撤销残疾人劳动就业服务所和残疾人康复中心。（姜　蕙）

【行政审批制度改革】 "放管服"改革　2020年，海安市全面推进镇、街道赋权工作，梳理镇、街道级事项清单，分别赋予经济发达镇、一般镇以及街道权力事项40项、29项和20项，实现精准赋权、协同赋权；一体化推进镇（街道）为民服务中心标准化、规范化建设，推动26项高频政务事项向基层延伸。优化报建流程，推进项目预审、容缺审批、远程审图，实施"多测合一""多规合一"、水电气接入流程再造、消防设计审查的改革配套措施，做到"一个窗口提供综合服务、一个平台实施审批操作、一张表单整合申报材料、一套机制规范审批运行"。全年，组织项目预审12次，113个项目通过预审，集中办理项目报建"三证"（建设用地规划许可证、建设工程规划许可证、临时建设工程许可证）49个。纵深推进"一件事"改革，出台新生儿出生、小餐饮店等41个"一件事"标准化服务指南。

"综窗"改革　2020年，海安市推进"综窗"改革，设定3类不同层次的"综窗"，实现"前台综合受理、后台分类审批、综合窗口出件"。围绕41个"一件事"标准化服务指南，在市行政服务中心政务大厅、分中心、区镇分类设置"一件事"综窗；内部整合公安、税务、不动产登记等部门事项设置综合窗口，推进同一事项无差别受理、同标准办理、限时办结；整合办件少的部门的事项统一委托市行政审批局开展"综窗"服务，7个部门46个事项实现集中委托办理。全年，"综窗"办件491件，提供咨询服务1000余次。（韩　静）

服务型政府建设

【政务服务】 2020年，海安市审批服务大厅受理办件291.4万件，公共资源交易大厅进场交易项目1479宗。设置公共服务专区，实现水、电、气和有线电视等公共服务事项联动办理。引进城区户籍业务，实现南通市内户口、省内外异地身份证换补领"一站式"办理，全年办理身份证1.25万张。引进政府投资的惠业转贷服务公司，累计为企业降低财务成本约1800万元。设立人才服务和市民卡办理"一站式"窗口，提供高效集成服务。健全完善代办机制，建立健全以市代办中心为主体，覆盖市、镇（区、街道）、村（社区）的三级代理代办服务体系，代办亿元以上项目85个，占全市新开工亿元以上项目总数的86%，代办人次750余人次。持续推进各类项目全流程电子化交易，全年办理1061宗，其中工程建设项目电子化交易率100%；推动电子化交易向基层延伸，高新区、滨海新区电子化交易系统上线运行；在全省县级市中率先应用"不见面"交易，全年办理759宗；开发保证金缴退、电子保函的资金综合管理平台，全年服务投标单位1062家次，节约资金1.94亿元。提升交易服务水平，放开招标代理准入市场，取消工程建设项目招标代理机构名录库；修订《海安市区镇公共资源交易管理办法》，制定《海安市公共资源交易负面清单》，梳理禁止条款166条；检查区镇交易项目235个，发现问题96个并督促整改到位。加强交易监管，对工程建设项目招标文件进行合法性审查，提出问题、建议72个，移送处理涉嫌串通投标的5个项目11家投标单位；专项检查国有企业在建工程项目标后履约情况，发现116个问题并交市纪委监委处理。疫情期间，高频窗口实行"网上办"，针对税务发票发售、房产证明等业务设置临时自助服务专区，为身份证、户口注销、不动产抵押贷款等业务开辟绿色通道，设立"苏政50条"综合窗口和"长三角一网通办"专窗、出台《"海政18条"服务指南》服务全市制造业、服务业、房地产等各类企业；组织业务骨干深入27家企业为复工复产、疫情防控提供一对一上门服务。（韩　静）

【政务公开】 2020年，海安市政府推进政府信息资源规范化、标准化管理，推动政府信息主动公开目录规范化建设，全市19个部门、17个乡镇（街道）参与基层政务公开标准目录编制工作，完成标准目录43个。梳理政务服务各项业务及规章制度，搭建政务服务标准体系框架，编制标准明细表。市行政审批局加快实体政务大厅与网上服务平台融合发展，建设江苏政务服务网（海安站）并上线运行海安综合服务旗舰店，实现行政审批和公共服务事项网上办，推动江苏政务服务网1734个政务服务事项和区镇（街道）67项、村（社区）44项公共服务事项"一张网"可查、可问、可办。

做好主动公开，强化政策解读。市政府主动公开政策文件类信息120余条、重要会议16条、文件解读公众关注热点15条等。依托政府网站发布政务信息9.26万条，其中，概况类信息更新124条、政务动态类信息更新2876条、信息公开目录更新8.96万条。围绕推进产业发展高层次、改革开放高水平、城乡建设高品位、人民生活高品质等重大工作开展政策解读，发布政策解读22篇。

依法依规推进依申请公开。市政府收到政府信息公开申请266件，2019年度转接办理10件，申请内容主要集中在房屋搬迁、社会保障、环境保护等方面，其中，予以公开120件，部分公开57件，不予处理61件，结转下年度继续处理8件。市政府办公室收到依申请公开37件，均及时准确答复，2019年结转2件，全年办结32件，撤销申请1件，结转到2021年度6件。全年没有因信息公开被行政复议认定违法或行政诉讼败诉的情况。

【政府信息平台建设】 2020年，海安市加强政府门户网站建设，专人更新维护栏目内容，确保动态新闻类栏目更新时间不超过2周、政策解读类不超过6个月、政府信箱答复不超过5个工作日。市自然资源和规划局门户网站加入江苏省自然资源厅网站群，设置新闻中心、信息公开、办事服务、公众参与等栏目和站内检索、政策检索、办事进度查询等服务功能，方便市民快捷查询。加强政务新媒体建设，全市拥有政务新媒体9个，其中，新浪微博1个、微信公众号8个，发布内容涵盖社会治理、产业发展、基础设施建设、水利防汛、医疗健康等各个方面；优化整合不同平台上功能相近、用户关注度和利用率低的政务新媒体，运行维护实行专人管理监督，保持更新频率每周不少于1次，信息采编注重紧贴实事热点，提升政务信息传播力。（张贤和）

【机关事务服务】 2020年，海安市机关事务服务中心规范公车、公房使用管理，出台《党政机关公务用车管理办法》《党政机关办公用房管理办法》。逢节必查公务用车使用情况，按照编制、车辆使用情况对车辆的更新及购置严格把关。统计上报全市58个部门、7个街道办事处、10个区（镇）政府的办公用房信息，完成新成立的7个街道办事处办公用房安排及挂牌工作，协调解决市残联、市老年体协、市慈善会办公用房问题，监督市发展改革委、市商务局、市城管局、市政府办公室部分办公用房装修改造绝不超标，整合调整驻行政中心外的机关办公用房。

做好市行政中心后勤服务工作，服务会议2210场次；在全市机关事业单位食堂推进"公筷公勺"行动，机关工作人员的工作餐标准由每月220元提高到330元；为63个部门提供财务集中核算和国库集中支付服务；加强物业监管，每季度测评满意度均在90%以上；推进行政中心各项工程改造，所有项目均面向社会公开招标。做好市行政中心安全防范工作，建立驻行政中心各单位安全防范网络，明确安全工作的负责人和安全员，并签订责任书，开展安全防范实战演练两次；完成行政中心北侧地下停车场消防验收及消防设施维保工作，对行政中心消防通道重新划线；接待外来人员2万多次，接访424批6601人次，全年安全无事故。（吴信林）

外事及港澳台事务

【外事服务】 2020年，海安市健全外事工作机制，成立海安市委外事工作委员会，办公室设在市政府办公室。加强因公出国管理，落实省、南通市因公出国管理规定，特别是疫情期间因公出国各项规定，全年因公出国团组1批。加强驻华使领馆、外国媒体等在海安的活动管理，妥善处置海安籍人员涉外领事事件2起。（陶晶晶）

【港澳事务】 2020年，海安市助力港澳同胞疫情防控，捐赠防疫物资。4月14日，举行香港同胞防疫物资发送仪式，市委常委、组织部部长、统战部部长奚荣华与香港海安同乡会会长景浓进行视频对话，了解香港同胞抗击疫情的状况，并代表市委、市政府表达关心之情，同时将装有口罩及《新冠肺炎防护手册》等物资的"爱心包"交到快递员手中，发往香港。香港海安同乡会在发展会务、服务乡亲、维护稳定等方面发挥积极作用。优化营商环境，以法律援助、绿色通道等措施，服务好在海安的港商、澳商。9月29日，邀请部分在海安的香港海安同乡会会员以及港资、澳资企业负责人参加"迎国庆·话中秋"座谈会，共谋发展。

【对台事务】 2020年，海安将对台经贸交流合作工作重点转移到台资密集地及长三角、珠三角一带，市委、市政府领导分别带队到苏州、昆山、太仓等台资密集区开展招商活动，专题在上海、昆山、苏州等台资集聚区举办招商推介活动。9月28日，举办台商中秋联谊会暨重大台资项目集中签约仪式，集中签约台资项目18个，总投资6.75亿美元。海安高新区、开发区成立台商产业园，其他区镇成立台资集聚区。设立驻台招商机构18个，各区镇均与长三角、珠三角1个以上台商协会建立合作关系，每年在台湾开展专题推介活动超过60场次。市委专门成立台湾招商督查服务中心、重大台资项目推进领导小组，服务台资项目建设。

落实中央、省、南通市各项惠台政策，执行《关于对来海安投资台商实行有关优待的意见》，服务好在海安的台商台企。在两个台商产业园设立台商服务工作站，依托台企台商服务中心，坚持和发展"502"服务，为台商提供投资落户、项目建设、经营发展、转型升级、工作生活5个环节的全程服务，实现对台服务零投诉，在市级机关到区镇（街道办事处）、村建设纵向的网格化对台服务体系，在市台办、市商务局等部门横向联合组成对台服务机构，设立专门的对台服务电话。坚持市台办分管负责人每月、主要负责人每季度和市领导每半年定期走访台资企业制度，坚持每年举办新春台商联谊会、中秋台商联谊会，坚持春节、中秋节等传统节日以及台商重要活动期间组织慰问活动，连续

8年免费为台商体检。借助台商周末沙龙活动，开展小规模座谈会，集中了解台企、台商需求，并及时解决和答复。

（张　明）

信访工作

【概况】 2020年，海安市信访形势总体平稳可控，信访化解率、群众满意率、重复信访治理率持续上升，及时受理率、按期办结率、标准化率均为100%，上级交办攻坚案件化解率100%，及时有效处置有关疫情防控的信访8718件次。开展“信访法治宣传三请三进宣传月”活动，相关经验做法得到国家信访局、省政府信访局推介。海安市信访接待中心、滨海新区（角斜镇）人民来访接待中心被表彰为2020年度全省信访系统“人民满意窗口”建设质量提升工程示范单位，海安市获评全国信访工作“三无”县（市、区）、全省信访工作先进单位。

【信访矛盾化解】 2020年，海安市健全网格化管理互动机制，设立信息预警监测点，运用网格平台畅通一线诉求表达渠道，建设信访问题网格排查调处体系，引导信访问题基层群众自治调解，强化条块联动解决信访矛盾，夯实一线化解基础。建立重大疑难涉访涉稳案（事）件联合协调处置机制，聘请信访问题处置专家60人，设置领导接访、重点会办、阳光评议、积案化解、网格管理、依法惩处等六大服务项目，预设城乡建设、农业农村、自然生态、人社民政、涉法涉诉、企业改制、金融投资、干部监督、教体卫健、交运水利“十大工作专班”，提供专项服务。推行阳光信访公开评议制度，建立由社会各界人士组成的评议员库，由信访人自选评议员，通过陈述、举证、咨询、质证、评议、票决、公布结果等程序，公开评议原办理意见的合法合规性和信访人诉求的合情合理性。用好“信访矛盾攻坚专班点单服务”等机制，集中治理重复信访，推动信访积案化解，上级交办案件化解率南通第一。引导群众通过致电、上网、写信等方式表达诉求，坚持接待办理“在线等”，力求处置回应“分分钟”，做到立即收、马上办、快速回，国家信访局以“2小时不到讨回近9万工资”为题介绍海安提质增效办好网信工作的做法。

（钱海兵）

人事管理

【公务员管理】 至2020年年底，海安市实有公务员（含参照公务员法管理的工作人员）3109人，其中新招录90人。开展公务员职务与职级并行，年内晋升公务员职级361人次。加强公务员年度目标责任制考核，对81人记三等功、725人予以嘉奖。在南通市率先推进公务员平时考核，印发《公务员平时考核实施办法（试行）》，公务员专项考核经验做法南通市交流。推进干部人事档案专项审核全覆盖、工资审核审批等各项工作。

（曹晓婕）

【事业单位人员管理】 2020年，海安市招聘事业单位工作人员384人，其中，招聘青年人才22人、优秀村（社区）党组织书记7人，安置退役士官3人，教体系统招聘教师159名人，卫健系统招聘医技人员58人，市、区镇事业单位招聘工作人员135人。完成事业单位工作人员2019年度统计及上报工作、岗位考核备案工作，1.2万人参与考核，其中，1889人被确定为优秀等次、9人被确定为不合格等次，1857人申报嘉奖奖励。办理事业单位工作人员海安市内外流动134人次，其中，进市16人次、出市26人次、市内流动92人次。事业单位聘用合同签订率、岗位设置率和人员聘用信息入库率均在95%以上。

【人事考试培训】 2020年，海安市组织教育、卫生、高层次人才公开招聘或选调工作人员考试7次，组织机关事业单位公开招聘政府购买服务人员或国有企业公开招聘工作人员考试14次，累计服务考生近5000人次。为周边县（市）提供考试服务10次。组织2020年度机关事业单位工人岗位升级考核，4人参加技师考核，1人参加高级技师考核。组织2020年度机关事业单位工勤人员职业素质提升培训考核，200多人报名。人事考试项目规范管理达标率100%。

【工资管理】 2020年，海安市稳妥推进“2019年度应休未休年休假人员”4300人的工资报酬发放工作。完成“事业单位养老保险制度改革后退休人员”退休时发放一次性退休补贴的审批工作，涉及400人。审批各类工资待遇，完成事业单位工作人员约1.2万人年初正常晋级工作；调整教育卫生系统1067人岗位聘用后工资；办理事业单位到龄人员350人退休手续；审批事业单位工作人员1854人的嘉奖、三等功；审批2019年度事业单位奖励性绩效工资，涉及约1.2万人。核定2020年各类新进人员工资待遇374人，其中，新聘事业人员341人、事业人员拿行政工资30人、军转士官安置3人。调整50年代退职人员等特殊群体生活补贴，调整事业在职人员1.2万人、离退休人员3000人的“433”生活补贴。

（王　敏）

对口协作

【概况】 2020年，海安市继续与陕西略阳县在互访交流、劳务协作、产业合作、资金使用、人才交流、社会帮扶等方面推进深度协作，制定《海安市对口帮扶陕西略阳考核办法》，海安、略阳党政主要领导开展互访交流活动2次，两次召开座谈会、联席会议研究苏陕扶贫协作工作。疫情期间，海安市累计向略阳捐赠医用口罩4.5万个、医用防护服2000套，落实财政和社会帮扶物资186万元。年初略阳县退出贫困县序列，海安市对口帮扶略阳县联络组被汉中市委、市政府表彰为脱贫攻坚先进集体。根据省、南通市部署要求，海安农商行与云南镇雄县仓海村建立结对关系，捐赠帮扶资金10万元，开展挂牌督战脱贫攻坚工作。稳步推进西部支教工作，海安市宁蒗支教教师群体被授予江苏“时代楷模”荣誉称号。加强苏陕协作对口医疗帮扶，选派医疗技术骨干7人到略阳支援，涵盖心内科、儿科、普外科、精神科、护理等专业，接收略阳医务人员5人到市人民医院、市中医院进修学习。李堡中心卫生院胡平生作为江苏省第九批援疆中期轮换干部人才，完成医疗技术援疆任务。

【人才交流】 2020年，海安市选派党政干部2人、专业技术人员18人到略阳挂职交流，接受略阳党政干部2人到海安挂职交流，接受略阳医疗、教育和农技等方面的专业技术人员50余人到海安跟岗学习交流。海安教育系统新选派教师21人到广西、云南、新疆等地支教，全市在西部地区支教教师53人。

【劳务协作】 2020年，海安市继续实施"春风行动"助力略阳脱贫攻坚，建立就业、社保服务平台和输出地与输入地劳务对接机制，打造"三免一补"（免交通费、免住宿费、免餐费，提供务工补助）劳务协作品牌。市人社局挑选优质企业参加"春风行动"暨苏陕协作专题招聘会，提供岗位工资每月3500~8000元，每年吸引略阳千余名农村闲散劳动力参加现场招聘会。2017—2020年，海安累计引进略阳劳动力1056人，其中贫困劳动力722人，仅2020年通过点对点接送，分批次包机包车形式就引进略阳籍劳务人员461人。

【产业扶贫】 2020年，海安客商张建昌在略阳注册成立陕西省华兴州农业发展有限公司，在接官亭镇麻柳铺村建设万头标准化肉羊养殖基地，项目完成投资809万元并投入运营，建设期带动12户贫困户增收。海安客商王春与略阳县联盛农业开发有限公司合作，在海安设立陕西略阳特产展销中心并正式运营。至年底，海安组织购销略阳消费扶贫产品约300万元，带动略阳贫困人口195人脱贫。支持略阳发展光伏产业项目，打造"普惠式"光伏扶贫新平台。

（奚树菁）

应急管理

【应急管理体系建设】 2020年，海安市修订市级应急预案40多件，推进各区镇（街道）、村（社区）开展应急预案修订工作，实现政府预案、部门预案有效衔接。提高应急处置和指挥协调能力，投入900多万元建成海安市应急指挥中心和应急指挥信息化系统，实现应急"一张图"、协同会商和应急救援调度指挥。健全减灾委组织体系，建立以市政府主要负责人为主任，分管负责人为副主任，相关部门主要负责人为委员的减灾委员会，统筹开展防灾减灾工作。理顺镇级层面防灾减灾救灾工作体制，优化整合基层站所，建立并固定以民政、安监站、水利站、农业服务中心、社会事业局为依托的镇级自然灾害防治工作机构。健全镇、村两级灾情管理队伍体系，成立500余人的灾害信息员队伍。完善灾害预警和部门联动机制，制定《海安市自然灾害防治工作联席会议制度》，强化应急管理部门与防灾减灾部门之间的有效衔接。海安市应急广播体系建设通过省级验收。全市拥有区镇级应急广播平台10个、村级平台212个，户外智能终端3570个。疫情期间，使用村平台204个（包含10个镇平台），应急广播2355个，定时高频滚动播报防控举措、全国疫情权威信息、防控病毒科普知识等服务信息，补齐对农村老年群体信息传播不及时、不到位的短板。

（倪　明）

【应急物资储备】 2020年，海安市全面摸底应急物资储备情况，掌握应急物资信息数据，形成应急物资储备底册。制定《关于明确部门职责，加快建立健全海安市应急物资储备体系的实施意见》《海安市救灾物资使用管理联动机制》，有序推进约1000平方米的综合应急物资储备库建设，采购生活类救灾物资和装备类救援物资，落实地方储备粮2.5万吨、食用油150吨、冻猪肉290吨的储备任务，落实中央补助资金460万元用于医用应急物资储备，其中，储备口罩1310万副、隔离衣15.5万件、防护服1.4万件。市级建有防汛物资仓库及沿海防汛物资储备仓库，各区镇及住建、城管等部门均有防汛物资储备。（杭永宏）

【应急演练】 2020年，海安市开展各类应急演练近200次，参与人数1.2万人次，购置应急物资20多万元。加强专业与社会化结合的防汛抗灾服务和抢险队伍的建设。6月26日，在墩头镇双新村开展全市防汛抢险应急救援综合演练，设置民兵紧急集结演练、圩堤反滤导渗控制带沙演练、通榆路下穿隧道排水演练、防汛抢险物资调运演练、崩闸缺口封堵抢险演练、防汛保洪供电演练、防汛抢险现场应急照明演练、落水人员救援演练8个科目。市消防大队常态化开展专职队联勤联训和微型消防站培训，组织"863"模式熟悉演练568次、夜间无预案实战拉动11次，完善灭火救援预案257份。（倪　明　王　飞　单仁勇）

【防灾减灾】 水灾防治　2020年，海安市做好防汛工作，实行市、镇两级24小时防汛值班制度，落实汛期值守监测。汛前实施销号式除险消险，对确实暂不能除险处理的问题，逐一落实度汛应急措施。实施防汛急办工程，修复海堤堤身塌洞、贲家集水利枢纽工程、通扬河沿线工程都天庙涵、陆庄西涵等度汛薄弱工程。科学调度已有工程设施有效防御雨涝灾情，调度北凌新闸汛期排水218潮次，排水量13.94亿立方米；调度市城市防洪工程排涝，累计运行月1.01万台时，排涝流量0.48亿立方米；关注里下河各区镇及大公镇天气趋势、雨情和河道水位上涨情况，适时关闭圩口闸、启动排涝站，确保圩区和低洼地无受淹现象，实现安全度汛。　（王　飞）

海洋灾害防治　海安市预算110万元资金用于开展海平面变化影响调查评估和海洋灾害风险评估与区划工作。按序时推进海岸侵蚀淤积、海水入侵与土壤盐渍化、生态状况、风暴潮、洪涝、地面沉降、围填海、海堤信息等调查工作，全面掌握海平面上升影响状况，科学评估海平面上升风险。

地质灾害防治　海安市制定《海安市2020年度地质灾害防治工作方案》，夯实地质灾害防治基础，健全地质灾害群测群防体系，提高地质灾害防治水平。有序开展2020年度地面沉降监测工作，现场踏勘原沉降监测点，更换位于高新区平桥村6组和李堡中学的两处损坏点的水准点，并在滨海新区增设监测点。开展区域地质灾害危险性评估成果免费查询工作，实现全市建设用地地灾危险性免费评估查询全覆盖，查询出具70宗地灾危险性评估说明书，面积约163.33公顷。做好地质灾害隐患排查，排查隐患点49个，完善、更新地质灾害群测群防网络和隐患点管理数据库。

森林防火　海安市制定出台《海安市森林防火专项整治实施方案》，深入开展森林防火专项整治行动。将全市骨干林带划分为城区绿化、骨干道路、骨干河道和面上林带四大部分管护，对已实施的市级绿化重点工程开展专项整治。常态化考核骨干林带管护工作，形成长效机制。加强构建责任网络体系，切实增强森林防火组织领导。完善镇、村、组不同层面的森林防火责任网络体系，兜底落实辖区内林木的管护责任。将“牵头做好林木防灭火工作”纳入林长职责公示牌进行竖立公示。

（顾　瑾）

2020年7月25日，海安市消防救援支队队员向海安市实验小学学生宣传消防安全知识

姜明／摄

【消防救援】 至2020年年底，海安市连续19年未发生较大以上火灾事故，“火灾四项指数”（接报火灾数量、火灾死亡人数、火灾受伤人数、直接财产损失）稳中有降，火灾形势保持平稳。压实消防责任，年初召开全市消防工作会议，逐级签订消防工作责任状；印发《海安市消防工作考核办法》《关于进一步加强消防安全工作的实施意见》《关于调整市消防安全委员会组成人员暨明确消防安全委员会工作职责的通知》等，明确镇（区、街道）、35个行业部门消防工作职责清单和工作规则，各镇（区、街道）及时调整、建立消防安全委员会，健全市、镇、村三级消防组织构架；市消委会专题部署消防重点工作8次；深化消防安全重点单位标准化管理达标创建活动，二级重点单位达标率91%，三级重点单位达标率56%。创新消防管理，出台《海安市电动自行车消防安全管理办法》，投入200万元在居民小区试点建设电动自行车集中式智能充电桩82套，新建电气火灾监控系统82套、简易喷淋58套、独立式感烟火灾探测器410个。推进火灾防控专项整治，开展人员密集场所和垃圾、废品回收、秸秆等消防安全专项整治，火患整治取得实效。完善建筑工程消防验收工作，出台《海安市消防审查验收技术指南（暂行）》《海安市建设工程消防验收（备案抽查）专家管理暂行办法》等相关管理制度，消防验收、备案抽查实行全过程记录制度，审查消防设计97件，验收项目142个，出具消防验收意见书139份、消防验收备案凭证248份，开展验收备案抽查40次，督促整改建设工程消防隐患2291条。开展打通“生命通道”集中攻坚行动，累计施划标志线2037处，设置警示标牌1150处，发布通告5万份，清理违规占堵行为1060处，查处违规占堵行为9处，开展联合检查36次；开展高层建筑消防安全专项整治，排查建筑物319栋，其中，高层住宅309栋（涉及51个小区）、高层公共建筑9栋、高层工业建筑1栋；推动重大火灾隐患整改，挂牌督办重大火灾隐患单位3家，均按期整改销案；全年，检查单位2297家次，督促并整改隐患2661处，临时查封75处，责令“三停”（停止施工、停止使用、停产停业）45家，行政拘留8人，罚款273余万元。深化消防宣传教育，开展“十万学生做消防作业”活动；设立公交站台消防宣传橱窗15个，开通消防主题公交专列3辆，飞鹤公共交通有限公司获评全国119消防先进集体；建设学校、重点单位、社区消防体验室，建成消防主题公园并对外开放；利用新闻媒体常态宣传消防提示，联合移动公司发送消防提示短信。以宾馆饭店、高层建筑、劳动密集型企业等11类单位（场所）“消防自查一本通”为基础，分级分类开展消防安全培训。夯实基础建设，升级改造消防队站、车辆器材，增购70米登高平台消防车、远程供水泵组消防车和消防灭火机器人各1辆；建设白甸镇、南莫镇、雅周镇、大公镇、胡集街道5个省级二级政府专职消防站和海安街道、城东镇立发办事处2个城市小型消防站。

（单仁勇）

政协海安市委员会

Haian Municipal Committee of the CPPCC

七星湖广场

HAIAN YEARBOOK 2021 海安年鉴

重要会议

【概况】 2020年，海安市政协召开全体会议1次、常委会会议7次、主席会议19次、专题协商会议4次、对口协商会议4次。召开市委书记与企业家委员“面对面”协商座谈会1次。

【政协海安市第十四届委员会第四次会议】 2020年1月16—19日在海安市行政中心召开。市委书记顾国标在会议上发表讲话。会议听取和讨论市长于立忠代表市政府所做的《政府工作报告》、“两院”工作报告及其他相关报告。会议审议并一致同意李春旺代表市十四届政协委员会常务委员会所做的工作报告和蔡祝平所做的提案工作情况报告。会议选举增补政协第十四届海安市委员会副主席1人、常务委员7人。会议期间，组织委员视察全市经济建设、社会事业重点工程，开展委员专题培训。表彰2019年度政协工作先进集体、优秀组长、优秀委员、优秀提案和优秀社情民意。召开建言献策会，委员们通过分组讨论、提交提案、反映社情民意等方式参政议政，提出高质量的意见和建议。

【市政协常委会会议】 2020年，海安市政协召开7次常委会会议，即政协海安市第十四届常委会第13次会议至第19次会议。

1月3日，市政协十四届常委会召开第13次会议。会议协商通过召开政协海安市第十四届委员会第四次会议的决定（草案）、政协海安市第十四届委员会第四次会议议程（草案）、政协海安市第十四届委员会第四次会议日程（草案）。讨论政协海安市第十四届委员会常务委员会工作报告（讨论稿）和提案工作情况的报告（讨论稿）。通过政协海安市第十四届委员会常务委员会工作报告、提案工作情况报告大会报告人的决定（草案），政协海安市第十四届委员会第四次会议秘书处负责人名单（草案）。会议决定有关人事事项。市政协各专委会向常委会递交2019年述职报告。

1月16日，市政协十四届常委会召开第14次会议。会议协商通过有关人事事项，增补李如生为市十四届政协委员。

1月17日，市政协十四届常委会召开第15次会议。市委书记顾国标做协商提名讲话，推荐增补李如生为市政协副主席候选人，周于红因年龄原因不再担任市政协副主席职务，建议增补王飞、王晓波、汪宁、张前进、陈琳、钱义华、景凯为市政协常委会委员候选人。会议协商讨论市政协十四届四次会议选举办法（草案）。大会选举监票人建议名单。

1月18日，市政协十四届常委会召开第16次会议。会议听取各界别组学习讨论市委书记顾国标讲话精神和相关报告的情况汇报，讨论大会选举办法（草案）、候选人建议名单、大会选举监票人建议名单、大会决议（草案）情况的汇报，提案委员会关于提案征集情况的汇报。审议市政协十四届四次会议决议（草案）。

4月14日，市政协十四届常委会召开第17次会议。会议审议通过部分街道行政区划变更方案。市民政局负责人汇报部分街道行政区划变更方案。

7月16日，市政协十四届常委会召开第18次会议。会议围绕“推动5123工业大企业做大做强”进行专题协商、建言献策。协商通过关于“推动5123工业大企业做大做强”的建议案（草案）。部署进一步做好有事好商量协商议事室工作。通过有关人事事项。

9月24日，市政协十四届常委会召开第19次会议。会议围绕“推进城区电动自行车集中充电设施建设”进行专题协商。通过推进城区电动自行车集中充电设施建设的建议案。部署三季度扫尾工作和四季度重点工作。协商通过有关人事事项。

【市委书记与企业家委员“面对面”协商座谈会】 2020年9月28日，海安市召开市委书记与企业家委员“面对面”协商座谈会，市政协主席、党组书记李春旺主持会议。市委书记顾国标与企业家政协委员共同学习贯彻习近平总书记在企业家座谈会、经济社会领域专家座谈会上的重要讲话精神。8名企业家政协委员围绕推动民营经济高质量发展等内容建言献策。顾国标要求有关部门认真研究吸收建议意见，勉励全市企业家委员争做实业报国、创新转型、现代企业、开放发展、回馈社会的典范。市委人才办、市发展改革委、市科技局、市农业农村局等部门负责人对企业家政协委员提出的建议和诉求进行回应。 （缪爱莲）

协商建言

【“有事好商量”协商议事室】 2020年，海安市有协商议事室260个，开展“有

2020年5月13日，南通市政协到海安调研“有事好商量”协商议事工作情况

市政协办公室／供图

事好商量”协商议事活动近1000次，出台《关于“有事好商量”协商议事室建设的实施办法》等制度，将政协制度优势转化为参与基层社会治理效能。主席会议考察“有事好商量”协商议事常态长效、提质增效工作，召开观摩会3场、建立示范点34个，制作专题片、案例教学片，编印培训教材、选题参考，全覆盖配备智能一体机，提升协商议事常态化、智慧化水平。8月27日，举办“有事好商量”专场文艺晚会，南通市政协主席会议成员、海安市四套班子负责人现场观看，同步微直播观看人数1.56万。开展“民生专题协商议事月”活动，助推解决农村道路亮化、社区健身广场建设等民生问题141个。

【专题协商】 2020年一季度，海安市政协紧盯产业板块，围绕推动家具产业安全生产绿色发展，召开协商座谈会4场。协调统一生态环境和应急管理两个领域的相关监管标准，聚焦“安全生产、绿色发展、文旅商圈建设”三个方面，形成具体建议12条，被《海安市家具产业加快健康发展三年行动计划》吸纳。

二季度，围绕推动“5123”工业大企业做大做强，走访联发集团、天楹环保等企业44家，召开协商座谈会8场。从重视企业家队伍建设、提升核心竞争力等方面提出具体建议20条。市政府召开市长办公会专题研究，要求完善培养进退机制，形成“退二优二”（引导低效工业企业加快转型或主动退出，引进优势企业实施先进制造业项目，推进工业经济高质量发展）政策体系，推动海安工业企业不断增强核心竞争力。

三季度，围绕推进城区电动自行车集中充电设施建设，召开协商座谈会3次，听取相关部门、物业公司、小区业委会等社会各界建议。组建“建设城市安全文化教育体验基地”“高层建筑防火问题”“城市应急救援队伍建设”三个课题组进行调研考察，形成专题调研报告送市政府，相关建议被吸纳到“安全发展示范城市创建”的配套文件中。

四季度，围绕“发挥海安特色文化品牌优势，促进文化产业高质量发展”开展调查研究，提出四个方面13条建议，获市政府主要领导批示并要求相关部门按文化强市的定位，谋划海安市“十四五”文化事业、文化产业的发展。

（缪爱莲）

民主监督

【民主评议】 2020年，海安市政协成立评议工作组29个，组织委员300多人次对市城管局加强物业管理工作进行民主评议，按区域召开情况说明会4场，分层面开展评议座谈活动2次。从推进党建工作、规范行业行为、强化队伍建设、创新宣传模式、有效破解难题等五个方面对加强物业管理工作提出具体对策建议21条。开展“回头看”活动，主动召集多方会商，将改进监督方式与协商解决问题有机融合，让民主评议成果落地见效。

【污染防治工作专项监督】 2020年，海安市政协创新开展“5+N”专项监督污染防治攻坚战，被南通市政协作为创新案例上报江苏省政协。市政协5名副主席分别带领水、大气、农业面源、化工和印染行业5个监督小组，开展监督视察活动20多次。实施“环保观察员”制度，多名政协委员以第三方视角进行常态监督，发现问题100多条。每季度形成“工作专报”供市政府决策参考。主席会议考察水污染防治重点工程，推动尾水生态湿地建设。主席会议成员根据市委统一部署，履行空气质量监测站点“点位长”职责，定期巡查栟茶运河、海溱河、江海河治理工作，助推全市生态文明建设。

（缪爱莲）

参政议政

【概况】 2020年，海安市政协围绕市委、市政府的中心工作，聚焦群众关心的热点难点问题，紧扣高质量发展走在前列，深入调查研究，积极建言献策。市政协收到意见建议312件，审查立案261件，并案9件，立案率86.5%。委员围绕产业转型升级，提出提案42件，占16.1%；围绕城乡统筹发展，提出提案89件，占34.1%；围绕社会和谐稳定，提出提案92件，占35.3%；围绕美丽海安建设提出提案18件，占6.9%。向市委、市政府报送建议案4件，编印《社情民意》41期，遴选确定6件重点提案由市政府主要领导带头领办。261件提案均在规定时间内办结，答复率、满意率和基本满意率均为100%；4件建议案经协商均得到有效落实，并转化为具体工作举措；41件社情民意均得到有效办理和满意答复。

【提案工作】 2020年，海安市政协采取“订单式提案、清单式办理、全覆盖督办、双向式评议”模式，推动提案工作提质增效。通过党委政府点题接订单、调研协商出订单的方式选题，采取提案委员会与承办单位协商预审、提案委员会与市委办公室和市政府办公室联合初审、主席会议终审的工作流程，并充分尊重和保护委员民主权利，把严提案质量关、立案关，优秀提案评选比例提升至立案数量的15%。构建党委重视、政府支持、政协强化、部门主动的提案工作机制，市委、市政府领导领办重点提案，“四办”联合交办提案，市委办公室和市政府办公室落实专人负责办理提案；市政协主席会议定期研究提案工作，常委会议专题听取提案办理情况通报，副主席督办重点提案；推行清单式提案办理，各承办单位明确承办提案的分管领导、科室负责人、具体承办人并列出清单，结案时逐一列出办理结果、形成结果清单，提案办理从“答复型”向“办理型”转变。常态化开展“提案督办月”活动，《人民政协报》发表海安提案办理工作经验《“4+1”模式形成提案督办常态化》。组建6个督办小组，从办理答复、制度落实、建议落实等方面全覆盖督办立案提案，对重点、重要提案开展调研式督办，邀请提案人参加专题常委会、主席会议、专题协商会、对口协商会；对其他提案，利用协商座谈会、实地考察、专题调研等多种形式，开展协商式督办。完善反馈机制，将提案者对提案办理工作单向评议，转变为提案办理双方不见面“双向式评议”。

海安市政协十四届四次会议优秀提案一览表

表4

序号	提案者	案　　由	序号	提案者	案　　由
1	周　平	关于加强小区电动自行车管理，消除消防安全隐患的提案	21	文宣组	关于加强农业科技人才队伍建设的提案
2	孙亚萍 刘凤鸣	关于老旧小区试点加装电梯的提案	22	田　尧	关于在住宅区科学合理安排电动自行车充电桩的提案
3	花　平	关于推动海安高质量发展走在前列的提案	23	颜晓军	关于将小区物业服务与管理作用有机结合的提案
4	张　进	关于加大城市社区和农民集中居住区居家养老服务站建设，提高养老服务质量的提案	24	刘才进	关于完善公交线路方便市民出行的提案
5	张　育	关于消除义务教育阶段城乡不平衡的提案	25	茆根明	关于规范农村宅基地管理和违建查处的提案
6	华志刚	关于提升基层公共文化阵地利用率的提案	26	孙友庚	关于在全市中小学校探索开展学生课后服务的提案
7	吉清海	关于加强海安市优秀教育人才引进和培养的提案	27	曹剑华 钱小娣	关于集体经营性建设用地入市的提案
8	金山存	关于对三、四级不通航河道采取生态综合治理措施，有效提高水环境质量的提案	28	崔　剑 陆模珍	关于把老旧小区加装电梯政策落细落实的提案
9	章群峰	关于加强大数据统筹整合，服务全市经济社会发展的提案	29	席亚萍	关于加强对企业环保政策宣传引导以及管理督查相结合的提案
10	冒朝阳	关于提升海安市户外广告形象品位的提案	30	秦延昆	关于改进完善低收入人员认定的提案
11	卢克虎	关于发展夜市经济，助推海安高质量的提案	31	朱昌军	关于推动基层协商常态化的提案
12	陈旭明	关于精心打造东部家具文旅商圈的提案	32	袁加根	关于以党建引领构建小区治理新格局的提案
13	刘晓红	关于加强外来少数民族人员社会融入的提案	33	张羽翼	关于优化矛盾纠纷多元化解机制的提案
14	柴　靖	关于在小区物业配置快递存放点的提案	34	王启涛	关于加强村级用工管理的提案
15	景　凯	关于加强调查研究，不断丰富文明城市创建内涵的提案	35	张　鹏 范小磊	关于利用大数据中心建设智慧海安的提案
16	钱义华	关于优化营商环境，实施行政处罚前预警的提案	36	王荣健	关于如何实现海安酒店服务行业更高质量发展的提案
17	陆爱红	关于发挥高标准农田建设优势，促进土地有序流转的提案	37	黄婧婧	关于加快推进农村垃圾分类的提案
18	尤正海	关于及时向党外代表人士通报海安经济社会发展情况的提案	38	刘晓峰	关于加强心脑血管疾病防控，推进健康海安建设的提案
19	张振梅	关于资本运营公司盘活存量资产的提案	39	严咏梅	关于规划预留社区服务及管理配套用地的提案
20	沈宏华	关于完善农村建房政策的提案			

◆ 阅读延伸

关于加强小区电动自行车管理，消除消防安全隐患的建议（摘要）

近年来，电动车火灾事故频发，并呈逐年增长趋势。电动车大多在室内停放和充电，有的甚至停放在疏散通道、安全出口等公共区域，由于电动车车体大部分为易燃可燃材料，一旦起火，燃烧速度快，并产生大量有毒烟气，人员逃生困难，极易造成伤亡。2019年7月30日，日月路路口一辆电动车突发自燃。12月12日，华新一品御园小区一辆电瓶车在楼道起火燃烧。这些事故均由电动车引发，教训较为深刻。因此，各相关部门应警惕电动车无序停放、违法占道等问题，做到未雨绸缪、主动作为，消除电动车消防安全隐患。

一是加强宣传引导。物业服务企业、村（居）委会要加强电动车停放充电引发火灾的防范常识宣传和典型火灾案例警示教育，引导群众增强消防安全意识，并按要求停放电动车和为电动车充电。市文明办、文广新局、司法局、融媒体中心等应当加强电动车消防安全公益宣传，普及消防安全常识。消防救援大队应当教育引导群众将电动车停放在安全地点，严禁在建筑内的共用走道、楼梯间、安全出口处等公共区域停放电动车或者为电动车充电。

二是配套建设停放场所和充电桩。加快城市基础设施建设，按照“谁投资谁受益”的原则规范运营，推进有条件的住宅小区配建停放场所和充电桩。对已建、在建的住宅小区或商业服务设施，根据实际需求和场地条件逐步改建或加装充电设施。鼓励和引导公共机构内部停车场、公共停车场所配建充电桩，实行科学管理、有偿服务。

三是落实停放充电管理责任。对有物业服务企业或者主管单位的住宅小区，物业服务企业、主管单位应当依据《物业管理条例》等有关规定，对管理区域内电动车停放、充电实施消防安全管理。无物业服务企业或者主管单位的，区镇、街道应按照《中华人民共和国消防法》和《消防安全责任制实施办法》等，指导村（居）委会确定电动车停放、充电消防安全管理人员，落实管理责任。

四是加强检查执法。物业服务企业和村（居）委会要组织对住宅小区开展电动车停放和充电专项检查，及时消除隐患。对检查发现电动车违规停放、充电的，应当制止并组织清理。对拒不清理的，要向消防救援大队报告，由其依法查处。

五是引入技防设施。加大对电动车上楼技防设施投入，在电梯上安装红外识别限制运行装置。按照“业主一点、区镇一点、财政一点”的原则配备装置，一台电梯约需2000多元，全市2000多台电梯约需资金500万元。

六是失信纳入征信。消防救援大队应当根据职责，将电动车违法占用、堵塞、封闭疏散通道、安全出口以及其他妨碍安全疏散的行为予以记录，由发展改革委依法纳入个人征信管理体系。

关于老旧小区试点加装电梯的建议（摘要）

近年来，海安作为“长寿之乡”，已从轻度老龄化阶段过渡到中度老龄化阶段，老年人比较多。不少老人住在老小区，有的住的楼层还比较高，上下楼很吃力，因而为老旧小区加装电梯的呼声越来越多。同时，旧楼房加装电梯对完善既有住宅的使用功能，提升居住品质，加快推进城市和棚户区改造等，也有积极意义，所以是一项“惠民工程”，亟待有关部门重视。

多层旧楼房加装电梯虽然技术难度不大、工序不太复杂，但涉及的部门众多，牵扯的利益复杂，面临难题很多。一是立项涉及部门众多。旧楼房加装电梯需经过包括业主前期协商、建管部门审核、房管部门鉴定、规划土地评审等环节，以及消防、质监、环保、卫生、民防、市政等部门参与。二是平衡利益难。多层旧楼房的高低层业主利益诉求不同，高层业主积极要求加装，低层业主没有电梯需求，又会因加装电梯后对通风、采光受到影响，加之费用分摊等问题，普遍反对加装电梯。某市已受理完成的各类加装电梯项目，几乎项项有信访。三是资金筹措难。据测算，加装一部一般材质的电梯，约需50万元，这部分费用包括电梯购置费、规划施工费、电梯运行费等。按每单元12户计算，每户平均4.2万元，这对以养老金为主要收入来源的老居民来说，是一笔不小的负担。

为此建议政府牵头，联合建设、规划、质监等部门组织调研，成立老旧楼安装电梯专项工作组。提出切实可行的方案，对有意向的具体小区进行充分论证，根据不同住宅区类型提出不同的方案，供业主参考。由街道、社区进行前期排查摸底，做好宣传，不断提高群众的知晓率、认同率。有意愿的小区可由所在的业主委员会牵头，征求住户统一意见后，向有关部门申报。在“政府引导、业主自愿、试点先行”的前提下，结合老旧楼改造，依法推动既有多层老旧住宅加装电梯工作，并选择一些小区先行试点、逐步推广。

一是制定技术规范。政府相关职能部门结合海安实际，出台相关技术规范，简化审批程序，避免立项难等问题。建议根据不同老居民楼的特点，可制定多种设计方案模板，既方便相关部门审批，又可提供业主参考，使加装电梯前期工作少走弯路。二是建立协调机制。要发挥街道（居委会）和原开发单位、“房改房”（又称“单位房”）原单位等基层组织的协调作用，做好矛盾纠纷调解和办理报建手续等协调工作，把惠民好事做好。三是多方筹措资金。建议可利用公积金、专项维修资金、原产权单位适当补助等来筹措建设资金。鉴于老年人大多没有公积金，对于没有公积金账户的老年人，政策上允许用其子孙的公积金账户划转支付。积极探讨市场化运营模式。四是充分发挥党和政府协调服务功能。建议住建部牵头，召集应急管理、市场监督、生态资源、供电、税务、燃气、物业主管部门、街道、业主委员会联合商讨，拿出加装电梯的相关审批、规划、设计的好方案，制造相关政策保障细则，交街道、业主委员会、物业宣传实施。五是科学合理规划。每个小区所在街道和业主委员会协同物业按各地小区的情况，拿出整体小区加装电梯的外部规划，交住建部门审核、设计，做到一小区方案，统一审批、设计，必须使每个小区既方便了老百姓，又美化了小区环境，全方位打造“智、优、好、快、美”的小区。

【社情民意】 2020年，海安市政协编印《社情民意》41期，其中，39份社情民意信息得到市委、市政府领导批示，23份社情民意信息得到相关部门书面办理答复。按照《反映社情民意信息工作制度》《优秀社情民意信息评选办法》等要求，从了解民意、撰写稿件、上报信息、整理编辑、审签报送以及队伍建设和考核奖惩等方面，规范社情民意工作。全会前集中征集社情民意信息，平时则注重在提案督办、民主评议、对口协商、民生实施督办等政协履职活动中挖掘搜集信息。

市政府办公室专门制定市政协社情民意信息办理工作任务分解表，并由市政府主要负责人和分管领导签阅。针对委员集中关注的交通出行问题，将10件交通安全建设方面的建议整合为1期社情民意信息进行集中报送，方便承办部门集中办理。委员们提出的控制电瓶车进入居民小区楼道、强化353省道安全隐患治理、解决企业专业人才短缺、重视海安人才培养奖励等信息，相关职能部门积极办理落实。（韩　鹏）

文史编研

【概况】 2020年，海安市政协组织文史顾问到山东台儿庄、曲阜调研，学习文史资料工作、地域特色文化利用与保护性开发的经验做法。持续办好“文史拾贝”“文化海安”等专栏，弘扬海安优秀历史文化。做好《改革开放40年海安大事口述史（下辑）》编撰出版等文史资料工作，完成《江苏城市名片》（海安部分）文稿、图片征集以及《名人与南通》（海安部分）图片征集任务。

【《改革开放40周年海安大事口述史》征编】 2020年，海安市政协启动《改革开放40年海安大事口述史（下辑）》征编工作，围绕党建篇、文化教育篇、社会建设篇、城乡基础设施建设篇四个篇章，通过亲历者、见证者的口述，总结海安改革开放的成功经验，丰富拓展海安精神的内涵，彰显鲜明的海安标识。（缪爱莲）

委员工作

【概况】 2020年，海安市有南通市住海安政协委员23人。市政协委员311人，分布在17个界别。新调整委员17人，增补委员24人。市政协加强党建设，建成政协机关“党员之家”，落实政协党组织“三联系”“两覆盖”制度，发挥政协委员工作委员会联合党支部作用，引导委员在履职中宣传党的大政方针和市委、市政府的决策部署。将学习贯彻习近平总书记视察江苏重要讲话精神与领会十九届四中、五中全会精神相结合，开展学习贯彻习近平总书记在企业家座谈会上重要讲话精神系列活动，围绕“学习苏州‘三大法宝’、答好南通‘发展四问’”和“推动建言资政和凝聚共识双向发力”“充分发挥专委会基础性作用”等专题进行学习研讨，参与的委员和机关干部200余人次，汇编理论研讨文章38篇。建立健全政协联络机制，将原“区镇政协联络组”统一更名为“区、镇（街道）政协工作委员会”，镇（街道）政协工作委员会主任由政工副书记兼任。推进委员服务管理全覆盖，7个街道政协工委建立街道“政协委员之家”和“有事好商量”协商议事室，全年开展至少一次“有事好商量”协商议事活动。《人民政协报》《江苏政协》和人民网、新华网、“江苏政协”微信公众号等媒体30多次报道海安市政协委员履职成果。

【委员履职管理】 2020年，海安市政协创新服务管理机制，发挥好委员主体作用。有针对性地安排委员参加活动，为委员知情明政创造条件。每月的政府常务会，根据会议内容，轮流安排相关界别组、政协工委委员参加；在专题协商、民主监督、主席会议视察活动中，有针对性地邀请相关部门委员和提案人参与活动；政府相关部门的听证会、说明会，安排专家委员参加，确保专业对口、所提意见切中要害，遇到问题有人解读。组织委员48人到上海大学培训，先后对新任工作组组长、区镇和街道政协工委主任、增补的政协委员进行业务工作培训，增强委员履职本领。全会期间通报委员出席情况，汇总提案立案和社情民意报送情况，统计委员参加各专门委员会组织活动的情况；每半年通报一次委员履职情况，组织各单位点评履职活动，增强委员履职的使命感。实施履职量化考核，开展年度述职活动，评选优秀政协委员，强化委员责任意识。

（缪爱莲）

海安市纪委监委

Haian Municipal Commission for Discipline Inspection and Supervision

海安清莲园

重要会议

【全市领导干部警示教育大会】 2020年1月14日，全市领导干部警示教育大会在海安市行政中心东附四楼报告厅召开。市委书记顾国标出席会议并讲话，市委副书记、市长于立忠主持会议。顾国标强调，全市党员干部要在明底线、知敬畏、守规矩中增强砥砺初心使命的高度自觉，永葆为民务实清廉的政治本色，为推动海安高质量发展走在前列提供坚强纪律保障；并就加强领导干部廉洁自律，持续净化、优化政治生态提出具体要求。于立忠要求，全市党员干部提高站位，吸取教训，切实增强不想腐的自觉性；压实责任，强化监督，营造不敢腐的高压态势。与会人员观看警示教育片《叩问“初心”》。会议在各区镇设立分会场。

【全市党风廉政建设和反腐败工作情况通报会】 2020年1月21日，全市党风廉政建设和反腐败工作情况通报会在海安市行政中心东附四楼报告厅举行。市委常委、市纪委书记、市监委主任杨春红通报2019年度全市党风廉政建设和反腐败工作情况及2020年纪检监察总体工作思路。会议指出，要切实发挥监督保障执行、促进完善发展作用，更加科学严密有效地推进全市纪检监察工作高质量发展；要贯彻市委十三届八次全会精神，把“两个维护”（坚决维护习近平总书记党中央的核心、全党的核心地位，坚决维护党中央权威和集中统一领导）作为根本政治任务，一以贯之全面从严治党，强化对权力运行的制约和监督，为海安高质量发展提供坚强的纪法保障。与会人员填写征求意见表。市纪委委员、老干部代表、党代表、人大代表、政协委员代表及市政府政风行风监督员代表等60余人参加活动。

【市纪委监委派驻机构改革推进会】 2020年3月30日，海安市纪委监委召开派驻机构改革推进会，贯彻落实江苏省、南通市纪委关于深化派驻机构改革的实施意见精神，推进海安市纪检监察派驻监督工作。市委常委、市纪委书记、监委主任杨春红出席会议并讲话。杨春红强调，市纪委监委派驻机构要统一思想，正确认识派驻机构改革的重要意义；要厘清关系，坚决贯彻派驻机构改革的决策部署；要主动作为，切实履行全面从严治党的主体责任。会议宣读《海安市纪委监委派驻机构改革方案》以及市委人事任职决定。部分派驻纪监组和驻在单位代表分别做表态发言。

【市纪委十三届五次全会】 2020年4月25日，中国共产党海安市第十三届纪律检查委员会第五次全体会议在海安市行政中心东附四楼报告厅召开，出席会议的市纪委委员16人，列席会议181人。会议的主要任务是深入学习贯彻习近平总书记重要讲话和中央纪委四次全会、江苏省纪委五次全会、南通市纪委五次全会精神，总结工作，分析形势，部署2020年全面从严治党和反腐败斗争工作。市委书记顾国标出席会议并讲话，要求各级党组织坚决贯彻落实习近平总书记重要讲话精神，坚定不移推动全面从严治党向纵深发展；把“严”的主基调长期坚持下去，以全面从严治党新成效推动市域治理体系现代化；深刻理解把握关于完善党和国家监督体系的重大决策部署，积极构建严肃协同有效的监督体制机制。市委常委、市纪委书记、市监委主任杨春红代表市纪委常委会做《坚定不移深化全面从严治党，为开创海安高质量发展新局面提供坚强保障》的工作报告。会议审议通过市纪委常委会工作报告和全会决议。

【全市机关作风建设大会】 2020年4月25日，全市机关作风效能建设大会在海安市行政中心东附四楼报告厅召开。会议回顾总结2019年全市机关作风效能建设工作，指出作风效能建设存在的差距和不足，部署2020年全市机关作风效能建设工作。市委书记顾国标出席会议并讲话，市委副书记、市长于立忠主持会议。顾国标要求，通过深化“双聚双争”主题教育活动，大力实施聚焦优作风，激发“最大动能”；聚焦大项目，争创“最佳环境”；聚焦达小康，争当“最强先锋”；聚焦好队伍，提供“最强保障”四项行动，切实解决新时期干部队伍中仍然存在的“担当不力、落实不快、服务不优、能力不足”等作风效能问题，持续打造“强定力、敢担当、快落实、勤为民、严守纪”的海安机关作风效能名片。开发区、高新区、曲塘镇、发展改革委、商务局、行政审批局负责人分别做交流发言。

【全市巡察工作会议】 2020年4月28日，全市巡察工作会议暨十三届市委第十一轮巡察动员会在海安市职教园区报告厅召开。会议总结2019年巡察工作，部署2020年重点工作，安排十三届市委第十一轮巡察任务。会议传达中央、省委、南通市委巡视巡察工作会议精神和市委书记顾国标关于巡察工作的批示。会议要求深刻领会最新精神，把握监督重点，把职责使命聚焦到基层贯彻落实党的路线方针政策和党中央决策部署情况、群众身边腐败问题和不正之风以及基层党组织软弱涣散、组织力欠缺问题等新任务上。会议表彰2019年度优秀巡察干部，通报调整巡察人才库的决定及抽调参加第十一轮巡察工作人员的决定，对十三届市委第十一轮巡察组组长进行授权任职及任务分工。

【市委反腐败协调小组会议】 2020年7月13日，市委反腐败协调小组会议在海安市党风廉政建设教育中心召开。市委常委、市纪委书记、市监委主任、市委反腐败协调小组组长杨春红主持会议并讲话，市委反腐败协调小组成员、各成员单位分管领导和联络员列席会议。会议传达学习中央办公厅下发的《执法机关和司法机关向纪检监察机关移送问题线索工作办法》，审议《海安市贯彻执行〈执法机关和司法机关向纪检监察机关移送问题线索工作办法〉实施意见》，各成员单位交流反腐败和扫黑除恶专项斗争中查处涉黑涉恶腐败和保护伞案件协作情况。杨春红对2019年以后反腐败及扫黑除恶协调工作进行总体评价，要求客观评价成绩，增强做好反腐败协调工作的信心；突出“四个围绕”，推动反腐败协调工作高质量发展；凝聚工作合力，构建权威高效的反腐败工作体制机制。

【全市机关作风效能建设推进会】 2020年8月15日，全市机关作风效能建设推进会在海安市行政中心东附四楼报告厅召开。市委书记顾国标出席会议并讲话，市委副书记、市长于立忠主持会议。会议播放作风效能专题片《以严实作风勇担发展之责》，实名通报曝光典型问题36个，运用"四种形态"（经常开展批评和自我批评、约谈函询，让"红红脸、出出汗"成为常态；让党纪轻处分、组织调整成为违纪处理的大多数；让党纪重处分、重大职务调整的成为少数；让严重违纪涉嫌违法立案审查的成为极少数）处理61人。会议总结上半年机关作风建设工作成绩，剖析存在问题，推动各级党员干部学习贯彻市委十三届九次全会精神，进一步真抓实干、奋发有为，为全面完成全年目标任务提供坚强保障。海安街道、城东镇立发办事处、墩头镇、财政局、教体局、住建局负责人做交流发言。 （季军华）

纪检监察体制改革

【概况】 2020年，海安市纪委监委落实纪检监察机构改革任务，优化重组派驻（出）机构20个，实现对市级行政事业单位和市属国有企业行使公权力的公职人员监察全覆盖。发挥派驻（出）机构职能作用，全年派出监察员办公室立案53件，派驻机构立案59件。推进基层纪检监察体制改革，配备区镇街道纪（工）委副书记岗位。海安市纪委监委获省级以上发文通报表彰或经验推广9项，其中，被江苏省纪委监委评为全省带头建设模范机关工作走前列纪检监察组织（全省首批、南通唯一）。

【全面从严治党主体责任落实】 2020年，海安市纪委监委协助市委落实《党委（党组）落实全面从严治党主体责任规定》，细化分解全面从严治党重点任务7大类73项，明确目标要求、责任单位和完成时限。督查履责情况，下发"督查和典型案例通报"2期，通报曝光并督促整改5大类16个具体问题。落实"一案双查"，实施党内问责60起、监察问责2起，问责党组织6个、党员干部62人。

【"两个协同"机制构建】 2020年，海安市纪委监委创新实施"两个协同"机制，出台协同监督的实施办法和项目管理办法，通过统筹监督力量、明确监督重点、完善工作机制、强化流程监控，构建全市纪检监察组织共同参与、一体推进的"协同监督+协同办案"工作机制，推动在监督中办案、在办案中监督，监督办案形成有效闭环。全市开展挂钩拆旧复垦等协同监督项目17个，查办违纪违法案件35件。 （季军华）

党风廉政建设

【概况】 2020年，海安市纪委监委实现政治监督具体化、常态化，围绕统筹推进疫情防控和经济社会发展、打赢"三大攻坚战"（防范化解重大风险、精准脱贫、污染防治）等开展监督检查，推动全市各级党组织和党员干部坚决做到"两个维护"（坚决维护习近平总书记党中央的核心、全党的核心地位，坚决维护党中央权威和集中统一领导）。突出政治属性和问题导向，深化政治生态优化工程，"四个优化"经验做法被南通市纪委监委推广。推进以案促改，召开全市领导干部警示教育大会，制作播放警示教育片《时代之问》，党员干部5000余人接受教育。组织"5·10"思廉日系列活动，"新时代正气歌"专场文艺演出获评全省廉洁文化实践探索优秀成果奖。依托廉政文化园和党风廉政建设教育中心，经常性举办廉政教育报告会、廉政文艺演出等活动，年内为全市科级领导干部及国企领导人员举办廉洁从政教育轮训班4期。开展"亲情廉语"微视频征集评比活动，引导党员干部修身律己。发挥查办案件治本功能，制发纪检监察建议8份，督促相关单位健全完善制度23项。

【政治监督】 2020年，海安市纪委监委推进政治监督具体化、常态化，围绕统筹推进疫情防控和经济社会发展、打赢"三大攻坚战"等开展监督检查600余次，推动全市各级党组织和党员干部坚决做到"两个维护"。监督检查疫情防控工作，成立疫情督查组12个，紧盯防疫措施落实、群众生活保障等工作，制发督查报告57份，通报曝光典型案例14起21人，实施问责10起。围绕落实"六稳""六保"等政策执行情况，开展监督检查23次，对接帮扶66家企业。监督推进安全生产专项整治，先后开展明察暗访7轮，追责问责11人。推动开展违法违规"小化工"百日专项整治行动，排查出违法违规"小化工"企业12家，查处背后官商勾结问题2件2人。靠前监督项目建设，制发督查报告20份，加快项目建设进程。开展房屋征收专项督查，推动交办的155户签订补偿安置协议。助力"创文""创卫"攻坚，

2020年9月26日，海安街道党工委、纪工委组织党员干部到市廉政教育基地现场接受思想教育 顾华夏 张晓艳／摄

督促整改各类问题150余个，集体约谈工作落实不力的9个单位负责人。

【作风建设】 2020年，海安市纪委监委落实中央八项规定精神，加强党的作风建设，查处“四风”问题47起66人，通报曝光典型案例11起11人。开展违规收受礼品礼金问题等4个专项监督，严防享乐主义、奢靡之风反弹回潮。持续整治形式主义、官僚主义问题，查处贯彻落实党中央、省市委重大决策部署只表态不落实、维护群众利益不担当不作为等问题23起29人。推进“双聚双争”主题教育，常态化开展市镇联动明察暗访100余批次，召开全市机关作风效能建设大会，实名通报曝光典型问题36个，运用“四种形态”处理61人。

【政治生态优化】 2020年，海安市纪委监委深化政治生态优化工程，实施优化指标体系、重点任务、监测评价和结果运用“四个优化”，净化优化全市政治生态。深入查找和纠正政治偏差，立案查办违反政治纪律案件6件6人。把握“三个区分开来”（把干部在推进改革中因缺乏经验、先行先试出现的失误和错误同明知故犯的违纪违法行为区分开来，把上级尚无明确限制的探索性试验中的失误和错误同上级明令禁止后依然我行我素的违纪违法行为区分开来，把为推动发展的无意过失同为谋取私利的违纪违法行为区分开来），实施容错纠错11人，其中科级干部3人。完善澄清保护机制，为受到不实举报的街道干部澄清正名，相关案例被省纪委监委作为关心关爱干部、激励担当作为的典型事例，向全省通报表彰。 （季军华）

监督执纪问责

【概况】 2020年，海安市各级纪检监察组织驰而不息正风肃纪、反腐惩恶，发挥监督保障执行、促进完善发展作用。综合运用信访受理、约谈提醒、谈话函询等方式，加强对党员领导干部特别是单位“一把手”的监督。完善党风廉政意见回复工作，廉政审核91批次8033人，提出否定意见10人次。实施“清风惠民”项目，精准治理基层微腐败，查处不正之风和腐败问题235件，给予党纪政务处分185人、诫勉谈话32人，挽回直接经济损失141.2万元，经验做法被《新华每日电讯》报道。

【审查调查】 2020年，海安市纪委监委立案查处各类违纪违法案件572件，其中，使用留置措施10件，移送审查起诉12件，查处科级干部违纪违法案件42件。运用第一、二、三、四种形态，分别处理743、449、14、28人次。查办涉黑涉恶案件18件18人。坚持有腐必反、有案必查，查办城东镇施秦村劳动保障协理员花某贪污腐败案件，打击公安民警曹某、程某帮助犯罪分子逃罚等犯罪行为，查处园林绿化公司“塌方式”腐败，做到持续从严、一严到底。坚持受贿、行贿一起查，加大惩治行贿违纪违法行为，立案审查调查4人。2起案件分别获评全省党纪政务精品案件和南通市“十佳案件”。深化扫黑除恶成果，实施“三联三化”（内部协作联动、职能部门联动、社会力量联动，节点化、信息化、网格化）监督机制，助推征地拆迁领域行业治理，经验做法被江苏省纪委监委以专刊和通报形式推广。

【专项整治】 2020年，海安市聚焦教育医疗、环境保护、金融和扶贫等民生领域侵害群众利益问题，围绕发生在群众身边的不正之风和“微腐败”现象开展监督检查，推动整改落实。通过“数智”监管学校食堂领域风险、整治高值医用耗材采购使用管理突出问题等“小切口”专项工作，精准治理侵害群众利益问题。开展残疾人“两项补贴”（困难残疾人生活补贴和重度残疾人护理补贴）专项核查活动，督促为残疾人增发、补发补贴4800人2000余万元，核减违规享受补贴人员570人。督查推进非法金融活动专项治理，针对公职人员涉嫌参与非法金融活动问题开展督查22次，集中排查问题线索4次，立案查办5件5人。助力“三大攻坚战”，围绕“两不愁三保障”（两不愁：稳定实现农村贫困人口不愁吃、不愁穿；三保障：保障义务教育、基本医疗和住房安全）、脱贫摘帽后“四个不摘”（摘帽不摘责任、不摘政策、不摘帮扶、不摘监管），先后5轮抽查复核53个经济薄弱村达标情况、1677户建档立卡低收入户脱贫情况，查处扶贫领域腐败和作风问题39起39人；跟进监督污染防治，先后督查污染防治、秸秆禁烧禁抛等工作11轮，出台《海安市2020年度环境信访问题责任追究实施办法》，追责问责11人，海安市级、南通市级、省级环境信访件分别比上年下降37%、79.4%、54.9%；层层压实防范化解债务风险主体责任，化解高成本债务44笔。

（季军华）

群众团体

Mass Organizations

角斜红旗民兵团史绩陈列馆

工　会

【概况】 至2020年年底，海安市有基层工会2099家，涵盖单位3853家，其中独立基层工会1739家；会员22.47万人，其中进城务工人员11.30万人。推进职代会规范化建设，围绕企业复工复产、安全生产、休息休假等涉及职工切身权益的事项，全市企业召开专题职代会45场次，南通市通润汽车零部件有限公司等3家企业获评省厂务公开民主管理先进单位，市教育工会被评为省推动厂务民主管理工作先进单位。推进产业工人队伍建设改革工作，南通双弘纺织有限公司产改经验在全省放样。发挥思政课堂作用，开展职工思政课堂进基层活动59场。集体协商工作在南通做经验交流，李堡镇职工法律援助站获评全省首批“三化”建设成效明显职工法律援助中心（站）。有效落实为职工办实事项目，帮扶困难职工1000人次，帮扶资金约500万元；组织一线职工、劳模免费疗休养250人次；为进城务工人员110人免费实施“圆梦行动”；区镇街道工会举办单身职工交友联谊活动12场次，成功53对；发放电影券、书卡等近4000张；举办职工运动会30多场次。助力“六稳六保”，倡议全市广大劳模职工与企业共克时艰，组织机关干部下沉企业社区助力企业复工复产；组织慰问口罩生产企业职工、抗疫一线医护、交警、环卫工人1400人，发放慰问金63.92万元；投入200万元发放消费券1.5万张，拉动消费1100多万元；落实小微企业经费返还政策，返还小微企业工会经费1299.7万元，惠及企业3480家。提升工会干部能力建设，举办工会干部培训班5批次。年内，省、南通市总工会领导多次到海安调研工会工作，南通启东市、连云港海州区等地区总工会到海安考察学习，海安市总工会先后组织到南通如东县、如皋市观摩学习区镇工会“职工之家”阵地建设、工会劳动保护等工作。海安总工会通过全国“文明单位”复检。

【工会重要会议】 工会第十五届委员会第三次全体会议 2020年3月16日，海安市总工会召开第十五届委员会第三次全体会议，会议选举李如生当选市总工会第十五届委员会主席，杭程等人替补为海安市总工会第十五届委员会委员，王华当选海安市总工会第十五届经费审查委员会主任。

工会十五届三次全委（扩大）会议 3月27日，海安市总工会召开十五届三次全委（扩大）会议，会议贯彻落实海安市委十三届八次全会以及省、市总工会有关会议要求，回顾总结2019年工会工作，研究部署2020年工会任务；书面审议通过经审工作报告、女职委工作报告；发布2020年海安市总工会服务职工实事项目；表彰2019年度海安市优秀职工法律援助工作者、海安市第十一届“十佳文明职工标兵”、海安市第十三届“十佳外来务工人员”等。

【基层工会组织建设】 2020年，海安市总工会新建开发区、高新区区街分设后街道工会7家，市融媒体中心工会、农业农村工会2家直属工会，餐饮行业工会联合会、房产行业工会联合会2家行业工会，万达商业工会、房产行业工会、申通快递工会3家“八大员”（特指货车司机、快递员、护工护理员、家政服务员、商场信息员、网约送餐员、房产中介员、保安员等群体）工会，25人以上企事业工会102家。1月7日，市餐饮行业工会联合会召开首届一次会员代表大会，覆盖餐饮企业30多家，会员约680人。6月15日，胡集街道召开首届一次会员代表大会，会议选举产生街道工会首届委员会委员、经费审查委员会委员、女职工委员会委员。王希成当选首届委员会主席，王奎梅、任建（兼职）当选副主席，陈兴荣当选经费审查委员会主任，许萍当选女职工委员会主任。6月23日，海安街道召开首届一次会员代表大会，岳加华当选首届委员会主席，吴昊当选副主席、女职工委员会主任，崔蓉当选经费审查委员会主任。6月28日，隆政街道召开首届一次会员代表大会，李存根当选首届委员会主席，吉顺莉当选副主席，王林当选经费审查委员会主任，张春丽当选女职工委员会主任。7月2日，立发办事处召开首届一次会员代表大会，李卫军当选首届委员会主席，邓井江、姚美琴（兼职）当选副主席，丁益民当选经费审查委员会主任，郜立华当选女职工委员会主任。7月10日，孙庄街道召开首届一次会员代表大会，贲越当选首届委员会主席，陈冬梅当选副主席，王晓鸣当选经费审查委员会主任，江玉婷当选女职工委员会主任。7月21日，西场办事处召开首届一次会员代表大会，李德余当选首届委员会主席，严春进、崔丹丹当选副主席，高竹当选经费审查委员会主任，徐洵当选女职工委员会主任。是日，海安万达地产开发有限公司召开首届一次会员大会，全体员工51人集体入会，刘金峰当选委员会主席，刘继当选经费审查委员会主任，孙嬬当选女职工委员会主任。12月4日，海安市房产行业工会联合会召开首届一次会员代表大会，房产销售、房产中介代表45人参加会议，覆盖房产销售企业12家、房产中介企业140多家，吸纳会员210人，张宏建当选首届委员会主席，吴新元当选经费审查委员会主任，周美玲当选女职工委员会主任。

推动职工之家建设，江苏省职工服务网实名制录入会员3万多人。开展“结对建家”活动，全市基层工会以“一对一”或“一对多”结对33对，涌现出江苏东材新材料有限责任公司、珀泰蓝智能卫浴科技（江苏）有限公司等“职工之家”典型。实行“职工之家”星级管理，命名海安市四星级、五星级“职工之家”65家，15家企业“职工之家”获评南通市模范“职工之家”“职工小家”。组织评审2019年基层工会创新成果，开发区总工会的《职工思想大教育 担当作为新时代》、江苏省苏中建设集团股份有限公司的《以产业工人队伍建设践行使命和担当》分别获评区镇系统行业直属工会组、基层工会组一等奖。

【产业工人队伍建设改革】 2020年，海安市委先后出台海安新时代产改实施方案、产改试点工作方案，9月28日召开产改联席会议暨试点工作推进会，遴选3个镇（街道）、3个行业、26家企业为全市试点单位，明确14个部门试点重点，制定221条试点任务清单。9月17日，南通市产改办在海安召开建筑行业产业工人队伍建设改革观摩部署会议，24家南通市特级资质建筑施工企业和海安市一级资质建筑施工企业的相关负责人等120余人参加会议。市总工会调研指导区镇街道试点企业产改工作，制定产改周计划，有序推进镇（区、街道）相继召开产改推进观摩会，培植镇级产改试点示范单位1家、试点企业6家，11月11日组织召开全市产业工人队伍建设改革观摩推进会。海安产改工作取得阶段性成效，南通双弘纺织有限公司多次在省、南通市产改相关会议上做经验介绍，打造产改“海安样本”。《新华日报》《江苏工人报》专题报道海安产改做法，《海安日报》专栏宣传产改工作9期。

【职工思想引领】 2020年，海安市举办全市职工思政课堂进区镇到企业活动9场次，开展“劳模工匠进校园 思政教师进企业”活动50场次，通过“劳模赴外宣讲、外地劳模到海宣讲”相结合的方式，讲好劳模故事、弘扬劳模精神、铸造红色工匠。《海安职工思政引领匠心筑梦》系列微课视频获全国网络正能量微课征集活动一等优秀作品并入选中国工会数字资源库。4月2日，“群心向党·心手相‘联’”海安市2020年职工思政项目发布暨思政课堂走进开发区专场活动在江苏联发集团举行，发布全市职工思政项目为职工思政课堂进区镇暖“工”项目、职工思政宣讲聚“工”项目、职工思政交流研讨助“工”项目、网上职工思政展“工”项目。市总工会、市应急管理局联合制作《海安市职工生产安全事故警示教育片》，开展职工安全警示教育80场次，11.3万人参训。9月27日，全市工会系统“百团进万企”安全生产专题宣讲暨职工生产安全事故警示教育活动在江苏鹏飞集团启动。推荐评选“书香企业”“职工书屋”示范点、“文明职工”标兵，开展网络主题知识竞答30场次，涌现出全国工会“职工书屋”阅读学习成才职工1人，省、南通市级“书香企业”、工会“职工书屋”示范点5家，省“文明职工”1人。

【职工关心关爱】 2020年，海安市工会系统关心关爱职工，开展春节前“六送”（送慰问、送法律、送理论、送书卡、送演出、送安全）活动，走访困难职工、坚守一线服务岗位职工300户，关怀大病救助职工170人，送去慰问金、慰问品、救助金累计196万多元；专程走访慰问2019年度已脱困职工33人；邀请专家送理论进企业、送法律到车站、送安全入车间，开展为进城务工人员、外来务工人员送春联、送演出、送书卡、送电影券等文化活动。5月27日，江苏省总工会城市困难职工解困脱困工作成效第三方评估小组到海安调研，抽样调查2017年海安在“江苏工会困难职工信息管理系统”里的65户已脱困户、注销户、未脱困户、未建档户。开展“夏送清凉”关爱职工活动，慰问高温一线职工5万人，发放夏令慰问品累计150多万元。关爱贫困学子，举办“党建带群建 建功走在前——圆梦，我们和你在一起”海安市群团金秋助学联合行动，发放助学金、赠送书卡，招募南通理工大学大学生10人为线上帮扶代表。新建爱心母婴室3家，举办母婴护理技能培训班1期，下岗失业、困难家庭和有再就业需求的女职工71人参加培训。开展“关注女工健康 保障女工权益”免费体检活动，为年内新纳入的困难女职工、南通市劳模提供免费体检服务。关心关爱退休职工，举办第六届劳动者大舞台暨优秀职工代表光荣退休仪式，表彰各行各业2019—2020年退休的优秀职工代表30人。

【职工法律援助】 2020年，海安市总工会做好职工法律援助服务工作，维护劳动关系和谐稳定。发挥集体协商在企业复工复产中的重要作用，全市单独签订工资集体专项合同889份、行业工资专项集体合同7份、区域性集体合同21份。《统一行业标准共渡复工难关》协商案例入选省十大典型案例，21家企业获评南通市集体协商三星级企业。

开展普法宣传22场次，市总工会分管负责人走进市电台“法治热线”直播间解读《江苏省女职工劳动保护特别规定》，355家企业接受劳动用工法律体检，发放宣传资料近1万份，为有需求的职工800多人提供法律服务，《打造和谐劳动关系的法律体检》做法被评为海安十大优秀“社会治理实践”案例。1月15日，“尊法守法、携手筑梦”服务进城务工人员公益法律服务行活动在市火车站广场启动，为进城务工人员提供免费咨询服务，讲解劳动法律法规、学历技能提升等问题，发放《职工法律知识读本》《劳动用工法律知识》等普法宣传资料和台历400多本。4月，市总工会、市司法局、市人社局联合开展《保障农民工工资支付条例》集中宣传活动，发放宣传资料2000余份，现场解答咨询30余人次。

【职工活动】 2020年，海安市工会系统举办职工职业技能竞赛活动32场次，6.8万人参加培训、练兵、竞赛，推动产业工人8000多人提升技能等级。举办职工运动会30多场次，发放电影券、书卡等近4000张，丰富职工业余生活。11月29日，海安市第三届全民健身运动会职工部赛事暨第五届职工运动会在江苏省海安中等专业学校举办，大赛设拔河、4×100迎面接力、国家体育锻炼标准三个项目，各区镇（街道）、系统行业直属工会的33支代表队近660人参赛。

（高美卉）

共青团

【概况】 至2020年年底，海安市拥有14周岁至35周岁青年18.46万人，团员3.08万人，其中新发展团员964人。共青团海安市委拥有基层团（工）委96家。城南实验小学少先队大队被表彰为全国优秀少先队集体，南通唯一。少先队工作全省放样，江苏省少年儿童研究会少先队组织专业委员会第十一次年会在海安举办。《江苏省海安中学关于依托农场基地加强中学劳动教育的提案》获评2019年全国青少年模拟政协提案活动优秀提案，南通唯一。成立创建全国文明城市青年突击队，开展创文宣传发动、环境整治、志愿服务，海安市首届青年志愿服务项目大赛评选出“税悦童心”“育苗助长”等优秀志愿服务项目6个。先后举办基层团干业务培训、基层团干（青年马克思主义者）培训、少先队辅导员培训等，培训团干部350人次，提升基层团干部业务素质。全年，在省级以上媒体发表信息报道40余篇，其中《海安花鼓，我来传承》《“健康连厢”舞

2020年5月10日，海安市首届青年志愿服务项目大赛在市图书馆举办

张弛／摄

动校园》分别在《人民日报》《中国教育报》头版刊发。

【团组织建设】 2020年，共青团海安市委按照“青年在哪里，团的组织就覆盖到哪里”，推动街道团委组建，扩大非公企业团建覆盖范围，新建街道团委1家、非公企业团组织1099家。3月17日，召开共青团海安市委十六届四次全体（扩大）会议暨党建带团建工作会议，会议表彰2019年度海安共青团工作先进集体、先进个人，通报区镇团组织标准化建设情况。结合区街分设，对接各街道成立街道团委。7月24日，召开共青团海安市隆政街道第一次代表大会，成立隆政街道团委，并组织其他街道分管负责人开展街道团委实境培训。组织各镇（区、街道）团委排查1620家规模以上非公企业团情，摸清青年团员底数、企业运营情况、团员活动阵地情况。强化团员监督管理，以“智慧团建”系统为依托，各级团组织对照“双积双评”积分入团制度、团支部工作清单制度以及团员组织关系转接程序，严格把好团员的发展关、教育关、流动关，全程把控团员言行动态。

【青少年思想引领】 2020年，共青团海安市委持续打造团属阵地。在青年之家阵地全覆盖的基础上，推进“青年学习社”建设，每周组织学习“青年大学习”网上主题团课，每期参学人数保持3万人以上，参学率稳居全省及南通市前列。

持续打造“三青”特色品牌。实施“青听一典”思想引领工程，依托微信公众号推出“青听一典”专栏，全年发布35期，引导青年更好地把握习近平总书记系列重要讲话的深刻内涵、更好理解中华传统文化和先锋人物故事的精神内蕴。实施“青思轻辩”线下宣讲工程，成立“青年讲师团”“理论宣讲轻骑兵”等青年宣讲团队，开展“绽放战疫青春 坚定制度自信”理论宣传5场次、“诵读学传”品牌活动12场次、“青思轻辩”理论微宣讲60余场。实施“青年马克思主义者”培养工程，利用海安丰富红色资源，常态化开展参观学习、重温入团誓词、无领导小组讨论等活动，增强青年团员党性、团性教育。

持续开展引领活动。开展“战狼青春集训营”活动，3月24日举办开营仪式，开设“起、听、思、看、论、讲、摄、集、亮”九个子活动，锻炼青年干部。开展纪念五四运动主题活动，通过“两红两优”（五四红旗团委、五四红旗团支部和优秀共青团员、优秀共青团干部）表彰、抗疫事迹分享、团干说课比赛等形式，引领青年弘扬五四精神，践行使命担当。4月30日，举办“青春之光”海安市纪念五四运动101周年主题活动，活动表彰海安市第一届青年志愿服务大赛优秀项目、共青团工作先进集体和个人、“抗疫青年先锋”。8月，围绕爱岗敬业、创新创业、勤学上进、崇德守信、乡村振兴、抗疫救灾等六个方面开展“我们身边的好青年”选树活动，姜小亮获评“江苏好青年”，8人获评“南通好青年”。

【青少年成长护航】 2020年，海安市强化青少年自护教育，以“青少年法治宣传周”“民法典”颁布为契机，组织公、检、法、司专业力量到学校、社区，开展青少年法律知识宣讲活动；把握中、高考等关键时点，开展考生及家长心理减压活动3场次；举办爱心“暑托班”活动18场以上，覆盖青少年360人次。加强重点青少年管理，建立健全青少年服务管理工作会议制度、信息交流制度、跟踪服务制度、考评表彰制度，落实重点青少年“三色”分级服务管理机制，摸排管理重点青少年群体，全年造册登记重点青少年690人，其中，红色等级177人、黄色等级353人、绿色等级160人。关爱困境青少年成长，实施“希望工程”活动，发放“童享阳光”“希望之光”“希望英才”“圆梦行动”等助学资金20余万元，帮助贫困学子53人。推进“新聚力”行动，开展第四届大学生暑期政务实习暨“千名学子看海安”活动，发动企事业单位56家，征集实习岗位357个，通过网络报名、现场岗位对接等形式，205人到岗实习；实习期间，先后举办政务参访活动3期、宣讲活动2期、岗位探访活动2期、崇德向善志愿服务活动1期、“返家乡”实践故事展评活动及政务汇报演出活动。（张　弛）

妇　联

【概 况】 2020年，海安市拥有8个区（镇）妇联，7个街道妇联，229个村（居）妇联，57个“两新”组织妇联，209个“姐妹微家”和14个“三八红旗集体（手）工作室”。实施“巾帼心向党”“巾帼建新功”“巾帼暖人心”“妇联改革破难”四大工程，做好组织妇女、引导妇女、服务妇女和维护妇女儿童合法权益的工作。依托遍布城乡的妇儿活动中心、"姐妹微家",发挥巾帼宣讲团、"春泥护花"说法小分队等作用,开展巾帼宣讲、普法宣传、"创文创卫"、关爱服务、家风传承等活动800余次。提升女干部素质,先后举办全市妇联系统新媒体宣传暨意识形态工作专题培训班、中青年女干部培训班等培训30余场次。市妇联获江苏省妇联融媒体创意大赛优秀组织奖,南通妇联综合考评一等奖、创新工作一等奖等荣誉14项。

【妇女组织建设】 2020年,海安市按照"党建带群建"要求,实施"县级妇联改革活力提升计划"。结合区街分设,7个街道妇联组建到位,高标准配备妇联干部,其中,胡集街道和西场、洋蛮河办事处妇联主席由党委委员兼任。全面推进机关妇联建设,实现应建尽建,妇女人数10人以上的27家部门均建立机关妇联。推进"两新"组织和园区妇联组织建设,新组建水务集团、瑞海集团、融媒体中心妇联,成立523文化产业园区妇联。3月25日,召开市妇联十四届二次执委(扩大)会。是月31日,召开开发区妇女第一次代表大会,选举产生开发区妇联第一届执委会。

【"双员双联双助"行动】 2020年,海安市妇联在南通率先试点开展"双员双联双助"行动,维护妇女儿童合法权益。发展"双员"队伍,为统一划分设置的综合网格、专属网格配备巾帼网格员,以村民小组、居民楼栋等最小单元为单位配备妇情信息员,全市选配巾帼网格员2355人、妇情信息员6081人,村(社区)妇联执委1294人全部下沉网格。根据"1+3+N"(1个必议项、3个必谈项和N个选议项)议事要求,每月25日开展议事活动,排查家事纠纷71件,其中,涉家暴现象19件。实施"访议调治"工作法,在村(社区)建立"和阿姨"家事纠纷调解工作室15个,组建联合调解队伍15支。3月10日,市妇联主要负责人在海安电台"法治热线"直播间解读妇女儿童权益维护方面的法律法规,并接听热线电话。4月23日,在滨海新区召开妇女议事会"家家访 月月谈"工作机制推进会,各区镇妇联主席、选培的"维权种子"80多人观摩现场。6月23日,江苏省妇联党组书记、主席张彤一行到海安专题调研,参观市域治理现代化指挥中心妇女儿童家庭矛盾纠纷排查处置机制建设现场、城东镇七星湖社区"双员双联双助"行动机制和妇女议事会"家家访,月月谈"机制建设现场,肯定海安市妇联改革、妇女儿童权益维护及婚姻家庭矛盾纠纷排查化解工作。

【妇女儿童合法权益维护】 2020年,海安市妇联在全省率先探索"大数据+网格化+铁脚板"联动协同社会治理机制,推动妇女儿童权益保护与网格化社会治理深度融合。联合市域治理现代化指挥中心,将婚姻家庭纠纷发现报告等纳入村居网格员工作职责,在市域治理县乡一体化平台中专设妇女儿童权益保护模块。妇女议事会研判"双员"走访摸排的婚姻家庭纠纷信息后,由村(社区)妇联主席录入网格化服务管理智能应用平台,全年排查上报婚姻家事纠纷等事项256件,均分流处置。联合市政法委,设立专项奖励资金,以奖代补"双员"走访排查发现的线索,重大案件线索实行"一事一补""一案一补",该做法在省妇联改革五周年示范点建设汇报会上做专题交流,被人民网、《中国妇女报》、"学习强国"学习平台等媒体平台推介。7月27日,南通市妇联系统"大数据+网格化+铁脚板"现场推进会在海安召开。是日,举办海安市妇联系统在"大网铁"体系中加强妇儿权益保护工作"双员"培训班,300余人参加培训。8月12—26日,开展"春泥护花"普法基层行活动,邀请巾帼宣讲员4人做"民法典"专题讲座,活动覆盖全市所有镇(区、街道)。9月22日,南通市委政法委、市妇联等7个部门到海安督查调研,充分肯定海安"大数据+网格化+铁脚板"社会治理体系中加强妇女儿童权益保护工作情况。11月4—6日,江苏省妇联系统维权工作能力建设培训暨基层维权工作现场会在海安召开,全省各地级市分管主席、权益部长、各县(市、区)妇联分管主席、权益部长182人参加。

【家庭文明建设】 2020年,海安市妇联参与新时代文明实践中心建设省级试点,依托"妇儿活动中心""姐妹微家"开展巾帼宣讲、普法宣传、"创文创卫"、关爱服务、家风传承等活动850次。3月5日,举办"最美春风润海陵"网络视频直播活动,4万人在线收看点赞。常态化开展"最美家庭"寻访和"好家风好家训"宣讲活动,表彰"最美家庭"10户、提名奖20户,王汉文家庭、钱惠萍家庭、李国强家庭、张贵驰家庭分别获评江苏省"抗疫最美家庭""五好家庭""最美家庭""书香家庭"。朱兴乔家庭获评全国"五好家庭",杨海燕获评全国家庭工作先进个人。助力乡村振兴,开展"百村万户争创美丽庭院(阳台)"行动,收到美丽庭院(阳台)作品112份,评选出"美丽庭院"(阳台)9户、提名奖17户。树立科学家教理念,开展讲座、亲子阅读等活动近50场,发放宣传资料2000余份。推进"家长学吧"提质工程,"徐老师家长学吧"获评南通市十佳示范性"家长学吧"。9月24日,南通市妇联到海安督查并肯定陈晓松、袁金凤等8家"家长学吧"和滩河村家风家教示范基地建设工作。

【妇女儿童公益服务】 2020年,海安市实施"爱在芳华"关爱"三八红旗手"项目、"育优维权种子、夯实基层治理"维护妇女儿童权益项目、"点亮幸福"失独家庭母亲关爱等项目,通过走访慰问、心理团辅、健康讲座等方式,礼敬激励先进典型、关爱帮扶贫困群体。新建七战七捷纪念馆、华艺集团等爱心母婴室5家。实施妇女儿童公益服务项目,争取项目资金43万元,组织12家社会组织和基层妇联实施公益服务项目20个,累计受益人数1万余人;入选江苏省公益创投项目2个、南通市公益创投项目5个,获批项目资金22万元;推进"腾讯99公益日"项目设计及资金募集工作,募集资金10余万元。4月30日,举办市妇儿公益服务创投获选项目签约暨培训会议,市妇联与12个项目负责人、第三方督导机构(南通市崇川爱德社会组织建设中心)签订项目合作协议。8月27日,对市级以上社会公益创投项目负责人、各区镇街妇联主席进行"深度参与社会治理创新 精准服务妇女儿童”专题培训。

【困难妇女儿童关爱保护】 2020年海安市妇联关爱贫困母亲，更新完善365人的贫困母亲信息库。1月，为392名贫困母亲发放慰问金20.24万元。开展农村妇女“两癌”免费筛查和困难救助项目，为5名贫困母亲发放“两癌”救助专项基金5万元，为15名“两癌”贫困母亲发放“博爱送万家”救助金1.5万元。推进爱心助学活动，新增水务集团和统战部“爱心助学班”2个，累计有“爱心助学班”40个，救助贫困学子960人。“六一”期间，开展“春蕾班”汇报演出、赠送书籍、经典诵读等关爱活动。争取省慈善总会“爱心助孤”项目，为40名15周岁以下的孤儿每人提供1000元救助金。开展“把爱带回家”和“e万行”助学行动，为359名贫困学子发放“华艺助学金”和“爱德助学金”36.23万元。（丁雪晴）

科 协

【概况】 2020年，海安市科协按照《全民科学素质行动计划纲要实施方案（2016—2020年）》和《关于建设新时代文明实践中心试点工作的指导意见》的要求，助力海安新时代文明实践建设，提升全民科学素质。加强基层组织建设，出台《海安市科协关于加强基层组织建设（4+1）试点实施方案》，推进“四长”（市级和市级以下医院院长，中、小学校长，农技推广部门负责人和科技型企业家）加入区镇科协领导机构。建立健全各级科普组织和科普志愿者队伍，选聘20名优秀科技工作者成为第一批科普讲师团成员。推进中国科协科技志愿服务组织和南通江海志愿平台科技志愿者注册及活动发布工作，拥有科技与科普服务平台志愿者500多人，开展志愿服务25次，市科协获评南通市科技志愿服务活动先进单位。开展中国科普信息员注册工作，新增中国科普信息员376人。

【科普示范建设】 2020年，海安市科协按照“科普惠农兴村计划”和“社区科普益民计划”，开展创建科普示范基地、村、社区。鑫缘茧丝绸集团股份有限公司、江苏泛书房创客空间有限公司获批省级科普教育基地；鑫缘茧丝绸集团股份有限公司、城东镇东城社区、高新区仁桥小学银杏科创传媒基地获批南通市科普教育基地；南通穗邦农业科技发展有限公司等4家单位获批南通市科普惠农服务站，南通市仅8家入选；城东镇七星湖社区、海安街道复兴社区获批南通市科普示范社区；墩头镇仇湖村获批南通市农村科普示范基地。申报中国农村专业技术协会“科技小院”4家。

【科技科普宣传】 2020年，海安市科协围绕疫情防控，制定下发“关于做好新型冠状病毒感染的肺炎疫情防控的工作方案”“关于做好新型冠状病毒肺炎疫情应急科普工作的紧急通知”等文件，利用《海安日报》、“海安科普”公众号、科技工作者工作群等新媒体发布科普微视频、新冠肺炎防护知识等图文信息近120余条，深入区镇、社区、企业开展疫情防控知识宣传，发放疫情科普海报800余张、科普报纸600多份。开展“科技三进”（农技进千户、政策进百企、科普进十校）活动、新时代文明实践“夏之韵”系列活动之“科技为民、实践有我”2020年“全国科技工作者日”活动和“秋之实”系列活动之“全国科技活动周”活动、“全国科普活动日”宣传活动、“全国防灾减灾日”宣传活动等20余场次，邀请理论宣讲名嘴开展“科技强国”宣讲，派发各类科普宣传资料3000多份，接受群众咨询2000多人次。“全国科普活动日”期间，市科协联合市总工会、市妇联、市农业农村局等12家单位集中设点开展宣传活动。江苏泛书房创客空间有限公司“神奇的3D打印笔”获评长三角地区科普课件大赛一等奖。

【青少年科技竞赛】 2020年，海安市科协注重培养青少年科学探究和创新实践基本能力，联合教育部门组织中、小学生参与青少年科技创新大赛、青少年机器人竞赛、青少年人工智能大赛等竞赛活动，提升青少年科学素质。海陵中学以“力创新，放飞创客梦想”为主题开展STEM教育（科学、技术、工程和数学教育）活动。海安实验小学信息技术学科带头人撰写的《给编程语言点颜色和用图形学编程语言》科技科普作品参与第十届江苏优秀科普作品评选。海安开发区实验小学成立Thinker社团，设立创客空间，每周开展机器人组装、3D打印设计等创意课程。仁桥小学获批2020年度全国青少年人工智能活动特色单位。组织江苏省海安高级中学、海陵中学、海安中等专业学校参加南通市第三十一届青少年科技创新大赛，获中学组一等奖3项、二等奖2项、三等奖

2020年10月11日，海安开发区实验小学的学生在创客空间组装智能机器人
翟慧勇／摄

4项，海安市科协获优秀单位组织奖。

（王　寅）

侨　联

【概况】 2020年，海安市拥有归侨侨眷近2万人，海外侨胞约6300人。市侨联拥有侨商总会、侨谊会、侨青会、华侨医疗保健中心、华侨武术文化社、侨联艺术团、海外文化交流中心、华侨摄影学会8个社团组织，拥有美国海安同乡会、加拿大海安同乡会、安哥拉海安商会暨同乡会3个海外同乡会。海安籍侨领13人担任美国、加拿大、俄罗斯、阿联酋等多个国家和地区的海外侨社团会长。8月27日，海安市侨联召开七届八次全委会，刘冬梅当选侨联主席。

【侨联组织建设】 2020年，海安市侨联以“党组织在哪里，侨联组织就建到哪”为目标，推动侨联组织“六进”（进街道、进社区、进小区、进园区、进厂区、进小区）工程，在海安街道和城东镇立发、西场办事处揭牌成立“侨胞之家”，扩大侨联组织覆盖面。海安开发区科创园、江苏瑞恩电气股份有限公司入选江苏省新侨创新创业基地。海安侨联歌舞艺术团获批南通市五星级社团组织。持续健全直接联系侨胞网络，在“一带一路”沿线国家（地区）、新侨聚集地建立侨社团，与海外16个侨社团建立联系，保持合作，为海安各部门对外联系联络提供对接服务，先后邀请接待10多个国家的侨领、侨商和知名人士30余人次到海安考察。

【为侨服务】 2020年，海安市侨联走访慰问困难侨眷、重点侨领60多人次，发放慰问品、慰问金3万多元。节日期间，侨联歌舞艺术团、华侨武术文化社等侨社团开展专题慰问演出，各镇（区、街道）开展联谊活动30多场，近千人次参加。9月26日，举行“侨为桥 心连心”江苏海安侨联国庆中秋联谊活动，重点侨领、侨眷代表160余人参加。活动中，法国、澳大利亚、马达加斯加等国家和地区的华人华侨发来中秋国庆祝福；举行海安“侨胞之家”揭牌仪式、为侨服务志愿者联盟授旗仪式。市侨联组建海安市心侨志愿者服务队，与市总工会、共青团海安市委、市妇联联合成立志愿者服务联盟，立足部门特色，针对性服务海安侨界不同群体。区镇、街道侨联小组进一步筛排“空巢”老人和困难侨眷，联合医疗、民政等部门，组织侨联志愿者为300多人提供医疗、养老、农忙等服务。多元化解涉侨矛盾，开展“侨法宣传月”活动，印发涉侨法规宣传单2000多份；开展调研走访活动，收集侨资企业需解决的问题9个，接待归侨侨眷及海外人士信访20余件次，均妥善处置。

【侨届参政议政】 2020年，海安市侨联依托市侨商总会、侨青会，开展海外交流合作，引导侨商参与“一带一路”建设。联合市人才办，与区镇签订高层次人才项目合作协议4个。组织侨商企业参与“科技行”活动，邀请南京航空航天大学专家到海安与“科技行”挂钩企业——南通亚威机械制造有限公司开展产学研对接活动。立足“有事好商量”平台，组织侨界政协委员聚焦化解重大风险、精准脱贫、污染防治等热点难点问题深入基层调研，每个政协委员至少报送提案1个、社情民意1件。引导侨界群众学习讨论习近平总书记在广东汕头市考察时关于侨界贡献的讲话精神，收集上报侨界热议6条，其中3条被省侨联公众号刊载。

【侨务宣传】 2020年，海安市侨联放大侨务宣传效应，在16个乡亲微信群、“海安侨联”微信公众号和公共媒体平台发布党的政策法规、防疫信息和侨界新动态120多篇次，其中疫情期间推送相关典型事迹宣传报道22篇。“侨为桥 心连心”侨界联谊活动被人民网、新华网、《现代快报》等多家主流媒体刊载。实施的“侨心桥”特色品牌项目获“学习强国”学习平台推广。组织侨界群众参与“侨连五洲 · 相约江苏——江苏侨界守望相助 战疫有我”摄影摄像大赛，征集摄影作品18张，其中张光林作品获优秀奖。江苏中洋集团股份有限公司参与中国侨联信息传播部和北京电视台共同策划出品的大型电视节目《魅力侨乡行（第二季）》摄制，并于10月30日在北京电视台《漫游四海》栏目播出。

（王婷婷）

工 商 联

【概况】 至2020年年底，海安市工商联系统会员总数3063个，拥有8个镇级商会、4个街道商会、25家行业商会、2家海安异地商会、4家异地海安商会、2家综合商会。市化纤业总商会、市大公镇商会获评2019—2020年度全国“四好”商会，市节能环保业商会等6家商会获评2019—2020年度江苏省“四好”商会，市电子信息业商会等8家商会获评南通市“四好”商会。“市工商联成立海安市民营企业经济纠纷调解中心工作”获评2020年度江苏省工商联创新工作优秀成果，市化纤业总商会“健全诚信保证制度、规范市场竞争秩序”被认定为南通市商会“十大工作品牌”。

【商会组建与换届】 2020年，海安市新组建商会6家。8月24日，西场商会召开成立大会，江苏海迅实业集团股份有限公司董事长仲跻和当选第一届理事会会长、党支部书记。11月1日，李堡（跨江融合）企业家商会召开成立大会，江苏侨钜精密设备有限公司董事长李洋当选第一届理事会会长，南通卡仕节能材料有限公司董事长沈天鹤任党支部书记。12月18日，立发商会召开成立大会，江苏北辰互邦电力股份有限公司董事长严九江当选第一届理事会会长，南通林润置业有限公司董事长陈厚根任党支部书记。12月19日，常安现代纺织商会召开成立大会，海安市启弘纺织科技有限公司董事长刘伟峰当选第一届理事会会长、党支部书记。12月24日，洋蛮河商会召开成立大会，江苏亚威变压器有限公司董事长杨德志当选第一届理事会会长，海安荣威运动用品有限公司总经理李成锋任党支部书记。12月30日，孙庄街道商会召开成立大会，海安申菱电器有限公司董事长李春涛当选第一届理事会会长，江苏恒泽安装工程股份有限公司董事长王忠泽任党支部书记。

组织10家商会完成换届工作。11月20日，白甸镇商会召开第五次会员代表大会，南通东华炉业有限公司董事长王卫东当选第五届理事会会长，江苏亚威机械制造有限公司董事长王永才任党支部书记。11月28日，李堡镇商会召开第六次会员大会，江苏江海机床集团有限公司董事长陈礼华当选第六届理事会会长，南通明诺电动科技股份有限公司董事长邵建根任党支部书记。11月20日，色织业商会召开第四次会员代表大会，江苏联发纺织有限公司董事长薛庆龙当选第四届理事会会长。11月29日，纺纱业商会召开第四次会员代表大会，江苏华强纺织集团董事长卞童当选第四届理事会会长。12月2日，大公镇商会召开第六次会员大会，江苏鹏飞集团股份有限公司董事长王家安当选第六届理事会会长。12月4日，南莫镇商会召开第五次会员代表大会，南通市华安超临界萃取有限公司董事长金雪松当选第五届理事会会长，江苏佳鸿轻合金科技有限公司董事长印创业任党支部书记。12月18日，滨海新区商会召开第五次会员大会，海安明露绳网有限公司董事长陈刚当选第五届理事会会长、党支部书记。12月21日，茧丝绸商会召开第四次会员大会，江苏鑫缘茧丝绸集团股份有限公司董事长储呈平当选第四届理事会会长。12月24日，曲塘镇商会召开第六次会员大会，南通双弘纺织有限公司总经理杨广泽当选第六届理事会会长、党支部书记。12月24日，雅周镇商会召开第五次会员大会，南通中菱绝缘材料有限公司董事长闾传胪当选第五届理事会会长、党支部书记。

【工商调查研究】 2020年，海安市工商联完成上规模民营企业调研、区域民营企业营商环境调研、民营企业光彩事业调查、民营企业运行状况调查、民营企业劳动关系状况监测调查等专项调研工作。围绕“企业人才队伍建设”“弘扬企业家精神”“营商环境建设”，组织工商组政协委员开展“有事好商量”活动，年度获评优秀政协工作小组。会同相关部门、行业商会组织撰写《海安市民营经济发展报告》《海安市时尚锦纶产业发展报告》《海安市装备制造产业发展报告》，并入编南通市民营经济报告。邰卫国、夏长华在第十六届人民代表大会第四次会议上分别做《关于推动商会、协会组织向私董会形式转型升级的建议》《关于设立海安市企业家活动日的建议》的发言，于爱均、骆强在海安市政协十四届委员会第四次会议上分别做《关于规范、引导商会改革和发展的建议》《关于建立拥有自我特色的企业文化的提案》的发言。

【商会活动】 2020年，海安市举办多次商会交流活动，展示商会风采。4月1日，海安市工商联（总商会）召开十一届四次执委会。市政协副主席、工商联（总商会）主席（会长）蔡祝平代表十一届执行委员会做《凝心聚力 勇攀高峰 不断谱写民营经济高质量发展新篇章》工作报告。会议增补黄婧婧为工商联（总商会）十一届执委会副主席（副会长），增补姚遥、杨德志、陈键惠、陆模珍、席亚萍、奚益华、卢镔、陆俊华、周海华、刘若言、张子余为工商联（总商会）十一届执行委员。大会表彰2019年度工商联（总商会）综合先进6家、单项先进21家、先进个人12人。会议邀请专家解读民营经济发展政策。

4月23日，市工商联（总商会）召开主席（会长）会议，启动“海安民企大讲堂”，以“迎战疫情·赢战未来”为主题，发挥“1+N”（“1”代表工商联，“N”代表党委政府相关部门）合作机制优势，开展向民营企业和民营企业家“送理论、送政策、送法律、送温暖、送信心”活动，组织专场培训16期。5月22日，第五个“5·23”南通企业家日前夕，海安市委书记顾国标在《海安日报》上发表“致全市广大企业家的一封信”。7月29日，南通市民营经济人士理想信念教育实践活动推进会在海安召开，会议新增泛书房和江苏联发纺织股份有限公司为南通市第二批“民营经济人士理想信念教育实践活动基地”。10月15日，江苏省工商联所属商会“两个全覆盖”工作推进会在海安召开，各设区市工商联相关负责人40余人参加会议，与会人员实地走访考察海安市大公镇商会和墩头镇化纤制线业商会的党建工作。12月2日，海安市工商联与海安市人民法院、海安市企业法制工作协会联合设立的“海安市民营经济纠纷调解中心”举行揭牌仪式。（陆晓静）

文　联

【概况】 2020年，海安市拥有镇文联4家、文艺家协会18家，拥有国家级文艺家协会会员44人。5月3日，海安市声乐家协会在523文化产业园成立，陶虹当选协会主席。11月4日，吴田玉美术馆黎明社区分馆成立。加强文艺人才建设，联合市委宣传部、市文广旅局组织评选“海陵名家”培养对象10人、文化文艺骨干人才29人，市文联主席徐进被南通大学马克思主义学院、南通市职业大学聘请为客座教授。

【文艺交流研讨】 2020年，海安市文联先后举办南京、南通、泰州三市网络文学论坛，“乡亲 乡音 乡情”——《通扬河畔》分享会，周花荣长篇小说《逐梦绿野》研讨会，梅国云军旅题材长篇小说《第39天》作品分享会，《礼赞新时代》——周建平作品分享会，储成剑长篇小说《少年将要远行》作品研讨会等文学研讨活动6场。4月22日，南京、南通、泰州三市网络文学论坛在海安举办，网络作家们就新时代网络文学创作进行研讨，并举行“海安创研基地”揭牌仪式。至年底，海安网络作家中有中国作协会员2人、省作协会员5人，省网络作协会员12人，其中新增6人，全省仅新增52人。组织文艺采风创作活动3场，100余人次参加活动，其中在滨海新区采风创作的作品刊载于《三角洲·青墩》。举办“大媒看海安”——翟慧勇2019年度新闻摄影作品展，吴田玉、葛志华舞台摄影艺术作品展，“三月花”——海安市女画家作品提名展网络展，“丹青流韵”——海安市青美协会员作品展，“芳菲四季”——三月花会女画家邀请展，“香期场”——王秋高纪实摄影作品展等展览6场。此外，还举办“永远的江姐”——歌剧《江姐》艺术导赏会、“经典永流传”——中华传统诗文吟诵演唱会，各类文艺交流活动精彩纷呈。

【文艺惠民】 2020年，海安市文联常态化开展文艺志愿者服务活动，用艺术服

2020年7月12日，海安市"传承红色基因，阔步伟大征程"红色文化收藏展览在海安市收藏集市举行 姜明／摄

务群众。1月10日，海安市美术教师迎春笔会暨文艺志愿者进校园活动在南莫镇中心小学举行，活动始创于1996年12月，促进艺术创作与教育事业相融合。春节前夕，组织部分书法家开展进社区、进企业、进乡镇、进机关写春联送祝福活动20多场。联合慧源书城，在泛书房举办"慧源夜校"，每月举办文艺志愿讲坛活动2次以上，全年举办24期。5月8日，南通市第十五届"五月风"文艺展示月活动——"我们艺起来"庚子战疫·美术书法摄影优秀作品大展在市文化艺术中心美术馆举行，展出美术、书法、摄影作品130件，结合音乐、小品、舞蹈及现场访谈等舞台演出，微直播现场点击量破万。活动特邀海安11名支援湖北的医护人员参加，海安摄影家协会会员、台北莎罗影楼为11名支援湖北的医护人员拍摄"全家福"，南通市文联分别给海安市人民医院和中医院捐赠书法作品。7月12日，举办红色文化收藏展览，展出民间工艺品2000余件，传承红色基因。8月19日第三个"中国医师节"，再次举办"我们艺起来"抗疫作品展。 （谭承燕）

残　联

【概况】 2020年，海安市残联紧扣"全面建成小康，残疾人一个也不能少"目标，持续巩固残疾人扶贫脱贫成果，补齐残疾人基本公共服务短板，推进残联组织建设和改革，提高服务残疾人能力和水平，残疾人扶贫、就业、康复、宣传等工作取得显著成效。海安通过全国无障碍环境示范市创建验收。残疾人耿学彬被授予"全省自强模范"称号，市天仙儿童康复中心获评省级"残疾人之家"。市残联参加南通市残疾人事业好新闻评选活动和南通市残疾人文化艺术作品评选活动，均获优秀组织奖。

【残疾人证管理】 2020年，海安市残联做好残疾人证管理工作，完成持证残疾人1.93万人的数据动态更新工作。每月在各区镇开展残疾证有效期满换证工作，为800余人换发新残疾人证。联合市医保局开展失能（失智）与残疾类别等级上门评定，为1000余人提供上门评定服务，为875名重度残疾人发放残疾人证。疫情期间，开展"送评残服务到区镇"活动，为急需办证的105人进行残疾评定。

【残疾人脱贫攻坚】 2020年，海安市残联根据省、南通市残联对脱贫攻坚"三进三查"（走进建档立卡低收入残疾人家庭，走进重度残疾人家庭，走进残疾学生家庭；核查"两项补贴""单人保"和基本医疗、基本养老保险等政策落实情况，核查残疾学生受教育情况，核查康复、基本住房安全和无障碍环境改造等情况）工作的要求，调查残疾人2353人，排查出需整改问题2756条。配合民政部门推动"两项补贴"（困难残疾人生活补贴和重度残疾人护理补贴）提标扩面，与市民政局、市财政局联合出台"进一步完善困难残疾人生活补贴和重度残疾人护理补贴制度"，将困难残疾人生活补贴覆盖到三、四级精神和智力残疾人，将重度残疾人护理补贴覆盖到一、二级听力和言语残疾人，扩大"两补"发放对象的受益面，全年增发约2000万元。为建档立卡贫困残疾人家庭免费发放电视机、洗衣机等家用电器350台（件），安装太阳能热水器70台。发放残疾学生教育专项补贴及奖励54人7.81万元。协调教育部门，为无学籍儿童9人提供送教上门服务。协调市医保局、市财政局，将重度残疾人纳入市财政全额资助城乡居民医疗保险的保障范围。与太平洋保险公司合作开展残疾人特殊困难救助项目，提供医疗救助和意外伤害救助，每年保险费约60万元。

【残疾人康复服务】 2020年，海安市实施残疾人精准康复服务，落实辅具适配工作，通过海安市残疾人信息系统发放轮椅、助行器、助听器等各类辅具600多件。做好假肢、矫形鞋适配筛查，为肢体残疾人和残疾儿童39人安装假肢、矫形鞋。落实精神病人免费服药政策，为贫困精神残疾人1328人提供免费发药服务。实施复明工作，为贫困白内障患者269人发放白内障手术补贴。开展残疾儿童筛查工作，新增进入机构训练的残疾儿童63人，累计拥有在训残疾儿童202人。推进残疾人家庭无障碍改造工作，改造残疾人家庭200多户。协调市卫健委向残疾儿童和持证残疾人提供"点单式"家庭医生签约服务，签约残疾人约1.69万人。建成2家社区康复服务示范点，实现辖区内残疾人就近康复。

【残疾人文体活动】 2020年4月2日第十三个"世界自闭症日"，海安市残联与市文明实践办公室联合举办"走进星星的孩子"大型公益活动，市内各媒体进行现场直播并报道，在线观看6万人

2020年7月10日，海安市启动“助残脱贫奔小康”——“希望·造福·安居”文明实践工程　市残联／供图

次。5月第三十次“全国助残日”期间，围绕“助残脱贫，决胜小康”主题，组织参加南通市“自强不息·精准扶贫”征文活动，联合爱心企业走访慰问特殊困难残疾人家庭，在特教学校举办“阳光运动·残健同乐·共拥蓝天”体育运动会，联合志愿者服务队开展系列助残活动。7月10日，市残联与市文明实践办公室联合举办“助残脱贫奔小康”活动，启动“希望、造福、安居”文明实践三大工程，为残疾人（残疾学生）提供经费支持、医疗和意外伤害保障以及进行无障碍改造。12月3日，举办海安市第七届残疾人运动会，70余人参加。

（朱婷婷）

红十字会

【概况】 海安市红十字会建于1990年10月，单独设置，正科级建制。2020年，海安市有红十字基层组织119个，其中，教育系统76个，卫生系统43个。红十字会员6.55万人，其中，成人会员5100余人，青少年会员6.04万余人。红十字注册志愿者1300余人。

【红十字会组织建设】 2020年，海安市委办公室、市政府办公室先后印发《海安市红十字会改革方案》《海安市健全基层红十字会组织实施方案的通知》，落实红十字会改革，形成市红十字会为龙头，区镇街道、学校、医疗单位红十字会为主体的组织网络。8月27日，海安市红十字会第五次会员代表大会在市行政中心召开，会议听取并审议通过市红十字会第四届理事会工作报告；听取《海安市红十字事业2020—2024年发展规划纲要》说明，议定理事会、监事会工作规则（试行）；选举产生第五届理事会理事和监事会监事，审议通过聘请顾国标、于立忠为名誉会长的议案，选举产生常务理事15人，选举彭晓红为红十字会第五届理事会会长。10月30日，海安市红十字会召开五届二次理事会，增补第五届理事会理事、常务理事，选举卢林为市红十字会会长。11月27日，海安市红十字会召开基层组织建设推进会，12月22日，西场办事处红十字会成立。城东镇立发办事处、南莫镇、海安街道、胡集街道成立红十字会。

【红十字志愿服务活动】 2020年，海安市红十字会下发“关于开展‘红十字博爱周’活动的通知”“关于开展‘健康护夕阳’志愿服务活动的通知”等文件，要求各级红十字组织结合“世界红十字日”“世界献血者日”“世界急救日”等纪念日开展新时代文明实践志愿服务活动。开展“红十字博爱送万家”活动，惠及361户家庭，发放救助款物34.47万元，其中，南通市红十字会下拨救助物资1.47万元、专项资金13万元，海安市慈善总会下拨救助资金20万元。启动中国红十字基金会“医路相伴——专家进基层患者关爱项目”海安站活动，中国红十字基金会与市人民医院就肿瘤防治规范化诊疗开展合作，中国红十字基金会授予市人民医院“慈善公益先锋机构”称号，中国红十字基金会授予倪松石等专家“慈善公益先锋人物”奖章。开展应急救护培训进机关、进企业、进学校活动约20场，将应急救护知识纳入高中新生军训课。

（唐雨露）

法治 军事

Rule of Law &Military

七战七捷陈列馆

政法委及社会综合治理

【概况】 2020年，海安市推进政法工作体系和治理能力现代化建设，围绕维护国家政治安全、确保社会大局稳定、促进社会公平正义、保障人民安居乐业“四大任务”，全面提升党领导政法工作、维护国家政治安全、平安海安建设、法治海安建设、过硬政法队伍建设“五个现代化水平”，群众安全感、网格规范达标率、法治建设满意度等指标保持省、南通市领先。海安市获评全国信访工作“三无”县（市、区）。南通市基层整合审批服务执法力量暨县乡治理现代化指挥中心建设推进会、南通市市域社会治理现代化建设暨政法重点工作现场推进会、南通市法治乡村建设现场推进会、南通市反邪教专项工作暨年度重点工作现场推进会先后在海安召开。海安市政法委获评江苏省政法系统先进集体、江苏省政法宣传舆论工作先进单位、江苏省海上国家安全人民防线突出贡献奖。

【安全稳定维护】 2020年，海安市委国家安全委员会成立。组建群众信息员队伍，动态排查评估突出风险点，上报月度报告4期、季度形势分析2期、重点风险联合研判专报3期。结合“全民国家安全教育日”等节点，开展国家安全普法宣传1000余次、专题培训10余场，发放宣传单10万余份、宣传页20万余份。常态化开展涉稳风险联合研判，重大风险评估应评尽评，建立多渠道矛盾纠纷信息收集机制，编报研判专报40期，编发预警信息31条，下发交办指令20条，重大事件预警率100%。落实重大事件依法处置、舆论引导、社会面管控“三同步”机制，制定出台《重大疑难涉访涉稳案（事）件联合协调处置机制（试行）》，有效处置突发事件。建立平安建设领导小组，完善平安建设组织协调机制。挂牌整治曲塘家具产业园、泰宁村及周边两个重点地区，排查整治各类治安隐患。完善特殊人群服务管理工作体系，实现社区服刑人员定位成功率99%以上，重点刑释人员接回率、吸毒人员后续照管率及严重精神障碍患者免费救治救助率、有奖监护率均为100%。建立县镇两级非诉服务中心，深化“无讼无访无刑事”村居创建活动，开展矛盾纠纷排查3423次，受理纠纷11506件，成功调解11468件，调解成功率99.67%。持续开展铁路护路联防工作。开展平安法治集中宣传月活动2次。打防管控持续发力，八类（故意杀人、故意伤害致人重伤或者死亡、强奸、抢劫、贩卖毒品、放火、爆炸、投毒）案件破案率100%。

2020年9月26日国庆节前夕，海安市公安局组织警力开展街面巡逻

市公安局／供图

【扫黑除恶专项斗争】 2020年，海安市政法系统组织重点核查，及时交办、转办中央督导组和全国扫黑办智能化举报平台交办的线索。强化重大疑难涉黑涉恶案件攻坚，主动上报挂牌督办案件7起，4起案件宣判。开展社会治安、乡村治理、金融放贷、工程建设、交通运输、市场流通、资源环保、信息网络、文化旅游、教育卫生“十大重点行业领域”专项整治，推进非法金融活动专项治理，加强青少年服务管理、征地拆迁、渣土车运输“三大重点领域”综合治理，专项整治利用信息网络平台涉黑涉恶犯罪。落实“三长负责制”和“集体通案制”，规范侦捕诉判一体化办案流程。实施“头雁工程”，落实“县乡共管”制度，审核备案新调整的村党组织书记48人。侦破聚众斗殴、寻衅滋事等九类案件288起，抓获犯罪嫌疑人658人、逮捕315人，摧毁黑社会性质组织1个、恶势力犯罪集团2个，提起公诉涉黑涉恶案件7件56人，判决黑恶案件6件50人。查封、扣押、冻结涉黑涉恶资产约5.1亿元。

【法治护航发展】 2020年，海安市政法系统精准施策，服务疫情防控和经济发展“双胜利”。广泛发动网格员深入疫情防控第一线排查走访、宣传引导，政法部门联合发布“关于依法严厉打击疫情防控期间违法犯罪行为的通告”，加强执法司法协调联动，始终保持严打高压态势；细化制定应对疫情服务保障民营企业发展的意见55条，市民营企业经济纠纷调解中心强化诉调对接，化解疫情影响下企业间的矛盾纠纷10余起；创新行政执法监督机制，依法审慎决策，对轻微违法行为以教育为主、处罚为辅，保障疫情防控和企业复工复产。稳步推进政法领域改革。加大对刑事案件“另案处理”问题监督，出台《刑事案件“另案处理”适用管理办法》；有序推进政法业务协同单轨制工作试点；落实环境资源执法司法联动机制，发挥联席会议作用；开展涉法涉诉重点案件集中化解活动，出台“关于开展案（事）件协调工作的实施办法”，接办重点案件21件，化解15件，化解终结率71.4%。强化公共法律服务供给。成立市建工（警务）

2020年11月14日，海安市举办以"法治与社会治理"为主题的第十六届法治文化节暨社会治理实践十大优秀案例颁奖典礼　市政法委／供图

服务中心，累计防范化解建筑行业涉稳事端139起，受理职务侵占、虚假诉讼案件52起，为企业挽回经济损失3亿余元；依托"停产歇业企业"府院联动工作机制，召开府院联动工作会议5次，处理破产案件3起，化解多起涉企矛盾；举办第十六届法治文化节，开展"美好生活·法典相伴"民法典宣传教育系列活动，海安市通过省"七五"普法终期考核验收。（王金香）

法治政府建设

【概况】 2020年，海安市出台《海安市2020年度法治政府建设考核办法实施细则》，将法治政府建设列入"长安法治建设杯"、目标绩效考核等奖惩项目，落实"谈优谈差"制度，实施责任制进镇（街道）综合考核体系、进机关目标绩效考评责任书、进党政领导干部成绩单"三进工程"。履行法治政府建设年度报告制度，定期向南通市政府和市委、市人大常委会专题报告依法行政推进情况，市委常委会专题听取法治政府建设工作2次。落实领导干部"2421"学法制度（每年党组织中心组集体学法活动不少于2次，科级干部个人自学每年不少于4次，撰写学法体会2篇，年终组织述法活动1次）和决策先学法、行政必依法、年终必述法机制，提升领导干部法治意识。建立法治建设一月一听月度推进机制，完善每季度一次巡查机制，健全半年一评观摩机制，通过市委书记率队观摩、区镇（街道）党委书记当场汇报、市委常委现场点评，项目化推进法治政府建设。市政府常务会专题研究法治政府建设工作要点、行政复议应诉、重大行政决策、行政裁决等工作，组织学习"土地管理法""外商投资法""企业破产法"。市政府主要负责人、分管负责人审阅行政复议、诉讼文书，研阅行政争议实质性化解方案，定期召开协调会解决法治政府建设工作。合法性审查工作获省司法厅表彰，116个村（社区）被命名为省级民主法治村（社区）。

【依法行政制度体系建设】 2020年，海安市完善规范性文件管理机制，印发市政府规范性文件立项计划目录，首批确认公布行政规范性文件制定主体56个。召开座谈会、调研会、听证会公开征求意见建议，提高规范性文件制发质量。建立曲塘镇基层立法制规民意联系点。专项清理涉及野生动物保护、《优化营商环境条例》和"民法典"的行政规范性文件，拟修订2件。对《公共租赁住房资产管理暂行办法》《职工医疗保险实施办法》《残疾人保障规定》等规范性文件进行后评估。健全规范性文件审核流程，严格规范性文件合法性审查，将合法性审查作为前置条件，明确各行政机关法制机构合法性审查职能，细化规范性文件制定送审清单，理顺合法性审查办理环节，打造"部门+司法局+市政府"审查模式，防范法律风险。全年，审核、报备市政府规范性文件13件。针对贫困家庭因病支出救助、房屋征收补偿、新建成品住宅室内装修、进城务工人员工资支付保障等重点领域出台规范性文件13件。

【行政决策规范性建设】 2020年，海安市政府印发《海安市重大行政决策程序规定》，规范重大行政决策程序。实行决策事项目录清单式管理，管道用天然气配气价格调整、巡游出租车运价改革被列入年度重大行政决策事项目录。建立完善合法性审查机制，完善重大行政决策全过程记录、材料归档和档案管理制度。加快构建备案审查"333"工作体系（把住评估论证、征求意见和集体审议三个环节，贯通合法性审核、备案审查和公民建议审查三项机制，落实定期清理、日常巡查和督查考核三项制度），建立健全制定、审核、监督闭环管理机制。健全公众参与机制。推行重大行政决策信息公开、征求意见和咨询论证制度，通过门户网站、新闻发布会、政务微博微信等全媒体平台常态化公布各类重大决策信息。针对群众普遍关心、涉及群众切身利益的重大决策事项，通过听证会、座谈会、论证会、书面征求意见等方式征集公众意见。针对专业性较强的决策事项，组织专家进行必要性、可行性、科学性论证。实施人大代表、政协委员列席市政府常务会议、市长办公会制度，发挥代表、委员联系群众与政府的纽带作用。市住建局、市发展改革委等部门探索建立意见反馈机制，避免公众参与流于形式。发挥法律顾问作用，印发《海安市法律顾问管理办法》，严格法律顾问选聘条件和程序，明确职责，细化工作规则，重视考核结果运用，提升政府法律顾问和公职律师参与决策的质效。

【文明执法建设】 2020年，海安市健全行政执法监督机制，发挥市行政执法监督委员作用，实行日常监督、个案监督、专项监督相结合，实现执法全要素和执法全过程监督。开展安全生产、水利工程、城市管理等重点领域行政执法监督工作，推进安全、生态环境、食品和药品等重点执法领域执法监督全覆盖，评查行政许可、行政处罚案卷82本。组织执法案卷交叉互评互鉴活动，从13家行政执法单位的一般程序行政处罚案件、非窗口即办行政许可案件中随机抽查案卷56本，通报案卷评查问题，提高执法监督实效。深化行政执法"三项制度"（行政执法公示制度、行政执法全过程记录制度、重大执法决定法制审核制度），推进执法信息化建设，公开行政执法主体人员、职责权限、执法依据、执法程序、监督方式和救济渠道等信息，省政务服务网公示行政权力事项6359项，南通市行政执法公示平台公示行政执法人员1637人。各部门先后出台相关制度、办法37件，编制"四类文本"（执法流程图、执法服务指南、执法文书样式、法制审核流程图）和"四张清单"（执法事项、执法人员、随机抽查事项、法制审核事项），提升执法质量。建成具备音像记录功能的标准化办案室75间，配备影像记录设备1396台。加强执法队伍建设，分批次、分领域加强行政执法人员知识能力培训，建立健全行政执法人员持证上岗和资格管理制度，严格审核发放行政执法证件，采用线上线下模式组织行政执法人员资格考试，办理执法证件183本。规范执法辅助人员管理，严禁合同工、临时工等从事执法活动。开展基层"三整合"改革（整合审批服务执法力量，形成"加强党的全面领导、审批服务一窗口、综合执法一队伍、基层治理一网格、指挥调度一中心"的治理格局），印发《海安市镇（街道）行政执法能力提升工作方案》，科学配置执法力量。

【行政权力监督】 2020年，海安市结合人大监督、纪检监察监督、司法监督、社会舆论和群众监督，畅通政府热线、市长信箱、网站留言栏、政务微博、微信公众号等社会监督渠道，建立内外结合的行政权力监督体系。落实重大事项向人大及其常委会报告、向政协通报制度。研究办理人大代表建议362件、政协委员提案261件，满意率和基本满意率100%。强化行政监督和层级监督，针对发现的问题及时制发行政执法监督意见书、行政复议意见书和建议书。加强重点部门内控监督，对财政资金分配使用、国有资产、公共资源等权力集中部门和岗位强化内部流程控制。发挥审计专门监督作用，围绕重大政策落实、财政支出绩效和经济责任履行等重点领域，加大对公共资金、国有资产、国有资源和领导干部履行经济责任情况的审计力度。

全面推进政务公开，实行"互联网+政务公开"，扩大政务微博、微信公众号受众面，定期举行网友见面会、新闻发布会。推动政府信息标准化、规范化公开，细化重点领域专栏内容，及时公开建设工程、政府采购、产权交易、土地交易等信息，接受民众监督。规范依申请公开，把好受理审查和法制审核关，市政府信息公开复议诉讼案件零败诉。加强政策解读和新闻发布工作，规范突发事件信息发布，重大事项随时公布，维护政府公信力。

【行政争议化解】 2020年，海安市加强行政复议工作，设立市综治中心行政复议案件受理点，建成行政复议接待室、听证室，配备同步录音录像、同步显示听证情况系统。推行行政机关负责人出席行政复议调查、审理活动，将行政机关负责人出席案审会纳入考核。市政府收到行政复议申请45件。变更行政复议传统书面审理模式，采取案审会与实地调查相结合，引入现场调查、质证、辩论等程序，保证当事人充分发表辩论意见。

强化行政应诉工作，探索行政与司法良性互动机制，建立起诉状、答辩状、开庭传票、负责人出庭手续、裁判文书报备制度，行政机关负责人出庭应诉率继续保持100%。建立健全案情研讨会制度，全面掌握案件事实，多方收集证据材料，对行政行为中可能存在的问题提前预判，商讨解决方案。各级法院受理市政府的行政诉讼案件22件。

推进行政调解与人民调解、司法调解相衔接，依托市调处中心建立非诉服务中心，人民调解、行政调解、律师公证等力量全面入驻。吸纳"五老"（老党员、老专家、老教师、老战士、老模范）乡贤、调解志愿者等社会力量加入调解社会组织，建成个人调解室32家。推进"矛盾不上交三年行动"，开展矛盾纠纷排查调处，严防矛盾外溢上行。推广"律师+调解""调解+公证""调解+行政复议"等组团式化解模式，发展环保、教育、知识产权、金融保险等领域调解组织建设，创新特色调解。

（范田晶）

公　安

【概况】 2020年，海安市社会治安满意度、公安队伍满意度连续多年保持省、南通市前列。涉案财物管理、校园安防、静态交通秩序管理、交通事故联调快处、监所安全管理、执法规范化建设、类案侦查机制、智慧警务服务、接处警民警积分管理、微信移车管理等多项工作经验做法得到省、南通市肯定。公安队伍建设持续加强，开展"政法干警能力提升年"活动，涌现出一大批先进典型，先后57个集体、371人受到上级表彰，推选出"全国文明家庭"蒋龙生家庭、"江苏省优秀共产党员""全省抗击新冠肺炎疫情先进个人""最美防疫先锋"王汉文及"江苏省五一巾帼标兵"王益娟等一批先进典型，郭富兵被省公安厅记个人三等功，1人被南通市公安局评定为"领军型人才"、38人被评定为"骨干型人才"。市公安局蝉联全国公安机关执法示范单位，城南、城东派出所分别被省公安厅和南通市委、市政府记集体二等功。

【治安管理】 2020年，海安市深入打击整治黄赌、制售假违法犯罪，先后破获"黄娼赌"刑事案件25起，其中，部督案件1起，省督案件2起。4月14日侦办的部督"6·16"传播淫秽物品案入选全国"扫黄打非"办典型案件，被中央电视台、新华网、《人民日报》《人民公安报》等媒体报道。市公安局治安大队被南通市"扫黄打非"工作领导小组表彰为2019年度先进集体。建立矛盾纠纷多元化解机制，各派出所基本建成派驻式人民调解室，完善调解员随警调解、接受移送调解工作制度。依托市域、镇域治理指挥中心，优化矛盾纠纷化解的跟踪、研判、分析、预警流程，矛盾纠纷警情分流、矛盾纠纷联动调处等工作形成合力。推进"雪亮工程"和新时代技防城市智能化建设，参与统筹规划建设智能泛在感知网，自建监控、车辆卡口及人像卡口，并级联上传至南通市公安局和海安市域治理现代化指挥中心。警格网格融合联动形成示范，基本形成市、镇（街）、村（居）三级警网融合联动架构，城南派出所"三合一"、曲塘派出所"二合一"警网融合模式为城乡警网融合差异化发展提供样本，警网融合工作得到省、南通市政法和公安系统领导高度肯定，省公安厅工作简报专题刊发《海安市局构建"警网融合"新模式提升基层社会治理水平》。

【安全保卫】 2020年，海安市公安局依托公安大数据指挥服务中心，优化合成维稳机制，构建情指行一体化运行的实战指挥机制。定期开展涉稳风险联合研判，针对不稳定因素形成会议研判纪要报市委、市政府。重大安保期间启动联合指挥部，每日召集成员单位开展情报收集、人员管控、源头查控、巡逻防范等工作。强化日常信访办理，加大矛盾排查化解、情报收集研判、信访积案攻坚、重点人员教育稳控及重点投诉件核查力度，公安信访形势总体平稳，实现连续12年"五个未发生"（不发生政治性事件、重大群体性事件、重大安全生产方面的事故、特种刑事案件和特种重大治安案件、不实舆情炒作）。加强群租房底数登记，排查安全隐患1160处，4处市级挂牌督办群租房全部整改。常态开展安全保卫工作业务培训，开展跨区域应急拉动2次，妥善置处群体性事件12起。

【刑事侦查】 2020年，海安市"八类"案件破案率100%，命案连续27年全破，街面刑事案件比上年下降8%。推进合成侦查中心规范运作，传统侵财案件破案率39%，入室盗窃案件破案率44%。依托反诈中心紧急止付900余起，冻结通信网络诈骗账号2100余个。运用"Y-STR"男性家系排查法先后协助上海、安徽警方破获命案积案2起。破获食药环类案件18起，"1·20"非法收购、出售珍贵濒危野生动物案被省公安厅挂牌督办。完善城区网格巡防架构，推进城乡一体化智慧巡防和资丰市场警务服务站智慧升级改造，通过巡逻防范抓获犯罪嫌疑人345人。

2020年9月27日，海安市民警加强夜巡，快速破获一起盗窃案

市公安局／供图

【经济侦查】 2020年，海安市公安系统破获经济类案件42起，挽回经济损失1.3亿余元。开展"扫雷"攻坚行动，摸排非法集资风险点，管控重点人员，涉稳基础信息全部录入金融风险防控预警平台。开展"百城会战"行动，结合涉税云端线索核查及税务机关移送线索，查处一批大案要案。开展打击地下钱庄专项行动，全面梳理2018年以后下交及金融机构移交的反洗钱线索，侦破"1·13"非法经营案，抓获涉嫌从事非法结算支付业务的犯罪嫌疑人8人，掌握非法网站犯罪线索2000余条，锁定涉案账户、第三方商户3000多个。

【禁毒工作】 2020年，海安市推进禁毒"两打两控"（打击制毒、贩毒犯罪，管控制毒物品、吸毒人员）专项行动、涉毒人员核查管控会战及非法种植毒品原植物专项整治工作，先后到四川、重庆、广西、河南、河北等地侦破"12·27"贩卖毒品案、"3·21"网络贩卖大麻案，抓获贩毒人员20人，查获吸毒人员85人，查扣各类毒品400余克。

【网络安全保卫】 2020年，海安市公安系统开展"净网2020"专项行动，重点侦办入侵信息系统犯罪、侵犯公民个人信息、网络助考贩卖假证、网络敲诈勒索、贩卖"翻墙"软件、网上淫秽色情等网络违法案件。运用"拍肩提醒"警示教育散布不实信息的网民19人，治安处罚传播谣言的网民2人。围绕疫情防控，及时检测到"我的海安"APP"口罩预约"端口存在安全隐患，督促市大数据中心整改修复。

【"110"接处警】 2020年，海安市"110"报警服务台接听报警求助电话32.87万起，比上年下降2.12%，其中有效报警19.07万起，比上年上升3.42%。通过"110"快速指令抓获违法嫌疑人121人，破获案件201起。

【出入境管理】 2020年，海安市启用"全国出入境管理信息系统"，落实出入境证件“只跑一次”制度，海安居民持身份证即可办理出国境证件，并为外省居民在海安申办出入境证件提供便利。出入境证件签发时限、签注办理时限分别缩短至7个和3个工作日。提供办理出入境证件免费照相服务，办证支持刷卡、微信和支付宝等多种支付方式，为丢失护照急需补办签证出境的外籍人员提供即时受理审批服务。依托市行政审批局设立24小时自助服务区，持卡式港澳通行证、大陆证的市民通过自助签注机实现签注办理“立等可取”。进一步延伸窗口服务，在曲塘镇、李堡镇和海安开发区设立出入境接待室。建立涉外“零距离”服务队，走访“一带一路”重点企业和涉外企业440余家，提供“零距离”服务530余人次，发放宣传资料1600余份，发布提醒62次，提供特事特办服务160余人次。

【边防工作】 老坝港边防派出所成立于1974年，隶属南通市公安局边防支队，同时是海安市公安局下辖的公安业务部门。2020年，老坝港边防派出所接处警456起；报立刑事案件41起，破获7起；受理治安案件57起，查处37起；调处各类纠纷312起，化解群体性事件3起。

【公安执法规范化建设】 2020年，海安市公安局规范案件办理工作，出台《海安市公安局刑事案件“另案处理”适用管理办法》《海安市公安局行政案件快速办理工作规范》，强化执法监督，发布日提醒238期、周通报44期。建成“一站式”执法办案管理中心，整合办案区功能，建设办案区轨迹查询和执法视音频等平台，实现从案件源头到结案全过程可视化记录。市公安局执法质量连续9年获评南通市优秀。实施接处警执法规范化升级工程，修订完善“燃气突发事件警情”“涉铁路行车安全”等5个接警指挥流程。推行接处警积分管理机制，调整优化积分项19项，警情处置规范度、质量考核居南通前列。

【智慧公安建设】 2020年，海安市出台“市域治理现代化指挥中心与公安大数据指挥服务中心联动对接实施意见”，整合应用社会治理资源与公安警务资源，“两个中心”开展联合研判48次，化解群体性事件19起，交办流转各类社会治理信息792条，联动处置警情459起，源头化解各类矛盾256件，“110”“12345”重复报警和涉稳诉求率分别比上年下降6.8%、4.9%。升级公安大数据应用服务平台，研发部署分布式查询、超级搜索、超级档案等基础应用，精准服务一线实战查询1600余次，协助抓获112人。研发数据建模平台，《基于历代户籍档案数据的人员家族关系图谱》模型获省公安厅科技强警基层技术革新类三等奖。推进派出所综合指挥室实战化建设，监测分析各类警情9800余起，核查各类问题数据7500余条。探索“互联网+警务服务”服务模式，研发应用“警务服务平台”“警务自助服务一体机”和“警务服务掌上通”等“三位一体”的网上服务体系，公安微警务平台新增8类90项公共服务事项，接收办理警务服务事项1.47万件，办结率99.58%。

（吴　栋）

检　察

【概况】 2020年，海安市检察机关协调推进“四大检察”（刑事检察、民事检察、行政检察、公益诉讼检察）工作，夯实检察事业发展根基。强化政治建设，市人民检察院政治建设教育馆入选南通市首批政治建设教育馆。自觉接受人大监督和政协民主监督，向市人大常委会主任会议汇报办案质效、未成年人检察、公益诉讼等工作情况，接受市政协专题考察。完善办案监督制约机制，定期开展业务数据分析研判和案件质量评查。深化检务公开，举办“检察开放日”活动3次，网上公开法律文书584份、重大案件信息215条、案件程序性信息796条。开展“政法干警能力提升年”活动，打造“精品小课堂”，培养“业务名嘴”，6篇法学论文在省法学会年会中获奖。市人民检察院获评全国检察宣传先进单位、全国检察听证互联网直播试点先进单位、国家级节约型公共机构示范单位，2件案例分别入选最高人民检察院、省人民检察院典型案例，17人次获省级以上表彰。

【检察办案】 2020年，海安市检察机关批捕刑事犯罪225件352人，起诉553件861人。开展扫黑除恶专项斗争，推进“六清”（线索清仓、逃犯清零、案件清结、伞网清除、黑财清底、行业清源）行动，3人因扫黑除恶工作突出被省委政法委、省人民检察院记功授奖，第一检察部获评南通市扫黑除恶专项斗争先进集体。落实认罪认罚从宽制度，案件适用率90.52%，确定刑量刑建议法院采纳率99.50%，被告人一审服判率96.29%。维护金融安全，办理南通市首例洗钱犯罪案件。打击职务犯罪，“朱某某非国家工作人员受贿案”被最高人民检察院评为精品案件。履行公益诉讼职能，提起刑事附带民事公益诉讼4件，发出行政公益诉讼诉前检察建议25份。“朱某某等人销售假药刑事附带民事公益诉讼案”入选中央依法治国办公室联合五部门发布的食药监管执法司法典型案例、中国外商投资企业协会评选的知识产权保护十佳案例、南通市政法系统评选的服务高质量发展十大优秀案例。完善未成年人司法保护，落实最高人民检察院“一号检察建议”，开展“法治副校长”普法宣讲活动，受教育师生1.3万余人次。针对疫情期间残疾儿童康复权益保障问题向市残联发出“检方关注函”，被省人民检察院作为典型案例发布。

【检察监督】 2020年，海安市检察机关依法开展刑事诉讼监督，监督侦查机关立案19件，撤案20件，对不构成犯罪或证据不足的决定不批捕60人、不起诉12人。开展民事诉讼监督，受理民事监督申请26件，促成息诉罢访11件。开展执法活动监督、审判程序违法监督，针对“套路贷”背后的民事虚假诉讼，发出再审检察建议5份，法院均依法改判；通过支持起诉，帮助81名进城务工人员追索劳动报酬112万元；助力解决“执行难”，审查起诉拒不执行判决裁定罪4件6人。开展行政检察监督，强化行政非诉执行监督，开展国土、环保等领域专项监督行动，发出检察建议2件，办理行政检察监督案件2件，化解行政争议2件。深化行政执法与刑事司法衔接机制，监督行政执法机关移送涉嫌犯罪线索5件。

【检察为民服务】 2020年，海安市检察机关依法护航民营经济发展，出台“关于疫情防控期间依法服务保障民营企业的实施意见”，编印《企业刑事法律风险防范指南》，与企业家商会签订结对共建协议，设立基层商会检察官联络站。秉持少捕慎诉慎押理念，依法对民营企业管理人员15人作出不捕不诉决定。参与社会综合治理，制定“网格+检格”联动融合行动方案，组织干警深入基层，开展以案释法、矛盾化解、线索收集工作。深化法治扶贫，向25名刑事被害人或其家属发放司法救助金25.41万元，结对帮扶李堡镇储洋村、陕西省略阳县29万元。针对办理重大责任事故犯罪案件中发现的企业安全生产问题，发出检察建议18份。

（刘合臻）

法　院

【概况】 2020年，海安市人民法院受理各类案件1.49万件，比上年下降13.5%，其中，受理旧存案件1554件、新受理案件13365件，刑事案件611件、民商事案件7806件、执行案件6323件、行政案件161件、赔偿2件、其他案件16件。审执结各类案件1.35万件，比上年下降13.85%，其中，刑事案件574件、民商事案件7093件、执行案件5674件、行政案件160件、赔偿2件、其他案件16件。加强改进法院工作，向市人大常委会专题报告工作，13人接受履职评议。邀请人大代表、政协委员参加新闻发布会5场9人次，旁听庭审、监督执行11件93人次。举行“代表委员法院行”活动，向江苏籍全国、省级人大代表和政协委员28人报告法院工作。走访联络代表、委员75人次，赠送报刊625份。办结市人大常委会决议、决定、审议意见3条，办理代表建议、委员提案4件。邀请检察长列席审判委员会3次。办理“院长信箱”人民信访件147件，定期督办和公布信件批办情况。市人民法院被最高人民法院评为司法宣传和通联工作先进单位，市人民法院刑事审判庭被省高级人民法院记集体二等功；1人获评江苏省扫黑除恶专项斗争成绩突出个人，1人获评全省破产审判工作先进个人。

【执法办案】 2020年，海安市人民法院坚持刑事审判宽严相济，审结刑事案件569件，判处罪犯896人；审结涉黑恶案件6件53人，17人被判处5年以上有期徒刑。慎重审理涉疫口罩诈骗、非法集资、网络电信诈骗、危害食品药品安全等刑事案件，其中追回一起电信诈骗案所涉赃款78万元并发还被害人。新收各类民商事案件6768件，结案6852件。受理执行案件6323件，结案5674件，执行到位标的额12.4亿元，疫情期间线上发放执行案款2.24亿元，开展集中执行专项行动19次，依法作出拒执罪有罪判决3件5人。市人民法院与市自然资源和规划局共同建立不动产登记信息共享和网络查控协作机制，助力提升执行工作实效。强化审判流程信息公开，实行审判权责管理清单制，院庭长办结案件5170件，占结案总量38.7%。加强审判管理，出台《案件审限管理规定》，定期专项评查发改案件，开展“学习三大法宝，践行四比一争”百日办案竞赛，结案率、结收案比、法定正常审限内结案率全部达标，南通市唯一。

【司法为民服务】 2020年，海安市人民法院优化一站式诉讼服务，诉讼事项一次性办结率96.79%，网上立案7349件，跨域立案80件，发起“电子送达”2.31万次。推进“分调裁审”（对民商事案件进行诉前分流、诉讼调解以及速裁、快审）改革，实质化运行诉前调处中心，诉前调解成功率70%。新收民商事案件比上年下降13.62%，适用速裁、简易程序审结5693件。设立道路交通事故定点巡回法庭，入驻道路交通事故联动快处中心，道路交通纠纷诉前化解634件，立案受理621件，比上年下降18.29%。高新区法庭设立家事纠纷调解专员，诉前化解率72%，获评南通市“巾帼建功”先进集体。物业类纠纷调处651件，成功率67.74%，自动履行率88.35%。落实“法官+网格”机制，融入社会治理体系，开展法律早市、巡回审判、法治讲座等法律扶贫活动，全年宣讲“民法典”百余场。

【智慧法院建设】 2020年，海安市人民法院推进“互联网+”司法办案模式，依托南通中级人民法院“支云”庭审系统，实现“支云”庭审调解系统全

2020年6月6日，海安市人民法院在嘉麟社区开展“民法典让生活更美好”送法进社区活动

翟慧勇／摄

覆盖，疫情期间妥善解决跨洋离婚案、跨国劳务合同案；在市看守所内建成科技法庭即“驻所支云科技法庭”，利用“驻所支云科技法庭”“三地一线”（在刑事案件被告人部分关押于南通市看守所、部分关押于海安市看守所的情况下，南通中级人民法院驻所支云科技法庭、海安市人民法院驻所支云科技法庭和海安市人民法院刑事审判法庭三地同步开庭）实现防疫安全与司法效率双赢。完成执行“中间库”建设，推进电子卷宗随案生成、深度应用，实现无纸化办案。坚持智能法庭建设，发展“五智融合”（智慧诉服、智慧审判、智慧执行、智慧警务、智慧政务）智慧法院新模式，启用高新区法庭新址。打造省级智慧警务改革示范点，“六专四室”（六专：专用囚车、囚车库、羁押通道、被告人卫生间、被告人电梯、被告人桌椅；四室：羁押室、枪弹室、装备室和监控室）建设考评南通市第一。（储慧文）

司法行政

【概况】 2020年，海安市司法局统筹全面依法治市工作，承担行政立法、行政执法、刑事执行、公共法律服务。狠抓法治统筹，实施法治建设领导责任制进区镇、进机关、进党政领导考评体系“三进工程”；出台《法治督察工作实施办法》，开展土地房屋征收、法治政府建设等专项督查4次；培育“三治融合”凤山村、“诚信守法企业”常安纺织科技产业园等基层法治建设典型，南通双弘纺织有限公司杨广泽获评全省“十大法治人物”。常态化运行扫黑除恶专项斗争，执行律师辩护代理“六项制度”，严把案件代理、庭审过程、执业规范“三个关口”，指导律师依法依规开展涉黑涉恶九类案件代理，建立并完善长效机制11大类46项。深化“法润民生群+110”联动机制，推送法治图片、法治资讯扩大影响力，随机加入、随机抽查等方式促进法律顾问服务质效提升。发挥政府法律顾问作用，参与重大决策并提出法治意见。法治项目实现“一季一查评”，非诉讼纠纷解决综合平台等法治为民办实事项目成效明显。加强政法队伍教育管理，开展“政法干警能力提升年”活动、“双聚双争”作风效能建设，举办政治轮训培训班，组成15个下沉小组落实区街分设后司法所衔接、综合执法监督、标准化建设等任务，提升政治能力与业务水平。疫情期间，组建公益法律服务团，到镇（街道）开展纠纷排查化解、法律咨询等服务，组织走访企业200多家，法律咨询1000多人次，协助企业解决涉法问题12个，化解纠纷98起，办理涉企法律援助460件，捐款近8万元。市司法局获评全省合法性审查先进集体、新时代江苏“普法为民好榜样”先进集体，市人民调解委员会获评全省优秀调委会，非诉化解、法律服务等7个方面工作获省司法厅肯定，南通市法治乡村现场会在海安召开，8人获省级以上表彰。

【特殊人群管控】 2020年，海安市高标准建成李堡社区矫正分中心，获省司法厅调研肯定，南通社区矫正分中心建设现场会推广海安做法。落实新入矫人员“六个一”（排查一次前科、发放一封告知信、开展一次谈话、组织一次主题课、签署一份承诺书、参加一次集中教育）排查管控机制，常态化开展飞行检查、案卷评查、业务培训等。健全沟通协调机制，重点刑释人员及时通报公安部门，逐一落实帮教措施。重点管控社区矫正对象9人、安置帮教对象1人，在册社区矫正对象418人、安置帮教对象1789人全部在管在控。加强社区矫正对象分类分段教育，深化“黄丝带”关爱行动，实施“社区矫正损害修复工程”，走访慰问特困家庭42户，发放帮扶资金4000余元。

【非诉矛盾纠纷化解】 2020年，海安市依托市调处中心建立非诉服务中心，在市人民法院、市信访局设立非诉讼服务分中心，15个镇（街）、237个村（社区）分别依托同级矛盾纠纷调处中心或村居调委会建立非诉讼服务中心并实体运行。开展社会矛盾纠纷“大排查、大研判、大化解、大治理”专项行动，各级调解组织受理矛盾纠纷12597件，调解成功12558件。11月，为南通市非诉讼纠纷解决机制建设推进会提供医患纠纷调处中心、道路交通事故综合服务中心等3个现场参观点，并做交流发言。融合网格管理与家事纠纷排查，织密“网格+家事调解”网络，推进全生命周期婚姻家庭法律服务中心建设，在全省婚姻家庭纠纷预防化解工作现场推进会上做专题汇报。标准化建成家事调解社区工作室5家，其中周梅芳、张芸两家家事调解社区工作室获评首批江苏省标准化家事调解社区工作室。

【公共法律服务】 2020年，海安市优化法律服务，推动出台《关于深化公共法律服务体系建设的实施方案》。规范村居法律顾问服务标准，提供法律服务约2.5万人次。聚焦园区、企业及职工需求，研发行业分类法治体检项目清单、法治首讲视频等企业“全生命周期”法律服务产品25项。成立企业线上法律服务站，吸引企业主入群，解答法律问题23个。海安开发区、高新区分别在企业集聚地建成公共法律服务分中心，组织律师、公证、法律援助等服务全面进驻，公示服务范围、人员及承诺等制度。组织律师、基层法律工作者等集中走访调研企业、顾问单位800余家，采集研判企业所处行业、成长阶段、用工特点等情况并针对存在问题提出建议，参与企业劳资纠纷、合同纠纷等矛盾排查化解，培树企业法治文化节等品牌。累计线上线下解答企业法律咨询760余次，帮助协调处理纠纷602件，挽回经济损失1941.23万元。

【法律服务行业管理】 2020年，海安市开展“法律援助服务质量年”活动，推动刑事法律援助全覆盖，规范市人社局等援助站点，法律援助质量管理获省考评组好评。全年，办理法律援助事项1373件，接受法律咨询7250人次，其中“12348”热线接听咨询2100次。深化公证行业“五不准”（不准为未查核真实身份的公证申请人办理公证、不准办理非金融机构融资合同公证、不准办理涉及不动产处分的全项委托公证、不准办理具有担保性质的委托公证、不准未经实质审查出具公证书）回头看活动，推行“公证最多跑一次”“服务优化提升月”系列活动。全年，办理各类公证事项4636件，为困难和弱势群体减免费用5000余元。聚焦“业务档案规范管理”等短板，“一月一主题”细化目标任务，律所管理水平整体提高。

【法治宣传教育】 2020年，海安市制定“七五”普法考核办法、法治宣传教育工作责任清单，实行区镇、部门、学校、企业差别化考核。11月，通过省、南通市“七五”普法考核组验收。系统开展“民法典”宣传贯彻活动，市委理论学习中心组专题举行学习（扩大）会议；印发《法治生活宝典》等10余万册，播出《法治热线》52期，文艺演出近200场次；执法司法部门开展“以案释法”活动136次，发布案例309件。推进“法治乡村建设三年行动”，116个村（社区）被命名为省级民主法治村（社区），曲塘镇胡庄村通过“全国民主法治示范村”复核验收；推动大运河（立发段）法治长廊建设，打造“红色杨庄”“三治融合滩河”等村居法治品牌；南通市网格普法现场会在海安召开。以“法治与社会治理”为主题，举办第十六届法治文化节，评选社会治理实践十大优秀案例。

（范田晶）

仲　裁

【劳动人事争议仲裁】 2020年，海安市劳动人事争议仲裁院立案处理劳动争议案件571件，其中，裁决结案139件、调解结案398件、撤诉结案34件，调撤率73.72%。涉及劳动者709人，为劳动者争取劳动报酬、经济补偿、工伤保险待遇等2300.81万元。针对群体性纠纷、大标的争议及政策性强的重大疑难案件，组成联合调处小组调处争议矛盾、化解劳动争议。加强与仲裁委组成单位、司法行政及人民法院等部门配合，发挥职能优势，促进劳动关系和谐稳定。

（王　敏）

【农村土地承包纠纷调解仲裁】 2020年，海安市农村土地承包仲裁委员会下设一个办公室，办公室设在市农业农村局，聘请仲裁员25人。区镇农社部门、村经济合作社负责镇、村级土地承包纠纷调解工作，相应建立农村土地承包调解委员会及区村两级调解组织，区镇全部成立农村土地承包纠纷调解委员会，所有行政村均建立村级调解小组，拥有镇级调解员41人、村级调解员596人。全年，化解纠纷830多起，确权登记颁证率99.1%，新（换）发放证书1100多本。利用普法活动宣传“仲裁法”，组织区镇街道镇级调解员参加“仲裁法”、案例解析等相关培训，逐步将调解仲裁引入规范化、法制化管理轨道。（张　曼）

人民武装

【政治建设】 2020年，海安市人武部学习贯彻习近平系列重要讲话精神，夯实看齐追随、听党指挥的思想根基。市委书记、人武部党委第一书记顾国标主持召开市委常委议军会，组织区镇党委书记做武装工作述职。抓好专武干部、基干民兵队伍政治教育，结合角斜“红旗民兵团”“3·24”民兵节，开展“建强民兵预建党组织”专题活动，推动民兵队伍党组织健康发展。创新理论学习方法，每周四晚开办“理论小夜校”，将集中领学和个人自学相结合，常态化学习贯彻党的创新理论。加强安全学习和管理，开展警示教育活动，举办专题教育讲座。开展“四个秩序”（战备秩序、训练秩序、工作秩序、生活秩序）规范化建设、“百日安全活动”、专项清查整治等安全整顿活动，完善各类库室制度规范和硬件设施建设，依法从严管控部队。市人武部承办南通军分区安全保密现场会和“四个秩序”现场会，经验做法南通放样。市人武部被省军区表彰为全面建设先进人武部、军事训练先进单位、新闻宣传工作先进单位、信息服务工作先进单位。

【练兵备战】 2020年，海安市人武部落实战备值班值勤制度，精练指挥编组，建强处突力量，常态拉动检验，应急值班分队达到迅即能动的行动要求。强化首长机关“四个基本”（抓好基本教育、建好基本队伍、落实基本制度、完善基本设施）训练，参加省军区考核成绩优异。从严从难组织民兵分队训练，5—6月，组织8个批次10个专业千余人次的任务分队行动训练；7月，作为南通代表队参加国防动员演练；参加南通军分区4个批次民兵骨干跨区联训；落实3批预编预备役士兵返岗训练。组织市民兵应急连轮训备勤，加强“四会”（会讲、会做、会教、会做思想工作）教练员选拔，军事训练、比武考核成绩均名列前茅。

【国防动员】 2020年，海安市人武部按照“建强应急队伍、建精支援队伍、建实

2020年5月9日，海安市人武部组织新入队民兵参观角斜红旗民兵团史绩陈列馆

市人武部／供图

特殊队伍”的要求，优化民兵组织结构，高标准完成基干民兵整组任务。疫情期间，动用民兵力量参与防疫知识宣传、防疫用品发放、道路卡口管控以及消毒测温等工作，角斜“红旗民兵团”防疫事迹被央视报道。开展动员潜力数据核查，突出大学生和大学毕业生为兵员征集主体，严格组织体检，狠抓廉洁征兵，落实役前教育，高标准完成新兵征集任务，大学生比例90.3%，大学毕业生比例31.2%，无一例退兵。征兵“五率”（报名率、上站率、合格率、择优率、退兵率）考核名列前茅。8—9月，完成全市12所学校8000余人的军训任务，4所中学（中专）参加南通市军训会操展演比赛，获团体一等奖3个、二等奖1个，单项一等奖15个。

【国防教育】 2020年，海安市人武部联合市新时代实践中心开展国防教育文明实践活动，市长、国动委主任于立忠为新兵做“红色精神人人承、红色基因代代传”国防教育微宣讲，《中国民兵》等多家媒体报道。组织国防教育“六进”（进校园、进机关、进农村、进企业、进社区、进家庭）活动，营造关心国防、支持国防的社会氛围，《中国国防报》《中国民兵》等媒体多次报道角斜“红旗民兵团”的典型事迹。发挥典型引领作用，联合市政府组织评选第二届“十佳”民兵。全年，在省级以上媒体累计用稿80多篇，新闻宣传工作南通领先。

（张志荣）

武装警察

【概况】 2020年，武警海安中队突出思想政治建设首位首抓，聚力练兵备战，抓安全保稳定，高质量推动中队建设。加强队伍建设，通过集中学习、个人自学、讨论交流等方式学习《军队基层建设纲要》《中国共产党军队党的建设条例》等文件，提高政治素养。组织基层风气整治活动，坚守“三个绝对”（部队绝对忠诚、绝对纯洁、绝对可靠）政治要求，严守“六项纪律”（政治纪律、组织纪律、廉洁纪律、群众纪律、工作纪律和生活纪律），自觉接受官兵监督、民主评议。加强官兵思想政治建设，开展各类主题教育活动，落实经常性教育，做好“一人一事”思想工作，稳定官兵思想。开展篮球对抗赛、台球等各类文体活动，丰富官兵业余生活。

【军事管理】 2020年，武警海安中队坚持管理要严、安全靠建，依法从严管理，持续开展“条令年”活动，加强规章制度教育，培养官兵法治意识。倡导“以队为家、建队爱家”理念，提高内务建设质量，落实经常性工作。做好安全管理，培养安全底线思维，加强在外人员跟踪管控。提升官兵业务素质，开展执勤教育，修订完善中队战备方案，加强应急训练和情况处置训练，提高反应和处置能力。坚持按纲施训、科学组训，打牢官兵体能、技能基础，提升训练质效。提升教学水平，细化教学分工，培养骨干力量。开展执勤安全教育整顿活动，优化调整组勤模式，开展实战演练。

【后勤保障】 2020年，武警海安中队建好后勤队伍，强化后勤人员的岗位认同及纪律观念，强化岗位自训及岗位练兵，后勤人员水平显著提升，特别是炊事员的炊事技能及责任心明显提升。落实各项制度，坚持大项开支由支委会集体把关，经济民主组每月审查经费及伙食账目、进行财务公示；教育引导官兵养成“节约一粒米、一度电”的良好习惯，把勤俭节约落到实处；收集官兵伙食意见，协调炊事员制定食谱，创新饭菜花样；严把食物价格关和入口关，每天全面消毒所有餐具，严格落实分餐和食物留验制度。加强营区营房设施维护保养，需要更换的及时购买更换，同时强化官兵爱护营产营具意识，尽量减少故意损坏或操作不当损坏的情况发生，延长营产营具使用寿命。

（孙　林）

人民防空

【概况】 2020年，海安市人民防空工作围绕平时服务、急时救援、战时防空，将人防工作与经济社会发展和城市建设紧密结合，新立项人防工程10个，新开工人防工程15个，新竣工人防工程4个。完成人防地面指挥所提升改造工程，该项目于3月18日开工建设，10月10日组织竣工验收。依法征收人防易地建设费862.58万元。推进应急避难场所及海安高级中学科普馆建设工作。加强人防工程质量监督，组织技术交底10次，监督隐蔽工程节点验收106次，主体结构验收4次，监督竣工验收4次。胡集街道田庄社区创建全国综合减灾示范社区。

【人防宣传】 2020年，海安市开展“九一八”人民防空宣传活动，组织全省第七次防空警报统一试鸣、防空袭应急疏散、重要经济目标防护、应急救援、抢险抢修和宣传教育等活动。结合“5·12”防灾减灾日，开展防震减灾科普宣传活动，组织地震应急疏散演练，累计发放防震减灾知识彩页2万多份，市科普馆接待参观学习防震减灾知识8000人次。

（陆金成）

双拥共建

【拥政爱民】 2020年，海安市人武部开展军民共建活动，开展“走帮服”活动，结对帮扶曲塘镇富民村贫困户29户，结对城东镇蓉塘社区开展文明实践活动，巩固脱贫攻坚成效。开展“双百双建”活动（江苏省军区组织100余个人武部、预备役团与老区139个经济薄弱村签订帮建协议，共建党组织、学校），帮扶滨海县蔡桥镇木港村。联合市邮政公司打造“军邮一家亲”拥军品牌，结对帮困百户军人家庭，新华社等10多家媒体先后报道活动情况。在南通市率先成立区镇退役军人志愿者服务联盟，制定下发《海安市区镇退役军人志愿者服务联盟工作实施方案》，组织退役军人参与脱贫攻坚、扶危济困、敬老助残、城市管理等工作。

（张志荣　胡红军）

【拥军优属】 2020年，海安市召开拥军优待社会化工作推进会，12家拥军优属示范单位、113家海安市拥军优属服务点共同推进拥军优待项目，退役军人和其他优抚对象持卡可享受乘车、旅游、购物、购药、文体活动等10多项优

2020年7月29日，海安市胡集街道在田庄村农家书屋举办"童心向党迎八一，献礼人民解放军"庆祝建军节活动，志愿者给孩子们讲述军旅故事，培养青少年爱国主义情怀　姜明/摄

惠。建军节前夕，市委书记顾国标率队慰问武警海安中队、市消防救援大队等驻海安部队和重点优抚对象。召开庆"八一"双拥工作会议，会议上宣读《关于2018—2019年度双拥工作先进集体和先进个人的通报》，通报奖励先进集体90个、先进个人39人。区镇（街道）开展庆祝建军节活动，发扬拥军优属优良传统。市镇村三级常态化开展送喜报活动，受理登记二等功3件、三等功33件、优秀123件，发放奖励金54万余元。发放"光荣人家"荣誉牌3.5万余块，发放"抗美援朝70周年纪念章"296枚。

（胡红军）

退役军人事务

【概况】 2020年，海安市推进退役军人服务保障体系建设，保障退役军人合法权益，有效落实各项优待抚恤政策，多措并举推进安置就业创业工作，退役军人和其他优抚对象的获得感、荣誉感得到提升。完成军供站文化阵地建设及军供保障任务，全省军供工作会议在海安召开。退役军人在各自工作岗位上彰显风采，退役军人仲跻和入选2020年度全国退役军人创业光荣榜，江苏仅2人；陈志银获全国"兴业杯"创业创新大赛第五名、三等奖；王汉文获评省优秀共产党员、"最美防疫先锋"；邱德国获评省退役军人工作模范个人、南通市劳动模范；江承年、蒋浩获评省模范退役军人；姜小亮获省退役军人党员"微党课"授课竞赛第三名、二等奖。

【服务保障体系建设】 2020年，海安市争创全国示范型退役军人服务中心（站），全市8个区镇、7个街道、1个农场和235个村退役军人服务站均按"五有"（有机构、有编制、有人员、有经费、有保障）标准建设到位，形成"定格、定人、定责"的服务保障网格体系。制定《海安市示范型退役军人服务站创建方案》《海安市退役军人事务重点工作季度观摩活动方案》，实现"一次申请、一并受理、即时办结、联动办结"的运行机制，推动退役军人服务保障体系建设。10月26日，国家退役军人服务中心主任张培祥一行到海安调研，充分肯定海安市退役军人服务保障体系规范化建设工作。

【就业安置】 2020年，海安市在南通市率先完成军转干部、转业士官安置工作，举行全市退役军人光荣返乡欢迎仪式和现场招聘会，高质量完成退役士兵培训工作。市委组织部、市退役军人事务管理局和市应急管理局实施退役士兵村干部、安全员培养工程，市退役军人事务管理局与市人社局联合制定《关于退役军人参加政府购买服务考试加分的实施意见》，多渠道促进退役士兵就业。市退役军人事务管理与海安中专以及相关企业合作开办"'订单式'技能培训、实习实训、推荐就业"一体化培训班，提升退役军人就业创业水平。统筹开发第二批部分下岗失业志愿兵专项公益性岗位95个，选岗48人。组织退役军人参加全国首届"兴业杯"创业创新大赛，陈志银获全国总决赛第五名、三等奖。落实军休人员"两个待遇"（政治待遇、生活待遇），坚持重大节日走访慰问重点人员和举办文艺活动。

【优待抚恤】 2020年4月起，海安市优抚对象的抚恤补助资金由季度发放调整为按月发放，全年发放优抚对象抚恤补助1.02亿元。适时启动社会救助和保障标准与物价上涨挂钩联动机制，及时发放优抚对象临时价格补助1177.83万元。春节、建军节等节日期间，走访慰问重点优抚对象，发放慰问补助471.82万元。开展重点优抚对象体检、短期疗养、医疗巡诊。稳步推进部分退役士兵社会保险接续工作，至年底，完成缴费1501.51万元。建立健全退役军人解难帮困制度，完成困难退役军人信息采集系统录入工作，设立海安市退役军人关爱基金，出台《海安市退役军人关爱基金管理办法（试行）》，筹集关爱基金105万元。

【褒扬纪念】 2020年，海安市推进拥军褒扬重点工程建设，烈士陵园提升改造工程纪念馆主体工程封顶，联抗烈士陵园史记陈列馆和人物馆布展项目布展完毕。推进慰烈工程，新一轮排查出散葬烈士墓117座，实现"一墓一表一图"；校核县级以上烈士纪念设施保护单位内每一座烈士墓和每一处烈士纪念设施的详细信息，完成数据采集1万多条。开展清明集体代祭扫英烈活动，倡导通过微信公众号平台进行"云祭扫"、代祭扫，同步推进疫情防控和英烈褒扬。

2020年海安籍官兵立功奖励名录一览表

表5

序号	姓　名	奖励类型	所在区镇	序号	姓　名	奖励类型	所在区镇
1	许　伟	二等功	角斜镇	28	王　猛	三等功	曲塘镇
2	韩良元	二等功	墩头镇	29	徐银生	三等功	南莫镇
3	高建明	二等功	雅周镇	30	仇晓斌	三等功	南莫镇
4	韩　啸	三等功	角斜镇	31	莫佳伟	三等功	南莫镇
5	钱　义	三等功	城东镇	32	付　宏	三等功	白甸镇
6	仲　冲	三等功	城东镇	33	邓剑波	三等功	墩头镇
7	刘焕卿	三等功	城东镇	34	林　海	三等功	雅周镇
8	陈祥斌	三等功	城东镇	35	周小为	三等功	雅周镇
9	张世生	三等功	城东镇	36	王　柳	三等功	角斜镇
10	蒋　伟	三等功	城东镇	37	吉　祥	三等功	墩头镇
11	秦成君	三等功	李堡镇	38	彭　剑	三等功	高新区
12	徐明东	三等功	李堡镇	39	钟　敏	三等功	墩头镇
13	储海容	三等功	李堡镇	40	徐子潇	三等功	高新区
14	储承阳	三等功	大公镇	41	王　雷	三等功	大公镇
15	吴卫国	三等功	大公镇	42	丁　进	三等功	曲塘镇
16	陈诗杰	三等功	大公镇	43	周海涛	三等功	角斜镇
17	钱开荣	三等功	高新区	44	张添寅	三等功	大公镇
18	韩　磊	三等功	高新区	45	王君宇	三等功	高新区
19	卢凯鹏	三等功	高新区	46	韦存浩	三等功	白甸镇
20	张星星	三等功	高新区	47	黄文龙	三等功	南莫镇
21	徐广虎	三等功	高新区	48	徐静雅	三等功	高新区
22	王　强	三等功	高新区	49	崔恒俊	三等功	墩头镇
23	戴鹏程	三等功	高新区	50	仇小勇	三等功	南莫镇
24	刘　凯	三等功	高新区	51	杨仁锋	三等功	高新区
25	江　睿	三等功	高新区	52	鄢志健	三等功	城东镇
26	蒋　效	三等功	高新区	53	梅德剑	三等功	高新区
27	陈加勇	三等功	曲塘镇	54	卞春波	三等功	角斜镇

（胡红军）

经济管理

Economic Administration

中国人民银行海安支行

宏观经济管理

【产业结构调整】 2020年，海安市经济结构持续优化，实现地区生产总值1221.63亿元，比上年增长5.8%，人均地区生产总值14.13万元。第一产业增加值71.90亿元，比上年增长2.6%；第二产业增加值642.42亿元，比上年增长6.2%；第三产业增加值507.31亿元，比上年增长5.8%。三次产业结构调整为5.9∶52.6∶41.5。实现规模以上工业产值1437.09亿元，比上年增长9.7%，高新技术产业产值占规模以上工业产值的34.9%；新兴产业产值占规模以上工业产值的46.1%。

【项目建设】 2020年，海安市完成签约项目316个，新开工亿元以上项目107个，其中，50亿元项目2个、20亿元项目12个、10亿元项目23个。新批总投资3000万美元以上项目20个，实现外资到账3.59亿美元。经南通市确认注册1000万美元以上制造业外资大项目10个，其中总投资1亿美元以上项目2个。长三角一体化加快融入，"跨江融合，开放共赢"高质量发展合作恳谈会吸引总投资321亿元，新开工10亿元以上项目中，有上海地区投资项目3个、苏南地区9个；联发纺织等4家企业在沪杭地区设立研发中心，30多家长三角地区高校院所与海安企业建立稳定合作关系；常安纺织园签约10亿元以上重特大项目4个，上海杨浦（海安）工业园、奉贤（海安）工业园入驻企业50多家。向上申报中央预算内投资计划项目6个，下达资金7996万元；鹏飞集团年产30台（套）节能环保焙烧回转窑的研发及产业化项目获2020年度省级战略性新兴产业发展专项资金立项；5个项目获省工业和信息化厅转型升级资金1676万元；争取一般债券、政府专项债券等各类专项资金21.78亿元。

【固定资产投资】 2020年，海安市投资规模持续扩大，完成固定资产投资536.88亿元，比上年增长10.7%，增幅列南通第一位，其中，第一产业投资2.57亿元，第二产业投资327.96亿元，第三产业投资206.36亿元。工业固定资产投资327.96亿元，比上年增长12.5%，增幅列南通第三位；高技术制造业投资占工业投资的57.2%，比上年增长18.86%。工业企业生产性设备投入核查确认22.08亿元，其中，超1000万元的企业58家，超5000万元的企业7家。投资结构持续优化，高新技术产业投资占比持续走高，完成高新技术产业投资212.87亿元，占工业投资的64.91%，比上年增长35.5%；设备购置占工业投资主导地位，完成设备购置75.62亿元，占工业投资的23.06%；技改投资拉动明显，完成技改投资180.6亿元，占工业投资的55.07%。38个续建重特大项目新增设备投资额98.5亿元，投资完成率57.5%；工业竣工项目85个，竣工率85%；服务业项目竣工11个，竣工率91.7%；转化达产项目74个，达产率43.8%。 （张开渠）

【国有资产管理】 2020年，海安市出台《海安市市级政府公物仓资产管理操作规程》《关于做好市直行政事业单位经营性资产租赁管理工作的通知》，加强市直行政事业单位资产整合与共享共用，发挥公物仓的资产调剂功能，调拨资产126笔，审批报废资产251笔，全年组织资产拍卖14次，资产增值率21.4%。市国资办、市机关事务服务中心做好办公用房权属管理工作，及时组织维修破损店面房，对到期房屋面向社会公开招租、拍租、签订租赁合同，收缴年度租金，降低疫情影响，减免33个标的租金41万余元。10月，市机关事务服务中心将市人武部、市文化馆两处19个标的移交资产运营公司管理。市机关事务服务中心及时做好机关小区维修及水电服务，组织业主委员会改选；加强小区环境整治，清理沉淀池；安装"安全生产专项整治行动"工作宣传板，排查车库住人、燃气使用情况，对消防通道重新划线，划定消防登高作业面标志14个，整改防雷等接地装置15处。

（陈克东　吴信林）

营商环境建设

【概况】 2020年，海安市多举措推动营商环境再提升，2019年度企业开办评价指标列全省第一位，政务评价指标列全省第九位，通过省级政务服务标准化试点验收，标准化建设南通放样。审批服务方面，坚持"一窗受理、一网办结、一站服务"，企业开办0.5天办结率95%以上，开办企业指标列全省第一，重组工程建设项目报建流程，推动存量房转移、抵押合并办理。水、电、气服务方面，海安高、低压办电材料分别压减到4件、2件，用水、用气接入简化为3个环节，供电公司联合大数据中心打造政企营商环境管控服务平台，在南通市率先实现办电证照数据集成并线上共享调用。市场监管方面，探索开展"双随机一公开"监管创新举措，科学确定联合随机抽查比例和频次；实施知识产权创造工程，专利申请及万人发明专利拥有量增幅及总量苏中领先；强化知识产权示范运用，完成知识产权质押融资1.2亿元。纳税服务方面，优化纳税次数、纳税时间、总税收和缴费率、报税后流程指数4个指标，新办企业涉税业务办理时限压缩至0.4个工作日，一般注销事项不超过0.5个工作日。

（顾宇飞）

【企业开办集成服务】 2020年，海安市先行先试电子营业执照互信共享，率先在市城管局户外广告、市住建局商品房预销售许可核发中使用电子营业执照。推行企业名称网上核准、营业执照"全链通办"、个体证照自助办理等优化措施。在全省率先将企业开办涉及的营业执照办理、公章刻制、银行开户、公积金、社保等6个环节优化为1个链条，坚持"一窗受理、一网办结、一站服务"，实现企业开办半天"速成"常态化。优化服务，率先实行企业开办首套印章（企业名称章、法人代表章、财务专用章、发票专用章）免费刻制；在南通市各县（市、区）率先推出政银合作免费代办，与海安农商行签订政银合作协议，申请人通过银行网点申请，银行人员免费代办，后台人员远程审核，网点自助出证，实现企业开办"零见面、零费用"全流程集成服务；委托第三方为房屋建设工程和市政基础设施工程开展防雷装置跟踪、工程竣工检测，费用统一纳入政府

财政支出，全年降低企业成本约500多万元。（韩 静）

【法治营商环境建设】 2020年，海安市营造法治化营商环境，市人民法院编写《海安建筑业全国司法大数据分析报告》，出台“司法服务保障‘重特大项目突破年’意见”，形成产业集群培育专题报告，制定“应对疫情服务保障民企发展举措”16条。设立民营经济纠纷调解中心，出台金融纠纷多元化解、风险防范工作规范。审结金融类纠纷535件，为金融机构收回债权8.99亿元。妥善处理房屋征收补偿安置纠纷46件，保障重点项目建设。市政府与市人民法院联合出台《联动处置“停产歇业企业”工作机制实施意见》，市人民法院审结破产、强制清算案件22件，分流职工1857人，清收债权1.27亿元，化解金融不良贷款4.28亿元。

（储慧文）

【税收营商环境建设】 2020年，海安市税务局制定《税收营商环境监测指标体系实施方案》，细化任务清单，明确职责分工，加强指标监测分析，创建全省税收营商环境最佳体验区。推广“非接触式”办税缴费服务，90%以上的税费业务通过线上办理，91%的纳税人通过邮寄领用发票。优化现场办税缴费服务，加强办税服务厅规范化建设，落实首问责任制，强化导税服务，发挥自助办税终端作用，营造安全可控、便捷高效的办税缴费环境。深化税邮合作，拓展合作范围和内容，扩大服务点示范效应，建成有实体办税功能的税邮合作网点11个、有联合税宣功能的网点24个。常态化开展纳税信用等级评定，A、B、M级纳税人占比86.64%，比上年增加11.21个百分点。深化“银税互动”机制，252户次企业获纳税信用低息贷款1.35亿元，解决企业融资难题。

（王 磊 孙杨洋）

2020年6月24日，海安市税务人员在办税服务厅向纳税人介绍银税合作系列信贷产品以及扫码贷款的使用方法

翟慧勇／摄

财 政

【概况】 2020年，海安市财政运行总体健康良好，实现财政总收入255.87亿元，其中一般地方公共财政预算收入64.54亿元，比上年增长3.0%（其中，实现税收收入53.55亿元，比上年增长1.7%；非税收入10.99亿元，比上年增长9.7%）。财政总支出277.11亿元，其中一般公共预算支出128.80亿元，比上年增长9.7%。海安连续三年获评全省法治财政标准化管理先进单位，获全省财政重点工作考核先进县（市）二等奖，奖励资金600万元。市财政局获评全省法治财政标准化管理先进单位、全省财政信息宣传工作优秀单位等。

2020年海安市一般公共预算收入、市本级一般公共预算收入完成情况表

表6　　　　单位：万元

项目	一般公共预算收入			市本级一般公共预算收入		
	总预算数	执行数	同口径增长率	总预算数	执行数	同口径增长率
一般公共预算收入合计	645400	645405	0.03%	170000	174817	5.93%
一、税收收入	545400	535523	0.02%	70000	64935	0.15%
增值税	253600	234280	—	28500	31732	—
所得税	96600	110360	—	9800	19313	—
其他地方税收收入	195200	190883	—	31700	13890	—
二、非税收入	100000	109882	0.1%	100000	109882	9.68%
专项收入	38920	25877	—	38920	25877	—
行政事业性收费收入	33000	37237	—	33000	37237	—
罚没收入及其他收入	28080	46768	—	28080	46768	—

2020年海安市一般公共预算支出、市本级一般公共预算支出完成情况表

表7 单位：万元

项目	一般公共预算支出			市本级一般公共预算支出		
	调整预算数	决算数	同口径增长率	调整预算数	决算数	同口径增长率
一般公共预算支出合计	1343276	1288217	9.72%	983469	930900	10.82%
1.一般公共服务支出	113277	106745	−10.11%	72290	65865	−16.27%
2.国防支出	766	748	−8.11%	757	740	−6.68%
3.公共安全支出	56911	53169	−11.74%	49887	46233	−13.16%
4.教育支出	212983	203447	0.97%	195536	186430	8.75%
5.科学技术支出	72318	70744	18.88 %	46592	45073	0.71%
6.文化旅游体育与传媒支出	21011	19679	0.86%	14900	13568	5.04%
7.社会保障和就业支出	218832	207337	31.16%	195666	184274	35.52%
8.卫生健康支出	102456	99889	13.61%	99107	96556	14.65%
9.节能环保支出	23408	20296	15.15%	20562	17487	20.88%
10.城乡社区支出	241209	237277	−7.05%	46863	43276	−45.88%
11.农林水支出	109381	104281	1.06%	71764	67975	−6.90%
12.交通运输支出	22941	22675	15.46%	22798	22532	16.63%
13.资源勘探信息等支出	5946	5918	48.62%	5702	5674	63.61%
14.商业服务业等支出	4359	3909	18.67%	4319	3869	17.46%
15.金融支出	414	392	43.07%	415	393	43.43%
16.援助其他地区支出	3446	3446	11.63%	3446	3446	11.63%
17.自然资源海洋气象等支出	8941	8554	63.84%	8941	8554	63.84%
18.住房保障支出	71096	69253	394.38%	71096	69253	394.38%
19.粮油物资储备支出	2673	293	280.52%	2673	293	280.52%
20.灾害防治及应急管理支出	3161	2930	122.98%	2408	2178	106.84%
21.其他支出	5501	5014	1169.37%	5501	5010	1250.40%
22.债务付息支出	42046	42046	4.34%	42046	42046	4.34%
23.债务发行费用支出	200	175	103.49%	200	175	103.49%

【财政政策】 2020年，海安市全面落实减税降费政策，减税降费规模17.8亿元，保障各类市场主体享受政策红利。发展壮大政府投资基金，探索与中金前海发展基金管理有限公司等共同设立金融母基金、海安政策性纾困基金、产业链专项子基金等，引导各类资本投资经济社会发展的重点领域和薄弱环节。调整优化财政支持经济发展政策，加强经济形势研判，优化完善新型工业化发展、创新型城市建设、人才发展等政策，适应经济建设新形势。审核、汇总各类奖励事项，落实兑现新型工业化发展、建筑业发展、科技创新、外贸发展、化工园区转产转型等各类政策奖励资金2.23亿元。

【财源培植】 2020年，海安市注重培植优质财源，发挥财税政策杠杆作用，通过政策扶持引导，培育先进制造业产业集群，加大战略性新兴产业支持力度，激发企业活力，壮大税源经济。全程监管项目用地规模、亩均产出、税收贡献等要素，提升企业“亩均税收”贡献度。依法依规组织收入，坚持依法征收、应收尽收，杜绝提前征收、收“过头税”等现象。加强对经济运行、财税收入的动态分析，强化征收管理，将疫情对经济运行的影响降到最低。加强税收协同，强化区镇税源“网格化”管理，发挥建筑房地产项目管理系统的作用，初步建立环保税协同共治体系，开展扬尘环保税专项治理。加强预算执行管理，落实“过紧日子”要求，硬化预算约束，压减一般性支出2372万元，盘活使用财政存量资金8.47亿元。

【财政支出】 2020年，海安市优化支出结构，加大财政对民生领域的投入力

度，民生支出106.66亿元，占一般公共预算总支出的82.8%。支持生态环境建设，落实生态环境保护和污染防治资金4.23亿元，建立水环境生态保护补偿机制，整治黑臭水体122条，将重要的清水通道、入海河流和江苏省、南通市“水十条”考核断面所在的重点河流纳入生态补偿考核范围。实施乡村振兴战略，筹措水利基础建设资金4.12亿元，疏浚河道99条，拆坝建涵（桥）192处；筹措农业综合开发资金2.13亿元，建设高标准农田5.2万亩；落实政策性农业保险政策，发放赔付资金1.57万户（次）1263万元；破解农业农村融资难融资贵的问题，落实农业信贷再担保4.3亿元。促进教育优质均衡发展，落实教育优先发展战略，安排生均公用经费及学生资助经费等2.86亿元；落实学校改造建设资金等1.95亿元；应对“新高考方案”，统筹增加专用设备购置经费1150万元；安排教育培训经费及教育人才基金1626万元。推动卫生养老等事业发展，进一步规范基本药物制度，补助基层医疗卫生机构1.64亿元，安排专项资金1260万元推进公立医院改革；支持保障退役军人事务工作，拨付优抚经费1.04亿元；落实城乡社会救助政策，拨付农村“五保”（保吃、保穿、保住、保医、保葬）及城乡低保经费7927万元；统筹安排财政资金3779万元，支持养老服务体系建设；统筹安排各类就业补助资金，加快实施职业技能提升行动；落实降低养老保险费率和城乡居民基本养老保险基础养老金调整政策，启动城乡居民基本养老保险基金委托投资运营工作。提升城市建设品质，安排公共文化体育建设资金1.62亿元，用于支持图书馆、博物馆新馆、青墩遗址博物馆等公共文化基础设施建设；支持文化产业发展，改善城乡公共文化产品和服务供给能力；提升政法智能化、现代化水平，升级改造交通执法岗亭，支持执法办案基地技术业务用房项目建设。

【财政监管】 2020年，海安市推进预算绩效管理，出台《海安市预算绩效目标管理办法》，实现预算编制与绩效目标同步审核、同步批复；市人大常委会建立人大预算联网在线实时监督系统，并组织专家专门预审预算草案及预算绩效目标。增强基层财政保障能力，研究制定《开发园区管理体制优化提升中的财政财务管理办法》，全面建立街道预算管理体系，拨付开发园区各街道一次性开办补助2100万元；支持区镇债务化解，结算隐性债务利息贴息1.41亿元。强化财政投资评审管理，提高控制价评审质量，完成政府投资工程估算、预算项目评审422个，核减节约财政资金6.8亿元。完善国有企业监管体系，新组建国有资本运营集团——保安集团；加强国有企业监督管理，制定《国有企业内部控制体系建设与监督工作实施意见》，落实向市人大常委会报告国有资产及国有企业执行情况的报告。监管直达资金使用，优化分配直达资金5.49亿元，支持经济复苏和民生改善。（陈克东）

税　务

【概况】 2020年，海安市聚焦减税降费，深化征管改革，提高税收收入质量，基层税务治理效能和纳税人缴费人满意度明显提升。“深化银税互动”的宣传图片被国家税务总局局长王军在《求是》杂志上发表的署名文章作为首幅配图选用，获评省税务局2020年税收好新闻。推进融合党建的做法获省税务局分管领导高度评价，加强信息系统安全管理的经验被省税务局专题简报推广。“倾力服务重大项目建设”和“精心打造退役军人之家”的做法获南通市政府相关领导批示肯定，市税务局被省政府残工委表彰为“按比例安排残疾人就业工作优秀单位”。加强干部队伍建设，1人入选省税务局专业人才库，2篇调研论文在全省税收重点课题研究成果评审中获奖。12月17日，江苏省税务局房地产交易税收一体化平台试点运行工作调研会，江苏省财政厅、江苏省税务局契税授权立法调研会在海安召开。

【组织收入】 2020年，海安市组织各项税费收入133.02亿元，比上年下降1.35%，其中，全口径税收收入95.68亿元，比上年增长3.44%；地方公共财政预算收入53.55亿元，比上年增长1.72%；入库社保费33.56亿元，比上年下降12.5%；入库非税收入2.97亿元，比上年下降0.29%。市税务局围绕组织收入中心，严守税收安全底线，加强收入质量评价，坚持组织收入原则，坚决不搞虚收空转，确保依法征收、应收尽收。做好经济运行情况分析、经济税收趋势分析、税收政策效应分析等，为各级领导决策提供参考，多篇经济税收趋势分析报告得到市委、市政府主要领导批示肯定。

2020年海安市税务收入情况一览表

表8　　　　单位：万元

项　目	2020年	2019年	增长率	项　目	2020年	2019年	增长率
总计	1330781.62	1348445.37	−1.31%	3.企业所得税	198445.71	179806.14	10.37%
一、税收收入合计	957348.1	924971.71	3.5%	4.个人所得税	78093.54	51123.6	52.75%
1.国内增值税（含免抵调）	468624	484139.98	−3.2%	5.资源税	617.16	867.74	−28.88%
其中：直接征收	422624	439139.98	−3.76%	6.城建税	24370.35	24436.84	−0.27%
免抵调	46000	45000	2.22%	7.房产税	25729.89	27277.96	−5.68%
2.营业税	288.98	−3.16	9244.94%	8.印花税	12518.22	10510.88	19.1%

续表8

项　　目	2020年	2019年	增长率	项　　目	2020年	2019年	增长率
9.土地使用税	18738.99	19549.81	-4.15%	其中：正常性税收	538368.5	498668.58	7.96%
10.土地增值税	36058.77	24939.34	44.59%	一次性税收	8115	30899.94	-73.74%
11.车船税	4797.69	4222.79	13.61%	二、非税收入合计	373433.52	423473.66	-11.82%
12.契税	58165.72	62234.68	-6.54%	1.教育费附加及地方教育附加	24043.65	23905.78	0.58%
13.耕地占用税	7135.01	15981.32	-55.35%	2.工会经费	3130.03	3258.92	-3.95%
14.环境保护税	2606.74	2045.97	27.41%	3.垃圾处理费	729.13	729.23	-0.01%
15.消费税	829.8	1079.25	-23.11%	4.残疾人就业保障金	1911.85	1924.49	-0.66%
16.车辆购置税	20327.53	16758.57	21.3%	5.文化事业建设费	18.17	112.14	-83.8%
中央级收入	421583.67	398525.99	5.79%	6.社会保险收入	343573.62	393500.89	-12.69%
一般公共预算收入区县（税务统计口径）	546483.5	529568.52	3.19%				

【减税降费】 2020年，海安市落实减税降费优惠17.6亿元，其中，减免税收7.74亿元、社保费9.06亿元、非税收入0.8亿元。办理延期缴税98户次9910.83万元。市税务局成立税费优惠政策落实工作领导小组，建立完善工作例会、政策落实情况反馈、政策落实风险分析应对等工作机制，系统梳理相关政策，加强辅导培训，确保各项税费优惠直达基层和市场主体，直接惠企利民，实现优惠政策应享尽享。

【征管改革】 2020年，海安市税务局深化新征管体系建设，明确8类22项工作举措，细化分解试点具体事项55个，相继出台“优化纳税服务运行、规范基础管理工作、加强税收风险管理工作”的实施意见，坚持流程驱动的基础管理任务扎口管理。按“人岗相适”的要求，合理调整相关人员，纳税服务、风险管理及基础管理“三类”人员比例基本达到标准。

强化执法标准化建设，根据“谁执法、谁公示、谁审查”的原则，逐一明确公示责任主体，执法信息公示平台公示7大类29小项2382条事项，办税场所公示事项1.29万条。市税局机关及各分局均建立约谈（询问）室，设置5台工作站，配备27台执法记录仪。“金三税务系统”中法制审核岗全部配备到位，法制审核行政处罚150户次。建立与法院信息交换机制，依法主张破产企业涉税涉费债权，探索破解司法强制拍卖资产涉税（费）处理难题，申报破产债权13户，清偿税费1769.25万元。

健全完善税收监管体系，优化税收执法方式，明确“告知+承诺”标准化模板，开展提示提醒风险应对。重视情报增值利用，采集第三方13类情报信息2.3万条，完成情报应用成效1.89亿元。多措并举提升深度分析质量，实施预案集体审议381户次，报告集体审议3户次，发起跟踪质疑27户次。自主打造双核四驱风险应对流程“智控”平台，通过任务智能分配、智能交互、智能预警和智能分析的“四轮”驱动，促进风险应对质效提升。全年完成应对702户次，应对入库税款2.13亿元，调减留抵639.53万元，弥补亏损1.03亿元。推进税收协同共治体系建设，协同市政府完善“税收协同共治综合治税考核办法”，加强外来施工企业税收管理。环保税征管实现扩面增量，全年纳入环保税征管户数1037户，入库环保税2607万元，比上年增长27.41%。

【纳税服务】 2020年，海安市税务局开展“千名税干进万企、促进发展送春风”专题“走帮服”活动和“战疫情促发展服务全面小康”便民办税春风行动，累计走访重点税源企业223家、重大项目60个、重点企业141家、建筑企业146家、房地产企业79家，新认定高新技术企业269家，新办且注册资金3000万元以上企业313家，收集解决企业用工、融资、原材料采购、个性化办税等方面的意见诉求123条，形成调研报告和税收分析报告45篇，多篇报告获市委、市政府领导批示转办。推进培育化纤板块，打造千亿级国家锦纶产业示范基地。　　（王　磊　孙杨洋）

安全生产管理

【概况】 2020年，海安市创建安全发展示范城市，健全公共安全网络。落实安监基层基础建设，建立安委会“1+X”工作机制（在一个安委会框架内，另设16个专业委员会和16个专委办），制定《海安市安全生产各专业委员会工作规则》；明确安全生产重点行业管理部门职责，除应急管理、消防救援等专业监管部门外，增设安全生产监督管理科16个，应急管理部门从事安全生产监管工作人数增至21人、内设机构增至8个，加强监管力量。推动安全生产标准化和双重预防机制建设，实施“一图二单三卡八必须”安全风险辨别管控制度［一图：安全生产风险分布图；二单：危险（有害）因素排查辨识清单、安全风险分级管控清单；三卡：员工危害特性应知卡、安全职责承诺卡、处置方法应急卡；八必须：重大风险源必须掌握、应急措施必须具备、处置预案必须明确、防护措施必须完备、岗位人员危险应对必须熟练、企业负责人对风险点必须清楚、监管人员对应急举措必须掌握、监管部门对属地安全方案必须心中有数〕,开展风险辨识管控企业2614家,建立并落实安全生产风险公示、报告制度企业2614家,实现全覆盖。推进工贸行业企业标准化创建,开展安全生产标准化运行质量审计工作,全国工贸行业安全标准化样板地区创建通过验收。落实安全生产责任,开展重点行业以及规模以上企业安全生产“五落实六到位”建设工作,完善企业安全生产主体责任体系。

【安全生产专项整治】 2020年,海安市开展安全生产大检查大整治,排查各类安全隐患4.40万个,已整改4.19万个,挂牌督办47件并全部整改到位,关闭取缔企业24家、停产整顿29家、暂扣吊销证照2家;开展专项整治情况督导检查7次,下发《问题隐患督办函》130件,督办交办各类隐患800余条并落实闭环整改,下达执法文书4630份,责令停产停业整顿企业27家,对5家企业采取停电措施,对4家企业的失信行为纳入联合惩戒管理;围绕危险化学品、道路运输、消防安全、建筑施工、餐饮燃气、烟花爆竹等重点行业领域开展专项整治,提升重点行业领域安全保障能力。开展安全生产执法检查,检查企业和单位3.97万家次,查出安全隐患6.10万条,已整改5.86万条,罚款928.712万元;专项整治“小化工”“小字头”违法违规行为,出动1.67万人次排查各类企业、个体工商户、小作坊、小加工点、出租(闲置)厂房和农户23.89万家,确认各类违法违规“小化工”12家并整治到位;事前执法生产经营单位750家次,立案处罚433件。推行区镇委托执法,鼓励区镇独立办案,办理委托执法案件201件,罚款268.07万元。

【安全生产宣传培训】2020年,海安市实施“百团进万企”安全生产宣传工程,组织114人到基层企业开展安全生产知识宣讲1258家次2.58万人次。举办安全管理干部培训班126班次8454人,其中,特种作业人员1555人(新培345人)、高危行业从业人员近150人。开展安全宣传“五进”活动(进企业、进社区、进农村、进学校、进家庭)2898场15.21万人次。开展“牢记初心践使命,共筑安全幸福城”活动,发放安全宣传折页1万多份、安全袋7000多个、全民公共安全知识3000多份。利用融媒体推进以案释法普法宣传,制作“安全365”节目10期,播出“应急之声”节目20期,“海安应急管理”公众号推送安全知识480条。 (倪　明)

物价管理

【价费管理】 2020年,海安市政府出台《海安市2020年价格调控目标责任制实施意见》,宣传贯彻各项收费政策,落实清费降本减负相关举措,动态调整各类收费目录清单。有序推进商品房价格备案工作,受理备案项目70多个。6月,出台中、小学课后服务收费标准,小学每生每学期250元,初中每生每学期300元。多次召开座谈会、举行听证会,科学制定巡游出租汽车运价,起步基准运价调整为每2.5公里9元,车公里基准运价调整为单程每公里2.4元、双程每公里1.6元。完成蒸汽价格调整工作,4月25日至10月24日,蒸汽最高销售价格由每吨189.4元调整至每吨187.06元(含环保加价),下浮不限;10月25日起,蒸汽最高销售价格每吨调整为185.61元(含环保加价),下浮不限。完成居民用天然气价格调整工作,4月,居民用天然气价格联动调整为每立方米0.26元,第一档气价(年用气量300立方米及其以下的气量)调整为每立方米2.66元,第二档气价(年用气量300立方米以上至600立方米部分)调整为每立方米3.19元,第三档气价(年用气量600立方米以上的部分)调整为每立方米3.99元。两次下调非居民用天然气销售价格,2月22日起,提前恢复原淡季价格每立方米3.36元;5月20日至10月31日,进一步下调淡季价格,最高销售价格调整至每立方米3.17元。通过实地走访、多次召开座谈会,科学核定农业用水指导价格,12月,新通扬灌区全成本水价中准价每立方米0.088元,红星灌区全成本水价中准价每立方米0.076元,新通扬河与老通扬河之间的小型灌区全成本水价中准价每立方米0.085元,其余小型灌区全成本水价中准价每立方米0.08元,可根据实际,在中准价基础上最高上浮不超过15%的幅度内,制定具体价格,下浮不限。实施中央及省级农业水价综合改革补助资金项目,完成农业水价核定,督促指导农民用水户协会正常开展工作,农业水价综合改革通过南通市验收,海安代表南通市参加全国农业水价综合改革研讨会并做经验交流。

【成本监测】 2020年,海安市开展重要商品和服务价格成本监审工作,监审海安新奥燃气2018—2019年度管道燃气配气定价成本,完成海安市物业服务收费成本调查。开展农本调查工作,完成2020年农户存售粮情况、农民种植意向、农资购买情况等专项调查工作和小麦、粳稻、桑蚕茧的农本直报工作,撰写成本收益调查分析报告。加强农产品市场监测预警和信息发布工作,引导市场供需平衡。开展“菜篮子”价格监测工作,通过公众平台发布蔬菜及主要生活必需品价格信息,做好舆情监测,正确引导市民消费。

【价格认定】 2020年,海安市依法依规开展价格认定工作,完成价格认定业务446件,其中,涉纪财物价格认定4件、刑事治安案件价格认定233件、行政执法案件认定8件、涉税财物价格认定201件。精准价格认定,为公安机关在“扫黑除恶收官战”中提供有力支撑。强化与财政、税务部门配合,建立涉税工作联席会议制度,适时维护更新存量房基准价格。加强与司法部门、派出所调处点联络,化解社会矛盾纠纷,保持海安价格争议调处工作品牌优势。

(周秀文)

市场监督管理

【概况】 2020年,海安市加强市场监督管理,规范整顿市场秩序规范,提升产品质量和品牌形象。精准施策助企解困,出台“彰市监职能 保市场主体”行动方案,推进包容审慎执法模式,“清费减负”和转供电主体专项执法助企退费120万元，动产抵押、知识产权质押助企融资34亿元，减免检验检测费用300余万元。落实行政执法公示制度、执法全过程记录制度和重大执法决定法制核审制度，建立统一规范的执法文书、程序和自由裁量标准，全年未发生复议被撤销、诉讼败诉或确认违法的情形。加强干部队伍建设，启动青年人才培养计划，举办“短精特”专题培训班24期，受训2117人次。

【质量强市】 2020年，海安市推动企事业单位制、修订国家标准22项、行业标准1项、地方标准1项，全国锻压机械标准化技术委员会数控液压法兰机工作组在南通超力卷板机制造有限公司成立，旅游目的地酒店服务等9个标准化国家（省级）试点通过验收，蛋鸡养殖场健康生产技术规范等5项省级地方标准获批立项。实施首席质量官制度，开展海安市市长质量标兵企业、市长质量奖评审活动，邀请专家对企业的生产环境、工艺流程、质量把控、管理体系认证等进行培训指导、定向服务，推动行业健康持续发展。江苏天楹环保能源成套设备有限公司生产的“生活垃圾焚烧炉”和南通市通润汽车零部件有限公司生产的“车用螺旋千斤顶”通过“江苏精品”国际认证联盟认证。新增“江苏精品”2家，新增江苏质量信用AAA级企业3家、AA级企业3家。天楹集团获2019年度省长质量奖提名奖，曹德彪获2020年度南通市市长质量奖（个人）提名奖。

【产品质量监管】 至2020年年底，海安市拥有在册企业3.48万家，注册个体工商户8.71万家。全市拥有强制性认证组织104家、证书856张，管理体系认证获证组织799家、证书1523张，服务认证获证组织64家、证书72张，自愿性工业产品认证获证组织155家、证书1333张。抓好认证检测领域监管，抽查中国强制性产品认证（CCC）获证企业20家、管理体系认证获证组织18家、检验检测机构13家，机动车、环保领域检查全覆盖，立案查处认证类案件10件。强化工业产品质量监管，突出检查涉化肥、口罩、儿童玩具等重点消费产品领域的企业791家，配合省、南通市完成抽检132批次，自主抽检49批次，不合格处置率100%。江苏省市场监管局产品质量监管调研南通工作汇报会在海安召开。

【特种设备安全监管】 至2020年年底，海安市拥有特种设备生产单位62家、使用单位5108家，在用特种设备2.4万台。创新推进电梯无纸化维保、气瓶阳光充装等举措，推广液化气瓶责任保险16万只、电梯责任保险5500台。探索三级复查复核安全治理模式，检查企业2853家，排查出隐患1471条，均整改到位。

【食品安全监管】 至2020年年底，海安市拥有食品生产企业199家、食品批发零售单位4749家。推动食品安全示范城市创建，加大食品安全工作经费投入，建成农贸市场快检室4家，抽检食品、食用农产品4087批次，抽检合格率98%以上。推进小作坊建设“三分”模式（分规模、分品种、分对象）和分类奖补政策，升级改造食品小作坊171家，奖补130.5万元，该项工作获南通市市场监管局肯定，南通市小作坊现场推进会在海安召开。推进“明厨亮灶”和学校“阳光食堂”建设，建成省餐饮质量安全示范食堂20家，南通市优秀食堂111家、示范食堂29家，数量居省、南通市前列。

【药械妆安全监管】 至2020年年底，海安市拥有药品零售企业290家，医疗器械经营企业528家，医疗机构391家，疫苗接种单位12家，化妆品经营单位4800家，其中重点监管单位1209家。开展医疗器械经营使用、药品网络销售、中药饮片及第二类精神药品专项整治，实现辖区内零售药店、医疗机构、实施三级监管的器械经营单位检查100%覆盖。健全药品监管安全风险防范机制，强化不良反应（事件）监测，上报药品、医疗器械、化妆品不良反应（事件）数量居南通前列。

【综合检验检测】 至2020年年底，海安市综检中心具备341个产品、426项参数产品质量检验检测能力，具备53项社会公用计量标准，75个检定项目和9个校准项目计量检定能力，74个校准项目通过国家实验室认可，检测能力项目数居南通县级检测机构第一，成为南通唯一一家产品检测和计量校准均通过国家实验室认可的县级实验室，获评2020年度省“三星级”中小企业公共服务示范平台。全市拥有强检计量器具使用单位871家，计量器具制造单位9家，在用强检器具2.9万台（件），定量包装产品生产企业84家，重点用能单位6家，集贸市场30家，医院43家，加油站55家，眼镜店110家。

【消费维权】 至2020年年底，海安市市场监管局接处消费纠纷投诉5508件，调处满意度超92%。查办扰乱市场经济秩序和侵害消费者权益的案件419件，移送公安机关8件，罚没款1000万元。通过分析老年消费、预付卡消费、电信消费等领域“全国12315互联网平台”数据，发布消费提示9条，印制消费宣传手册1.5万份。20余家企业参与“全国12315互联网平台”在线纠纷解决，13家单位参与线下实体店无理由退货承诺，退货数量1.40万件，金额487.85万元。星湖001获评省级消费品牌集聚区，曲塘镇中心南街获评省级放心消费创建示范街，百味食品、曲塘镇虹桥社区等7家单位获评省放心消费创建先进示范单位和区域。 （李洁莲）

审　计

【概况】 2020年，海安市审计局完成审计项目37个，提交专题审计报告9份，查出违纪违规金额及管理不规范金额29.95亿元，制定和完善制度办法48项，移送案件线索12件，立案查处20人。加强审计科研调研，审计论文、信息被南通市级以上报刊媒体采用394篇次。市审计局获评江苏省审计机关先进集体、全国审计通联宣传先进集体、江苏省审计通联宣传工作先进单位、江苏省文明单位等集体荣誉22项。市审计局获批加入中国审计学会，成为单位会员。作为县级审计机关代表在江苏省县（市、区）审计局局长培训班、省审计机关内部审计工作培训班和全国审计通联宣传工作座谈会做经验介绍。省审计厅机关党委到海安调研党建强审工作并给予充分肯定。山西长治和江苏泰州、吴中、宜兴等审计部门10批次到海安学习交流。

【财政预算执行审计】 2020年，海安市审计局整合审计力量，实施“同级审”工作，监督和指导重点单位、重点项目预算执行及时性与均衡性，深化税收和非税收入征管审计，重点关注减税降费政策落实情况、“放管服”改革情况，并逐项核实。审计揭示罚没收入344.12万元、防空地下室易地建设费收入2.66亿元未缴库；罚没收入691.17万元应收未收；土地出让收入印花税498.59万元未申报缴纳；7家单位预算执行率低于80%；账面2年以上未变动往来款3.58亿元；通榆路快速通道项目苗木移植不规范，多支付迁移费17.9万元等问题。

【领导干部经济责任审计】 2020年，海安市审计局对11个党政主要领导干部和国有企事业领导人员开展经济责任审计。市人社局经济责任审计中发现2.4万被征地农民社保数据未迁入南通社保系统，追回发放115人已死亡遗属定期救济费21.49万元，99.28万元招考劳务费、职称评定劳务费通过经办人个人银行账户过渡发放现金。原市环保局经济责任审计中发现水环境质量、大气环境质量目标考核指标未完成，行政处罚款1988.69万元未收缴到位。市民政局经济责任审计中发现215名80周岁以上老年人尊老金未及时发放，2个村（居）居家养老服务站未正常运行，部分居家养老“一助一”政府购买服务不到位等问题。市商务局经济责任审计中发现进出口总额指标完成率较低、新招引重特大项目有待突破、招引项目质量不高。

【政府投资工程审计】 2020年，海安市审计局履行审计工作程序，规范政府投资审计行为，加强政府投资审计监督，规范建筑市场秩序、提高财政资金使用效益，全年完成结算审计项目143个、决算审计项目4个、房屋搬迁复核项目28个、区外化工企业搬迁复核项目11个，工程项目核减1.3亿元，搬迁项目核减350.65万元。

【民生资金审计】 2020年，海安市审计局开展新冠肺炎疫情防控资金和捐赠款物、企业养老保险基金、就业优先政策落实情况、慈善基金管理等专项审计调查。疫情防控审计中发现73.71万元专项资金未及时使用，推动及时使用专项资金432.58万元，加快拨付捐赠资金46.44万元，落实分配捐赠物资3.04万件。企业养老保险基金审计中推进市人社局停保居民养老保险重复参保人员1320人、对跨地区重复参保人员保留唯一基本养老保险关系215人，将发放已死亡人员养老金1.81万元、遗属定期救济费21.49万元追缴到位。就业政策落实审计中发现疫情期间生产的企业补贴未发放到位、企业新型学徒制经费未及时拨付预支补贴、对个别不符合条件的人员发放技能补贴等问题。慈善基金管理审计中发现3个镇慈善分会村（居）个人账户发放慈善救助款202.41万元，2个镇（区）慈善分会、5个村（居）慈善工作站救助支出未达2019年收入的70%。

【自然资源资产审计】 2020年，海安市审计局在市水利局领导干部自然资源资产审计中发现水资源费894.09万元收缴不及时，船舶过闸费7.79万元未及时解交，堤防占用费、船舶过闸费等26.32万元欠收，部分镇、村河长巡河工作未落实到位，个别行政处罚决定执行不到位等问题。白甸镇自然资源资产和生态环境保护审计中发现低效利用土地、燃煤锅炉淘汰监管不力和欠缴土地出让金等问题。参与南通市已供未用建设用地专项审计调查，海安到如皋市实施交叉审计，审计发现如皋因政府规划调整等形成已供未用建设用地6宗17.07万平方米，因企业自身原因造成已供未用建设用地23宗58.80万平方米，因企业资金周转困难等原因形成已供未用建设用地37宗51.29万平方米；存在个别地块未做到净地出让影响开发利用，个别项目地块未批先建，土地主管部门供后监管不到位、未按期足额收缴土地出让金等问题。

【内部审计】 2020年，海安市推进审计监督全覆盖，区镇审计在区镇党（工）委审计委员会领导下，组建一支近30人公务员性质的专职审计队伍；部门内审借助机构改革，推动涉改部门建立完善内审职能科室；结合开发园区机构改革，理顺海安开发区、海安高新区审计隶属关系。修订完善区镇审计工作考核办法、内审工作指导意见，每季度召开例会，通过举办内审培训班、局机关冬夏训、视频培训、以审代培等方式加强内审人员培训。各区镇完成审计项目138个，查出违纪违规及管理不规范金额8908.77万元、非金额计量问题104个，收缴镇级财政61.77万元，移送案件线索75件，促进建章立制47个。内审工作作为县级机关代表在全省内部审计培训班上做交流发言，内审理论研讨论文获江苏省内审理论研讨三等奖4篇、优秀奖4篇，南通市内审理论研讨二等奖3篇、三等奖3篇；获南通市优秀内部审计项目一等奖1个、二等奖2个。苏州吴中区审计局、太仓市审计局等到海安专题交流内审工作。

【审计督查整改】 2020年，海安市理顺和完善审计整改责任体制机制，推动并形成市委、市政府、市人大常委会和市纪委监委齐抓共管的“四位一体”格局，构建审计整改闭环运行的管理体系。审计整改工作“三交办”得到上级审计机关认可，审计署、省审计厅网站专题介绍海安做法。至年底，通过整改减少财政拨款1.3亿元，查补税费732.22万元，盘活存量资金7.94亿元，应归还原资金渠道3978.77万元，挽回损失3649.06万元，清理往来2.32亿元。

【审计信息化建设】 2020年，海安市借助综合联网审计平台和数据中心，在财政同级审、经济责任审计等项目中应用分析模型200多个，实现自动分析、筛查疑点、聚焦审计重点。综合联网审计平台采集市本级、部门、区镇、国有企业、政府投资工程财务、学校、村级财务数据6158套和行业业务数据25个。建成审计数据分析室，改造审计专网，率先在全省建成一套审计数据安全管理规范体系。《企业职工基本养老保险数据分析系统》《基于新中大农村经济管理软件财务数据前台批量导出系统》获国家版权局计算机软件著作权，“用VFP编程实现网页数据自动挖掘”被审计署评为数据分析技术方法在审计工作中的创新应用优秀案例二等奖。《基层审计机关构建大数据审计平台的思路》《民营医院虚构五保人员住院业务骗取医保基金数据分析方法》等研讨文章在《中国审计》上发表。（金　蕾）

统　计

【概况】 2020年，海安市统计局从统计规范化制度建设、统计基层基础规范化建设“回头看”、村（社区）统计规范化建设、联网直报单位统计规范化管理等方面完善统计基层基础建设。依法推进“升规纳统”，明确工作职责和入库纳统标准，开展“一套表”单位核查，及时退出不合规单位，统计数据质量显著提高。开展“准四上”（规模以上工业企业、资质等级建筑业企业、限额以上批零住餐企业、国家重点服务业企业）单位监测，对符合各专业入库标准的企业实现应统尽统。深化统计法治建设，与入库企业签订“统计守法诚信承诺书”“法律告知书”，出台《海安市领导干部防范和惩治统计造假、弄虚作假责任制实施办法》，推进统计法治进党校，加大统计执法检查力度，对全市60家企业开展“双随机”（随机抽取检查对象，随机选派执法检查人员）执法检查。创新统计改革，利用“三联动、三机制”（上下联动建立地区生产总值基础指标监测机制，部门联动细化主管部门负责机制，专业联动整合指标统筹协调机制），推动地区生产总值统一核算工作。

2020年11月1日，第七次全国人口普查正式启动，海安街道星海社区普查员在居民家中进行现场登记
翟慧勇／摄

【统计调查】 2020年，海安市统计局按照国家统计报表制度和省、南通市统计工作部署要求，规范统计数据收集、审核、上报等各环节，完成一、二、三产业相关专业的年报和定期统计报表任务。拓展专项统计调查内容，开展系列反映海安经济社会发展、民计民生民意和疫情影响的专项统计调查。高标准推进第七次人口普查，迅速组建普查机构，落实经费物资，完善工作机制，建立健全组织保障体系和制度体系；发挥部门联动优势，主动与公安等部门对接，强化行政记录共享；结合海安实际，科学制定普查实施方案，组织多轮业务培训，加强全过程质量控制；全面梳理普查工作风险点，提前制定应急预案，建立健全廉政风险防控体系；开展普查宣传，有效整合媒体资源，畅通网络互动渠道。5月，省人普办主任、省统计局副局长张明率队到海安调研第七次全国人口普查工作，对海安人口普查前期准备工作表示肯定。6月，南通市第七次全国人口普查综合试点现场会暨业务主任会议在海安召开。至年底，海安市全面完成普查登记工作。

【统计服务】 2020年，海安市统计局做好全面小康监测，动态监测海安各项指标情况。服务“三个全方位”（全方位融入苏南、全方位对接上海、全方位推进高质量发展）月度评估考核，逐一落实涉统指标，分解考核指标，建立月度数据动态跟踪表，及时掌握考核指标完成情况，3—12月，海安市“三个全方位”月度评估保持南通市领先。服务高质量发展考核，严把数据审核关、监测关，在2020年高质量发展考核前三季度评估中，海安列南通市第一位。服务亿元产业项目建设，加强项目建设投资入库、“四上”入库和转化达产的事前、事中、事后全流程统计监测，上半年项目达产列南通市第二位。强化形势分析研判，实现统计“数库”和“智库”同步，为市委、市政府科学决策提供参考。全年，编印《统计年鉴》1本、《统计手册》1册、《统计月报》10册，撰写统计公报1篇、统计专报1篇、统计分析48篇、经济信息264篇、工作信息192篇、统计微讯238篇，完成统计课题12项。（刘　睿）

开发区与园区建设

Development Zone and Park Construction

中意海安生态园

海安经济技术开发区

【概况】 海安经济技术开发区（简称海安开发区）始建于1992年，1996年获批省级开发区，2006年经过整合获批省级经济开发区，2012年升格为国家级经济技术开发区。先后经过三次区划调整，是长三角北翼开放开发重要平台，集聚现代纺织、新材料、机器人及智能制造等特色产业。2020年，全区规划控制面积180平方千米，海安开发区获批国家新型工业化产业示范基地、国家级博士后科研工作站。

【基础设施建设】 2020年，海安开发区高标准编制开发区城市总体规划、高铁商圈概念规划、城南片区旧城更新概念规划方案。七星湖周边、金砖南侧、泰宁综合体等重点区域房屋征收工作取得重大进展，南屏老集镇整体改造顺利推进，韩洋老集镇改造提升成效初显，七星湖东南侧、星湖001东侧、南屏老集镇等多宗地块上市。盘活闲置低效土地149.2公顷，列全国国家级开发区土地集约化利用第22位、全省第11位。

【产业建设】 2020年，海安开发区拥有规模以上工业企业313家、亿元企业122家。实现地区生产总值740.57亿元，财政总收入192.3亿元，其中一般公共预算收入14.6亿元，比上年增长7.6%。实现工业增加值341.34亿元，比上年增长17.19%；服务业应税销售约550亿元，比上年增长25%。实际使用外资1.69亿美元，比上年增长17.36%；完成外贸进出口总额99.87亿元。

【招商引资】 2020年，海安开发区围绕“接轨上海、融入苏南”，开展专题招商、驻点招商，先后与常熟高新区、吴江经开区、太仓台协会等建立合作关系。疫情时期，创新打造“筑云台”招商，实施“不见面招商”“口罩下的签约”，华东重机等10亿元以上项目相继落户。签约1亿元以上项目34个，其中，50亿元以上重特大项目1个，外资项目11个。引进各类电子商务、科技服务企业80家以上。

【项目建设】 2020年，海安开发区推行“项目落户终生维保制”，压实重大项目金牌服务，先后组织产业项目“百日会战”等集中开工活动2次，开工63个项目，总投资329亿元。新开工南通市考核10亿元以上重特大项目19个，其中20亿元以上项目7个。新开工20亿元、5亿元服务业项目各1个。竣工项目31个，转化达产项目15个。全年项目建设投资57.9亿元。海威光电、东材科技、跃通机械、中钢研激光陀螺、宝能物流5个项目被列入省重大项目。

【科技创新】 2020年，海安开发区完成产学研合作项目72个，其中30万元以上项目37个。规模以上企业有研发活动数占规模以上企业数约93%，企业研发投入占营业收入约2.7%。海安上海交大智能装备研究院、亚太轻合金等8家单位获批国家级博士后科研工作分站。联发纺织获批国家技术创新示范企业、省级工业设计中心。繁华玻璃与南京大学邢定钰院士共建省院士工作站。亚太轻合金、跃通数控获批省级工程研究中心，东材科技、东恒光电获批省级工程技术中心。中机锻压获省科学技术一等奖，亚太轻合金获省科学技术二等奖，海安交睿机器人获上海市科学技术一等奖。东华软件、西信科技入库省专精特新软件企业培育库。完成技术合同备案登记66个，技术市场成交合同额14亿元。完成首台套或首创引进成果8个。完成专利授权900件，国际专利申请22件。引进国家级人才2人、省“双创计划”申报人才8人；入选省“双创团队”2个、省“双创人才”3人。

【中国东部家具产业基地】 中国东部家具产业基地是2013年由海安市政府与中国家具协会联合共建的江苏省重点项目。园区规划面积13平方千米，建成面积8平方千米。建筑面积20万平方米的东部全球家具博览中心A、B馆分别于2015、2016年开业，吸引上海、浙江、江苏南京及苏中地区众多消费者到海安选购家具。2020年，基地获评江苏省生产性服务业优秀服务机构、长三角现代服务业示范地，当选中国家具协会副理事长单位，入选江苏省生产性服务业资源库。先后举办首届东部家具云端展销会暨原辅材料采购节、江苏品牌产品线上丝路行暨第五届中国东部家具（线上）博览会。新建各类厂房50万平方米，新入驻企业58家。家具批发市场面积100万平方米，实现销售300亿元。5月，木雕艺术馆开馆试运营，总投资超3000万元，展出木雕作品1000余件。

【海安开发区高科技创业园】 海安开发区高科技创业园规划面积2.18平方千米，以图灵、新宝等机器人企业为引领，以产业研究院为支撑，打造机器人及智

2020年5月15日，东部家具产业基地木雕艺术馆开馆试运营　濮端建／摄

能制造全产业链发展格局。2020年,招引项目39个,其中高层次创业项目6个。引进“双创博士”和“双创人才”8人、高层次创业团队1个,入选“海陵英才”计划5人。新增高新技术企业8家。江苏股交中心机器人及智能制造企业培育基地在园区挂牌成立。海安机器人及智能制造众创社区获批江苏省众创社区,南通市唯一。海安上海交通大学智能装备产业研究院升级为校级平台,获批国家级博士后科研工作分站。

【常熟高新区海安工业园】 常熟高新区海安工业园位于海安经济技术开发区,前身为“常安现代纺织科技园”。2012年3月,海安县人民政府与常熟市人民政府签订共建合作协议,2014年获批江苏省“南北共建园区”,2019年12月获批江苏省生态环境政策集成改革试点产业园区,致力于打造创新型高端绿色纺织园区。园区规划面积7.8平方千米,分三期建设完成。2020年,园区落户纺织企业35家,其中,20家投产运营、6家在建。完成工业应税销售32.93亿元,比上年增长10.8%。完成外资到账707万美元,实现外贸进出口总额2.94亿元。开展专业纺织招商活动10余次,到江苏苏州、浙江、福建、广州、山东等产业集聚地招商20余次,与全国各专业纺织行业协会沟通联络并保持友好关系。开设常安纺织科技园网页宣传,在沈海、苏通、苏嘉杭高速公路布置高炮宣传,提升园区影响力、知名度。新招引10亿元以上纺织项目4个,盘活存量指标1亿元以上项目5个。新开工土建类项目7个,其中,10亿元以上项目4个。 （陈　林）

海安高新技术产业开发区

【概况】 海安高新技术产业开发区(简称海安高新区),始建于1995年,名为海安民营工贸园区,2001年更名为海安工业园区,2011年改名为海安高新区。2018年获批省级高新区。2020年,海安高新区实现地区生产总值385.91亿元,完成一般公共财政预算收入19.2亿元,比上年减少4.48%。实现工业开票销售1002亿元,成为长江以北第一家千亿级高新区。完成服务业应税销售501.47亿元。外贸进出口总额46.2亿元;注册外资2.4亿美元,实际外资到账1.45亿美元,比上年增长9.02%;完成境外投资项目5个,实际境外投资额2630万美元。海安高新区获评国家锦纶功能纤维新材料产业示范基地、省知识产权示范园区。

【基础设施建设】 2020年,海安高新区完成国泰路、支一路、经五路、经四路、纬二路、秀才港路等道路提升改造及西园大道北延绿化、新海王线绿化工程。新建污水管网12千米,整治黑臭水体58条,胡集工业区、仁桥工业区、润泽水务、南海大道西延、村庄污水治理等污水管网工程按序施工。推进海北镇、田庄镇、胡集镇、隆政镇老集镇“五化”(硬化、美化、绿化、亮化、净化)工程,施划老旧小区机动车辆和非机动车辆的停车位,完成48个老旧小区的雨污分流改造和318条背街小巷的整治提升工程。完成旺池路西延、如海河景观大道南延、洋港路南延等工程搬迁清障50项,完成房屋征收1100户。完成27台燃气锅炉的低氮燃烧改造和15家工业企业挥发性有机溶剂替代工作。工业园区上下风口VOC(挥发性有机化合物)自动监测站及大气自动监测站调试运行。盘活闲置低效用地23宗128公顷,土地挂钩复垦85公顷。

【产业建设】 2020年,海安高新区累计有规模以上企业324家;开票销售超亿元企业128家,中国天楹股份有限公司(简称中国天楹)、江苏文凤化纤集团有限公司(简称文凤集团)、鑫缘茧丝绸集团股份有限公司(简称鑫缘集团)开票销售超百亿元。中国天楹主营业务收入突破210亿元,入选《财富》中国500强,获评国家制造业单项冠军企业。鑫缘集团入围2020年江苏民营企业制造业100强,获评2020年度全国茧丝绸行业创新企业。文凤集团入围2020年中国制造业民营企业500强。持续对接资本市场,江苏兴华胶带股份有限公司、江苏海美新材料有限公司、江苏普隆磁电有限公司、南通中力科技有限公司实现主板入轨;江苏飞亚化工集团、南通冠优达磁业有限公司完成股改;江苏恒炫电气有限公司、南通中丽环保科技有限公司实现“新三板”入轨;江苏瑞恩电气股份有限公司推进“新三板”精选层签约入轨。江苏鹰球集团有限公司获评省质量信用AAA级企业,江苏飞亚化工集团获评AA级企业,定报企业实现省质量信用A级企业全覆盖。2家企业通过国家级两化融合管理体系贯标认证,5家企业通过省级试点。4家企业被认定为四星级上云企业,24家企业被认定为三星级上云企业。新增规模以上服务业企业18家、规模以上批发零售和住宿餐饮企业41家。新增电商经营主体

2020年12月18日,第五届中国·海安五金机电博览会在海安华中五金机电城开幕　姜明/摄

20家，网上销售超100万元电商企业15家。新增科技服务企业15家。海安单体规模最大的商业综合体——万达广场、城市财富客厅开业。成功举办第五届中国五金机电博览会，参展企业超过400家。海安高新区与上海大学签订共建海安市先进技术转移中心及军民两用技术创新中心协议，获评国家锦纶功能纤维新材料产业示范基地。

【招商引资】 2020年，海安高新区开展“重特大项目突破年”活动，加快融入苏南，对接上海，实施产业招商、市场化招商、精准招商，新签约7名招商大使，与谷川联行、深圳市智能制造产业促进会、深圳市国际投融资商会等8家单位建立战略合作。全年，招引亿元以上项目46个，其中，总投资10亿元项目9个，总投资1亿美元以上外资项目7个，包括总投资100亿元比克电池、50亿元瑞琪锦纶新材料、50亿元阿尔法智能电子制造以及总投资3亿美元柬埔寨智能电站设备等一批重特大项目。

【项目建设】 2020年，海安高新区新开工10亿元以上重大工业项目11个，其中，50亿元项目1个、20亿元项目3个；新开工10亿元以上服务业项目2个。新竣工亿元以上工业项目26个，其中10亿元以上项目5个；新竣工服务业项目5个，转化达产服务业项目4个。续建重特大工业项目完成设备投资额45.9亿元。弘盛新材料、同春龙纺织、升维科技接受南通市项目建设集中观摩。

【科技创新】 2020年，海安高新区新增高新技术企业55家，总数136家，新增数、总数全市第一。专利授权2370件，其中，发明专利授权238件，国际专利申请25件。认定科技型中小企业52家、民营科技型企业23家。认定省首台（套）重大装备认定1个，南通市首台（套）重大装备认定6个。实施技改项目75个，其中亿元技改竣工项目11个，达产项目18个；完成技改设备投入16.32亿元。江苏铁锚玻璃股份有限公司（简称“铁锚玻璃”）获批国家企业技术中心，南通市唯一。认定省重点实验室1家，省级工程技术研究中心1家，省级工程技术中心1家，省级企业技术中心3家。认定南通市重点实验室1家，南通市工程技术研究中心5家，南通市企业技术中心3家，南通市星级中小企业公共服务平台2家。铁锚玻璃获批省级军民融合创新平台。江苏威尔曼科技有限公司入选全国第二批专精特新科技“小巨人”企业。铁锚玻璃、中国天楹获省重大成果转化项目立项，中国天楹“等离子体无害化废灰处置技术”获得省级转型升级专项资金项目立项。鑫缘集团获得商务部蚕桑基地建设项目立项。海安高新区获评江苏省知识产权示范园区，被省科技厅表彰为科技宣传工作成效突出单位。海安留学人员创业园被认定为江苏省留学回国人员创新创业示范基地。海安高创智谷科创园孵化器被认定为省级科技企业孵化器。全年，引进高层次创新创业人才34人，其中，国家级人才4人。招引大、中专毕业生和蓝领人才5869人，助力企业发展。

（孙　锋）

海安老坝港滨海新区

【概况】 海安老坝港滨海新区（简称老坝港滨海新区）成立于2011年10月，是全国唯一的“红旗民兵团”所在地，是中国名镇和江苏省“百家名镇”。老坝港滨海新区辖区总面积145.6平方千米，其中滩涂面积33平方千米。2020年，海安老坝港滨海新区完成一般公共预算收入1.52亿元。工业应税销售52.20亿元，工业开票销售52.02亿元，比上年增长24.59%。服务业应税销售50亿元，比上年增长90%。固定资产投资25.95亿元，比上年增长10%。外贸进出口总额3.05亿元，新兴战略产业实际到账外资805万美元。

【产业建设】 2020年，海安老坝港滨海新区培育行业“绿岛”项目，澳凡集中喷涂中心投入使用。统筹开发综合产业园，承接智能装配制造产业，依托国海固危废处置中心、亚太科技等环保项目发展静脉产业。服务园区企业发展，全面完成海港工业园污水管网改造工程。至年底，累计落户企业196家，打造产业名牌YD研磨机、振全家具、云上空间新材料等。

【招商引资】 2020年，海安老坝港滨海新区举办招商推介活动20次，邀请市领导拜访项目22次，首谈项目信息动态保持220条以上。参与江苏凤山港招商推介会、上海基金招商会等重大招商活动成效明显，签约1亿元以上项目28个，其中，20亿元项目1个（东部科创园项目）、10亿元项目1个（布雷尼项目）；签约10亿元重特大备选项目2个（亚太20万吨铝灰处置项目、博润新能源项目）。

【项目建设】 2020年，海安老坝港滨海新区完成南通市考核确认新开工重特大项目2个；在建重特大项目3个，新增投资额7.77亿元；新竣工项目7个，竣工率77.8%。磊石新材料、瑞杰新材料、意华新材料、广纳民宿酒店4个项目达产验收。完成海安市考核确认新开工亿元以上项目28.2个，竣工亿元以上项目5个。

【科技创新】 2020年，海安老坝港滨海新区实施产学研合作项目10项，其中100万元合作项目2项，企业与重点高校合作比例62.5%。技改项目投入4200万元。南通森玛特电机有限公司与上海电器科学研究所合作项目“一种工业用无刷直驱电机的开发”获“首创产品”认定。引进创业类人才2人、其他类人才1人，入选省“双创人才”2人，入选“海陵英才”2人。

（陈　思）

江苏海安商贸物流产业园

【概况】 江苏海安商贸物流产业园（简称海安商贸物流园）成立于2012年12月。2020年，坚持“全省区域性物流中心”的发展定位，构筑物流新通道，开行中欧、铁海快线2条班列，优化国际铁路运输合作，带动苏中、苏北地区企业“走出去”。持续开拓新市场，铁路物流基地货运首次破百万吨，凤山码头集装箱吞吐首次破万标箱，“链接世界的海安”北京国际经贸合作推介会带动海安融入国际经贸。海安商贸物流园连续四年获评全国优秀物流园区，获中国物流业“金飞马奖”——中国物流品牌价值百强、最佳物流园区、中国物流五年特别成就奖。

【项目建设】 2020年，海安商贸物流园逐步提升区域枢纽经济的硬核竞争力，创设消费新窗口，“百国百品”海安保税进口商品直营中心建成开业，规划建设“三通一达”（中通快递、圆通快递、申通快递及韵达快递）分拣中心，助力直营中心开展线上销售。进境肉类指定监管场地获海关总署批准建设，推动食品产业和冷链物流业转型升级。11月11日，海安首个百亿元级重特大服务业项目——“万吨冷链港项目”奠基开工，项目由武汉万吨冷储物流有限公司投资建设，总投资约100亿元，占地面积120公顷，总建筑面积200万平方米，一期规划建设20万吨冷库、展示展销中心、供应链中心、中国制冷设备检测中心、行业供应商应用展示基地等。依托海安保税物流中心进境肉类指定监管场地和沪苏通铁海快线班列运输优势，打造行业顶尖的智能仓储基地。 （王存宝）

海安市上湖创新区（中意海安生态园）

【概况】 上湖创新区（中意海安生态园）位于海安市区东南方向3千米区域，规划用地面积8.3平方千米，设置“区域创新创业集聚区、中意国际合作承载区、城市转型发展引领区、健康宜居生态示范区”四大功能区，打造海安创新核心区、发展新引擎。2014年10月，中意海安生态园成立，是国内第六个国际生态合作园区，也是中欧合作共建园区中唯一落户县级城市的政府间合作项目。2018年1月，上湖创新区开工建设。2019年10月，上湖创新区（中意海安生态园）党工委、管委会成立。2020年，园区围绕打造一流生态、生活和科研环境的总体目标，同步推进功能载体、生态环境和基础设施建设，规划城市建设用地824.73公顷，通过混合型用地布局，实现城市功能体系完善、就业居住消费人口比例协调。

【基础设施建设】 2020年，海安市上湖创新区（中意海安生态园）市政基础设施、综合交通、综合能源、完整街道、地下空间、夜景照明等专项规划先后通过市规划委员会评审。推进市政基础设施EPC工程，新建道路11条、桥梁9座；至年底，竣工道路5条、桥梁6座。推进智慧园区建设，架设多功能集成智慧灯杆255根，搭载环境监测、智能交通、喷雾降尘等设备，预留5G基站、充电桩接口；推进“海绵城市”建设，新建路段采用新材料和初期雨水截留技术，实现自然积存、自然渗透、自然净化。推进生态环境优化，河湖生态绿化工程、湖面整治工程基本竣工；完成环湖区域绿化面积55万平方米，栽种苗木1万多棵，环湖区域绿化覆盖率超45%、鸟类食源树种比例约38.5%；修整湖岸6.7千米，建成生态湿地8.6万平方米、水生植物带15.7万平方米，建成补水、净化设施和环湖慢行步道、景观小品等。

【项目建设】 2020年，海安市上湖创新区（中意海安生态园）中科创新广场5万平方米孵化器投入试运营。黑龙江工商学院长三角产教融合园区一期土地实现摘牌，首期到账1000万美元。立发中学新校区竣工交付，通过综合验收、室内环境检测和绿色建筑二星级认证，教学设备全面安装、调试到位。上湖三甲医院开工建设，主楼施工至地面五层，裙楼基础施工全面展开，同步推进医疗专项招标。悦上湖花园开盘销售，总体去化率超过90%。 （季成伟）

海安苏台农业合作示范区（雅周现代农业园区）

【概况】 雅周现代农业园区成立于2013年5月，位于国家级生态镇雅周镇，四面环河（东至前进河、南至掘龙河、西至姜黄河、北至张雅河），涉及周机村、庞庄村、迴垛村、东楼村，核心区占地面积6.94平方千米。2018年7月，海安苏台农业合作示范区管理办公室成立，挂海安市雅周现代农业园区管理办公室牌子，与雅周镇合署办公，正科级建制单位。至2020年年底，海安苏台农业合作示范区（雅周现代农业园区）先后获评国家农村创新创业园区、江苏省智能农业示范园，获批国家AAA级景区和全国休闲农业与乡村旅游四星级园区，创建2个江苏省现代农业产业科技综合示范基地（稻麦、葡萄）、2个省级主题创意农园（海安市桃梨满园创意园、海安市盛雅大樱桃观光采摘园）、1个省级园艺作物标准园（海安农博葡萄专业合作社）。

【省级现代农业产业示范园创建】 2020年，海安苏台农业合作示范区（雅周现代农业园区）在省级现代农业产业示范园绩效考评中列全省第二位，被推选为江苏省现代农业产业园区联盟副理事长单位，南通唯一。年初，围绕第三批奖补资金使用方案与扬州大学工程设计学院加强对接，针对示范园创建短板，将资金使用重点转向主导产业提升、公共服务中心功能完善、新型经营主体扶持等方面，完成第三批奖补资金方案的编排并报市政府后启动实施。4月，省级示范园中期绩效考评得分列全省29个示范园第三位，在江苏省现代农业产业示范园建设工作会议上，园区做经验交流。至年底，前两批奖补资金实施项目均完工验收，第三批省级奖补资金实施项目所有分项均启动建设。园区与市农业农村局、市财政局加强沟通配合，完成认定材料收集和自评报告上报。园区在2020年省级现代农业产业示范园绩效评价中综合得分88.5分，列全省第二位。

【基础设施建设】 2020年，海安苏台农业合作示范区（雅周现代农业园区）通过土地平整、路沟渠配套、杆线迁移、水网改造、高标准农田建设等工程，基本实现“田成方、渠相通、路相连”。204国道雅周连接线直通园区，园区4~6米田间水泥道路全部贯通，绿化全部到位，灌排水系统基本完善。累计建成水泥道路19.38千米、硬质化排水渠18千米，改造地下水网12千米，新建泵站9座，实现光纤网络、水、电全覆盖，天然气主管网延伸至园区主干道。

【招商引资】 2020年，海安苏台农业合作示范区（雅周现代农业园区）组织招商引资专题培训，编制园区招商宣传片，提升园区项目招引能力。先后到上海、无锡、浙江、山东、扬州、连云港等地开展招商活动20余次，接待投资考察洽谈30余起，收集精品农业项目和台资项目信息18个。邀请台湾、上海、山东、浙江、苏州等地客商120人次到园区考察。新签约亿元以上农业项目3个，分别是精品果蔬项目、蚕种饲养中心项目、四季果园项目。

【项目建设】 至2020年年底，海安苏台农业合作示范区（雅周现代农业园区）入驻项目21个，拥有南通市农业龙头企业2家。新开工规模以上农业项目（不含亿元项目）5个，分别是稻米加工中心项目、葡萄种苗培育中心项目、香草风情园项目、蚕桑示范园项目、13.33万平方米苗木基地项目。加快落户项目建设，四季果园项目南区1.2万平方米玻璃温室工程基本建成，进入内部设备安装；四季香草园项目完成土地平整和2.67万平方米的薰衣草草苗栽种；稻米加工中心工程建成并投入使用；1万平方米的蚕种饲养中心、26.67万平方米的张莫天蚕桑示范园钢结构大棚竣工验收；1500平方米的育苗中心玻璃温室全部竣工投产。

【科技创新】 2020年，海安苏台农业合作示范区（雅周现代农业园区）新品种、新技术、新农机推广普及率超80%，农业科技进步贡献率65.28%，农业信息化覆盖率超60.5%，90%的企业实现农业设备“一键遥控”，农业资源数据“一键获取”。实施产学研合作项目3个。海安市政府与南京农业大学签订全面战略合作协议，7月18日，南京农业大学海安专家工作站、南京农业大学新农村发展研究院分布式服务站揭牌成立，落户雅周现代农业园。园区与苏州农业职业技术学院签约合作，开展果蔬产业技术交流与培训，加快引进新品种水果和新型栽培模式。园区对接中国科学院专家服务站，推广水稻AI技术和蚕桑智慧平台建设。开展稻麦绿色增产增效技术示范，江苏现代农业产业体系（水稻、小麦）专家组在园区设立科研基地，试验水稻新品种80余种。打造农业技术交流培训示范基地，建立500余人次的劳动力资源数据库，承办包括上海、贵州及江苏苏州、连云港、盐城、徐州等地的职业农民培训班15次，学习参观人数超3000人。

【生态绿色发展】 2020年，海安苏台农业合作示范区（雅周现代农业园区）发展绿色生态农业，推广绿色防控技术、有机肥替代化肥技术、水肥一体化技术和综合种养技术，建成稻田沼液灌溉示范田1500亩，许家庄村绿色稻麦示范点700亩、稻鸭共作示范点100亩，标准化稻虾共作示范基地300亩。常态化做好秸秆双禁及综合利用工作。完成“加拿大一枝黄花”秋季防除工作。推进“绿色食品”“有机食品”认证，“金禾元大米”获第四届“华西村杯”江苏好大米金奖，“阳光玫瑰”葡萄获第三届鲜食葡萄新品种展示及优质果评比活动金奖和江苏省第二届优质葡萄评比金奖，园区在第二届“好米榜”评选暨优质农产品展销会上获评最美生态稻园奖。

【农旅融合发展】 2020年，海安苏台农业合作示范区（雅周现代农业园区）打造文旅元素，先后建成稻米和蚕桑文化主题公园、五彩艺术稻田、公共服务中心布展、204国道连接线亮化等项目。加快人气聚集，与南通汽运集团旅游公司签订战略合作协议，吸引企事业单位到园区开展培训拓展活动；组织曲塘中学、海陵中学、市实验小学等学校800多名学生到园区开展社会实践活动，曲塘中学在园区建立研学教育实践基地。节庆活动丰富多彩，举办首届海安市雅周现代农业园摄影大赛暨媒体采风行活动、雅周现代农业园健康氧跑活动、“海陵飘香庆小康”海安市2020年“中国农民丰收节”特色项目比赛活动，《人民日报》《农民日报》、新华网、中国旅游新闻网等媒体专题报道相关活动开展情况。

（冒　煜）

2020年5月31日，首届“国缘杯”健康氧跑活动在雅周现代农业园举办

雅周现代农业园区／供图

对外及港澳台经济

Economy with Foreign Countries & Hong Kong, Macao and Taiwan

海关海安办事处

HAIAN YEARBOOK 2021 海安年鉴

利用外资及港澳台资

【概况】 2020年，海安市利用外资及港澳台资稳中提质，新批外资及港澳台资项目68个，其中，外资项目39个、港澳台资项目29个；新批协议外资和港澳台资19.65亿美元，其中，外资10.16亿美元、港澳台资9.49亿美元；实际利用外资和港澳台资6.64亿美元，其中，外资3.59亿美元、港澳台资3.06亿美元。新招引注册1亿美元以上项目4个、注册3000万~1亿美元（不含）项目16个、注册1000万~3000万美元（不含）项目13个，南通市确认外资和港澳台资重大项目10个。狠抓外资到账，建立外资工作通报机制，提前一季度完成南通市下发任务指标。落实全市重大外资项目攻坚推进机制，实行分级挂钩服务，协调解决项目落户中的问题，力促重大外资项目招引落户。加大金融扶持力度，研究出台“关于海安市2020年促进制造业利用外资的若干意见”“关于海安市2020年稳定外贸发展的若干政策意见”，助力企业平稳发展。强化企业服务，搭建市级外语平台人才库，设立外商投资企业投诉工作站，协助26家外经贸企业，办理32名外籍专家邀请函。

【重大项目招引】 2020年，海安市深入开展“重特大项目突破年”活动，集中推进10亿元以上重特大项目。创新招商方式，驻北京、上海、广（州）深（圳）直属招商机构通过“云招商”“云洽谈”“云会商”，推动项目招引“不停歇”，签约总投资20亿元精工智造产业园项目。实施重特大项目AB表动态管理制度，根据产业类型、规模大小、项目成熟度实行分类管理、专题研究。全年，签约100亿元的华东重机不锈钢生产项目、100亿元的比克动力电池生产项目、50亿元阿尔法智能制造项目等11个重特大项目，推进100亿元的正威偏光片项目、50亿元的恒科众创城项目、100亿元的万吨冷链港物流项目等10个重特大项目开工。

【专题招商】 2020年，海安市开展专题招商活动，参加南通市投资促进周活动，举办上海、深圳、无锡、苏州等重点招商活动4次，现场签订战略合作协议32个。举办中国·海安投资贸易合作洽谈会，签约项目56个。在苏州、无锡、上海、浙北等地区开展“书记镇长招商周”活动200多次，新增项目信息2619条，签约项目316个。

【产业招商】 2020年，海安市商务局围绕南通市产业培育计划，加强产业发展前瞻性研究，立足海安时尚锦纶、纺织丝绸、装备制造等十大产业集群，逐一分析各产业的海安企业现状、国内外产业布局、重点招商目标等，形成专业研究报告供驻外招商人员参考。结合制造业百强、制造业企业税收基金百强、亩均税收百强等榜单，分析招商引资企业对全市经济社会发展的贡献度，激发招商引资动力。研究分析“2020中国民营企业500强”“2020中国制造业企业500强”榜单，形成分析报告，推进精准招商。

【投资贸易洽谈会】 2020年10月30日，海安市委、市政府举办中国·海安投资贸易合作洽谈会，意大利、葡萄牙等国家和地区的客商代表、国内知名企业负责人以及在海安投资的客商代表500多人参加活动。洽谈会上，表彰珀泰蓝智能卫浴科技（江苏）有限公司王爱英、上海利安润滑设备制造（海安）有限公司付连忠、江苏东材新材料有限责任公司李刚、佳威科技（海安）有限公司李建华、江苏千品新材料科技有限公司和南通品赢复合材料有限公司吴炳顺、仟禧多（南通）包装制品有限公司张乃伟、江苏金大包装材料科技有限公司陈家路、江苏万淇生物科技股份有限公司荆丰伟、江苏合迪科技有限公司胡浩、茂裕环保科技南通有限公司颉小兵为“十佳来海投资企业家”，江苏铁锚玻璃股份有限公司王安春、中平神马江苏新材料科技有限公司任永德、江苏侨钜精密设备有限公司和江苏筱安材料科技有限公司李洋、海安康瑞纺织品有限公司李晴晴、江苏福克斯电气集团严国瑾、江苏晨朗电子集团有限公司邱健、宝燕工业科技（南通）有限公司卓炜翔、南通芳香家居饰品有限公司耿超峰、海安金锻工业有限公司蔡志铭、江苏辛巴新材料科技有限公司魏山为“十佳新海安人”。洽谈会上，集中签约项目56个。产业类项目54个，战略合作项目2个。内资项目36个，协议投资额671亿元，其中，冷链港项目、新能源电池等总投资100亿元以上项目3个，成药制剂项目、智能电子制造项目等总投资50亿元项目2个，10亿元以上项目13个；外资项目18个，协议投资额16.5亿美元，其中智能化高端机床项目、隐形眼镜以及医疗用光学产品项目等总投资1亿美元以上项目9个。海安市与广东华文产业集团有限公司、黑龙江工商学院签署产业金融、长三角产教融合基地战略合作协议。

（余　澄）

◆ 附

台商产业园

海安高新区台商产业园　海安高新区台商产业园位于海安市烟沪线与嘉義路交叉路口北侧，2017年规划建设，2018年挂牌成立海安高新区台商产业园建设指挥部和高新区台商产业园服务中心。2020年，海安高新区台商产业园建设指挥部制定“加快高新区台商产业园建设的实施意见”，充实配强力量，台商产业园服务中心正常有效运行。完善基础设施建设，更新嘉义路、彭湖路、花莲路等主干道标识线，及时修缮部分破损道路和绿化，嘉义路北侧鱼塘填埋后增加建设用地。加速邻里中心配套建设，新装修员工宿舍楼2栋，建成中央厨房，招引入驻工商代理和劳务服务公司2家。对台招商研究中心观察重点企业141家，完成对台招商研究报告12篇，为重特大项目突破提供信息支持。

充实招商队伍，优化组建重大项目、苏南、上海、珠三角、台湾五个招商小组，拥有专业招商人员11人，重点围绕电子信息、新材料、智能装备制造等重点产业展开招商工作。强化委托招商，设有委托招商机构12处（台湾台北、新北、桃园、新竹、苗栗、台中、台南、高雄等8处，台商集聚区上海、苏州、昆山、深圳4处）；选聘招商顾问4人、委托招商大使

18人，年初与委托招商大使签订协议，明确招商任务和要求，充分拓展台商资源。强化以商引商，与已落户海安的台商企业、园区重点企业建立招商合作关系，南通口木车件有限公司、江苏芯界新能源科技有限公司等提供多条有效项目信息。深化协会合作，与上海台协、昆山台协以及台湾工商协进会、建研会、电电公会等建立合作关系，不断展开互访交流活动，昆山台协和上海台协分别介绍落户一个项目。放大招商活动影响力，在上海、苏州、昆山、深圳、东莞举办活动21场，邀请市领导拜访洽谈台资项目21个，区主要负责人领衔招商洽谈台资项目53个；委托相关机构密集在台湾举办招商活动，推介高新区台商产业园；邀请上海台协、昆山台协以及苏州、无锡、东莞等地台商到海安考察洽谈105批次，每月邀请园区内台商参加“台商沙龙”活动。

新增首谈台资项目68个。签约台资项目11个，其中，总投资1亿美元项目6个（莱特伟特汽车零部件项目、冠龙阀门的智能控制阀门项目、中安芯界船用储能电池项目、加百裕锂电池项目、瞳视玠科技隐形眼镜项目、永和豆浆生产及仓储项目）、总投资3000万美元项目5个（捷华汽车零部件项目、善思电子配件项目、三利金属材料项目、铭唯安全门锁项目、和益智能制造项目）。完成租用厂房项目5个。新增台资到账项目3个，到账2378万美元。莱特伟特汽车零部件项目完成注册，总投资1亿美元的同春龙纺织开工建设，宝燕工业项目、凯钰五金项目建成投产，仟禧多包装项目一期建设完成，长隆装饰材料项目的6万平方米厂房竣工。

海安开发区台商产业园 海安开发区台商产业园为海安开发区重点规划建设的区中园，以先进制造业、汽车零部件产业为主导，东至开发大道，西至立公河，南至三角中心河，北至221省道。2019年，海安开发区台商产业园建设指挥部成立。2020年，园区加快基础设施建设，完善阿里山路、阳明山路、观音山路，221省道、澎湖路、日月潭路“三纵三横”主干道，辅以增设支线道路，野柳路、荣威路、花莲路等支线道路建成通车。科学划分项目地块，将园区规划范围内11个大地块，划出5块作为中小企业落户区、6块作为大项目和重大项目落户用地，4个中小企业落户地块基本用满。调整优化园区电力及绿化设施。

采取“小范围、多频次”模式，在昆山、苏州、太仓、吴江、海安、深圳、惠州举办主要招商活动10多场。加大与台商协会合作力度，在与上海、昆山、苏州台协合作基础上，与太仓、吴江台协新签订合作协议，联合举办多场交流推介活动。新招引台资项目9个，其中，总投资3000万美元、注册1000万美元的项目4个，总投资1亿美元、注册3000万美元的项目4个，总投资3亿美元、注册1亿美元的项目1个。

推进11个已落户台资项目建设。总投资10亿元（或1亿美元）以上项目3个，其中，总投资20亿元的捷安特轻合金科技（海安）有限公司轻量化新材料项目实现部分投产运行；总投资3亿美元、注册1亿美元的国盛钢结构工程（海安）有限公司钢结构项目开工建设，新注册成立华胤钢结构工程（江苏）有限公司；注册3000万美元的美事满工具（海安）有限公司竣工，进入设备安装阶段。总投资3000万美元以上项目3个，帝全自动化包装项目竣工投产，猛劲精密科技智能环保设备项目和帝标工业汽车配件项目开工建设。利用已有厂房项目5个，注册500万元的南通诺鼎机械有限公司、注册100万元的海安上有利智能装备有限公司正常生产，注册100万美元的海安亿诚新材料有限公司实现投产，注册2000万元的海安芯通交通科技有限公司洽谈原有资产收购事宜，注册1000万元的南通宇华新材料有限公司规划建设二期项目。

（刘华骥）

对外及港澳台贸易

【概况】 2020年，海安市对外贸易逆势增长，实现外贸进出口总额175.5亿元，比上年增长25.4%，2—12月实现逐月增长，其中，出口总额135.5亿元，比上年增长19.8%；进口总额40亿元，比上年增长48.8%。全市拥有进出口实绩企业755家，比上年增加71家。市保税物流中心（B型）实现进出口贸易额11.6亿元，其中进口额10.9亿元，占全市进口总额的27.3%，苏中唯一进境肉类指定监管场地获海关总署批准建设，“百国百品”海安保税进口商品直营中心开业。海安市与阿里巴巴海安国际站签订战略合作协议，助力外贸企业拓展跨境电商业务。加大政策推动力度，落实重点外经贸企业“市级负责人一对一挂钩”机制以及50强重点外贸企业跟踪反馈机制，及时了解企业运营状况，帮助解决企业困难。扩大企业品牌影响力，鹏飞、铁锚、联发、鑫缘、占姆士纺织获评2020—2022年度江苏省重点培育和发展的国际知名品牌，联发、明诺、尚斯芭等8个品牌获评南通市重点培育和发展的国际知名品牌；海安美佳医用敷料有限公司、江苏广达医材集团有限公司、南通汇优洁医用材料有限公司、江苏三和生物工程股份有限公司、南通绿之纯食品有限公司入选商务部医疗物资生产企业白名单；江苏鹏飞集团股份有限公司通过AEO高级认证。

【海安保税进口商品直营中心开业】 “百国百品”海安保税进口商品直营中心是海安市与“百国百品”国际经贸平台共同打造的商品销售项目，一期启动面积6000平方米，规划商品展示、销售区和国家馆展示3个专区和8个国家（地区）的国别馆，是融进出口贸易、电子商务、零售、专题展会、进口产品现场体验、大宗贸易综合服务于一体的进口商品体验中心。“百国百品”海安保税进口商品直营中心每月进行4次直播销售，邀请“一带一路”沿线以及非洲、拉丁美洲等国家的驻华大使、商务参赞等外宾，宣传推介各国优势产品和知名品牌，并与中国企业界代表展开深度交流，推动自由贸易和跨国经济合作。2020年7月18日，“百国百品”海安保税进口商品直营中心开业，推出洗护、美妆、保健品等品类的国外品牌近200个，到店人数2000余人，成交额破50万元，其中“当燃南通”直播销售中，网

2020年7月18日，海安保税进口商品直营中心开业，几名主播通过直播销售进口商品
翟慧勇／摄

上围观人次32万，成交2000多单，成交额超12万元。

【市场拓展】 2020年，海安市不断改善外贸企业融资环境，率先成立南通市规模最大的出口信用保险统保平台，入驻企业26家，覆盖保额1.63亿美元。积极应对疫情，创新海外市场拓展方式，依托线上智慧展览平台，通过组织企业参加南通市线上境外名品展、召开国际经贸合作推介会、举办“海安名品境外展”线上交易会和“江苏品牌产品线上丝路行”系列活动、推广线上数字展会等形式，助力产品轻松“出海”。9月15日，“链接世界的海安”北京国际经贸合作推介会在北京举行，俄罗斯、摩尔多瓦、塔吉克斯坦等国家驻华使领馆外交官、商（协）会厂商代表等参加会议。会议现场，海安市推介外向型经济发展情况及营商环境招商政策，摩尔多瓦驻华大使等做关于加强与海安经贸往来的发言，海安保税物流中心有限公司与中国农垦集团有限公司旗下电商“中垦优选”签署战略合作协议，摩尔多瓦驻华使馆、江苏广播电视总台教育频道、海安商贸物流产业园管理委员会联合主办的“百国百品未来金话筒”主播大赛正式启动。11月16—19日，海安名品境外展（巴西纺织品及家庭用品线上专场）在南通线上商务示范中心举行。展会采用部分企业样品间展示和部分企业集中展示两种方式，引入视频洽谈、AI应用场景等先进数字技术，全市55家企业参展，巴西圣保罗州、里约州、米纳斯吉拉斯州的近120家企业参会采购，完成线上匹配洽谈312场次。除直播展览外，开展365天全时间段线上展览，持续对外推介海安知名纺织及家庭用品外贸企业。12月15日，江苏品牌产品线上丝路行暨第五届中国东部家具（线上）博览会在江苏海安开幕，展期2个月。（余　澄）

经济技术合作

【概况】 2020年，海安市新批境外投资项目6个，实现境外投资中方协议投资额1.97亿美元，总量列南通市第一位。对外直接投资总额4133万美元。完成境外承包劳务营业额1.4亿美元。新派对外劳务人员728人。推动对外经贸协同发展，通过境外投资、承包工程，带动产品、技术、设备出口，天楹环保设备实现进出口额超5亿元。

【境外投资】 2020年，海安市引导企业“借船出海”、抱团发展、融合发展，天楹集团投资的河内天禹项目带动全市环保设备出口超1亿美元。市商务局搭建服务平台，组织江苏省苏中建设集团股份有限公司和华新建工集团有限公司两家具有援外资质的企业参加援外项目管理人员培训，组织企业参与江苏企业“走出去”线上培训班7期，学习海外企业疫情防控、安全生产新形势、政策导向及风险防范等专业知识。

【对外劳务服务】 2020年，因疫情影响，海安市对外劳务合作项目和派出人数呈现下降趋势，对外劳务主要以缝纫工、建筑工等劳动密集型工种为主，外加少数的电焊工和厨师等技术型工种。新派劳务人员728人，比上年减少406人，其中，南通苏中建设有限公司派出75人、江苏鹏飞集团股份有限公司派出210人、江苏五湖人力资源有限公司派出168人、海安兴达劳务信息有限公司派出1人、江苏联创数控机床有限公司派出9人、南通国联国际经济合作有限公司派出35人、南通市达欣工程股份有限公司派出230人，劳务人员实际收入总额1173万美元。期末在外人员1686人。（余　澄）

农业 Agriculture

海安苏台农业合作示范区

HAIAN YEARBOOK 2021 海安年鉴

综　述

【概况】 2020年，海安市突出稻米、禽蛋、蚕桑、水产、蔬菜五大特色产业培育，成为全国第五批率先基本实现主要农作物生产全程机械化示范县。实现农林牧渔业总产值134.34亿元，比上年增长2.8%，其中，农业产值55.31亿元，比上年增长3.1%；林业产值0.39亿元，比上年增长34.7%；牧业产值48.99亿元，比上年增长2.0%；渔业产值15.02亿元，比上年增长3.1%；农林牧渔服务业产值14.63亿元，比上年增长3.7%。全年粮食播种面积119.54万亩，总产62.35万吨，粮食综合单产每亩521.60公斤，稻麦年单产连续15年全省第一。全省夏收夏种暨粮食稳产增效现场推进会和全省水稻机械化种植现场推进会在海安召开。蔬菜播种面积近30万亩，总产量70.83万吨。油料总产量1.57万吨。果树种植面积1.43万亩，产量1.94万吨，产值2.08亿元。水产养殖面积约22万亩，水产品总产量4.74万吨。桑园投产面积6.56万亩，桑蚕发种10.74万张，蚕茧总产5366.9吨。年末，生猪存栏28.91万头、家禽存栏1350.76万羽。农业现代化实现程度稳居全省第一方阵，国家现代农业示范区监测水平南通第一。创建全国一村一品示范村镇6家，李堡镇光明村获批全国乡村特色产业亿元村，绿色优质农产品占比78.4%，畜禽生态健康养殖占比99.8%。拥有家庭农场842家、新型合作农场60家、农民合作社974家。持证职业农民3.97万人，占从业人员的59.9%。培育各级农业龙头企业139家，其中，国家级2家、省级18家；累计获批省级产业化示范联合体8家；15家企业在江苏股权交易中心农业板挂牌；9家企业入选全国农业产业化龙头企业500强。南通蛋鸡、水产、稻米3家产业联盟在海安成立。升级农业基础设施，高标准农田建设标准提高至每亩3500元，实现高标准农田建设93.05%，南通市第一，全省前列；农业综合机械化水平90.48%。农村集体产权制度改革全面完成，土地确权颁证率99.1%。改善镇村人居环境，在全省率先通过人居环境建设调度销号，南通市唯一。全市8581户1.42万名建档立卡低收入人口实现7000元全覆盖，海安市被省确定为建立解决相对贫困长效机制试点市。209个村改革并成立股份经济合作社，村营收入实现50万元全覆盖。（孙书云）

海安市抢抓农时忙农事，田间地头一派繁忙景象。图为2020年10月9日，工作人员在收割水稻
徐劲柏／摄

2020年海安市农林牧渔业产值、增加值情况表

表9　　单位：万元

指　标	2020年	2019年	增长率
农林牧渔业产值（现行价）	1343355	1237866	8.5 %
一、农业产值	553137	512985	7.8 %
其中：粮食作物	261864	242994	7.8 %
棉花	0	0	—
油料	7738	7251	6.7 %
蔬菜	240386	217600	10.5 %
其他	43149	45140	−4.4 %
二、林业产值	3897	2886	35.0 %
三、牧业产值	489925	458447	6.9 %
其中：生猪	164085	92874	76.7 %
家禽	52642	45801	14.9 %
禽蛋	129706	194829	−33.4 %
蚕茧	39952	36046	10.8 %
其他	103540	88897	16.5 %
四、渔业产值	150157	122860	22.2 %
其中：海水产品	20998	20354	3.2 %
淡水产品	129159	102506	26.0 %
五、农林牧渔服务业	146239	140688	3.9 %

续表9

指　　标	2020年	2019年	增长率
农林牧渔业增加值（现行价）	810821	749723	8.1 %
一、农业	409498	380571	7.6 %
二、林业	1855	1408	31.7 %
三、牧业	217707	201192	8.2 %
四、渔业	89798	78081	15.0 %
五、农林牧渔服务业	91963	88471	3.9 %

（市统计局）

【海安农业工作放样全省】 2020年，海安市坚持粮食生产连年丰产，稻麦年单产水平高，以实际行动和实际成效贯彻落实"藏粮于地、藏粮于技"战略，为全省粮食稳产保供做出重要贡献。农业产业化程度较高，通过有序推进土地承包经营权流转，培育壮大家庭农场、农民合作社、农业产业化龙头企业等粮食生产新型经营主体，有效推动农民和村集体双增收。海安农业农村各项工作继续巩固"南通领先、全省先进、全国有影响"的良好局面，农业系统多个省级重要会议在海安召开。

5月28日，全省夏收夏种暨促进粮食稳产增效现场推进会在海安召开，副省长赵世勇，省政府副秘书长诸纪录，省农业农村厅厅长杨时云，南通市、海安市主要负责人，各设区市、县（市、区）分管农业农村工作负责人参加会议。会议上，海安市长于立忠介绍海安农业农村发展情况，南通市、常州市、盐城市、泰州兴化市做经验交流，与会人员观摩雅周现代农业示范园小麦机收、秸秆处理和水稻育秧、种植、植保等全程机械化智能装备与技术展演示现场及南通季和米业有限责任公司产业化现场。

是日，全省水稻机械化种植现场推进会在海安市召开，省农业农村厅副厅长沈毅、总农艺师唐明珍等出席会议，全省13个设区市农业农村局相关负责人100余人参加会议。会议上，部署"三夏"农业安全生产、机械调度等工作，常州市、盐城市、扬州市及海安市做交流经验。与会代表参观雅周现代农业园水稻机械化种植现场，观摩硬地硬盘育秧、钵体苗育秧、育秧微喷灌管理、编织布替代无纺布等特色水稻育秧技术。海安水稻机械化种植现场展演示机具"智、多、全"等三个特点，"智"主要体现在展示智能装备30多台（套），如无人驾驶高速插秧机、自动驾驶联合收割机、基于北斗的自动导航高速插秧机、农用无人植保飞机等；"多"主要体现在展示复合式农机装备10台（套），如侧深施肥除草插秧机、风幕式精准施药施肥一体化田间植保机、钵体毯苗两用高速插秧机等；"全"主要体现在现场展示农机装备数量40多台（套），基本覆盖粮食生产全程机械化耕翻、种植、收获、高效植保、秸秆机械化处理等环节。现场吸引周边农机合作社、农机大户和群众200余人观看，取得较好的示范效果。

2020年7月5日，全省葡萄产业技术观摩会在海安玲实葡萄专业合作社召开。图为省葡萄产业技术体系首席专家、南京农业大学教授陶建敏现场进行技术辅导
顾华夏　张晓萍／摄

7月5日，中国农业科学院果树研究所联合国家梨产业体系徐州试验站，在国家梨产业体系海安梨宽行密植栽培技术示范园召开江苏早熟梨主干形栽培技术现场观摩会，会议由市果蔬站、建国家庭农场承办，省农业技术推广总站、省农业科学院和省内相关市（县、区）农业技术推广中心、梨果企业负责人及种植大户等115人参会，会议组织参观海安梨宽行密植栽培技术示范园梨园机械和肥水一体化设备。

是日，全省葡萄产业技术观摩会在胡集街道海安玲实葡萄专业合作社召开，省葡萄产业体系首席专家陶建敏、省农技推广总站果树科负责人及全省各市（县、区）15个葡萄产业体系基地主任和技术人员参会，会议组织观摩玲实葡萄园，并现场培训葡萄管理要点。

（杨　进　陈爱山）

【农业普法宣传】 2020年8—9月，海安市举办首届农业法治文化节活动，分法治作品绘丰年、法治巡演庆丰年、线上线下晒丰年三个板块，在全市范围内征集书法、绘画、摄影类法治文化作品，在各区镇（街道）开展以"宪法""民法典"、扫黑除恶等内容为主题的法治文艺巡演活动，百姓名嘴通过"邻里丰收节""抖音晒丰年"等活动为农产品直播带货，群众自主在新时代文明实践阵地、德法讲习所、农村电影公益放映平台等平台上"讲奋斗故事""话发展成就""晒幸福生活"。市农业农村局获省农业农村厅首届“农业法治文化节”优秀组织奖，选送的4件作品获奖，其中，打鼓说唱《民法典是个宝》获文艺节目类一等奖，并参加省农业农村厅举办的法治文化巡演。12月4日，省农业农村厅主办的第四届“情暖三农·送法下乡”普法宣传活动在墩头镇乐百年小镇举行，省农业农村厅普法志愿者、群众代表等300余人参加活动，活动组织参观“民法典”暨省农业农村系统“七五”普法图片展，发放学法手册、案例挂图和技术推广资料3000多份，向群众代表和海安市农业执法人员代表赠送法治书籍，并观看“法治文艺巡演以案释法宣讲”汇报演出。此外，市农业农村局联合市广播电台开展水生野生动物保护、“民法典”等法律法规知识宣传。

（鲁　燕）

【农民丰收节庆祝活动】 2020年9月11日，以“海陵飘香庆小康”为主题的“海安农商银行杯”中国农民丰收节新时代文明实践系列活动启动，分丹桂飘香乐丰年、稻花飘香话丰年、硕果飘香晒丰年、欢歌笑语舞丰年四个板块。启动仪式上，市融媒体中心、市农业农村局做交流发言，举办“集智聚力话小康”理论宣讲和“歌舞升平庆小康”歌舞表演，全程通过“海安播报”公众号直播。是月24日，海安中国农民丰收节“丹桂飘香乐丰年”特色项目比赛在雅周现代农业园举办，全市各区镇（街道）、机关单位运动员等约500人参加活动，活动以“跑向全面小康生活，展示美丽乡村风采”为主题，组织葡萄果采摘、拔河、彩虹健康运动跑、60米3人4足跑等特色健身比赛项目，体现农体、文体融合，展示海安市小康社会建设成就和农村人居环境整治、美丽乡村建设成果。各区镇（街道）围绕决胜全面小康、弘扬社会主义核心价值观等主题，组织创作一批优秀原创广场舞作品，李堡镇代表队、胡集街道代表队获广场舞大赛特等奖。“硕果飘香晒丰年”板块结合海安市首届农业法治文化节开展系列活动。12月10日，海安中国农民丰收节颁奖晚会在市文化艺术中心举办，晚会上为特色项目、主题宣讲、农业法治文化节等活动中的获奖代表颁奖。（海　鉴）

种　植　业

【概况】 2020年，海安市农作物播种面积156.39万亩。粮食播种面积119.54万亩，总产62.35万吨。小麦统计单产418.3公斤，水稻统计单产644.8公斤，稻麦统计年单产1063.1公斤，稻麦年单产连续13年过吨粮，连续15年保持全省第一。2006—2020年，海安市稻麦年单产平均1058.4公斤，比南通市稻麦年单产平均985.3公斤高出73.1公斤，比全省稻麦年单产平均935.7公斤高出122.7公斤，在江苏非稻麦高产最佳区域连续十五年创造出全省最高产量。油料播种面积5.48万亩，总产量1.57万吨。蔬菜播种面积26.57万亩，总产70.83万吨。

2020年海安市农作物播种面积和产量情况表

表10

指　　标	播种面积（公顷）	单产（公斤/公顷）	总产量（吨）		
			2020年	2019年	增长率
农作物播种面积	104260	—	—	—	—
一、粮食合计	79690	7824	623531	623411	0.0%
1.谷物合计	76350	7959	607647	607596	0.0%
（一）夏收谷物	36710	6274	230317	228805	0.7%
（1）小麦	36570	6274	229458	227947	0.7%
（2）大元麦	140	6136	859	858	0.1%
（二）秋收谷物	39640	9519	377330	378791	−0.4%
（1）稻谷	37200	9672	359798	360914	−0.3%
（2）玉米	2430	7200	17496	17820	−1.8%
（3）其他谷物	10	3600	36	57	−36.8%
2.豆类合计	2990	4264	12748	12765	−0.1%
（1）大豆	2590	4316	11178	11472	−2.6%
（2）蚕豌豆	370	3959	1465	1188	23.3%
（3）其他豆类	30	3500	105	105	0.0%
3.薯类（五折一）	350	8960	3136	3050	2.8%
二、油料合计	3650	4297	15683	14931	5.0%
（一）花生	440	4100	1804	1814	0.6%

续表10

指　　标	播种面积（公顷）	单产（公斤/公顷）	总产量（吨）		
			2020年	2019年	增长率
（二）油菜籽	3200	4335	13872	13110	5.8%
（三）芝麻	10	700	7	7	0.0%
（四）其他油料	—	—	—	—	—
三、药材	350	—	—	—	—
四、蔬菜（含菜用瓜）	17710	40001	708303	691364	2.5%
五、瓜类（果用瓜）	860	56419	48633	48571	0.1%
六、其他农作物	2000	—	—	—	—
其中：青饲料	150	—	—	—	—
绿肥	60	—	—	—	—

（市统计局）

【小麦生产】 2020年，海安市小麦种植54.86万亩，平均统计亩产418.3公斤，比上年增加2.3公斤，连续第12年小麦统计单产列全省第一。雅周周宝进农场“镇麦12”高质高效创建示范方收割16亩，平均亩产631.3公斤，创历史新高。

【水稻生产】 2020年，海安市水稻种植55.8万亩，统计亩产644.8公斤，比上年增加2公斤，连续第8年列全省87个市（县、区）第一位。实施水稻良种推广补贴政策，推广种植“南粳9108”等优质食味水稻品种53.1万亩，占全市水稻种植面积的95.2%，比上年增长6个百分点。水稻出售价格每公斤3.06元，比周边地区每公斤高出0.1元，稻谷亩产值1973元，比上年增长420元。新增水稻侧深施肥20个点4350亩，新增水稻宽窄行钵苗机插示范点6个1500亩，新增水稻育秧工厂流水线43条。

【海安大米】 2020年，海安大米授权企业销售大米23万吨，销售额9.3亿元，比上年增加1.1亿元。南通季和米业有限责任公司获评全国放心粮油示范企业、中国百佳粮油企业、美团优秀供应商，“季和”牌海安大米获评中国十佳粮油优质产品，“季和”牌御膳米获评2020年度“江苏好粮油”产品；南通锦湖农业生态有限公司“金禾元”大米在第四届“江苏好大米”评鉴推介会上获“江苏好大米”金奖，墩头镇获评第三批“江苏味道小镇”；南通百味食品有限公司在首届江苏省绿色种养大赛上获“渔米香”特等奖，并被省稻田绿色种养产业技术创新战略联盟授予2020—2022年稻田绿色种养示范基地。海安大米授权企业——江苏龙顺米业有限公司获评2020年“淮味千年杯”江苏“最美绿色食品企业”，全省仅20家。海安大米种植基地优质产品“香禾园”在2020年寻找“江苏最好吃的大米”品鉴活动暨第六届江苏百姓品米会上获特等奖。12月23日，南通市优质大米品种品鉴会在海安召开，品鉴会征集优质食味水稻品种19个。

（林昌明）

2020年10月30日，大公镇北凌村村民在菜地里忙着采收、包装、运送大白菜

翟慧勇／摄

【蔬菜生产】 2020年，海安市蔬菜种植面积近11万亩，复种面积30.6万亩次，产量70万吨，产值近8亿元。设施蔬菜园艺栽培面积7.6万亩，年产蔬菜19.2万吨，产值5.1亿元。南通穗邦食用菌科技有限公司生产的香菇通过省级园艺作物标准园验收。全市引进推广晚熟大白菜等瓜菜类蔬菜品种8个。南通磐阳阳台园艺公司与南通科技职业技术学院合作“富硒芽苗菜微型植物工厂开发”课题。

【瓜果生产】 2020年，海安市果园面积（不含银杏）1.67万亩，其中，梨园4875

亩、葡萄园4005亩、桃园1560亩；园林水果产量1.35万吨，其中，梨5511吨、葡萄3505吨、桃子1205吨、柿子3165吨；总产值2.08亿元。新引种“红美人”“黄美人”“明日见”等柑橘类品种6个、“丰玉”“冠玉”等枇杷品种3个、“白兔”草莓品种1个。江苏麦迪逊农业科技有限公司与南京农业大学签订葡萄栽培科技合作项目，搭建专家工作平台。市农业农村部门组织果品（梨、葡萄、大秋甜柿）参加全省优质果品评比，获省级金奖5个、银奖8个。全省葡萄产业技术在胡集街道海安玲实葡萄专业合作社、全省早熟梨主干形栽培观摩会在曲塘镇刘圩村海安建国家庭农场同时召开。

（陈爱山）

【种植补贴】 2020年，海安市实施稻谷补贴、农业支持保护补贴（耕地地力保护）、稻麦良种补贴等农业种植补贴，制定《海安市2020年稻谷补贴政策实施方案》《海安市2020年度农业支持保护补贴（耕地地力保护）实施方案》《海安市稻麦良种补贴品种筛选确定规程》，通过面积核实到户、登记造册、公开公示等程序，确定补贴面积和金额，农户补贴资金全部通过惠农补贴“一折通”直接打卡到户。确定稻谷实际生产者补贴面积49.96万亩，发放补贴资金3815.62万元，其中，种植面积小于50亩的生产者补贴面积23.61万亩，发放补贴资金11.77万户1180.4万元；50亩以上（含50亩）的生产者补贴面积26.35万亩，发放补贴资金803户2635.23万元。确定耕保补贴面积61.33万亩，兑付补贴资金18.9万户7360.2万元。确定补贴水稻“南粳9108”“南粳3908”每亩10元，补贴后价格为每公斤3.4元，补贴水稻种子数量76.04万公斤，面积19.01万亩，金额190.1万元；补贴小麦“镇麦12号”“农麦88”“扬麦23”“扬麦29”每公斤0.82元，补贴小麦种子数量240.50万公斤，面积20.41万亩，金额150万元。海安市种子管理站代表南通市在全省种子管理工作交流会上介绍海安良种补贴工作经验。

（林昌明　管怀锦）

【耕地保护】 2020年，海安市继续推进稻麦施肥减量增效，小麦、水稻技术覆盖率95%，氮化肥利用率40%以上，化肥用量比2015年下降5.2%，海安在全省夏收夏种现场会和全省水稻侧深施肥现场会上展示水稻侧深施肥试验和示范工作。采集、分析土壤、植株、肥料等样品4000多项次，实施小麦、水稻田间试验9个，研制发布稻麦配方肥主体配方5个。免费为300多个种植大户、家庭农场等新型经营主体开展个性化测土配方服务。建立化肥减量增效示范区（方），年示范面积5万亩次以上。开展“产需对接、农企合作”社会化服务，8家肥料生产企业被列入省“化肥双减”百家农企合作企业名单，1家商品有机肥企业获评省有机肥优秀企业。开展耕地安全利用工作，编制《海安市受污染耕地安全利用实施方案》，招标确定受污染耕地安全利用技术支撑、实施和监测单位，通过种植业结构调整、应用低累积品种、土壤钝化剂、叶面阻断剂、水肥管理、秸秆离田等措施进行耕地安全利用，安全利用率100%。市农业农村局对自然资源部门提交的“2019年占补平衡补充耕地（1%及第三批）项目”新增耕地组织质量评定，通过资料审核、现场踏勘、采样检测、会议评定、抽查复核等程序，评定10个区镇134个项目992个图斑占补平衡项目新增耕地，新增耕地近2000亩。海安被选定为部级补充耕地质量等级评价试点县，根据《耕地质量等级》《全国耕地质量等级评价指标体系》，对2019年评定的占补平衡项目补充耕地进行等级评价，依托扬州地恒科技有限公司，建立基础数据库与质量等级评价体系，形成《海安市2019年补充耕地质量等级评价报告》。

（陈　斌　丁华萍）

蚕桑业

【概况】 2020年，海安市投产桑园面积6.56万亩，主渠道发种10.74万张，加上社会发种3.2万张，实际饲养量13.94万张，平均张产茧38.5公斤，生产鲜蚕茧5366.9吨，产值2.2亿元。春季桑树发育早冻害损失少，桑叶产量和质量达常年最好水平，秋季桑叶产量和质量与往年持平，叶蚕基本平衡。春蚕茧产量高，张单产40公斤以上，秋蚕张单产37公斤。蚕茧质量达历年同期较好水平，干壳量比上年高1~2级，清洁净度等重要指标为历史最好水平，可以生产AAAAA至AAAAAA级品位厂丝。落实水稻治虫和蚕桑生产安全“双防双保”（开展桑叶病虫害防治、稻田病虫害防治，确保中秋蚕和秋粮生产双丰收）工作，对蚕桑安全有影响的污染企业实行蚕期临时性停产治理，农药中毒、环境污染事故显著下降。海安市蚕桑技术推广站被中国商业联合会评为优质桑蚕丝

2020年5月4日，大公镇群益村林盈蚕业家庭农场内，工人在采桑叶

仇稳山　李小林／摄

生产关键技术研发及其产业化应用二等奖，参与实施的“桑园农药安全应用技术的创新与推广应用项目”获2019年度省科学三等奖。

【扩桑行动】 2020年，海安市委、市政府办公室印发《海安市深入开展扩桑三年行动促进蚕桑产业高质量发展实施意见》，要求2020—2022年，新建桑园2万亩以上，建成现代蚕业示范园、高标准稚蚕共育室各15个以上，新增蚕业家庭农场200个以上、全程机械化规模化养蚕专业户1000户以上，推进蚕桑产业现代化进程，打造百亿级蚕桑茧丝绸产业集群。年内，新栽桑5634.8亩，建成配套高标准小蚕共育室的高效规模现代蚕业示范园区8家，新建蚕业农场85家，累计214家。

【蚕茧保护价收购】 2020年，海安市委、市政府实施蚕茧保护价收购，引导农民使用优良蚕品种、加强饲养和蔟中管理，生产优质蚕茧。通过公开招标，确定鑫缘茧丝绸集团股份有限公司为2020年春茧财政补贴收购的实施企业。市政府常务会决定，在春茧收购时，鲜茧收购保护价均价每公斤44~45元，差额部分由政府和收购企业各承担一半补贴，收购时按质论价。实际春茧收购中，市财政和各收购企业出资约4400万元收购春茧补贴蚕农，其中，市财政出资约800万元，鑫缘茧丝绸集团股份有限公司出资约1000万元，其他丝绸企业出资约2600万元，春茧实际收购价每公斤43.87元。

（王　军）

畜 牧 业

【概况】 2020年，海安市生猪年末存栏30.35万头，年内上市47.3万头，饲养量77.65万头；家禽年末存栏1820万羽，年内出栏1760万羽，饲养量3580万羽；山羊年末存栏44万只，年内上市55万只，饲养量99万只。规模养殖持续稳定发展，建成投产3家5万头以上规模猪场，生猪、禽蛋、肉禽、奶牛规模养殖分别占比为98.02%、99.82%、98.64%、100%。新建4家省级畜牧生态健康养殖示范场，21家通过复检，累计建成生态健康养殖技术应用场477家。海安市被国家蛋鸡产业技术体系确认为“一县一业”示范基地，南通天成现代农业科技有限公司、江苏康瑞生态农业有限公司被认定为示范场。江苏天成科技集团作为首任盟主单位，牵头成立南通市蛋鸡产业联盟。

【生猪生产】 2020年，海安市全力恢复生猪生产，推动生猪产业健康发展，印发《海安市恢复生猪生产保障市场供应政策文件及典型经验交流材料汇编》，宣传推广10家单位恢复生猪生产的典型案例。建立健全生猪扩繁体系，升级改造2家生猪人工供精企业；核发1家母猪扩繁场“种畜禽生产经营许可证”；制定规模猪场新增种猪的奖补政策，鼓励扩大能繁母猪饲养，对符合要求的1471头种猪，每头发放奖补700元。继续执行贷款贴息补助政策，落实2019年全市生猪贷款贴息39.78万元，2020年继续执行统一政策，明确千头以上的养猪场300万元以下贷款由商业银行负责安排、农业担保公司优先担保，300万元以上贷款由农业发展银行负责安排。加快规模猪场建设，建成投产3家5万头以上规模猪场。海安牧原农牧有限公司（白甸一分场）新建猪舍15万平方米，3月开工，7月投产。海安牧原农牧有限公司（雅周二分场）新建猪舍4.1万平方米，其中，平铺猪舍0.9万平方米、楼房猪舍3.2万平方米，8月开工，10月投产。南通晨川牧业有限公司完成一期工程建设，建成平铺猪舍2.08万平方米，7月开工，10月投产。海安市恢复生猪生产工作获农业农村部畜牧兽医局、省农业农村厅肯定。

（储瑞华）

2020年海安市畜牧业生产情况表

表11

指　标	单位	2020年	2019年	增长率
大牲畜年末存栏数	头	2200	1440	52.8%
其中：乳牛	头	1500	1170	28.2%
生猪年末存栏量	万头	28.91	7.19	302.1%
其中：能繁殖的母猪	万头	2.60	0.45	477.8%
肥猪年内出栏量	万头	45.53	39.10	16.4%
羊年末存栏量	万只	30.64	36.04	−15.0%
羊年内出栏量	万只	53.86	55.82	−3.5%
家禽年末存栏量	万羽	1350.76	1544.27	−12.5%
家禽年内出栏量	万羽	1322.45	1592.43	−17.0%
兔年末存栏量	万只	1.83	2.56	−28.4%
兔年内出栏量	万只	5.30	16.82	−68.5%
兔毛产量	吨	2.20	20.00	−89.0%
肉类总产量	吨	61201	61663	−0.7%
其中：猪肉产量	吨	33700	29755	13.3%
牛肉产量	吨	40	55	−27.8%
羊肉产量	吨	5760	5572	3.4%
禽肉产量	吨	21701	26281	−17.4%
牛奶产量	吨	7320	3300	121.8%
禽蛋产量	吨	147580	169100	−12.7%

（市统计局）

渔 业

【概况】 2020年，海安市拥有全部水产养殖面积22万亩，实现水产品总产量4.74万吨，比上年增长2.95％；渔业经济总产值80.73亿元，比上年增长0.64%。淡水养殖面积7.29万亩，淡水产品产量3.93万吨，其中，淡水养殖产量3.23万吨、淡水捕捞7020吨，人工繁育鱼苗25.5亿尾；海水养殖面积14.71万亩，海水产品产量8116吨，其中，海水养殖产量1980吨、海洋捕捞6136吨。新增高效设施渔业面积3200亩，累计9.35万亩。新增稻鱼综合种养面积2399亩，累计3821亩。高附加值特种养殖规模明显扩大，特色水产品放养面积18.2万亩，占水产养殖面积比重82.7%。雅周现代农业园区探索“稻鸭共生”生态种植模式，每50平方米放养1只鸭，建成稻鸭共作示范田100多亩。2019年冬至2020年春，改造池塘5000亩，重点进行池坝加固、加宽，池底清淤，生态化改造。海安渔业生产在全省有影响，全省沿海渔港渔船综合管理现场推进会、全省海洋渔业发展工作集中研讨会、全省秋季渔情调研座谈会在海安召开。

2020年7月14日，雅周现代农业园区稻鸭共作示范田里的小麻鸭在觅虫

姜明／摄

2020年海安市渔业生产情况表

表12

指　标	单位	2020年	2019年	增长率
产品总量	吨	47425	46065	3.0%
一、海水产品合计	吨	8116	8450	−4.0%
鱼类	吨	2710	2920	−7.2%
甲壳类	吨	1505	1724	−12.7%
贝类	吨	1121	937	19.6%
藻类	吨	1400	1579	−11.3%
其他	吨	1380	1290	7.0%
二、内陆水产品	吨	39309	37615	4.5%
鱼类	吨	31049	29900	3.8%
甲壳类	吨	4720	4443	6.2%
贝类	吨	3370	3130	7.7%
其他	吨	170	142	19.7%
在总产量中：养殖产量	吨	34269	32685	4.8%

（市统计局）

【长江禁渔工作】 2020年，海安市政府制定《海安市长江水域禁捕工作实施方案》，成立长江禁捕工作领导小组，市农业农村局、市公安局、市商务局等联合发布《关于长江水域常年禁渔的通告》。7月，召开长江水域禁捕工作推进会，会议部署打击长江水域非法捕捞、非法经营长江水生生物行动等工作，要求实现“生产企业无加工、线上线下无销售、餐饮单位无供应、所有环节无广告”，并探索长效管理机制。全年，开展长江流域禁捕宣传活动353场次，多次约谈长江退捕渔民。开展农贸市场长江禁售检查，派出执法人员1150人次，检查市场主体755家次。8月，市市场监管局、市农业农村局等部门沿曲雅河、栟茶河、如海河联合开展长江禁捕海安河道打击非法捕捞巡查活动。9月1日，国家市场监管总局执法稽查局局长燕军率督查组到海安督导长江禁渔工作，实地调研中洋集团养殖基地，对其开展长江珍稀鱼类保护性开发工作给予肯定。

【渔业反走私工作】 2020年，海安市成立打击走私综合治理领导小组，登船对海洋渔船开展反走私检查和宣传。市农业农村局联合滨海新区农业农村局、海安裕丰渔业服务有限公司与渔船船主签订反走私责任书。开展涉渔“三无”（无船牌名号、无船舶证书、无船籍港）船舶排查，派出检查人员46人次，海上查获浮子筏2艘，港口查获“三无”玻璃钢快艇1条，进行集中销毁。加大水生野生动物保护力度，市广播电台《应急之声》《法治热线》栏目专题宣传水生野生动物保护工作，市农业农村局、市公安局等多部门联合在城区农贸市场开展“禁售禁食国家保护野生动物”突击执法检查行动，检查市场3家、经营户40余家，未发现违法犯罪行为。

【渔业生产管理】 2020年，海安市持续开展渔业资源增殖放流活动，增殖放流的品种为鲢鱼、鳙鱼、草鱼、鳊鱼、河蟹等，在一、二级河道等非养殖区放流夏花鱼苗400万尾、中华绒螯蟹V期幼蟹100公斤。8月5日，在曲雅河雅周段首次开展渔业生态补偿放流活动，依法将非法捕捞水产品案件当事人自愿交纳的渔业资源和生态补偿费6000元，用于购买鱼苗22万尾并实施放流。开展南美白对虾养殖污染专项整治"回头看"活动，市农业农村局全面摸排南美白对虾养殖、转产情况，检查养殖过程中是否添加海水晶、盐等盐类物质，市生态环境局重点检查锅炉整治和养殖尾水排放情况，市水利局督查非法取用地下水情况。开展海洋养殖渔船减船转产工作，13艘养殖渔船退出海洋养殖生产。4月21日，全省海洋渔业发展工作集中研讨会在海安召开，连云港、盐城、南通沿海三市农业农村局相关领导，省海洋水产研究所、江苏海洋大学相关领导和技术专家近20人参加会议，会议梳理并研究沿海三市海洋渔业发展情况。9月23日，全省大宗鱼类、条斑紫菜秋季调研座谈会在海安召开。11月24日，农业农村部渔业渔政管理局到海安调研现代渔业发展情况，对海安渔业创新绿色发展情况给予肯定。

【渔港渔船管理】 2020年，海安市加强渔港管理，投入600万元用于渔港维修建设。全面推行"港长制"，市政府办公室制定《海安市推行渔港"港长制"实施方案》，下发《海安市政府办公室关于确认老坝港渔港为长期渔港的通知》《海安市老坝港渔港港章》，角斜镇政府下发《关于明确老坝港渔港"港长"的通知》，全面落实渔港"港长制"，老坝港滨海新区（角斜镇）实行镇长亲自抓，分工副镇长具体抓，区镇海洋与渔业局、安监局分工具体负责的管理体系。4月20—21日，全省沿海渔港渔船综合管理现场推进会在海安召开，全省沿海渔业重点县（市、区）分管领导、沿海设区市农业农村局相关负责人等70余人参加会议。会议布置全省沿海渔港确认工作，海安市、启东市、赣榆区、东台市做交流发言，与会人员现场参观吕四渔港综合治理情况和海安老坝港滨海新区渔船安全属地监管情况。11月，江苏渔港监督局将内河渔业船舶和船长30米以下海洋渔业船舶的检验、登记业务交由船籍港市、县（市、区）的渔船检验、渔港监督机构承担（其中船长大于等于24米的海洋渔业船舶初次检验业务仍由江苏渔船检验局承担），是月25日，向海安移交苏海安渔00109等53艘渔业船舶的检验和登记档案。（贲秀林）

农业基础建设

【概况】 2020年，海安市继续推进高标准农田建设，高标准农田累计74.48万亩，占比93.05%，继续保持南通市第一。新建3个高标准农田建设示范区，其中，开发区、李堡镇高标准农田建设示范区建成，洋蛮河高标准农田建设示范区创新运用智能化控制、生态化建设、土壤改良、无人机施肥、粮食一体化加工等现代化农业技术，打造南通唯一、全省领先、全国一流的高标准稻麦种植示范区。4月15日，南通市高标准农田建设项目推进会在海安召开。5月21日，江苏省副省长赵世勇到海安调研高标准农田建设工作，对海安的经验做法给予肯定。6月10日，全省高标准农田建设项目竣工验收工作推进会在海安召开。中国农村杂志社到海安采风高标准农田建设现场。重点水利工程管理提质增效，新建海堤挡浪墙二期等省级水利工程维修养护项目，北凌新闸管理所创建省三级水管单位。开展安全生产专项整治行动、建筑施工领域"百日行动"，聘请第三方社会服务机构安全专家开展问题隐患排查，水利系统连续三年实现安全生产无事故。巩固安全生产标准化单位创建成果，贲家集泵站、北凌新闸安全鉴定项目完工。

【高标准农田建设工程】 2020年，海安市实施完成2019年度高标准农田建设项目扫尾工程，2019年度高标准农田建设项目11个，总投资约1.5亿元，涉及9个区镇，建设面积5.29万亩。提档升级老项目工程0.89万亩，其中，雅周镇周机村0.39万亩，大公镇东部仲洋村、凌东村封闭涝区0.5万亩。新安排项目工程4.4万亩，其中，财政补助资金建设高标准农田3.4万亩、中央预算内资金建设高标准农田1万亩。新建开发区和李堡镇2个高标准农田建设示范区。8月，所有项目通过南通市级验收。

启动2020年度高标准农田建设项目11个，总投资近1亿元，涉及10个区镇，建设面积5.2万亩。除雅周镇张垛村高标准农田建设项目工程0.1万亩，新安排项目工程5.1万亩。新建洋蛮河高标准农田建设示范区，建成南通市唯一的高标准稻麦种植示范区。

2020年度海安市高标准农田建设工程情况表

表13

区　镇	总投资（万元）	财政投资（万元）			涉及村及具体面积
		中央	地方配套		
			省级	海安市级	
开发区	692.50	312.19	285.41	94.90	品建村0.20万亩，堑南村0.11万亩
高新区	1795.00	946.63	636.49	211.88	界河村0.31万亩，营溪村0.37万亩，孙庄村0.26万亩
老坝港滨海新区	787.50	453.18	250.76	83.56	范堑村0.45万亩

续表13

区　镇	总投资（万元）	财政投资（万元）			涉及村及具体面积
		中央	地方配套		
			省级	海安市级	
曲塘镇	892.50	513.60	284.20	94.70	花庄村0.30万亩，顾庄村0.21万亩
李堡镇	710.00	322.26	290.99	96.75	园墩村0.32万亩
大公镇	805.00	463.25	256.34	85.41	贲集村0.46万亩
墩头镇	1085.00	624.37	345.50	115.13	宝祥村0.62万亩
白甸镇	525.00	302.12	167.18	55.70	刘季村0.14万亩，官垛村0.16万亩
南莫镇	1400.00	805.65	445.8	148.55	青墩村0.43万亩，沙岗村0.37万亩
雅周镇	682.50	392.75	217.33	72.42	钱庄村0.39万亩
雅周镇	—	—	—	—	张垛村0.10万亩
合计	9375.00	5136.00	3180.00	1059.00	5.20万亩

【农田水利工程】 2020年，海安市实施重点水利工程项目8个。实施农村河道疏浚整治项目，疏浚整治县级河道4条、乡级河道4条、村级河沟91条，拆坝建涵（桥）192座。实施农村河道、沟塘黑臭水体整治项目，整治农村河道、沟塘黑臭水体143条（处）。实施里下河圩口闸闸门及启闭结构改造项目，改造圩口闸钢闸门80座。实施圩口闸、排涝站、闸站结合工程更新拆建项目，更新拆建圩口闸30座、排涝站20座和闸站结合工程5座。实施险工圩堤培修达标项目，圩堤退圩加固20千米，新建圩堤护岸6千米。实施淮河流域重点平原洼地近期治理工程项目，拆建更新章郭南闸、胡集南闸、五里南闸、双楼西闸、双楼东闸、曲中闸。实施中小河流治理重点县项目（曲塘镇、李堡镇项目区工程），疏浚整治河道35条、总长66千米，新建河道护岸33千米。实施中小河流治理重点县项目（滨海新区、大公镇、雅周镇项目区工程），疏浚整治河道59条、总长85千米，新建河道护岸51千米。

（魏东生　王　飞）

农业机械

【概况】 2020年，海安市农业机械原值9.8亿元，净值7.1亿元，比上年增加0.8亿元。农机总动力70.8万千瓦，拥有各类农业机械7万台（套），主要农业机械有小型拖拉机3340台、大中型拖拉机1622台、联合收割机1442台、水稻插秧机2170台、植保机械1.1万台。拥有机电排灌泵站近3900座，其中排涝车口280座。农业综合机械化水平91.5%。全省夏收夏种暨促进粮食稳产增效现场推进会、全省水稻机械化种植现场推进会在海安召开。

全市完成机耕面积115.5万亩，机播面积112.2万亩（含机直播和机插），机灌面积73.22万亩，机收面积113.6万亩，机植保面积112.5万亩。农机经营总收入6.58亿元，比上年增加800万元。在农机经营活动中，购买联合收割机、插秧机及大中型拖拉机外出跨区作业是农民投资致富的经济增长点。全年，引导联合收机跨区作业1200台次，完成跨区机收面积90万亩；引导高速插秧机跨区作业700台次，完成跨区机插面积80万亩。全市农机跨区作业总收入1.12亿元。

【粮食种植全程机械化】 2020年，海安市获评全国第五批率先基本实现主要农作物生产全程机械化示范市。水稻种植面积55.8万亩，机械化耕整地面积55.2万亩，机械化种植面积47.1万亩，机插秧面积45.6万亩，机械化收割面积55.35万亩，耕种收综合机

2020年3月3日，海安市雅周镇鸭湾村鸿慧家庭农场内，负责植保专业化防治的村民们在小麦地里进行喷药作业

翟慧勇／摄

械化率94.68%，其中，种植机械化率84.44%，收割机械化率99.16%。小麦种植面积54.75万亩，机械化耕整地面积54.3万亩，机械化种植面积52.95万亩，机械化收割面积54.45万亩，小麦耕种收综合机械化率98.37%，其中，种植机械化率96.58%，收割机械化率99.32%。

【农机新机具和新技术推广】 2020年，海安市农机购置补贴系统网上登记录入推广应用各类机具2023台，其中，高速插秧机189台（含全自动无人插秧机7台）、大中拖148台、秸秆捡拾打捆机20台、联合收割机50台、喷杆喷雾机78台、无人植保飞机60台、其他各类机具1478台。开展油菜机械化种植试验示范工作，选定海安五一家庭农场为试验主体，落实试验示范面积50亩。

（杨　进）

农业产业化

【概况】 2020年，海安市加快推进农业产业化，成为率先基本实现农业农村现代化试点县。海安市拥有农业园区13家，其中，省级2家、南通市级2家，继续推进城郊农业园区发展，完成海安国家现代农业产业园规划及创建方案编制工作，并申报国家级现代农业产业园。隆政街道新丰村（蚕桑）获评第十批全国"一村一品"示范村镇，全市累计拥有6家，光明村获评全国乡村特色产业亿元村。新增苏琪食品、德心生猪、康德蛋业3家省农业产业化示范联合体，全市累计拥有8家。南通市蛋鸡、渔业、稻米三大产业联盟在海安成立。加快发展休闲农业，雅周现代农业园区获评省休闲农业与乡村旅游四星级示范园区，桃梨满园创意园、盛雅大樱桃主题园获评省主题创意农园；海安市四季河豚美食亲子休闲二日游线路入选省100条休闲旅游农业精品线路；麻虾炖鸡蛋、小蒜炖咸肉获评江苏省百道乡土地标菜。

（王爱东　薛　岩）

【农业项目建设】 2020年，海安市新开工亿元以上农业项目59个，其中农产品加工项目7个；新竣工亿元以上农业项目41个，其中农产品加工项目9个。新开工千万元以上农业项目107个，新竣工96个。牧原集团投资15亿元的年出栏生猪30万头现代化规模生猪养殖场，实现当年开工、当年建成投产。天成饲料加工、旺金干坚果加工、婷婷蛋制品加工、中辉食品工业园、康瑞蛋鸡养殖场等项目均建成投产。新招引落户项目5个，分别为精品果蔬项目、蚕种饲养中心项目、葡萄种苗培育中心项目、香草风情园项目、四季果园项目。

（周永法　薛　岩）

2020年海安市亿元以上农业项目情况表

表14

序号	项目名称	建设单位	主要建设规模和内容	建设起止时间	总投资（亿元）	至2020年年底建设情况	项目地点	项目确认数			
								开工	其中，加工	竣工	其中，加工
1	旺金干坚果产业园	南通市旺金商贸有限公司	项目占地4.54公顷，建筑总面积约5.4万平方米	2020.02—2021.09	2.50	一期工程建成，建筑总面积约2.1万平方米，其中，加工车间1.52万平方米、物流仓库6050平方米	城东镇界墩村	3	1	2	—
2	进出口农产品冷链物流基地项目	江苏海安商贸物流集团有限公司	项目建筑总面积约4万平方米，建设冷库2栋	2020.01—2021.12	3.00	冷库主体工程在建	城东镇界墩村	4	—	—	—
3	国宇农产品冷链物流项目	南通国宇物流有限公司	项目建筑总面积4.5万平方米，开工建设面积3.76万平方米。建设农产品冷库1栋1.36万平方米、农产品仓库1栋1.36万平方米、农产品交易中心3栋	2019.06—2020.12	2.20	农产品交易中心主体工程封顶，农产品仓库主体基本建成，冷库开工建设	城东镇刘缺村	3	—	2	—
4	家得福冷链物流项目	南通家得福物流有限公司	项目建设总面积2.59万平方米，其中，建设农产品仓库2栋1.87万平方米、农产品交易中心1栋7200平方米	2019.06—2020.12	1.20	交易中心和2栋仓库均已完成框架基础	城东镇界墩村	1	—	—	—
5	游龙家禽食品加工项目	南通游龙肠衣食品有限公司	项目建筑总面积约1.43万平方米，建设食品加工车间1栋	2020.02—2020.12	1.00	食品加工车间主体工程封顶	城东镇葛家桥村	1	1	—	—
6	天成高档畜禽水产饲料加工项目	江苏天成科技集团南通饲料有限公司	项目建筑总面积5.46万平方米，新建饲料加工主车间、成品仓库、辅助生产车间、原料仓库各1栋	2019.01—2020.01	2.50	竣工	城东镇界墩村	—	—	2	2

续表14

序号	项目名称	建设单位	主要建设规模和内容	建设起止时间	总投资（亿元）	至2020年年底建设情况	项目地点	项目确认数			
								开工	其中，加工	竣工	其中，加工
7	耐查尔西点项目	耐查尔西点有限公司	项目建筑总面积1.09万平方米	2019.06—2020.03	1.10	竣工	城东镇界墩村	—	—	1	1
8	中辉食品工业园二期工程	中辉江苏食品工业园投资开发有限公司	项目建筑总面积2.23万平方米，建设食品加工车间6栋2.10万平方米	2019.01—2020.09	1.30	竣工	城东镇三角村	—	—	1	1
9	中辉食品工业园三期工程	中辉江苏食品工业园投资开发有限公司	项目建筑总面积约5万平方米，新建食品加工车间12栋2.55万平方米	2020.01—2020.12	2.50	基本建成	城东镇三角村	3	3	1	1
10	康瑞养殖二期工程	江苏康瑞生态农业有限公司	项目建筑总面积1.15万平方米，新建鸡舍6栋9216平方米、育雏舍2栋2328平方米，投入3438万元购买蛋鸡养殖设备6套，投入577.8万元购买育雏设备2套	2020.01—2020.09	1.00	竣工	城东镇韩洋村	1	—	1	—
11	八星湖生态休闲农业	海安腾海建设有限公司	项目总规划面积80.04公顷，修整湖岸6.7千米，建成湿地8.6万平方米、水生植物带15.7万平方米、养殖水面41.35公顷，集聚观赏、滨水休闲、花林康养、生态湿地、亲水娱乐一体，养殖水面、绿化、道路已形成	2018.01—2020.10	2.40	竣工	城东镇农林村	1	—	1	—
12	怡心园康养农旅项目	江苏海迅实业集团股份有限公司	项目一期工程总建筑面积6529.6平方米，其中，魏建功陈列馆1828.9平方米、艺术陈列馆约783.8平方米、国学馆783.8平方米、仲子书院前排工程3133.1平方米	2020.03—2025.06	4.00	部分建筑主体工程封顶	城东镇壮志村	1	—	1	—
13	婷婷蛋制品加工项目	海安市婷婷农副产品有限公司	项目建筑总面积约3.1万平方米，建设生产车间（3栋）、成品保鲜库、物流车间、研发中心及相关配套用房	2019.01—2020.02	1.50	竣工	城东镇石桥村	—	—	3	3
14	自动化大米加工车间	南通季和米业有限公司	新建全自动真空包装车间和编织车间1.1万平方米，投入3000万元购买设备	2020.02—2020.06	1.00	建成投产	海安街道凤山村	1	1	1	1
15	通海大市场建设	海安市新通市场有限公司	建设市场经营用房和附属用房3.1万多平方米	2020.04—2020.12	2.00	主体工程在建	海安街道	1	—	—	—
16	中储粮粮食物流项目	中央储备粮南通直属库有限公司	2019年确认的粮食仓储开工项目	2019.12—2020.08	1.00	竣工	海安街道凤山村	—	—	1	—
17	孙庄界河猪场	南通晨川牧业有限公司	项目占地5.47公顷，建设猪舍及配套附属设施2.09万平方米	2020.06—2020.11	1.20	基本建成	孙庄街道界河村	1	—	1	—
18	麦迪逊智能温室二期工程	江苏麦迪逊农业科技有限公司	建设智能温室大棚2.5万平方米、配套设施5000平方米	2019.10—2020.06	3.00	竣工	胡集街道拥徐村	1	—	1	—
19	玫瑰园智能温室大棚	海安恩典农业科技有限公司	建设智能温室大棚3万平方米及配套基础设施	2019.10—2020.06	3.00	建成	胡集街道拥徐村	1	—	1	—

续表14

序号	项目名称	建设单位	主要建设规模和内容	建设起止时间	总投资（亿元）	至2020年年底建设情况	项目地点	项目确认数			
								开工	其中，加工	竣工	其中，加工
20	农业观光	江苏中能木本植物油有限公司	牡丹、元宝枫、芍药等一、二、三产业融合发展项目	2020.07—2021.03	1.00	平整土地	隆政街道海北村	1	—	1	—
21	鳗鱼工厂化养殖项目	吴发银	建设钢结构工厂化养殖池约1.5万平方米，配套建设管道、排水设施以及生产设备等	2020.02—2020.8	0.80	竣工	滨海新区滩涂	1	—	1	—
22	鳗鱼工厂化养殖项目	海安市鹏程鳗业有限责任公司	建设钢结构工厂化养殖池约1.8万平方米，配套建设管道、排水设施以及生产设备等	2020.02—2020.12	0.80	1.50万平方米钢结构开工建设	滨海新区五虎村	2	—	1	—
23	千亩钢架大棚种植项目	顾国华	建设连片钢架大棚设施85.38公顷以及路、渠、电等配套基础设施	2020.01—2020.05	0.30	竣工	滨海新区滩涂	1	—	1	—
24	工厂化鳗鱼养殖及加工	建泽现代渔业发展有限公司	项目分三期建设，建设工厂化养殖池6万平方米、生产加工厂房1万平方米以及烤鳗生产加工线等	2020.01—2021.12	2.00	新建养殖池1.5万平方米	滨海新区川港村	1	—	—	—
25	全自动化生态养殖项目	张健	新建钢砖混结构设施大棚1.33公顷，配套建设粪污处理、给排水设备、供电设备、消毒设备、自动化养殖设备以及路渠基础设施	2020.03—2020.09	0.50	竣工	滨海新区滩河村	1	—	1	—
26	鳗鱼工厂化养殖项目	许群	新建钢结构工厂化养殖池约1.2万平方米，配套建设管道、排水基础设施以及生产设备等	2020.02—2020.08	0.80	竣工	滨海新区滩涂	1	—	1	—
27	鳗鱼工厂化养殖项目	任永宏	新建钢结构工厂化养殖池约1.5万多平方米，配套建设管道、排水基础设施以及生产设备等	2020.07—2020.12	0.60	竣工	滨海新区	1	—	1	—
28	休闲旅游	曲水湖生态旅游有限公司	项目占地面积27.61公顷，建设集旅游、休闲、娱乐、餐饮于一体的度假村	2020.01—2020.12	2.00	竣工	曲塘镇大陈庄	1	—	1	—
29	秸秆纤维化项目	海安市鸿泰新材料有限公司	新建厂房1.2万平方米，投入1500万元建设秸秆收储、加工、纤维化及纸浆加工设备	2020.11—2021.12	1.20	基础建设基本完成	曲塘镇胡庄村	1	—	—	—
30	蚕桑示范园区	海安市绿水现代农业园发展有限公司	建设桑园30.02公顷、多功能大棚1.10万平方米、稚蚕标准供育室200平方米	2020.03—2020.09	0.30	桑园建成	曲塘镇李庄村	1	—	1	—
31	蛋鸡养殖	南通盛牧农业发展有限公司	建设全自动养殖及育雏鸡舍1万平方米、饲料加工生产线1条、蛋库500平方米	2019.10—2020.09	1.10	竣工	曲塘镇富民村	—	—	1	—
32	陈庄度假村	顾强	项目占地面积13.34公顷，其中水面4.67公顷，建设集农业采摘、垂钓、养殖于一体的休闲度假村	2020.01—2020.06	1.00	竣工	李堡镇陈庄村	1	—	1	—
33	优质西瓜生产基地	海安市民发果蔬有限公司	项目占地面积76.24公顷，配套建设西瓜大棚等	2020.01—2020.03	1.02	竣工	大公镇常河村	1	—	1	—
34	30万羽现代化养鸡项目	南通青墩禽业有限公司	建设标准化鸡舍6栋2万平方米、育雏室2栋4000平方米、办公用房400平方米以及有机肥处理中心等	2019.08—2020.03	1.50	竣工	墩头镇新海村	—	—	1	—
35	休闲观光项目	南通里下河投资有限	建设宠物主题岛、古代农业及药农雕塑主题岛、渔港主题岛、盘景主题园、牡丹主题园等	2019.11—2020.06	1.50	竣工	墩头镇仇湖村	1	—	1	—

续表14

序号	项目名称	建设单位	主要建设规模和内容	建设起止时间	总投资（亿元）	至2020年年底建设情况	项目地点	项目确认数			
								开工	其中，加工	竣工	其中，加工
36	饲料加工项目	海安佳音畜牧科技有限公司	建设饲料加工车间及仓库8500平方米、办公楼2500平方米，建设饲料生产线2条	2019.12—2020.12	1.10	在建	墩头镇墩西村	1	1	—	—
37	现代化生猪养殖场	牧原集团	项目占地面积22.34公顷，建设猪舍及沼液发酵处理中心等配套设施30万平方米	2020.03—2021.03	15.00	15万平方米工程竣工	白甸镇周垛村、施溪村	15	—	4	—
38	甸上休闲农业园	江苏汉铭文化发展有限公司	项目占地面积10.41公顷，建设集农业种养、农事实践、休闲观光、餐饮食宿于一体的综合农业园，其中主题教育馆等设施建筑面积2万平方米	2020.03—2020.12	2.00	主体工程封顶	白甸镇白甸村	1	—	—	—
39	智慧光热食用菌产业园	江苏博旭农业科技发展有限公司	项目占地面积16.34公顷，建设工厂化菇房3万平方米、食用菌研发中心3500平方米、菇产品加工车间3000平方米	2020.06—2022.10	3.87	签订土地流转协议，项目开工建设	南莫镇邓庄村	1	—	—	—
40	朱楼村大棚西瓜种植	王山	项目占地面积80.04公顷，建设钢架西瓜大棚66.7公顷	2020.11—2021.01	1.06	竣工	南莫镇朱楼村	1	—	1	—
41	现代蚕业	海安城建集团	建设小蚕共育基地10万平方米	2020.01—2021.12	3.00	在建	雅周现代农业园	1	—	1	—
42	养殖类	海安牧原农牧有限公司	建设全智能、无污染养殖基地配套设施	2020.09—2020.12	2.00	竣工	雅周镇杭窖村	1	—	1	—

说明：海安市亿元农业项目的认定由投资额与建设规模两部分组成，建设规模达1万平方米的，可认定为1个亿元项目

【农业产业联盟建设】 2020年，海安市推动农业产业联盟建设，打造区域特色农业品牌，推动农业产业转型升级。8月28日，南通市蛋鸡产业联盟成立大会在海安召开，会议讨论通过《南通市蛋鸡产业联盟章程》及《南通市蛋鸡产业联盟自律公约》，选举产生南通市蛋鸡产业联盟理事长、常务理事、监事长、监事，提名联盟秘书长，江苏天成科技集团总裁陈敏当选联盟理事长。是日，南通市渔业产业联盟成立大会在海安举行，会议选举产生南通市渔业产业联盟理事会领导班子，审议通过《南通市渔业产业联盟章程》《南通市渔业产业联盟自律公约》，南通龙洋水产有限公司等27家企业入选第一批联盟成员单位，江苏中洋集团股份有限公司常务副总裁朱永祥当选联盟理事长。9月19日，南通市稻米产业联盟成立大会在海安召开，会议表决通过《南通市稻米产业联盟章程》《南通市稻米产业联盟自律公约》，南通季和米业有限责任公司总经理刘昌明当选联盟理事长，首批成员单位66家。 （贲秀林　林昌明）

【物联网与智能农业】 2020年，海安市新增智能农业（农业物联网应用）示范点18个，覆盖面积1051亩。规模设施栽培总面积5898亩，其中智能化设施栽培面积1025亩；规模设施畜禽养

2020年7月8日，村民在雅周现代农业园玻璃温室内展示无土栽培的辣椒
姜明／摄

殖总量1797.23万只，其中智能化设施畜禽养殖量1069.55万只；规模设施水产养殖总面积2.65万亩，其中智能化设施水产养殖面积8418.85亩。规模设施农业物联网应用占比29.14%。雅周现代农业园智慧园区和“三区六景”园区平台载体项目全部建成。

（周　卫）

新型农业经营主体

【农业龙头企业】 2020年，海安市累计培育农业龙头企业139家，其中，国家级2家、省级18家、南通市级54家，国家级农业龙头企业数列南通第一。南通泰和食品有限公司、江苏三零面粉海安有限公司获批省级农业产业化重点龙头企业，鑫缘茧丝绸集团股份有限公司等9家企业入选全国500强农业龙头企业。里下河米业南通有限公司、江苏盛大生物科技有限公司、南通沪源米业有限公司、江苏桂陵饲料有限公司、江苏富海生物科技有限公司、南通海菲食品有限公司在江苏股权交易中心“农业板”挂牌。

2020年海安市拥有南通市级以上农业龙头企业一览表

表15

序号	企业名称	认定层级	序号	企业名称	认定层级
1	鑫缘茧丝绸集团股份有限公司	国家	30	南通市穗兴粮油收储有限公司	市级
2	江苏中洋集团股份有限公司	国家	31	江苏家惠生物科技有限公司	市级
3	江苏天成科技集团有限公司	省级	32	海安市江山米业有限公司	市级
4	南通家惠油脂发展有限公司	省级	33	海安市苏豪制丝有限公司	市级
5	江苏海辰科技集团有限公司	省级	34	海安市天香米业有限公司	市级
6	海安兰波实业有限公司	省级	35	江苏永昌粮业有限公司	市级
7	江苏康德蛋业有限公司	省级	36	江苏康利饲料有限公司	市级
8	海安农副产品批发市场有限责任公司	省级	37	亚太星原农牧科技海安有限公司	市级
9	海安市婷婷农副产品有限公司	省级	38	江苏金洲粮油食品有限公司	市级
10	南通嘉纶食品有限公司	省级	39	海丰米业海安有限公司	市级
11	海安润思达食品有限公司	省级	40	南通升环木业有限公司	市级
12	南通季和米业有限责任公司	省级	41	南通穗邦农业科技发展有限公司	市级
13	南通市德心食品有限公司	省级	42	南通天成现代农业科技有限公司	市级
14	江苏苏鹏禽业发展有限公司	省级	43	南通泓源畜牧有限公司	市级
15	江苏苏琪食品有限公司	省级	44	南通市吉佑畜牧有限公司	市级
16	南通游龙肠衣食品有限公司	省级	45	南通尔康生物有机肥料有限公司	市级
17	南通金旺农业开发有限公司	省级	46	南通绿源生物能源有限公司	市级
18	江苏西隆粮油贸易有限公司	省级	47	江苏省富阳牧业有限公司	市级
19	南通泰和食品有限公司	省级	48	南通科飞生态农业发展有限公司	市级
20	江苏三零面粉海安有限公司	省级	49	南通市金桥生物肥料有限公司	市级
21	南通市奇香饼干食品厂	市级	50	南通昌润食品有限公司	市级
22	南通市百味食品有限公司	市级	51	海安百岁休闲农庄有限公司	市级
23	江苏大公山羊市场有限公司	市级	52	南通壹号食品有限公司	市级
24	南通华强布业有限公司	市级	53	江苏怡然园艺有限公司	市级
25	南通盛大饲料有限公司	市级	54	海安市申宇明胶有限公司	市级
26	南通三盛鑫生物科技股份有限公司	市级	55	江苏海迅里昂新能源电力有限公司	市级
27	南通汇益食品有限公司	市级	56	南通沪源精制米厂	市级
28	江苏龙顺米业有限公司	市级	57	江苏邦利牧业有限公司	市级
29	南通福尔生物制品有限公司	市级	58	北大荒粮食集团南通西隆贸易有限公司	市级

续表15

序号	企业名称	认定层级	序号	企业名称	认定层级
59	南通海陵肥料有限公司	市级	67	江苏新之润饲料有限公司	市级
60	江苏祝润米业有限公司	市级	68	江苏中洋生态鱼类股份有限公司	市级
61	南通绿之纯食品有限公司	市级	69	江苏盛大生物科技有限公司	市级
62	江苏桂陵饲料有限公司	市级	70	江苏聚仁粮油贸易有限公司	市级
63	南通业华国际贸易有限公司	市级	71	南通龙洋水产有限公司	市级
64	南通王中王食品有限公司	市级	72	南通金伟农畜牧科技有限公司	市级
65	南通海菲食品有限公司	市级	73	里下河大米业有限公司	市级
66	南通龙湖山庄有限公司	市级	74	江苏富海生物科技有限公司	市级

说明：表中市级指南通市级　　（王爱东）

【农民合作社】 2020年，海安市拥有农民合作社974家，其中，国家级示范社7家、省级21家、南通市级44家，农民合作社成员数22.46万个。全市合作社经营总收入27.91亿元，实现盈余1.53亿元，获财政奖补和项目扶持资金232万元。79家农民合作社入选省列入政府优先扶持农民专业合作社名录。累计拥有国家级农民合作社示范社8家；省级示范社91家，新增5家（西博大米专业合作社、百祥山羊专业合作社、琴顺蔬菜专业合作社、美丰谷物种植专业合作社、通扬羊业专业合作社）；南通市级示范社99家，新增13家，新增数南通第一。

2020年海安市拥有南通市级以上农民合作社示范社一览表

表16

序号	示范级别	合作社名称	地　　址	经营类型
1	国家级	海安市苏鹏禽业专业合作社	曲塘镇刘圩村	禽蛋
2	国家级	海安市富民酱菜专业合作社	曲塘镇银树村	酱菜
3	国家级	海安市婷婷禽蛋专业合作社	城东镇工业园区	禽蛋
4	国家级	海安市福宝蔬菜专业合作社	李堡镇李堡村	酱菜
5	国家级	海安市惠农草制品专业合作社	雅周镇许家庄村	草制品
6	国家级	海安市绿华农机专业合作社	墩头镇千步村	种植农机
7	国家级	海安市兴业食用菌专业合作社	角斜镇来南村	食用菌
8	省级	海安市白甸镇西博大米专业合作社	白甸镇白甸村	大米
9	省级	海安百祥山羊专业合作社	城东镇堑南村	山羊
10	省级	海安琴顺蔬菜专业合作社	李堡镇光明村	蔬菜
11	省级	海安美丰谷物种植专业合作社	墩头镇墩头村	粮食
12	省级	海安通扬羊业专业合作社	南莫镇林庙村	山羊
13	省级	海安市镇海渔业专业合作社	角斜镇镇海村	海产
14	省级	海安市源宝水产专业合作社	胡集街道周吴村	水产
15	省级	海安市真德畜禽专业合作社	胡集街道胡集工业园	肉制品
16	省级	海安市嘉纶畜禽专业合作社	隆政街道林桥村	肉制品
17	省级	海安市白甸镇春奎大棚蔬菜专业合作社	白甸镇周垛村	蔬果
18	省级	海安市绿环畜禽生态养殖专业合作社	曲塘镇大陈庄村	禽蛋
19	省级	海安市青墩团结葡萄农地股份合作社	南莫镇青墩村	葡萄
20	省级	海安市泰宁物业农村社区股份合作社	城东镇泰宁村	物业

续表16

序号	示范级别	合作社名称	地　址	经营类型
21	省级	海安市通港渔业专业合作社	角斜镇通港村	海产
22	省级	海安市文正特种养殖专业合作社	墩头镇墩头村	禽蛋
23	省级	海安市仲辉禽蛋专业合作社	城东镇石桥村	禽蛋
24	省级	海安雅欣谷物种植农地股份合作社	雅周镇许家庄村	粮食
25	省级	海安尚品谷物种植专业合作社	雅周镇迴垛村	粮食
26	省级	海安丰乐谷物种植农地股份合作社	雅周镇庞庄村	粮食
27	省级	海安苏合农副产品销售专业合作联社	曲塘镇大陈庄村	农副产品
28	省级	海安澄鑫草制品专业合作社	南莫镇邓庄村	草制品
29	省级	海安港丰谷物农地股份合作社	角斜镇富港村	粮食
30	省级	海安晓兰谷物种植专业合作社	城东镇壮志村	粮食
31	省级	海安市蓝天秸秆利用专业合作社	南莫镇邓庄村	草制品
32	市级	海安角斜农业服务专业合作社联合社	角斜镇来南村	农业服务
33	市级	海安裕泰谷物农地股份合作社	角斜镇顾陶村	粮食
34	市级	海安鼎仓谷物农地股份合作社	角斜镇范堑村	粮食
35	市级	海安凌天谷物农地股份合作社	角斜镇五凌村	粮食
36	市级	海安益丰农地股份合作社	大公镇北凌村	粮食
37	市级	海安凌鼎农地股份合作社	大公镇凌东村	粮食
38	市级	海安宏院谷物农地股份合作社	大公镇王院村	粮食
39	市级	海安兴壮谷物农地股份合作社	城东镇壮志村	粮食
40	市级	海安新立农地股份合作社	城东镇新立村	粮食
41	市级	海安周机谷物种植农地股份合作社	雅周镇周机村	粮食
42	市级	海安鹏展谷物种植农地股份合作社	雅周镇杭窑村	粮食
43	市级	海安追梦谷物种植农地股份合作社	南莫镇青墩村	粮食
44	市级	海安甸上谷物种植农地股份合作社	白甸镇白甸村	粮食
45	市级	海安市兴北水产专业合作社	墩头镇仇湖村	水产
46	市级	海安市苏中山羊专业合作社	大公镇贲集村	山羊
47	市级	海安市宏润畜禽专业合作社	城东镇新生村	畜禽
48	市级	海安保田强农农机专业合作社	城东镇通榆路	农机服务
49	市级	海安市恒丰农机专业合作社	胡集街道胡集村	农机服务
50	市级	海安农源农副产品销售专业合作联社	海安街道	农副产品
51	市级	海安市黄陈水产专业合作社	南莫镇黄陈村	水产
52	市级	海安市雅周植保专业合作社	雅周镇雅周村	植保
53	市级	海安市华达果蔬专业合作社	角斜镇顾陶村	蔬菜
54	市级	海安市富农水稻专业合作社	李堡镇镇南路	粮食
55	市级	海安市大洋农机专业合作社	大公镇仲洋村	农机服务
56	市级	海安葛桥羊业专业合作社	城东镇葛家桥村	山羊
57	市级	海安市壮志蔬菜专业合作社	城东镇壮志村	蔬菜

续表16

序号	示范级别	合作社名称	地　址	经营类型
58	市级	海安圆梦农机专业合作社	雅周镇王垛村	粮食
59	市级	海安市白甸镇袁兵草莓专业合作社	白甸镇周垛村	草莓
60	市级	海安市雪梅水产专业合作社	白甸镇官垛村	水产
61	市级	海安市溪水湖水稻专业合作社	墩头镇墩西村	粮食
62	市级	海安周垛水稻农地股份合作社	白甸镇周垛村	粮食
63	市级	海安壮志民宿专业合作社	城东镇壮志村	民宿
64	市级	海安港沪禽蛋专业合作社	角斜镇江海村	禽蛋
65	市级	海安恒祥禽蛋专业合作社	李堡镇李灶村	禽蛋
66	市级	海安恒益羊业专业合作社	城东镇农林村	山羊
67	市级	海安龙祥禽蛋专业合作社	海安镇林桥村	禽蛋
68	市级	海安市富阳奶牛专业合作社	胡集街道胡集村	牛奶
69	市级	海安市宜友生猪专业合作社	胡集街道青萍港村	生猪
70	市级	海安德心生猪专业合作社	曲塘镇兴曲村	生猪
71	市级	海安科牧禽业专业合作社	曲塘镇顾庄村	畜禽
72	市级	海安瑞欣谷物种植专业合作社	雅周镇庞庄村	粮食
73	市级	海安乾源水产养殖专业合作社	墩头镇墩北村	水产
74	市级	海安王俊水稻专业合作社	墩头镇杜楼村	粮食
75	市级	海安马成谷物种植农地股份合作社	大公镇马舍村	粮食
76	市级	海安青山水稻农地股份合作社	曲塘镇李庄村	粮食
77	市级	海安虬湖谷物种植农地股份合作社	墩头镇仇湖村	粮食
78	市级	海安官垛民宿专业合作社	白甸镇官垛村	民宿
79	市级	海安汉谷龙米业专业合作社	角斜镇角斜村	粮食
80	市级	海安永宏水产专业合作社	角斜镇江海村	水产
81	市级	海安益农农机专业合作社	大公镇群益村	农机服务
82	市级	海安焦氏谷物种植专业合作社	城东镇西场村	粮食
83	市级	海安长盛山羊专业合作社	曲塘镇兴曲村	山羊
84	市级	海安雅园果蔬专业合作社	雅周镇东楼村	蔬菜
85	市级	海安益康食用菌专业合作社	南莫镇邓庄村	食用菌
86	市级	海安初心农地股份合作社	南莫镇校林村	粮食
87	市级	海安爱之舟谷物种植农地股份合作社	南莫镇柴垛村	粮食
88	市级	海安星建农地股份合作社	大公镇星河村	粮食
89	市级	海安市腾浩草业专业合作社	城东镇新立村	草制品
90	市级	海安明轩坊家禽专业合作社	墩头镇墩北村	禽蛋

说明：表中市级指南通市级

（王　庆）

【家庭农场和新型合作农场】 2020年，海安市完善家庭农场名录管理系统，4121家各类规模农业经营主体信息全部被纳入系统，其中有营业执照的家庭农场842家。加大示范家庭农场培育力度，获批省级示范家庭农场9家，数量南通第一，累计拥有省级示范农场34家；推荐南通市级示范家庭农场9家，累计拥有南通市级示范农场13家；认定县级示范农场30

家；文霞家庭农场入选省家庭农场典型推介案例，全省仅49家。认定2019年度新型合作农场54家，经营面积2.92万亩；新建新型合作农场13家。至年底，累计建有新型合作农场67家，经营面积3.28万亩，其中合作经营型26家。

2020年海安市拥有南通市级以上示范家庭农场一览表

表17

序号	示范级别	农场名称	经营类型	经营面积（亩）	地　址
1	省级	海安昌银家庭农场	粮食	549	城东镇壮志村
2	省级	海安开路先锋家庭农场	粮食	293	李堡镇李灶村
3	省级	海安春园家庭农场	园艺	150	白甸镇周垛村
4	省级	海安弘圣家庭农场	粮食	210	曲塘镇周桥村
5	省级	海安文霞家庭农场	园艺	420	白甸镇周垛村
6	省级	海安胜兰家庭农场	种养结合	粮食80亩 水面124亩	白甸镇刘季村
7	省级	海安俞万家庭农场	粮食	1005	隆政街道联合村
8	省级	海安升和家庭农场	粮食	530	墩头镇宝祥村
9	省级	海安仁明家庭农场	园艺	110	大公镇古贲村
10	省级	海安禹顽家庭农场	种养结合	粮食750亩 羊600只	大公镇于坝村
11	省级	海安金百莲家庭农场	粮食	400	白甸镇周垛村
12	省级	海安永丰家庭农场	种植业	319	曲塘镇群贤村
13	省级	海安永安家庭农场	种养结合	粮食650亩 猪80只	大公镇常河村
14	省级	海安素琴水稻种植家庭农场	粮食	692	南莫镇黄陈村
15	省级	海安国梅家庭农场	粮食	1025	城东镇壮志村
16	省级	海安长垎家庭农场	粮食	620	墩头镇长垎村
17	省级	海安周小兵家庭农场	粮食	550	大公镇王院村
18	省级	海安惠琴家庭农场	粮食	1330	雅周镇迴垛村
19	省级	海安春荣家庭农场	粮食	514	墩头镇禾庄村
20	省级	海安十八槐家庭农场	粮食	1617	隆政街道海北村
21	省级	海安鸿慧家庭农场	粮食	920	雅周镇鸭湾村
22	省级	海安鎏鑫家庭农场	粮食	502	角斜镇老庄村
23	省级	海安建顺家庭农场	粮食	480	李堡镇新庄村
24	省级	海安许惠家庭农场	粮食	581	城东镇爱凌村
25	省级	海安南莫联心家庭农场	粮食	525	南莫镇黄陈村
26	省级	海安平生家庭农场	畜牧	30000	李堡镇陈庄村
27	省级	海安源田家庭农场	蔬菜	209	城东镇壮志村
28	省级	海安红梅家庭农场	蔬菜	150	大公镇凌东村
29	省级	海安可新家庭农场	粮食	630	李堡镇蒋庄村
30	省级	海安荣昌家庭农场	粮食	580	南莫镇高杨村
31	省级	海安海丰艺园家庭农场	粮食	432	李堡镇新庄村
32	省级	海安鱼翔家庭农场	水产	150	南莫镇沙岗村

续表 17

序号	示范级别	农场名称	经营类型	经营面积（亩）	地　址
33	省级	海安冬艺家庭农场	水产	113	白甸镇官垛村
34	省级	海安祥之平家庭农场	水产	157	墩头镇双溪村
35	市级	海安大兔子家庭农场	粮食	212	角斜镇范堑村
36	市级	海安嘉宝家庭农场	水产	98	南莫镇黄陈村
37	市级	海安五一家庭农场	粮食	530	墩头镇千步村
38	市级	海安红军家庭农场	粮食	726	南莫镇砖桥村
39	市级	海安永诚家庭农场	粮食	306	曲塘镇群贤村
40	市级	海安兄弟家庭农场	粮食	302	隆政街道建设村
41	市级	海安群桃果蔬家庭农场	园艺	108	大公镇群益村
42	市级	海安华丰家庭农场	粮食	650	墩头镇双溪村
43	市级	海安家欣家庭农场	粮食	682	城东镇三丰村
44	市级	海安丰顺家庭农场	种养结合	粮食480亩 羊200只	大公镇群益村
45	市级	海安周宝进家庭农场	粮食	297	雅周镇雅周村
46	市级	海安陆小春家庭农场	粮食	450	雅周镇王垛村
47	市级	海安志春家庭农场	粮食	538	角斜镇滩河村

说明：表中市级指南通市级

2020年海安市认定新型合作农场一览表

表 18

类　型	序号	所在镇村	合作社名称	经营面积（亩）
类型一	1	南莫镇校林村	海安初心农地股份合作社	1334.49
	2	角斜镇富港村	海安港丰谷物农地股份合作社	1660.00
	3	白甸镇白甸村	海安甸上谷物种植农地股份合作社	954.00
	4	曲塘镇李庄村	海安青山水稻农地股份合作社	953.13
	5	雅周镇许家庄村	海安雅欣谷物种植农地股份合作社	870.80
	6	雅周镇庞庄村	海安丰乐谷物种植农地股份合作社	786.00
	7	雅周镇周机村	海安周机谷物种植农地股份合作社	811.98
	8	雅周镇杭窑村	海安鹏展谷物种植农地股份合作社	453.60
	9	墩头镇仇湖村	海安虬湖谷物种植农地股份合作社	810.00
	10	大公镇仲洋村	海安盛洋谷物农地股份合作社	854.00
类型二	11	南莫镇青墩村	海安追梦谷物种植农地股份合作社	314.32
	12	南莫镇柴垛村	海安爱之舟谷物种植农地股份合作社	929.61
	13	角斜镇顾陶村	海安裕泰谷物农地股份合作社	610.00
	14	角斜镇新坝村	海安新坝谷物农地股份合作社	360.54
	15	角斜镇五凌村	海安凌天谷物农地股份合作社	364.35
	16	胡集街道北景庄村	海安景浓谷物农地股份合作社	424.17
	17	白甸镇周垛村	海安周垛水稻农地股份合作社	352.00
	18	曲塘镇罗町村	海安丰盛谷物农地股份合作社	323.65

续表18

类　型	序号	所在镇村	合作社名称	经营面积（亩）
类型二	19	曲塘镇兴花村	海安隆鱼谷物农地股份合作社	377.68
	20	城东镇壮志村	海安兴壮谷物农地股份合作社	669.40
	21	城东镇施秦村	海安润秦农地股份合作社	310.20
	22	城东镇石庄村	海安石庄永润农地股份合作社	344.70
	23	城东镇新立村	海安新立农地股份合作社	1618.69
	24	城东镇爱凌村	海安联鑫谷物种植农地股份合作社	371.70
	25	大公镇星河村	海安星建农地股份合作社	641.83
	26	大公镇凌东村	海安凌鼎农地股份合作社	416.93
	27	大公镇北凌村	海安益丰农地股份合作社	389.00
	28	大公镇王院村	海安宏院谷物农地股份合作社	570.96
	29	孙庄街道谢庄村	海安军鹏农地股份合作社	415.64
	30	孙庄街道仁桥村	海安范庄谷物农地股份合作社	315.85
	31	李堡镇陈庄村	海安陈庄水稻农地股份合作社	312.60
	32	李堡镇储洋村	海安宏洋谷物种植农地股份合作社	463.00
	33	李堡镇堡河村	海安堡河水稻农地股份合作社	342.00
	34	李堡镇新庄村	海安春平谷物种植农地股份合作社	318.65
类型三	35	南莫镇砖桥村	海安砖惠谷物种植农地股份合作社	320.28
	36	角斜镇范堑村	海安鼎仓谷物农地股份合作社	368.00
	37	角斜镇五虎村	海安佰露谷物农地股份合作社	409.00
	38	角斜镇江海村	海安廪实谷物农地股份合作社	502.00
	39	角斜镇沿口村	海安沿润谷物农地股份合作社	517.00
	40	曲塘镇万杨村	海安万旺谷物农地股份合作社	528.00
	41	曲塘镇银树村	海安硕晟农地股份合作社	460.00
	42	曲塘镇大陈庄村	海安丰陈谷物农地股份合作社	416.00
	43	曲塘镇郭楼村	海安祝宏谷物农地股份合作社	318.00
	44	曲塘镇富民村	海安金天汇谷物农地股份合作社	626.00
	45	雅周镇迮庄村	海安金满田农地股份合作社	305.00
	46	雅周镇王垛村	海安物源谷物种植农地股份合作社	534.65
	47	雅周镇张垛村	海安丰欣谷物种植农地股份合作社	315.00
	48	墩头镇凤阳村	海安凤腾农地股份合作社	372.00
	49	隆政街道联合村	海安绿田农地股份合作社	335.00
	50	隆政街道自由村	海安柏桥谷物农地股份合作社	408.00
	51	孙庄街道黄柯村	海安祥春谷物农地股份合作社	403.00
	52	李堡镇丁所村	海安莘章谷物种植农地股份合作社	320.10
	53	城东镇堑南村	海安双井谷物种植专业合作社	341.00
	54	孙庄街道夏岔村	海安盐港谷物农地股份合作社	315.00

说明：表中认定的是2019年度新型合作农场。类型一为通过南通市复核的新型合作农场，申报认定2019年秋种面积；类型二为2019年上半年发展的新型合作农场，申报认定2019年夏种、秋种面积；类型三为2019年下半年发展的新型合作农场，申报认定2019年秋种面积

（薛　岩）

【新型职业农民培育】 2020年9月23日，海安市农民教育培训指导站挂牌成立，由原农干校、农机校整合组建而成，主要开展技术培训、认定管理、政策扶持等工作。全市新认定新型职业农民224人，累计持证职业农民3.97万人，占从业人员的59.9%。围绕稻麦高产创建、设施蔬菜种植、农产品电子商务、农机操作等专业，组织培训27期，每期3~4天，培训2810人，其中，农产品电子商务培训2期176人，农机操作培训5期250人。（徐建华）

农产品质量安全管理

【概况】 2020年，海安市全面落实地方政府属地管理责任和农产品生产经营主体责任，市政府农产品质量安全创建、打造绿色优质农产品列入“农业现代化杯”竞赛考核内容，与各区镇签订农产品质量安全工作责任书，各区镇与各村和各监管主体签订责任书或承诺书；市农业农村局出台《农产品质量安全工作意见》《农产品质量安全监测方案》《农产品生产主体农产品质量安全建设要点》等文件，细化、规范农产品质量安全监管工作。建立农产品质量安全网格化、信息化监管体系，市、区镇两级通过“海安市农产品质量安全移动监管平台”，每月开展1~2次监管和蔬菜药残检测，数据及时上传到省农产品质量安全监管系统，区镇月度开展移动监管率和药残速测率均为100%。

全面试行食用农产品追溯及合格证制度，在各监管主体、村委会和交通要道张贴宣传画报1500份，将省追溯平台追溯二维码全部改为“合格证+二维码”出证。强化农业综合执法，9月23日，海安农业综合行政执法大队正式挂牌成立，开展全市种植业、农机安全、动物检疫等方面行政执法检查工作，分别成立农技、农机、畜牧兽医执法中队。农产品质量安全水平全面提升，农产品质量合格率98.2%以上，海安市创建省农产品质量安全县通过省级验收，鑫缘茧丝绸集团股份有限公司“鑫缘”、江苏中洋集团股份有限公司“中洋”、江苏天成科技集团有限公司“天晟牧园”获评江苏农业品牌。8月28日，农业农村部农产品质量安全监管司到海安调研农产品质量安全监管工作，听取对“农产品质量安全法”的修订建议，参观江苏康德蛋业、大公镇农产品质量安监中心、海安群桃家庭农场等。

（储　亮　罗　进）

【绿色优质农产品发展】 2020年，海安市绿色优质农产品比重大幅提升，新认定验收省绿色优质小麦基地3个8.43万亩，申报省绿色优质水犍基地14个49.9万亩，新认证绿色食品4个、有机产品2个，申报绿色食品18个。全市累计认证省绿色优质农产品生产基地31.49万亩，认证绿色食品基地13.65万亩、有机食品基地0.11万亩，种植业绿色优质农产品比重78.4%，养殖业生态健康养殖比重99.8%。（储　亮）

【农业行政执法】 2020年，海安市办理农业行政处罚120件、行政许可469件、行政征收226件、行政检查75件、行政确认469件、其他行政执法4件，无行政行为被法院或复议机关撤销、变更、确认违法。“关于关某某未取得生产许可证生产饲料案”和“关于海安桂某某农资经营部经营劣质农药案”的案卷获评南通市农业行政处罚优秀案卷。加强规范性文件管理，公布现行有效的行政规范性文件17个、党内规范性文件14个，出台新的规范性文件2个。扩大农业行政审批改革试点范围，在高新区、开发区推行“证照分离”试点，实现权力清单化管理。公开行政许可、行政确认、行政裁决、行政征收、行政奖励等依申请事项75项，实现“四级四同”（同一事项名称、编码、依据、类型等基本要素在国家、省、市、县四级统一），469件行政许可事项均在承诺期限内办结。

开展“双随机、一公开”（随机抽取检查对象、随机选派执法检查人员，抽查情况及查处结果及时向社会公开）监管，完成双随机抽查任务75项次，抽取主体数158家次，覆盖涉及农业农村系统“双随机”抽查事项20项；定期从市场监管信息平台获取市场主体登记信息，全年新设主体32家、变更主体1家、注销26家；归集行政处罚信息13条、行政指导信息428条。开展“互联网+监管”，认领“互联网+监管”事项母项32项，含77个子事项，上报行政检查数据247条、行政处罚信息17条，监管行为覆盖率96.9%，未发生接受和处理国家“互联网+监管”系统下发的风险预警线索的情况。开展“反走私”执法检查行动36次，出动执法车辆43辆次、执法人员125人次，检查紫菜生产企业13家、出海捕捞船78艘，未发现走私行为；与驻镇畜牧兽医站签订“反走私”责任状10份，组织相关企业签订“反走私”承诺书42份。受理“12345”政府服务热线70起，受理并组织农业生产事故技术鉴定3起。

（鲁　燕　张　星　罗　进）

【农业保险】 2020年，海安市有效拓宽金融保障机制，实现政策性农业保险签单保费8116.72万元，理赔金额4275.03万元，主要种植业品种小麦、水稻险种承保面90%以上，能繁母猪和奶牛应保尽保，有效化解农业生产风险。做好疫情期间稳产保供工作，减轻农户和新型经营主体保费支出负担，对参加农业大灾保险的农户和新型农业经营主体承担的保费全额退款，对除种植业以外的在省扶持名录内的其他险种农户自缴保费补贴50%。疫情期间，符合补贴条件的农户1.81万户，农户自缴保费324.10万元，获补贴162.05万元。新开办水稻价格指数保险和西瓜价格指数保险，全省首家公益林政策性保险保单在海安开出，提升农业保险保障水平。（王　庆）

工业

Industry

西蒙电气

综　述

【概况】 2020年，海安市实现规模以上工业总产值1437.09亿元，比上年增长9.7%，其中，轻工业产值559.54亿元，比上年下降1.8%；重工业产值869.72亿元，比上年增长18.6%。工业应税销售2371.19亿元，比上年增长11.8%，在南通市率先突破2000亿元。应税销售超1亿元工业企业293家，比上年增加17家，中国天楹股份有限公司（简称中国天楹）开票销售超210亿元，入选《财富》中国500强，全省仅30家。重点培育时尚锦纶、纺织丝绸、装备制造、汽车及轨道交通、新材料、电子信息、机器人及智能制造、节能环保、现代建筑、现代家具十大产业集群，十大产业集群（不含现代建筑）实现开票销售总额1192亿元，占规模以上工业开票销售72.72%。主要工业产品有服装、机械、电子电器等。拥有规模以上工业企业1067家，比上年减少11家，其中私营工业企业727家，海安市工业规模企业数、亿元企业数居全省第一方阵，实现主营业务收入1448.05亿元，比上年增长7.0%；完成利税116.03亿元；实现利润73.89亿元，比上年增长34.5%。海安列2020年中国工业百强县第25位。

2020年海安市规模以上工业经济效益情况表

表19　　　　单位：个、亿元

指标名称	企业数	亏损企业	营业收入		利税总额		资产合计	
			指标值	比2019年增长	指标值	比2019年增长	指标值	比2019年增长
总计	1067	193	1448.05	7.0%	116.03	36.2%	1208.52	6.7%
国有企业	0	0	0.00	0.0%	0.00	0.0%	0.00	0.0%
集体企业	2	0	1.34	−6.3%	0.14	27.3%	2.11	−7.1%
股份合作制企业	2	0	5.75	−17.0%	0.77	−8.3%	4.36	−1.6%
股份制企业	952	171	1245.41	6.5%	100.86	37.8%	1056.15	7.2%
外商及港澳台投资企业	103	22	193.92	11.7%	14.16	29.6%	144.93	3.9%
其他企业	8	0	1.62	−28.3%	0.10	−16.7%	0.98	−34.7%
总计中：大型企业	5	0	71.55	11.5%	10.86	−0.6%	86.54	7.8%
中型企业	38	8	195.91	1.0%	17.45	15.6%	234.06	4.4%
小型企业	915	167	1116.37	7.8%	85.38	48.8%	837.57	7.0%
微型企业	109	18	64.22	8.0%	2.34	33.0%	50.35	11.9%
总计中：轻工业	466	120	588.79	−0.1%	37.81	6.9%	410.44	2.1%
重工业	601	73	859.27	12.5%	78.21	57.1%	798.07	9.3%
总计中：民营企业	960	170	1237.07	6.3%	100.05	35.6%	980.66	8.2%
私营企业	727	129	742.07	0.5%	53.71	9.6%	609.17	7.8%

2020年海安市主要工业产品产量表

表20

指标名称	单位	总量	比2019年增长
小麦粉	万吨	26.05	103.8%
大米	万吨	22.03	−31.2%
饲料	万吨	80.71	−23.5%
精制食用植物油	万吨	10.73	−73.0%
鲜、冷藏肉	万吨	1.04	−74.9%
饮料酒	千升	558.02	3.5%
纱	万吨	7.87	−29.7%

【工业经济高质量发展】 2020年，海安市坚持培育壮大战略性新兴产业与改造提升传统产业并重，以智能制造为导向，推动一批重大技改项目发展，全市技改设备投入（仅统计海安开发区、海安高新区单个企业投资额500万元以上，其他区镇100万元以上项目）40.21亿元。全面调优工业经济激励政策，在企业做大做强、有效投入、创新创优、军民融合、上市挂牌、要素保障方面提供全力支持。加大企业参与关键核心技术攻关支持力度，着力突破一

续表20

指标名称	单位	总量	比2019年增长
布	亿米	3.43	−46.1%
印染布	亿米	1.47	−73.7%
蚕丝	吨	3830.84	0.7%
蚕丝及交织机织物（含蚕丝≥51%）	万米	378.70	−52.3%
服装	万件	3092.00	−32.6%
人造板	万立方米	9.26	−21.7%
机制纸及纸板（外购原纸加工除外）	万吨	10.87	3.8%
多色印刷品	万对开色令	7.87	9.4%
涂料	万吨	1.87	−4.5 %
合成纤维单体	吨	5025.00	36.9 %
化学纤维	万吨	35.89	25.7 %
塑料制品	万吨	8.48	−22.5 %
水泥	万吨	60.11	−17.4 %
商品混凝土	万立方米	245.48	0.3%
夹层玻璃	万平方米	37.36	9.4 %
耐火材料制品	万吨	12.84	−12.5%
钢材	万吨	11.22	−34.2 %
铝材	万吨	5.06	−3.0 %
钢结构	万吨	3.91	10.1 %
铸铁件	万吨	4.10	−23.4 %
金属切削机床	台	1031.00	−4.4 %
金属成形机床	台	5830.00	−27.5 %
起重机	吨	3653.00	−39.0 %
泵	台	6828.00	−33.1 %
阀门	万吨	2.54	26.1 %
滚动轴承	万套	69.10	−84.9 %
工商用制冷、空调设备	台（套）	1850.00	−16.3 %
建筑工程用机械	台	573.00	−25.8%
水泥专用设备	万吨	15.68	−16.5 %
变压器	万千伏安	3906.23	19.2 %
高压开关板	面	89.00	−54.8 %
低压开关板	面	933.00	−16.7 %
太阳能电池（光伏电池）	万千瓦	129.68	83.9 %
半导体分立器件	亿只	5.90	38.7 %
电子元件	亿只	10.17	−4.6 %
自来水生产量	万立方米	5221.00	12.0 %
环境监测专用仪器仪表	台	1535.00	−25.3 %

（市统计局）

批具有自主知识产权的关键核心技术，提升产业自主可控水平。江苏联发纺织股份有限公司（简称联发纺织）获评国家技术创新示范企业。优化营商环境，开展产品推介、协作配套、产能对接等“手拉手”活动，帮助企业开拓市场。“海安政企通”服务平台发布政策解读、项目申报、行业分析、企业推广等动态信息1952条，及时受理并解决企业问题95个。科学编制制造业高质量发展、重点企业等“十四五”专项规划，做好“十四五”总体规划在工业经济的延伸和细化工作。海安工业经济高质量发展主要指标列南通市第二位。企业上市挂牌工作有序推进，新增主板入轨企业5家，江苏鼎尚电子材料股份有限公司、南通荣繁重工机械有限公司、江苏增光新材料科技股份有限公司挂牌“新三板”，“新三板”挂牌企业总数26家。

【工业大企业培育】 2018年起，海安市启动实施“5123”工业大企业培育工程，力争在2021年年底，培育应税销售超100亿元企业5家、50亿元企业10家、20亿元企业20家、10亿元企业30家。至2020年年底，全市实现应税销售超100亿元企业3家、50亿元企业7家、20亿元企业12家、10亿元企业20家。江苏铁锚玻璃股份有限公司（简称铁锚玻璃）获评国家企业技术中心，中国天楹、江苏华艺时装集团股份有限公司（简称华艺服饰）、江苏铭利达科技有限公司（简称铭利达）获评省企业技术中心。江苏东恒光电有限公司（简称东恒光电）、江苏东材新材料有限责任公司（简称东材新材料）、江苏亚威变压器有限公司（简称亚威变压器）获评省工程技术研究中心。上海爱登堡电梯江苏有限公司（简称爱登堡电梯）、江苏天成科技集团有限公司（简称天成集团）、华艺服饰等9家企业获评工业和信息化部两化融合贯标企业。中国天楹、南通双弘纺织有限公司（简称双弘纺织）获评省绿色工厂。江苏文凤化纤集团有限公司（简称文凤集团）、南通曙光机电工程有限公司（简称曙光机电）等7家企业获评四星级上云企业。中国天楹获评国家制造

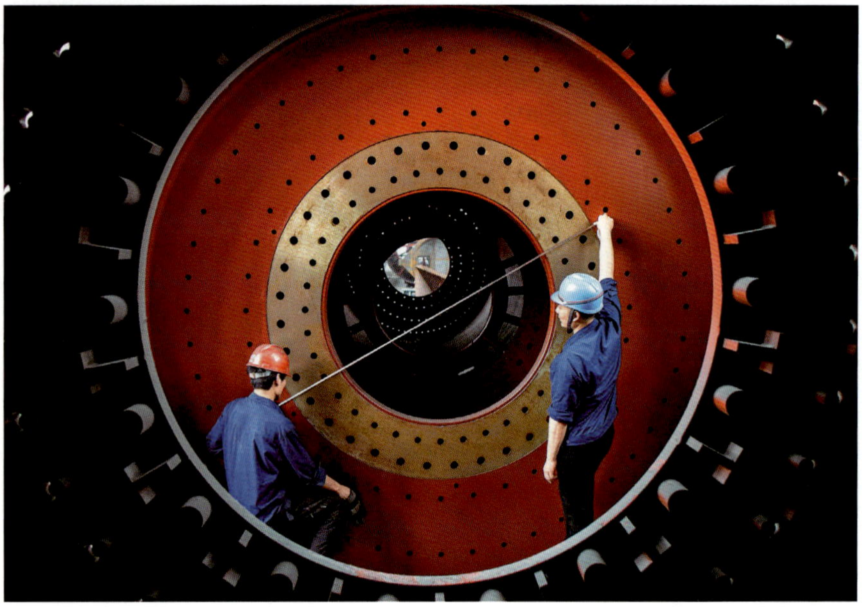

2020年6月15日，鹏飞集团生产车间内，工人们在生产出口到“一带一路”沿线国家的大型建材装备　　翟慧勇／摄

业单项冠军示范企业，江苏鹏飞集团股份有限公司（简称鹏飞集团）通过工业和信息化部制造业单项冠军复核。江苏威尔曼科技有限公司（简称威尔曼科技）获评工业和信息化部专精特新“小巨人”企业。南通跃通数控设备股份有限公司（简称跃通数控）“数字化车间集成——家具制造的智能制造系统解决方案”入围工业和信息化部智能制造系统解决方案供应商。

【中国长丝织造协会理事会在海安举办】 2020年9月8—9日，中国长丝织造协会二届五次理事会暨产业发展论坛在海安市举行，中国纺织工业联合会会长孙瑞哲、中国长丝织造协会会长王嘉毅、工业和信息化部消费品工业司纺织处处长曹庭瑞、省纺织工业协会会长韩平、海安市主要领导及250多家全国长丝织造企业代表等300多人参加会议。海安市市长于立忠介绍海安基本情况，并推介海安锦纶新材料产业。孙瑞哲做《“双循环”格局下中国纺织工业的高质量发展》的报告，王加毅做中国长丝织造协会2019年度工作报告。会议专题做“海安高新区经济社会发展及锦纶产业发展”集群案例分析，为全国技术能手颁发荣誉证书。会议期间，中国长丝织造协会审议财务收支报告，吸纳会员及增补理事、副会长的议案以及审议协会管理制度。9月9日，中国长丝织造协会产业发展论坛召开，中国纺织科学研究院海安分院副院长廉志军、浙江台华新材料股份有限公司总经理沈卫锋、浙江盛发纺织印染有限公司董事长杨文龙等行业专家、企业代表做主题演讲，分享创新技术成果及技术经验。

【全国木门智能制造技术与装备发展研讨会在海安召开】 2020年12月21日，以“跨越与创新：数字化转型推动木门产业高质量发展”为主题的全国木门智能制造技术与装备发展研讨会在海安召开，全国主要木门生产企业、木门制造原辅材料生产企业、木门自动化加工生产线协同装备制造企业，相关行业协会、科研院所、高等院校等单位领导、专家和代表，海安市主要领导参加会议。会上，中国林业科学研究院木材所研究员吕斌、江山欧派门业股份有限公司副总裁冯毅、跃通数控副总经理许亚东分别做《构建新格局，推动木门产业高质量发展》《智能化加工技术与装备在我国木门制造企业的应用》和《木门生产线云端管控、MES控制和故障诊断系统介绍》的报告。跃通数控总经理姚遥介绍新型柔性门框生产线、柔性装饰线条定尺锯、柔性门扇纸箱包装生产线、层压式门扇柔性复合生产线、柔性条木连续接长定尺机五项木门智能制造创新成果。会议期间，与会人员参观跃通数控公司木门装备生产现场。中国林业机械协会组织召开由跃通数控牵头，江山欧派门业、大自然家居（中国有限公司）、成都千川木业有限公司和浙江尚品本色家居有限公司等单位参与的柔性门框加工生产线、数控双面雕刻机、主副套门框涂胶拼接机三项全国性团体标准起草讨论会。

（顾宇飞）

时尚锦纶产业

【概况】 2020年，海安市获批国家锦纶功能纤维新材料示范基地，拥有从事化纤生产的企业205家，其中规模以上企业79家，时尚锦纶产业实现开票销售239亿元。海安市化纤总商会被全国工商联评为“全国四好商会”、被《中国工商时报》表彰为“构筑民营经济舆论阵地”先进单位，“诚信保证金”服务品牌获评南通市行业商会优秀服务品牌。扩大产业发展规模，实施大锦纶战略，快速扩大锦纶6、锦纶6切片、锦纶6纺丝生产规模，做精做强锦纶66相关产品，弘盛新材料三期30万吨切片、10万吨纺丝、20万吨工程塑料项目开工建设，海安市嘉禾化纤有限公司二期3万吨纺丝项目、江苏江山红化纤有限责任公司（简称江山红化纤）2万吨石墨烯切片补链项目竣工投产，江苏永通新材料科技有限公司（简称永通新材料）三期项目、中平神马江苏新材料科技有限公司（简称中平神马）5.8万吨尼龙66联合纺丝项目、江苏华洋尼龙有限公司二期项目、南通四方新材料科技有限公司重组项目建设加快。实施全产业链战略，延伸发展锦纶纤维及制品、锦纶改性塑料及注塑加工两大产业单元，招引一批补链延链项目，江苏欧蕾雅纺织科技有限公司纺织花边项目落户海安，南通嘉鹏新材料科技有限公司低熔点纺丝项目投产，江山红化纤与黑龙江益墨轩新材料公司合作开发石墨烯地毯等新产品。强化大企业培育，制定“一企一策”培育方案，8家行业骨干企业被列入海安“5123”重点企业，遴选文凤集团、弘盛新材料、永通新材料、江山红化纤等企业建立后备企业库。突出质量建设，打造海安时尚锦纶品牌，海安“文峰”“纬洲”等品牌享誉全国，推动企业“走出去”，提升国际市场份额。推动技术标准与科研和自主知识产权相结合，行业企业参与制定国家、行业标准2项，其中文凤集团参与制定中国化纤协会的国家绿色工厂标准。弘盛新材料获评南通市卓著绩效管理先进单位和试点单位。

【产业招商】 2020年，海安市化纤产业培育办公室致力打造“千亿级国家锦纶产业示范基地”，按照“跨江融合、沿海联动、面向全国”的招商战略，强化重大项目招引，在北京、上海、浙江、深圳等地区开展化纤板块专题招商、点对点招商、以企招商活动15次，落户项目9个，其中，50亿元项目1个，20亿元项目1个，1亿美元项目1个，5亿元项目1个。1月31日、3月26日、4月1—2日、5月26—27日、7月3日，分别到浙江嘉兴、江苏常熟、苏州吴江、内蒙古、江苏张家港等地考察交流，推介海安经济发展情况及化纤产业发展情况，其中与苏州吴江华联集团商定建立合作交流平台；10月24日，到苏州吴江华联集团洽谈项目合作；11月26日，到中国纺织科学研究院考察交流绿色纤维项目情况；是月27日，到北京与中国中信集团有限公司商议在海安合作设立化纤产业发展基金事宜。6月8日、6月10日、8月19日、9月12日，分别接待启东工商联及启东合作商会、张家港氨纶协会、张家港开发区企业家代表团、黑龙江益墨轩新材料科技有限公司到海安考察；9月9日，中国纺织工业联合会、贵州六盘水市和河南淮滨市、新乡开发区等分别到海安考察弘盛新材料、海安启弘纺织科技有限公司（简称启弘纺织）、联发纺织、中国纺织科学研究院海安分院等。

【项目建设】 2020年，海安市化纤产业培育办公室狠抓重点项目建设，新开工建设项目7个，其中50亿元以上项目2个（兴鹿海安新材料有限公司投资的锦纶帘子布项目和江苏弘盛新材料股份有限公司投资新建的功能增强颗粒、差别化纤维纺丝及配套切片生产线项目），20亿~50亿元以上项目1个（南通同春龙纺织有限公司投资新建的高档纺织织造项目），10亿~20亿元项目2个（南通富邦纺织有限公司投资新建的纺织面料织造及整理项目和江苏海美新材料有限公司投资的装饰膜、覆膜板项目），1亿~10亿元项目2个（江苏聚安新材料有限公司投资新建的尼龙改性材料生产项目和嘉鹏新材料投资新建的功能性纤维生产项目）。竣工项目5个，其中，10亿元项目1个（江苏互生纺织科技有限公司投资的广告条幅用布、数码印花旗帜用布等生产项目），1亿元项目4个（南通双晨新材料科技有限公司投资的尼龙配件生产项目、海安市海海毛绒制品有限公司投资的布料生产项目、中平神马投资的双6切片智能装备项目、海安辉鸿工艺品有限公司生产的织带生产项目）。继续盘活南通利福来化纤公司、南通龙泽化纤公司两家关停企业，新招引上海嘉成租赁南通龙泽化纤公司资产，投资年产1万吨低熔点功能性聚酯纤维纺丝项目。

【创新发展】 2020年，海安市化纤产业培育办公室推动锦纶产业高质量发展，提升中国纺织科学研究院海安分院服务平台承载力，推动其与海安化纤产业技术合作，与南通盛州电子科技股份有限公司、海安华荣化纤有限公司、南通恒润新材料科技有限公司（油剂开发）、弘盛新材料、澳柯莱纺织有限公司（印染技术）、南通文凯化纤有限公司（阻燃纤维）、南通市华安袜业有限公司分别签订产学研合作项目。激发锦纶产业联盟创新活力，召开苏中石墨烯联盟理事会议4次，市化纤产业培育办与锦江科技、江山红化纤签订石墨烯产品推介三方战略合作协议，黑龙江益墨轩新材料公司与南通华银毛绒制品有限公司合作开发石墨烯地毯，石墨烯功能性纤维年产量突破2500吨。推进产业提档升级，九洲化纤、铭磊化纤、中祥线带、中丽锦纶、江山红、顺太化纤和晋宏化纤等7家企业获批高新技术企业。打造智慧产业集群，引导重点企业加快产业智能化转型，弘盛新材料获评省级智能示范车间，文凤集团、弘盛新材料、四季安琦等企业被认定为星级上云、“两化融合”贯标企业，文凯化纤“高氧指抗熔滴无卤无磷阻燃锦纶6长丝”产品通过国内首创产品鉴定，华荣化纤获评中国纺织联合会专精特新“小巨人”企业。抓好产业融资平台建设，海安凯穗产业投资基金合作企业（有限合伙）注册资本3亿元。

【参会参展】 2020年，海安市化纤产业培育办公室组织企业家外出参加论坛、会议及交流活动8次，展销2次。4月28日，市税务局、市化纤产业培育办公室、高新区科创园组织部分重点企业到东华大学开展产业推介和技术交流，5月2日，东华大学朱美芳院士团队到海安考察，与南通文凯化纤有限公司共建功能性新材料小试、中试基地和实习基地达成意向性协议。是月16日，市化纤产业培育办公室、海安高新区组织部分重点企业到中国化纤协会进行产业推介和产业合作交流。8月12—14日，中国化纤纤维工业协会到海安实地评估国家锦纶功能纤维新材料示范基地。9月23—25日，文凤集团、海安市晋宏化纤有限公司、文凯化纤等企业参加中国国际纺织纱线（秋冬）展览会。

（刘华骥）

纺织丝绸产业

【概况】 2020年，海安市拥有从事纺织丝绸生产的企业近600家，其中规模以上企业96家，纺织丝绸产业实现开票销售324.14亿元，比上年下降4%。加快常安纺织科技产业园建设，推动园区生态环境集成改革试点工作，园区累计落户纺织企业35家，全年完成工业应税销售32.93亿元。联发纺织、鑫缘茧丝绸集团股份有限公司（简称鑫缘茧丝绸）、双弘纺织入围2019年中国棉纺织行业主营业务收入排行榜百强榜。鑫缘茧丝绸、南通联发制衣有限公司、华艺服饰入围江苏省服装行业50强。联发纺织是中国棉纺织行业协会副会长单位、中国印染行业协会理事单位、中国色织业协会常务理事单位，获评全国技术创新示范企业。鑫缘茧丝绸集团是中国纺织商业协会丝绸专业委员会副会长单位，被工业和信息化部列为重点跟踪培育纺织服装品牌企业，董事长储呈平当选全国丝绸标准化技术委员会副主任委员，获评全国脱贫攻坚奖奉献奖。大同宝富成为中国长丝织造协会第二届理事单位。

【产业招商与对外交流】 2020年，海安市纺织丝绸产业培育办公室强化产业招商，在浙江柯桥、江苏常熟、上海、广州等地开展纺织产业招商活动，总投资5亿元的南通荣事成印染有限公司落户常安纺织科技园。推进技术交流，加强与中国纺织工业联合会、上海纺织工业协会、江苏省纺织工业协会等行业协会联系，密切与东华大学、苏州大学、江南大学、南通大学等高校合作关系，组织重点企业参加各类技术交流活动和展会，拓宽合作渠道，推动行业技术升级改造。

【创新发展】 2020年，海安市纺织丝绸产业培育办公室深化“服务企业科技行”活动，组织产学研活动10多场，参与企业60多家，人数近400人。行业企业签订30万元产学研合作项目3个、10万元项目3个（双弘纺织与江南大学合作差别化纱线智能化生产线关键技术研发项目，联发纺织与东华大学合作热湿舒适性纺织面料研发项目，联发纺织与南京工业大学合作印染废水处理提标改造项目）。参与标准制订4个，双弘纺织参与制定“纺织行业设备管理评价导则团体标准（T/CNTAC54—2020）”“精梳循环再利用聚酯（PET）本色纱线（T/CCTA30401—2020）”等标准，南通海盟纺织科技有限公司参与制定“卫生防护服用机织面料团体标准（T/JSFZXH002—2020）”，10多家企业通过各类体系认证。坚持智能制造，引领纺织企业绿色转型，联发纺织、鑫缘茧丝绸、江苏省华强纺织有限公司、双弘纺织、海安启弘纺织科技有限公司和江苏恒源丝绸集团有限公司等企业智能化车间改造稳步推进，双弘纺织获评江苏省“绿色工厂”。（刘华骥）

2020年2月24日，江苏恒源丝绸集团有限公司生产车间内，工人在生产线上紧张忙碌 翟慧勇／摄

装备制造产业

【概况】 2020年，海安市被誉为全国“装备制造之乡”，装备制造产业形成电梯、锻压机械、电工电气、农业机械四大特色产业，拥有锻压装备、电梯设备两个国家火炬计划特色产业基地、省级电梯设备科技产业园，建成江苏省新型工业化装备制造业海安示范基地，锻压和电梯产业获评省特色产业集群。至年底，拥有装备制造产业集群企业300余家，其中，规模以上企业163家、亿元企业48家，规模以上企业开票销售212.2亿。围绕装备制造产业开展招商活动20余次，首谈登记项目10个，其中10亿元项目2个。鹏飞集团获评工业和信息化部制造业单项冠军示范企业，鹏飞集团、威尔曼科技获评省隐形冠军企业。跃通数控入围工业和信息化部智能制造系统解决方案供应商。江苏瑞恩电气股份有限公司（简称瑞恩电气）、江苏北辰互邦电力股份有限公司（简称北辰互邦）、南通联源机电科技股份有限公司（简称联源机电）、南通中菱电力科技股份有限公司（简称中菱电力）在“新三板”挂牌，培育南通通洋机电制造有限公司（简称通洋机电）、海安市申菱电器制造有限公司（简称申菱电器）、南通江中光电有限公司（简称江中光电）、江苏兴华胶带股份有限公司（简称兴华胶带）、瑞恩电气、北辰互邦主板上市。海安市锻压机械业商会成为全国智能化钣金制造职教集团副理事长单位。南通市变压器业商会成立，亚威变压器董事长杨德志当选第一届理事会会长。

【创新发展】 2020年，海安市装备制造产业培育办公室加大科技创新力度，组织行业企业与中国科学院系统、南京大学、东南大学、西安交通大学、大连理工大学、太原理工大学、苏州大学等高校院所开展线上、线下产学研对接活动近30批次。新增产学研合作项目42个，合作经费1255万元，其中30万元以上项目19个。亚威变压器、南通中尧机电制造有限公司（简称中尧机电）、申菱电器、南通中力科技有限公司等18家企业当年实现产学研合作成果转化。东恒光电、亚威变压器获批省级工程技术研究中心，江苏力威剪折机床有限公司、南通西东电器有限公司、南通苏源恒炫电气有限公司、江苏铭鹏装备有限公司、江苏海通电器有限公司获批南通市级工程技术研究中心。海安能达电气有限公司、南通通途机电制造有限公司、东恒光电申报江苏省科技副总。至年底，拥有高新技术企业89家，科技“小巨人”企业1家（威尔曼科技），“专精特新”产品3项。铁锚玻璃强辐照环境下大负载多自由度新型动力机械手的研发及产业化项目获省科技成果转化项目立项，中机锻压江苏股份有限公司（简称中机锻压）、威尔曼科技承担的省重点研发计划——产业前瞻与关键核心技术通过验收。推动与先进国家地区开展国际合作，南通超力卷板机制造有限公司与美国伦勒斯理工学院合作特厚板弯卷成形关键技术的研究；申菱电器与芬兰UPM集团开展新材料国际合作项目，与德国相关专家合作开展保密项目。

【参会参展】 2020年，海安市装备制造产业培育办公室组织行业企业参加各类展会9次，推动对外合作交流。5月24日，江苏斯特郎电梯有限公司联合中国铁路武汉局集团有限公司在海安举办既有建筑加装电梯精英研讨会，全国30多家电梯相关企业参会，江苏斯特郎电梯有限公司负责人做加装电梯工作经验交流。6月15日，组织21家企业参加装备制造板块专场招聘会。6月30日，组织申菱电器、南通中尧特雷卡电梯产品有限公司参加第二十三届泛长三角区域电梯行业联合会视频会议。7月22日，联合市工商联带领中尧机电、兴华胶带、南通米兰特电气有限公司（简称米兰特电气）到溧阳开展电梯商会交流活动，南通市电梯部件业商会和溧阳市电梯商会签订“常通”跨江融合商会（协会）结对协作框架协议，中尧机电与申芝电梯有限公司达成“南通常州”跨江融合企业协作框架协议。8月10日，组织申菱电器、海迅集团、亚威变压器参加海安构建现代产业体系战略规划装备制造专场研讨会。8月18—21日，组织申菱电器、威尔曼科技、江中光电、兴华胶带、米兰特电气、南通昌荣机电有限公司、海安市迅达电梯部件有限公司、南通迅达橡塑制造有限公司到中国国际电梯展览会（上海）设展。9月6日，举办海安民企大讲堂（变压器产业专场）——“民法典”宣讲走进商会活动。10月23日，组织南通中菱绝缘材料有限公司、海安旺成科技有限公司、南通百威电气有限公司等5家企业在2020年中国（南通）电力变压器及配套产品展会上设展。12月17日，组织中尧机电、申菱电器到浙江金华参加第二十四届泛长三角区域电梯行业联系会。（刘华骥）

汽车及轨道交通产业

【概况】 2020年，海安市拥有汽车及轨道交通产业集群企业50多家，其中规模以上企业25家，汽车及轨道交通产业实现开票销售84.57亿元，比上年下降10.78%。对接央企国企外企，推进融合发展，海迅集团铁路器材中标南通地铁1号线项目，南通贝思特机械工程有限公司与中国长安汽车集团有限公司签订1.8亿元喷涂生产线项目。稳步推动铁锚玻璃上市工作。加大数字经济软环境建设，南通明诺电动科技股份有限公司运用阿里巴巴、今日头条、百度信息流进行竞价推广，加大互联网营销力度，利用抖音等大数据互动平台进行产品信息推广，实现销售额5%的增长，其中电商销售3400多万元。

【产业招商】 2020年，海安市汽车及轨道交通产业培育办公室通过与区镇驻外招商机构、海安行业商会和家乡英才等合作，搜集产业项目信息，以商引商。新引进亿元以上项目4个，其中，重大项目1个（总投资50亿元的恒科众创城项目）。跟踪在谈项目信息3个。4月15日，“恒科众创城”工业综合体项目在曲塘镇开工奠基，这是海安市首个工业综合体项目，也是首个落户一般区镇的50亿元重特大项目。项目总用地规模约54公顷，建筑面积100万平方米以上，以高端装备制造、汽车零部件、电子电气和时尚轻工产品为主导产业，年底一期16万平方米厂房主体建设完工。

【创新发展】 2020年，海安市汽车及轨道交通产业以产学研合作助推企业转型升级，铁锚玻璃技术中心获批国家企业技术中心，江苏中航重工机床有限公司（简称中航重工）获批高新技术企业。铁锚玻璃与中国科学院上海硅酸盐研究所合作研发钇铝石榴石陶瓷项目，取代特种钢板，广泛应用于特种车辆；与中国原子能科学研究院合作低放射性液体热泵项目；与江苏大学共同承担的极端服役条件下高性能特种安全玻璃的研发及产业化项目获省科学技术三等奖。南通贝思特机械工程有限公司与南京理工大学合作智能化、信息化涂装生产线，新增上汽（南京）、长安、红旗汽车喷涂生产线，合同额超2亿元。江苏繁华玻璃股份有限公司与南京大学合作电致变色材料与器件应用项目；投入自动化生产线建设，利用自动化、智能化设备实现内网控制生产流程，推动节能减耗降本。中航重工与上海交通大学共同研发设计的铝型材结构梁自动智能拉弯机项目，主要攻克飞机外壳结构梁拉弯成型生产设备。

2020年6月9日，南通明诺电动科技股份有限公司生产车间内，员工在加紧生产，赶制订单　　姜明／摄

通润汽车零部件与上海交通大学海安研究院开展产学研合作，加大技改投入，优化生产线流程，提高产品质量。
（刘华骥）

新材料产业

【概况】 2020年，海安市新材料产业以磁性材料、有色金属和功能性膜材料为主，拥有新材料产业集群企业100多家，其中规模以上企业54家，新材料产业实现开票销售近80亿元。培育壮大行业龙头企业，市新材料产业办公室定期走访亚太轻合金（南通）科技有限公司（简称亚太科技）、江苏晨朗电子集团有限公司（简称晨朗电子）、南通冠优达磁业有限公司（简称冠优达磁业）、江苏盈泰新材料科技有限公司、东材新材料等新材料企业，开展行业单打冠军、两化融合、专精特新“小巨人”等培育工作。定期组织“银政企”对接活动，有序推进冠优达磁业主板上市及江苏中科亚美新材料股份有限公司（简称中科亚美）、江苏泽宇森碳纤维科技股份有限公司“新三板”挂牌申报以及江苏飞亚化学工业集团股改等工作。

【产业招商】 2020年，海安市新材料产业培育办公室注重全产业链招商、智慧招商、知名企业招商，到北京、上海、深圳、辽宁大连以及江苏南京、苏州、无锡等新材料产业聚集区开展招商活动30余批次。新开工新材料项目2个，总投资50亿元的江苏恒科众创城项目落户曲塘镇，一期16万平方米厂房开工建设；总投资1亿元的南通千里程新材料科技有限公司开工建设。跟踪服务重要新材料项目信息4个。主动对接上海有色金属行业协会和省新材料行业协会，抢抓长三角一体化机遇，寻求区域产业转移招商信息。

【创新发展】 2020年，海安市16家新材料企业与高校、科研院所开展产学研合作，其中新增9家，支付合作经费400余万元。冠优达磁业与南京大学合作建设省磁性材料院士工作站。亚太科技、中科亚美等企业与江苏大学、中国科学院嘉兴轻合金技术工程中心等高校院所开展产学研合作。对接科研院所，把高校专家“请进来”。举办第七届“创新创业在海安”“中科院专家走进海安”新材料科技成果发布会，邀请南京大学、中国科学院宁波材料所等高校、科研院所的专家进行成果发布。邀请南京大学教授唐少春走访行业企业，实地指导海安新材料产业发展。

【参会参展】 2020年，海安市新材料产业培育办公室组织行业企业“走出去”参加展会、交流活动近10次。3月12日，晨朗电子、鹰球集团等企业参加第五届丝绸之路国际博览会暨中国东西部合作与投资贸易洽谈会；4月23日，部分行业企业参加第四届世界智能大会；5月14日，冠优达磁业参加“百企结对，携手并进”跨江融合大会；6月20日，晨朗电子等企业参加“5G+工业互联网”高峰论坛；11月28日，海安浩驰科技有限公司（简称浩驰科技）参加长江经济带江海联动发展论坛。其外，举办民企大讲堂活动、工信政策大讲堂暨“企业服务月”活动，宣讲安全生产政策、工业企业科技人才政策等。
（刘华骥）

电子信息产业

【概况】 2020年，海安市拥有电子信息产业集群企业200余家，其中，规模以上企业28家，亿元企业10家。规模以上企业实现开票销售42.96亿元。拥有国家专精特新“小巨人”企业、省隐形冠军企业、省科技“小巨人”企业1家（威尔曼科技），高新技术企业9家，2家企业建成省级工程技术研究中心。江苏明芯微电子股份有限公司（简称明芯微电子）、南通盛州电子科技股份有限公司（简称盛州电子）、南通鼎尚电子材料有限公司（简称鼎尚电子）在“新三板”挂牌。电子信息产业园完善基础设施，“三横三纵”路网格局基本成型，南海大道、支一路、支二路东段、支三路、204国道辅道等道路和雨污管网的绿化及亮化工程实施到位，开元大道拓宽工程（支一路—南海大道）雨污管网施工开工建设。

【产业招商】 2020年，海安市电子信息产业培育办公室聚焦电子元器件、智能电子终端等重点行业，以上海、深圳、苏州昆山等区域为重点方向，制定产业招商地图精准招商；以优质亿元项目与芯片设计、高端集成电路上下游企业项目为重点招引对象，借助中国集成电路创新联盟、中国科学院集成电路创新研究院、电子企业协会等专业力量全力招商。重点拜访、接待电子信息项目客商80余批次，邀请市领导洽谈项目10余个，先后举办电子信息产业类招商推介活动、战略对接活动13次，累计新增电子信息产业类项目信息50多条，对接洽谈30多个项目，跟踪数据服务器生产、柔性电路板、电子零部件等重点项目32个。新签约项目4个，其中，100亿元项目1个，为比克电池有限公司（简称比克电池）投资的动力电池生产基地项目；50亿元项目1个，为阿尔法电子机械（南通）有限公司（简称阿尔法电子）投资的智能装备产业园项目。

【项目建设】 2020年，海安市电子信息产业培育办公室推动润泽金属表面处理中心、水务中心建成运行，新建金属表面处理车间12.81万平方米和配套、生活用房6998.4平方米。加快江苏创鼎精密科技有限公司（简称创鼎精密科技）“电子智能设备制造项目”、佳威科技（海安）有限公司（简称佳威科技）“电子产品零部件项目”两个重特大项目通过南通市项目建设考核。创鼎精密科技新建厂房等主要建筑5.16万平方米，加工中心、数控机床等部分生产设备购置到位。佳威科技新建厂房等主要建筑5.29万平方米，部分生产设备购置到位。阿尔法投资的动力电池生产基地项目获批海安电子信息产业园内首个省重大项目。

【创新发展】 2020年，海安市电子信息产业集群企业鼎尚电子、南通鼎鑫电池有限公司、南通众览在线数字科技有限公司、飞宇石油科技开发有限公司、江苏双聚智能装备制造有限公司等获批高新技术企业；西蒙电气（中国）有限公司（简称西蒙电气）、江苏卡尔威特物联科技有限公司等企业获评省三星上云企业。威尔曼科技、江苏明芯微电子股份有限公司、南通鑫源电器制造有限公司、南通奥新电子科技有限公司、盛州电子与南京大学、兰州大学、苏州大学、东华大学等院校签订产学研合作项目，其中，30万元及以上项目3个、10万元项目2个。市电子产业培育办公室邀请电子科技大学、中国科学院微电子研究所等高校、研究所专家参加"创新创业在海安""中科院专家走进海安"活动，进行成果发布，威尔曼科技、齐克庞德电子（江苏）有限公司等企业与电子科技大学专家对接合作意向。推动明芯微电子、江苏晟驰微电子有限公司等电子信息产业企业与电子科技大学共建技术转移中心，加快推进科技项目研发和转化，成都电子科技大学与4家公司达成技术服务合作。北京大学上海微电子研究院海安电子信息产业技术研究院建设、示范智能车间创建有序推进。（刘华骥）

机器人及智能制造产业

【概况】 2020年，海安市初步形成机器人研发设计、生产制造、自动化应用及关键零部件的机器人全产业链发展格局，拥有江苏图灵智能机器人有限公司（简称图灵机器人）、海安交睿机器人科技有限公司（简称交睿机器人）、江苏弘琪工业自动化有限公司（简称弘琪自动化）等机器人及智能制造产业集群企业128家，产业规模超60亿元，其中，规模以上企业28家、亿元企业3家。实现开票销售8.7亿元。图灵机器人获深圳市高新投集团股权投资，南通巨升非晶科技股份有限公司、南通益颖机械科技有限公司成为"新三板"上市入轨企业。江苏股权交易中心机器人及智能制造产业辅导基地（全省唯一）在海安挂牌成立。海安开发区高科技创业园获批江苏省众创社区（南通市唯一），入选江苏省新侨创新创业基地（南通仅两家）。海安智能制造展览中心累计接待参观260余批次，接待人数7000余人次。

【产业招商】 2020年，海安市机器人及智能产业培育办公室围绕产业链延链补链、紧盯行业龙头开展招商引资，主攻上海、江苏苏州、辽宁沈阳、黑龙江哈尔滨等机器人集聚地区，重点招引国际机器人"四大家"的销售和服务中心、国内机器人"四小家"的研发生产基地。新招引总投资20亿元的南通冠通智能科技有限公司"机器人及智能制造"、万石智谷·海安智能制造产业园项目，总投资10亿元的南通鑫振界智能科技有限公司"工业自动控制系统装置制造项目"。南通冠通智能科技有限公司、南通鑫振界智能科技有限公司开工建设。

【创新发展】 2020年，海安市机器人及智能制造产业集群企业中高新技术企业12家、省民营科技型企业21家、省科技中小型企业19家，累计发明专利申请300余件。海安上海交通大学智能装备研究院获省科技厅创新能力建设计划项目立项，全市唯一，实现省级科技项目零突破；破格升级为校级平台，也是上海交通大学唯一一家落户县级市的校级平台；与中国天楹股份有限公司合作研发混合可回收垃圾机器人智能分拣系统，与奥普机械工程有限公司研发旋转变位、自动翻转弧焊机器人。海安苏州大学先进机器人研究院与宏顺厨具制品有限公司研发的玻璃打孔、磨边成套设备实现产业化。常州大学海安高新技术产业研究院与海盟纺织科技有限公司签订能源管理研发项目。超科机器人研发的中药抓药机器人系统获科技创新创业大赛江苏省优秀企业奖，玺澄科技研发的水下机器人项目获第四届"中国创翼"创业创新大赛三等奖。

【江苏股权交易中心机器人及智能制造产业辅导基地成立】 2020年9月22日，江苏股权交易中心机器人及智能制造产业辅导基地揭牌仪式在"省金融服务高质量发展园区行"走进海安开发区活动中举行，这是全省第一家与开发园区共建的"四板"挂牌培育基地，也是全省第一家基于特色产业定位的挂牌培育基地。活动中，举办海安开发区人工智能专场路演，并通过深交所创新创业投融资服务平台、江苏股权交易中心服务平台向全国8000余家投资机构进行在线直播，图灵机器人的合伙人陈栋详细推介机器人本体制造项目。

（刘华骥）

节能环保产业

【概况】 2020年，海安市节能环保产业融合节能环保、建材机械、新能源三大板块，拥有节能环保产业集群企业125家，其中，规模以上企业95家，实现开票销售219亿元，江苏福克斯电气集团有限公司（简称福克斯集团）年开票销售超50亿元，中国天楹、鹏飞集团、浚丰太阳能（江苏）有限公司（简称浚丰太阳能）超10亿元，超亿元以上企业25家。培大扶强重点企业，江苏天楹环保能源成套设备有限公司（简称天楹环保）获评工业和信息化部第五批制造业单项冠军企业；鹏飞集团通过第二批制造业单项冠军企业复核；天楹环保等离子飞灰资源化示范工程项目竣工验收，医废等离子处置技术通过专家评审；中国天楹投资1.5亿元参与城市环境综合治理产业基金。打造专业环保服务平台，筹建由33家企业组成的海安市环保服务业商会，组建由30多个专业295名专家组成的环保专家库，开展上门环保体检活动。市节能环保业商会获评2019—2020年度江苏省"四好"商会。

【产业招商】 2020年，海安市节能环保产业培育办公室借助中国环保产业协会、中国环保机械行业协会等行业组织，到南京、常州、苏州昆山等地开展专题招商活动，邀请越南驻华大使到海安考察固废全产业链项目，引进产业链关键项目、科技前沿项目。新招引产业类项目5个，其中，5亿元以上项目3个、1亿元项目2个。总投资20亿元的江苏金大包装材料科技有限公司"环保型三防热敏纸涂布生产线项目"开工建设。

【创新发展】 2020年，海安市节能环保行业企业与浙江大学、上海理工大学、南京林业大学等高校院所开展产

2020年6月15日，南通升辉机械有限公司生产车间内，工人们赶制建材装备订单
翟慧勇/摄

学研对接，新增产学研合作25个，其中国际合作项目3个，合作经费1093万元。南通曙光新能源装备有限公司与乌克兰国家科学院、江苏亘德科技有限公司与澳大利亚昆士兰大学、南通升辉机械有限公司与德国达姆斯塔特应用科技大学开展国际技术合作。市节能环保产业培育办公室邀请中国科学院生态环境中心、中国科学院过程工程研究所、南京大学等高校院所专家到海安进行"创新创业在海安""中科院专家走进海安"科技成果发布，开展技术交流。鹏飞集团入选国家知识产权示范企业，中国天楹获评省级企业技术中心，南通贝思特机械工程有限公司、江苏中矿重型装备有限公司获评省级企业工程技术中心，江苏巨邦环境工程集团股份有限公司等18家企业入选省高新技术企业培育库。天楹环保"节能环保等离子体无害化废灰处置技术项目"入选省关键核心技术（装备）公关项目，"TYP-50等离子体熔融先进系统装备"获省首台（套）重大装备认定，企业入围省"绿色工厂"。江苏海建股份有限公司（简称海建股份）杨玮林、江苏绿叶机械有限公司黄菲、江苏万淇生物科技股份有限公司羊箭锋获评省科技副总。福克斯集团等9家企业获评省三星级上云企业。

【产业融合发展】 2020年，海安市节能环保产业策应"一带一路"倡议，开拓境外市场，开展项目投资。鹏飞集团承建乌兹别克斯坦生态水泥厂EPC工程总承包项目，非洲GCK项目投产；中国天楹中标印度金奈、法国波城、厄瓜多尔、西班牙等固体废弃物处置综合服务运营项目。中国天楹、鹏飞集团入选省先进制造业和现代服务业深度融合试点。海建股份获评省两化融合管理体系贯标试点企业。 （刘华骥）

现代家具产业

【概况】 2020年，海安市拥有家具生产企业320家，其中规模以上企业20家，规模以上企业实现开票销售13.4亿元。海外投资取得突破，德辉木业海安有限公司在越南投资设立海外基地。东部家具产业基地（海安）管理发展有限公司被省工业和信息化厅评为生产性服务业优秀服务机构。江苏美勒家具科技有限公司（简称美勒家具）被省工业和信息化厅评为两化融合贯标试点企业。举办2020年首届东部家具云端展销会暨原辅材料采购节、2020年江苏品牌产品线上丝路行暨第五届中国东部家具线上博览会。

【产业招商】 2020年，海安市新招引64家家具制造企业落户家具园区，其中，重特大项目1个（凯旋置业海安有限公司），亿元以上项目4个（江苏海德瑞智能家居科技有限公司、江苏沙特斯家居有限公司、凯旋置业海安有限公司、南通亘卓新材料有限公司）。新招引52家原辅材料供应商入驻东部家具原辅材料市场，110家家具经销商签约入驻各展馆。东部家具物流仓储中心开业，28家专业物流公司入驻，开通100多条物流专线。家具市场区域被省知识产权局评为"正版正货示范街区"。

【创新发展】 2020年，海安市委、市政府推动家具产业高质量发展，先后召开家具全产业链发展推进会、家具产业高质量发展研讨会和家具产业加快健康发展现场办公会，制定印发《海安市家具产业加快健康发展三年行动计划》。新聘请家具产业经济顾问，邀请南京林业大学家居和工业设计学院、深圳家具研究开发院专家到海安发布家具最新科技成果，到企业现场指导技术攻关。南通海鹰木业股份有限公司获评高新技术企业。南通佳景健康科技股份有限公司建成南通市认定企业技术中心。美勒家具、南通源和家具有限公司获环境、质量、职业健康管理及企业知识产权管理体系认证，江苏迪高乐家具有限公司等34家企业新设立首席质量官。江苏舜合物联网科技有限公司获2项软件著作权，是海安家具企业首次获得软件著作权。 （刘华骥）

信息技术与制造业融合

【概况】 2020年，海安市通信服务商与重点工业企业开展"企业上云"对接活动，促进基础设施上云、业务应用上云、平台系统上云、数据协同创新，协助江苏省企业信息化协会举办工业互联网区县行海安站活动。全市拥有五星级上云企业5家；新增四星级上云企业7家，累计9家；新增三星级上云企业65家，累计77家，三星级上云企业数列南通市第一。新增工业和信息化专精特新"小巨人"企业1家、省级4家，累计拥有省级以上专精特新"小

2020年3月20日，上海爱登堡电梯江苏有限公司电梯生产车间内，工人们在生产和组装电梯产品　　翟慧勇／摄

巨人”企业23家。邀请鼎捷软件股份有限公司南通分公司、南通两融智能信息科技有限公司、南通安邦信息技术有限公司、南通汇中塑云科技有限公司、江苏联通等信息科技专家到海安开展“千企询访”、智能制造提升服务专题活动。爱登堡电梯、华艺服饰等12家企业通过工业和信息化部“两化融合”管理体系贯标认证，铁锚玻璃、兴华胶带等12家企业获批省“两化融合”贯标试点企业，海迅集团、浩驰科技等4家企业获评南通市融合创新示范企业。

【企业技术中心创建】 2020年，海安市新认定国家级企业技术中心1家（铁锚玻璃）、省级企业技术中心3家（天楹环保、华艺服饰、铭利达科技）、南通市级企业技术中心12家，累计拥有省级以上企业技术中心47家，其中，国家级3家，建筑业5家，保有量继续保持南通市第一。联发纺织获评国家技术创新示范企业。亚太科技的高性能铝合金工程研究中心、跃通数控的定制式木工家具制造机器人自动化生产线工程研究中心、威尔曼科技的智慧电梯信号系统工程技术研究中心获省级认定。跃通数控“数字化车间集成——家具制造的智能制造系统解决方案”获工业和信息化部认定。37个项目入选省重点技术创新项目导向计划，其中，铁锚玻璃“透明陶瓷技术的研发”等19个项目入选新产品研发类项目，占南通市入选项目数的四分之一；联发纺织“含涤弹力高保形DP4.0级环保面料关键技术研发”等17个项目入选关键核心攻关类项目，占南通市三分之一；兴华胶带“电梯平衡补偿链关键指标及使用寿命等性能检测试验”入选标准领航产品类项目，占南通市二分之一。

【首台（套）重大装备推广】 2020年，海安市天楹环保“等离子体熔融先进系统装备”获评省首台（套）重大装备，累计拥有省级以上首台（套）重大装备18台（套）；铁锚玻璃“面向强辐照核环境作业的多自由度遥操作机器人”等10家企业的产品获评南通市首台（套）重大装备，累计拥有南通市级首台（套）重大装备33台（套）。天楹环保“节能环保等离子体无害化废灰处置技术”项目入选省关键核心技术（装备）攻关项目。

【省工业互联网区县行活动走进海安】 2020年11月5日，江苏省工业互联网区县行（海安站）活动在苏信会海安服务中心举办，戴尔科技集团有限公司、中天华宇智能装备有限公司、北京连邦软件股份有限公司、南通云表软件科技有限公司等近30家重点战略合作企业首席信息官以及省、南通市、海安市相关领导参加会议，共同围绕企业数字化、信息化转型进行深度探讨。会议上，省工业和信息化厅两化融合推进处处长王万军致辞，并介绍全省支持两化融合发展的背景和相关政策；省企业信息化协会秘书长贡苏康和市发展改革委员负责人为江苏省企业信息化协会海安服务中心揭牌；省企业信息化协会执行秘书长徐秦伟解读工业互联网和企业上云相关政策；相关行业专家做分享交流。（史根生）

工业项目建设

【概况】 2020年，海安市新开工10亿元以上工业项目39个，20亿元以上高端制造业项目8个，高端制造业项目数列南通第一。新竣工亿元以上工业项目85个，其中，10亿元以上工业项目19个。稳定项目投资，申报中央预算内投资计划项目6个，下达资金7996万元；鹏飞集团年产30台（套）节能环保焙烧回转窑的研发及产业化项目获省级战略性新兴产业发展专项资金立项；5个项目获批省工业和信息化厅转型升级资金1676万元；19个项目申报省工业和信息化厅综合奖补资金项目；争取一般债券、政府专项债券等各类专项资金21.78亿元。全市累计拥有省示范智能车间8个、南通市示范智能车间12个。

【重大项目推进】 2020年，海安市推进重大项目建设，东材新材料、跃通数控等5个省重大项目有序推进，4个实施项目全部开工，作为储备项目的正威TFT偏光片项目进入施工阶段；布雷尼建筑、海美新材料、土力机械、中邦纺织等36个项目入选南通市重大项目，入选项目数列南通第一。4个项目入选2021年省级重大项目投资计划征求意见稿，入选项目数列南通第一、全省县级城市前列；19个项目入选2021年南通市级重大项目。

【二期项目建设】 2020年，海安市优化营商环境，吸引一大批骨干企业、重点项目在海安扩大投资，形成项目建设

“二期现象”，引起社会广泛关注，《新华日报》头版进行专题报道。新开工土建类“二期项目”11个，均为10亿元以上项目。东材新材料、繁华玻璃、弘盛新材料、海美新材料、江苏富邦纺织有限公司、南通远景电工器材有限公司等一批企业的10亿元以上“二期项目”密集开工建设，亚太科技、鑫缘茧丝绸、鹏飞集团等一批企业布局三期、四期项目。

◆ 链接

海安：项目建设“二期现象”成风景

“投资海安就是机遇，我们企业落户海安8年，政府承诺的优惠政策和生产要素保障全部不折不扣到位，企业营业收入连年翻番，利润跳跃式增长，未来3年，将在海安增加投资不低于10亿元。”10月30日举行的2020年海安投资贸易合作洽谈会开幕式上，江苏东材新材料有限公司董事长李刚的一番话引发在场企业家共鸣。

9月，江苏齐克庞德电子二期项目全面投产；10月，江苏海美新材料二期装饰膜项目施工单位进场，海安申菱电器制造有限公司新上的高端电传动减速器项目开始搭建临时设施……在海安采访，记者发现，众多在建项目中，不少是企业追加投资建设的二期、三期乃至四期工程。

“项目建设‘二期现象’，已成为海安亮丽的风景线。”海安市市长于立忠说，海安把优质服务作为对外开放的“金字招牌”，打造了“项目建设四方联动”“领导服务企业现场办公行”等多个品牌，吸引了大批投资者。自2018年以来，该市共新建各类“二期项目”53个，总投资达233.3亿元，其中市外投资项目24个、本地企业扩产项目15个，10亿元以上重特大项目13个。

挖掘机阵阵轰鸣，300多名工人在各自岗位紧张忙碌，江苏弘盛新材料股份有限公司三期工程26.3万平方米厂房已完成地下结构施工。“尽管受疫情冲击，我们一期、二期项目依然满负荷运行。瞄准经济复苏关键时期，我们投入18亿元上马三期项目，建成后将形成30万吨锦纶切片、20万吨工程塑料粒子、10万吨差别化纤维的生产能力，企业年销售收入有望突破100亿元。”江苏弘盛新材料总裁倪利锋信心满满。

好项目到哪都是“香饽饽”，为什么要一而再、再而三地“钉”在海安？“海安的政府服务、办事效率比想象的还要好，我们来了就不想走了。”倪利锋说，弘盛新材料项目产业定位高、用地面积大、建设要求高，海安高新区成立专门班子，提供一站式服务，从一期、二期到三期都有专人跟踪服务，遇到问题很快可以解决。

“圈粉”企业的，还有浓厚的创新氛围。位于李堡镇的南通明诺电动科技股份有限公司三期项目正进行钢结构安装，预计年内竣工。“海安每年都举办‘创新创业在海安’‘中科院专家走进海安’等活动，领着企业搞创新，我们不出海安就能跟中国科学院、清华大学等‘高门大户’结亲。”企业党支部书记邵建根介绍，明诺电动科技先后与清华大学、东南大学、中国科学院等建立战略合作，获得8项发明专利、45项实用新型专利及外观设计专利，疫情期间销售不降反增，三期项目投产后年销售规模有望突破10亿元。

口口相传的好口碑，又为该市引来了更多项目。2020年投资贸易合作洽谈会上，54个产业项目集中签约，其中内资项目36个，拟投资671亿元，总投资100亿元以上的项目有3个；外资项目18个，拟投资16.5亿美元。广东华文产业集团有限公司与海安签署产业金融战略合作协议，开展深度合作。

“我们在顺德的一家工厂仅4500平方米，就做到了11亿元年产值，计划在年内搬两家公司到海安，争取以最快的速度开工投产。”华文产业集团董事局创始主席史泽华说，“海安将成为集团在长三角布局的重点，明年我们计划以区域总部的形式，推动金融和民生领域5家上市公司落户海安。”

练好“内功”，海安在南通市项目建设综合考评中，17个季度有16个季度夺得“流动红旗”，其中12个季度获得第一。“资源总是向服务最优、环境最好、效率最高的地方集聚，优质高效的服务已成为我们集聚发展资源的根本途径。”海安市委书记顾国标说，一批优质项目为海安做好“六稳”落实“六保”提供了关键性支撑，今年前三季度，该市地区生产总值增幅5.1%，固定资产投资、工业应税销售、服务业应税销售、居民人均可支配收入等指标增幅均居南通前列，在紧环境下率先摆脱不利局面，实现平稳较快增长。

（《新华日报》2020年11月2日头版 吴 薇）

【智能示范车间申报与储备】 2020年，海安市累计有江苏省示范智能车间8个，新增弘盛新材料“差别化锦纶6切

2020年5月15日，南通启弘纺织有限公司智能生产车间内生产井然有序

姜明／摄

片智能生产车间”；南通市示范智能车间12个，新增2个，分别是通润汽车零部件“剪式千斤顶智能装配车间”、上海圣德曼铸造海安有限公司“汽车曲轴智能化铸造车间”；海安市示范智能车间9个。新申报南通市示范智能车间7个。持续完善智能车间后备企业培育库，建立梯次培养队伍，拥有后备企业50家。10月31日，举办示范智能车间创建推进（培训）会，各区镇相关负责人、创建示范智能车间的相关企业负责人等60余人参加会议。会议邀请南通大学教授张彤做“省、南通市示范智能车间建设及申报专题辅导”，并现场指导欧凯包装、华艺集团、南通中邦纺织科技有限公司、福克斯集团。

【项目服务】 2020年，海安市加强项目建设组织保障，坚持市领导挂钩重大项目、机关部门服务重点项目、项目建设现场巡查点评制度，开展“月月看、家家到”项目观摩活动5次，观摩项目322个。加大项目考核力度，出台“工业项目建设工作意见”“工业项目建设杯竞赛办法”“项目审批考核办法”“工业项目生产性设备投入核查工作指南（试行）”，建立以设备投入为核心的项目建设考核体系，完善“市领导、部门、业主、区镇”四方联动的项目推进机制。市委常委会、常委扩大会、政府常务会定期听取项目建设推进情况，适时召开重大项目领导小组会议和项目集中开工会、项目解决问题会办会、项目建设点评会，研究解决新问题。强化项目管理，根据投资协议或行业标准进行目标管理，结合各项要素指标联合多部门开展项目质量整体评价；定期梳理项目清单，细化、量化工作任务，明确开工、竣工和投产时间，形成动态管理、运行高效的工作机制。全面提速项目审批，巩固项目建设一审二核服务机制，完善联合预审、联合勘查、联合会办、联合审图、联合验收、联合评审“六联”工作机制，建立项目建设快落户、快开工、快达产的服务通道。

2020年海安市亿元以上工业项目建设情况表

表21 单位：亿元

序号	项目名称	建设单位	主要建设内容及规模	开工时间	总投资	2020年投资	至2020年年底项目进展情况	所在区镇
1	智能运动休闲用品生产项目	海安荣威运动用品有限公司	新建厂房等主要建筑22万平方米；购置胶布生产线、印刷生产线；项目建成后，年产PVC胶布9万吨、智能运动休闲产品3000万件、床垫2000万件	2018.03	51.00	3.61	竣工并投产	开发区
2	功能增强颗粒、PA6差别化纤维纺丝（含配套切片）生产项目	江苏弘盛新材料股份有限公司	新建厂房等主要建筑26.37万平方米；购置生产设备1366台（套）；项目建成后，年产20万吨功能增强颗粒、10万吨PA6差别化纤维纺丝（含配套切片）	2020.04	50.00	43.79	厂房主体封顶	高新区
3	高强度车用零部件制造项目	恒科众创（南通）置业有限公司	新建厂房等主要建筑10.11万平方米；购置生产设备80台（套）；项目建成后，年产热交换机、中冷器、散热器各10万个，滤清器5000万只	2020.02	50.00	5.12	厂房主体封顶	曲塘镇
4	智能家居新材料生产项目	雅莱迪家具海安有限公司	新建厂房等主要建筑17.55万平方米；购置主要生产设备1859台（套）；项目建成后，年产新型智能家居面板材料150万套	2019.01	35.50	3.73	竣工并投产	开发区
5	智能家居新材料生产项目	江苏德尔菲亚智能卫浴科技有限公司	新建厂房5.14万平方米；购置意大利进口全自动喷涂线、全自动辊涂线、全自动砂边机等生产设备218台（套）；项目建成后，年产智能家居新材料12万吨	2019.01	32.10	6.11	竣工并投产	大公镇
6	定制化柔性自动化加工生产线项目	南通跃通数控设备有限公司	新建厂房等主要建筑10.01万平方米；购置生产设备68台（套）；项目建成后，年产定制化柔性自动化加工生产线350台（套）	2019.01	30.00	2.81	竣工并投产	开发区
7	智能家居新材料生产项目	江苏鑫和扬家居有限公司	新建厂房等主要建筑7.59万平方米；购置生产设备1859台（套）；项目建成后，年产新型智能家居面板材料150万套	2019.09	30.00	3.08	竣工并投产	开发区
8	高端家居纺织品项目	江苏新世嘉家纺高新科技股份有限公司	新建厂房等主要建筑50.18万平方米；购置生产设备278台（套）；项目建成后，年染色（印花）布1.68亿米	2019.01	30.00	23.80	厂房竣工，试运行	开发区
9	高档新型环保墙布、产业用功能面料项目	江苏德法瑞新材料科技有限公司	新建厂房等主要建筑19.2万平方米；购置生产设备1589台（套）；项目建成后，年产高档新型环保墙布1500万米、功能性面料9500万米	2019.01	30.00	3.97	竣工并投产	开发区

续表21

序号	项目名称	建设单位	主要建设内容及规模	开工时间	总投资	2020年投资	至2020年年底项目进展情况	所在区镇
10	智能食品加工生产线制造项目	中辉江苏食品工业园投资开发有限公司	新建厂房10.1万平方米；购置生产设备288件（套）；项目建成后，年产智能食品加工专用设备550台（套）	2020.01	20.00	6.75	厂房竣工	开发区
11	智能家居新材料生产项目	优美达家具（海安）有限公司	新建厂房等主要建筑6万平方米；购置生产设备1020台（套）；项目建成后，年产新型智能家居面板材料100万套	2019.09	20.00	2.63	竣工并投产	开发区
12	新型建筑材料及智能建筑装备生产项目	升维科技有限公司	新建厂房等主要建筑5.15万平方米；购置生产设备约120台（套）；项目建成后，年产新型建筑材料15万平方米、智能装配材料3万吨	2020.02	20.00	4.42	厂房主体在建	高新区
13	高端纺织项目	南通同春龙纺织有限公司	新建厂房等主要建筑11.37万平方米；购置喷水织机、针织大圆纬机、加弹机、整经机等设备；项目建成后，年产功能性织造面料1.90亿米	2020.03	20.00	4.86	厂房主体封顶，部分设备完成订购	高新区
14	中钢研激光陀螺及惯性导航系统生产项目	南通日昌晶自动化设备有限公司	新建厂房及配套设施；购置生产设备1560台（套）；项目建成后，年产中科钢研激光陀螺仪及惯性导航仪3万轴	2020.06	20.00	5.16	厂房在建	开发区
15	机器人及智能制造项目	南通冠通智能科技有限公司	新建厂房等主要建筑10万平方米；项目建成后，年产机器人本体4000套、电控系统4500套、五轴往复机500台、四轴精密涂覆机45台	2020.01	20.00	8.08	厂房竣工	开发区
16	智能家居控制系统制造项目	凯旋置业海安有限公司	新建厂房等主要建筑25.25万平方米，打造智能家居制造区、智能家居设计研发区、综合配套服务区及办公中心“三区一中心”；购置生产设备1172台（套）	2020.04	20.00	6.46	厂房主体封顶	滨海新区
17	智能电站设备生产项目	江苏亚威成套电气有限公司	新建厂房及配套设施；购置生产设备2960台（套）；项目建成后，年产智能变压器500台、智能变电站300台	2020.01	20.00	3.17	厂房主体在建	高新区
18	核电装备和高端汽车天窗玻璃生产项目	江苏铁锚玻璃股份有限公司	项目总用地面积14.33公顷，新建厂房13.05万平方米，其中新建厂房等主要建筑物10.12万平方米；购置生产设备275台（套）；建设机械手生产线和防火玻璃生产线；项目建成后，年产机械手100台（套）、防火玻璃12万平方米	2018.11	20.00	4.55	厂房竣工，部分设备进场安装，部分投产	高新区
19	环保型三防热敏纸涂布生产线项目	江苏金大包装材料科技有限公司	购置主要生产设备120台（套）；项目建成后，年产环保型三防热敏纸6万吨	2020.09	20.00	10.38	厂房在建	开发区
20	光电显示偏光板生产项目	江苏海威光电科技有限公司	建设厂房等主要建筑12.82万平方米；购置TFT-LCD等级偏光板生产线4条；项目建成后，年产TFT-LCD等级偏光板8400万平方米	2020.01	20.00	11.05	厂房竣工	开发区
21	智能调光特种玻璃项目	江苏繁华玻璃股份有限公司	新建厂房等主要建筑6.05万平方米；引进磁控溅射真空镀膜生产线和高端薄膜检测设备；项目建成后，年产大面积智能电致变色玻璃175万平方米	2020.01	20.00	8.13	厂房竣工	开发区
22	OLED柔性显示技术用光学级聚酯基膜建设项目	江苏东材新材料有限责任公司	新建厂房等主要建筑10.7万平方米；引进日本BOPET膜生产线5条、德国分切设备和回收等设备；项目建成后，年产特种聚酯薄膜材料2万吨、光学聚酯薄膜材料4万吨、PVB胶膜材料2500万平方米、精密涂布材料1450万平方米	2020.01	20.00	10.18	厂房在建	开发区

续表21

序号	项目名称	建设单位	主要建设内容及规模	开工时间	总投资	2020年投资	至2020年年底项目进展情况	所在区镇
23	电子信息产业金属表面智能一体化处理中心项目	海安润泽金属表面处理有限公司	新建金属表面处理车间12.81万平方米和配套、生活用房6998.4平方米	2019.08	20.00	12.26	厂房竣工，部分设备进场安装，部分投产	高新区
24	海安博润蒋家沙海上风电场项目	海安博润新能源有限公司	总投资20亿元；项目建成后，风电场总装机容量50兆瓦	2020.11	20.00	14.00	海上风机安装	滨海新区
25	新能源汽车铝合金零部件、精密安防产品生产及模具研发制造项目	江苏竣昌科技有限公司	新建生产厂房等主要建筑10.3万平方米；购置20吨方形反射熔炉、保温炉等设备534台（套）；项目建成后，年产安防配件、汽车配件、散热器配件等铝合金零部件2万吨和通讯配件锌合金零部件1000吨	2018.02	15.95	10.14	厂房竣工，部分设备进场安装，部分投产	高新区
26	新型轻体装饰材料智能化生产项目	江苏长隆装饰材料科技有限公司	新建厂房等主要建筑6.4万平方米；购置压延流水线、贴合流水线、单组热压机、组合压机等设备；项目建成后，年产新型轻体装饰材料2900万平方米	2018.01	15.92	9.29	竣工并投产	高新区
27	智能电梯部件及建筑工程机械生产制造项目	南通中力重科机械工程有限公司	新建厂房等主要建筑8.2万平方米；项目建成后，年产电梯部件、工程机械及配套件3万台（件）	2018.02	15.88	1.58	厂房竣工，部分设备进场安装，部分投产	高新区
28	智能家居控制系统制造项目	江苏利全家居有限公司	总投资10亿元，总用地2.87公顷；新建厂房等主要建筑物10.53万平方米	2019.01	13.40	12.38	竣工并投产	滨海新区
29	智能家居控制系统制造项目	江苏君诺家居海安有限公司	总投资10亿元，总用地2.41公顷，新建厂房等主要建筑10.12万平方米	2019.01	13.00	3.90	厂房竣工，部分设备进场安装，部分投产	滨海新区
30	年产10080万米高档精纺面料项目	海安联和纺织科技有限公司	新建厂房等主要建筑7.1万平方米；购置生产设备851台（套）；项目建成后，年产10080万米高档精纺面料	2018.02	10.80	6.15	竣工并投产	开发区
31	年产2300万米高档色织、印染面料项目	南通生茂迳隆纺织面料科技有限公司	新建厂房等主要建筑6.5万平方米；购置生产设备436台（套），其中，进口设备197台（套）；项目建成后，年产高档色织、印染面料2300万米	2018.02	10.45	6.61	厂房竣工，设备安装	开发区
32	年产5000万米高档超柔绒类产品织造项目	江苏欣鑫纺织科技有限公司	新建厂房等主要建筑5.8万平方米；购置生产设备1157台（套）；项目建成后，年产高档超柔绒类产品5000万米	2018.02	10.08	5.66	竣工并投产	开发区
33	年产16000吨高档绒类染色面料、4000吨绒类印花面料、2000吨绒类烂花面料项目	海安润腾纺织科技有限公司	新建厂房等主要建筑5.3万平方米；引进烂花生产线等65台（套），购置织布机等生产设备192台（套）；项目建成后，年产高档绒类染色面料1.6万吨、绒类印花面料4000吨、绒类烂花面料2000吨	2018.02	10.07	6.10	竣工并投产	开发区
34	办公设备、医疗器械、烘烤机械生产项目	震海实业（海安）有限公司	新建厂房等主要建筑10.43万平方米，购置生产设备344台（套）；项目建成后，年产办公设备30万台（套）、医疗器械5万台（套）、烘烤机械1万台（套）	2019.02	10.00	6.83	竣工并投产	李堡镇

续表21

序号	项目名称	建设单位	主要建设内容及规模	开工时间	总投资	2020年投资	至2020年年底项目进展情况	所在区镇
35	智能锁具及控制系统生产项目	雅特兰智能科技（海安）有限公司	新建厂房及配套设施；购置生产设备188台（套）；项目建成后，年产智能锁具2万件套、智能控制系统1万套	2019.03	10.00	6.73	竣工并投产	李堡镇
36	新能源汽车用新材料配饰生产项目	沃德丰汽车用品（南通）有限公司	新建厂房等主要建筑面积5.95万平方米；购置主要生产设备98台（套）；项目建成后，年产新材料汽车配饰100万套	2020.01	10.00	3.18	厂房主体封顶	墩头镇
37	年产7万吨精密机械材料生产项目	上海力睿精密金属海安有限公司	新建厂房等主要建筑5.83万平方米；购置生产设备71台（套）；项目建成后，年产合金精密机械材料7万吨	2020.02	10.00	3.35	厂房主体封顶，订购部分设备	高新区
38	高档服饰面料生产项目	南通中邦纺织科技有限公司	新建厂房等主要建筑8.52万平方米；购置生产设备311台（套），其中进口设备158台（套）；项目建成后，年产高端服装面料1.08亿米	2020.01	10.00	4.43	厂房主体封顶	开发区
39	新型电工材料项目	南通远景电工器材有限公司	新建厂房等主要建筑面积5.08万平方米；购置生产设备169台（套）；项目建成后，年产电磁线2万吨、铝带4000吨	2020.01	10.00	3.07	厂房竣工，部分设备进场安装	曲塘镇
40	工业自动控制系统装置制造项目	南通鑫振界智能科技有限公司	项目用地3.06公顷，新建厂房等主要建筑5.6万平方米；购置生产设备55台（套）；项目建成后，年产自动化设备5万台、机器人1万台	2020.12	10.00	2.43	厂房在建	李堡镇
41	交互式智能家居一体化设备制造项目	南通森利家具有限公司	新建厂房等主要建筑12.29万平方米；购置生产设备1129台（套）；项目建成后，年产交互式智能家居一体化设备10万套	2019.01	10.00	6.88	竣工并投产	开发区
42	高性能锰锌铁氧体磁芯及锰锌铁氧体磁粉生产项目	南通三优佳磁业有限公司	新建厂房、办公用房10.66万平方米；购置生产设备171台（套）；建设高性能锰锌铁磁芯及锰锌铁氧体磁粉生产线5条；项目建成后，年产高性能锰锌铁氧体磁芯1万吨、锰锌铁氧体磁粉5万吨	2019.01	10.00	5.59	厂房竣工，部分设备进场安装，部分投产	高新区
43	南通明诺电动科技股份有限公司项目	南通明诺电动科技股份有限公司	新建厂房等主要建筑5.1万平方米；购置生产线及配套设备1144台（套）；项目建成后，年产电动清扫车2.5万辆、电动环卫车1.5万辆	2020.01	10.00	3.26	厂房主体封顶	李堡镇
44	无油压缩机、电梯部件生产项目	南通联翔机械有限公司	新建厂房及配套设施；购置生产设备105台（套）；项目投产后，年产无油压缩机5万套、电梯部件10万套	2020.11	10.00	2.24	厂房主体在建	高新区
45	智能展示装备项目	南通宏熙展示道具有限公司	新建厂房10.15万平方米；购置生产设备154台（套）；项目建成后，年产货架1.2万组、展架0.7万组、展店300家	2019.01	10.00	6.48	厂房主体在建	大公镇
46	汽车内饰新材料项目	南通格霖莱特汽车零部件有限公司	新建厂房等主要建筑9.74万平方米；购置生产设备160套；项目建成后，年产行李箱盖板120万片、后座靠板220万片	2019.05	10.00	8.21	竣工并投产	曲塘镇
47	聚氨酯节能保温板材生产项目	南通碧水新材料科技有限公司	新建厂房5.02万平方米；购置生产设备39套；项目建成后，年产聚氨酯复合板100万平方米	2020.01	10.00	3.27	厂房主体竣工	大公镇
48	智能电动装备生产项目	美事满工具（海安）有限公司	新建厂房等主要建筑5.1万平方米；购置生产设备1137台（套）；项目建成后，年产智能电动工程工具组件100万件及配件1250万件	2020.01	10.00	4.94	厂房竣工	开发区

续表21

序号	项目名称	建设单位	主要建设内容及规模	开工时间	总投资	2020年投资	至2020年年底项目进展情况	所在区镇
49	智能轻量化新材料生产、研发建设项目	捷安特轻合金科技（海安）有限公司	新建厂房等主要建筑9.04万平方米；购置生产设备528台（套）；项目建成后，年产铝合金管型材1万吨、镁合金管型材4500吨、铝合金车圈6.75万吨、镁合金车圈9600吨、准晶体100吨	2020.01	10.00	6.33	厂房在建	开发区
50	高能智能纺织机械及装备项目	江苏英迈杰机械有限公司	总建筑面积11.23万平方米；购置生产设备66台（套）；项目建成后，年产倍捻机1000台、并纱机150台、玻纤倍捻机50台、化纤倍捻直捻机100台	2019.01	10.00	6.75	竣工并投产	开发区
51	纺织面料及高档家纺生产项目	江苏欣瑞达纺织科技有限公司	新建厂房及配套设施；购置生产设备300多台（套），采用涤纶纤维丝和布坯为原料；项目建成后，年产面料及高档家纺产品8000吨	2020.09	10.00	3.97	厂房在建	开发区
52	低碳氮排放高效环保生物材料项目	江苏天成科技集团南通饲料有限公司	新建厂房等主要建筑10.54万平方米；购置生产设备65台（套）；项目建成后，年产低碳氮排放高效环保生物材料60万吨	2019.01	10.00	6.58	竣工并投产	开发区
53	智能电动工具项目	江苏欧文工具制造有限公司	新建厂房等主要建筑5.89万平方米；购置生产设备134套；项目建成后，年产电动智能工具400万件、家用五金配件380万件	2020.01	10.00	2.54	厂房主体封顶，内部装修	曲塘镇
54	化纤加弹项目	江苏能丽新材料有限公司	新建厂房5.23万平方米；购置生产设备416台（套）；项目建成后，年产涤棉复合丝4000吨、涤纶高弹色丝5000吨、涤棉高弹色丝2000吨	2020.01	10.00	4.00	厂房主体竣工	大公镇
55	智能家居制造项目	江苏奈高家居有限公司	新建厂房等主要建筑5.02万平方米；购置生产设备1129台（套）；项目建成后，年产交互式智能家居一体化设备10万套	2019.08	10.00	3.03	厂房竣工，部分设备进场安装，部分投产	滨海新区
56	年产10亿米窄幅织物项目	江苏金辉弹性织造有限公司	新建厂房及配套设施；购置生产设备400台（套）；项目建成后，年产窄幅织物10亿米	2020.09	10.00	3.87	厂房在建	开发区
57	生物质新材料生产项目	江苏家惠生物科技有限公司	购置生产设备1300台；项目建成后，年产生物质蛋品5万吨和生物质饲料15万吨	2019.01	10.00	7.49	竣工并投产	高新区
58	超细旦纤维功能性高档服装衬布、面料及复合面料生产项目	江苏华宝弘业新材料科技有限公司	建设厂房等主要建筑11.06万平方米；购置喷水织机1200台以及其他生产设备1410余台；项目建成后，年产面料3000万米、衬布3000万米、复合面料3500万米	2019.03	10.00	7.04	竣工并投产	开发区
59	年产2.3亿米广告条幅用布、数码印花旗帜用布项目	江苏互生纺织科技有限公司	新建厂房等主要建筑11.16万平方米；购置生产设备1883台（套）；项目建成后，年产广告条幅布、数码印花旗帜布2.3亿米	2019.01	10.00	7.55	竣工并投产	高新区
60	铝合金材料生产项目	江苏鸿杰立新材料科技有限公司	新建厂房等主要建筑11.49万平方米；购置生产设备813台（套）；项目建成后，年产铝合金材料80万平方米	2019.02	10.00	7.21	竣工并投产	高新区
61	新型树脂材料生产项目	江苏泓茂体育发展股份有限公司	新建生产厂房等主要建筑11.14万平方米；购置生产设备157台（套）；项目建成后，年产新型树脂材料2000万吨	2019.01	10.00	5.75	厂房竣工，部分设备进场安装，部分投产	高新区

续表21

序号	项目名称	建设单位	主要建设内容及规模	开工时间	总投资	2020年投资	至2020年年底项目进展情况	所在区镇
62	智能设备制造项目	江苏和自兴（利物盛）智能设备制造有限公司	新建生产厂房等主要建筑1.19万平方米；购置生产设备23台（套）；项目建成后，年产石墨烯制备设备5套、工业化萃取设备8套、TPU发泡设备3套	2019.08	10.00	5.64	厂房竣工，部分设备进场安装，部分投产	高新区
63	PVC装饰膜、薄板覆盖钢板膜生产项目	江苏海美新材料有限公司	购置生产设备85套；项目投产后，年产PVC装饰膜9500万平方米、薄板覆盖钢板膜850万平方米	2020.01	10.00	2.40	厂房主体在建	高新区
64	功能性面料技术改造项目	江苏富邦纺织有限公司	新建厂房等主要建筑5.11万平方米；购置生产设备650台（套）；建设印染生产线7条；项目建成后，年产高档功能性面料6.2万吨	2020.02	10.00	3.90	厂房主体封顶，投入4208万元订购设备并现场安装	高新区
65	电子智能设备制造项目	江苏创鼎精密科技有限公司	新建厂房等主要建筑5.16万平方米；购置加工中心、数控机床等设备；项目建成后，年产电子智能设备500台（套）	2019.02	10.00	2.93	厂房主体封顶，订购部分设备	高新区
66	特种变压器、高低压成套设备生产项目	江苏秉德电气有限公司	项目用地4.64公顷，建筑面积5.37万平方米；购置生产设备129台（套）；项目建成后，年产卷铁芯及非晶合金节能配电变压器9000台、环保型中压气体绝缘开关柜1万台	2020.07	10.00	3.01	厂房主体在建	曲塘镇
67	电子产品零部件项目	佳威科技（海安）有限公司	新建厂房等主要建筑5.29万平方米；购置生产设备600余台（套）；项目建成后，年产光学系统机构件2250吨、笔记本电脑零部件1575吨、工具机450吨、安防产品135吨、通信设备90吨	2020.02	10.00	3.27	厂房主体封顶，订购部分设备	高新区
68	自动化机械制造项目	华欧项目开发管理（海安）有限公司	新建厂房等主要建筑5.31万平方米；购置生产设备568台（套）；项目建成后，年产自动化机械4000台（套）	2020.01	10.00	3.80	厂房竣工	开发区
69	亿丰智能化包装生产线项目	海安亿丰包装材料有限公司	新建厂房建筑面积5.14万平方米；购置智能化生产线16条；项目建成后，年产智能化包装生产线400条	2020.03	10.00	3.11	厂房主体竣工	大公镇
70	钻机钻杆及工程机械配套件生产项目	海安土力机械制造有限公司	购置管板一体切割机、双丝自动焊机等设备；项目建成后，年产旋挖钻机钻杆6000套、工程机械配套件5000套	2020.02	10.00	5.75	厂房竣工，部分设备进场安装，部分投产	高新区
71	智能服饰、无缝内衣、模杯、仿生蜂巢棉生产项目	海安腾昱智能科技有限公司	新建厂房等主要建筑6万平方米；购置验布机、贴合机、超音波焊接机、热定型烘箱等设备；项目建成后，年产无缝内衣1500万件、智能服装300万件	2018.02	10.00	1.90	厂房竣工，部分设备进场安装，部分投产	高新区
72	机械配件的精密加工与铸造项目	海安奥禹机械制造有限公司	总用地面积4.59公顷；购置生产设备55台（套）；项目建成后，年产压缩机、电梯配件、机器人、交通设备等1.44万吨	2020.08	10.00	2.32	厂房主体在建	南莫镇
73	建筑用智能装配式钢结构装备制造项目	国盛钢结构工程（海安）有限公司	新建厂房等主要建筑6.35万平方米；购置生产设备261台（套），其中进口设备46台（套）；项目建成后，年产建筑用智能一体化装配式结构件3万吨、压型彩色钢板制品4000吨、不锈钢制品1000吨、装配式建筑6万平方米	2020.01	10.00	4.34	厂房主体封顶	开发区

续表21

序号	项目名称	建设单位	主要建设内容及规模	开工时间	总投资	2020年投资	至2020年年底项目进展情况	所在区镇
74	新型建筑材料及智能建筑装备生产项目	布雷尼建筑科技（江苏）有限公司	新建厂房等主要建筑物5.07万平方米；购置生产设备657台（套）；项目建成后，年产新型建筑墙体材料60万立方米	2020.04	10.00	3.30	厂房主体封顶	滨海新区
75	智能水文仪器、船用配件生产项目	云德海洋科技（江苏）有限公司	建设厂房等2.92万平方米；购置生产设备357台（套）；项目建成后，年产智能海洋水文仪器3000万件	2019.02	1.00	0.68	竣工并投产	开发区
76	新型8.8级及以上高强度标准紧固件材料生产项目	王梓标准件制造南通有限公司	新建厂房等主要建筑1.7万平方米；购置生产设备254台（套）；项目建成后，年产8.8级及以上高强度标准紧固件材料8000吨	2019.01	1.00	0.63	竣工并投产	开发区
77	新型建材项目	润峰建材科技（海安）有限公司	新建厂房等主要建筑2.9万平方米；购置生产设备80台（套）；项目建成后，年产采光板100万平方米、防腐板50万平方米	2019.08	1.00	0.92	竣工并投产	曲塘镇
78	新型建筑新材料项目	南通众润混凝土有限公司	新建厂房等主要建筑2.08万平方米；购置生产设备13台（套）；项目建成后，年产混凝土砖72万立方米	2019.02	1.00	0.63	竣工并投产	高新区
79	实验室专用设备加工项目	南通圆曜工程技术有限公司	新建厂房等主要建筑2.66万平方米；购置生产设备125台（套）；项目建成后，年产内外补风型通风柜(钢质、PP)2000套、通风自动控制系统200套、全钢实验室装备20万件、全木实验室装备20万件、钢木实验室家具20万件、PP实验室装备10万件、实验室废气处理设备600套、实验室废水处理设备100套、通风管道（镀锌板、PP）20万平方米	2019.01	1.00	0.64	竣工并投产	高新区
80	高铁自动化控制设备制造项目	南通斯达瑞金属科技有限公司	新建厂房等主要建筑2.73万平方米；购置生产设备62台（套）；项目建成后，年产高铁信号和通信自动化控制成套设备60万套、标牌和汽车轮毂标600万件、金属冲压件500万件、模具3000套	2019.01	1.00	0.62	竣工并投产	高新区
81	年产1500万米高档花色面料项目	南通舒华洁纺织印染集团有限公司	新建厂房2.02万平方米；购置生产设备38台（套）；项目建成后，年产高档花色面料1500万米	2019.01	1.00	0.63	竣工并投产	高新区
82	智能装备项目	南通科达建材股份有限公司	新建厂房等主要建筑物3.05万平方米；购置生产设备160台（套）；项目建成后，年产全预制砼构件10万立方米	2019.02	1.00	0.66	竣工并投产	高新区
83	伺服电机制动器制造	南通凯运自动化科技有限公司	新建厂房等主要建筑2.55万平方米；购置生产设备124台（套）；项目建成后，年产伺服电机制动器10万台	2019.01	1.00	0.63	竣工并投产	开发区
84	高端纺织项目	江苏鑫缘茧丝绸集团股份有限公司	新建厂房1.95万平方米；购置生产设备60台（套）；升级改造生产工艺技术；项目建成后，年产高档家居个性化定制产品50万件（套）	2019.01	1.00	0.66	竣工并投产	高新区
85	新型包装材料项目	江苏瓦盾包装袋有限公司	新建厂房等主要建筑3.04万平方米；购置生产设备63台（套）；项目建成后，年产纯纸袋5000万条、PE薄膜袋(薄膜厚度1.5丝到12丝）2000万条、纸塑复合袋3000万条	2019.01	1.00	0.63	竣工并投产	开发区
86	电子行业测试及工业自动化装备制造项目	江苏世纪福智能科技有限公司	新建厂房等主要建筑6.43万平方米；购置生产设备60台（套）；项目建成后，年产电子行业测试夹具8000套、工业自动化设备30套	2019.01	1.00	0.66	竣工并投产	开发区

续表21

序号	项目名称	建设单位	主要建设内容及规模	开工时间	总投资	2020年投资	至2020年年底项目进展情况	所在区镇
87	江苏巨硕科技发展有限公司项目	江苏巨硕科技发展有限公司	新建厂房等主要建筑1.81万平方米，配套建设生产用房等附属设施；购置生产设备285台（套）；项目建成后，年产汽车刹车片19万套、轴承11万件	2019.01	1.00	0.64	竣工并投产	高新区
88	办公自动化设备及教育设备生产项目	江苏富爱科技发展有限公司	新建厂房建筑面积2.41万平方米；购置生产设备850台（套）；项目建成后，年产办公自动化设备及教育设备300万台（套），新增年销售1.5亿元以上	2019.01	1.00	0.63	竣工并投产	高新区
89	智能模具配件、自动化设备制造项目	江苏创彩精密机械有限公司	新建厂房等主要建筑1.7万平方米；购置生产设备65台（套）；项目建成后，年产智能模具配件20万件、压铸模配件80万件、自动化设备及零件加工60万件	2019.01	1.00	0.63	竣工并投产	开发区
90	等离子数控机床刀锯制造项目	江苏伯克利精密刀具有限公司	新建厂房等主要建筑2.6万平方米；购置生产设备114台（套）；项目建成后，年产金刚石等离子数控机床刀锯20万片	2019.01	1.00	0.65	竣工并投产	开发区

（张开渠）

工业企业

【概况】 2020年，海安市应税销售亿元以上工业企业（集团）265家，其中，10亿元以上企业25家，比上年增加3家；50亿元以上7家，与上年持平；100亿元以上3家，比上年增加1家。全市规模以上工业企业按应税销售和入库税金各占50%，综合排出全市100强，给予表彰，颁发奖牌。入库税金最高的是江苏联发集团股份有限公司，入库税金4.21亿元；营业收入最高的是中国天楹股份有限公司，突破210亿元。金大包装、浚丰太阳能、中机锻压等18家企业新加入2020年度海安市工业百强企业。圣德曼、龙源海上风电、苏源恒炫等18家2019年度工业百强企业退出。

2020年4月30日，中国天楹股份有限公司旗下控股企业江苏天楹环保能源成套设备有限公司生产车间内，员工在生产组装各式垃圾分类箱　翟慧勇／摄

【中国天楹】 中国天楹股份有限公司（股票代码：000035）位于海安高新区黄海大道（西）268号，成立于2006年12月，是一家从事城市环境服务和废弃物末端处理及再利用的大型国际化上市公司。公司业务涉及废弃物处理的全产业链，覆盖垃圾分类中转、智慧环卫、生活垃圾焚烧发电、餐厨垃圾处理、危险废弃物处理、建筑垃圾处理、污泥、渗滤液处理以及全产业链各节点的装备制造等领域。至2020年年底，中国天楹拥有员工7.3万人，实现主营业务收入超210亿元。企业拥有世界一流的城市环境服务技术团队，全产业链新技术开发中心的高级技术人员1200多人，拥有授权专利502项、发明专利32项、实用新型专利455项、外观专利15项，各项专利合计超过1000件。企业拥有全球首条垃圾焚烧装备自动化生产线，能生产世界上单体最大的每日850吨大吨位机械炉排炉，同时也是全球唯一一家能够构建焚烧流场模拟的企业。年内投产的等离子体飞灰熔融装置，为全球环保行业的首台（套）重大技术装备。公司业务范围覆盖34个国家和地区，垃圾日处理量8.4万吨，在全球拥有400余座固废处理设施，二氧化碳年均减排量220万吨。

【铁锚玻璃】 江苏铁锚玻璃股份有限公司位于海安市长江西路128号。前身为海安中学校办企业，创建于1984年。2001年12月，组建江苏铁锚玻璃股份有限公司。企业专注于安全玻璃深加工的研发、生产、销售与服务，发展成为国内生产轨道交通安全玻璃的骨干企业。至2020年年底，公司拥有员工2000多人以及一支由中外专家组成的300多人研发团队，拥有厂房建筑面积约30万平方米，购置国内外先进设备300多台（套），累计投资总额30亿元。企业承担的项目获评国家重点新产品4项、中国机械工业科学技术一等奖1项、中国产学研合作创新成果奖二等奖1项，省高新技术产品15项、省科技进步奖3项、省重大科技成果转化项目2项、省科技支撑计划项目1项；获授权专利75项、软件著作权1项。2020年，公司实现开票销售25.52亿元，入库税金1.50亿元。

【亚太科技】 亚太轻合金（南通）科技有限公司位于江苏海安经济技术开发区海防路29号。公司成立于2008年7月，是江苏亚太轻合金科技股份有限公司全资子公司，注册资金2.5亿元。亚太科技主营产业为汽车零部件行业，主要生产高端精密变形用交通用工业铝材，产品主要应用于汽车热交换系统、汽车底盘系统、发动机系统、新能源车身系统、设备制造、轨道交通、空冷、通信等行业。公司重点客户有BOSCH、大陆、电装、采埃孚、法雷奥等国际知名的汽车零部件企业。至2020年年底，亚太科技一期、二期项目占地面积21.87公顷，拥有国内领先的铝加工设备134台（套），其中，铝熔炼及配套设备25台（套）、管线设备33台（套）、挤压设备26台（套）、车身件及新能源设备24台（套），质量检验设备26台（套），产能12万吨。公司资产总额19亿元，员工1040人。2020年，公司实现开票销售16.38亿元、入库税金8365万元。

【鑫缘茧丝绸】 鑫缘茧丝绸集团股份有限公司位于海安市东湖路1号，创建于1988年4月，前身为海安县丝绸公司。1994年12月，组建江苏海安茧丝绸集团股份有限公司。2004年，集团实现产权制改革，更为现名。鑫缘茧丝绸是农业产业化国家重点龙头企业、国家星火计划龙头企业、中国特产之乡优秀企业，形成集蚕种繁育、栽桑养蚕、蚕茧收烘、缫丝、绢纺、织绸、服饰等一条龙的茧丝绸产业化经营体系，是全国优质蚕茧、桑蚕丝、真丝绸服饰、真丝家纺生产和出口基地。公司通过创新茧丝绸产业链，形成一、二、三产业发展模式，走出一条“一体化带动规模化，规模化促进一体化”的路子，形成茧丝绸产业链完整、科技创新能力强、品牌质量优、带动农民增收多的优势产业集群。产业发展的做法得到农业农村部、商务部、科技部、财政部等部委的肯定，全国茧丝绸工作会议、全国科技富民强市现场会先后在海安召开，“鑫缘模式”得到推广。2020年，公司实现开票销售97.49亿元，入库税金3028万元。

【文凤化纤】 江苏省文凤化纤集团有限公司位于海安市区长江西路105号，创建1996年，前身为海安县第一化纤厂。2003年，第一化纤厂、宏发特种化纤厂组成南通文凤化纤有限公司。2007年，组建企业集团。此后，公司延伸产业链，与中国平煤神马集团联合组建中平神马江苏新材料科技有限公司和江苏永通新材料科技有限公司，投资兴建南通永大管业股份有限公司，成为集研发和生产锦纶纤维、锦纶切片、石油管材等新材料为主的民营集团企业、国家高新技术企业。2020年，公司实现开票销售113亿元、入库税金2663万元。锦纶民用长丝生产总量全国领先、江苏第一，锦纶超细功能性长丝全国占有率35%以上、全国第三。石油钻具产品连续8年入选中国石油天然气集团有限公司甲级采购供应商。

【西蒙电气】 西蒙电气（中国）有限公司位于海安开发区西蒙路1号，营销中心总部设在上海虹桥万科中心1号楼，成立于2002年12月，是由西班牙西蒙控股集团投资的一家外商独资企业，专业生产智能开关、照明灯具、环境电器等多元化产品。至2020年年底，公司拥有员工近1500人，占地面积10.67公顷，公司拥有先进的全自动数控设备，应用世界先进的设计制造软件UGII及PROE，结合CAD、CAM、CAE等软件，在设计、制造、销售、采购、物流、财务、人力资源管理等方面采用ERP、CRM、INTROLINK等计算机信息处理技术，建立覆盖全公司的信息管理网络。公司在低压电器附件产品领域处于国内行业领先位置，产品先后被用于国家体育场（鸟巢）、国家游泳中心（水立方）、中央电视台、首都国际机场T3航站楼、上海世博会、广州“亚运新城”等重点工程，与万科、恒大、绿地等国内知名房地产公司建立长期战略合作伙伴关系。2020年，公司实现开票销售8.77亿元，入库税金超1.26亿元。

【亚威变压器】 江苏亚威集团公司下属江苏亚威变压器有限公司、南通志和电气有限公司、南通百威电气有限公司、南通亿力变压器有限公司及南通百特新材料科技有限公司等全资子公司。核心子公司江苏亚威变压器有限公司位于海安市高新区黄海大道（西）265号，成立于2007年11月，是一家集研发、生产与销售电力变压器和箱式变电站于一体的高新技术企业，2019年被认定为江苏省企业技术中心，产品销售覆盖全国市场，远销澳大利亚、新西兰、印度等国家和地区。至2020年年底，公司先后与江苏理工学院、河海大学、天津大学等高校开展产学研合作，累计拥有有效专利22项，其中，发明专利12项、实用新型专利10项。引进特聘教授4人，在变压器设计等关键领域达成深度合作。拥有智能生产线10条。2020年，公司开票销售16亿元、入库税金3859万元。

【跃通数控】 南通跃通数控设备股份有限公司位于海安市城东镇通榆南路77号，成立于2003年7月，是一家专业从事木门自动化生产设备研发与制造的国家高新技术企业，是中国木竹产业技术创新战略联盟理事单位、国家知识产权优势企业，江苏省专精特新“小巨人”企业、服务型制造示范企业、两化融合贯标重点培育企业。公司集开发研究、产品制造、自动化方案提供和实施于一体，建有江苏省机械工程技术研究中心、企业技术中心和研究生工作站，研制开发专用于门扇和门框加工的两大类20余种数控自动化产品，申请PCT专利8件，获授权国家发明专利17件、实用新型专利55件，先后获中国专利优秀奖2项、中国林业产业创新奖（一等奖）2项、江苏省首台（套）重大装备产品2项等，参与起草全部木门自动化设备的行业标准，参与“十二五”“十三五”国家林业重点研发计划项目，承担“面向定制式木工家具制造的机器人自动化生产线”的国家重点研发计划。2020年，公司实现开票销售1.85亿元、入库税金1779万元，入围工业和信息化部智能制造系统解决方案供应商，“MSK800系列数控横梃生产线”获中国机械工业科学技术奖二等奖。

【美勒家具】 江苏美勒家具科技有限公司位于海安城东镇黄河东路88号，成立于2012年1月，注册资金2亿元。美勒家具是集研发、设计、生产和销售于一体的综合性家具制造集团企业，拥有新冠美、美勒、美勒森3个品牌。2020年，公司占地40公顷，拥有全新智能化流水作业的现代生产设备以及发明、实用新型、外观专利百余项，员工700余人、管理人员80人，被省工业和信息化厅评为两化融合贯标试点企业，实现开票销售2.02亿元、入库税金2110万元。

2020年海安市开票销售亿元以上工业企业情况表

表22　　　　单位：万元

序号	企业名称	所在区镇	2020年开票销售	2019年开票销售	增幅
1	江苏文凤化纤集团有限公司	高新区	1125534	1148897	−2.03%
2	鑫缘茧丝绸集团股份有限公司	高新区	895730	736986	21.54%
3	江苏福克斯电气集团有限公司	开发区	755208	680788	10.93%
4	江苏省华强纺织有限公司	开发区	705634	548079	28.75%
5	江苏金洲粮油食品有限公司	高新区	603340	559402	7.85%
6	江苏淮湛实业发展有限公司	高新区	453735	72385	526.83%
7	南通市康桥油脂有限公司	开发区	451408	377956	19.43%
8	江苏联发集团股份有限公司	开发区	451358	593805	−23.99%
9	江苏豫协实业有限公司	高新区	432241	138339	212.45%
10	江苏九汇金属材料有限公司	高新区	381989	539011	−29.13%
11	江苏赫洋实业有限公司	高新区	356604	492430	−27.58%
12	海安市丰汇金属制品有限公司	开发区	356218	512787	−30.53%
13	海安市洋兴金属科技有限公司	开发区	320336	476804	−32.82%
14	江苏弘盛新材料股份有限公司	高新区	305419	242032	26.19%
15	江苏裕润能源有限公司	高新区	298941	251551	18.84%
16	江苏盛大生物科技有限公司	曲塘镇	297547	147946	101.12%
17	南通济昌金属制品有限公司	开发区	289875	442883	−34.55%
18	中国天楹股份有限公司	高新区	265539	178664	48.62%
19	江苏频捷金属材料有限公司	开发区	244744	159805	53.15%
20	江苏铁锚玻璃股份有限公司	高新区	241453	198185	21.83%
21	江苏沛泽金属制品有限公司	高新区	233290	559759	−58.32%
22	江苏天成科技集团有限公司	开发区	230076	188480	22.07%
23	江苏银达新能源科技有限公司	开发区	203910	136280	49.63%
24	江苏燕兴装备制造有限公司	高新区	195984	—	—
25	江苏海迅实业集团股份有限公司	开发区	184577	204557	−9.77%

续表22

序号	企业名称	所在区镇	2020年开票销售	2019年开票销售	增幅
26	海安中翰科技有限公司	高新区	183932	48552	278.83%
27	南通双弘纺织有限公司	曲塘镇	170235	216973	−21.54%
28	亚太轻合金(南通)科技有限公司	开发区	168698	146263	15.34%
29	江苏鹰球集团有限公司	高新区	166312	151170	10.02%
30	邯冶天筑（江苏）工业科技有限公司	高新区	162890	—	—
31	江苏鹏飞集团股份有限公司	大公镇	157488	154828	1.72%
32	浚丰太阳能（江苏）有限公司	高新区	156370	61012	156.30%
33	江苏亚威变压器有限公司	高新区	143663	115986	23.86%
34	江苏沛文实业有限公司	高新区	141508	199367	−29.02%
35	江苏清豪新能源有限公司	高新区	137075	51749	164.88%
36	海安翰飞铜业科技有限公司	开发区	130710	5444	2301.12%
37	南通市金桥生物肥料有限公司	墩头镇	113183	4243	2567.33%
38	海安市海海毛绒制品有限公司	高新区	110265	83860	31.49%
39	江苏物浜实业有限公司	开发区	104487	6554	1494.20%
40	江苏瀚乾实业有限公司	高新区	98825	29424	235.86%
41	人民电器集团江苏斯诺成套设备工程有限公司	高新区	98133	78512	24.99%
42	海安谦美实业有限公司	开发区	92378	98025	−5.76%
43	西蒙电气（中国）有限公司	开发区	88461	90649	−2.41%
44	江苏佰匡纳实业有限公司	开发区	87947	6514	1250.03%
45	江苏通前实业有限公司	高新区	87326	104734	−16.62%
46	江苏海建股份有限公司	曲塘镇	86019	77932	10.38%
47	江苏双双布业有限公司	高新区	83888	76985	8.97%
48	江苏东材新材料有限责任公司	开发区	81810	44870	82.33%
49	海安市天星电工材料有限公司	曲塘镇	79372	63180	25.63%
50	江苏礼德铝业有限公司	高新区	75640	61084	23.83%
51	江苏美玮实业有限公司	开发区	75126	21743	245.52%
52	江苏三零面粉海安有限公司	高新区	75073	50966	47.30%
53	南通科达建材股份有限公司	高新区	73723	63922	15.33%
54	江苏华艺时装集团股份有限公司	高新区	70963	59680	18.91%
55	南通晓星变压器有限公司	开发区	70891	55859	26.91%
56	江苏金大包装材料科技有限公司	开发区	70645	32632	116.49%
57	南通市通润汽车零部件有限公司	开发区	69805	77086	−9.45%
58	南通顾泰贸易有限公司	墩头镇	69788	38022	83.55%
59	南通尔康生物有机肥有限公司	大公镇	68967	3085	2135.58%
60	江苏威尔曼科技有限公司	高新区	67986	66382	2.42%
61	江苏通海线业有限公司	墩头镇	66652	68832	−3.17%

续表22

序号	企业名称	所在区镇	2020年开票销售	2019年开票销售	增幅
62	南通中尧机电制造有限公司	高新区	66533	67887	−1.99%
63	南通九州化纤有限公司	白甸镇	65654	44747	46.72%
64	江苏江海机床集团有限公司	李堡镇	64741	73233	−11.60%
65	江苏广达医材集团有限公司	李堡镇	61814	31861	94.01%
66	上海圣德曼铸造海安有限公司	高新区	58747	72876	−19.39%
67	南通通洋机电制造有限公司	高新区	57164	76682	−25.45%
68	江苏家惠生物科技有限公司	高新区	55588	36287	53.19%
69	南通联荣集团有限公司	曲塘镇	53393	28872	84.93%
70	海安新奥燃气有限公司	高新区	51748	48771	6.11%
71	海安龙源海上风力发电有限公司	滨海新区	51308	44707	14.77%
72	江苏晨朗电子集团有限公司	开发区	50706	42717	18.70%
73	海安市中山合成纤维有限公司	墩头镇	50363	51864	−2.89%
74	江苏省海安石油化工厂	高新区	49810	59513	−16.30%
75	南通金余纺塑有限公司	墩头镇	49634	36532	35.86%
76	江苏圣威铜业有限公司	开发区	49099	9	554685.31%
77	江苏恒广新能源科技有限公司	开发区	48511	26874	80.51%
78	海安荣威运动用品有限公司	开发区	48326	16520	192.53%
79	南通米兰特电气有限公司	高新区	48005	46104	4.12%
80	江苏万力机械股份有限公司	高新区	47925	149154	−67.87%
81	远景能源海安有限公司	滨海新区	47423	122310	−61.23%
82	南通江中光电有限公司	高新区	44835	35163	27.51%
83	海安海太铸造有限公司	高新区	44181	44430	−0.56%
84	上柴动力海安有限公司	开发区	41343	24607	68.01%
85	上海水星家纺海安有限公司	开发区	41113	52130	−21.13%
86	江苏瑞恩电气股份有限公司	高新区	40702	34953	16.45%
87	海安市申菱电器制造有限公司	高新区	40681	40282	0.99%
88	南通汇优洁医用材料有限公司	高新区	39081	2664	1367.05%
89	南通乐达纺织科技有限公司	开发区	38272	34495	10.95%
90	海安澹雅实业有限公司	高新区	38165	10021	280.87%
91	江苏恩达通用设备集团有限公司	高新区	37932	24907	52.29%
92	海安市嘉禾化纤有限公司	墩头镇	37894	30146	25.70%
93	海安美佳医用敷料有限公司	滨海新区	37438	7025	432.95%
94	江苏盈泰新材料科技有限公司	开发区	37317	42454	−12.10%
95	江苏北辰互邦电力股份有限公司	开发区	36275	29032	24.95%
96	南通季和米业有限责任公司	高新区	35945	50301	−28.54%
97	江苏远信林木科技有限公司	高新区	35505	—	—

续表22

序号	企业名称	所在区镇	2020年开票销售	2019年开票销售	增幅
98	江苏佳鸿轻合金科技有限公司	南莫镇	34909	27063	28.99%
99	江苏御马汽车制造有限公司	开发区	34886	3276	964.85%
100	江苏飞亚化学工业有限责任公司	高新区	34786	52391	−33.60%
101	南通鑫范新型建材有限公司	曲塘镇	34706	25329	37.02%
102	万洲胶粘制品（江苏）有限公司	李堡镇	34558	30366	13.80%
103	海安启弘纺织科技有限公司	开发区	34249	37300	−8.18%
104	南通冠优达磁业有限公司	高新区	33474	24556	36.32%
105	江苏欧宏能源有限公司	白甸镇	33024	20487	61.20%
106	南通中邦纺织有限公司	开发区	32676	44724	−26.94%
107	南通明光电线有限公司	南莫镇	32160	27511	16.90%
108	南通汉光金属制品有限公司	开发区	31275	36176	−13.55%
109	海安信拓建材有限公司	开发区	31212	23900	30.59%
110	江苏恒源丝绸集团有限公司	高新区	30862	34702	−11.06%
111	江苏铭利达科技有限公司	高新区	30803	32094	−4.02%
112	南通众润混凝土有限公司	高新区	30755	29541	4.11%
113	江苏兴华胶带股份有限公司	高新区	30431	27752	9.65%
114	海安金锻工业有限公司	开发区	30268	24479	23.65%
115	江苏融通阀门机械有限公司	高新区	29861	22621	32.00%
116	南通市万通钢管有限公司	开发区	29720	27924	6.43%
117	南通常安能源有限公司	开发区	29129	21876	33.16%
118	海安市联兴色织有限公司	高新区	28749	30753	−6.52%
119	南通海菲食品有限公司	开发区	27753	12877	115.51%
120	上海爱登堡电梯江苏有限公司	开发区	27113	24977	8.55%
121	江苏诚超铝业有限公司	南莫镇	26255	16042	63.67%
122	南通巍涛金属科技有限公司	开发区	26240	—	—
123	南通市京山锦纶有限公司	墩头镇	26193	19941	31.35%
124	南通东海机床制造集团有限公司	李堡镇	25943	18778	38.16%
125	南通佳景健康科技股份有限公司	开发区	25796	16774	53.78%
126	南通亿丰饲料设备有限公司	开发区	25670	19847	29.34%
127	江苏奥马机械有限公司	开发区	25663	5524	364.58%
128	海安中油燃气有限责任公司	曲塘镇	25518	29212	−12.64%
129	江苏骆氏减震件有限公司	开发区	25009	26138	−4.32%
130	江苏源通电气有限公司	高新区	24949	23845	4.63%
131	南通东屹高新纤维科技有限公司	开发区	24678	16459	49.94%
132	南通亨特管业有限公司	高新区	24673	26568	−7.13%
133	江苏坚美塑业有限公司	曲塘镇	23921	26990	−11.37%

续表22

序号	企业名称	所在区镇	2020年开票销售	2019年开票销售	增幅
134	齐克庞德电子(江苏)有限公司	开发区	23738	8684	173.34%
135	海安市锦荣化纤有限公司	高新区	23618	24551	−3.80%
136	南通科星化工有限公司	白甸镇	23557	20398	15.49%
137	南通卓尔机电有限公司	高新区	23401	20894	11.99%
138	海安汇珏网络通信设备有限公司	开发区	22959	21009	9.29%
139	海安市华荣化纤有限公司	大公镇	22622	14718	53.70%
140	海安市水务集团供水有限公司	高新区	22617	19728	14.64%
141	湖口舜杰船舶工程海安有限公司	白甸镇	22138	18321	20.83%
142	江苏林德曼新材料科技有限公司	开发区	21985	2064	964.98%
143	江苏昱恒电气有限公司	开发区	21784	5496	296.34%
144	南通奥普机械工程有限公司	曲塘镇	21766	21321	2.09%
145	南通兴东机械设备有限公司	开发区	21291	9631	121.07%
146	南通汉能达制衣有限公司	开发区	20953	29627	−29.28%
147	江苏海美新材料有限公司	高新区	20940	18379	13.94%
148	南通四季安琦针织有限公司	墩头镇	20824	21511	−3.20%
149	江苏铭磊化纤有限公司	白甸镇	20503	18799	9.06%
150	江苏康德蛋业有限公司	开发区	20465	22488	−9.00%
151	南通游龙肠衣食品有限公司	开发区	20400	25052	−18.57%
152	海安浩驰科技有限公司	开发区	20292	13782	47.23%
153	江苏欣鑫纺织科技有限公司	开发区	20220	23139	−12.62%
154	江苏美勒家具科技有限公司	开发区	19559	27748	−29.51%
155	南通市苏中纺织有限公司	墩头镇	19152	30588	−37.39%
156	南通乐亿达纺织科技有限公司	大公镇	18628	11266	65.35%
157	珀泰蓝智能卫浴科技（江苏）有限公司	大公镇	18608	12734	46.13%
158	南通昌荣机电有限公司	开发区	18389	16297	12.84%
159	江苏澳凡家具有限公司	滨海新区	18187	20883	−12.91%
160	海安华新热电有限公司	高新区	18058	15968	13.09%
161	江苏中洋动物营养科技有限公司	滨海新区	18051	7540	139.41%
162	海安瑞鑫纺织贸易有限公司	高新区	17706	46850	−62.21%
163	海安市恒安建材有限公司	高新区	17663	19067	−7.36%
164	江苏正红彩印有限公司	白甸镇	17597	6874	156.01%
165	美加力新能源科技（海安）有限公司	开发区	17411	15636	11.36%
166	江苏丝博广讯新材料有限公司	大公镇	17343	—	—
167	海安市东方特种建材有限公司	李堡镇	17295	18590	−6.97%
168	南通菲希尔测试仪器有限公司	开发区	17095	14342	19.19%
169	江苏繁华玻璃股份有限公司	开发区	17023	12707	33.97%

续表22

序号	企业名称	所在区镇	2020年开票销售	2019年开票销售	增幅
170	南通双晨新材料科技有限公司	高新区	16981	7404	129.36%
171	佳力士添加剂(海安)有限公司	开发区	16967	19028	−10.83%
172	南通明诺电动科技股份有限公司	李堡镇	16864	16549	1.91%
173	江苏华威铜业有限公司	高新区	16755	11793	42.07%
174	江苏辛巴新材料科技股份有限公司	曲塘镇	16536	2783	494.12%
175	上海利安润滑设备制造海安有限公司	开发区	16351	15568	5.03%
176	南通新业机电环保设备工程有限公司	大公镇	16327	14814	10.21%
177	海安市兄弟合成纤维有限公司	墩头镇	16273	18073	−9.96%
178	南通汉特汽车零部件有限公司	高新区	16177	9129	77.21%
179	江苏升辉装备集团股份有限公司	白甸镇	16059	14965	7.31%
180	江苏裕铭铜业有限公司	大公镇	15993	15060	6.20%
181	海安源耀饲料有限公司	李堡镇	15795	11484	37.54%
182	海安凯美纺织科技有限公司	开发区	15720	15672	0.31%
183	江苏巨邦环境工程集团股份有限公司	开发区	15710	16471	−4.62%
184	江苏世纪长江电缆有限公司	曲塘镇	15680	2948	431.94%
185	江苏千品新材料科技有限公司	滨海新区	15362	2362	550.42%
186	南通金旺农业开发有限公司	开发区	15180	12389	22.53%
187	江苏恒泽安装工程股份有限公司	高新区	15131	14640	3.35%
188	海安润思达食品有限公司	开发区	14932	6360	134.78%
189	海安市通源纱线有限公司	墩头镇	14910	14721	1.29%
190	江苏铧迈新材料科技有限公司	大公镇	14879	12533	18.72%
191	海安市晋宏化纤有限公司	开发区	14873	24651	−39.66%
192	桑达化工（南通）有限公司	开发区	14842	16926	−12.31%
193	南通跃通数控设备股份有限公司	开发区	14467	15352	−5.77%
194	江苏鼎鑫电气有限公司	开发区	14345	11601	23.65%
195	海安市巨力磁材有限责任公司	滨海新区	14276	7339	94.53%
196	泰林智能装备（海安）有限公司	高新区	14252	9208	54.78%
197	南通苏源恒炫电气有限公司	高新区	14251	18658	−23.62%
198	仟禧多（南通）包装制品有限公司	高新区	14229	3877	267.01%
199	江苏荣神建筑钢品有限公司	大公镇	14144	10533	34.29%
200	南通弘祥包装材料有限公司	开发区	14117	9671	45.98%
201	海安鑫祥混凝土有限公司	高新区	13843	13745	0.71%
202	江苏联强环境科技有限公司	南莫镇	13792	9309	48.15%
203	海安宏宇合金材料有限公司	开发区	13654	11961	14.15%
204	江苏铭格锻压设备有限公司	李堡镇	13593	35027	−61.19%
205	江苏维尔克汽车内饰件有限公司	曲塘镇	13510	4119	227.95%

续表22

序号	企业名称	所在区镇	2020年开票销售	2019年开票销售	增幅
206	江苏昭华精密铸造科技有限公司	开发区	13402	13010	3.01%
207	海安鑫恒化纤集团有限公司	雅周镇	13291	12467	6.61%
208	南通曙光机电工程有限公司	开发区	13201	10640	24.08%
209	江苏迅通铁路器材有限公司	开发区	13191	15617	−15.53%
210	海安市中祥线业有限公司	墩头镇	13180	14651	−10.04%
211	南通宏申化工有限公司	开发区	13106	11228	16.73%
212	上海贤拓铝业科技海安有限公司	大公镇	13034	10104	28.99%
213	南通市苏东机械电气有限公司	高新区	12985	13394	−3.05%
214	南通美铭锦纶有限公司	墩头镇	12913	13108	−1.49%
215	江苏明江阀业有限公司	高新区	12900	17111	−24.61%
216	力保龙锦纶（江苏）有限公司	高新区	12739	13339	−4.50%
217	海安市金鑫纸业有限公司	墩头镇	12617	11366	11.01%
218	海安腾昱智能科技有限公司	高新区	12465	7177	73.67%
219	亚太星原农牧科技海安有限公司	开发区	12366	11181	10.60%
220	江苏合源纺织科技有限公司	开发区	12324	2950	317.75%
221	南通昂申金属材料有限公司	开发区	12240	10138	20.74%
222	南通市海王电气有限公司	高新区	12221	10402	17.48%
223	江苏克础流体机械有限公司	曲塘镇	12164	3562	241.45%
224	南通容润新材料科技发展有限公司	李堡镇	12090	13039	−7.27%
225	海安巨鼎混凝土有限公司	开发区	12052	5514	118.57%
226	江苏竣昌科技有限公司	高新区	12035	6890	74.68%
227	南通鼎鑫电池有限公司	高新区	11920	16415	−27.38%
228	江苏康利饲料有限公司	开发区	11755	494	2277.59%
229	海安鸿亿混凝土有限公司	大公镇	11696	13341	−12.33%
230	南通金伟农畜牧科技有限公司	墩头镇	11566	11982	−3.48%
231	南通市德心食品有限公司	曲塘镇	11341	12315	−7.91%
232	海安市婷婷农副产品有限公司	开发区	11321	11141	1.62%
233	茂裕环保科技南通有限公司	曲塘镇	11217	2143	423.43%
234	南通万事达建设工程有限公司	高新区	11156	10518	6.07%
235	南通华银毛绒制品有限公司	开发区	11150	15519	−28.16%
236	海安联和纺织科技有限公司	开发区	11121	—	—
237	江苏万淇生物科技股份有限公司	高新区	11105	10046	10.54%
238	南通宏熙展示道具有限公司	大公镇	10877	3928	176.92%
239	海安冠益纺织科技有限公司	开发区	10810	11573	−6.59%
240	江苏铭安电气有限公司	高新区	10800	16147	−33.12%
241	海安理昂生物质发电有限公司	开发区	10783	14676	−26.53%

续表22

序号	企业名称	所在区镇	2020年开票销售	2019年开票销售	增幅
242	南通汇德宝纺织有限公司	高新区	10748	5830	84.37%
243	南通博昂建材有限公司	南莫镇	10729	8920	20.28%
244	南通亚威机械制造有限公司	白甸镇	10705	11133	−3.84%
245	江苏越承纺织科技有限公司	开发区	10615	7263	46.15%
246	海安昶兴电子科技发展有限公司	高新区	10557	5015	110.50%
247	海安市东华纺织印染有限公司	高新区	10554	3156	234.36%
248	江苏互生纺织科技有限公司	高新区	10533	6407	64.40%
249	南通震洲机械科技有限公司	曲塘镇	10519	—	—
250	南通格莉诗服饰有限公司	大公镇	10515	11082	−5.11%
251	上海神舟汽车节能环保海安有限公司	开发区	10505	28	36771.60%
252	海安中丽环保材料有限公司	高新区	10407	11315	−8.03%
253	王佳胶带科技（海安）有限公司	曲塘镇	10400	8751	18.85%
254	江苏安普琪塑料科技有限公司	曲塘镇	10369	—	—
255	江苏莱特凯机械有限公司	南莫镇	10344	9942	4.04%
256	宝燕工业科技(南通)有限公司	高新区	10260	8769	17.01%
257	江苏欧凯包装科技有限公司	高新区	10230	12543	−18.44%
258	海安市联发张氏色织有限公司	开发区	10183	22621	−54.99%
259	中机锻压江苏股份有限公司	开发区	10152	6586	54.15%
260	江苏绿叶机械有限公司	白甸镇	10123	12536	−19.25%
261	江苏天威变压器有限公司	高新区	10102	8627	17.10%
262	南通德和布业有限公司	雅周镇	10089	10769	−6.31%
263	江苏鑫港企业有限公司	开发区	10058	9507	5.79%
264	江苏宝令建筑装饰材料有限公司	南莫镇	10043	5580	80.00%
265	江苏增光新材料科技股份有限公司	开发区	10040	5330	88.37%

说明：此表按一般纳税人统计，集团公司开票收入额不含独立核算的所属公司的数据

2020年海安市工业百强企业一览表

表23　　　　单位：万元

排名	纳税人名称	所在区镇	开票销售	入库税金（含设备抵扣）
1	中国天楹股份有限公司	高新区	2100000	9288
2	江苏联发集团股份有限公司	开发区	492937	42062
3	江苏铁锚玻璃股份有限公司	高新区	255173	14966
4	南通市康桥油脂有限公司	开发区	440460	5406
5	亚太轻合金（南通）科技有限公司	开发区	163753	8365
6	江苏省华强纺织有限公司	开发区	764676	3552
7	江苏鹏飞集团股份有限公司	大公镇	161905	7413

续表23

排名	纳税人名称	所在区镇	开票销售	入库税金（含设备抵扣）
8	鑫缘茧丝绸集团股份有限公司	高新区	974931	3028
9	江苏天成科技集团有限公司	开发区	244059	4224
10	江苏文凤化纤集团有限公司	高新区	1132039	2663
11	西蒙电气（中国）有限公司	开发区	87705	12606
12	江苏亚威变压器有限公司	高新区	160377	3859
13	南通市通润汽车零部件有限公司	开发区	76712	4819
14	江苏海迅实业集团股份有限公司	开发区	205959	2344
15	江苏华艺时装集团股份有限公司	高新区	78382	3087
16	江苏威尔曼科技有限公司	高新区	67320	4354
17	江苏省海安石油化工厂	高新区	50230	6581
18	江苏晨朗电子集团有限公司	开发区	54382	4603
19	江苏鹰球集团有限公司	高新区	174944	1732
20	南通中尧机电制造有限公司	高新区	70611	2551
21	南通中力科技有限公司	高新区	63270	3158
22	浚丰太阳能（江苏）有限公司	高新区	135335	1509
23	海安新奥燃气有限公司	高新区	49968	4066
24	南通晓星变压器有限公司	开发区	67829	2480
25	南通双弘纺织有限公司	曲塘镇	180544	1338
26	南通科达建材股份有限公司	高新区	78860	1774
27	江苏飞亚化学工业有限责任公司	高新区	40590	5831
28	江苏广达医材集团有限公司	李堡镇	64395	2092
29	江苏海建股份有限公司	曲塘镇	87496	1437
30	南通米兰特电气有限公司	高新区	47625	2780
31	海安海太铸造有限公司	高新区	48312	2695
32	江苏弘盛新材料股份有限公司	高新区	309797	789
33	海安市申菱电器制造有限公司	高新区	44288	2427
34	江苏万力机械股份有限公司	高新区	50675	1820
35	江苏礼德铝业有限公司	高新区	77589	1135
36	江苏瑞恩电气股份有限公司	高新区	44933	1964
37	海安市海海毛绒制品有限公司	高新区	112445	856
38	江苏金洲粮油食品有限公司	高新区	649434	692
39	南通江中光电有限公司	高新区	39927	2295
40	上柴动力海安有限公司	开发区	38845	1826
41	南通中邦纺织有限公司	开发区	37886	1962

续表23

排名	纳税人名称	所在区镇	开票销售	入库税金（含设备抵扣）
42	南通汇优洁医用材料有限公司	高新区	37908	1501
43	江苏融通阀门机械有限公司	高新区	29113	2451
44	江苏通海线业有限公司	墩头镇	74957	717
45	江苏东材新材料有限责任公司	开发区	75529	695
46	南通冠优达磁业有限公司	高新区	35230	1483
47	南通常安能源有限公司	开发区	28165	2010
48	上海水星家纺海安有限公司	开发区	41530	989
49	南通佳景健康科技股份有限公司	开发区	24216	3278
50	海安金锻工业有限公司	开发区	29607	1449
51	江苏兴华胶带股份有限公司	高新区	33305	1274
52	江苏恒源丝绸集团有限公司	高新区	34669	1121
53	南通鑫范新型建材有限公司	曲塘镇	33958	1059
54	南通众润混凝土有限公司	高新区	32026	1218
55	南通联荣集团有限公司	曲塘镇	43545	716
56	海安市天星电工材料有限公司	曲塘镇	79392	513
57	江苏福克斯电气集团有限公司	开发区	830892	409
58	海安荣威运动用品有限公司	开发区	43344	666
59	江苏美勒家具科技有限公司	开发区	20174	2110
60	南通乐达纺织科技有限公司	开发区	37601	681
61	南通汉能达制衣有限公司	开发区	21370	1769
62	江苏江海机床集团有限公司	李堡镇	66971	500
63	江苏盈泰新材料科技有限公司	开发区	36240	675
64	南通奥普机械工程有限公司	曲塘镇	23151	1442
65	江苏铭利达科技有限公司	高新区	26976	901
66	上海爱登堡电梯江苏有限公司	开发区	27201	855
67	江苏坚美塑业有限公司	曲塘镇	26328	934
68	江苏骆氏减震件有限公司	开发区	24985	1039
69	南通科星化工有限公司	白甸镇	23796	1266
70	南通跃通数控设备股份有限公司	开发区	18539	1779
71	江苏海美新材料有限公司	高新区	21123	1345
72	海安汇珏网络通信设备有限公司	开发区	27643	786
73	江苏源通电气有限公司	高新区	24451	844
74	上海利安润滑设备制造海安有限公司	开发区	16995	1645
75	海安市联兴色织有限公司	高新区	31353	587

续表23

排名	纳税人名称	所在区镇	开票销售	入库税金（含设备抵扣）
76	南通明诺电动科技股份有限公司	李堡镇	17009	956
77	南通四季安琦针织有限公司	墩头镇	21686	630
78	南通金余纺塑有限公司	墩头镇	54600	372
79	江苏金大包装材料科技有限公司	开发区	68370	336
80	江苏昭华精密铸造科技有限公司	开发区	15089	986
81	南通昌荣机电有限公司	开发区	18796	621
82	江苏明江阀业有限公司	高新区	13157	1212
83	江苏林德曼新材料科技有限公司	开发区	21043	533
84	江苏澳凡家具有限公司	滨海新区	21450	498
85	江苏千品新材料科技有限公司	滨海新区	15465	668
86	南通新业机电环保设备工程有限公司	大公镇	18178	541
87	南通游龙肠衣食品有限公司	开发区	26392	401
88	海安市嘉禾化纤有限公司	墩头镇	36492	336
89	海安中油燃气有限责任公司	曲塘镇	24618	408
90	江苏家惠生物科技有限公司	高新区	59534	273
91	海安市金鑫纸业有限公司	墩头镇	12414	789
92	江苏欣鑫纺织科技有限公司	开发区	20227	449
93	南通汉特汽车零部件有限公司	高新区	15294	542
94	海安启弘纺织科技有限公司	开发区	35774	312
95	江苏升辉装备集团股份有限公司	白甸镇	17474	472
96	南通亨特管业有限公司	高新区	27150	360
97	江苏繁华玻璃股份有限公司	开发区	16739	473
98	南通华银毛绒制品有限公司	开发区	11466	819
99	江苏鼎鑫电气有限公司	开发区	13541	571
100	中机锻压江苏股份有限公司	开发区	13111	582

（顾宇飞）

建筑业

Construction Industry

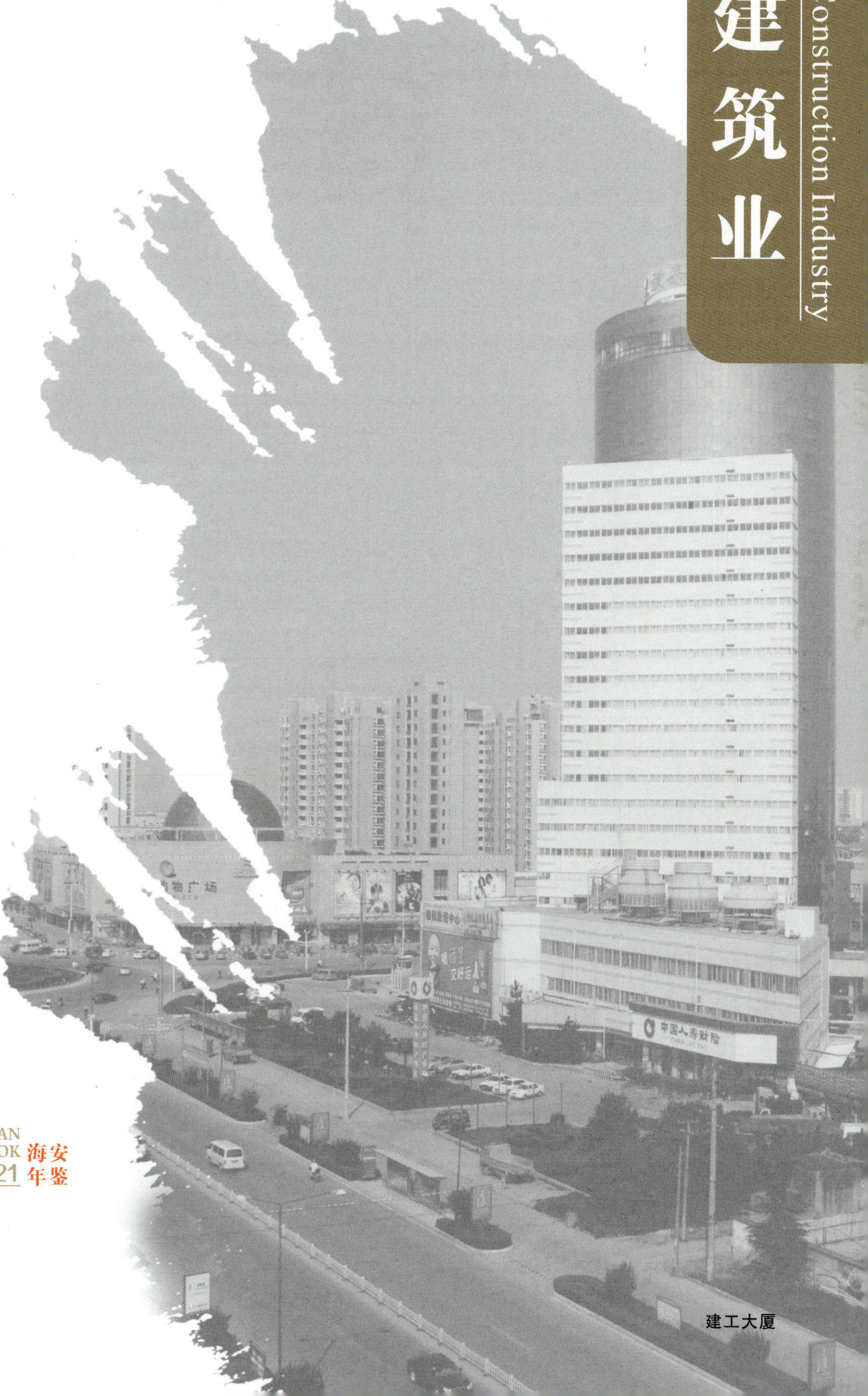

建工大厦

HAIAN YEARBOOK 2021 海安年鉴

综　述

【概况】 2020年，海安市拥有建筑企业553家，比上年增加115家，新增规模以上建筑企业64家；建筑业施工产值1800.9亿元，比上年增长8.9%；施工面积2.11亿平方米，比上年增长7.99%。施工产值超500亿元企业1家，超100亿元企业2家，超50亿元企业4家，超10亿元企业8家。建筑业入库税收18.19亿元，比上年增长37.9%，4家企业进入海安市税收基金10强，江苏省苏中集团股份有限公司（简称苏中集团）居榜首。2家企业入围“2020年中国民营企业500强”，4家企业进入“江苏建筑业百强企业（综合实力类）50强”。全市建筑业从业人数32.55万人，其中，赴省外施工人数22.38万人，省内施工人数10.17万人。全市有一级注册建造师2092人、二级注册建造师3780人。

【多家企业进入建筑强企名单】 2020年6月8日，省住房城乡建设厅发布“2019年度建筑业百强企业”，海安市4家企业进入“百强企业综合实力类50强”，苏中集团列第3位、华新建工集团有限公司（简称华新集团）列第10位、南通市达欣工程股份有限公司（简称达欣集团）列第17位、江苏新龙兴建设集团有限公司（简称新龙兴集团）列第36位。与2019年相比，苏中集团前移1个名次，达欣集团前移9个名次。新龙兴集团首次进入该榜单。

9月10日，全国工商联发布“2020年中国民营企业500强”榜单，苏中集团列第133位、华新集团列第491位。

9月28日，中国企业联合会、中国企业家协会发布“2020中国企业500强”榜单，苏中集团以营收总额603.89亿元列第324位，连续19年进入该榜单。

11月27日，美国《工程新闻纪录》（简称ENR）和中国《建筑时报》联合发布2020年度“中国承包商80强和工程设计企业60强”，苏中集团列“中国承包商80强企业”第16位，连续17年进入该榜单；达欣集团连续3年进入该榜单，列第58位，同时获评“2020年最具效益承包商”。

【建筑产业转型升级】 2020年，海安市推动建筑产业转型升级，一批建筑龙头企业经营业务向市政、路桥、水利等领域拓展，部分建筑企业围绕施工主业涉足房地产、建材生产、投融资等大建筑领域，初步形成专业覆盖宽、产业链条长、产品附加值高的发展新格局。苏中集团新承接、实施EPC项目6个，海安EPC重点工程上湖三甲医院开工建设；启动超高装配率建筑产学研项目，在建各类装配式项目703万平方米，比上年增长58.6%；在海安高新区以新型建材生产为主的升维科技产业园，推动建筑业与先进制造业、工业化与信息化深度融合发展；中标深圳60万平方米194~249米超高层建筑群，刷新超高层体量纪录。华新集团中标海安市新通扬河流域整治工程、海安市南海大道改造工程、海安市新通扬河生态区经五路、经九路及人才路延长建设工程。围绕产业链延伸，加速建筑产业上、下游配套企业的引进与集聚，南通欧力达建筑科技有限公司、江苏叙施建筑科技有限公司两家预制构件生产工厂正式投产运营，南通鑫范新型建材有限公司生产ALC板、南通优倍建筑科技有限公司生产陶粒板畅销；新引进地基基础工程一级资质企业江苏苏中建设集团岩土工程有限公司，建筑装修装饰工程一级资质企业江苏福尚建筑装修装饰工程有限公司、南通冠通建筑有限公司，环保工程专业承包一级资质企业南通水秀环境科技有限公司。

华新集团承建的海安华新壹品三期北1、2、3、5号楼及地下车库B区工程获2020年度国家优质工程奖　　市建管局／供图

【建筑产业现代化建设】 2020年，海安市发展绿色建筑，推进建筑产业现代化建设。华新集团获评国家级装配式建筑产业基地，海安万达海之心公馆1号楼、海安党校综合服务楼获评江苏省级建筑产业现代化示范项目，科达建材获评上海市装配式预制构件A级企业，成为上海市工程建设质量管理协会预制构件专业委员会理事单位，承办2020年第二届长三角预制构件技能竞赛“装配式混凝土预制构件制作”大赛江苏科达分赛区预选赛。全市新建装配式建筑30.99万平方米，占新开工建筑面积的19.58%；新建成品住房29.27万平方米，占比18.73%；“三板”（预制内外墙板、预制楼梯板、预制楼板）应用项目73.13万平方米。市建管局与南通装配式建筑与智能结构研究院合作开发装配式建筑管理服务平台，以PC部品质量监管为核心，统筹政府方、PC构件生产方和施工方，建立从工厂到现场、从部品生产到安装的全过程监管模式。南通装配式建筑与智能结构研究和南通科达建材股份有限公司（简称科达建材）合作共建南通科达装配式建筑实训基地，组织装配式建筑实操培训

3期，培训一线管理人员和操作人员206人。（刘　丹）

建筑管理

【概况】 2020年，海安市制定“关于鼓励现代建筑产业高质量发展的若干意见”“关于加快推进建筑领域股权梳理，支持建筑产业加快转型、高质量发展的意见”“关于鼓励企业‘走出去’的若干政策意见”等文件，在“海陵英才”计划中新增支持企业招引建筑人才政策，加大对建筑企业转型升级、科技创新、人才支撑、对外合作等方面的支持力度。各建筑企业加快建立现代企业制度，打造与企业自身状况相匹配的法人治理结构，提升市场竞争力。推进建筑企业信用管理工作，规范企业市场行为，促进企业诚信经营，苏中集团、达欣集团、华新集团列2020年度海安市建筑工程总承包企业信用考核前三位。探索“党建+业务”工作新路径，建工流动党员管理实践放样南通。苏中集团开展党员志愿服务先锋行、“安全生产党员三有三带头”等主题活动，编制发布《企业文化手册》，获评全国建筑业企业文化建设示范企业。达欣集团获评南通市党建工作示范点，“四四三”党建工作法等得到省、南通市各级领导高度肯定，获评上海市“五一劳动奖状”，成为外埠进沪企业、江苏省建筑业进沪施工企业唯一获此殊荣的单位。加强建筑行业协会建设，苏中集团蝉联中国建筑行业协会副会长单位，苏中集团董事长笪鸿鹄连任中国建筑业协会副会长，达欣集团董事长马和军当选中国建筑行业协会第七届理事会理事，南通睿睿防水新技术开发有限公司董事长王继飞被聘任为中国硅酸盐学会防水材料专业委员会（第一届）副理事长。苏中集团、华新集团、达欣集团作为南通市新时代产业工人队伍建设改革试点单位，打造产改“海安样本”。9月16日，江苏省和内蒙古自治区两省区建筑业战略合作框架协议签约仪式在呼和浩特举行，江苏省副省长费高云、内蒙古自治区副主席包钢到苏中集团内蒙古市场考察。12月24日，南通市市长王晖到苏中集团总部调研指导，重点与苏中集团领导交流供应链金融应用情况；是月27日，王晖率队到海安开展南通市委十二届十三次全会项目观摩活动，首站考察苏中集团升维科技新型建筑材料及智能建筑装备生产项目。

【全市建筑业发展工作会议】 2020年4月25日，海安市委、市政府在行政中心东附四楼报告厅召开全市建筑业发展工作会议，市四套班子负责人参加会议。市委书记顾国标要求，全市建筑企业要持续做大做强，打造更多的“航母型”“旗舰型”领军企业；要加快产业升级，大力推行精益建造、数字建造、绿色建造、装配式建造等新型建造方式，努力把建筑业打造成技术先进的现代产业、节能减排的绿色产业和带动力强的支柱产业；要坚持多元发展，积极发展从施工总承包到投资、设计、开发、施工、运营维护的建筑“全产业链”，主动向高端市场和大体量、大型综合项目进军；要强化市场开拓，努力构建传统市场和新兴市场、国内市场和国际市场全面开花的发展格局；要坚持人才培养，不断打造建筑业发展核心竞争力。市长于立忠做工作报告，回顾总结2019年海安建筑业工作，谋划部署2020年建筑业工作任务。会议为获国优工程奖、詹天佑奖、“中国钢结构金奖”和新晋升的高资质企业颁奖。会议以视频会议形式召开，各区镇设分会场。

2020年7月30日，海安市建管局与海安市人民法院联合召开研讨会，发布“关于依法保障和服务建筑业高质量发展的实施意见”　市人民法院／供图

【建筑行业依法行政】 2020年，海安市建管局严格按照程序和时限规定开展行政处罚，维护行政相对人的合法权益，约谈6家建筑企业主要负责人、15个在建工程项目管理人，移交行政处罚案件67件。协调处理赴外施工农民工工资纠纷、工程款纠纷、建筑安全、文明施工、工地扬尘污染等矛盾纠纷，受理各类信访件313件，其中，通过“12345”公共服务平台受理211件、通过南通市城乡社区网格化服务管理智能应用管理平台受理87件、通过阳光信访系统受理17件，所有受理件都在规定时间内处理完毕，满意率97%以上。将扫黑除恶与建筑行业发展、安全生产相结合，深入基层企业和项目部摸排查找问题，完善线索摸排制度、信息报送制度和保密工作制度，规范推进建筑行业扫黑除恶工作。建工（警务）服务中心处置建工领域案件11起。

【建筑行业服务社会发展】 2020年，海安市各建筑企业投身敬老、助学、救灾、扶贫等各类公益事业，向海安市慈善总会捐款200多万元。疫情期间，海安建筑企业承建和参建多地抗疫医院，累计捐款捐物400多万元。苏中集团获评多地“建筑业抗疫先进企业”，抗疫事迹被中央电视台、《建筑时报》《建筑》等国家级媒体及行业主管部门报道。华新集团、达欣集团和润宇公司获评江苏建筑行业抗击新冠肺炎疫情表现突出集体，达欣集团刘厚纯和润宇公司任碧波获评江苏建筑行业抗击新冠肺炎疫情表现突出个人。

【海安市驻沪商会新时代文明实践站成立】 2020年10月29日，海安市驻沪商会新时代文明实践站成立仪式在上海举行，这是继南京、北京之后，海安成立的第三家驻外新时代文明实践站。省住建厅驻上海办事处主任、省人民政府驻上海办事处建管处处长赵永强，南通市文明办副主任吴信林，市领导张浩、王荣贵、戴晓晨以及上海海安商会会员，海安驻沪流动党员联合党委全体班子成员，海安驻沪建筑企业负责人，各区镇（街道）政工书记、宣传委员、驻沪招商人员等200多人参加活动。赵永强与吴信林为海安驻沪商会新时代文明实践总站揭牌。与会领导共同为海安各区镇街道驻沪商会新时代文明实践分站授牌，为新组建的"1+N"新时代文明实践志愿服务队授旗。达欣集团党委书记刘厚纯任总站站长。

【"幸福改造家"志愿服务项目】 "幸福改造家"志愿服务项目由达欣集团鲁班传人志愿服务队组织实施。2019年3月5日，达欣集团在推进志愿服务"体系化、项目化、品牌化"建设工程中，发布"幸福改造家"（"欣"福家）、"欣"思想、"欣"呼吸、"欣"出行等八项"欣连心"志愿服务项目，其中"幸福改造家"是以孤寡老人住房改造、老旧小区环境提升为主要服务内容的特色志愿服务项目，坚持所有人工、材料和费用均由达欣集团承担，不让老百姓出一分钱，孤寡老人、困难家庭的老旧房屋均可接受改造三个原则，着力解决困难群众急需。至2020年年底，"幸福改造家"志愿服务项目队员先后走访海安市18个社区、12个村，为200个家庭、50个老旧小区设计改造方案；投入100多万元，为133户家庭实施厨房、卫生间、墙体改造；维修小区面积超过16万平方米，受益家庭超过2000户，满意率100%。"幸福改造家"实施后，吸引达欣集团外的200多名社会爱心人士加入，推动项目从海安走向全国，在上海、黑龙江等7个省、直辖市落地。2020年10月31日至11月1日，第五届江苏志愿服务展示交流会在张家港举行，"幸福改造家"获金奖，成为32个精品项目中唯一一个由民营企业组织实施的志愿服务获奖项目。

【建筑职工文体技能竞赛活动】 2020年，海安市建工系统开展新时代文明实践活动进建筑企业、项目工地，丰富建筑工人精神文化生活。8月27—28日，市长于立忠率队到河北看望慰问高温一线海安建筑队伍，代表市委、市政府送去防暑物资，先后考察苏中集团承建的衡水和平里、石家庄融创29号地块项目部和达欣集团承建的石家庄孙村项目部。11月5日，海安市建筑行业工会在建工大厦举行海安市建工系统劳动者大舞台专题演出，展演节目由一线员工结合自身岗位实际，自己创作、自己演出，传播"劳动光荣"正能量。8家企业报送的16个节目参演，苏中集团的诗音画《担当》、华新集团的歌舞《众人划桨开大船》和达欣集团的大合唱《咱们工人有力量》获一等奖。

全年，举办职工技能比武竞赛2次。7月17日，海安市建工系统第十七届职工职业技能（安全员）竞赛举行，24家建筑企业的72名选手参赛，达欣集团孙龙祥获一等奖。12月10—11日，市建工系统第十七届职工职业技能（建筑施工BIM技术应用）竞赛举行，6家建筑企业的34名选手进入决赛，苏中集团陈萌、周长玉、孙志伟获一等奖。赛后，举办建筑施工BIM技术应用专题培训，竞赛裁判长点评竞赛情况，邀请2名BIM业内专家从公司、项目两个层面做BIM技术应用专题讲座，市一级总承包资质以上企业总工、技术负责人、BIM经理参加。

（刘　丹）

生产经营

【概况】 2020年，海安市建筑企业完成施工总产值1800.9亿元，其中，建筑工程产值1722.8亿元、安装工程产值76.7亿元、其他建筑业产值1.5亿元；装饰装修产值83.26亿元；在外省完成建筑产值1303.6亿元。竣工产值1236.7亿元。房屋建筑施工面积2.11亿平方米，其中新开工面积5735.1万平方米。签订建筑合同额2418.8亿元，其中新签订建筑合同额1316.7亿元。在建建筑工程1.27万项，其中新开工4210项。承建高层建筑（10层及以上）8330幢，其中超高层（建筑高度超过100米）2003幢；承建单跨24米以上工程10项、10万平方米小区及配套工程479项。

2020年7月17日，海安市建工系统举办第十七届职工职业技能（安全员）竞赛
市建管局/供图

【国内市场】 2020年，海安市建筑行业向"高、大、难"方向发展，在建高层项目8330幢，比上年增长7.95%，在全国形成超20亿元市场13个、超50亿元市场10个，超100亿元市场3个。苏中集团持续推进"大客户"战略，与中国地产50强中超过一半的企业建立合作关系，获新城地产、佳兆业地产、蓝光地产等50强房企的战略伙伴最高奖。建筑企业与政府、银行建立战略合作关系，开展银企对接活动，助力拓展"大市场、大项目、大业主"。推动建筑龙头企业采用工程总承包模式承接项目，华新集团承接的长江路幼儿园城南分园EPC项目4个月建成投入使用，达欣集团承接EPC项目32.45万平方米，苏中集团承接EPC项目6个。

苏中集团参建的国家北方足球训练基地一期工程足球场项目获2020年度鲁班奖
市建管局／供图

【国际市场】 2020年，海安市建筑企业稳健开拓国际市场，实现境外工程营业额1.2亿美元，比上年增长20.7%，是"十二五"期末的3.5倍。苏中集团获批对外援助成套项目总承包企业资格；在印度尼西亚承建的第一个总承包工程兴忠工业油化项目开工；苏中集团马来西亚分公司与Acmar国际有限公司和中国天楹集团合作开拓马来西亚市场，主动与马来西亚房屋部探讨合作建设城市垃圾焚烧发电项目。达欣集团获以色列最高建筑资质G5等级，新承接项目4个；8月4日，以色列驻上海总领事馆领事葛丽莱LIMOR GANON一行到达欣集团开展商务访问；8月28日，组织200名工人包机前往以色列施工；承接柬埔寨的华腾瑞华大厦和金边汇旺航空楼项目有序推进。南通苏中集团有限公司继续与中国石油天然气集团公司、中国水务集团等央企合作，持续开拓乍得、南苏丹、北苏丹、科威特等市场，在塞内加尔与华为技术有限公司新合作建设5G基站。

【建筑产业招商】 2020年，海安市建筑产业培育办公室组织到上海、浙江等地开展专题招商活动5次，推动项目落地。邀请客商参加海安投资贸易合作洽谈会，达成投资意向项目1个。全年，招引产业项目2个，分别是投资约20亿元的升维科技有限公司、投资1亿元的南通言筑新材料有限公司；招引工业亿元项目5家，分别是沃思钢结构科技（江苏）有限公司、江苏科德宝建筑节能科技有限公司、南通荣光建筑钢品有限公司、南通昌瑞建筑钢品科技有限公司、江苏闽钰新材料科技有限公司。

（刘　丹）

质量安全

【概况】 2020年，海安市建筑行业加强企业品牌建设，建筑工程质量不断提高，承建的多项工程获奖，实现国家级奖项"大满贯"。新增鲁班奖2项（总承包1项，参建1项）、国优工程奖2项、詹天佑奖4项、中国安装工程优质奖（"中国安装之星"）1项。加强建筑施工领域安全生产专项整治，安全生产形势总体平稳，8项工程获评全国"安全生产标准化建设工地"。

【多项工程获全国建筑业大奖】 2020年，海安市建筑企业承建（参建）的多项工程获全国建筑业大奖。2项工程获鲁班奖，分别是苏中集团承建的内蒙古伊泰华府世家住宅（二期）项目、苏中集团参建的国家北方足球训练基地一期工程足球场项目。2项工程获国优工程奖，分别是苏中集团承建的江阴海澜集团营业用房建设（马儿岛艺术文化主题度假酒店）1号楼工程、华新集团承建的海安华新壹品三期北1、2、3、5号楼及地下车库B区工程。4项工程获詹天佑奖，分别是苏中集团承建的北京泽信公馆项目、郑州恒大翡翠华庭项目，华新集团承建的安徽蒙城阳光花园保障性住房二期A区（1）区项目，达欣集团承建的苏州铂悦犀湖项目。苏中集团、苏中达科联合承建的北京A座商业办公楼等5项（奥体南区2号地项目）二标段B座商业办公楼（电气及智能化工程）获评"中国安装之星"。

【8项工程获评全国安全生产标准化建设工地】 2020年，海安市建筑行业加强安全文明施工管理，8项工程获评全国安全生产标准化建设工地，分别是苏中集团施工总承包的新疆乌鲁木齐市中海·萃景苑5号底商住宅楼、6号住宅楼、7号商业、物业消控项目，河北邯郸市北湖锦绣住宅小区项目一标段项目，山西太原师范学院地块项目1、2、3、5、8号楼、地下车库、幼儿园项目，内蒙古巴彦淖尔市五星庄园一期高层住宅B1—B10号楼及附属地库项目；华新集团施工总承包的江苏南京丽宁科研楼及相关辅助设施02栋项目、西藏拉萨碧桂园项目、江苏海安科创中心项目；达欣集团施工总承包的邯郸永年区海翔机械厂棚户区改造项目。

【建筑安全生产管理】 2020年，海安市加大建筑行业安全生产监管力度，市建管局定期召开安全生产工作动员会与推进会，听取建筑安全生产工作情况汇报，研究建筑安全生产相关措施。1月8日，市建管局安全生产巡查工作动员会在市建工大厦召开，这是市委、市政府首次在市建管局全面启动安全生产巡查工作。是月8—17日，市安委办牵头，市应急管理局、市纪委监委、市生态环境局、市消防大队等部门组成市安全生产巡查第二巡查组，对市建管局安全生产工作开展集中巡查。3月，开展建筑施工领域安全生产“百日行动”，“拉网式”排查全市建筑施工企业和在建工程组织3次，排查整改各类隐患6773个，组织500余人参加项目现场观摩。开展落实企业安全生产主体责任集中宣讲“春风行动”和“安全生产月”等活动，聘请市级专家组成检查组讲评超过一定规模危险性较大的分部分项工程安全生产专项检查情况，邀请高级律师等开展法治宣传教育。依托海安中专开展建设工程开工前安全责任告知、专题警示教育、安全公开承诺教育培训活动3期，630人参加培训，625人考试合格。加大扬尘污染防治力度，在211个工地上安装环绕喷淋系统、出入口冲洗平台、扬尘在线监测设备，实现工地喷淋、洒水抑尘设施“全覆盖”。全面推进智慧工地建设，提升建筑施工领域安全监管信息化、标准化水平，苏中集团承建的凤栖花园项目、南通南建工程建设有限公司承建的凤凰城项目获评南通市建筑施工标准化三星级工地。

（刘　丹）

建筑科技

【概况】 2020年，海安市建筑行业建立健全以企业为主体的技术创新体系，引导建筑企业加大工法、成果、新技术应用示范工程的申报力度。多次邀请专家到海安举办BIM、装配式建筑、转型升级等专题讲座。各建筑企业推广运用信息化技术，加强数字建造技术应用，推进建筑信息模型（BIM）技术在施工和运营维护全过程的集成应用，实现工程建设项目数据共享和信息化管理。全市建筑企业获国家发明专利24项、全国性BIM奖39项、国家级QC成果84项，主编地方标准2项，参编行业标准8项。华新集团获批省建设科技创新成果1项，2个科技示范工程类项目通过住房和城乡建设部验收。新龙兴集团获批江苏省建筑业企业技术中心。科达建材和江苏河马自动化设备有限公司获评江苏省三星级上云企业。

【建筑行业产学研合作】 2020年，海安市建筑行业多次开展产学研对接活动，组织行业企业到高校开展产学研对接活动4次。科达建材与东南大学共同合作“5G环境下构件连接套筒灌浆密实度图像检测技术研究与应用”和“基于5G环境下的预制构件智能配送系统研究”。华新集团与苏州科技大学共同合作“装配式内装部件标准化设计与安装关键技术研究”。苏中集团与江苏大学、南通理工学院进行产学研合作，为企业在超高装配率工程施工的安全性和规范性方面提供技术保证。11月22日，苏中集团与南通理工学院合作共建的“苏中建筑产业学院”在南通理工学院建校二十周年大会上举行揭牌仪式。

【84个QC小组获国家级表彰】 2020年，苏中集团47个QC小组、华新集团8个QC小组、达欣集团12个QC小组、南通市第七建筑安装工程有限公司1个QC小组被中国建筑业协会国家工程建设质量奖审定委员会表彰为全国工程建设优秀QC小组。苏中集团12个QC小组、达欣集团2个QC小组、华新集团1个QC小组、南通市第七建筑安装工程有限公司1个QC小组被国家工程建设质量奖审定委员会表彰为全国工程建设优秀QC小组。

【海安建筑行业联合采购共享中心成立】 2020年6月11—12日，海安市建筑行业协会组织部分会员单位到上海考察学习供应链创新发展工作，并召开海安建筑行业联合采购共享中心第一次正式会议，会议讨论通过“关于组建海安建筑行业联合采购共享中心的方案（讨论稿）”，苏中集团、华新集团、达欣集团、信拓集团、新龙兴集团5家会员企业成为联采中心首批成员。苏中集团持续使用供应链金融工具支付集采货款，与12家银行深化合作，供应链授信23亿元，相关指标在中国建设银行江苏省分行对南通特级资质施工企业综合评估中列第一位，苏中供应链金融应用入选央行五大示范案例。

【南通市土木建筑学会BIM技术应用专业委员会成立大会在海安召开】 2020年12月22日，南通市土木建筑学会BIM技术应用专业委员会成立大会暨学术交流会在海安召开，苏中集团承办此次会议，南通市土木建筑学会各会员单位代表等50余人参加会议。会议上，市建管局局长贾伯根介绍海安市2020年度建筑业发展情况，苏中集团总裁陈永明介绍BIM技术应用和人才培养方面的经验，南通市土木建筑学会理事长马建明指导具体工作，中国建筑科学研究院北京构力科技BIM技术总监姜立等专家做BIM技术应用经验分享。BIM技术（建筑信息模型技术）是建筑行业的新兴技术，苏中集团深度推进“数字苏中”体系建设，组织线上、线下BIM培训530人次；全面推行业务、财务一体化，将财务价值链管理融合到项目成本全过程管控之中；加快构建BIM轻量化引擎部署和业务管理数据集成能力，探索EPC项目全场景BIM技术应用；优质高效完成公司“安全教育”和“技术质量工艺”等21部总时长超280分钟的专项视频，打造公司自主知识产权数字化资产，全面提升公司智能建造水平。

（刘　丹）

建筑企业

【概况】 2020年，海安市拥有建筑企业553家，其中，特级资质企业3家；一级资质企业42家（总承包22家，专业20家），比上年增加8家；二级资质企业123家（总承包41家，专业82家），比上年增加34家；三级资质企业201家（总承包157家，专业44家），比上年增加53家；劳务资质184家，比上年增加20家。

【苏中集团】 江苏省苏中建设集团股份有限公司简称“苏中集团”，成立于1949年2月，1998年12月成立股份公司，2005年6月改制为自主经营、自负盈亏的民营企业。注册资本金4.23亿元。苏中集团是全国首批房屋建筑工程施工总承包特级资质企业，拥有对外签约权，以工业与民用建筑为主，集建筑设计、设备安装、装饰装潢、市政公用工程、消防工程及海外工程业务于一体，具备承建城市综合建设、大型公用设施、超高层、大型工业厂房等工程的总承包能力。2020年，苏中集团总产值789.6亿元，比上年增长11.7%；新签合同额550亿元，施工面积9308万平方米，在海安入库税收超7亿元。

苏中集团承建的江阴海澜集团营业用房建设（马儿岛艺术文化主题度假酒店）1号楼工程获2020年度国优工程奖 市建管局／供图

【华新集团】 华新建工集团有限公司简称“华新集团”，创建于1969年10月，2006年成为国家房屋建筑工程施工总承包特级资质企业，具有商务部援外成套项目总承包企业资格、建筑工程甲级设计院、房屋建筑工程施工总承包一级资质、市政公用工程施工总承包一级资质、起重设备安装工程、机电设备安装工程、建筑装修装饰工程、地基与基础工程、钢结构工程专业承包一级资质，是集工程总承包、设计施工一体化、建设投资运营、建筑工业化于一体的综合性集团。2020年，华新集团由“南通华新建工集团有限公司”更名为“华新建工集团有限公司”，完成施工总产值228亿元，施工面积2033万平方米，在海安入库税收2.20亿元。

【达欣集团】 南通市达欣工程股份有限公司简称“达欣公司”，始建于1974年5月，2006年易名为南通市达欣工程股份有限公司，2014年组建南通市达欣工程集团。2018年12月26日，由国家住房城乡建设部核准晋升为施工总承包特级资质建筑企业，同时获建筑工程、人防工程双甲级设计资质。2020年，达欣集团完成施工总产值110.03亿元，国外施工产值4640万美元。在海安入库税收1.44亿元。施工面积1279.72万平方米，其中新开工面积426.94万平方米。承接10万平方米以上规模的项目及小区49项、25层及以上工程32项、EPC项目32.45万平方米、装配式项目132.08万平方米。

【信拓集团】 江苏信拓建设（集团）股份有限公司简称“信拓集团”，创建于1974年，注册资本3.22亿元，拥有国家房屋建筑工程施工总承包一级资质，是一家集建筑施工和房地产开发、房产营销、物业管理、建筑材料制造于一身的大型综合性企业集团。2020年，信拓集团完成施工总产值99.05亿元。在海安入库税收9875万元。承建的工程项目获评省级优质（结构）工程2项、省级标准化星级工地3项、省级建筑业新技术应用示范工程1项、省级建筑产业现代化示范项目1项；获国家级QC小组成果2项、省级QC小组成果15项，省级工法2项。

【新龙兴集团】 江苏新龙兴建设集团有限公司简称“新龙兴集团”，始建于1975年3月，前身为立发建筑站。1998年4月，改制为自主经营、自负盈亏的民营企业，更名为南通市立发建筑安装工程有限公司。2002年5月，更名为南通市龙兴建筑安装工程有限公司。2007年6月，更名为江苏新龙兴建设发展有限公司。2008年4月，晋升为国家房屋建筑工程施工总承包一级资质企业，同时兼有建筑起重设备安装、建筑防水、防腐保温、装修装饰工程等专业承包资质。2014年4月，更名为江苏新龙兴建设集团有限公司。公司注册资金1.61亿元。2020年，新龙兴集团完成施工产值98.99亿元。施工面积近2200万平方米，其中新开工面积616万平方米；竣工面积450万平方米。职工中有高级职称人员8人、中级职称人员22人，注册一级建造师8人，注册安全工程师3人。

【南通苏中】 南通苏中集团有限公司简称“南通苏中”，成立于1985年，具有国家房屋建筑工程施工总承包一级、建筑机电安装工程专业承包一级资质，拥有商务部批准的对外承包工程经营资格（对外签约权）和对外援助成套项目A级实施企业资格，是一个集房屋建筑、机电设备安装、消防安装、压力容器及管道安装、钢结构安装、起重设备安装、装修装饰工程、房地产开发、酒店服务业为一体的大型综合性企业集团。2020年，南通苏中完成施工产值近82亿元，施工面积616万平方米，年平均施工人数8500人。在海安入库税收3068万元。承建的工程合格率100%，获省优质结构2项。

【润宇公司】 江苏润宇建设有限公司简

称“润宇公司”，创建于1968年10月，是国家建筑工程施工总承包一级资质企业。公司业务包含建筑施工、房地产开发、餐饮业、服务业等多个经济板块，先后获评全国守合同重信用企业、中国工程建设诚信典型企业、企业信用评价AAA级信用企业、江苏省建筑业最具成长性百强企业。公司累计承建建筑工程3000多项，获国家、省、市级优质工程奖120多项。2020年，润宇公司完成施工产值51.58亿元，施工面积627万平方米，年平均施工人数6600人。在海安入库税收1800万元。承建的工程获省优质工程奖1项、省优质结构奖4项。获国家专利2项。

2020年海安市一级以上资质建筑企业一览表

表24

序号	企业名称	资质	备注	序号	企业名称	资质	备注
1	江苏省苏中集团股份有限公司	特级资质	—	24	南通南建工程建设有限公司	一级资质（总承包）	—
2	华新建工集团有限公司			25	南通市华厦建筑安装工程有限公司		新晋升
3	南通市达欣工程股份有限公司			26	南通华安建筑装饰集团有限公司	一级资质（专业承包）	—
4	江苏信拓建设（集团）股份有限公司	一级资质（总承包）		27	江苏恒泽安装工程股份有限公司		
5	江苏新龙兴建设集团有限公司			28	江苏春秋置业股份有限公司		
6	南通苏中集团有限公司			29	江苏特建技术股份有限公司		
7	江苏润宇建设有限公司			30	南通鼎泰建筑装饰工程有限公司		
8	南通工泰建设有限公司			31	南通成功建筑装饰工程有限公司		
9	江苏国恒建设发展有限公司			32	江苏河马机电工程有限公司		
10	南通海洲建设集团有限公司			33	南通睿睿防水新技术开发有限公司		
11	江苏大公建设有限公司			34	江苏格然装饰工程有限公司		
12	南通丰汇建设有限公司			35	南通谷鑫实业有限公司		
13	南通通宇建设工程有限公司			36	南通市紫石古典园林建筑工程有限公司		
14	江苏隆辉建设股份有限公司			37	江苏堃基建设工程有限公司		
15	南通市华泰建设有限公司			38	南通水秀环境科技有限公司		新引进
16	南通华东建设有限公司			39	江苏苏中集团岩土工程有限公司		新引进
17	江苏洲洋建设工程有限公司			40	江苏福尚建筑装修装饰工程有限公司		新引进
18	南通市第七建筑安装工程有限公司			41	南通冠通建筑有限公司		新引进
19	南通华汇建筑工程有限公司			42	江苏金钱龙建设有限公司		新引进
20	南通永固建设有限公司			43	南通中广建设工程有限公司		新引进
21	南通市苏东建设工程有限公司			44	江苏沪瑞建设有限公司		分立重组
22	江苏伟瑞建筑工程有限公司			45	江苏乾扬建设工程有限公司		分立重组
23	南通道恒建设工程有限公司						

（刘　丹）

商贸服务业

Trade and Service Industry

家具博览中心

HAIAN YEARBOOK 2021 海安年鉴

综　述

【概况】 2020年，海安市构建多元化、特色化、高端化的现代服务业发展体系，服务业保持良好发展态势。完成服务业增加值507.3亿元，比上年增长5.8%，占国内生产总值的41.5%；完成服务业应税销售1820.17亿元，比上年增长13.5%。新增规模以上服务业企业59家，总数237家。完成营利性服务业营业收入52.57亿元，比上年增长30.8%。完成规模以上服务业投资206.36亿元，比上年增长7.1%。实现社会消费品零售总额356.06亿元，比上年增长0.33%，其中，限额以上企业零售额77.04亿元。

【生产性服务业发展】 2020年，海安市推进期货交割、保税物流、多式联运、现货交易等功能性平台建设，加快四大物流功能平台、六大物资集散中心建设。针对各大经济板块的不同货物，研究制定个性化货运、物流、供货等服务方案。策应“一带一路”倡议，开行海安—东盟国际班列、上海洋山港和浙江宁波港的铁海快线班列，实现铁路到发量102.4万吨、大宗商品期货交易量11.5万吨、凤山港集装箱吞吐量1.39万标箱。推进“枢纽、物流、产业”三大优势融合发展，先后举办第五届五金机电展、家具博览会、石材展等大型行业会展，海安物流园获评2020年全国优秀物流园区。加快金融业创新发展，丰富金融产品，打造完善的现代金融体系。定期组织开展银企专题对接活动，全力推进全省综合金融服务平台南通子平台建设，实现融资与服务两端高效对接。全面做大转贷和担保规模，中小企业融资难题得到有效化解。

2020年海安市商品销售情况表

表25　　　　单位：亿元

指　　标	2020年	2019年	增长率
一、社会消费品零售总额	356.06	354.88	0.3%
（一）按销售单位所在地分组			
城镇	296.83	295.87	0.3%
农村	59.23	59.01	0.4%
（二）按行业分组			
批发零售业	306.59	305.50	0.4%
其中：批发业	56.54	56.33	0.4%
零售业	250.05	249.17	0.4%
住宿餐饮业	49.47	49.38	0.2%
其中：限额上	2.36	2.35	0.2%
限额下	47.11	47.03	0.2%
二、社会消费品销售总额	1302.40	1202.52	8.3%
其中：批发业	989.85	891.75	11.0%
零售业	254.88	250.01	2.0%
住宿业	4.37	4.58	−4.6%
餐饮业	53.30	56.18	−5.1%

（市统计局）

【生活性服务业发展】 2020年，海安市优化居民消费环境，做强生活性服务业。加快旅游重大项目建设和市场开发，打造“苏中旅游集散地”，乐百年健康小镇推进AAAA级景区创建景观资源质量评估，玉果房车营地基本建成，凤山景区、东部家具文旅商圈、森农田园公社等项目规划完成初稿。举办里下河捕鱼节、梨花节、河豚节、523文化艺术节等文旅活动，国家、省级媒体相继开展报道。万达广场开业运营，引进优质经济品牌50余家，举办各类旅游节庆活动、购物节、美食节10多场次。鼓励社会资本进入养老服务行业，发展民办养老机构，招引高端颐养项目，满足中、高端人群健康养老需求。

【新兴服务业培育】 2020年，海安市推动服务业转型升级，加速发展电子商务，应对疫情影响。疫情期间制定政策，支持企业发展电子商务业务，支持农产品通过“寻味海安”等线上平台销售，创新无接触消费模式。整合快递公司资源，结合保税物流中心和旺金千坚果产业园等平台，建设电商产业园。百国百品进口商品直营中心通过电商平台、抖音、直

2020年海安市亿元以上服务业项目建设情况表

表26　　　　单位：万元

序号	项目名称	建设单位	建设规模及内容	投资额			2020年建设进度	所在区镇（园区）
				总投资额	2020年投资	累计完成投资额		
1	钻石商务大厦	海安奇乐置业有限公司	主要建设酒店、商业、办公、住宅，建筑面积8万平方米	100000	50000	10000	主体工程建设	开发区
2	东部家具原木物流交易中心一期	东部原木市场海安有限公司	主要建设4幢交易中心，建筑面积3.7万平方米	50000	30000	15000	主体工程建设	开发区

续表26

序号	项目名称	建设单位	建设规模及内容	投资额			2020年建设进度	所在区镇（园区）
				总投资额	2020年投资	累计完成投资额		
3	瑞海幸福城酒店项目	海安保障性住房投资建设有限公司	主要建设酒店，建筑面积2.6万平方米	20000	10000	2000	主体工程建设	开发区
4	新通海市场	海安新通市场有限公司	用地面积0.81公顷，总建筑面积3.1万平方米，建设农贸市场、酒店、商业等内容	25000	10000	3000	主体工程建设	高新区
5	海润荣威汽车4S店	江苏海润汽车科技有限公司	用地面积1.67公顷，建筑面积2.5万平方米，建设品牌汽车4S店及配套用房	15000	8000	1500	主体工程建设	高新区
6	延年颐养院	江苏万泉湖养老有限公司	用地面积2公顷，主要建设4幢养老院、2幢附属用房及1幢服务会所，建筑面积2.98万平方米	30000	7000	2000	1号附属用房及4号养老院建设完成，其他工程在建	高新区
7	海安保税物流中心二期工程	江苏海安商贸物流集团有限公司	主要建设2栋冷库及配套设施等，建筑面积约4万平方米	30000	10000	3000	主体封顶	物流园
8	旺金干坚果产业园	南通市旺金商贸有限公司	用地面积5.73公顷，总建筑面积5.3万平方米，其中一期建筑面积2万平方米，主要建设1栋物流加工中心、1栋物流仓库	18000	8000	5000	一期工程竣工	物流园
9	石材展示中心	江苏沪通置业有限公司	建筑面积2.73万平方米	10000	1000	1000	竣工运营	滨海新区
10	健康养老项目	海安至康护理院有限公司	占地1.2公顷，总建筑面积1.6万平方米，总投资1亿元，主要建设高端医养结合服务中心	10000	9000	1500	主体工程封顶	曲塘镇
11	燕信物流仓储项目	海安燕信化学品物流有限公司	总建筑面积2.37万平方米，主要建设丙1类仓储物流用房，总投资1.1亿元	11000	9100	500	主体工程封顶	曲塘镇
12	永康之家养老项目	海安明福健康产业有限公司	用地面积1.47公顷，建筑面积2万平方米，主要建设休闲健康养老中心，分办公区、宾馆式养护楼、绿植区、学习区及多功能休闲区等	10000	10000	3000	竣工运营	大公镇
13	大公商业综合体项目	海安元华置业有限公司	总用地面积约2.47公顷，分两期开工建设，其中一期建筑面积约1.33万平方米，建设集农贸市场和超市、酒店、茶吧（咖啡馆）、洗浴、影院、住宿、娱乐等辅助商业于一体	50000	3800	500	一期主体工程完工	大公镇
14	中小学生素质教育实践基地	江苏汉铭文化发展有限公司	建筑面积3万平方米，建设学生素质教育体验活动中心，并为机关企事业单位职工提供团建拓展功能	10000	10000	1500	竣工运营	白甸镇
15	孝亲养老院项目	海安仇湖医院	占地面积0.67公顷，主要建设老年人养老、休闲娱乐场所等，设计床位200张，建筑面积6000平方米	10000	5000	500	开工建设	墩头镇
16	旅游民宿项目	玉果农庄	用地面积17.33公顷，主要打造民宿项目，集吃购娱于一体的休闲度假场所	10000	10000	5000	竣工运营	雅周镇

播等新模式，实现线下体验、线上销售相融合。"两业融合"持续深化，软件科技园获评中国数字服务和服务外包领军企业特色园区和江苏省生产性服务业（服务外包）集聚示范区。（张海森）

批发 零售

【概况】2020年，海安市实现批发和零售业零售总额306.59亿元，比上年增长0.36%，其中，批发业56.54亿元，比上年增长0.38%；零售业250.05亿元，比上年增长0.35%。实现批发和零售业销售总额1244.73亿元，比上年增长9.02%，其中，批发业989.85亿元，比上年增长11%；零售业254.88亿元，比上年增长1.95%。限额以上批发和零售单位354家，其中，批发业232家、零售业122家，实现营业收入895.43亿元、利润4.18亿元。万达广场、奥体新城·海安城市客厅、"百国百品"海安保税进口商品直营中心开业运营。扶持"夜经济"发展，持续开展步行街区建设，推动海安中大街创建省级高品位步行街。开展"惠民生、促消费，幸福海安消费促进季"活动，发放1280余万元"政府消费券"，组织商超、餐饮等行业重点企业开展促销活动50余场次，举办国际石材展、五金机电展等特色展会，有效带动城乡居民消费。

【商品交易市场】2020年，海安市拥有有形商品交易市场38家，其中，农贸市场27家，副食品、工业品等市场13家（泰宁和沿海市场两种均有），从业人员近万人。实现成交额321.8亿元，比上年下降6.2%。亿元以上商品交易市场20个，与上年持平。年末累计有摊位7253个，比上年减少10个，其中年末出租摊位6534个，比上年减少42个，摊位出租率90%，营业面积73.78万平方米。实现成交额173.03亿元，比上年下降7.62%。

2020年海安市亿元以上商品交易市场情况表

表27

指　　标	市场个数（个）	摊位数（个）	出租摊位数（个）	出租率	营业面积（平方米）	成交总额（亿元）
一、按经营环境分						
露天式	2	482	478	99%	31600	28.67
封闭式	18	6771	6056	89%	706165	144.36
二、按经营方式分						
以批发为主	11	2925	2644	90%	368970	85.54
以零售为主	9	4328	3890	90%	368795	87.49
三、按市场类别分						
综合市场	1	736	579	79%	42900	11.50
综合贸易市场	1	736	579	79%	42900	11.50
工业消费品综合市场	1	736	579	79%	42900	11.50
专业市场	19	6517	5955	91%	694865	161.53
生产资料市场	4	879	786	89%	162833	20.22
建材市场	1	600	581	97%	66033	10.10
金属材料市场	1	78	78	100%	48000	2.75
机械设备市场	1	102	35	34%	39000	1.07
其他生产资料市场	1	99	92	93%	9800	6.29
农产品市场	5	1360	1307	96%	50100	39.02
肉禽蛋市场	1	102	98	96%	3000	7.70
其他农产品市场	4	1258	1209	96%	47100	31.32
食品、饮料及烟酒市场	4	1076	1021	95%	74559	15.68
其他食品、饮料及烟酒市场	4	1076	1021	95%	74559	15.68
日用品及文化用品市场	1	278	251	90%	50000	1.35

续表27

指　　标	市场个数（个）	摊位数（个）	出租摊位数（个）		营业面积（平方米）	成交总额（亿元）
				出租率		
小商品市场	1	278	251	90%	50000	1.35
家具、五金及装饰材料市场	5	2924	2590	89%	357373	85.27
家具市场	1	1000	800	80%	30000	43.80
装饰材料市场	3	1566	1536	98%	292373	40.39
五金材料市场	1	358	254	71%	35000	1.08

（市统计局）

【商场　超市】 2020年，海安市拥有规模以上商场超市20家，其中，具有独立法人资格7家，属于分支机构13家。注册资本在500万元以上的商场超市9家。相关商场、超市连锁门店合计85家，经营面积13.58万平方米，从业人员1300余人。经营面积超5000平方米以上商场、超市9家，超1万平方米的4家。海安市文峰大世界有限公司年营业额3.85亿元，比上年下降8.33%；苏果超市（海安）有限公司年营业额2.48亿元，比上年下降7.46%。

【消费促进】 2020年5月1日起，海安市开展“惠民生、促消费，幸福海安消费促进季”系列消费促进活动，市政府通过“云闪付”第三方平台向全体市民发放涵盖零售、住宿餐饮、文体旅游等内容的电子消费券1280万元。“五一”期间，先期发放1.5万张零售业电子消费券，总价值200万元，海安文峰大世界、苏果超市、苏宁易购等16个零售品牌36家门店参加促销活动，直接拉动零售业消费1000万元以上。此后继续投放13轮消费券，累计撬动消费1.5亿元以上。

开展东部家具城首届云端家具展销会、文峰大世界“夜生活节”、国庆车展等50余场次大型促销活动，带动消费8.6亿元，社会消费迅速回暖。组织中洋集团、鑫缘集团、品王集团等近25家企业参加“记忆中的南通味儿”老字号·非遗嘉年华活动，推介海安品牌。

【海安万达广场开业】 海安万达广场位于市区黄海西路与镇南路交叉口，总面积9.96万平方米，总投资10亿元，建筑面积10万平方米，是海安单体规模最大的商业综合体。2018年11月落户海安，2020年6月25日正式开业。海安万达广场4层，B1层以永辉超市、来伊份等零售业态为主，1层以安踏、李宁潮流服饰和时尚精品为主，2层以哒卟溜、小吉姆等儿童业态为主，3层以海底捞、小菜园等美食为主，汇集170余家国内外知名品牌，其中20余家品牌首次入驻海安。5月23日，海安万达广场联合93家合作商户开展专场招聘活动，提供1000多个就业岗位，中央电视台“财经频道”进行专题报道。6月7日，以“促复工、稳就业、保民生”为主题的专场招聘会在海安市万达广场举办，150多家用人单位提供2000多个岗位。

【中国海安第五届国际石材展】 2020年12月19日，中国·海安第五届国际石材展暨石材与地产国际设计论坛在滨海新区石材城展览中心开幕，全国工商联石材业商会会长王清安、省房地产业协会会长杜学伦以及海安市主要领导等出席开幕式。展会邀请160多家国内外知名石材企业参展，展示范围包括板材、家装石材、人造石、石材机械及辅料等品类，吸引客商6000多人。开幕式上，举办石材与地产、装饰、设计产业链对接论坛，房产项目战略采购与石材企业互动对接等活动。

【中国海安五金机电博览会】 2020年12月18日，第五届中国·海安五金机电博览会在海安华中五金机电城开幕，中国五金交电化工商业协会理事长朱

2020年6月7日，海安市万达广场举办专场招聘会，吸引了众多求职者

翟慧勇／摄

仁和，省工商联五金机电商会常务副会长潘达新、秘书长顾平以及海安市主要领导等出席开幕式。展会吸引400多家参展商、1000多家专业采购商，参展产品涵盖电动工具、工具五金、日用五金等多个类别。华中五金机电城是苏中地区集研发、生产、销售于一体的大规模五金机电综合市场，累计入驻企业400多家，年市场成交额约35亿元。

（余　澄）

住宿　餐饮

【概况】 2020年，海安市实现住宿和餐饮业营业额57.67亿元，比上年下降5.09%，其中，住宿业4.37亿元，比上年下降4.65%；餐饮业53.30亿元，比上年下降5.13%。实现住宿和餐饮业零售额49.47亿元，比上年增长0.17%，其中，住宿业2.36亿元，比上年增长0.19%；餐饮业47.11亿元，比上年增长0.17%。全市拥有限额以上住宿单位7家，实现营业额1.34亿元；餐饮单位23家，实现营业额4.22亿元；超五星酒店1家、五星级精品酒店1家、四星级酒店1家、三星级酒店10家、二星级酒店1家。瑞海金陵饭店入驻海安金融广场。曲塘镇、老坝港分别获评江苏省特色美食之乡之羊肉美食之乡、海鲜美食之乡。

【文明餐桌行动】 2020年，海安市规范餐饮文明经营行为和消费者文明用餐行为，出台《海安市餐饮场所长效管理实施方案》，开展“诚信经营，绿色餐饮”创建活动，推行“公筷公勺”和“倡导绿色生活、反对铺张浪费”等文明餐桌行动。2月17日，市文明办开展“防控疫情文明有我”大家谈活动，收到群众关于新冠疫情防控中对养成文明行为、文明习惯重要性的感悟或体会留言9000多条，其中“讲健康，多用公筷公勺，饮酒适量，拒食野味”成为市民共识。是月27日，中洋集团率先参加世界中餐业联合会发起的“分餐制、公筷制、双筷制”倡议活动，为全市实行“公筷公勺，文明就餐”行动进行有效探索。3月28日，海安市全面实施“公筷公勺”行动启动仪式在中洋金砖酒店举行，市餐饮行业协会和省文明家庭代表发出倡议，得到全市餐饮店、机关单位食堂以及广大市民积极响应。市文明办、市商务局出台《海安市“公筷公勺”行动操作指南》和《“公筷公勺”使用规范》地方标准，专门从长短、颜色、标识等方面规定“公筷公勺”的制作要求，要求“公筷公勺”颜色宜为红色或类白色，与私用餐具具有相对识别性。“公筷”长度比自用筷长3~4厘米，粗端印烫“公筷”字样，“公勺”柄处印烫“公勺”字样。同时，针对餐饮单位、机关企事业单位食堂、农家宴中心、居民家庭等场景，出台一系列可复制、可操作的使用规则。全市统筹推进、分类实施，从星级饭店、大型餐饮服务提供者（含农家宴）以及机关事业单位食堂合餐场所率先推广，逐步向集体聚餐场合、小型餐馆拓展延伸，逐步将“公筷公勺”配备纳入全域餐饮机构服务体系，实现全覆盖。8月22日，“拒绝舌尖上的浪费 引领文明新‘食’尚”——“厉行勤俭节约、反对铺张浪费”行动在市文化艺术中心启动。活动中，全国道德模范张云泉及市餐饮行业协会、市级机关工委负责人向餐饮企业、党员干部、广大市民发出“光盘行动”号召，1000余名市民共同观看《拒绝“舌尖上的浪费”引领文明新风尚》宣传视频。市市场监管局等单位加强餐饮服务人员职业道德培训，鼓励餐饮经营单位引导消费者文明用餐、适量点餐、合理消费，在餐饮经营单位全覆盖张贴公益宣传标语，形成文明“新食尚”。

2020年3月28日，海安市全面启动实施“公筷公勺”行动，阻断餐桌上的疾病传染路径，引导市民养成使用公筷公勺习惯。图为海安一家酒店员工向顾客宣传使用公筷公勺　　翟慧勇／摄

【特色餐饮品牌打造】 2020年，海安市开展“老字号”、十佳河豚餐饮名店等评选活动，举办河豚节、羊肉节、海鲜节等节庆活动，江苏电视台《寻味》栏目到海安拍摄，扩大海安餐饮品牌影响力。曲塘镇、老坝港分别获评江苏省特色美食之乡之羊肉美食之乡、海鲜美食之乡。海安国荣包点店、海安华新年年有鱼大酒店有限公司、海安市皇冠酒楼等16家单位被认定为海安“老字号”，其中，江苏品王酒业集团股份有限公司（三塘牌糯米陈酒）为江苏“老字号”、海安何盈记包子店（何盈记）为南通“老字号”。打造“海安河豚”特色美食品牌，培育河豚餐饮名店、名厨、名菜，海安河豚美食除传统红烧、白煨做法，加入炒、爆、炸、烤、熏以及西餐制作工艺，连面食中也加入河豚元素。9月24日，海安市河豚烹饪技能比赛在锦龙主题宴会中心举行，25家餐饮单位参赛，锦龙宴会中心何进获一等奖，金鹰大酒店徐荣华、品园酒店姜和军获二等奖，圆通大酒店刘海桦、华新年年有鱼大酒店

刘欣斌、海安春山隐酒楼倪二卫获三等奖。 （余　澄）

电子商务

【概况】 2020年，海安市推进电子商务示范企业、园区和示范镇村创建工作，建成国家级电子商务示范企业1个（鑫缘茧丝绸集团股份有限公司），获评省级农村电子商务示范镇1个、电子商务示范社区1个、农村电子商务示范村4个、电商示范基地（园区）2家、电子商务示范企业5家、乡镇电子商务特色产业园区1家，海安获评江苏省农村电商示范市。全市拥有电子商务交易的企业159家，其中有电子商务销售的企业147家，完成电子商务销售额82.20亿元。培育供应链领军企业，鑫缘集团、联发纺织获批江苏省第一批供应链创新与应用重点培育企业；江苏婷婷食品有限公司、南通金旺农业开发有限公司、海安润思达食品有限公司申报农商互联完善农产品供应链项目，获省财政资金补贴417万元。利用商贸物流产业园资源，筹备建设电子商务产业园区，完善快递物流建设，申通快递、中通快递、圆通快递、韵达快递、百世快递公司集中入园。创新采用电商平台、直播等新模式，百国百品进口商品直营中心实现线下体验、线上销售相融合，举办"中国主播海安行"、中国东部家具（线上）博览会等，海安市长、副市长走进直播间为海安"一只茧""一粒米""一条鱼"代言，打通海安各产业供应链市场，赋能海安数字经济发展。

2020年10月31日，直播经济产业峰会暨"中国主播海安行"在海安中洋金砖酒店举行　　姜明／摄

【"中国主播海安行"活动】 2020年10月31日，海安市政府、盘石集团主办，中国互联网协会指导，鑫缘茧丝绸集团、浙江盘兴承办的直播经济产业峰会暨"中国主播海安行"在海安中洋金砖酒店举行，浙商总会互联网委员会主席、盘石集团董事局主席田宁，中国互联网协会副秘书长宋茂恩，全球国家发展改革委国际合作中心副研究员张继栋，海安市四套班子负责人参加活动。海安市与盘石集团签署战略合作协议，共同出资105亿元，建设海安—盘石数字经济产业园和直播电商总部，打造集盘石直播电商平台总部、直播电商培训学院、电商运营、创业孵化等多功能、多业态融合的"互联网+产业中心"，并就搭建数字经济领域人才联盟达成合作。活动上，举行海安直播经济产业培训示范基地授牌，发布跨境电商发展趋势报告，发出直播经济产业商业规范联合倡议。清华大学、赛富亚洲投资基金、阿里巴巴集团的专家、企业家们发表直播经济产业创新与发展的演讲。中国传媒大学、人民优选、国家广告研究院的专家、企业家们探讨后疫情时代直播经济对消费市场的影响和发展展望。是日19时，"红红火火直播展"活动开启，海安市长于立忠走进"聚划算官方闫选官"闫学晶直播间，为海安特色产品带货。直播活动优选海安几十家企业的上百种特色产品，包括中国生态鱼类第一品牌——"中洋鱼天下"、中国丝绸十强企业——"鑫缘茧丝绸"、美国costco指定蛋品供应商——"天晟牧园"等品牌，涉及食品、保健品、化妆品、快销品等各个领域。于立忠为闫学晶颁发"海安好物闫选官"证书，直播间吸引150多万网友观看。

【中国东部家具（线上）博览会】 2020年12月15日，江苏品牌产品线上丝路行暨第五届中国东部家具（线上）博览会在海安开幕。开幕式上，中国东部家具产业基地分别与英国DMG集团、迪拜MIE集团举行战略合作线上签约仪式。活动为期3个月，吸引200多家海安家具制造企业和原辅材料供应商上线参展。参展企业借助中东国际展览集团的"展贸通"数字平台，打造"海安家具名品"线上展示专区，搭建"云展厅""云展台"，实现全天展品在线、洽谈在线、交易在线。产品涵盖民用家具、办公家具、全屋定制家具、木工机械、五金配套等多个品类，参展产品1万余个。展会期间，组织所有参展企业与"一带一路"沿线国家1000余家采购商进行集中交流，帮助企业拓展海外市场，达成国际贸易合作。

（余　澄）

【农产品电子商务】 2020年，海安市搭建"寻味海安"农产品直供社区平台，开展海安农产品网上团购活动。做大做强原有农产品电商（网店）16家，新增线上交易额8万元以上的农产品电商（网店）53家，全年农产品网上销售额17.56亿元。江苏瑞擎电子科技有限公司、江苏中洋生态鱼类股份有限公司获评省级数字农业农村基地。海安金旺无人智能生鲜售货柜

2020年9月13日，海安市隆政街道开展“百姓名嘴进基层，直播带货话小康”活动，百姓名嘴深入村组，通过直播方式帮助种粮和种养大户推介农产品

翟慧勇／摄

项目、寻味海安项目分获南通市第四届农村创业创新项目创意大赛一、二等奖，并参加全省比赛获优秀奖。依托党员干部现代远程教育网络，开展农村商务信息服务试点建设，创新运用“云端帮扶”“云端授课”“云端直播”等模式，助力基层致富增收，涌现出“学用标兵”许平欣、俞贵群等多个“带货网红”，为105家种养合作社提供助销服务。6月，海安市被省商务厅评为江苏省农村电商示范县（市）。

（周　卫　王爱东）

软件和服务外包

【概况】 2020年，海安市拥有软件和信息技术服务企业13家，实现营业收入5.37亿元。持续深化“两业融合”（先进制造业和现代服务业融合）工作，鹏飞集团、天楹集团通过省级“两业融合”试点评估，威尔曼科技、商贸物流园分别获评南通市“两业融合”重点企业和重点园区。服务外包产业集聚发展，软件科技园获评中国数字服务和服务外包领军企业特色园区和江苏省生产性服务业（服务外包）集聚示范区。西信科技有限公司获评南通市服务业科技创新示范企业。

（张海森）

【海安软件科技园】 海安软件科技园于2007年8月正式开园，占地面积13公顷，是苏中、苏北地区第一家落户县级城市的省级软件园。2020年，园区连续两年获评中国数字服务暨服务外包领军企业特色园区，江苏唯一。在全省省级服务外包示范区年度综合评价考核中列第14位，比上年上升4位。先后入选江苏省软件名园培育库，被认定为江苏省创业示范基地、江苏省生产性服务业（服务外包）集聚示范区，获评全省服务贸易（服务外包）统计工作先进单位。被认定为江苏省巾帼示范电商服务站，获省财政资金奖励补助200余万元。新增国家高新技术企业4家，入选省高新技术企业培育库7家；新增江苏省技术先进型服务企业1家、省民营科技企业8家；新增南通市服务业创新企业1家。

（陈　林）

旅　　游

【概况】 2020年，海安市拥有国家质量等级旅游景区（点）7家，其中，AAAA级旅游景区1家、AAA级旅游景区6家。国家旅游星级饭店12家，其中，四星级1家、三星级10家，绿色旅游饭店6家。旅行社21家。接待游客280.49万人次，比上年减少14.57%；实现旅游总收入41.51亿元，比上年减少16.61%。完成旅游项目投入34.79亿元，4个项目通过南通市竣工达产亿元旅游项目验收。获批168万元省级旅游厕所专项资金，用于新增、改扩建旅游厕所29座。6月18日，召开海安市旅游项目现场推进会，现场观摩滨海新区自行车体育公园等10个旅游项目建设现场。持续叫响“河豚之乡、休闲海安”海安旅游品牌，重点打造“滨海休闲”南黄海休闲度假区、“农旅结合”西南高沙土现代农业休闲旅游区和“水韵风情”里下河水乡旅游区三大特色片区。

2020年海安市国家质量等级旅游景区一览表

表28

等　级	景区名称	地　　址
AAAA	江淮文化园	海安市区凤山北路33号
AAA	苏中七战七捷纪念馆	海安市区长江中路68号
	海安博物馆（韩国钧故居）	海安市区宁海北路58-8号
	七星湖生态园	海安市区黄海大道38号
	乐百年百草养生文化园	墩头镇仇湖村1组
	新四军联抗纪念馆	墩头镇千步村32组
	角斜红旗民兵史绩陈列馆	滨海新区拥军路1号

2020年海安市旅行社一览表

表29

名　　称	地　　址
南通交通国际旅行社有限公司	海安市开发区迎宾路120号5幢
南通市海阳旅行社有限公司	海安市中坝南路15号117室
南通乐游国际旅行社有限公司	海安市长江中路146号
南通亚泰国际旅行社有限公司	海安市曙光西路53-9号
南通天地人和旅行社有限公司	海安市黄河路9号11幢108室
南通乐嘉国际旅行社有限公司	海安市宁海中路19号
南通畅行国际旅行社有限公司	海安市中坝南路4号3幢154号
南通亚东国际旅行社有限公司	海安市黄海大道116号
南通沪通国际旅行社有限公司	海安市江海西路105号
海安四通国际旅行社	海安市通榆中路101号
江苏金砖旅游发展有限公司	海安市中坝南路98号
南通非凡国际旅行社有限公司	海安市曙光东二路68-2-102
南通凤凰国际旅行社有限公司	海安市中坝南路1号5幢1029、1030室
南通祥和国际旅行社有限公司	海安市旺池东路20号
南通喜洋洋旅行社有限公司	海安市长江西路69号1幢
丹娜国际旅游（江苏）有限公司	海安市晓星大道8号
南通龙行天下国际旅行社有限公司	海安市隆政街道德兴村四组
南通玩美假期国际旅行社有限公司	海安市中坝南路1号
南通乐程旅行社有限公司	海安市江海东路30号1幢
南通趣玩旅行社有限公司	海安市长江中路93号2-601室
南通驴友之家旅游有限公司	海安市南屏花苑37号楼

2020年海安市星级旅游饭店（宾馆）一览表

表30

星　级	星级饭店名称	地　　址
★★★★	王府大酒店	海安市开发区通榆中路98号
★★★	海安宾馆有限公司	海安市高新区海陵路8号
	海安东海大酒店	海安市开发区宁海南路179号
	乐家假日酒店	海安市高新区长江西路69号
	李堡天乐大酒店	海安市李堡镇包场北路10号
	海霸皇大酒店	海安市高新区通榆中路35号
	海安达欣君澜大酒店	海安市高新区通阳东路10号
	海安北国风光大酒店有限公司	海安市高新区黄河路8号
	南通芫祥酒店管理有限公司（都市花园酒店）	海安市开发区长江东路38号3幢
	海安奎泽大酒店	海安市南莫镇华星路88号
	海安辰洋大酒店有限公司	海安市雅周镇钱庄村三组
★★	黄山宾馆	海安市高新区通榆中路38号

【旅游项目建设】 2020年，海安市完成旅游项目投入34.8亿元，招引旅游项目10个，乐百年康健文化苑、了凡木屋民宿、北海农庄、蓉和怡心园民宿通过南通市竣工达产亿元旅游项目验收。通扬运河江淮历史文化街区完成规划编制，《里下河金三角旅游度假区概念性规划》通过城市规划委员会评审，西泊AAA景区提升规划通过专家评审，凤山景区、东部家具文旅商圈、森农田园公社规划完成初稿。立发古城项目签约；玉果房车露营地、国恒酒店对外营业；乐百年小镇温泉酒店主体工程封顶；龙湖山庄温泉基础设施建设到位，温泉客栈进入土地出让阶段；滨海新区温泉展示馆设计完成，启动招商工作；序时推进曲水湖山庄、汉铭文化研学基地、洪家滩樱桃园宾馆、魏建功纪念馆建设。实施青墩遗址环境改造工程，拨付60万元用于增设青墩旅游厕所。

【旅游节庆活动】 2020年，海安市打造"一镇一品"旅游节庆品牌，举办梨花节、荷花节、羊肉节、海鲜节等10多个节庆活动，河豚节、里下河捕鱼节和梨花节先后被《人民日报》、凤凰网、新浪网等媒体报道。1月18日，以"鱼王贺新春，渔乐嘉年华"为主题的海安市第九届里下河捕鱼节在白甸镇西泊乡村旅游集聚区开幕。开幕式现场，举行文艺表演以及渔文化展示、里下河钓鱼基地和里下河食材供应基地项目签约仪式，白甸镇打造赏"乡村美景"、品"绿水湖韵"、寻"快乐老家"旅游品牌。5月10日，以"'疫'尽花开，'豚'积幸福"为主题的第十届中国·海安河豚节在市文化艺术中心广场开幕，上海、南京、苏州等地游客参加现场活动，活动为期28天。开幕式上，长三角自驾游联盟向海安旅游协会授牌"自驾基地"，举办海安地区名、优、新、特旅游产品展销推广活动，"品河豚、住金砖、游海安、逛周边"成为"海安旅游"的金字招牌。9月27日，以"荷韵百年，花香墩头"为主题的中国·墩头第五届荷花艺术节在乐百年健康小镇开幕，活动持续至10月10日，举行鸬鹚捕鱼、水上高尔夫、马术表演、摄影大赛以及水乡特色农产品展销活动，墩头打造"荷韵百年、花香墩头"旅

2020年5月10日，第十届中国·海安河豚节在市文化艺术中心广场开幕，市民和游客们欣赏用河豚制作的各种美食
姜明／摄

游品牌。10月29日，海安市曲塘第七届羊肉美食文化节暨招商恳谈会在曲塘镇国恒品悦酒店开幕，活动持续至12月30日。开幕式上，举行“江苏省羊肉美食之乡”授牌仪式，曲塘打造“游千年古镇，品美味羊宴”旅游品牌。11月22日，第七届海安乡村旅游节暨风情滨海海鲜节开幕，举行“江苏省海鲜美食之乡”、江苏省特色餐饮企业授牌仪式；海安市与上海深微文化传媒有限公司签订文旅宣传推广合作协议，滨海新区与江苏广纳房地产开发有限公司、南通天成现代农业科技有限公司签约文旅项目；现场发布滨海新区旅游资源、线路推介，展示海鲜美食产品和渔家劳作表演；开展滨海风情自由骑行、滨海风情摄影行等系列活动。

【旅游招商推介】 2020年，海安市推广“河豚之乡，休闲海安”全域旅游，树立南通至上海高速重要节点高炮广告，开通入境旅游欢迎短信，举办海安旅游宣传与招商推介会苏州专场、“我为海安旅游代言”活动，相关视频、文章、图片报道阅读量超1000万次。12月2日，海安文旅宣传与招商推介会在苏州召开，促进海安与苏州文化旅游交流合作。市文广旅局负责人做海安文旅宣传与招商推介，高新区相关负责人做高新区情况介绍以及项目推介，著名验客达人讲述旅行故事，苏州和平国际旅行社、国旅（江苏）苏州国际旅行社与海安旅行社代表沪通旅行社、乐嘉旅行社签订战略合作协议。

【文旅市场管理】 2020年，海安市深化文旅行政审批制度改革，保留行政权力事项9个、公共服务事项144个。加强文旅市场巡查，出动检查人员3000余人次，检查经营单位1100余家次，立案8起，结案6起，罚没款6万余元。开展安全生产专项整治，出动检查265人次、专家172人次，开展检查344家次，发现隐患574个并纳入全过程闭环管理，办结隐患525个。开展广播电视节目监看监听工作，每天监看、监听广播电视节目平均不少于200分钟，每月监看、监听广播、电视不少于100小时，专项检查星级饭店境外卫星电视节目收视情况2次，暗访社会酒店1次，累计检查酒店28家次，出动检查人员15人次。市文广旅局、市公安局、市城管局等联合抓好电器销售市场源头治理，开展联合执法行动2次，出动执法人员67人次，发放宣传单8563张，检查居民小区12个、有线营业厅10家。开展文旅系统安全生产培训和消防应急演练2次，200余人参加培训。协助文旅企业申报省级补助资金，为6家旅行社办理申退手续，退回质保金80万元。放宽旅游奖励标准，取消年累计组团到海安旅游1000人以上才可享受奖励的限制，在奖励住宿过夜每人每夜30元的基础上，另外奖励15元给旅行社；在旅游系统12家星级饭店、12个乡村旅游区、49家推荐饭店中推出消费券，拉动旅游消费。

【景区景点】 江淮文化园　国家AAAA级旅游景区，占地17.33公顷，仿中国古典园林景观，3万平方米湖面环绕。整个园区由白龙故里景区、先贤景区、凤山书院景区和中国名人艺术馆群景区四大景区组成。白龙故里景区包括数万

2020年12月2日，“河豚之乡　休闲海安”——海安文旅宣传与招商推介会在苏州召开
市文广旅局／供图

平方米的白龙湖，数十座亭、台、楼、阁、榭、轩、廊、桥，以及几百种奇花异草、古树、奇石，特别是国家一级珍稀保护树种——红豆杉，在景区成功移植成林；先贤景区恢复的是海安古建筑，为与海安结缘的三位历史贤人文天祥、范仲淹、胡瑗（安定）而建，是纪念先贤，启发教育后人，发扬传承中华传统文化的地方；凤山书院景区亦是海安古景观的恢复，是历代先贤大儒、学者敦教化倡文明的重要场所；中国名人艺术馆群景区则由数座古式建筑和11栋欧式建筑结合而成，作为国内外有影响的知名艺术家办培训、搞创作、办展览的基地，有10多位艺术大家、名家走进江淮文化园景区，并陆续布展、开馆，有侯康乙赏石艺术馆、刘万年艺术馆、吴向明国礼艺术馆、胡建雄书法艺术馆、王建梓艺术馆、罗杨书法艺术馆6个艺术馆开馆。

苏中七战七捷纪念馆　国家AAA级旅游景区、全国百家"红色旅游"经典景区、全国爱国主义教育示范基地、原南京军区青年官兵传统教育基地、江苏省全民国防教育示范基地、江苏省文物保护单位以及30多所大中院校的校外德育基地。纪念馆位于海安市长江中路68号，占地2.1公顷，建有纪念碑、陈列馆（纪念馆）、国防园、碑廊等景点。1986年，原南京军区、中共江苏省委、江苏省人民政府联合在海安兴建苏中七战七捷纪念碑。纪念碑碑身由古铜色花岗岩砌成，高27米，被誉为世界上最大的刺刀。碑名由中顾委原常委姬鹏飞题写，碑文由原南京军区、中共江苏省委、江苏省人民政府撰写。1999年新建纪念馆，馆名由国务院原副总理、国防部原部长张爱萍题写。纪念馆外形为7支步枪。馆内共设14个展厅，分别陈列着历史图片、革命文物、史料以及历年来中央首长视察的图片。国防园展示中国人民解放军使用过的大炮、坦克、飞机、导弹等各种武器。碑廊以"捷"字为主题，刻有各个时期名人名家的"捷"，其中就有毛泽东的墨宝。此外纪念馆还建有临时展厅、茶座、多功能报告厅、贵宾休息室、大中小型会议室及广场等。开馆以后，先后接待迟浩田、张震、曹刚川、姬鹏飞、陈丕显、彭冲、洪学智、叶飞等党和国家领导人以及社会各界人士800余万人次，成为集旅游、休闲、观光、教育于一体的多功能场所，年接待量40万人次。

韩国钧故居　国家AAA级旅游景区、全国重点文物保护单位，是民国时期江苏省省长韩国钧的故居（又称韩公馆），是一组保存完好的晚清建筑群。1988年，韩公馆正式对外开放，为全国重点文物保护单位。是年，海安博物馆成立并设于韩国钧故居内，同年正式对外开放。韩公馆青砖小瓦，穿堂四进，厅庑廊轩齐全，火巷回廊俱备，是现今保存完好且不可多见的晚清建筑群之一。韩公馆门前有一条石板街，最早形成于南宋时期，有800多年历史，清朝康熙六年（1667年），海安钱文有出资铺就。韩公馆内有镂空砖雕的门楼，穿堂四进的晚清建筑、韩国钧胸像，以及建于清顺治年间（1644—1661年）的楠木厅等。后花园内奇花异草、古树名木甚多，有一株180多年的广玉兰，为韩国钧亲手移植，香港《文汇报》曾载文称为"广玉兰王"；馆内还有一盆130多年的珍珠黄杨，为韩国钧生前的珍玩之物。

新四军联抗纪念馆　国家AAA级旅游景区、江苏省文物保护单位、江苏省重点革命烈士纪念建筑物保护单位，是苏中地区抗日战争年代保存下来的规模较大的陵园式纪念馆。位于海安市墩头镇千步村32组，占地约3.33公顷，建筑面积2000余平方米。主要纪念建筑物有标门、纪念碑、明理堂、联抗烈士墓，联抗司令黄逸峰骨灰安葬处、新四军联抗纪念馆（兴东泰特区委史料陈列室、新四军联抗烈士事迹陈列室）、联抗书画馆、逸峰阁等。1944年11月，为纪念在抗战中牺牲的161名将士，新四军联抗烈士陵园建立，黄逸峰题写"明理堂"匾额。1982年，新四军和华中抗日根据地研究会上海分会联抗史研究组和海安县党政军民各界为新四军联抗部队烈士纪念碑重刻了碑铭。1987年、1988年时任全国人大常委会副委员长的陈丕显、叶飞先后为陵园和《联抗四年》题词，1991年国防部原部长张爱萍将军为联抗烈士纪念碑题书。1995年陵园史迹列入《中国博物馆志》。改革开放后，纪念馆环境不断修葺，联抗史料不断充实，在建园60周年之际兴建新四军联抗纪念馆（兴东泰特区委史料陈列室、新四军联抗烈士事迹陈列室），2005年9月10日正式开馆。

角斜红旗民兵团史绩陈列馆　国家AAA级旅游景区、全国百佳红色旅游经典景区、全国唯一的乡镇民兵史绩陈列馆，是江苏省爱国主义教育基地、原南京军区青年官兵传统教育基地、江苏省全民国防教育先进单位。陈列馆始建于1969年。1991年3月角斜红旗民兵团命名25周年之际，迁至海安市滨海新区（角斜镇）拥军路1号，原中国共产党中央顾问委员会常委姬鹏飞题写馆名。2016年，投入500多万元，改造升级陈列馆。改造后，占地面积约0.73公顷，建筑面积1648平方米。内设6个展室，采用声、光、电及多媒体等现代表现手法，集中展示角斜红旗民兵团在抗日战争、解放战争、新中国建立初期、命名初期、改革开放时期、区镇合一等各个阶段的光辉历程。馆藏有民兵团发展过程中获得的各种奖章、奖品等文物资料，以及领导的题词、视察角斜的照片等。

乐百年百草养生文化园　国家AAA级旅游景区，位于海安市墩头镇仇湖村1组乐百年健康小镇内。乐百年健康小镇占地约200公顷，总投资超过30亿元，初步建成都市牧场（一期）、百草养生文化园（含森林嘉年华）、休闲度假功能区、康健文化苑（一期）、家庭农场体验区、生态住宅区（一期）、旅游集散中心及员工生活配套区以及运河观光带等八大功能块，打造集康养、理疗、文化、休闲、旅游、运动于一体的特色小镇。2019年10月1日，正式开园。

七星湖生态园　国家AAA级旅游景区，位于海安开发区黄海大道38号，占地126.67公顷，水上面积33.33公顷，园内7个小岛、3个半岛、1个月亮广场形成"七星拱月"。整个生态园分为主入口广场区、景观大道区、中心广场区、旅游度假区、生态湿地区、体育休闲区、传统人文区和水上活动区8大功能区。象征21世纪的螺旋喷泉有丰富多变的水形态。中心大道全长300米，两侧建有欧陆风情商业街。临湖的月亮广场面积1.2万平方米，可以同时容纳近万游人停留观景；广场建有苏中地区最大的张拉膜观景台，登上观景台，波纹广场畔的芙蓉塘水生花卉展示中心以现代手法再现海安历史的“三塘十景”。

◆ 附　旅游线路

海安休闲之旅一日游

海安一日游线路1：

上午：游览全国重点文物保护单位、民国两任江苏省省长韩国钧故居【韩公馆】→海安首个国家AAAA级旅游景区【江淮文化园】重现海安历史名胜→参观国家AAA级旅游景区【苏中七战七捷纪念馆】瞻仰天下第一刺刀的雄伟。

中午：品尝中国河豚之乡的天下第一鲜——【河豚】。

下午：游览【里下河金三角旅游度假区】，可到区内袁兵、春奎、耘轩、鑫彤等多家采摘园进行草莓、葡萄、瓜果、蔬菜等采摘活动→【西泊乡村旅游集聚区】观赏里下河落日美景→【洪家滩樱桃园】品尝里下河河鲜等农家菜。

海安一日游线路2：

上午：游览全国重点文物保护单位、民国两任江苏省省长韩国钧故居【韩公馆】→海安首个国家AAAA级旅游景区【江淮文化园】重现海安历史名胜→参观国家AAA级旅游景区【苏中七战七捷纪念馆】瞻仰天下第一刺刀的雄伟。

中午：【盈拓生态园】或【百岁农庄】品尝海安特色农家宴。

下午：游览【雅周现代农业园】体验四季如春的绿色生态→【圣昌休闲农庄】骑马、采摘、钓鱼→【鑫缘丝绸文化展厅】体验文化艺术与丝绸之美→城区星级酒店品尝海安特色菜。

海安一日游线路3：

上午：游览海安首个国家AAAA级旅游景区【江淮文化园】重现海安历史名胜→参观国家AAA级旅游景区【苏中七战七捷纪念馆】瞻仰天下第一刺刀的雄伟→【万缘宝塔(圆通寺)】祈福。

中午：【蓉和怡心园】享用午餐，体验极富江海地域风情的农家观光游览项目。

下午：游览全国休闲农业与乡村旅游示范点【中洋河豚庄园】近距离观赏河豚、中华鲟、扬子鳄、娃娃鱼等8种长江珍稀鱼类，享用河豚宴→【角斜红旗民兵史绩陈列馆】感受红色岁月的澎湃激情→【海洲休闲农庄】就餐。

海安人文之旅二日游

第一天：

上午：从指定地点出发驱车至中国河豚之乡——海安，参观并入住江海新地标【中洋金砖酒店】→游览全国重点文物保护单位、民国两任江苏省省长韩国钧故居【韩公馆】。

中午：品尝中国河豚之乡的天下第一鲜——【河豚】。

下午：游览海安首个国家AAAA级旅游景区【江淮文化园】重现海安历史名胜→参观国家AAA级旅游景区【苏中七战七捷纪念馆】瞻仰天下第一刺刀的雄伟→【占姆仕衬衫王国】了解中国纺织业，体会从棉、纱、布到成衣的奇妙过程。

晚上：品尝海安【特色菜品】，欣赏【城区夜景】。

第二天：

上午：到始建于唐代的古刹【广福禅寺】祈福→全国休闲农业与乡村旅游示范点【中洋河豚庄园】近距离观赏河豚、中华鲟、扬子鳄、娃娃鱼等8种长江珍稀鱼类，享用河豚宴。

下午：至海安东部，位于滨海新区的【角斜红旗民兵史绩陈列馆】带您感受红色岁月的澎湃激情→【蓉和怡心园】享用晚餐，体验极富江海地域风情的农家观光游览项目。

晚餐后返程回家。

海安健康之旅三日游

第一天：

上午：从指定地点出发驱车至中国河豚之乡——海安。

中午：至全国休闲农业与乡村旅游示范点【中洋河豚庄园】近距离观赏河豚、中华鲟、扬子鳄、娃娃鱼等8种长江珍稀鱼类，享用河豚宴。

下午：【角斜红旗民兵史绩陈列馆】感受红色岁月的澎湃激情→参观国家AAA级旅游景区【苏中七战七捷纪念馆】瞻仰天下第一刺刀的雄伟→参观并入住江海新地标【中洋金砖酒店】。

晚上：品尝海安【特色菜品】，欣赏【城区夜景】。

第二天：

上午：游览全国重点文物保护单位、民国两任江苏省省长韩国钧故居【韩公馆】→海安首个国家AAAA级旅游景区【江淮文化园】重现海安历史名胜→【鑫缘丝绸文化展厅】体验文化艺术与丝绸之美。

中午：品尝海安【江鲜、河鲜、海鲜及名菜】。

下午：至位于里下河水乡墩头镇的

2020年9月27日，以“荷韵百年 花香墩头”为主题的中国·墩头第五届荷花艺术节在乐百年健康小镇开幕，图为乐百年健康小镇一景　　市文广旅局／供图

【乐百年健康小镇】骑马、游湖，在森林嘉年华观鸟、休憩。

晚上：品尝海安【里下河农家菜】。

第三天：

上午：至【雅周现代农业园】体验四季如春的绿色生态→【盈拓生态园】享受采摘果蔬、休闲垂钓、棋牌品茗乐趣。

中午：在【盈拓生态园】品尝农家菜。

下午：至【占姆仕衬衫王国】了解中国纺织业，体会从棉、纱、布到成衣的奇妙过程。返程回家。

（金　欣）

供销合作

【概况】2020年，海安市供销社系统实现商品销售总额37.64亿元，比上年下降34.81%，其中，日用消费品销售额1.4亿元，比上年下降78.82%；农资销售额5.57亿元，比上年下降38.45%。农副产品收购额26.49亿元，比上年下降29.53%。农副产品市场交易额32.28亿元，比上年增长21.81%。再生资源利用回收额3.93亿元，比上年增长3.15%。供销基层网点覆盖全市90%以上的行政村，新建基层供销社6家，改造基层薄弱社3家，累计20家；改造升级农村综合服务社10家，累计95家；新建农民专业合作社3家，累计31家。

【供销合作社综合改革】2020年，海安市全面打造供销合作经济组织体系，建立代表大会及其理事会、监事会“三会制度”。10月14日，海安市供销合作社召开第六届理事会二次会议，“农综社”、专业合作社、基层社和农民代表参加会议，应到理事会成员12人，实到11人。会议选举徐幼松为海安市供销合作总社第六届理事会主任，审议通过《海安市供销合作总社监事会工作规划（暂行）》，制定市总社监事会办公室职责。其后，召开海安市供销合作总社第六届监事会二次会议，监事会组成人员参加，会议审议通过《海安市供销合作总社监事会工作规则》。

【农药包装废弃物回收处置】2020年，根据《海安市农药包装废弃物回收处置试点工作实施方案》，全市所有农药销售门店全面启动农药包装废弃物回收工作。每个行政村设立1~2个回收点，50亩以上种粮大户单独设立回收点，全市回收点总数1000家以上，做到统一标识、统一制度、统一回收价格、统一回收解交台账。建立以海安惠民农资有限公司为龙头，农资经营网点和种田大户为载体，上海电气南通国海环保科技有限公司为处置终端的闭环式回收处置体系。海安惠民农资有限公司承担全市农药经营网点和种田大户回收的农药包装废弃物集中收集、转运、分拣及短期储存任务，集中解交无害化处置，收购环节财政补贴资金与回收网点结算。农资经营网点承担一般农户的农药包装废弃物回收和保管工作。至年底，累计回收农药包装废弃物127.3吨700.15万件，处置123.97吨681.84万件。

【社有资产管理】2020年，海安市供销合作总社加强资产规范管理，建立资产改制资料、土地证、房产证等台账，公开招租闲置资产，及时催收租金，并自查2019—2020年租赁资产情况。做好清算转股工作，双楼供销有限公司清算工作第一阶段达成初步协议；协调推进双楼农资有限公司转股工作和南屏供销、农资有限公司清算工作；与沙岗村初步协商清算沙岗供销有限公司资产，进行复垦处理。做好剩余资产管理工作，将19宗剩余资产无偿划拨给区镇和国有资产运营集团；与开发区置换获得火车站南侧沿海大市场C区3间门面房、4间公寓房资产，不动产权证办理到位；剩余资产5宗，其中4宗挂牌公示。

◆ 附

海安市供销合作总社社有企业

海安陈庄综合服务社　位于李堡镇陈庄村6组，建筑面积3000平方米，其中仓库1500平方米，主要经营日用百货和农业生产所需的农药、化肥，是海安惠民农资有限公司下属分公司，先后获评商务部“万村千乡”市场工程农家店、省五星级基层综合服务社、南通市诚信经营单位和农资经营示范店。2020年，销售化肥800吨、农药80万元，销售总额500万元，其中农资400万元，占销售额的80%，70%的农药、化肥销售由电动三轮车送货到门户、田头。供应“南粳9108”“淮稻5号”“扬农稻1号”等水稻良种3万斤、“镇麦9号”“农麦88号”“扬辐麦4号”等小麦良种4万斤，还供应黄豆、油菜良种。扩大为农生活服务，设置直接助农取款点，代海安农商行发款1500户400万元，代收水电费1500户15万元；对外开放1000平方米餐厅1家，可满足300人同时就餐；16人从事自办农家宴工作，实现年收入100万元；收购农药包装废弃物1.3吨1.3万元，直接解交到海安惠民农资公司。

海安兴业食用菌专业合作社　位于角斜镇来南村20组，占地7.3公顷，总资产3100万元，社员336户。合作社采取“龙头企业+科技特派员+合作社+农户”经营模式，实行“五统一”（统一供种、统一技术指导、统一保底价回收产品、统一包装、统一品牌销售），推动绿色食品香菇产业健康发展。生产上以香菇为主，还生产灵芝、黑木耳等品种，年生产菌菇2500吨，销售2600万元以上，销往上海、南京、扬州等大、中城市的超市和农副产品批发市场。注重新产品研发，先后与南京农业大学、省农业科学院、中国科学院及浙江省食用菌研究所等科研单位开展产学研合作，每年从利润中提取30万元开发新品种、从高等院校引进新优品种，试种成功后推广。2020年，合作社拥有食用菌全自动装袋机生产线2条、自动喷淋钢架结构大棚生产基地17.47公顷、大棚413张，实现产值2861万元、利润209万元。与农户建立利益联结机制，在土地流转、就地就业、回收产品、二次分配等方面拓宽农民增收渠道，社员户均增收2.8万元。以每亩1400元实行土地流转，比周边高出每亩400元；带动64户就业增收，发放就业工资116.38万元，其中12户贫困户就业工资22.55万元，当年全部脱贫；将利润的60%返还给农户，全年返利38.73万元；带动周边336户农户种植香菇。合作社筹资300万元，建立1000立方米的产品保鲜冷库，并在上海、扬州、淮安等地开设产品直销店，扩大销售渠道。合作社先后获评国家农民合作社示范社，省农业科技成果转化基地、省农产品质量安全追溯管理示范单位、省农业科技型企业、省优秀科普惠农服务站、省优秀研究生工作站，南通市农业产业化重点龙头企业、南通市科普教育基地；注册的“角斜”牌香菇，通过“绿色食品”认证，获评全国百佳农产品品牌、2020年江苏“最美绿色农产品”品牌。

李堡供销有限公司 位于海安市李堡镇新建东路2号，成立于2020年8月，是海安市供销合作总社首家全资新型基层供销社，推动供销合作社由流通服务向全程农业社会化服务延伸。投资100万元，在原生产资料部土地上，重新翻建水泥场地3300平方米，建设农药包装废弃物（塑料瓶、玻璃瓶、农药纸袋）回收分拣中心、废旧农膜回收中心和农资配送中心，添置专用运输车辆2辆、叉车1辆及打包压块、地磅等相关设备，回收农药包装废弃物60吨、废旧农膜1500吨。投资20万元，与安禾冷库共建农产品冷链物流销售中心，聚焦鲜活农产品产地“最初一公里”，形成“田头市场+新型农业经营主体+基层供销社”经营模式，销售蔬菜7000多吨，销售额3000多万元。完成农药化肥销售600多万元、再生资源回收利用400多万元。

海安惠民农资有限公司 位于通榆北路188号，建立于2004年，是海安市供销合作总社系统农资连锁经营的龙头企业，被商务部列为全国首批“万村千乡市场工程”试点企业。2020年，公司拥有农资分公司、经营部145家，形成以总公司为龙头、分公司为载体、经营部为终端的农资连锁经营网络，承担全市70%的农业生产资料的组织供应任务。至2月25日，公司克服疫情影响，组织化肥6200吨、农药45吨，配送化肥4500吨、农药40吨，保障春耕生产需要。加快转型升级，为农民和各类新型农业经营主体提供农资供应、配方施肥、农机作业、统防统治、收储加工等系列化服务，组织系统内农资经营人员160人参加农药管理培训班。拓宽进货渠道，与国内知名厂家合作建立品牌总代理、总经销40家，保证农资商品质量。公司拥有汽车10辆，配送量50%，为802户50亩以上的种田大户提供配送到田头服务。开展农药实行零差率统一配送试点，按采购价配送（政府补贴）。全年，销售化肥5万吨，其中，尿素1.8万吨、复合肥3万吨、碳铵2000吨，销售农药625吨，销售水稻、小麦良种500吨，完成销售收入1.65亿元。

海安众兴再生资源有限公司 位于河滨西路2号，成立于2017年9月，是海安再生资源回收利用龙头企业。2020年，公司新整合社会网点22家，累计拥有网点38家、员工100人。公司组建专业服务团队，建立废旧农膜回收利用微信群，与回收网点和种田大户保持联系畅通，对种田大户提供废旧秧盘、农膜、地膜及废弃化肥袋预约上门服务。全年，回收废钢铁12.6万吨、废有色金属2222吨、废塑料1512吨、废纸2492.8吨；回收废旧农膜1444.86吨，公司和各网点分别回收850.86吨、594吨，其中，棚膜1106.6吨、地膜153.53吨、秧盘129.73吨、秧苗覆盖塑料编织布74吨；登门收购种田大户淘汰的棚膜、秧盘和秧苗膜450吨；与3家废塑料加工企业签订合作协议。

（吴建华　吴剑山　范　平　陈克成）

粮食储备与管理

【概况】 2020年，海安市全社会粮食收购量超40万吨、销售量超50万吨，粮食优质优价收购数量10.12万吨，轮换地方储备粮2.34万吨、食用油150吨。开展夏粮小麦质量调查工作，全市优质强筋小麦种植面积占比80%以上，其中，大粒型品种“镇麦12号”种植面积20万亩以上，比上年增加约15万亩，约占小麦实际种植面积的近50%，其他品种“扬麦23号”“扬麦25号”各占比10%，“镇麦9号”“镇麦10号”“镇麦168号”各占比10%左右。采取抽样调查、重点调查和全面调查相结合的方式，抽样调查城镇居民51户、国有企业2家和粮油经营企业、餐饮企业、单位食堂36家，基本掌握2019年度全市社会粮食、食用植物油及油料供需平衡等数据。开展以“科技创新促发展，兴粮兴储保民生”为主题的粮食和物资储备科技周活动、“世界粮食日”和粮食安全宣传活动，宣传粮食安全形势、健康消费等科普知识，培育爱粮、节粮新风尚。

【优质粮食工程建设】 2017年起，海安市启动优质粮食工程建设，增加绿色优质粮油产品供给。至2020年年底，累计建设优质粮食工程13个，总投资额6679万元，获补助资金3190万元。2017—2018年度项目4个，其中，粮食产后服务体系建设项目3个、粮食质量安全检验监测体系建设项目1个，总投资额1293万元，补助资金976万元；2018—2019年度建设“中国好粮油”示范行动项目5个，总投资额1900万元，补助资金950万元；2019—2020年度承担“中国好粮油”示范行动项目4个，总投资额3486万元，补助资金1264万元。南通家惠油脂发展有限公司、江苏三零面粉海安有限公司、南通季和米业有限责任公司累计完成优粮优产、优粮优购、优粮优加、优粮优销、咨询培训“五优联动”投资总额3489万元。

【粮食品牌建设】 2020年，海安市加强粮食品牌建设，组织农业龙头企业参加第三届中国粮食交易大会和各种产销协作会议，成果丰硕。南通家惠油脂发展有限公司“家惠”牌小榨浓香菜籽油和非转基因大豆油、南通季和米业有限责任公司“季和”牌御膳米获评“江苏好粮油”产品。南通季和米业有限责任公司获评全国放心粮油示范工程第九批企业、中国百佳粮油企业，“季和大米”获评中国十佳粮油优质特色产品。

【储粮安全管理】 2020年，海安市出台《海安市粮食和物资储备行业安全生产专项整治三年行动工作方案》，抓好粮食库存检查工作，检查地方储备粮企业12家129个仓，统计报账单位13家，检查库存粮食7.79万吨，发现的24个问题全部整改到位，市发展改革委获评省政策性粮食库存数量和质量大清查先进单位。抽样报送粮食监测样品54份、品质测报样品4份，开展新收获粮食质量安全监测样品147份。采取现场巡查、材料检查、粮食库存大清查等方式，开展仓储管理、安全储粮、安全生产等安全检查49次，出动检查人员192人次，检查企业176家次，排查安全隐患56个，实现问题即知即改、限期整改，提升粮食安全保障水平。全市粮油储备实现“一符四无”（账物相符，无虫害、无鼠雀、无霉变、无事故）率100%、“一符三专四落实”（账实相符，专仓储存、专人保管、专账记载，质量落实、数量落实、品种落实、地点落实）率100%，2019年度粮食安全责任制考核列南通市第一位。

【海安粮食物流产业园】 海安粮食物流产业园位于海安高新区，成立于2011年，总投资16.27亿元，用地面积86.67公顷，沿“京杭大运河”连申线内河航道，分南、北两区，建设集大米、面粉、油脂、饲料等粮食加工以及粮食仓储、物流、贸易功能于一体的综合型粮食物流产业园。2020年，园区获评省级粮食物流产业园区，获奖补资金1000万元，全省仅17家。内设粮食机械加工区、食品加工区、粮食加工区、冷链物流区等功能区，中央储备粮南通直属库有限公司、江苏三零面粉海安有限公司、南通季和米业有限责任公司等约20家大型农产品物流、加工、贸易企业先后落户园区，逐步形成农业龙头企业集群，粮食处理量突破200万吨，建成区域性粮食中转集散中心和百亿级农产品深加工产业基地。园区完成销售额超120亿元。（杭永宏）

通　信

【概况】 2020年，海安市建成5G基站469个，其中，移动235个、电信234个；5G机房28个，其中，电信14个、移动12个、联通2个；布放大芯数光缆208千米，其中，电信102千米、移动90千米、联通16千米；占用管孔资源206千米，其中，电信102千米、移动90千米、联通14千米。5G网络覆盖行政中心、体育中心、人民路等市中心核心地段、重要商圈，以及开发区、高新区科创园和部分重点工业企业，建成区域5G网络拉网测试覆盖率97.56%。海安市研究出台《海安市加快推进第五代通信网络建设的实施意见》，打造“5G+工业互联网”实践示范。

【海安市“5G+工业互联网”高峰论坛】 2020年6月20日，海安市政府主办，中国电信南通分公司协办，以“领跑新基建、助力高质量”为主题的海安市“5G+工业互联网”高峰论坛在中洋金砖酒店举办，这是全省首个县域“5G+工业互联网”高峰论坛。会议上，为22家“5G+工业互联网”创新示范企业授牌，江苏瑞恩电气股份有限公司、江苏欧凯包装科技有限公司、南通中集罐式储运设备制造有限公司分享具体实践经验。活动现场，电信海安分公司搭建“5G+工业互联网”和“5G+智慧城市”应用体验、展示区，分别展示国际数据中心、“5G+边缘计算”“5G+智慧巡检”“5G+天翼云会”等相关应用场景，与会者现场体验参观5G应用。（史根生）

【电信】 2020年，电信海安分公司加快5G网络建设，实现主城区一期覆盖和核心地段、重要商圈、部分重点企业和学校深度覆盖，欧凯科技“智慧工厂”等“5G+”智能制造项目完成部署。按期完成市、镇两级区域治理现代化指挥中心平台和10个区镇镇级指挥中心功能设施配置建设，率先启动“平安乡村”项目建设，解决好“最后一公里”监控全覆盖问题。保障疫情期间各类指挥系统和通信网络安全畅通，完成疫情防控会议系统迁移、电路调度、摄像头安装等261次，服务各类调度会议26次，在高风险区域安装监控装置、通信设备8次，配合市大数据中心上线“口罩预约”模块，落实好疫情期间欠费免停免催、“翼填报”业务推介、疫情防控短信群发等工作，公司信息化推进中心、吴华分别被电信江苏公司表彰为疫情防控工作先进党员突击队、优秀共产党员。服务好企业复工复产，为53家企事业单位提供“天翼云会”远程会议支撑，在南通双弘纺织公司搭建全省首个“热成像体温筛查”系统，中央电视台《新闻联播》栏目进行专题报道。开设“天翼云课堂”，服务学校远程教学。

（电信海安分公司）

【移动】 2020年，移动海安分公司拥有营业服务网点275家，实现自然区镇一级网点服务全覆盖，服务个人客户超56万户、家庭宽带客户超23万户。推进数智化城市建设，加快智慧警务、热成像系统、智慧校园、“和易充”电动车充电、智慧公路、通扬河生态园区等民生项目建设。优化客户服务，建立集成交付体系，推动“网+云+DICT”发展。精准规划移动网络建设，实现5G网络城区连续覆盖、重点乡镇有覆盖，客户覆盖率50%，精品网格率100%；根据5G“C－RAN”组网规划，加强基础资源建设，完善配线光缆及分纤点部署；打造千兆宽带网络，结合GPON和10G“GPON”，实现千兆接入率99.18%；推进重点工业园区、企业网络预覆盖，有线网络光纤覆盖率100%。做好全网综合业务接入能力储备，全市互联网出口带宽600G，实现15G带宽进园区、企业，千兆带宽进家庭。（王智凤）

【联通】 2020年，联通海安分公司落实数字化转型要求，推进移固融合强牵引、零售渠道扩规模、线上超车再提速、5G迁转、创新小业务、压实企业微信运营等工作，实现线上转化率60%。与“江苏有限”联合开展促销近30场，驻店现场助销近50人次。签约教育、医疗卫生等行业多个ICT项目，总金额突破400万元。拓展应急管理局、环境保护局等重点单位移固网业务。（汪小雨）

专营专卖

【食盐经营】 2020年，江苏省盐业公司海安支公司实现盐斤销售1.67万吨，比上年减少16.92%；销售收入2048万元，比上年下降28.54%。做好食盐市场保供工作，优化调整品种结构，制定不同时节促销方案，拓宽销售渠道，启动“邮盐联合、商超收单”合作，利用邮政网络平台销售品种盐。加强学校食盐配供保供，与全市各中学、小学、幼儿园签订供货协议，确保校园食盐安全。学习启东、海门高端盐营销经验，推动高端盐销售。实施品牌战略，与传媒公司合作在市区人流量大的区域滚动播放中央电视台“淮盐”宣传视频，开展淮盐“三进”（进社区、进广场、进乡镇）宣传活动，提升“淮盐”品牌价值转化率。受疫情和外省市大包盐超低价格的影响，大包装工业盐和饲料盐销售大幅下跌，公司备足大包装盐库存，寻找上游供应商支持，关注市场动态保证市场占有率，稳保大包装盐销售渠道。加强盐业市场监管，配合海安市市场监督管理局参与市场协管400人次，检查农贸市场、农村商贸集散地20多个，食盐零售终端近1600家，学校食堂、餐饮店、食品加工企业（作坊）500多家，约谈涉盐经营户近200人次。协调查处涉盐违法案件22起，其中，协调立案查处8起、协调移送公安部门立案继续侦查1起，结案5起；案涉盐斤71.84吨，先行登记保存、扣押和封存各类涉嫌违规盐产品24.45吨；罚款到账人民币2.99万元。

（王　虹）

【烟草专卖】 2020年，南通市烟草公司海安分公司销售卷烟2.91万箱，与上年度基本持平，其中，重点品牌卷烟2.78万箱、细支烟2114.15箱。完成销售收入12.28亿元，比上年增长4.18%。加强烟草市场监管，强化物流寄递环节和电子烟监管，开展无证经营整治、中小学周边零售户清理行动、“卷烟背柜展示一条街”评优活动等，23户学校周边零售户办理主动搬离或注销手续，查处违法违规大户62户，其中，12户被依法取消经营资格，2户主动注销。查获各类卷烟违法案件345起，其中5万元以上案件34起。查扣各类牌号非法卷烟474.97万支，案值504.47万元，其中，涉假案件85起，涉案假冒卷烟16.30万支；涉私案件8起，涉案走私卷烟3.80万支。查获的各类案件数量、涉案卷烟、涉烟案值，分别比上年增长53.85%、430.62%、242.03%，均创历史同期最好水平。加快诚信互助小组建设，全市4347名客户加入诚信互助小组，实现全覆盖。推广“金丝利通·家·号”智慧店铺管理平台应用，累计建成“金丝利·通”店铺52家，非烟扫码占比50%、聚合支付占比40%，“金丝利·家”注册激活率100%、活跃客户占比60%以上。推进“文明吸烟环境靓丽工程”建设，建成文明吸烟环境布点243个。 （陈长斌）

【石油经营】 2020年，中国石化销售有限公司江苏南通海安石油分公司完成零售销售12.94万吨，比上年减少4.15%；非油品销售6437万元，比上年增长20.11%。完善网点基础设施建设，改造17座加油站双层罐，获政府奖励130万元；完成城北加油站开工建设相关手续办理；完成三丰加油站、城西加油站土地出让手续办理，并取得土地使用权证；完成三丰加油站工程规划许可证、市商务局加油站建设立项批文办理手续；完成新204国道服务区加油站土地证、市商务局加油站建设立项批文和规划许可证办理手续；完成16座加油站不动产权证名称变更手续。全年，加油（气）站安全无事故。 （韦　星）

中介服务

【劳务中介】 2020年，海安市拥有正常开展业务营业性人力资源中介机构13家，从业人员52人。全市人力资源中介机构服务用人单位120多家，服务1.1万人次，实现营业收入2000多万元。

（王　敏）

【房产中介】 2020年，海安市登记在录房产中介企业245家。办理存量房交易4944套，其中住宅4542套，面积60.56万平方米，比上年下降5.4%；成交面积51.29万平方米，比上年下降4.7%。 （陆金成）

【保安服务】 2020年，海安市保安集团有限公司注册资本由2000万元变更为5000万元，由市城建集团无偿划转市国有资本运营集团。市保安公司积极参与文明城市创建，组织1620人次参与公共停车管理，动用车辆56车（次），累计捕犬2115只。组织人员参加联动联勤联防300余趟、2000余人次，抽调5691人次参与临时执勤和大型活动保卫64次，其中跨市执勤3次。为129家单位提供人防服务，其中，党政机关46家、金融网点20家、企业单位63家。为全市22家金融单位、169个金融网点提供守押服务，全年押钞车行车100多万千米，未发生安全责任事故。 （吴　栋）

【广告监管】 2020年，海安市查处违法广告案件24起，其中互联网案件15起，罚没入库24.4万元。深化非法金融广告监管，妥善处理涉嫌发布非法集资诈骗广告2起，在全市所有农贸市场悬挂防范非法集资宣传横幅80余条，流动字幕20条播放6000多次，张贴海报160余张，发放宣传手册1500余份。查处房地产领域虚假违法广告、涉嫌违法广告8条，立案查处海安某房地产公司举办的“买商铺抽奔驰”活动并罚没入库10万元。监测涉疫情领域广告1.07万次，查处海安某商行虚假宣传销售“防肺炎口罩”口罩商品行为。加强户外大屏广告和小区电梯广告监管，实时监控766个小区电梯广告。 （李洁莲）

城乡建设

Urban and Rural Construction

中洋金砖酒店

HAIAN YEARBOOK 2021 海安年鉴

城乡规划

【概况】 2020年，海安市启动编制《海安市国土空间规划(2020—2035)》，多次召开国土空间规划专题对接会，完成前期调研、资料收集、专题研究和纲要论证等工作。出台《海安市村庄规划设计指导意见》，启动编制《海安市“多规合一”实用性村庄规划》，围绕209个行政村(包括海安农场)和1099个自然村，探索“多规合一”实用性村庄规划新路径。完成《海安市无障碍环境建设专项规划(2020—2035)》《海安市里下河金三角旅游度假区概念性规划》《海安市供电工程专项规划(2019—2030)》等专项规划编制8个。核发建设项目选址意见书58件、建设用地规划许可证291件、建设工程规划许可证579件、临时建设工程许可证120件、规划核实252件，出具设计要点358份、规划公示68份。

【规划管理】 2020年，海安市狠抓项目建设规划管理，严格把关项目规划审批，从源头上规范房地产开发行为。完成文晶雅居二期、河滨路南侧、新安路西侧地块(桃源里)、曲塘镇中心北街4号地块、环湖路东侧、东海大道北侧地块、明烨雅居、李堡镇锦灏华庭、大公镇商业综合体、白甸镇瓦甸住宅建筑、星澜都会花园、凤栖花园三期(暂定名)、院语江南、尊元里、广纳景悦学府规划设计方案等28宗房地产及服务业项目规划，完成海安市实验中学、海安外国语学校、人才路幼儿园、海安城南医院医养中心等社会事业及民生项目的规划服务工作。严格规范规划方案的审查报批、规划公示、初步设计审查、规划许可、放线定位、竣工核实等各个环节的运作。组织召开规划委员会预审会和规划委员会会议7次。

（顾　瑾）

新通扬河生态区建设

【概况】 新通扬河生态区位于海安市中心城区北部，东起通榆路，西至朝阳北路，南起新通扬运河，北至连申线，规划面积约7.1平方千米。2020年，新通扬河生态区围绕“北部宜居新城、绿色生态空间、文化传承社区”目标，加快“宜居、宜业、宜游”生态区建设，产城融合呈现新态势，北部新城雏形显现。生态区基础设施建设和产业布局框架基本形成，形成北部新城智慧城市规划及生态廊道智慧城市工程规划方案，构建城市大数据平台和综合服务能力智慧平台。骨干交通网络基本建成，广福路及生态廊道工程全线贯通，丹凤路至紫石路段整体具备初步景观效果，廊道内形成以莲花广场为中心的“一山一院一墓一塔两阁”(凤山、凤山书院、紫石墓、观光塔、碧霞阁、文昌阁)文化生态格局，其中，凤山、紫石墓、碧霞阁完成施工，凤山书院进行装饰施工，文昌阁桩基础施工，观光塔主结构建设完成。河道整治工程(龙江河、通海河、串场河)紫石路至广福路段流域整治完成，河岸绿化呈现初步景观效果。凤栖花苑、道教文化中心、海安外国语学校、大地幼儿园等重点工程建设加快。

【项目建设】 2020年，新通扬河生态区聚焦重点区域、重点产业、重点企业精准发力，新签项目、投资额均实现较大幅度增长，逐步形成“文旅+教育+N”产业集群。开展专题招商，结合生态区规划定位，海陵中学北校区、海安实验小学北校区签约入驻；注重大项目招商，碧桂园山河宸院高品质住宅、中骏世界城签约入驻。加快已签约项目建设，7月17日举行上海城隍庙海安道教文化中心暨崇福观开工典礼，9月27日举行海安外国语学校项目工程奠基仪式。海安外国语学校规划占地17.53公顷，总建筑面积15万平方米，总投资5亿元，规划建设高中部6轨、初中部10轨、小学部10轨、学前部6轨。全年，接待考察参观学习10多次，系列活动相继在《南通日报》等媒体上推出。

（瑞海集团）

海安市实施增绿、添花、造景工程，优良的生态环境吸引众多养蜂人追花放蜂采蜜，带动“甜蜜经济”发展。图为2020年3月23日，养蜂人在放蜂采蜜　　翟慧勇／摄

中心城区建设

【概况】 2020年，海安市实施城市建设重点工程139项，其中，城区道路交通工程项目16项，生态环境工程23项，园林绿化工程18项，市政公用配套基础设施工程9项，城乡污水一体化建设工程28项，文明城市、卫生城市创建10项，公共服务设施项目25项，房屋征收项目7项，安置房建设项目3项。海安获批国家无障碍环境示范市。

【海安创建全国无障碍环境示范城市】 2020年，海安市启动全国无障碍环境示范城市，是全省唯一获此殊荣的县级城市。市政府牵头成立无障碍工作领导小组，制定《海安市无障碍设施建设和管理办法》,系统调研排查全市无障碍设施,开展道路、公园、广场、公共建筑、医院、商场、福利及特殊机构、残疾人家庭、公共停车场等场所无障碍建设与改造。对100多处人行道及人行横道路口进行坡化改造。在新建、扩建和改建主要商业街、步行街等处设置盲道667处。改造公共建筑、医疗康复建筑、图书馆、交通设施、商场、服务营业网点等85处,除了设置基本的坡道、扶手、卫生间、电梯、停车位等无障碍设施外,市政务服务中心增设母婴室,市人社局、市图书馆等单位的无障碍卫生间增加紧急呼叫系统,市体育中心、文化艺术中心增设无障碍观影席位,市人民医院、银行等单位增加轮椅、爱心专座等设施,市人民法院新增无障碍升降平台,并在审判庭增设无障碍旁听席。完成无障碍信息交流软环境建设。9月29日,中国残联理事、中国盲人协会主席李庆忠率队到海安验收无障碍环境示范市创建工作,现场察看市人社局、铁路客运站、洋港路交叉口等处无障碍环境建设情况,对海安创建工作给予肯定。12月,海安市创建全国无障碍环境示范城市,进入公示阶段。

【交通畅通工程】 2020年,海安市进一步提升城区道路互联互通能力,打通"断头路",改造"瓶颈路",提升道路密度,完成闸东路、旺池路西延、曙光路西延、南海大道等5条道路建设。围绕缓解城市交通拥挤的矛盾,对6个小区周边道路"微循环"改造。实施洋港路、安平路、曙光东路街区整治工程,提升街区环境。

【亮化工程】 2020年,海安市消除照明设施隐患6947处,处理照明设施维护问题6711处,修复路灯接线井236处,其中,更换灯头125套、光源(包含镇流器、触发器、保险、灯泡等)4136套,城区补装损坏电缆3.54千米,更换步道灯900套、草坪灯200套、射树灯350套,亮化维修电缆1700米,更换护套线1500米,实现管护范围内城市照明设施亮灯率98%,重要节点、重要路段、重要时刻100%。新增亮化工程照明设施3.51万盏,电缆41.07千米。完成建设大厦、洋港河、人民广场、老通扬河、东洲公园、海陵公园六个亮化工程。

2020年海安市交通畅通工程建设情况表

表31

工程名称	起止点	长×宽(米)	总投资(万元)	建设进度
闸东路改造工程	朝阳路—海州花园	820×18	1637	竣工通车
旺池路西延改造工程	永安路—小焦港河东	440×16	1138	竣工通车
如海河景观道路南延工程	黄海大道—东海大道	1440×14	2394	竣工通车
南海大道改造工程	通榆路—中坝南路	1200×24	2800	竣工通车
	中坝南路—启扬高速	4600×21	3550	竣工通车
鑫来路北延工程	张池河—长江路	400×12	544	竣工通车

2020年海安市绿化工程建设情况表

表32

工程名称	起止点	总投资(万元)	建设进度
生态停车场工程	—	—	完工
街头绿地工程	—	873	完工
朝阳路改造绿化工程	—	788	完工
口袋公园工程	—	1172	完工
328国道城区绿化提升工程	—	729	完工
绿化苗圃工程	—	302	完工
黄海大道红星美凯龙节点及黄涵河绿化工程	—	197	完工
朝阳路西侧背景林工程	—	220	完工
如海河景观南延建设工程	黄海路—界河	330	完工
南海大道绿化提升工程	通榆路—中坝南路	300	完工
	中坝南路—启扬高速	2000	完工
宁海路绿化工程	曙光路—江海路	240	完工
串场河、通海河、龙江河沿河绿化工程	新通扬河—黄河路	—	完工
曹平河沿河绿化工程	328国道以北城区段	200	完工
废沟塘整治绿化工程	龙须沟、嘉华汽车城沟塘、迎宾路广汽三菱对面沟塘	700	完工
人民医院北侧老通扬河绿化工程	—	150	完工
人民广场出新提升工程	—	200	完工
随道路绿化建设工程	—	800	完工
城区空闲地块绿化增补工程	—	1000	完工

【绿化工程】 2020年,海安市实现建成区绿地面积13.10平方千米,建成区绿化覆盖面积14平方千米,绿地率

39.7%，绿化覆盖率41.29%，人均公园绿地面积14.25平方米，基本建成“10分钟绿地休闲圈”。推进第二次“现代、精致、增绿、便民”工程，实施城市“微空间”治理建设工程43.13万平方米，建设生态停车场50处、街头绿地122处、口袋公园23处、绿化苗圃9处。完成朝阳路西侧背景林工程、如海河景观南延建设工程、南海大道绿化提升工程等8条道路及7条河道两侧绿化工程。完善城区空闲地块绿化增补工程、3处废沟塘整治绿化工程。推进海安道路交通增绿护绿工程，对沈海高速海安、海安北道口等6个道口周边约2.33平方千米绿化地块进行“增绿”“护绿”提升。实施街区整治、干道美化工程，推进城区主次干道两侧31处有碍观瞻建筑整治、强弱电配套箱柜景观改造、30处绿化残缺整治；流转城中村地块208个，进行大面积“增绿”、高标准“建绿”、全方位“补绿”。

【生态环境工程】 2020年，海安市开展城镇污水处理提质增效精准攻坚“333”（消除城市黑臭水体、消除污水直排口、消除污水管网空白区，整治工业企业排水、整治“小散乱”排水、整治阳台和单位庭院排水，提升城镇污水处理综合能力、提升新建污水管网质量管控水平、提升污水管网检测修复和养护管理水平）行动，推进闸东路等污水管网改造及管网盲区覆盖工程、曹平河等河道生态综合整治工程、废弃沟塘整治工程建设，实施小焦港河、洋港河生态修复，完成11座污水提升泵站、65千米区域污水管网以及污水处理厂提标改造、环境提升、尾水湿地工程建设。实施洋港南路、曙光东路、安平路街区治理，解决道路畅通、杆线入地、雨污水混接等问题，规范店招店牌，治理油烟排放，打造生态文明街区。

2020年海安市生态环境工程建设情况表

表33

工程名称		起止点	长×宽（米）	总投资（万元）	建设进度
河道生态综合整治工程		曹平河（红光河—界河段）	—	1600	完工
		小焦港河（安平路—黄海路段）	—	500	完工
废弃沟塘整治工程		龙须沟	430×15	120	完工
城区活水畅流工程		城区	—	5000	完工
污水管网盲区覆盖建设工程	闸东路	朝阳路—草坝路	1300	260	完工
	旺池路西延	永安路—小焦港河	440	90	完工
	曙光东路	凤山路—江海支路	627	125	完工
	曙光西路	海光西路—长江西路	340×445	154	完工
	芙蓉路	宁海路—翻身河	367	73.4	完工
	牡丹路	宁海路—翻身河	368	73.6	完工
	黄海大道	通榆路—翻身河段	402	80	完工
	新华路北侧	新华农贸市场东侧	100	20	完工
	永安路东侧	华府天地—长江路	890	178	完工
	江海西路北侧	老农电站西侧—小刘港	200	40	完工
	中坝北路	新华路—人民路侧	500	100	完工
河道生态修复续建工程		城区河道	—	1500	完工

【市政设施维护管理】 2020年，海安市维护护栏568节1729米，收取护栏修复费51.2万元。办理破路挖掘审批26起，收取破路挖掘费26.25万元，新增护栏545节1678米。复新城区24条主次干道标志、标线约3万平方米，清除标线1700平方米，对长江路、黄海路、永安路交通标志牌覆膜约587平方米，新增交通指示牌29处。疏通雨水主管道99千米、支管道41千米，清通雨箅子1.12万个，清淤2150立方米，实施管道影像检测12千米。 （陆金成）

◆ 附

海安市城建开发投资集团有限公司

海安市城建开发投资集团有限公司（简称市城建集团）位于海安市中坝南路12号，成立于2002年3月26日，是海安市政府直属国有企业，主要从事市政公用基础设施的投资、建设、维护、运营，房地产业、园林绿化工程、路灯照明工程等业务。2020年，市城建集团实现经营收入3.44亿元，入库税金4583.21万元，净利润1183.52万元。

实施重点工程358项，年度工程竣工率96%。完成闸东路、洋港路、旺池西路、曙光东路、南海大道、泓景路南延、鑫来路续建等10项重点市政道路工程以及交安设施工程。首次组织实施城乡交通重点工程建设，完成226省道绿色通道建设、老328国道绿化提升、353省道亮化、国省干线道口优化提升（204国道）、农村公路桥梁建设、县乡道大中修6项代建重点交通工程，完成新长铁路平改立通道（老五坝）、海安火车站出站通道改造、北三环下穿盐通高铁通道3项集团经营性投资工程。实现绿化经营性生产总值8843万元，其中绿化工程项目建设1610万元，完成城区210块微空间治理工程（街头绿地104个，苗圃7个，小游园20个，生态停车场79个）、56项城区零星移植工程以及安平路街头绿地整治、宁海路绿化提升等6项重点工程。完成老通榆路、人民广场、海陵公园、建设大厦等6个景观亮化工程，完成中坝南路路灯灯具更换工程等道路照明工程21项。

稳步开拓各项业务，培育新的效

益增长点。特色苗圃基本形成，种植四川桂花、美国红枫等约3万株，新增苗圃138.2亩，配合各项工程完成苗木出圃3000余株，8个苗圃基地正常运作，苏中规模最大、品种最全的彩叶苗木基地基本形成，先后接待考察团20余批次400多人。做好城区试点停车场、道路泊位收费的运营保障工作，完成新华路、新世纪广场两侧等5条道路临时泊位的地磁设备安装以及贵都大厦东侧、人民中路等6个停车场的无人值守升级改造，火车站、人民广场地下停车场设备提升改造、如意紫都商圈等13个停车场数据信息接入智慧停车平台工作有序推进，至年底，7个停车场或路段被纳入智慧停车收费管理。与江苏天鹏科技有限公司合作实施建筑装修垃圾处置项目，一期配套设施工程建设竣工并于6月运营，实现垃圾日处置量250吨、95标砖日产量5万砖，二期工程加快推进。蚕源种业基地被省农业厅评为江苏特色优势种苗中心，9栋钢结构蚕室及周边配套设施建成投入使用，总投资7000万元的蚕种繁育基地项目立项工作有序推进，完成720亩专用桑园的划区分片管理，完成春期原种生产1800张、秋期一代杂交种实际生产1.87张。房地产建设板块项目再提速，完成上湖项目的建设规划、设计、施工方案，注册成立富城项目合作公司，竞拍滨海新区商业宗地一块，完成原房管所及海阳房地产公司直管公房的资产清算和人员清算工作。拓展金融板块业务，12月30日，南通通融商业保理有限公司经江苏省地方金融监督管理局批准正式成立，这是苏北、苏中地区县级城市中首家获批成立的商业保理公司。实施为民办实事工程，以融资租赁形式采购新能源公交车108辆，其中，报废更新78辆、线路优化新增30辆。（储华嵘）

乡村建设

【概况】 2020年是决胜全面建成小康社会、决战脱贫攻坚的关键之年，海安全力夯实低收入人口稳定脱贫基础，持续增强经济薄弱村的发展能力，探索多元化解决相对贫困的路子，被确定为"1+6"省级建立解决相对贫困长效机制试点单位。稳步推进农村产权交易，全面完成省农村集体产权制度改革试点工作，所有村成立股份经济合作社。壮大村级经济综合实力，完成村营收入2.44亿元，继续推进"百企联百村 共走振兴路"行动，加快启动实施联建项目。加强农村集体资产清产核资成果应用，健全农村集体资产管理制度，建成农村集体资产大数据库。开展承包地确权登记"回头看"工作，推动确权信息变更规范化、常态化，土地确权颁证率99.1%。按照"城镇建设管理杯"考核要求，推进城镇、园区区间路改造建设、公园绿地建设、休闲游园建设，以及教育、医疗、文化等社会事业设施建设，提高基本公共服务水平。规范农房管理，市农业农村局、市自然资源和规划局排查农村违法侵占耕地建房和农村房地一体确权发证工作，宣传农村建房"八不准"（不准占用永久基本农田建房、不准强占多占耕地建房、不准买卖流转耕地违法建房、不准在承包地上违法建房、不准巧立名目违法占用耕地建房、不准违反一户一宅规定占用耕地建房、不准非法出售占用耕地建的房屋、不准违法审批占用耕地建房），做好农村土地承包经营权不动产成果移交准备工作。（石锦元）

【海安获评省级建立解决相对贫困长效机制试点县】 2020年，海安市被确定为"1+6"省级建立解决相对贫困长效机制试点单位，南通唯一，获试点扶持资金700万元。南通市两轮扶持经济薄弱村65个，每年增加村营收入1100万元；启动第三批南通市强村"加油站"项目建设，滨海新区和李堡镇加油站经南通市商务局批准并公示；海安将资金入股强村"加油站"项目，每年50万元收益用于支持全市排名后10位的经济薄弱村，持续提升村集体经济发展后劲。全市8372户13804名建档立卡低收入人口实现市定标准7000元和"两不愁三保障"全覆盖，13个市定经济薄弱村经营性收入全部超过50万元，黄桥革命老区52个村村营收入和低收入人口与全市同步达标。全面建立防止返贫监测和帮扶机制，109户脱贫不稳定户和61户边缘易致贫户返贫致贫风险得到有效消除。市农业农村局臧忠获全省脱贫致富奖，南通唯一。省政府参事室、省政府扶贫办多次到海安调研，广东省扶贫办、南京市扶贫办相继组织人员到海安学习交流。（杨　东）

【海安农村集体产权制度改革试点工作通过省级验收】 2018年，海安市被列为江苏省农村集体产权制度改革试点市，全省仅14家。市委、市政府高度重视，在全市209个村强力推进集体产权制度改革，规范开展清产核资、成员身

2020年，海安被确定为省级建立解决相对贫困长效机制试点县，城东镇壮志村大力发展花卉产业，扮靓乡村的同时助力农民增收。图为2020年8月25日，花农在花卉基地内整理即将出售的盆栽花卉　　翟慧勇／摄

份界定、折股量化资产、成立村股份经济合作社、办理登记赋码等工作。2019年，全市所有村均完成改革，成立村股份经济合作社，发放“农村村集体经济组织登记证”。2020年，按照省农业农村厅要求，将村集体经济组织信息和集体经济组织成员信息全部录入省农村产权交易信息服务平台。是年11月，海安市农村集体产权制度改革工作通过省农业农村厅检查验收。全市量化资产总额16.30亿元，成立村股份经济合作社209个，成员24.68万户75.56万人。

【村集体经济发展】 至2020年年底，海安市成立村股份经济合作社209个，成员24.68万户75.56万人。完成村营收入2.44亿元，比上年增长18.36%；实现村营收入50万元全覆盖，96个村超过100万元，占村总数的45.71%。加大二、三产业项目招引力度，2832个项目实现税收，奖励到村5177.98万元，比上年增长40.34%。推进村集体经济组织银行开户工作，将村组集体资金划入各村账户，由开户行提供理财服务，各村增加利息收入2856万元。10个村承担的省财政扶持村级集体经济项目如期完成，9个项目取得效益。“百企联百村 共走振兴路”行动取得初步成效，209个村开展村企联建行动，村企联建100%，登记合作项目220个，经省确认已启动的项目159个，城东镇壮志康养小镇项目、南莫镇林庙村荷藕观光项目、隆政街道花香海北项目入选南通市“千企联千村、共走振兴路”行动典型案例，其中，城东镇壮志村康养小镇项目被列入省第二批典型案例。南京农业大学、南京林业大学、扬州大学等高校先后到海安调研村级集体经济发展情况。 （周国平）

【农村产权交易改革】 2020年，海安市推进农村产权交易改革，成交标段890个，成交总金额3.53亿元，溢价金额404万元，涉及农村集体经营性资产、农户承包地经营权、农村养殖水面经营权、农业生产设施设备、小型水利设施、涉农资金项目、林权、海域使用权八大类。农村土地经营权抵押贷款累计完成116笔，贷款金额7.29亿元，涉及承包土地4.4万亩。全面推广农村产权线上交易，全年成交线上交易73笔，成交总金额4763万元。7月24日，海安市首笔农村产权线上交易项目——大公镇常河村8、9、24、25、26组土地规模流转项目在大公镇农村产权交易中心成交，项目涉及土地257.08亩，成交总金额20.5万元，溢价率15%。 （孙宝潭）

【美丽乡村建设】 2020年，海安市人居环境考核列南通市第一，率先通过全省人居环境建设调度销号。在白甸、曲塘等镇开展全域垃圾分类试点工作，实现行政村农村生活垃圾集中收运处理全覆盖。开展农村“厕所革命”，新建农村卫生户厕1.11万座、乡村旅游厕所12座、农村公共厕所68座，所有行政村的厕所粪污得到处理或资源化利用。提档升级农村垃圾设施，改造村级垃圾中转房（点）200座，购置垃圾转运桶3.5万只、垃圾转运车辆210辆。新建小型村庄污水处理设施33个，分散式生态化处理设施632个，行政村污水处理覆盖率100%。完成畜禽规模养殖场污染治理41家，组织13家企业实施“整县推进畜禽粪污治理项目”。畜禽规模养殖场污染治理率、规模养殖场粪污处理设施配套率均为100%，畜禽粪污综合利用率93%以上。建设改造农药包装废弃物回收点150家，回收率184.16%，处置率100%。建设改造废旧农膜回收点15家，回收率88.33%。秸秆综合利用率95%，还田率60%。开展“四清四化”村庄清洁行动，环境“整洁村”复查验收率100%。新建美丽农路10条，实施路田路宅分隔751千米，实现行政村内主要道路绿化、硬化全覆盖，新增省级绿美村庄8个。按照“生态优、村庄美、产业特、农民富、集体强、乡风好”要求，培育特色产业明显、生态环境优美、居住相对集中的特色田园乡村，滨海新区汤灶村、大公镇于坝村、墩头镇仇湖村入围南通市第二批特色田园乡村试点名录，累计入围6个。大公镇获评国家卫生镇。累计创建省级生态文明建设示范镇9个、示范村11个；省级健康镇2个、健康村（社区）16个。 （乔爱华）

【小城镇建设】 2020年，海安市曲塘镇国恒品悦酒店开业、香溢花城城市综合体竣工、西桥美食街项目封顶，墩头镇便民服务中心启动规划设计，墩头镇、雅周镇派出所三合一项目竣工，滨海新区家具邻里中心商业综合体、李堡镇万隆广场等项目先后交付使用。大公镇农贸市场综合体、白甸镇甸上云庐项目开工建设，滨海新区新城学校和供电培训中心项目启动，李堡镇新区幼儿园开园，大公镇明福健康、白甸镇甸上小城养老项目竣工，雅周镇中心卫生院综合楼竣工交付使用。 （陆金成）

房地产业

【概况】 2020年，海安有房地产开发项目数109个。实现房地产开发投资额76.36亿元，比上年下降19.4%，其中住宅60.92亿元，比上年下降6.3%。商品房施工面积525.08万平方米，比上年下降10.6%，其中住宅374.42万平方米，比上年下降12%；商品房竣工面积119.73万平方米，比上年增长12.3%，其中住宅70.61万平方米，比上年下降7.4%；实现商品房销售额128.56亿元，比上年下降1.2%，其中住宅119.19亿元，比上年增长1.98%。商品房成交均价每平方米9740元，其中住宅成交均价每平方米9856元。

【房地产市场监管】 2020年，海安市拥有开发资质的房地产开发企业58家，其中，一级资质4家、二级资质40家、三级资质14家。出台《海安市商品房预售资金保函业务实施细则（试行）》《海安市新建成品住宅室内装修管理办法》，防范和化解房地产市场风险，保护购房户合法权益。加强房地产销售行为管理，组织房地产市场乱象专项治理检查，主要检查投机炒房行为、房产企业违法违规行为、房产经济机构违法违规行为、房产虚假广告等，对发现违规行为的责令限时整改，对拒不整改的，暂停其网上签约资格。全年，核发预售许可证56份，批准预售商品房面积123.24万平方米。加强商品房预售资金监管，有效监管银行13家、商品房291幢2.63万套291万平方米、入账金额123亿元。市住建局等相关部门联合验收房产项目11个，总面积79万平方米，其中住宅55万平方米。

做好商品房合同备案工作，备案商品房9727套，面积123.58万平方米。

【房地产交易管理】 2020年，海安市房产交易数据与不动产登记数据实现实时同步共享。商品房网上合同备案9440宗（9727套），面积123.58万平方米，合同备案变更129宗，合同备案撤销206宗。商品房交易备案6527件，面积86.3万平方米。个人存量房交易备案4302件，面积50.65万平方米；单位存量房交易备案100件，面积4.45万平方米。租赁登记备案403件，面积4.57万平方米。拍卖房产备案92件，登记面积1.07万平方米。保障房安置补偿协议备案1176件，面积21.66万平方米；拆迁安置房交易备案37件，面积4988平方米。商品房预测绘成果审核53件，面积160.31万平方米。商品房现场查勘及实测绘成果审核33件，面积122.44万平方米。商品房实测数据导入交易备案系统，完善楼盘表140幢。工业项目测绘成果审核备案307件，面积327.9万平方米。个人自建房面积测绘成果复核52件，面积7.58万平方米。（陆金成）

工程建设管理

【概况】 2020年，海安市加强建筑工程施工图审查、施工合同备案、工程质量监督、消防审查验收、档案服务等，保障项目建设需要。受理施工图审查项目数328个，办理勘察设计合同备案579件，发布造价信息12期，办理质监先期介入38件、质监申报256件，组织质量抽查847次，监督竣工验收244次，受理消防竣工验收、竣工验收备案142件，出具建设工程消防验收意见书139份，消防验收备案凭证248份。受理涉及建筑工程方面的信访件400余件（次），按时办结“12345”政府服务热线、网络舆情问题1485件。开展工程质量安全提升三年行动，规范预拌混凝土、预拌砂浆、预制构件企业及建设工地现场用砂管理，加强工程质量检测监管。成立城镇燃气、城市地下管网、市政工程、危险房屋等四个专项整治领导小组，组织安全生产大检查30次，发现安全生产隐患470余项，核定现场安全文明措施费考评费850份，住建系统安全生产稳定可控。

【城建档案管理】 2020年，海安市城建档案馆接收建筑工程档案287项、市政重点工程6项，入库3865卷；新增村镇建设档案3.07万卷。接待查档人员721人次，提供档案4300多卷次。修改完善档案管理系统，维护、维修、更新硬件设备，开展馆藏存量档案数字化工作，加快数字档案馆建设，接收新建工程电子档案3900多卷。市住建局获评全省城建档案管理工作先进单位。（陆金成）

【政府投资项目工程建设】 2020年，海安市政府投资项目工程建设中心承建工程项目35项，其中，竣工15项、在建16项、前期阶段4项，总投资约13.54亿元，建筑面积约29.43万平方米。应急指挥中心、城南派出所业务用房及办案中心、长江路小学二期、第二实验幼儿园改扩建等十项重点工程按期交付使用，中医院急救中心、人民医院南莫分院、金融服务中心、省海中东扩三期等工程有序推进。发挥政府投资工程示范引领作用，建设政府投资工程阳光防范体系，统筹政府投资工程质量、安全、进度、投资、廉洁五项控制，推进装配式建筑、BIM数字技术等新型建造方式和技术运用，中医院、城南派出所项目推行EPC工程总承包，实验小学改扩建工程试验采用评定分离方式定标，实验中学等两项工程推行智慧工地建设。竣工项目一次性验收合格率100%，其中，党校综合楼工程获评江苏省建筑施工标准一星级工地、南通市优质结构奖，省海中东扩三期工程获评南通市建筑施工标准一星级工地、南通市优质结构奖。严格执行“招标投标法”“招标投标法实施条例”等政策性文件，依法招标，强化过程监督。完善工程建设投资控制管理，通过招投标节减投资7300万元；通过优化设计、方案对比等节省资金234万元；通过源头控制、过程管控，规范化管理工程变更，平均变更率1.94%。加强安全生产监督管理，建设中心与建设单位共同履行安全管理责任，除现场工程师日常检查、安全管理小组每周检查外，每月组织2次专项检查，从人员到位、持证上岗、资料完备、设施配备以及隐患排查等方面推动落实施工、监理单位现场安全管理责任。安全生产“百日行动”期间，检查发现安全隐患440项，发出整改通知单257份，涉及安全生产违约处罚32项，累计1.73万元，隐患整改完成率100%。（吴　鹏）

城市管理

【概况】 2020年，海安市坚持网格化、精细化、智能化管理，推进城市综合执法改革、城市环境综合整治，创建全国文明城市、国家卫生城市。按照街区管理体制机制优化工作的总体部署，出台《城管执法力量下沉改革工作意见》，将各区域中队执法力量下沉至各街道，整合做好街道范围内的城市建设管理相关工作。建立健全城市管理公众参与机制，倡导城市管理志愿服务，探索“城管+社区”“城管+商户”“城管+物业”等共建共治共享模式，打造“城管开放日”“户外清洁日”志愿服务品牌。7月12日，第六届“户外清洁日”大型户外公益环保活动在市文化艺术中心广场启动，市城管局、海安街道各社区以及环保志愿者等近500人参加活动，组织志愿者做好路面清洁、捡拾烟头和白色垃圾，活动现场范围包含法制广场、慈善广场、泰宁市场、资丰市场、中坝路、江海路、安平路区域。疫情期间，市城管局组建垃圾清运突击队，整治活禽摊点、非法经营野生动物摊点，督促指导物业服务企业开展联防联控、防控宣传、消毒杀菌以及物业管理区域卫生环境维护。

【市容管理】 2020年，海安市实施精细化市容管理，继续落实“门前五包”市容环卫责任区制度，制定星级评比、“红黑榜”、信用积分管理等办法，推动商户自觉履责。推行“路长制”，实现“路长治”。持续开展非机动车、非法小广告、店外占道经营专项整治行动，累计暂扣非机动车2040辆次，对城区非机动停车位进行划线、复线约10万米，规范主次干道沿线店牌店招。实施“智慧停车”二期工程，四个停车场进行无人值守改造，建设智能化停车管理信息系统，开展错峰停车及车位共享服务，有效缓解城市停车压力。7月28日起，路牙以下222个停车泊位进行收费管理。探索“非接触性”执法，实施“摊点安家”工程。完善违建治理规章制度，健全长效管理工作机制，实施违法建设失信行为联合惩戒措施，实现“一处失信、处处受限”的信用惩戒格局，实现新增违建“零增长”、存量违建逐步清零。全年，拆除主城区违法建设277处，面积近1.4万平方米，申报南通市无违建社区1个、无违建小区5个。

【城市“微治理”】 2020年，海安市持续推进城市“微治理”，完成126个老旧小区“蜘蛛网”整治，20个城中村、18个老旧小区整治和50个老旧小区雨污分流改造工程。提档升级10家城区农贸市场。试点实施开发区酒厂、安装公司太阳能热水器落水管规整项目。推动19个小区建设地面电动车集中充电车棚89处，在吉祥水岸试点建设电动车禁入电梯系统。

【垃圾分类】 2020年，海安市深入开展垃圾分类，城区生活垃圾分类投放设施覆盖率99%，崇德华府、安康小区、如意紫都、清水园等10个小区试点“撤桶并点、定时定点”垃圾分类投放管理模式，创新开展“扔垃圾、赚积分、兑现金、兑礼品”、垃圾分类“超市”等活动，营造垃圾分类新风尚。5月9日，以“垃圾不落地，城市更美丽”为主题的海安市“决战全国文明城市创建·我们在冲刺”活动在如意紫都广场启动。9月8—9日，南通市垃圾分类集中处理现场观摩培训会在海安召开，会议观摩如意紫都、海州阳光城、海安天楹等示范工程项目，海安累计投入5.5亿元，建成生活垃圾、建筑垃圾、装修垃圾、餐厨废弃物、畜禽粪便、大件垃圾破碎、可回收物分拣、飞灰等离子体熔融等处置终端。建设全密闭智能建筑垃圾运输车辆监管平台，密闭化改装城区渣土运输车辆150辆。主城区建筑装潢垃圾实行定点投放、统一收运，推进终端资源化利用处置。推进农村生活垃圾分类，白甸镇、曲塘镇全域实施生活垃圾分类。

【公厕管理】 2020年，海安市深化“公厕革命”，编制《海安市公厕专项规划》，开发公厕评价系统，完成恒天东巷公厕改造和旺池西路成品公厕安装。继续推进“厕所联盟”，先后15家党政机关单位、19家沿街单位厕所对外开放。建立完善指引服务系统，在城区主干道两侧每隔500米位置设置公厕导向标识，同时将公厕的位置、坐标信息制作成电子地图，在“我的海安”APP上新增“找公厕”功能，与“高德地图”合作，将海安公厕以及联盟开放厕所信息对接导入，做到线上“一线寻厕”。67座农村公厕竣工。

【物业管理】 2020年6月5日，海安市召开物业行业党建工作现场推进会，会议上宣读“关于同意成立中共海安市物业行业委员会的批复”，举行市物业行业党委揭牌仪式。健全完善党建引领物业行业管理的联动机制，探索实施党建引领、行业强指导、街区抓全面、企业当主力、居民须自治的“1+4”管理模式，打造“红色物业”住宅小区品牌，形成社区物业共治“海安样本”。创新“四联四新”物业工作法，金水湾公馆（江苏中杰物业管理有限公司）获评江苏省省级示范物业管理项目，金水湾公馆、恒盛新座（海安瑞海物业管理有限公司）获评南通市示范物业管理项目。（王宇洋）

至2020年，海安市提档升级10家城区农贸市场，将曾经的“卫生死角”改造为“文明窗口”。图为改造升级后的新华农贸市场　顾华夏／摄

◆ 链接

“红色管家”助力基层网格建设

习近平总书记多次强调，要把加强基层党的建设、巩固党的执政基础作为贯穿社会治理和基层建设的一条红线。近年来，江苏海安市紧密结合物业行业特点，坚持以党建为引领，以问题为导向，以人民为中心，把物业行业党委、物业企业党支部、业委会党支部作为党建工作监管主体，将党建工作融入小区治理工作中，探索出一条以“红色管家”助力推动基层治理网格化建设“三联三新”的创新实践，带动基层社会治理取得实效。

联合社区党委，夯实城市治理新根基。加强党建引领下的基层社会治理创新，是推进国家治理体系和治理能力现代化的重要内容。海安市组建物业行业党委，召开行业协会成立大会，创建形成党建引领物业管理实施办法，一方面加强行业自律管理，另一方面联合社区党委，打通社会治理的“神经末梢”。社区内各个小区原本在组织上互不隶属、行政上互不关联、管理上条块分割，而物业行业党委犹如一个“红色大管家”，以社区党委为核心，将原先一个个“孤岛”串联成高地，统筹政府部门单位和辖区企业资源力量，为居民做好事、解难事、办实事，服务功能得到有效提升。此次疫情防控期间，海安市通过统筹全市机关部门和各个社区党委力量，抽调志愿者充实到老旧小区协助开展疫情防控工作，一线社区防控工作取得良好实效。通过深入开展制度完善、创先争优等活动，物业行业党委不断强化对物业企业和业主委员会的政治引领，夯实根基，推动形成社区治理合力。

联系物业党组织，打造“红色管家”新模式。加快推进物业行业党组织建设，加强党对物业行业的领导、指导和监督，不断健全完善物业行业党组织体系。充分运用鼓励建立、联合组建、挂靠组建、派驻帮建等方式，在全市范围内广泛推动物业企业成立党支部，加强物业服务企业党组织建设，促使物业服务企业焕发党建组织活力。同时，充分发挥物业行业底子清、基础熟的优势，将物业管理队伍作为基层网格化建设的重要力量，市财政对物业管理行业从业人员参照网格化队伍标准给予适当补贴，在人口基础数据排查、邻里矛盾化解等基层治理各个领域发挥了重要作用。海安市镇南办事处以奥体尚府小区为试点，在邻里党建、邻里党支部建设上先行先试，成立“连心桥”邻里党小组，为小区180多名党员业主挂上“共产党员户”牌子，设立党员服务示范岗和党员责任区，建设“红色管家”党群示范服务阵地，创建“红色管家”示范团队，通过党员“亮牌”服务，充分发挥党员先锋模范作用，提高党员参与小区治理的主动性和积极性。

联心小区业委会，共建和谐美丽新家园。业主委员会党支部的建立，推动党的组织和工作在物业行业实现有形有效覆盖。通过教育培训、规范业委会组建或改选工作的方式，实行物业企业、业主委员会、社区“两委”成员通过一定方式“双向进入、交叉任职”，增强业委会成员的公共责任意识、小区管理意识和民主监督意识，提升业委会成员参与小区管理的主动性和自觉性，增强业主委员会自治管理能力，形成良性互动，共建和谐小区。2019年10月，中大街小区改选业主委员会并成立党支部，坚持以党建引领作为根本保障，推进“组织联建、事物联议、阵地联用、资源共享、工作共管、责任共担”的管理机制，加强物业管理党组织建设，通过将“红色管家”融入社区治理，成功将该小区从一个物业失管小区改造成了物管示范小区，居民好评如潮。

通过“红色管家”党建引领，海安市形成了行业监管更加有力、运行机制更加科学、管理服务更加规范、人居环境更加舒适和谐的物业行业管理服务新格局，推动形成了社区治理合力。预计到2020年年底，市区内符合条件的物业企业和业主委员会将全部建立党组织，不符合建立党组织条件的全部选派党建工作指导员；新成立或换届的业委会成员中，党员占比将达到50%以上。通过扩大党的组织覆盖和工作覆盖，使党建对物业管理的引领作用更加凸显。

治国安邦，重在基层；管党治党，重在基础。党的十九届四中全会对“构建基层社会治理新格局”提出了明确要求，为新时代推进基层社会治理现代化提供了遵循、指明了方向。海安市将持续以人民群众满意为目标，将基层党建工作作为城市治理和网格化建设的突破口和着力点，全力培育“红色管家”党建引领、全力提升物业服务品质，持续推进城市人居环境有效改善，完善社会治理能力和治理体系现代化建设。（《中国改革报》2020年7月13日　于立忠）

供　排　水

【概况】 2020年，海安市实现供水总量6379.90万立方米，售水量5147.64万立方米，售水收入1.35亿元。新增用户1.14万户，累计43.47万户。水质综合合格率继续保持100%。实施老旧管网精准改造120千米，户表改造8700余户，周期表更换8800户。多举措畅通排水管网，实施北三环路等排水改造工程，新建、扩建排涝泵站2座；整治城区易涝点23处；汛前，疏通、清叶、清淤管道336千米，清掏阴井9812座，排查破损点1016个，清理淤泥6250立方米；结合老旧小区雨污分流，实施小区阳台排水整治。实现污水处理1705万吨，接到污水处理厂的管网长度88.4千米，接到污水处理设施长度35.8千米。市城镇污水处理厂尾水生态湿地项目获批中央环保专项资金1825万元，获评省生态环境厅先行示范工程。

【安全供水】 2020年，海安市提升水质检测中心检验能力，实施92项生活饮用水水质检验项目、33项工艺检验项目，扩展水表检定口径，各增压泵站完成次氯酸钠消毒系统升级，如东至海安清水连通工程交付使用。加快重点供水工程建设，长江三期引水续建工程及鹏鹞水厂深度处理工程海安境完成施工，净水厂三期工程开工建设，东部片区供水能力提升改造工程试运行，安达公馆等10个高层小区二次供水改造工程全面竣工，李堡泵站设备调试、三里闸应急水源地一级保护区综合整治工程有序推进。

【污水处理】 2020年，海安市完成《海安市城乡污水处理一体化专项规划》编制，明确城区外侧重于污水处理设施的布局与联通，城区内侧重于提质增效。实施11座污水提升泵站、65千米区域联通污水管网以及污水处理厂提标改造、环境提升、尾水湿地建设工程，兼并回购污水处理厂8座、配套提升泵站39座及污水管网386千米，海安恒泽水务有限公司进入收购扫尾阶段，初步实现城乡污水处理设施建设、运行、管理的一体化。开展“十个必接”（机关、学校、医院、集中居住小区、非化工的工业集中区、农贸市场、垃圾中转站、宾馆、饭店和浴室必接污水管网），7座污水厂实现并网处置，12座城乡污水处理厂运行正常，573家单位完成污水接管，新增城乡污水配套管网106千米，城市污水集中处理率近90%，实现一级A标排放。先行探索村居集中式生活污水处理设施运行，与滨海新区签订14座设施运行维护合同，村庄污水集中处理率稳步提升；新建村庄污水处理设施33个，累计建成210个，实现行政村所在地村庄全覆盖；完成分散式农户生活污水治理800户，推进2个分散式农户污水处理示范点建设。抓好水生态修复，实施污水管网盲区覆盖提升工程，新建乡镇集中治污管网10千米；排查排污管网307千米，整改排水管网260千米，累计修复结构性缺陷780处、功能性缺陷280处；强化污水厂运管技术改造，探索“四个不同”（不同污水类型、进水规模、进水水质、工艺水平）污水治理办法，推进生态安全缓冲区建设，持续改善尾水水质；城北污水处理厂事故调节池建成，四大畜禽粪便处理中心完成改造，总投资1.39亿元，占地面积4.12公顷的固废处置中心项目立项；19个污水处理

厂完成技术升级；排水监控中心投入使用，所有污水处理设施、污水管网实现大数据动态跟踪监管。（葛乃琴）

供　电

【概况】2020年，海安市完成全社会用电量59.64亿千瓦时，比上年增长5.3%。第一产业用电量1.11亿千瓦时，比上年增长7.9%；第二产业用电量45.22亿千瓦时，比上年增长5.5%，其中工业用电量44.70亿千瓦时，比上年增长5.6%；第三产业用电量5.95亿千瓦时，比上年增长1.8%。城乡居民生活用电量7.36亿千瓦时，比上年增长6.4%。供电量55.71亿千瓦时，比上年增长5.81%。售电量54.08亿千瓦时，比上年增长5.63%。最高用电负荷102.36万千瓦，比上年增长6.56%。线损率2.94%，比上年增长0.17%。

【电网建设】2020年，海安市实施电网主网项目7个，总投资1.24亿元。110千伏紫石输变电工程、110千伏曲塘变电站改造工程及35千伏送出工程、110千伏腰庄变电站2号主变扩建工程、110千伏紫石输变电工程10千伏配套出线工程5个项目建成投运。220千伏赤岸输变电工程、110千伏大公输变电工程2个项目开工。110千伏紫石输变电工程总投资6898万元，建成投运后服务于高新区新通扬河生态区用电，同时解决35千伏丹凤变、泰宁变重载问题，新建变电站于6月10日投运。110千伏曲塘变电站改造工程总投资1807万元，完善110千伏配电装置接线方式，解决设备老化、运行年限长的问题，10月10日投运。110千伏腰庄变电站2号主变扩建工程总投资656万元，更换主变，增加主变容量，增强腰庄变供电能力，5月12日投运。110千伏紫石输变电工程10千伏配套出线工程总投资2582万元，新建13条10千伏出线，总长7.8千米，12月投运；35千伏丹凤变10千伏出线全部切改至紫石变，运行34年的35千伏丹凤变于12月停运。实施配网项目357个，总投资1.36亿元，新建配网线路23条，总长度167.29千米。配网工程建设主要为变电站新出线路向各区镇工业区、项目集中区延伸，完善配网主网架，重点解决部分线路超长、超供、超重载等问题，确保项目落地后电力有效供应。实施农网项目1432个，总投资0.91亿元，新增改造农网线路620条，总长度569.27千米。实施业扩配套项目332个，总投资2502万元。科创园、东部家具园、台商产业园、白甸镇人民政府牧原项目、捷安特轻合金科技（海安）有限公司、南通理工科创有限公司、海安市嘉禾化纤有限公司等重点工程均完成供电。

【电力服务】2020年，海安市供电公司推广不停电作业，通过开展计划停电、故障停电到户预判分析，实现主动抢修，最大限度减少停电时间和次数，实施带电作业次数2247次，涉及295条线路，减少停电时户数13.42万时户。疫情期间，重点巡检保电线路12条，专项巡检重点医院和医材企业，消除隐患10处。优化电力营商环境，加强业扩工程管控，简化用电报装流程，对满足开放条件的10（20）千伏业扩项目实施“先接入后改造”。推进客户端用电安全管理，检测电力用户2456户。落实《国网江苏省电力有限公司关于落实疫情防控期间临时性涉电价格扶持政策的通知》要求，减少用户电费支出4855.08万元。开展老旧小区电线私拉乱接专项排查整治，开展用户危化品专项安全检查，完成中考、高考以及重大政治活动保电30余次。（唐玉婷）

供　气

【概况】2020年，海安市实现安全供气2.12亿立方米。继续推进天然气管网建设，新建中压管线50.89千米、低压管线64.22千米。推进燃气用户更换高品质燃气软管为民办实事工程，完成更换6735户，均为管道天然气用户，财政补贴15万余元。开展城镇燃气隐患排查治理，累计检查企业66家次，发现并整改各类隐患及问题470条，责令停产停业1家。（陆金成）

【新奥燃气】2020年，海安新奥燃气有限公司新建中、低压天然气管线73.7千米，累计建成高压管线18.8千米、中压管线484.2千米、低压管线1521千米。新增开户工商业用户119户，累计1379户；新增开户居民用户1.23万户，累计14.15万户。年内，新奥燃气加快基础设施建设，投资1亿多元，新建DN355天然气管道15千米，升级改造气站2家，新增LNG应急气化撬装置2台。（刘志平）

【中油燃气】2020年，海安中油燃气有限责任公司负责经营新204国道以西的高新区（原孙庄、胡集地区）及曲塘镇、白甸镇、墩头镇、南莫镇、雅周镇、大公镇、海安农场区域天然气供应服务。年总销气量1.28亿立方米，累计建成天然气高中低压管线444.26千米，拥有居民用户1.3万户、工商业用户116户。（薛　丽）

2020年5月26日，海安市供电服务人员对海安街道一老旧小区的“蜘蛛网”线路进行改造

翟慧勇／摄

交通 物流
Transportation & Logistics

黄海路大桥

交通设施

【公路】 至2020年年底，海安市公路通车总里程达到2573.27千米，其中，按公路隶属分，国道115.07千米（国家高速17.78千米）、省道86.18千米（省高速33.228千米）、县道382.59千米、乡道920.33千米、村道1069.10千米；按公路等级分，高速51.01千米、一级公路302.24千米、二级公路481.27千米、三级公路176.44千米、四级公路1562.31千米。公路密度约每百平方千米218千米。根据国家公路网规划（2013—2030年）《江苏省省道公路网规划（2011—2020年）》，全市干线公路网为2条高速（沈海高速公路、启扬高速公路）、3条国道（204国道、328国道、228国道）、4条省道（353省道、226省道、403省道、430省道）。海安基本形成以“四纵三横一联”国省道为骨架、以方格网状县道为动脉、以乡村公路为“毛细血管”的公路网络，国家级和省级干线区镇覆盖率100%，基本实现省级以上开发区、工业园区、重点旅游区和乡镇一级公路互联互通。

【铁路】 至2020年年底，海安市境内铁路总里程118.05千米，其中，新长铁路海安段37.2千米、海洋铁路海安段17.7千米、盐通铁路海安段16.45千米、宁启复线铁路海安段46.7千米，包括主线32.6千米、车站枢纽连接线9.2千米、物流园专线1.1千米、大宗物资中心专线3.8千米。

【航道】 至2020年年底，海安市辖区拥有53条航道570.76千米，其中，等级航道8条181.76千米，等外级航道45条389千米。等级航道中三级航道2条，连申线25.48千米，通扬线29.32千米（其中与连申线共线13.35千米）；五级航道2条，焦港河22.05千米，串场河22.44千米；六级航道2条，栟茶河（南通市规划五级）49.87千米，老通扬河27.91千米；七级航道2条，丁堡河14.66千米（其中栟茶河以南为南通市规划六级），江海河3.38千米。海安船闸是南通市第一座千吨级双线船闸。

【港口】 至2020年年底，海安市拥有内河港口企业95家，码头泊位178个，其中，千吨级泊位12个，800吨级泊位14个，500吨级泊位15个，泊位总延长约1.09万米，最大靠泊能力1000吨，堆场面积近59.8万平方米，库场面积约6.03万平方米，港作机械215台，年货物吞吐能力1100万吨。凤山港务公司作为南通唯一从事内河集装箱运输的港口企业，年集装箱吞吐量1.39万标准箱，年件杂货物吞吐量12.7万吨。

【重点交通工程建设】 2020年，盐通高铁开通运营，海安全面迈入高铁时代。海安火车站一期、二期工程全面完成施工。430省道（通榆路快速通道）通车，实现海安首条快速路直达高速，项目获评省级“品质工程”“平安工地示范工程”。226省道（海安段）通车，项目获评省级“平安工地示范工程”。三里闸应急水源地一级保护区综合整治工程完成招标工作，施工单位进场。完成农路提档升级50千米，农村公路危旧桥梁改造21座，完成2274千米农村公路临水路段隐患排查设计工作。实施亮村工程，全市64条乡村主干线161千米，安装路灯4528盏。按序时推进226省道绿化工程、355县道绿化提升工程以及县乡道大中修工程等建设。南莫镇、胡集街道、孙庄街道、城东镇西场办事处通过南通市“四好农村路”示范镇验收，累计创建南通市“四好农村路”示范镇6个、达标镇11个。

【海安首条高铁开通运营】 2020年12月30日10点51分，G8311次复兴号列车停靠海安站，标志着海安市第一条高铁——盐通高铁正式开通运营，海安全面迈入高铁时代。盐通高铁是苏北首条设计时速350千米的高铁，线路北起盐城，南至南通，正线全长约157.10千米，全线设盐城、盐城大丰、东台、海安、如皋南、南通西6座车站。海安站台规模为2台4线，站台全长450米。盐通高铁最初规划的是新长铁路盐城至海安段复线电气化改造项目，后改为盐城至南通铁路。开通运营后，海安到盐城最快运行时间27分钟，海安至连云港最快运行时间2小时14分钟，弥补沿海铁路的缺失，海安交通枢纽优势进一步彰显。 （陆明煜）

交通运输

【道路客运】 2020年，海安市完成公路客运量389万人次，比上年下降26.7%；客运周转量2.47亿人千米，比上年下降39.3%。南通汽运集团海安分公司客运站及下属站完成客运量50.45万人次，周转量7120.63万人千米；飞鹤公交公司完成客运量369.39

2020年，海安市建设首条快速通道——通榆路快速道路，打通海安外联快速通道，实现主城区5分钟直通高速公路。图为6月16日，通榆路快速道路建成通车

濮端建／摄

万人次，行驶里程1105.97万车千米。全市拥有道路客运企业2家（南通汽运集团海安分公司、南通双丰汽车服务有限公司）、公交企业1家（海安市飞鹤公共交通有限公司）、巡游出租公司4家（海安市大达客运出租公司、海安市吉成汽车出租有限责任公司、南通市京安出租汽车服务有限公司、海安市万众汽车出租有限公司）。拥有巡游出租车236辆（运力配额346辆），网约出租车300辆。11月，曲塘客运新站投入运营。海安连续六年在全省城乡道路客运一体化发展水平综合评价中，被评定为最高级AAAAA级。

◆ 附

海安市交通运输企业

南通汽运集团海安分公司　2020年，南通汽运集团海安分公司完成窗口营业收入2469.57万元，租包车营业收入491.64万元，外修营业收入187.63万元，三产营业收入174.89万元，旅游营业收入205.93万元。

疫情期间，第一时间成立疫情防控工作领导小组，制定疫情防控工作预案，明确疫情防控组、应急运输组、消毒组和后勤保障组成员及责任。强化科学防控宣传，在候车厅、车厢张贴乘车须知，给职工发放防控知识手册。参与交通防疫工作，按照“客运场站和交通运输工具新冠肺炎疫情分区分级防控指南（第四版）”要求，购置红外人体表面温度快速筛检仪，落实专人在车站进、出口协助市卫健委、市公安局做好旅客体温测量、健康码核查和信息登记核对工作，支援疫情卡口阻击152人次，运送隔离人员986人。统筹推进复产复运工作。4月，在南通市内率先分批次恢复县际、市际等班次，完成复产复工包车运输95车次。

优化融合班次，调整车辆结构，拓展承包经营，推动租包车业务发展，推动客运主业稳中有进。拓展租包车市场，建立南通师范高等专科学校500人和南通体臣卫生学校300人两个微信群，每周星期五、星期日定时开通四班“校园直通定制车”，并与海安南通东站班次合理调配。拓展私家车保险、汽车外修业务，完成私家车保险783辆；公司修理厂继续加强与太平洋财产保险海安支公司事故车推送业务合作，与南通泰和食品有限公司、海安燕信化学品物流有限公司签订车辆维修业务。加大租赁广告宣传推广力度，将旅行社门店、物流快件部和综合办公楼二楼、李堡站二楼对外承租。开辟外派服务，与海安市国有资本运营集团公司合作，外派驾驶员10人提供驾驶雾炮车操作服务。沪苏通铁路开通后，及时调查摸底上海班次时间、走向、停靠站点、客源分布情况，采取客运班线“车头朝下”，向乡镇延伸吸引旅客。优化区域班次结构，推进海安如皋班线整合力度，海安镇江班运休、如皋镇江班海安配载，如皋昆山班运休、海安昆山班如皋配载，如皋宿迁班运休，海安淮安班延伸至如皋始发；5月19日起，海安东台班在东台城区公交站台上、下客；6月2日起，海安南通东站班两辆53座大型车调整为两辆19座中型车；10月8日，开通海安南通永兴站定制班车。

加强安全生产管理，公司通过安全标准化一级企业复审，861、863车队实现安全行车3500天。强化安全文化宣传与培训，拉横幅26条、贴标语24个、出宣传栏12期，组织驾驶员集中培训12次，培训人员1203人次；公司与海安飞鹤公交公司重新组建监控中心，查纠不规范驾驶行为56起；强化车辆检查，督促驾驶员做好车辆“一日三检”工作，集中组织车辆综合检查12次、专项检查5次，检查车辆1628台次，现场整改消除隐患15起；完善车辆“三料”管理，实行一车一班一考核。

海安市飞鹤公共交通有限公司　海安市飞鹤公共交通有限公司完成客运、包租车营业收入1146.79万元，比上年下降43.81%。客运量369.39万人，比上年下降42.99%；完成旅游营业收入38.12万元，服务游客1018人次，其中，国内短线游18.10万元、914人次，国内长线游20.02万元、104人次，无出境游。因疫情影响，1月28日至4月20日关闭客运东站，客流集中规模减少。节假日期间，运输总收入241.48万元，比上年下降47.17%；总客运量91.92万人，比上年下降50.56%。开展运纪稽查，查处违章30起、违纪1起，受理“12345”政府公共服务中心转接交办单312起（含“96196”转接投诉17起、“12328”投诉6起、网贴投诉14起、市长信箱投诉1起、交通局投诉2起），涉及线路班次时间、文明驾驶等问题。完成疫情防控专线接送任务，4月8日至5月15日、6月19日至7月15日，每天安排2辆专车，从火车站将外地到海安务工人员接送至隔离点进行集中隔离检测。海安公交售票制度改革全面完成，至4月底，公司运营车辆全部改为无人售票制；公司与无锡华捷科技有限公司合作开通“海安通云卡”手机微信支付功能，5月全面更换海安城乡公交线路刷卡机，6月1日移动支付系统改造到位，实现全域移动支付。加强基础配套设施建设，公司与上海佰锐清洗机械有限公司合作建设自动洗车台，5月18日投入使用；新增充电桩36个，年底投入使用，累计拥有充电桩59个。实施“互联网+全域公交”智慧化提升工程，启动电子站牌和智能调度系统平台建设，完成招投标工作。开通学校专线班车，开通“南通理工学院学生返校专线”，采用定制化的点对点专车形式，在客运东站和海安客运站安排8辆公交车用于运输，为学校返校开通安全通道；开通瓦甸中学学生接送车，提供一辆核载为17客的公交车定制专线班车，负责将瓦甸初级中学秋季新招的10名新生分流至白甸初级中学；上半年区间高峰车停运，下半年恢复城区海陵中学、城南中学及紫石中学区间高峰车，完成售卡361张，实现营业收入17.32万元。维护好厂企、事业单位长期包车业务，公司与锦龙国际大酒店、金鹰大酒店常年合作承运婚喜宴、生日宴等包车业务，5月启动晨朗集团厂企接送车业务，新增加海安万达广场专线与海安丽净纺织整理有限公司、南通裕弘服装有限公司厂企接送车业务。完成108辆新能源纯电动车招投标工作，用于更新运营中的柴油车，并制定车辆更新投放计划。优化车辆班线及线路，适度调整部分线路走向、首末班时间以及班次密度等，增加公交线路覆盖范围。曲塘站新站启用后，微调5路火车站至曲塘、101路海安至白甸、105路海安至雅周、112路海安至李庄四条途经曲塘镇区的公交线路走向；微调城区公交1路火车站至火车站线路走向；将2路火车站至联发集团和新世纪广场至圆通寺两条线路整合为11路圆通寺至联发集团。完成172个公交站牌、站亭维修保养工作。

【道路货运】 2020年，海安市完成公路货运量1458万吨，比上年增长6.27%；货运周转量30.02亿吨千米，比上年增长9.25%。新增各类货车1876辆，拥有营业性载货汽车6857辆9.36万吨位，其中，集装箱运输车辆134辆4560吨位。道路货运经营业户3194户，其中，道路货物专业运输企业320家、企业自备车辆的经营业户329家、个体经营业户2545家；从事危险品货物运输3家。

【铁路运输】 2020年，海安火车站发送旅客129.31万人次，比上年下降7.10%。完成铁路货运量137.45万吨，比上年增长75.77%，其中，发货1.31万车39.88万吨，比上年增长134.59%；到货2.50万车97.57万吨，比上年增长59.43%。办理货物列车到达5094列12.27万辆，解体2554列6.10万辆，编组2496列6.10万辆。运输组织改革稳步实施，撤销海靖线运输组织；9月3日，原泰州车间南莫站划归海安站管辖；10月10日，成立海安站流动调车组，负责海安站货场及专用线取送车和如皋、南通东、南通站内解编（货车）、货场取送车作业。

【水路运输】 2020年，海安市水路运输均为货运，拥有水路货运企业11家，其中，危险品运输企业1家、沿海运输企业6家。新增运输船舶26艘，其中最大载重吨34.42万吨。累计拥有运输船舶413艘、载重吨位37.43万吨，总吨位22.11万吨，主机总功率10.25万千瓦，其中油船76艘，总吨位4.47万吨。海安船闸过闸船舶6.78万艘次，船舶通过量3643.21万吨，货物通过量2414.32万吨；免费放行集装箱货运船舶502艘次1.24万标箱。 （陆明煜）

交通管理

【概况】 2020年，海安市修订完善《海安市交通运输局应对自然灾害、事故灾难、公共卫生等突发事件的应急预案》《海安市交通系统防汛防台防旱交通运输保障应急预案》《道路危险货物运输事故应急处置预案》等应急预案，召开安全会议33次，下发安全文件48份、通知54个。全市拥有驾校14家、教练车462辆、教练员528人，当年开班人数1.31万人、培训人数9291人。汽车维修企业210家，其中，一类维修企业6家、二类维修企业44家、三类维修企业160家，维修从业人员880人。开展“平安交通”建设、“安康杯”竞赛、“百团进万企”安全生产学习宣讲活动、“安全生产月”活动、小化工专项整治、有限空间专项整治、夏季安全生产百日竞赛、特种作业人员持证上岗专项治理、安全生产工作九大主题活动，推进平安交通（含内河水上交通）、港口危化品、铁路建设和运输、危险化学品运输综合整治，完成“两客一危”（大客车、大型旅游客车、危险品车）挂靠车辆清理工作；在每月逢7日常规检查的基础上，组织重点时段、重要会议、重大节日期间的安全生产大检查8次；加强公路超限超载治理，市交通运输局、市公安局联合执法检查车辆5315辆，查处违法超限超载运输车辆2辆。在南莫镇开展“路长制”试点，试行农村公路建设积分银行。完成疫情防控交通现场管控任务，公交、客运、出租企业做好交通运输工具和场站消毒通风工作，做好海安火车站疫情防控工作，为来自重点疫区、靠泊凤山港务码头的两艘船舶提供护航服务，服务好企业复工复产。

【城乡客运管理】 2020年，海安市加快公交转型发展，研究制定《海安市“十四五”公交发展规划（含城市公交发展规划）》；新购置108辆纯电动公交车投入运营，在部分乡镇公交首末站增设充电桩；安装公交车驾驶区域安全防护设施43个，实现全覆盖；新增9路义乌商城—谭港花苑、主城区微循环线路，加密优化1路、8路公交班次；维修站亭79座、站牌69个，新建公交站亭1座、站牌90个；推进智能化支付系统建设，开通“海安通云卡”微信小程序，实现二维码扫描支付且与公交IC卡同等享受7折优惠。推动巡游出租车健康发展，9月1日对传统巡游出租车进行运价改革，实行政府指导价管理。优化区域班次结构，开通机场专线（浦东、虹桥、兴东机场）、校园直通车（南通师范高等专科学校、南通体臣卫生学校）、通勤班车等服务；推进海安如皋班线整合，实行南发北配、北发南配、联程联运、节点运输、大车改小车或定制。南通双丰汽车服务有限公司新增客车10辆，纳入道路客运行业监管。 （陆明煜）

【交通安全管理】 2020年，海安市推进交通安全专项整治，交通事故警情数比上年下降18.42%，其中重大事故比上年下降23.01%，专项整治成效获国务院督导组、省公安厅交警总队等上级机关肯定；重新规范重型运输车辆通行证申报流程，将车辆单位发生的事故和违法情况纳入通行许可考核；加强重点单位技防管理，将商混运输车辆单位的重点部位监控与市交通指挥大厅联网；推动道路隐患整改，改造国、省道交叉路口60余处，在临河沿水道路海仇线仇湖段安装护栏2.5千米；加强接送学生车辆和非标电动三、四轮车等车辆的安全监管，查扣电摩38辆，非国标三、四轮车800余辆；开展电动自行车“戴盔骑行”专项治理行动，查处不戴头盔违法行为2万余起。智慧交通提档升级，升级“自适应控制”信号灯，实现配时与流量高度匹配，提高道路通行效率；在城区长江路新增自动抓拍设备3处，打造南通首条“礼让行人示范街”；完成人脸识别系统三期建设，在长江路与宁海路口、长江路与洋港路口、旺池路与中坝路口建成一体式人行递减灯，城区35个主要路口交通守法率提高37%。提升车管便民服务水平，依托交管“12123”APP，推广教育网上预约学习；建成长江机动车登记服务站，实现购车、上牌一站式办结；深化交通事故快处快赔机制，通过“12123”快速处理交通事故9000余起，通过“警保联动”快速处理交通事故2000余起，快处率30%以上；建成“一站式”道路交通专职法庭，人民法院派驻专职审判队伍开展诉前纠纷化解，全年专职法庭开庭45次，联合调处纠纷400余起。助力全国文明城市创建，深化“16+2+X+1”网格勤务（将城区划分为16个网格，每个网格安排专管民警2人，配备交通辅警、交通安全劝导员、派出所辅警若干人，以及一个农村交警中队协管），实行“高峰驻点，平峰巡线”模式，查处非机动车、行人违法6万余起，机动车不礼让行人8275起；排摸可用停车资源，新增停车位5031个；采取监控抓拍、巡逻贴单、违停拖移等“一体化”管控措施，深化停车秩序综合治理效能。

【水域安全管理】 2020年，海安市结合“河长制”工作及南通警方水域“蛟龙”、长江禁渔、小杂船整治等行动，开展水域安全专项整治。市公安局水上警察大队接处水域警情218起，办理涉水刑事案件11起、治安案件53起，处置纠纷79起，救助45起。组织巡河14次，组织区镇排查并整治污染点源8处，开展生态河道项目建设50余起。排查涉水单位55家、码头101个、涉水娱乐场所5家（停业3家、整改1家、在办手续1家）、危险化学品码头仓储5处（基本处于停用阶段）、水上加油站（船）2个（1家有手续，年底前均停业），所有单位均签订“治安安全责任书”。市公安局水上警察大队联合海安海事处开展水上综合演练1次、联合执法10余次；联合市渔业渔政管理局等部门走访内河渔民64人次；配合市政府、海事处等部门排查“三无”船舶16条，根本性驱离9条、拆解1条、列管6条。（吴　栋）

【海事管理】 2020年，海安市出动海巡艇1995艘次，执法人员上航执法5888人次，巡航里程1.88万千米，检查船舶1.08万艘次，查处水上交通违法违规行为272起。水上搜救电话“12395”接处警78次，处置航道不畅险情11次，抢救遇险船舶8艘次，挽回经济损失约131万元。严格船舶检验管理，检验各类船舶381艘次，保证重点船舶零缺陷。严把船舶污染防治关，船舶排放控制区燃油抽样送检42份；检查重载运输船舶封舱管理65艘次；查处船舶污染防治缺陷和问题205艘次，船舶未按规定如实记录油类作业、垃圾收集处理情况107起，未正常使用防污染设备和器材、存储容器或存储结构物5起。加强水上交通应急处置，修订完善《连申线通榆河（海安）省级危化品船舶管控办法》，与海安船闸运行中心联合监管；设置2个应急救援物资仓库，添置更新55个品种水上应急救援、船舶防污染物资；加大水上应急搜救技防设施投入，建成VHF船岸甚高频实时对讲录音调度系统、54处水上节点106路实时视频监控、船舶防碰撞桥梁警示1套、船舶高清抓拍系统3套，将4个危险化学品码头和5个泊位纳入实时监控，对重点航段、重点船舶实施电子巡航，及时应对处置水上交通突发事件；增设11座碍航桥梁安全警示标志，完成南通市重大事故隐患挂牌督办的章郭大桥临时钢便桥重大事故隐患闭环销号。推进“智慧海事”建设，利用VITS、AIS船舶实时管理系统和甚高频（VHF）船岸语音指挥调度系统，为船舶航行、停泊和作业安全提供预警监测服务。开展省内船舶异地检验，检验南通市外船舶5艘、南通市内（除海安）船舶31艘；外出海安市检验船舶100多艘次。

【火车站管理】 2020年，海安火车站安全风险保持有序受控，细化制定安全风险控制表76项，加强日常监督检查，累计排查问题840件。运输安全保持总体稳定，车站实现安全生产4165天。开展安全隐患排查整治，海安站站场作业走行通道铺设硬面化水泥盖板、站房外立面墙面改造更新、铁路外部环境整治有序推进；重点抓好新建盐通铁路、海安站改造等施工的协调组织，全年安全施工3465次，其中天窗维修2925次；做好季节性安全控制；加强疫情防控，旅客运输组织和安全生产有序安全，职工零感染。标准化创建工作深入推进，在车务段年度“安康杯”技能竞赛中，海安站获接发列车技能竞赛团体第二、调车工种技能竞赛团体第一，其中，车站值班员、调车长获“个人全能第一”，连结员获“个人全能第三”；海安站救援队在江苏省铁路集团有限公司组织的铁路运输交通事故应急演练竞赛中获客车救援顶复比赛第二；海安车间、海安行车、客运班组获评车务段2020年度先进集体；1人获评“新车工匠”。（陆明煜）

物　流

【概况】 2020年，海安市拥有商贸物流企业483家，年业务总收入40.96亿元。402家道路货物运输企业年业务收入13.70亿元；26家多式联运和运输代理企业年业务收入1.31亿元；14家水上运输企业年业务收入6.63亿元；33家装卸搬运和仓储企业年业务收入17.83亿元。加强物流行业安全管理，开展“平安寄递”创建活动，市交通运输局下发“关于加强快递业务旺季期间安全生产工作的通知”，督促各寄递企业落实安全生产主体责任，做好启动旺季服务保障机制、加强巡检驻场检查、完善应急预案和申投诉处理报告制度等工作；市公安局全面摸清寄递企业、寄递网点、从业人员底数并录入信息系统，实现登记率100%、从业人员登记率98%、责任书签订率100%，建立寄递行业安全档案181份，实现“一企一档、一点一档”；市公安局与市邮政管理部门推动寄递业协会建立，推动开箱验视、实名收寄、过机安检“三个100%”制度落实。（陆明煜）

【期货交割】 至2020年年底，海安商贸物流园建成上海期交所有色金属交割库、大连期交所塑料粒子交割库以及郑州商交所棉花交割库，运营铝、锌、PP、PE、PVC、棉花6个品种期货交割和现货交易业务，初步形成一定规模的交割库集群。三大交割库总吞吐量首次突破100万吨，吞吐货值突破140亿元，为生产制造企业控降物流成本以及资金占用成本约2.5亿元。百金汇交割库到达量23万吨、现货交易量20万吨、期货交易量4.5万吨，正盛交割库到达量24万吨、现货交易量23万吨、

海安市充分发挥铁路物流、水运物流优势，拓展和延伸物流产业链，为海安及周边企业提供更经济、便捷、高效的物流服务。图为2020年4月24日，海安经济技术开发区有色金属交割库运输繁忙景象　　姜明／摄

期货交易量4.5万吨，银隆交割库到达量8万吨、现货交易量7.5万吨、期货交易量3万吨。

【铁路物流】 2020年江苏海安商贸物流园铁路物流基地累计到发量突破100万吨，进入中大型铁路货场行列。5月26日，中欧班列（海安—东盟）从上海铁路局集团公司海安物流基地出发开往越南河内，这是长三角地区至东盟的国际货运班列首次开行。中欧班列（海安—东盟）比全程水运至越南岘港节省约5天，开辟长三角地区与东盟经贸合作的物流新通道，助力“一带一路”建设。7月9日，海安至上海洋山港的沪苏通铁海快线班列在海安商贸物流产业园的铁路物流基地启动运营，这是沪苏通铁路开通运营后的首个货运班列。沪苏通铁海快线班列每周定时定点开行10个班次，其中海安—洋山港7列（每日1列），海安—宁波港3列，全年发送250列8750车1.75万标集装箱，年新增货运量60万吨以上。

【多式联运】 2020年，海安市出台《海安市推进运输结构调整实施方案》，引导拥有铁路专用线的海安商贸物流园、苏中大宗物资物流中心与大中型企业加强联系，减少公路运输量，增加铁路运输量，扩建连申线海安港区凤山码头，提升大宗货物转运能力，推进货物运输“公转铁”“公转水”。苏中大宗物资物流中心多式联运项目通过省级验收，成为全省第一批五个多式联运示范工程项目之一，运行多式联运线路8条，完成联运量38.73万吨。海安润思达食品有限公司（农产品生鲜加工、冷链物流仓储配送中心）、海安腾龙物流园、海安亚太亿发物流园3家单位入选2018—2020年省交通运输厅客货运场站建设计划项目库。海安凤山港内河码头新签约中谷物流、上海君安、大连信风海运等干线船公司，国内4家进入世界前20强的船运公司中3家在园区开展驳船服务、集卡服务、公共订舱、智能作业等基础和增值业务，码头业务信息系统启用，集装箱年吞吐量1.39万标箱。海安凤山港每年为合作企业节省物流成本2000万元以上，被《江苏省内河港口规划》列入“重点发展作业区”。

【农村物流】 2020年，海安市交通、农业、供销、邮政等部门加强合作开发，按照市、镇、村三级网络架构和“多站合一、资源共享”模式，融合运输组织、邮政快递、信息交易、仓储服务等功能，梳理汇总客运场站（含公交首末站）、货运场站、农资销售、邮政支局（含村邮站）、邮政EMS、寄递物流等网点，结合海安市域内农村物流需求特征，确定县级农村物流中心8家。

【保税物流】 2020年，海安市保税物流中心培育并发挥保税仓储区、直营展示区、产品加工区“三区”联动优势，进出口贸易额1.6亿美元，进出区货物值3.75亿美元，进出区集装箱4300只，货运量超11万吨。坚果加工产业园落户建设，一期竣工运营。苏中地区唯一的保税物流中心进境肉类指定监管场站获批。7月18日，百国百品进口商品直营中心对外开放，设置7个国家馆，业务合作国家和地区53个，货物品类超8000个。依托“百国百品”国际商贸平台，在北京举办“链接世界的海安”推介活动。　　（王存宝）

【邮政速递】 2020年，海安市邮政行业有各类营业网点45处，其中，城市网点7个、农村网点38个；营业投递部10个。邮政信筒信箱258个、邮政报刊亭7处。各类汽车75辆，其中投递专用汽车25辆。邮路127条，总长度625.13万千米，比上年增长33%，其中，农村投递线路534.65万千米，城市投递线路90.48万千米。实现邮政业务收入2.18亿元，比上年增长5.3%。受理函件业务量40.35万件，比上年下降20.9%；机要文件约900件，比上年下降25%；包件613.25万件，比上年增长68.7%。征订报纸1477.45万份，比上年下降4.9%；杂志62.97万份，比上年下降0.9%。3月17日，中国邮政集团公司江苏省海安市分公司更名为中国邮政集团有限公司江苏省海安市分公司。加快邮政市场化改革，在寄递事业部快递包裹部及邮件转运中心实行“准加盟制”，推进金融专业事业部改革。公司获2019年互联网媒体业务“鲲鹏行动”主题营销活动县域发展奖分组一等奖；寄递党支部获评全省党支部建设示范点；承办南通邮政第一届“通邮杯”职工男子篮球邀请赛，并获集体一等奖。邱郡获评全省邮政优秀党务工作者，陈允球、洪善晨等6人获评全省邮政“党员先锋岗”。

（张贤生　韦雅琴）

金融业

Financial Industry

海安农商行

HAIAN YEARBOOK 2021 海安年鉴

综　述

【概况】 2020年年末，海安市金融生态综合考评列全省69个参评县（市）区第六位。全市拥有银行机构23家，融资性担保机构4家，保险机构38家，证券公司营业部4家，财产保险机构15个，人寿保险机构23个。金融机构本外币存款余额1838.92亿元，比年初增加232.90亿元，增长14.5%。其中，住户存款993.42亿元，比年初增加114.14亿元，增长13.0%；非金融企业存款591.25亿元，比年初增加137.02亿元，增长30.2%；财政性存款22.97亿元，比年初增加0.55亿元，增长2.5%；机关团体存款224.47亿元，比年初减少17.88亿元，下降7.4%；非银行业金融机构存款6.09亿元，比年初减少1.08亿元，下降15.0%；境外存款0.72亿元，比年初增加0.15亿元，增长26.5%。金融机构本外币贷款余额1411.23亿元，比年初增加190.04亿元，增长15.6%。其中，境内住户贷款317.96亿元，比年初增加53.50亿元，增长20.2%；非金融企业及机关团体贷款1093.25亿元，比年初增加136.54亿元，增长14.3%；境外贷款208.98万元，比年初增加125.45万元，增长150.2%。财产险保费收入8.42亿元，增长16.6%；赔付金额5.18亿元，赔付率61.5%。人寿险保费收入20.68亿元，增长5.8%；理赔给付及其他各类给付4.05亿元。拥有典当行1家（海安德天典当有限公司），公司实收资本1580万元，开展典当业务1555笔，典当总额5650万元，年末典当余额1249.26万元。

【信贷投放】 2020年，海安市调整金融考核办法，结合财政资金存放，将疫情期间融资需求保障、贷款成本压降、担保转贷支持等各项惠企政策的执行情况纳入考核范畴，激发金融服务实体经济的内在潜能。各项贷款余额1411.2亿元，较年初增加190亿元，存贷比76.7%。其中，制造业贷款余额298.2亿元，增量27.03亿元，占比21.99%。各项贷款余额、存贷比指标列南通第二位，制造业贷款余额、占比指标继续保持南通第一位。保障常态化疫情防控下中小微企业的复工复产，全市各金融机构累计发放抗疫贷款234.8亿元。

【融资平台建设】 2020年，海安市推进融资平台建设，为缓解企业资金周转压力和防范化解资金链断裂风险提供保障，融资平台规模南通领先。中投融资担保海安有限公司累计为596家企业提供担保76.7亿元，担保业务规模列南通第一位。海安惠业转贷服务有限公司累计提供转贷服务29.1亿元，转贷金额比上年增长113.8%。推进省综合金融服务平台建设，率先在南通各县（市）区完成企业接入和融资额任务。至年末，累计录入平台企业5700家，1670家企业通过平台获得融资70.2亿元。其中，新接入企业3571家，872家企业通过平台获得融资37.6亿元。海安开发区中小企业融资担保有限公司获批省首批政府性融资担保机构之一，全省64家，南通仅4家。

【金融扶贫】 2020年，海安市将有创业愿望和具备创业条件的低收入农户纳入小额担保贷款政策扶持范围，支持67户

2020年海安市金融机构存贷款情况表

表34　　　　单位：万元

项　　目	2020年	比2019年增长	项　　目	2020年	比2019年增长
一、境内存款	18253776	14.35%	一、境内贷款	14070009	15.40%
（一）住户存款	9903137	13.02%	（一）住户贷款	3179597	20.23%
1.活期存款	1628812	9.93%	1.短期贷款	1209661	9.10%
其中：活期储蓄存款	1628812	9.93%	消费贷款	211909	12.01%
2.定期及其他存款	8274325	13.64%	经营贷款	997752	8.50%
其中：定期储蓄存款	5383360	15.61%	2.中长期贷款	1969935	28.27%
（二）非金融企业存款	5815312	29.79%	消费贷款	1773209	25.50%
1.活期存款	2069314	15.79%	经营贷款	196727	60.20%
2.定期及其他存款	3745998	39.08%	（二）非金融企业及机关团体贷款	10890412	14.07%
（三）广义政府存款	2474433	−6.55%	1.短期贷款	5026075	−4.19%
1.财政性存款	229750	2.45%	2.中长期贷款	5312399	35.25%
2.机关团体存款	2244683	−7.38%	3.票据融资	549749	47.14%
二、境外存款	6992	27.49%	4.各项垫款	2189	3026.76%
			二、境外贷款	209	150.19%

（市统计局）

低收入农户860.24万元小额担保贷款。各金融机构开设农村基层网点153个，移动支付等新兴支付方式在农村地区普及应用。普惠型贷款余额占全部贷款比重22.07%，比上年增长2.02%，列南通第三位。涉农贷款余额1082.96亿元，列南通第一位。农业保费收入7919万元，比上年增长15.2%。

【企业上市挂牌工作】 2020年，海安市加快推进优质企业上市挂牌工作，企业直接融资规模显著提高。跃通数控完成上市报会，成为创业板推行注册制后南通首家完成申报的企业。江苏鼎尚电子材料股份有限公司、南通荣繁重工机械股份有限公司、江苏增光新材料科技股份有限公司在“新三板”挂牌，全市累计18家企业在“新三板”挂牌。股权融资78.23亿元，在南通各县（市）区列第二位。南通佳景健康科技股份有限公司、江苏铁锚玻璃股份有限公司、江苏飞亚化学工业集团股份有限公司、江苏瑞恩电气股份有限公司等企业上市挂牌工作有序推进。

【金融风险防控】 2020年，海安市金融生态综合考评在全省69个参评县（市）区中列第六位。坚持以核心风险企业为中心，稳妥处置企业担保链风险，对“能够救、值得救”的企业，采取维持信贷存量、降低利率、债务平移等措施，逐步实行破圈、解链。坚持“四位一体、包干到底”工作机制，以网格化管理、广覆盖宣传、多部门会商和全方位监测等手段，推动防范和处置非法集资三年攻坚战和金融领域扫黑除恶专项行动取得阶段性胜利，金融乱象得到根本遏制，省风险监测预警系统内的海安法人机构实现清零，成为全省落实营造诚实守信金融生态环境和维护良好金融秩序的7个县（市）区之一。

【“省金融服务高质量发展园区行”走进海安开发区】 2020年9月22日，“省金融服务高质量发展园区行”走进海安经济技术开发区，19家商业银行、9家证券公司、项目签约企业主要负责人以及海安市、海安开发区领导等近200人参加活动。活动以“追江赶海园区行，资本领潮争先锋”为主题，省、南通市、海安市三级联动，聚合多方资源，建立起园区企业与金融机构的双向反馈机制，深化金融合作沟通交流。活动中举行海安开发区金融合作项目签约仪式，4个批次签约金融合作项目28个，累计合作资金超过50亿元，涉及机器人及智能制造中小企业信贷融资、创业投资、风险投资，企业上市挂牌辅导，园区债券融资等。联创投资集团股份有限公司与海安市基金合作打造机器人生态产业链，通过海安机器人产业基金投资来福谐波减速器项目3000万元；南通盛世金濠投资管理公司与福克斯集团（中国）有限公司成立海安市第一支新能源股权投资基金，合作金额1.9亿元；工商银行支持海安商贸物流园“一带一路”建设，提供不超过10亿元的表内授信、供应链金融产品及投资银行产品服务；江苏银行结合物流园区相关企业铁路运输、期货交割等提供大额信贷支持；国泰君安证券、东吴证券、民生银行通过公司债、中期票据等资本市场债券融资工具，为海安开发区融资。活动中还举办海安开发区人工智能（机器人及智能制造）专场路演和省级金融机构路演，举行江苏股权交易中心机器人及智能制造产业辅导基地揭牌仪式、海安开发园区资本市场专家顾问团聘任仪式，深圳证券交易所上海中心李茹等金融机构负责人12人接受聘书。 （何红梅）

2020年9月22日，江苏省金融服务高质量发展园区行活动在海安开发区举行

市金融监管局／供图

银 行 业

中国人民银行海安市支行

【概况】 2020年，中国人民银行海安市支行运用货币政策工具，发挥金融支撑作用，精准助力实体经济。累计发放法人银行业机构再贷款16笔33.53亿元，支持涉农主体和普惠小微主体2331户；发放普惠小微企业信用贷款零息支持资金6笔4.21亿元，撬动法人机构新增普惠小微信用贷款10.52亿元；发放延期贷款支持激励资金10笔2291.78万元，法人机构小微企业贷款延期率78.61%。依托常熟农商银行（海安支行），累计向海安11家小微企业发放贷款1793万元，加权平均利率4.51%；向17户个体工商户和小微企业主发放经营性贷款715万元，加权平均利率4.73%。银企对接机制破解融资难题，累计对6个项目发放贷款19笔2.37亿元。开展外贸企业帮扶专项行动，累计帮扶外贸企业210家，解决融资需求24.9亿元，提供国际结算服务4.5亿美元。推动跨江融合发展，与中国人民银行常熟市支行签订《金融服务常安跨江融合发展专项合作协议》，取得再贷款“跨江”投放、企业供应链融资管理延伸

至苏南地区、企业账户异地认证等一批合作创新成果。

【重大金融风险防范化解】 2020年，中国人民银行海安市支行综合运用央行评级、综合评价、存款保险、执法检查等手段防范化解重大金融风险，实现风险早识别、早预警、早发现、早处置。强化“大金融”范畴风险监测、预警，加强法人机构不良贷款、流动性风险、市场风险、利率风险、表外业务风险等方面的监测分析。开展法人机构资产质量真实性现场评估，现场核查存款保险业务工作情况。加强重大事项报告制度执行监督，按季通报执行情况。密切与公检法部门的交流协作，配合市金融监管局做好企业风险协调处置、打击非法集资行为等工作。开展金融知识专项宣传活动，利用公交车，打造城市流动宣传人民币知识窗口；联合市公安局开展反诈骗宣传，联合市市场监管局、市公安局、市商务局建立“1+3”反假币联动工作机制，联合江苏银行海安支行和明道小学创建“道德银行”模式，拓宽金融知识普及渠道。

【征信管理】 2020年，中国人民银行海安市支行受理个人和企业征信异议18次，接受征信咨（质）询60余人次。推动征信纾困帮扶，中征应收账款融资服务平台推广应用工作成效显著。中征应收账款融资服务平台注册用户138户、启用84户，办理应收账款质押760笔196.68亿元，为以苏中集团为核心企业的上下游供应链企业办理应收账款融资284笔16.10亿元。指导金融机构完成“10家供应商、20笔融资”典型案例。办理首笔线上全流程反保理融资业务，10月，全省农信系统信贷风险管理V7系统接入中征应收账款融资服务平台；11月，海安农商银行选择核心企业苏中集团和供应商海安山源金属建材有限公司试点开办供应链金融业务；12月，海安农商银行与核心企业、供应商建立三方融资交易关系，分别给予供应链融资授信和应收账款质押融资业务授信额度；是月15日，海安农商银行依托中征应收账款融资服务平台，办理省农信系统首笔供应链理融资业务。

【银行监管】 2020年，中国人民银行海安市支行加大外汇检查处罚力度，依法行政处罚非法结汇企业3家、银行2家。开展金融机构反洗钱监管和账户核查走访，推动全省第一例未定上游罪的洗钱罪案宣判。增强履职风险防控，推进“断卡”行动（打击整治非法开办贩卖手机卡、银行卡），配合市公安局筛查可疑账户信息，联动开展打击电信网络诈骗和跨境赌博，加强银行账户风控管理。完善中小企业信用体系和行业信用建设，按季度召开征信工作例会，通报中征应收账款融资平台推广应用情况。开展个人外汇交易监测和服务贸易非现场监测，巡查银行办理个人结售汇情况，开展企业现场核查和资本项下结汇资金专项核查。

【金融服务】 2020年，中国人民银行海安市支行创建“江海驿站”服务品牌，新建农村普惠金融特色智能服务点3个。推进现金服务标准化建设，实现银行营业窗口现金收支两条线，累计办理县级预算收入235.35亿元，县级预算支出296.75亿元，个人所得税汇算清缴及代扣代缴手续费退税4.67万笔1009.49万元。落实中央直达资金点对点直接拨付工作，为孤儿生活补助发放、海安市上湖医院建设、城乡居民基本养老中央补助等项目办理支出46笔25429.55万元。引入省银联资源，利用“云闪付”移动支付平台投放市民“消费券”，交易笔数3.20万笔，撬动消费6759.89万元。完成银行系统法律文书汇编检索工作并推广运用，联合市行政审批局改进银行业务流程，实现不动产过户和抵押登记合并办理，在海安农商银行试点银行网点企业开办“一站式”服务。（严　星）

中国农业发展银行海安市支行

【概况】 2020年年末，农发行海安市支行本外币存款余额7.61亿元，比年初减少6.23亿元，下降44.98%。本外币贷款余额81.74亿元，比年初增加11.93亿元，增长17.09%，无不良贷款，总量列南通市第一位，连续13年各项指标处于全省农业发展银行系统第一方阵。存贷比1073.26%。助力脱贫攻坚，给予资助方利率定价优惠，投放南通龙洋水产有限公司产业精准扶贫贷款1.5亿元，投放南通华强布业有限公司产业精准扶贫贷款0.9亿元。南通龙洋水产有限公司、南通华强布业有限公司分别出资5万元资助云南省马关县辣造养殖专业合作社，累计带动马关县重点贫困地区20户建档立卡贫困户改善生活，实现脱贫。

【特色金融业务】 2020年，农发行海安市支行强化负债业务管理，通过参加定

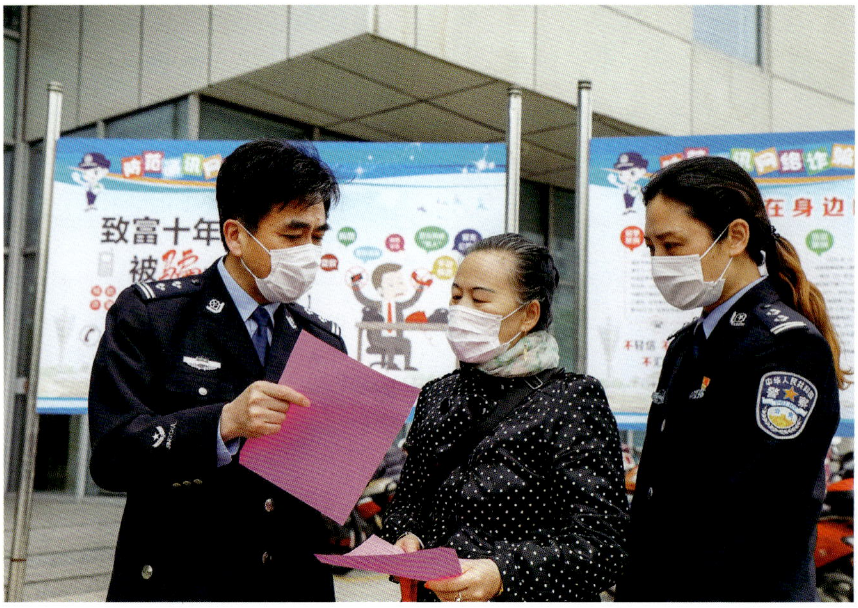

2020年5月6日，海安市民警向群众讲解防范通信网络诈骗知识

市公安局／供图

存竞标、期限调整、利率上浮等方式，维护市场份额；推进债券资金承销、监管代理，利用土地交易平台系统和土地出让保证金专户，掌握高新区、乡镇等政府土地交易情况，增加土地保证金资金流入量；结合涉农资金整合、非贷客户账户开设等新资源，拓展业务。推动资产业务发展，支持疫情防控物资生产、保供稳价、复产复工，快速拓展生猪产业链贷款，加大养殖等短板项扶持力度；拓展粮棉油全产业链业务，通过新增优质客户、授信需求合理扩大、提高库存周转率等手段完成粮棉油累放目标；服务海安污水处理一体化建设、上湖医院、水利基础设施建设等一批重点城乡建设项目，对接开发区标准厂房等融资需求，支持城建集团蚕种场、龙洋工厂化养殖技改等特色农业项目；拓展国际业务，延伸服务对象，国际业务结算量2000万美元以上。服务48家企业评级或授信工作。

【风险管控】 2020年，农发行海安市支行严把准入关口，把握信贷政策导向，择优支持优质大客户。规范贷款受理、调查、贷前条件落实、贷款发放、贷后管理、贷款收回等各个环节，细化工作流程，强化岗位责任。开展抵押物核查和押品专项排查，所有抵押物实现现场检查全覆盖，准确定位押品，并形成影像资料，确保物料一致。加强征信合规管理，组织征信合规管理在线培训，征信查询操作严格执行授权和审批制度。加强客户风险排查，开展商业性客户自营性流动性贷款专项排查活动并出具“自营性流动性贷款专项排查报告”。开展贷款使用、企业经营、贷款风险防范措施落实情况等贷后风险排查，落实重大事项报告制度。强化风险防范措施，坚持收购资金封闭管理，加强农业农村基础设施建设贷款管理，强化贷款使用环节监控。优化贷款担保结构，实现“能抵则抵、应抵尽抵”。

（农发行海安市支行）

中国银行股份有限公司海安支行

【概况】 2020年年末，中行海安支行本外币存款余额148.94亿元，比年初增

2020年10月9日，中行海安支行到南通理工学院开展金融服务

中行海安支行／供图

加约22亿元，增长17.33%，其中个人储蓄存款60.72亿元。本外币贷款余额111.03亿元，比年初增加9.74亿元，增长9.61%，其中个人经营性贷款5.40亿元。存贷比74.55%。中国银行在海安影响力进一步扩大，开展送金融服务到社区（学校）、“普及金融知识万里行”等活动，推广应用中国银行“复兴壹号”智慧党建平台，上线优质客户单位20余家，使用平台党员人数超千人。

【特色金融业务】 2020年，中行海安支行加快发展普惠金融，普惠贷款余额13.5亿元，总量全辖区第一，其中新增3.6亿元，新增占比36.73%。支持民营企业发展，民营企业贷款余额40.46亿，总量全辖区第二，较年初新增近3亿元，服务民企数量280户，其中新增46户；制造业贷款余额20.47亿元，较年初新增近5亿元，总量、新增量均居全辖区第一。保障疫情期间小微企业和个体工商户稳定发展，延长贷款期限3个月。

【风险管控】 2020年，围绕“防范化解案件风险、及时消除安全隐患、有效遏制安全事故”安保中心工作，开展特色专项安保活动，逐级签订《平安金融创建、社会管理综合治理、消防暨安全保卫工作目标责任书》，指定专人负责安保创建台账、“中国银行金融安防”APP和“南通公安金融卫士”APP使用管理。加强内控运营管理，开展“一把手讲合规”、员工异常行为排查等活动，反洗钱、消保等工作扎实有效，问题数比上年减少10%，全年无重大风险事件。

（张　进）

中国建设银行股份有限公司海安支行

【概况】 2020年年末，建行海安支行本外币存款余额172.14亿元，比年初增加33.96亿元，增长24.58%，其中个人储蓄存款60.47亿元。本外币贷款余额122.76亿元，比年初增加42.81亿元，增长53.55%，其中个人经营性贷款4.07亿元。存贷比71.31%。加快不良贷款处置力度，收回资金约6500万元。搭建农村普惠金融服务平台，打通乡村金融服务“最后一公里”，在海安各村镇布放裕农通服务点，提供“存贷汇缴投”一站式金融服务。注重普惠贷款结构调整，加强信用类快贷、中长期贷款、个体工商户贷款投放力度，普惠中长期贷款、个体工商户贷款系统领先。普惠金融较年初新增6.24亿元，客户数新增710户，“惠懂你”新增612户。建行海安支行营业部获评中国银行业协会“千佳”服务网点。

2020年6月16日，建行海安支行青年员工在中大街开展反假币知识宣传

徐劲柏／摄

【特色金融业务】 2020年，建行海安支行重点围绕优质制造业、建筑业、政府平台、房地产开发等目标客户，结合城市更新贷、隐债置换、冠军融、理财置换等产品，联动拓展全方位业务。加强超级雷达系统等数字化工具应用，常态化拓展经营结算资金，提升精细化管理水平。疫情期间，上线“智慧社区疫情防控”系统，创新推出客户经理“云工作室”，打造“在家金融”服务；新推出“云义贷”“小微快贷”等定制化产品，为企业解困。加快拓展住房租赁存放业务，与市住建局合作数字房产项目。紧盯国际业务重点客户，提升客户总量。对接高新区、开发区，加强政府招商引资资本金项目营销力度，挖掘源头优质客户。国际收支客户、国际信贷客户、跨境快贷客户等客户类指标及国内证、福费廷、跨境融资贷等联动产品系统领先。（陆　敏）

中国农业银行海安市支行

【概况】 2020年年末，农行海安市支行本外币存款余额172.37亿元，比年初增加31.70亿元，增长22.54%，其中个人储蓄存款88.25亿元。本外币贷款余额119.75亿元，比年初增加22.24亿元，增长22.81%，其中个人经营性贷款11.39亿元。存贷比69.47%。实现中间业务收入1.30亿元，营业收入4.78亿元。个人“掌上银行”月均活跃客户数净增5.58万户，有效存量客户“掌上银行”注册数1.43万户。完成智慧项目13个，新增消费场景商户5户，场景流量8.04亿元，场景建设获客数1.41万户。新增个人有效客户1.36万户，新增个人贵宾客户2971户，新增私人银行客户44户。发放拥军优待卡5000张，绑定存款4000万元。实现新兴业务票据流量39.06亿元，金融市场交易6.48亿元。

【特色金融业务】 2020年，农行海安市支行加强大项目和大客户营销，获批项目贷款3个，获批金额10.95亿元，累计投放1.65亿元。推进“一项目一方案一授权”发展模式，累计用信客户224户，比年初增加70户；发放贷款6.29亿元，其中小微客户3.31亿元；新增贷款投放2.80亿元，用信率65.50%。加大重点账户和源头资金营销，营销恒科众创（南通）置业有限公司等结算账户，预沉淀对公存款8000万元；营销曲塘政府土地拍卖保证金1.13亿元；发放海安唐庄生态农业有限公司项目贷款1.4亿元；营销海安广禧房地产开发有限公司等土地拍卖保证金5.5亿元。加大保险、基金、贵金属、信用卡等重点产品营销，实现代理保险收入1289万元；销售基金3.1亿元，实现中间收入489.79万元；实现贵金属业务收入397.96万元。

【风险管控】 2020年，农行海安市支行强化风险管控，保持资产质量稳定，不良贷款控制额1491万元，新发生不良贷款生成率0.11%，不良贷款总处置额1473万元，不良贷款本息、现金清收额1335万元，到期贷款偿还率99.96%。提升合规经营水平，结合问题清单、权力清单和行为规范，排查出3个方面12条问题，制定整改措施12条。深化“三线一网格”（党建线、纪检线、运营线，员工行为管理网格）管理工作，系统履职率100%，提高自主预警信息质量。加大监督执纪问责力度，纪律处分1人，不定期开展网点、金库飞行检查，及时化解风险。开展消费者权益保护和反洗钱工作，加强安全生产、信访、维稳、印章、保密、声誉风险管理，全年未发生重大风险事件和舆情风险。（吴文婷）

中国工商银行股份有限公司海安支行

【概况】 2020年年末，工行海安市支行本外币存款余额120.74亿元，比年初增加25.55亿元，增长26.85%，其中个人储蓄存款42.81亿元。本外币贷款余额133.32亿元，比年初增加17.61亿元，增长15.22%，其中个人经营性贷款4.85亿元。存贷比110.42%。

【特色金融业务】 2020年，工行海安市支行不断提升金融服务实体经济的覆盖面和便捷度，优化机制、流程，建立健全“白名单”客户绿色通道，逐户配备专属客户经理，精简业务审批流程，全面提升服务效率。在贷款规模上，向上争取信贷资源，做到优先安排、应贷尽贷，扩大实体经济信贷投入。在贷款利率上，加大对重点行业、重点领域优惠利率信贷支持，逐步扩大市场主体受益面。在产品创新上，借助互联网，推广“网上结

算贷”“税e贷”“经营快贷”等产品，加大线上产品推介力度。在业务创新上，以做优做精传统供应链为基础，推行数字供应链融资，通过实现批量营销和信贷投放，全面推动普惠金融业务发展。持续开展“工银普惠行”活动，主动走进园区、市场、企业，第一时间提供金融服务。

【风险管控】 2020年，工行海安市支行加强金融知识普及，全面提高公众金融知识水平和金融风险防范意识，维护消费者权益。贯彻落实反假货币工作要求，组织柜面人员学习《中国人民银行货币鉴别及假币收缴、鉴定管理办法》，提升员工货币鉴别、发生假币纠纷及误收误付假币处理等业务能力；辖内各网点在公共教育区、宣传栏、展柜摆放宣传折页，现场向客户讲解反假币知识。7月11日，在万达广场开展金融知识现场宣传活动，发放宣传折页，为市民及商铺人员宣传反假人民币、支付安全、打击跨境赌博和防范电信网络诈骗等金融知识。9月，开展以“金融知识进万家，争做理性资者，争做金融好网民”主题的“金融知识普及月”活动，举办存款保险知识、网络安全守护、反假小超人知识竞赛等形式多样的宣传活动，推动金融知识进校园、进企业、进机关。

（工行海安市支行）

中国邮政储蓄银行海安市支行

【概况】 2020年年末，邮储银行海安市支行本外币存款余额150.02亿元，比年初增加11.80亿元，增长8.54%，其中个人储蓄存款20.21亿元。本外币贷款余额30.76亿元，比年初增加7.07亿元，增长29.82%，其中个人经营性贷款5.81亿元。存贷比20.51%。

【特色金融业务】 2020年，邮储银行海安市稳定基础金融业务，通过外拓走访、项目营销、综合营销等活动，推动个金业务发展；通过绩效引领、客户细分精准营销等措施，强抓保险向中间收入高的期交产品转型，推动个金效益型业务发展；通过开展“1元购”“感恩有你、快手有礼”“云闪付APP”等推广活动以及小企业贷款客户综合营销代发等方式，全面推广手机银行；信用卡营销中提升年轻客户占比。推进零售信贷业务，拓展小额贷款和小企业贷款，发展抵押类贷款和消费贷款，开展“行万里、访千万、夺百亿”大走访活动，受理意向贷款客户82户，实现授信1.14亿元，放款9158万元；疫情期间，投放20户贷款3000多万元，实现稳产保供；响应“企村联建”，受理小企业贷款4笔，放款2笔2500万元；非房消费贷实现净增2000多万元。拓展公司业务，新增公贷客户1户，余额1亿元，引存公司存款0.8亿元；开拓海安首家宗教账户，与海安广福禅寺达成“功德金”归集合作，布放电子“功德箱”2台，至年底产生交款90笔，账户余额170万元，合作理财120万元；拓展医疗机构业务，开立涉医类账户8户。

（顾世梅）

江苏海安农村商业银行股份有限公司

【概况】 2020年年末，江苏海安农村商业银行股份有限公司（简称海安农商银行）辖总行营业部1家、支行59家、分理处3家。实现本外币存款余额548.51亿元，比年初增加40.73亿元，增长8.02%，其中个人储蓄存款376.08亿元，总量列南通市第一位。本外币贷款余额404.21亿元，比年初增加44.82亿元，增长12.47%，其中个人经营性贷款66.17亿元，总量列南通市第一位。存贷比73.69%。主体信用评级由AA级升格至AA+级，连续8年获评省农村信用社联合社等级管理AAAAA级。

【特色金融业务】 2020年，海安农商银行突出“三农”金融服务，疫情期间，深入走访“三农”客户，出台“一封信、十项措施、十个产品”，实施雷雨纾困行动，开展“百行进万企”升级扩面行动，主动运用政策工具支持“三农”小微企业，为客户解难纾困。年末，延期还本户数2695户4582笔116.76亿元；累计发放信用贷款1066户13.23亿元。做优普惠服务，创新上线纯线上、纯信用、免担保、全流程的线上贷款“安E贷”，客户可以多个渠道自助申请线上贷款，累计服务3.51万人次，总授信户数（含获得授信额度）2.32万户，授信金额24.54亿元。开展网格化管理工作，对辖内三类客户（个体工商户、小微企业、新型农业经营主体）开展走访建档工作，累计走访建档客户4.8万户，规划网格348个，其中，专业市场网格14个、沿街商圈127个、村组网格207个。10月，建设凤阳金融便民服务点，满足农户、社区居民在日常生产、生活中的小额现金等金融服务和社保、医保代收等非金融综合服务需求。12月15日，海安农商银行依托中征应收账款融资服务平台，办理省农信系统首笔线上全流程反保理融资业务，向苏中建设集团上游钢材供应商海安山源金属建材有限公司发放应收账款质押贷款20万元，成为南通地区第二家开展此项业务的银行业金融机构。

【风险管控】 2020年，海安农商银行严守风险防控底线，各项业务持续健康有序发展。防范化解信贷风险，出台年度信贷工作实施意见，配合经济结构调整，优化信贷投向，发展绿色信贷；开展雷雨纾困专项活动，支持中小微企业发展，开办抗疫信用贷、普惠贷、免息贷、延期贷、民生贷等多款产品，助推企业复工复产；严格执行信贷准入和审批标准，开展大额企业客户年度集中授信；加强押品管理，确保他项权证真实性；加强不良（风险）贷款管理，规范风险贷款处置，加大不良贷款清收力度，年末不良贷款率1.25%；完善风险预警机制，强化客户风险预警管理系统应用，实行黑名单和灰名单统一管理。防范化解操作风险，制定《海安农商银行合规案防工作考核暂行办法》《海安农商银行2020年市场乱象整治“回头看”工作实施方案》，开展代客办理业务、大额授信风险回头看、贷记卡分期业务等重点领域风险排查，全面审计14家支行，专项审计高新区金融业务。贯彻落实监管部门反洗钱工作要求，组织参与反洗钱培训10次，累计培训1459人次。

（海安农商银行）

2020年海安市商业银行本外币存贷款情况表

表35　　　　　　　　　　　　　　　　　　　　　　　　　　　　单位：万元

行　别	各项存款				各项贷款			
	总量	排名	比年初增长	排名	总量	排名	比年初增长	排名
全辖金融机构	18389154	3	14.50%	2	14112288	2	15.56%	6
农业发展银行	76160	5	−44.98%	5	817399	1	17.09%	3
工商银行	1207417	6	26.85%	3	1333199	2	15.22%	6
农业银行	1723676	5	22.54%	2	1197468	2	22.81%	4
中国银行	1489377	3	17.33%	5	1110332	5	9.61%	6
建设银行	1721442	6	24.58%	3	1227603	4	53.55%	1
交通银行	213019	1	85.21%	1	198333	3	18.56%	3
中信银行	328288	1	10.94%	3	324038	2	1.72%	4
光大银行	366354	1	85.72%	3	238000	3	−18.04%	5
华夏银行	174688	4	33.42%	3	109728	5	−20.85%	5
广发银行	342674	1	41.60%	1	314342	1	11.67%	1
平安银行	20798	2	120.18%	3	17896	3	255557.14%	2
招商银行	505701	2	29.86%	4	493415	1	15.11%	4
浦东发展银行	221531	4	2.33%	6	192579	6	−4.99%	6
兴业银行	355490	5	36.11%	2	234281	5	39.62%	2
民生银行	459136	2	−4.77%	4	296260	3	−2.19%	4
浙商银行	384058	1	16.32%	2	201525	1	52.30%	1
南京银行	617070	4	−12.30%	6	414355	5	5.93%	6
江苏银行	644187	4	12.20%	4	623031	4	4.39%	5
邮储银行	1500178	5	8.54%	3	307648	4	29.82%	6
常熟农商银行	62865	4	47.48%	1	112876	4	49.93%	2
昆山农商银行	89118	1	17.92%	1	149628	1	47.78%	1
海安农商银行	5485062	1	8.02%	3	4042140	1	12.47%	6
村镇银行	171116	1	5.64%	2	156213	1	9.13%	1

说明：排名为南通市六县（市、区）同一银行系统排名

（何红梅）

保险业

综　述

【概况】 2020年，海安市拥有保险行业经营机构38家，其中，财产保险机构15家，人身险机构23家。各保险机构实现保费收入29.1亿元，比上年增长8.73%，其中，财产险保费收入8.42亿元，比上年增长16.58%；人身险保费收入20.68亿元，比上年增长5.82%。全市保险深度2.38%，比上年增长16.22%；保险密度每人3372.64元，人均增加683.25元。5月，海安保险行业协会理事会增补陈莉莉任副理事长，理事长为张华，秘书长为高云飞。9月，成立海安市保险行业人民调解委员会。中国人寿保险股份有限公司海安支公司被评为省级“放心消费创建活动”先进单位。

2020年海安市财产保险业务基本情况表

表36 单位：万元

业务类别	承保数量	承保金额	保费收入	赔付金额
合计	22920038	71802052.24	84248.95	51806.81
企业财产险	1942	3984744.73	2253.30	405.85
家庭财产险	50232	10916760.47	944.70	134.48
工程险	131	170421.69	164.23	26.25
总车辆险	331815	22619688.44	51968.01	33292.65
商业车辆险	154754	20485425.06	39145.39	20695.36
电销渠道（商业险）	6130	347839.98	461.84	637.07
交强险（汽车）	163763	1713445.41	12270.00	11858.49
交强险（摩托车）	6546	64375.60	80.67	101.73
交强险（拖拉机）	622	8602.40	10.11	0.00
货运险	4828	298609.80	245.13	43.41
船舶险	79	22930.00	103.34	64.66
责任险	13569	4663905.94	5107.03	2436.75
保证险	165	8862.57	119.66	21.34
信用险	29	26852.19	18.46	0.00
人身意外险	145831	21070523.71	3248.42	948.96
健康险	152825	7798499.02	12113.50	10174.84
农险	22216807	159893.55	7919.10	4256.76
其他险	1785	60360.13	44.10	0.87

说明：承保数量计量单位中，车险为辆，其余为件

2020年海安市人寿保险业务基本情况表

表37 单位：万元

业务类别		保费收入	理赔给付	其他给类给付
合　计		206810.10	11116.29	29417.41
营销业务	小计	166932.40	8530.88	12051.43
	短期健康险	4682.99	1175.84	0.00
	意外险	3318.17	880.45	0.00
	一般寿险	101644.22	5386.47	2586.95
	分红类保险	56243.48	902.15	9367.22
	万能寿险	1036.66	185.97	96.08
	投连险	6.89	0.00	1.18
团险业务	小计	5714.59	2497.09	139.56
	短期健康险	2762.42	1602.82	0.00

续表37

业务类别		保费收入	理赔给付	其他给类给付
团险业务	意外险	2029.16	881.74	0.00
	一般寿险	678.17	12.53	12.61
	分红类保险	244.80	0.00	126.95
	万能寿险	0.04	0.00	0.00
	投连险	0.00	0.00	0.00
银邮代理	小计	32460.01	86.19	17226.42
	短期健康险	133.13	8.46	0.00
	意外险	26.80	0.20	0.00
	一般寿险	20632.01	35.78	350.57
	分红类保险	11564.42	38.65	16875.82
	万能寿险	103.65	3.10	0.03
	投连险	0.00	0.00	0.00
其他业务	小计	1703.10	2.13	0.00
	经代业务	5.03	0.00	0.00
	电销业务	1698.07	2.13	0.00

（市统计局）

【保险经营】 2020年，海安市各保险机构提供财产风险保障7180.2亿元，比上年增长56%；赔偿财产损失5.18亿元，比上年增长7%；人身伤害赔偿1.2亿元，比上年增长76%；给付各类人身险保险金2.94亿元，比上年增长24%。创新保险产品，中国人民财产保险股份有限公司（简称人保财险）新开办"水稻大灾保险""蔬菜价格指数保险""种猪保险"等涉农产品；人保财险和中国太平洋保险（集团）股份有限公司（简称太平洋保险）新开办"防贫救助保险"；中华联合财产保险股份有限公司（简称中华联合财险）、中国平安财产保险公司（简称平安财险）开办"复工宝"；中国人寿、平安人寿、人保人寿分别推出"鑫享至尊""臻享照护""少儿无忧"等健康保障型产品；中国人寿、人保财险、利安人寿、太平洋人寿等机构参与经办政府"长期照护保险"。

【保险服务】 2020年，海安市各保险机构开发手机APP服务，实现网上投保、理赔和办理变更，提高服务效率。市保险协会、市公安局交警大队联合推出"警保联动"服务，第一时间勘查理赔出险车辆，联合交通事故处理中心快处事故7501件。参与社会调解，保险纠纷诉前调解89件。拓展附加值服务，中国人寿、泰康人寿提供高端客户养老社区服务，平安保险推出"平安好医生"APP，友邦保险开展"俞从容"健康服务计划，人保财险等保险机构与市人民医院、市中医院合作推出"交通事故人伤无忧项目"。市保险协会参与社会公益服务，发动慈善捐款3.64万元，参与安全生产大检查，组织环境保护大讲堂，加入道路交通安全委员会和社科联组织，中国人寿海安支公司获评省级放心消费创建活动先进示范单位。（高云飞）

中国人民财产保险股份有限公司海安支公司

【概况】 2020年，人保财险海安支公司实现保费收入4.20亿元，比上年增长24.4%，是海安市场首家保费规模超4亿元的财险公司。车险实现费改平稳过渡，保费比上年增长8.6%；非车险（包括社保项目）取得突破性进展，比上年增长53.38%。中标海安市政策性农业保险业务项目，服务期3年。全年，处理各类赔案2.67亿件，赔付金额3.18亿元。

【特色保险业务】 2020年，人保财险海安支公司加大险种创新和业务拓展力度，新开办疫苗保险、e家保燃气保险、种猪养殖保险、农业大灾小麦种植保险、水稻收入保险、瓜果蔬菜价格指数保险等新险种，开办政府防贫救助保险，助力精准扶贫。加大南通市超过法定退休从业人员从业伤害保险推广力度，累计参保单位688家，参保人数1.07万人，其中，退休返聘人员3791人，其他从业人员6929人。助力企业复工复产，缓解企业资金周转困难，免费延长参保未到终保期的375家企业1个月保险期限，减收到期未能及时续保的29家企业1个月保险费用，累计减收保费112万元。启动全员协赔活动，联动理赔部门开展事故现场查勘、结案跟

踪、跟班反馈等活动，提供管家式理赔服务，推动服务转型升级。（吴彬冰）

中国人寿保险股份有限公司海安支公司

【概况】 2020年，中国人寿海安支公司下辖1个营业部、15个营销服务部，主要开办普通寿险、健康保险、意外伤害保险、大病医疗保险、分红保险、养老保险等多个种类险种，实现总保费7.8亿元，比上年增长13.73%，其中，首年期交保费收入1.57亿元，10年期及以上期交保费收入8460.83万元，短险保费6145.21万元。公司经营绩效考核居南通首位；继续入围全国百强，列第18位。险种结构优化，期交业务比重加大，健康险内涵价值持续持升。

【特色保险业务】 2020年，中国人寿海安支公司强化"大服务"理念和整体服务观，构建"一个客户、一个国寿"的经营矩阵，聚焦高质量保险产品，推进业务转型升级。聚焦民生保障，提供大病医疗保险、学生平安险、安康关爱老年人保险、关爱女性健康保险和民政优抚对象保险。推出"守护天使"特定保险，护航逆行出征的海安医护人员。做优金融保险服务，提供宽限让利和"无接触"线上服务。全年，为21.5万人提供老年人保险保障，理赔金额617.8万元；为3.3万人提供计生系列保险，理赔金额91万元；为3000人提供小额人身保险。（程太和）

其他保险机构

【平安产险海安支公司】 2020年，平安产险海安支公司实现保费收入1.07亿元，比上年增长9.5%。其中，车险保费收入9654万元，比上年增长4.3%；意外险保费收入593万元，比上年增长65.6%；财产险保费收入444万元，比上年增长207.8%。报案4485件，报案结案率97%。累计为3万多人提供车险服务，为近2000多人提供近50亿元的财产风险保障，为近2万人提供近19亿元的意外风险保障。开展车险综合改革上线工作。强化疫情防控金融支持，结合企业复工复产综合保障方案，推出"乐业福"系列、"复学保""意无忧""地摊无忧"等产品；开展线上保险服务，联合"平安好医生"提供"7×24小时"在线义诊、心理咨询和疫情数据对接服务，联合平安知鸟平台为企业提供防疫知识、安全生产知识等在线培训服务。设计"互联网+车生活"，打造一站式车服务生态圈；提供"保险保障+生活服务"，打造一站式生活生态圈。针对小微企业，设计多款经济、实惠、保障全面的专项套餐产品，由平安科技提供技术支持，全面实现小微产品在线投保。针对餐饮、住宿、零售、教育、娱乐等9大行业，提供"乐享无忧""车主无忧""车商无忧""货运无忧""店家宝""复业保"等产品。推出"信任赔""DRP自助定损""先赔后治、诊疗无忧""省心调解"，构建特色理赔服务体系。（谢冬梅）

【中国人保健康海安市营销服务部】

2020年，中国人保健康海安市营销服务部实现规模保费26.5万元、标准保费13.2万元，期交保费25.8万元，其中10年以上期交保费7.2万元。联合南通爱尔眼科医院，开展鹰演检测活动，为客户提供全方位眼部体检，普及眼部护理常识。（吴海霞）

【阳光财产保险海安支公司】 2020年，阳光财产保险海安支公司实现保费收入1503万元，其中，车险业务保费收入1016万元，企财险、意健险、责任信用保险等保费收入516万元。持续拓展保障范围，增加安全生产责任、食品安全责任、环境污染责任等险种。全面提升服务水平，建立网电、直管、车商、银保、重客经代、综拓6大渠道，不断升级以"一站投""闪赔""一键赔""疾先锋"和智能客服机器人"小阳"为特色的全线上智慧服务模式，全面推进线上化和智能化。（丁　洁）

【中国人寿财产保险海安市支公司】

2020年，中国人寿财产保险海安市支公司实现保费收入7157万元。坚持依法合规经营，组建合规自查工作小组，每周定时召开合规自查工作会，确保公司经营运作依法合规。注重履行社会责任，建立志愿者服务队伍，配备专属阵地开展挂钩帮扶，关心退伍军人、孤儿等特殊群体生活，参与全国文明城市创建、慈善"一日捐"、无偿献血、学雷锋志愿岗亭等服务活动，提升品牌形象。（温水妹）

【太平洋人寿保险海安支公司】 2020年，太平洋人寿保险海安支公司实现保费收入1.49亿元，比上年下降1.99%。13个月保费继续率93.97%，25个月保费继续率93.42%。注重客户服务，"太平洋寿险"官微、"太平洋保险"APP实现线上自助操作领款、变更、理赔等各项业务。打造客户专属健康增值服务"太保蓝本"，实行"保险产品+健康服务"一体化解决方案，内容覆盖诊前、诊中、诊后健康管理、就医绿色通道和高端医疗服务，实现极速提交申请，高效就诊安排，一对一就医指导，一站式就医协助，进度透明可查。健全内控与风险管理体系，提升依法合规经营水平。（李素娥）

【中华联合财产保险海安支公司】

2020年，中华联合财产保险海安支公司实现保费收入1575万元，比上年增长14.83%，其中非车险935万元，占比60%。客户服务评级A级。建立车商渠道部、重客渠道部，拓展非车险业务渠道工作。承保燃气用户家财险2万户，受理并解决家财险报案10余起。承保民警、辅警人身意外伤害保险2800人、环卫工人人身意外保险1600多人，赔付赔款140多万元。进入食品安全责任险共保体，推动农险进入农业保险共保体。通过降低固费占比、调优业务结构、强化理赔减损、优化客户服务，实施车险综合改革。（王美芹）

【紫金财产保险海安支公司】 2020年，紫金财产保险海安支公司拥有涵盖机动车辆保险、企业财产保险、农业保险、责任保险、信用保证保险和意外保险及短期健康险等13类200余险种，实现非农保费收入1155.82万元。全面推进市场营销、核保核赔、客户服务等系统改造升级，中标相关单位运营期的物业责任险、医疗责任险和财产一切险项目。受托管理省道路交通事故社会救助基金，承担“南通海安路救办”职能，负责政府委托的交通事故救助及社会公共事业服务。全年，垫付抢救费用156件，垫付金额近523万元；完成追偿127件，追回金额超386万元。（翟海燕）

【泰康人寿江苏第二电话销售中心】 2020年，泰康人寿江苏第二电话销售中心实现标准保费2500万元。疫情期间，组织公司员工通过泰康集团“溢彩”基金会向武汉捐款超2万元；推出“爱心保”保险产品，免费升级原有部分保险产品，加入新冠病毒保险保障。与南通理工大学（海安校区）签订校企合作协议，为学生提供实习场所，解决就业问题。（钱晓燕）

证 券 业

【概况】 2020年，海安市有证券公司营业部4家，实现证券交易额1489.66万元，其中，华泰证券海安营业部1211.96万元，比上年增长57.20%；海通证券海安营业部67.2万元，比上年增长17.63%；南京证券海安营业部175万元，比上年增长248.10%；中山证券海安营业部35.5万元，比上年降低42.66%。（何红梅）

【华泰证券海安营业部】 2020年，华泰证券海安营业部通过高频交易客户引入、高净值客户开发、重视量化类私募产品销售等形式，扩大产品市场份额。调整金融产品销售结构，推动财富管理转型，金融产品总销量比上年增长9.7%，财富管理收入比上年增长118.02%。引导客户向华泰特色“固收+”系列转化，紫金债基保有增量累计完成率158.1%，累计覆盖率比上年增长24.9%。开展“周周重点，聚势赋能”活动15期，提前预热爆款产品，制定以户数覆盖为主、销量为辅的目标考核方案，持续跟踪服务高净值客户。推动“涨乐星选·乐乐池”销售，“乐乐池”销售完成率149%。优化资管权益产品配置，资产权益产品销售完成率161.3%。做大新增客户数和资产规模，盘活存量客户，推进资产配置二次转化，增强客户黏性。推广融资、融券业务，“两融”业务年目标完成率99.2%，日均负债余额比上年增长68.52%。加强“新三板”业务投资者教育和客户推广，客户开通科创板权限完成率78%。推进私募业务发展，走访私募管理人，引入私募托管服务业务，持续营销私募产品。（华泰证券海安营业部）

融资服务

【信用担保】 2020年，海安市拥有融资性担保机构4家，为1213家企业提供担保94.4亿元，其中，中投融资担保海安有限公司为596家企业提供担保76.7亿元，海陵融资担保有限公司为107家企业提供担保10.5亿元，开发区中小企业融资担保公司为75家企业提供担保3.6亿元，省农业融资担保有限责任公司海安分公司为435家企业提供担保3.6亿元。开发区中小企业融资担保公司获批全省首批政府性融资担保机构。全市累计录入省综合金融服务平台企业5700家，1670家企业获取融资70.2亿元，其中新接入企业3571家，872家企业获取融资37.6亿元。全市有创业愿望和具备创业条件的低收入农户全部被纳入小额担保贷款扶持范围，67户低收入农户获取小额担保贷款860.24万元。

【应急基金】 2020年，海安市有应急基金2支，其中，惠业转贷服务有限公司累计提供转贷服务29.1亿元，转贷金额比上年增长113.8%；中小企业应急互助基金管理中心提供应急服务15.3亿元，应急金额比上年增长15.9%。加强资金应急转贷平台建设，推动银行机构加强无还本续贷产品创新，小微企业无还本续贷、使用转贷资金等情形不单独作为下调贷款风险分类的因素。发挥海安市中小企业转贷应急资金作用，规范企业转贷服务，缓解中小微企业在银行融资中因“先还后贷”造成的资金周转压力，有效防止和化解资金链断裂风险，年内转贷总额18亿元。银行机构加强与转贷平台合作，加大对有效益、有市场、有竞争力、暂时出现流动性紧张的企业信贷支持，丰富完善贷款品种，减轻企业一次性还款压力，保持企业融资规模。（何红梅）

【中投融资担保海安有限公司】 2020年，中投融资担保海安有限公司实收资本10亿元，从业员工31人，在保企业中95%的是中小微企业。公司连续多年获评南通市先进担保机构，担保业绩处于南通市领先、全省前列，多次受到国家、省财政资金奖励，获评省中小微企业融资服务十佳明星单位。

公司拓展担保业务，根据部分企业抵押资产严重不足的实际情况，创新开展新项目履约、股权质押、品牌质押、库存产品质押、大额应收款反保、全信用反保、组合担保等担保形式，新增担保额7.66亿元，为各企业提供融资担保的组合担保及信用担保突破40亿元。拓宽担保渠道，与金融机构共同上门服务，相互提供信息，让众多中小企业在最困难时取得银行贷款，累计合作银行28家，公司年度银行授信规模超100亿元。海安农商银行担保额14.24亿元，增幅加大；与江苏银行海安支行、建行海安支行、中行海安支行、兴业银行海安支行等合作提速加快；与市外的常熟农商银行、张家港农商银行、北京银行合作项目有序推进；与省信用再担保集团有限公司合作逐年加大，成为再担保系统中业务量最大、享受待遇最优惠的担保机构。疫情期间与企业共渡难关，帮助企业找订单、找资源，帮助企业先代偿、再担保，让企业脱离困境，“先代后保”业务量突破亿元。担保质量不断提升，先后走访企业1500多家，存量担保率92%，新增客户180家，新增担保额16.15亿元；企业申报项目成功率90%以上，在保客户回馈率90%以上，银保合作成功率98%以上，每季回访服务满意度100%。

（周和春　王　敏）

生态环境

Ecological Environment

水韵墩头

环境质量

【空气环境】 2020年，海安市环境空气中二氧化硫、二氧化氮、颗粒物（PM10）、颗粒物（PM2.5）指标年均值分别为每立方米10微克、23微克、60微克和35微克，自然降尘浓度年均值为每月每平方千米3.4吨。全年空气质量优良天数310日，优良率84.7%。降水总体呈弱酸性，降水酸碱度均值7.65，酸雨频率0。二氧化硫排放量2762.84吨，氮氧化物排放量3071.09吨。全市每天的空气质量都在南通市空气质量数据发布平台上发布，同时在海安市政府网、海安电视台及时发布空气质量报告及预报。

【水环境】 2020年，海安市以长江水作为饮用水源，应急备用水源地水质符合国家地表水环境质量Ⅲ类标准，水质达标率100%。地表水总体水质为轻度污染，Ⅰ—Ⅲ类水质断面占91.7%，Ⅳ类水质断面占8.3%，Ⅴ类水质断面占0%。4座地下水测井质量综合指标类别均为Ⅳ类。工业废水排放总量1754.88万吨，工业废水中主要污染物化学耗氧量（COD）排放量905.46吨，城市生活污水排放量（全市各区镇进入污水处理厂量）2349.44万吨。

【声环境】 2020年，海安市区区域声环境白天平均等效声级值54.5分贝，质量等级较好。全市道路交通噪声白天加权平均等效声级值64.1分贝，质量等级为好。功能区噪声除二类区夜间和4a类区夜间外，其余功能区昼夜间噪声均达到相应功能区要求。

【固体废物】 2020年，海安市工业固体废物产生量45.94万吨，其中危险废物产生量1.3万吨；工业废物综合利用量34.02万吨，处理量10.6万吨，贮存量0.45万吨。城镇污水处理厂9座，实际处理污水量831.67万吨，产生污泥量1.30万吨。污泥规范化处置率100%。 （谭俊梅）

土地资源保护

【概况】 2020年，海安市完成规划矛盾图斑一致性修改，调整108公顷为允许建设区，满足重大项目落户需求。获批4个省级重大产业项目，新增建设用地计划58.13公顷。科学编制高新区、滨海新区、大公镇、李堡镇、墩头镇5个批次同一乡镇实施规划方案，获批建新区指标135公顷。全市取得上级批准用地513.87公顷，其中，使用国家计划取得省、南通市两级政府批准用地面积236.6公顷，使用挂钩计划取得省自然资源厅批准新增建设用地面积277.27公顷。以保障项目建设用地为核心，做到工业项目用地能供尽供、经营性用地有序供给，出让经营性用地36宗91.47公顷，累计成交额83.8亿元，其中房地产开发项目22宗80.73公顷，成交金额80.98亿元，引进绿城、新城、中骏、蓝光等多家知名房企。全市建有县镇两级四大交易平台，累计有偿调配挂钩拆旧储备库指标767.33公顷、用地规模指标806.07公顷、用地计划指标211.47公顷、占补平衡储备库378.03公顷，总成交额28.93亿元，其中向革命老区和农业片区提供扶贫资金12亿元。农村不动产确权登记有序实施。完成第三次国土调查，三调成果通过国家质检。海安市被省自然资源厅表彰为2019年省级耕地保护激励单位，获评江苏省国土资源节约集约利用模范县（市、区）。

【土地节约集约利用】 2020年，海安市形成以亩均税收和亩均产出"双约束"项目准入机制，构建"五改一调"（对批而未供、供而未用、用而未尽、建而未投、投而未达标五类低效用地，调整土地使用税征收与奖励措施）工作机制。建立项目社会贡献度科学评价体系，引导项目走可持续发展道路。运用新版用地定额标准提高项目准入门槛，实施批后监管。持续深挖土地潜力，将土地收储作为盘活利用的有效方式，制定《海安市低效闲置工业用地收储暂行办法》，明确低效闲置工业用地储备范围和条件、补偿方式及标准，原则上一次性收储的工业土地需用地范围内成片且面积不少于0.67公顷（10亩）。全年，盘活低效闲置土地96宗，用地面积389.13公顷。完成家惠油脂、苏中家具城、联发纺织（锦润纺织）等已收储土地的办证和三期收储补偿款支付工作。加强管护巡查已收储地块，坚决制止垃圾倾倒、非法侵占等行为。海安开发区列全省土地集约利用评价第11位，位居南通市第一。

【权益维护】 2020年，海安市完成征地区片综合地价制定，严格按照规定的批后实施程序，在新"土地管理法"实施过渡期内，拟定和下发7个批次的"征收土地公告"及"补偿安置方案公告"，及时办理拨付征地补偿、安置费用手续，办结征收项目422个358.53公顷。做好被征地农民对接社会保障工作，各区镇、市农业农村局、市人社局、市自然资源和规划局联合办理被征地农民对接社保手续，对接社保3589人，拨付补偿资金4.55亿元，其中，汇入村组补偿资金0.98亿元，汇入人社局对接社保专户3.57亿元。实现被征地农民"即征即保、应保尽保"。

【地籍管理】 2020年，根据第三次国土调查结果，海安土地总面积11.84万公顷。农用地面积7.67万公顷，其中，耕地5.43万公顷、园地1.12万公顷、林地26.25公顷、其他农用地1.11万公顷。建设用地总面积2.71万公顷，其中，建制镇7403.35公顷、村庄1.59万公顷。交通运输用地2880.16公顷、水利设施用地712.4公顷、其他建设用地176.59公顷。未利用地面积1.46万公顷，其中其他土地1.44万公顷。与上年度土地利用变更调查结果对比发现，全市年初耕地面积5.42万公顷，年内减少226.56公顷，增加322.16公顷，全年净增加95.6公顷。全市年初建设用地面积2.68万公顷，年内减少32.69公顷，增加328.52公顷，全年净增加295.83公顷。

【不动产统一登记】 2020年，海安持续优化不动产登记营商环境，规范登记行为，优化登记流程，推进职能整合、数据共享，建立一体化登记缴税平台，实现"一站式"服务、联动办理，放大"安心登"海安不动产登记服务品牌效应。推行存量房批贷前置，实现存量房转移抵押合并办理常态化，合并办理366件。实现"交房（地）即发证"常态化，办理"交房即发证"487套、"交地即发证"49宗。实行小微企业自动识别认定系统年度数据库更新。推广不动产权属证明电子化，生成电子证照4.27万份，其中，证书14914本、证明27756份。市不动产登记中心和市人民法院联合开通南通首家不动产网络查控专线，市人民法院通过该专线完成查封业务2115件。完成行政服务事项办件110件，其中，设施农用地备案82件、临时用地手续8件，划拨用地手续20件。

【土地执法监督】 2020年，海安市全面推进自然资源法治建设，收到涉及自然资源依申请信息公开事项65件，均及时按程序答复申请人，办结率100%。深化行政审批制度改革，重新梳理标准化实施清单158项、非标准化实施清单240项，安排专人进行常态化更新维护。健全以"双随机、一公开"监管为基本手段、以重点监管为补充、以信用监管为基础的新型监管机制，明确26项"互联网+监管"和11项"双随机、一公开"行政执法检查事项，规范自然资源领域动态巡查、专项检查、例行检查行为。推动土地执法监察和林业、海洋、规划执法监督业务衔接，严格落实自然资源综合执法监管共同责任机制，"网格化管理在基层自然资源违法用地违法建设联防联控联治工作中的实践"获省自然资源厅科技项目立项。统筹推进卫片查处整改工作，违法用地宗数比上年下降75.90%、面积比上年下降71.33%、占用耕地比上年下降72.09%，实现违法用地宗数和总量"双下降"。开展违法用地综合整治三年行动，整改率80%。全年，立案查处违法案件38件，办理行政诉讼案件32件，行政复议3件。信访"畅通五路"综合智能管理平台建设有序开展，受理信访474件，结案率99.4%。

【土地测绘】 2020年，海安市开展测绘地理信息成果巡查工作，完成江苏省辅助决策地图变化信息联动系统的数据维护更新，完成海安市2020年政区图、城区图的数据收集与编制工作。12月10日，"智慧海安时空信息云平台"通过省级验收，项目建成1个时空大数据中心、1个时空信息云平台、9个示范应用和1套标准规范体系，保障测绘地理信息服务，被中国地理信息产业协会评为地理信息科技进步二等奖。

【土地信息化建设】 2020年，海安"智慧守土"服务监管实时化平台实现资源共享，配备的308个高清视频摄像头以专线方式接入南通市市域治理现代化指挥中心、海安市市域治理现代化指挥中心和海安市生态环境局，实现全市自然资源管理和利用全过程、全天候监测以及资源信息共享。完成2010年（含）以前历史征地数据整理工作，整理征地数据3935宗，确保每宗地块位置、形状、属性准确。全面运行"土地违法行为实时监管系统"，并延伸至村组，在高新区开展"联防联控联治"试点，强化违法用地全过程监管、多部门联动。稳步推进土地利用"五化并进"新型城镇化标准化国家级试点工作，制定《土地利用"五化并进"工作指南》《土地利用智慧化综合管理平台建设指南》等试点标准12项，其中，报批省地方标准1个，申报南通市地方标准2项；收集整理国家标准和行业标准53项，建立涵盖7个标准子体系65项标准的海安市土地利用"五化并进"标准体系。 （顾 瑾）

水资源保护

【概况】 2020年，海安市水域总面积117.65平方千米，占全市总面积的9.94%。水资源总量（包括地表水资源量和地下水资源量及入境水量）年均约6.0亿立方米，其中，年均地表水资源量为3.39亿立方米，年均地下水资源量约为1.11亿立方米。规范水资源管理，新通扬运河海安水源地保护通过省级达标验收。新增34个取用水监控站点，实现对非农取水80%以上的用水总量、新增许可用水量的实时在线监控。加强地下水保护，封填取水井13眼、封存2眼。加强生态用水调度，编制完成《城区串水活水方案》，城市防洪工程串水活水1.82亿立方米。水土保持监管实现常态化，现场核查出违法违规项目52个，发放"水土保持限期补办通知书"48份，完成水土保持行政审批13个，征收水土保持补偿费48万元。"世界水日""中国水周"期间，开展水资源保护宣传活动15场，1000多人次参与。全年，查处水事违法案件49件，江苏省水行政执法通榆河海安基地主体工程完工，全市水事秩序井然有序。

【河长制管理】 2020年，海安市全面落实河长制、断面长制、滩长制，拥有市级"河长"20人、市级"河长"联系部门20个、镇级"河长"175人、村级"河长"349人，覆盖各级河道及近万个沟塘，3114个"河长"公示牌内容按《江苏省"河湖长"公示牌设置规范》更新到位。

2020年3月24日，海安市白甸镇施溪村"银发护绿水"志愿服务队开展巡河行动，让整洁的河道成为白甸镇靓丽的风景线 翟慧勇／摄

各级"河长"围绕重点任务有序开展巡河、治河、护河工作，市级"河长"巡河421次，召开推进会235场次，交办问题121个，解决河道问题107个；镇级"河长"巡河7191次，解决问题1.37万个。创新河长制管理体系，开展河长制进中学宣传活动，在滨海新区试点建设河长制公园，广泛进行水文化宣传；新设立医院"河长"，由医院院长担任邻近河的医院"河长"，优化卫生健康单位周边河道水环境；在滨海新区、城东镇西场办事处率先推行"河长"保证金制度；出台《海安市镇级"河长"履职考核办法》，推动"河长"履职尽职；在全省首家实施航空多光谱遥感河道巡检。市总"河长"、市长于立忠撰写的《海安市交界河道"河长"制工作思路与实践》刊登在《中国水利》杂志上，市副总"河长"、副市长丁兴育撰写的《海安市压实河长制，浊水变清流》刊登在《环保教育》杂志上。海安"河长"制联席会议制度被省"河长"办公室在全省推广，"河长"制工作被省政府表彰为2019年落实有关重大政策措施真抓实干成效明显地方，全省仅6个县（市、区）获此殊荣。（王　飞）

海洋资源保护

【概况】2020年，海安市海岸线全长8.5千米。征收海域使用金159.27万元，投入485万元修复海岸线，主要实施堤顶生态廊道种植、新垦闸两侧平台景观改造、边坡挂网客土喷播试验、堤外湿地修复等工程，累计修复海岸线1.4千米。海洋生态红线通过省级验收并报国家审核。按时按序完成海洋经济监测评估，更新完善涉海单位名录库。

【浒苔绿潮防控】2020年上半年，海安市开展第二阶段浒苔绿潮灾害早期防控试验，加强组织领导，建立领导挂钩负责制，市自然资源局、老坝港滨海新区管委会、紫菜养殖加工企业分别落实牵头责任、属地责任和主体责任。细化实施方案，倒排各养殖企业回收数量，及时掌握企业每天进度、用工情况以及存在问题，扩大用工规模，提升运力保障，加快收割速度。加强督查监管，与周边县（市）协调落实督查监管船只，督促企业确保全面完成灭浒任务。9家紫菜养殖加工企业海上紫菜网帘、筏架、缆绳全部回收上岸，累计回收筏架1.38万台。下半年，配合省、南通市开展浒苔绿潮联防联控工作。11月12日，海安市召开浒苔绿潮联防联控工作推进会。按照防控工作方案，有效清理非法紫菜养殖，控制紫菜养殖规模，高质量进行除藻作业。同时，加大紫菜产业科技投入，提升养殖工艺，推动紫菜产业可持续、高质量发展，保障养殖企业和养殖户合法权益。（顾　瑾）

林业资源保护

【概况】2020年，海安市新增造林绿化462.67公顷，利用珍贵树种造林约166.67公顷，栽植珍贵用材树种10万株。新通扬运河和串场河基本完成栽植任务，进入管护养护期。沿海滩涂自然保护区和里下河湿地公园两个自然保护地整合优化工作通过南通市、省验收，并报国家审核。骨干林带管护成效明显，将全市骨干林带划分为城区绿化、骨干道路、骨干河道和面上林带四大部分管护。梳理林业执法类事项，累计办理涉林执法案件2起。全市林木覆盖率25.4%、森林覆盖率20.4%，均居南通第一。创建"国家森林乡村"3个，省级"绿美村庄"8个，省级苗木特色镇建设试点1个、特色村建设试点2个。

【绿化造林】2020年，海安市按照国土空间规划，科学划定绿化用地，有效遏制耕地"非农化"。在制定植树造林中长期规划时，优先选用乡土树种、长寿树种，坚持适生性、色叶化、耐水性相结合，实现绿化、美化、文化"三化"结合和自然美、林草美、田园美"三美"叠加。雅周镇、雅周镇东楼村和大公镇群益村被确定为省级苗木特色镇和特色村建设试点。"两河"重点绿化工程中，新通扬运河以林带形式设计，区分河岸带、前景色叶林带、前景经济林带和背景林带四个林带，确保经济效益与生态效益互助共存；串场河两岸以耐水湿的杉类为主打树种，以造林为主，形成树阵，营造生态河道绿化。持续深挖造林绿化潜力，做到适地适树、适季适栽，见缝插绿、应栽尽栽，推进森林珍贵化、彩色化。市城建集团建成苗圃基地8个，科学引进种植四川桂花、美国红枫等优质苗木品种约3万株，新增苗圃9.21公顷；配合各项工程完成苗木出圃3000余株，雅周农业园彩叶树林成为苏中规模最大、品种最全的彩叶苗木基地。

【"国家森林乡村"创建】2020年，高新区周吴村、南莫镇姜刘村、开发区爱凌村获评"国家森林乡村"。爱凌村专门成立爱凌村乡村绿化美化工作领导小组，聘请护林员32人，重点对村道路两旁、河流两岸、房前屋后等进行造林绿

2020年11月18日，海安市胡集街道周吴村园林绿化苗木基地内，工人在管护花草　顾华夏／摄

化，乡村绿化美化覆盖全村18个组，实施大西线、爱凌中心路绿化5.2千米，实施人居环境示范点、小游园等绿化0.53公顷，建成公共绿地0.4公顷、村庄成片林绿化15.53公顷，完成河塘绿化5.6千米，全村房前屋后应绿尽绿比例90%以上，平均绿化率40%。周吴村建立健全村规民约、护林公约，制定绿化方案，全民发动在道路、河道、村庄、庭院空隙地等实施绿化，依托周吴苗木基地流转土地66.67公顷种植各种树木，结合中心河、拥家河河道整治进行河坡绿化，以道路建设为载体进行路边绿化。姜刘村累计种植树木约10.8万株，建成南通市最大的柞榛苗木种植基地，成熟柞榛1.65万株；建设沿河绿化休闲长廊工程，村内河道、堤防等干线绿化率97%；实施庭院绿化工程，农户庭院绿化率86.9%；村中心区域绿化覆盖率46%，村内建有防护林、风景林、休闲林等为主的乔木片林面积31.13公顷，乔木树种种植比例74%，珍贵树木种植比例25%。（顾　瑾　储华嵘）

矿产资源保护

【黏土矿资源管理】 2020年，海安市制定《海安市露天矿山综合整治实施方案》，持续改善海安市露天矿山生态环境。全市有采矿许可证企业6家，矿山6个，划定海安全境（水域除外）为砖瓦用黏土资源禁止开采区。分类整治海安市中源建材有限公司、海安杨庄建材有限公司两宗已关闭露天矿山，复垦工矿废弃地和盘活再利用土地5公顷。

【石油资源开发管理】 2020年，海安市完成全市油田用地及生产经营情况调查工作，查明辖区内石油探明剩余可开采储量863万吨。海安市是江苏油气建设的重点区域，江苏油田分公司、浙江油田分公司和华东油田分公司在境内进行石油探采。开采区域主要集中在李堡镇、高新区等，但是油区油井分散，含油构造面积较小，油品品质一般。（顾　瑾）

污染防治

【大气污染防治】 2020年，海安市印发《环境空气质量管理办法》《海安市环境空气质量监测点点位长制实施意见》《环境空气质量管理办法》等，率先建立县、镇、村三级点位长制，严格环境质量考评。投资1700万元，建设滨海新区家具园区喷涂中心，降低中小家具企业治理成本。对理昂生物质发电进行超低排放改造。推动非道路移动机械编码登记2452台，1766台完成领牌；淘汰国三及以下排放标准运营中型、重型柴油货车71辆。建设餐饮油烟在线监控平台，城区餐饮行业实现油烟规范、达标排放。8月13日起，海安首创空气质量通报日报制度。9月起，将重点监测区域扩大到省控站点周边3千米范围。

【水污染防治】 2020年，海安市重点实施区域治水工程，启动编制《海安栟茶运河、北凌河流域溯源解析及综合整治研究方案》；实施通扬运河西引排泵站工程，中标价939.90万元；实施通扬河控导闸工程，中标价976.16万元；实施老通洋河北岸（如海运河—西楹桥）整治工程，项目总长度约661米，中标价839.64万元；投资7000万元，实施上湖湿地净化系统工程。深化企业水污染防治，投资3000万元，实施恒泽水务、常安水务、鹰泰水务3个工业污水处理厂尾水湿地项目，将尾水提升至地表水准Ⅳ类标准。治理城乡生活污染源，提升改造南莫、白甸、老坝港污水处理厂；投资700万元，实施孙庄等6家污水处理厂尾水生态湿地水质提升工程；实施城北污水处理厂环境提升工程。强化基础设施建设，建设污水管网65千米，完成50个城区老旧小区雨污分流改造工程，实施32个村庄生活污水处理设施建设项目。持续推进水系连通和河道清淤整治，疏浚整治县级河道4条长20.4千米、镇级河道4条长13.8千米、村级河道91条长65.54千米，疏浚土方104万立方米，拆坝建桥（涵）192座。在全面清淤的基础上，强化南通市考核及以上断面、备用水源地上游2千米和下游1千米、合并老集镇区的河道淤泥监测清理。加强农村黑臭水体治理，排查出农村黑臭水体143条，年末全部整治完成。实施河道攻坚整治，开展“四清二拆一放”（四清：清垃圾、清杂物、清沟塘、清废弃物；二拆：拆除河岸违章搭建、拆除河道阻水网具沉船；一放：放养食草鱼苗）长效管护创新特色活动，逐一排查整治骨干河道及支流“两违”（违法圈圩、违法建设）218处，北凌河、栟茶运河污染点源摸排范围延伸至全流域，累计拆除网具61处、整治乱建186处、整治乱堆垃圾84吨。抓好生态河道建设，查处电捕鱼等非法捕捞案件40起，新打造生态样本河道127条。坚持河道长效管护，继续推行一至三级通航河道“市场化运作、机械化保洁”机制，支出保洁费用约5200万元；三级、四级不通航河道“以河养河、生态保洁”机制，河道及沟塘水上种植花卉、水下养鱼，投入约1800万元，放养鱼苗650万尾；加强与东台、姜堰、如东、如皋等周边地区协调沟通，完善交界河道共同保洁机制。

【土壤污染防治】 2020年，海安市全方位梳理列入建设用地土壤污染风险管控和修复名录的地块，在编制国土空间规划、控制性详细规划时，合理确定污染地块的土地用途。严格管控已收储地块，城区储备土地外围围墙完好，地块表面有绿植覆盖，无裸土现象。加强土壤污染重点监管单位土壤环境管理，实行土壤及地下水自行监测，详查35家重点行业企业用地土壤污染状况采样检测。保障地块再开发利用环境安全，开展重点行业企业关闭搬迁遗留地块土壤环境排查整治，摸排汇总地块名单。督促关停化工企业编制土壤污染状况调查报告，4家企业土壤污染状况调查报告完成专家评审。强化建设用地土壤污染风险管控和治理修复，受污染耕地安全利用率和污染地块安全利用率均在90%以上。推进固体废物污染防治，制定海安市危险废物处置专项整治实施方案及三年行动具体实施方案，981家企事业单位查出隐患1546个，全部完成整改。（谭俊梅　王　飞　顾　瑾）

环境监管

【环境专项整治】 2020年，海安市强化生态环境问题排查整治，实施夜查行动40余次，节假日、双休日检查90余次，发现环境问题150多个。开展环境污染防治设施隐患排查整治，发现安全隐患问题182个，移送安全隐患问题131个。推进危废处置专项整治，全市981家企事业单位参与整治，查出隐患问题1546个，排查企业数量和隐患数均居南通市第一，基本完成整改。

【环境行政执法】 2020年，海安市开展生态环境“双随机”执法检查12次，检查污染源企业410家，其中，重点排污单位106家、一般排污单位230家、特殊监管对象69家、特殊监管对象（机动车排放检验机构）5家。开展水环境质量保障专项执法行动，检查涉水企业114家次，出动执法人员337人次，立案查处13件。开展VOCs提醒式专项执法行动，印发“南通市生态环境局VOCs环境问题服务函”，检查企业91家，立案查处8家。开展环境质量目标攻坚“百日会战”专项执法行动，出动现场执法548人次，检查企业及其他生产主体177家，发现环境问题27个，发现环境违法行为8起，立案调查8件。加大处罚力度，查处环境违法案件117件，处罚款1111.04万元，下发催告书27件，提请法院强制执行16件。强化环境联动执法，生态环境部门、公检法部门联合定期召开联席会议，会商联动执法中遇到的新情况，严肃处理典型违法违规、屡查屡犯单位和个人，有力打击环境违法行为。严格落实排污许可制度，核发许可证618张，登记4383家，发证总数列南通市第一位。

【环境信访调处】 2020年，海安市制定《海安市突出环境信访问题长效管理方案》，继续坚持和完善领导接访、带案下访、包案处理的工作制度，建立信访公示牌制度和环境信访调处联合会办机制，信访公示牌实现行政村（社区）全覆盖，发放便民服务卡，全力化解积案。市环境信访总量3039件，比上年下降37.1%。其中，受理江苏省生态环境厅转办信访件36件，比上年下降55%；受理南通市生态环境局转办信访件40件，比上年下降77.9%。

【环境监测体系建设】 2020年，海安市健全环境监测监控体系，投资1000万元建设17个县域重点断面水质自动站。建成10个区镇大气自动站，实现全覆盖，与南通市生态环境局监测监控中心联网，数据共享，试行乡镇空气质量排名。率先在两个省控站点周边安装16个微型站，在开发区、高新区工业企业集聚地各建设1个空气自动监测站，在常安纺织产业园等3个主要园区上、下风向各建设1个园区环境空气VOCs自动监测站。推进污染源在线监控、用电监控、无人机监控等非接触式监管，做好65家重点排污单位自动监控设施联网、重点涉气企业用电监控现场端设备安装等工作，严格落实自动监控超标报警响应制度，对偶发性轻微环境问题采取短信远程提醒、电话指导。市政府出台《海安市突发环境事件应急预案》，组织应急演练、应急监测演练各4次。市生态环境监测站对所用的应急监测仪器、气体检测仪器的传感器进行计量检定和校准，更新和整理应急仪器档案，提升应急监测效率。

（谭俊梅）

节能减排

【节能降耗】 2020年，海安市推进节水型社会建设，用水总量4.65亿立方米，国内生产总值用水量每万元40.86立方米，单位工业增加值用水量每万元4.0立方米。严格规范取水许可审批，建立县级重点用水单位名录，新增34个取用水监控站点，对4家用水单位开展用水审计，对5个建设项目开展节水评价，全市未发生超计划用水现象，用水效率指标均达到要求。推进土地节约集约利用，盘活低效闲置土地96宗，用地面积389.13公顷。推进工业节能降耗，规模以上工业万元产值能耗比上年下降8.3%；六大高耗能行业能耗占比35.2%，比上年下降0.1%；单位地区生产总值能耗每万元0.26吨标准煤。实施工业节能与循环经济项目24个，其中，节能项目11个，综合利用项目1个，清洁生产审核项目12个。推行绿色制造，天楹环保新能源、双弘纺织入围第一批江苏省“绿色工厂”，对11家重点用能企业进行节能监察，5家重点用能单位通过能源消费总量和强度“双控”考核，圣德曼铸造获省统筹用能指标2.35万吨标准煤。

2020年海安市规模以上工业企业分行业综合能耗情况表

表38

指　　标	综合能源消费量		产值单耗	
	指标值（吨标准煤）	比2019年增长	指标值（吨标准煤/万元）	比2019年增长
全部工业企业	1064348.42	0.59%	0.8951	−6.73%
农副食品加工业	27388.08	32.87%	0.0230	23.20%
食品制造业	6871.86	53.42%	0.1603	56.16%
酒、饮料和精制茶制造业	43.38	−13.34%	0.0215	−11.73%
纺织业	280011.18	1.28%	0.1645	6.74%
纺织服装、服饰业	11774.13	23.69%	0.0791	71.60%
皮革、毛皮、羽毛及其制品和制鞋业	451.85	13.91%	0.0490	121.21%

续表38

指　　标	综合能源消费量		产值单耗	
	指标值（吨标准煤）	比2019年增长	指标值（吨标准煤/万元）	比2019年增长
木材加工和木、竹、藤、棕、草制品业	1071.89	27.15%	0.0201	−0.15%
家具制造业	8432.54	−24.65%	0.0609	73.88%
造纸和纸制品业	9670.94	30.48%	0.1047	−14.97%
印刷和记录媒介复制业	662.03	−9.89%	0.0207	−28.14%
文教、工美、体育和娱乐用品制造业	36869.11	5.86%	0.0699	18.80%
石油加工、炼焦和核燃料加工业	48.87	10.57%	0.0058	50.31%
化学原料和化学制品制造业	60905.99	21.66%	0.0425	10.88%
医药制造业	13915.31	30.58%	0.0422	50.50%
化学纤维制造业	73932.08	5.86%	0.0769	−14.45%
橡胶和塑料制品业	22951.47	3.97%	0.0750	−11.39%
非金属矿物制品业	82909.10	16.29%	0.1020	1.34%
黑色金属冶炼和压延加工业	6744.89	−41.93%	0.0706	29.12%
有色金属冶炼和压延加工业	12598.49	20.44%	0.0606	27.59%
金属制品业	51366.02	−17.79%	0.0581	−51.65%
通用设备制造业	35539.35	19.29%	0.0377	11.43%
专用设备制造业	14731.41	38.72%	0.0200	29.79%
汽车制造业	8957.31	−21.03%	0.0450	−25.04%
铁路、船舶、航空航天和其他运输设备制造业	1278.46	−0.48%	0.0080	−47.53%
电气机械和器材制造业	45387.18	−31.67%	0.0213	−53.14%
计算机、通信和其他电子设备制造业	17839.69	−6.04%	0.0328	−10.37%
仪器仪表制造业	16041.68	−19.36%	0.0378	−19.33%
其他制造业	1499.50	−18.00%	0.3869	−30.15%
废弃资源综合利用业	41.42	−66.21%	0.0086	−61.08%
金属制品、机械和设备修理业	727.67	38.93%	0.2993	27.48%
电力、热力生产和供应业	211379.03	−3.91%	1.3483	−11.33%
燃气生产和供应业	77.55	10.45%	0.0010	17.38%
水的生产和供应业	2228.96	3.09%	0.1184	−8.74%

（市统计局）

【低碳经济】 2020年，海安市非电行业煤炭消费总量22.7万吨。加强重点燃煤企业煤质管控，明确秋冬季需使用含硫量低于0.6%、灰分低于15%的低硫优质煤。完成28台工业炉窑整改。新建民用建筑全面按一星级及以上绿色建筑标准设计建造，新建民用绿色建筑137.26万平方米，其中，居住建筑109.74万平方米、公共建筑27.51万平方米，取得绿色建筑二星级及以上标识项目8个。推广使用绿色新型墙体材料和散装水泥，新型墙体材料产量4.75亿块，占墙材总产量的100%；新型墙体材料建筑竣工面积343.8万平方米，占建筑总竣工面积的95.6%；散装水泥发放量75万吨，预拌混凝土供应量200万立方米，预拌砂浆供应量18万吨；新增三星级绿色建材标识企业4家。稳步推动能源消费结构调整，利用滩涂资源培育壮大太阳能、风能等新能源产业，天然气等清洁能源使用量在全市规模以上工业能源消费中增长明显，其中，天然气使用量1.30亿立方米，比上年增长17.5%；液化天然气使用量

2020年12月15日，位于海安市滨海新区的海东光伏电站内，电力作业人员在巡检光伏发电设施　翟慧勇／摄

4145吨，比上年增长41.4%。

【循环经济】2020年，海安市推广生态循环农业模式，实现农业废弃物资源的多级循环利用。全市正常使用的沼气池2000多只，沼气池使用率保持在40%左右。50立方米以上沼气工程83处，约有一半正常使用，规范13家比较大的沼气工程日常管理，跟踪服务好2015—2019年建设的14家气囊式沼气发电并网企业。海安普豪生物能源有限公司每天发电上网2万千瓦时，年处理畜禽粪便5万吨，为农业种植提供沼液肥8万吨。全市累计稻麦秸秆还田面积4.66万公顷。在大力推广秸秆机械化还田的基础上，新推广应用秸秆捡拾打捆机25台，累计作业面积1933.33公顷。

【公共机构节能】2020年，海安市党政机关推行绿色生产生活方式，建设节约型机关。市机关事务服务中心举办能源资源消耗统计业务培训，推广使用节能产品，开展好“节能宣传周”活动，各项节能指标如期完成。开展节约型示范单位创建活动，市人民检察院获评国家级节约型公共机构示范单位，城南实验小学获评江苏省公共机构节能示范单位，海安市公共机构节能工作考核列南通市第一位，海安在全省公共机构节能工作会议上做经验交流。市机关事务服务中心与市城管局每季度联合组织节能工作检查，倡导全市党政机关进行垃圾分类，在党政机关食堂推广使用“公勺公筷”，督查党政机关食堂公务接待“厉行节约、反对浪费”情况。

（陆金成　李仁金　刘　燕　吴信林）

生态文明创建

【概况】2020年，海安市坚持生态优先、绿色发展理念，加大生态文明建设力度，调整优化生态环境保护委员会管理机制，下设绿色发展、自然资源、大气污染防治、水污染防治、土壤污染防治等11个专业委员会及其办公室，分管市长担任专委会主任。调整机关部门生态文明建设考核办法，实现82个机关单位生态文明建设任务全覆盖，创新开展机关部门服务企业、服务村庄“环保行”活动，构建全员参与的“大环保”格局。各部门定期上门为挂钩联系的363家企业开展环保体检、培训，协助解决问题；挂钩帮扶81个村庄环境整治、垃圾分类、畜禽养殖污染防治和秸秆“双禁”工作。持续打好污染防治攻坚战，市委、市政府定期召开会议，专题研究生态环境保护工作；将污染防治攻坚工作纳入区镇（街道）经济社会发展目标责任考核，每季度对各区镇（街道）进行“一车式”督查；梳理出群众反映强烈、影响全市环境的突出问题，实行“一问题双交办”（交办责任单位和牵头部门）和“四个一”（一交办、一督办、一通报、一曝光）机制，在海安电视台开办《时政新闻·污染防治在攻坚》栏目，常态化曝光辖区内环境问题。继续推进生态示范创建，1个镇、3个村新申报省级生态文明建设示范创建，累计9个镇、11个村创成省级生态文明建设示范镇、示范村。

【项目建设环保服务】2020年，海安市推进常安纺织产业园生态环境政策集成改革试点，制定7项改革政策，对企业予以差别化政策支持；做好建设项目总量协调平衡，协调化学需氧量70.86吨、氨氮4.20吨、总磷0.47吨、二氧化硫51.13吨、氮氧化物141.08吨；推行“环保管家”服务，聘请第三方专业机构常驻各区镇，对“5123”大企业、纺织印染、化工、电镀、家具行业开展全面体检，制定“一企一策”，实现问题闭环销号；跟踪服务存在环境违法行为被处罚的企业，确保整改到位。推广企业环境信息公开栏设置，推进生态损害赔偿，韩某非法排放有毒酸洗废水生态环境损害赔偿案获生态环境部通报表扬，海安伟明纺织有限公司汛期偷排生产废水案成为南通首例受到行政处罚后被成功追偿生态损害的案例。

【生态环境保护宣传】2020年，海安市落实“谁执法谁普法”环境保护普法责任制，以新颁布的法律法规为重点开展宣传，增强法治宣传工作实效。打造主题节日专项宣传活动，“4·22”世界地球日开展以“世界只有一个地球”为主题的大型广场宣传活动，倡导“绿色、环保、和谐”的生活理念；“5·22”世界生物多样性宣传日举办物种宣传活动；“6·5”世界环境日举行“生态海安，文明有我”宣传活动。以区镇为推力，组织召开“落实企事业单位环境保护主体责任暨危险废物处置专项整治”系列推进会，以环保法律法规知识解读、环境违法典型案例剖析、分行业环保注意事项宣讲为主要内容，引导企业落实环保主体责任，全年举办16期环保大讲堂，培训5182人次。全年，在国家级媒体上发表生态环境保护宣传作品13篇、省级媒体26篇，南通市级媒体发表64篇。

（谭俊梅）

教育
Education

海安高级中学

综　述

【概况】 至2020年年末，海安市拥有各级各类学校145所，在校学生8.78万人，其中，幼儿园64所，在园幼儿1.93万人；小学48所，在校生3.54万人；普通学校31所，在校生2.66万人；职业中学1所，在校生6361人；特教学校1所，在校生197人。教职员工8958人，其中专任教师6294人。全市学龄儿童入学率100%，小学毕业生升学率103.04%，初中毕业生升学率100.03%。高考再创佳绩，海安学生获南通市理科第一名（并列），全省文理科前100名7人、前1000名71人，400分以上高分段人数134人。中考各项核心指标南通市领先，700分以上306人，列南通第一位。教师参加各级比赛，获国家级一等奖1人，省级特等奖与一等奖9人次，南通市特等奖与一等奖40人次、二等奖30人次。学生参加各级竞赛，获国家级一等奖3人次、二等奖6人次，省级特等奖与一等奖72人次、二等奖100余人次。

【教育现代化建设】 2020年，海安市新建幼儿园6所、小学2所、高中1所，改扩建幼儿园1所、高中1所。新增学前教育学位2340个、小学教育学位2700个。实验中学改扩建、实验小学改扩建、开发区实验小学改扩建、孙庄幼儿园原址重建4个重点工程按序推进。启动海安外国语学校、南屏小学等15所校园规划建设。8个“改薄工程”如期竣工交付使用。立发中学接受省四星级普通高中验收，有序推进新校区搬迁工作。为全市部分初中集中购置学生用电脑1121台，采购课桌凳2400套。全面完成小区配套幼儿园治理工作。教育现代化监测得分提升至92.44分，创历史新高。

【教育治理】 2020年，海安市坚持依法治校、依法治教，推进减负和违规办学行为专项治理。全面启动课后延时服务，接受服务学生数4.62万人，占义务教育阶段学生总数的88.6%，海安在全省中小学课后服务工作推进会上做经验介绍。改革创新招生工作，全面推进“我的海安”线上招生报名及“阳光招生”监管工作。开展区镇学校集团化办学试点，成效显著。改革体育中考，组织中、高考等各种考试60余次。在南通率先推行学校食堂智能监管，全面推行学校食堂食材网上不见面招投标，新创建食品安全优秀级食堂12家、示范食堂17家。开展校园和校车安全专项整治、学校安全管理“巩固年”行动，组织“百团进万企”“春风行动”和安全警示教育等活动，统筹推进省级安全发展示范城市创建、扫黑除恶专项斗争，全力保障校园平安稳定。疫情防控扎实有力，第一时间组建疫情防控领导小组，建立五级工作网络，落实疫情防控主体责任，组建15支督查队，对全市各学校和校外培训机构开展不间断、全覆盖督查；分批组织复课复学，确保大局稳定；为建档立卡贫困户子女46人解决线上学习困难；响应“苏鄂青少年手拉手”活动倡议，两地学校结队48对，疫情防控典型事例和经验做法多次在“学习强国”学习平台等媒体上报道。

【五育融合】 2020年，海安市推进德智体美劳“五育”融合发展，促进学生全面发展。德育工作成效显著，开展核心价值观“三进”和“大手拉小手”“八礼四仪”、先进文化进校园等活动，为创建全国文明城市、全国卫生城市提供有力支撑；开展志愿服务项目1678个，受众数10万人次，1000多篇活动报道发表于《人民日报》、交汇点等媒体上；承办省少先队组织专业委员会第11次年会。艺术教育亮点纷呈，开展中小学生艺术素养测查，举办中小学生“独舞、独唱、独奏”比赛、书画现场大赛，江苏省海安高级中学获评省艺术教育特色学校，情景剧《小凉山的追光者》参加省“时代楷模”发布会和南通市教师节晚会展演，实验小学获评全国生态教育先进学校。常态化开展阳光体育运动，确保学生每天体育活动不少于1小时。劳动教育特色鲜明，争创全国劳动教育改革试验区，推动各学校开足上好劳动教育课，开辟劳动教育实践基地；实施劳动教育创新项目，江苏省海安高级中学劳动实践教育被教育部点名表扬，江苏省海安高级中学、城南实验小学等学校的劳动教育经验多次被中央电视台、“学习强国”学习平台等媒体报道；学生参加南通市小巧手比赛、厨艺大赛分获团体一等奖。

【教育志愿服务】 2020年，海安市教育服务平台按照“六有”（有固定场所、有统一标识、有领导班子、有工作制度、有实践菜单、有实际效果）标准建设，内设服务网络构建、特色项目展厅、精彩视频播放等多个区域，展示教育志愿者在学习实践科学理论、宣传宣讲党的政策、丰富活跃文化生活等方面的文明实践活动。夯实教育服务阵地，成立志愿服务大队，下设27支志愿服务分队，拥有教育志愿者5000多人，占全市教师总数近85%，全年总服务时长14.16万小时，人均时长近25小时。开展志愿服务项目1965个，其中创新推出“与爱同行”“惠心守护”“家校共育”“结对社区”“致敬经典”“情暖三农”六大特色志愿项目，累计受众数十万人次。疫情期间，教育服务平台组织开展学生线上学习信息排查，重点关注建档立卡的贫困学生群体，为200多名未通网络的学生家庭免费安装宽带，为46名建档立卡贫困家庭学生免费赠送平板电脑。

（何春光）

学前教育

【概况】 2020年，海安市拥有成型幼儿园64所，其中，公办幼儿园58所、民办幼儿园6所，省、南通市优质幼儿园58所。在园幼儿总数1.93万人，其中公办园幼儿数1.78万人，学前三年毛入园率100%。幼儿园教职工2050人，其中专任教师1261人。学前教育资源进一步增量，新开御府幼儿园、城南幼儿园、闸西幼儿园、高新区实验幼儿园、李堡新区幼儿园、爱蒙幼儿园，新增学前教育学位2340个，全面完成小区配套幼儿园治理工作。办园品质进一步提升，御府幼儿园、城南幼儿园、闸西幼儿园通过南通市优质园现场验收，中大街幼儿园、安平东路幼儿园、立发幼儿园、海北幼儿园通过省优质园复审。贯彻落实疫情防控要求，科学规划、有效指导幼儿居家生活，各幼儿园精选12个主题，通过公众号、微信群、QQ群等平台，推送居家生活指导资源1100多个。第二实验幼儿园游戏资源《有滋有味“宅”生活》在“学习强国”学习平台发布；第一实验幼儿园《彩虹色的花》《宝宝爱画画》在南通市教育科学研究院组织的“战疫居家，快乐生活”活动中展播；第三实验幼儿园《南通市幼儿园新冠肺炎疫情防控工作预案》被作为示范性文本，由南通市教育局发文推介。

【课程游戏化项目建设】 2020年，海安市全面优化“五大联盟”“六大共同体”“省、南通市项目园”三大学前发展团队，推进学前发展联盟共同体及项目园联动机制建设，开展持续性、专题性随班指导48次。隆政幼儿园、沿口幼儿园、邓庄幼儿园、新生幼儿园4所南通市级课程游戏化建设项目园因地制宜开展玩转建构、亲近乡土等专题研究。学前教育第四、五共同体聚焦数学区、科学区研究，做优区域活动展示、课程故事分享，构建“共建·共享·共赢”新发展格局。海安区域推进课程游戏化建设项目接受省级视导，在南通市第七次课程游戏化推进会上做经验交流。

【学前教育科研】 2020年，海安市学前教育课题研究成果丰硕，4项学前教育研究课题获批省教育科学“十三五”规划2020年度课题，8项课题获批南通市教育科学“十三五”规划2020年度课题，8项课题通过南通市教育科学“十三五”规划课题结题验收。第一实验幼儿园《童真适性·童心绘本》系列案例汇编成册，第二实验幼儿园课题研究成果《让生命自由和谐》一书出版发行。通过师徒结对、沉浸教研、阅读分享、观摩评比等举措，引领幼儿教师成长。长江路幼儿园周海林获江苏省“领航杯”信息化教学能手大赛特等奖。第一实验幼儿园薛何获江苏省第十六届“蓝天杯”教师发展课堂教学展评活动一等奖，全市幼教系统27人获江苏省“蓝天杯”教学设计评比一等奖。在江苏省学前教育学会论文及教育教学案例评选中，9篇论文获一等奖，29篇论文获二等奖，2篇教学案例获二等奖。14人获南通市“行知杯”基本功竞赛、园长“导航杯”基本功大赛、优秀园本课程和游戏案例评比一等奖。220篇论文、案例在省级以上刊物发表、获奖。市教体局获评“书报杯”全国幼儿教师教科研成果征集评比活动优秀教科研单位。

◆ 附

海安市幼儿园选介

海安市第二实验幼儿园 海安市第二实验幼儿园创建于1985年，是江苏省首批示范性实验幼儿园，江苏省首批百校数字化试点单位，江苏省首批课程游戏化项目共建单位。2020年，幼儿园拥有本部、分部2个教学区，38个班级，在园幼儿1800多人，教职工160多人，其中，省特级教师1人，南通市学科带头人、骨干教师、教坛新秀10人。3月，启动本部园区二期工程施工建设；12月，通过竣工验收。

幼儿园通过青蓝互助、研训一体、分层培养等举措，提升教师专业素养。教师个人获县级以上奖项75人次，其中20多人在各类竞赛获等级奖，教师在县级以上公开教学、讲座10余次，发表文章获奖20多篇。教育科研成果丰硕，1项课题成果入选南通市基础教育教学成果培育项目，1项南通市级课题开题，2项南通市级课题通过中期评估，5项县级微型课题结题。承办省、南通市优秀课题研究成果展示暨2020年度省、市课题主持人培训之幼儿园专场活动，在全省园长培训班及乡村骨干教师培训班上做团队文化和教师队伍建设经验介绍。借助地方文化资源及感恩、阅读、艺术、运动四大文化节等，推进园本课程建设，幼儿科学系列游戏在江苏电视台教育频道《未来科学家》节目播出，并在《未来科学家》杂志、微信公众平台推广；园本游戏化课程《让生命自由和谐》出版发行；在省青少年科技模型大赛幼儿搭搭乐竞技赛中，9人获一等奖、14人获二等奖，幼儿园获幼儿组团体一等奖。全年，各类媒体报道幼儿园247次，其中，23篇稿件荣登“学习强国”及其他省级网络媒体。幼儿园获集体荣誉12项，幼儿获省级奖400多人次。

海安市第三实验幼儿园 海安市第三实验幼儿园原名海安县机关幼儿园，安康小区本部创办于1997年7月，2015年归属海安县教育局局直单位，2006年通过江苏省示范性实验幼儿园验收，2007年获评首批江苏省优质幼儿园。2019年8月，第三实验幼儿园尚府分园开园，11月通过南通市优质园验收；2020年8月，第三实验幼儿园御府分园开园，12月通过南通市优质园验收。2020年，全园（本部、分部）拥有班级31个，在园幼儿1392人，教师125人，其中，南通市学科带头人1人、南通市骨干（德育）教师2人、南通市教坛新秀1人，1人获评南通市优秀教育工作者、1人获评南通市优秀班主任。

强化教师队伍建设，开展“葵苗坊”、课程资源研发、项目培训、技能竞赛、半日活动研讨、课程审议等活动，提高教师团队业务能力，发表省级期刊论文15篇。聚焦教育教学发展，坚持以研促教，承担的省“十三五”规划课题“提升幼儿教师区域活动观察能力的行动研究”开题，组织第三联盟体研讨活动，开展教研活动50多次，发布特色课程和班本课程20多个，御府分园获省课程游戏化视导组好评。延展幼儿教育内涵，搭建自主游戏平台，开展“快乐骑行”“爱的抱抱节”等活动，关注幼儿成长。中、大班幼儿体操队分获南通市第四届“锐思杯”快乐体操锦标赛一、二等奖；65人参加南通市教育机器人竞赛幼儿机械师大赛均获等级奖，其中14人获一等奖。注重学校安全监管，联合海安街道、新桥社区开展消防安全知识培训暨灭火演练，开学工作方案《南通市幼儿园新冠肺炎疫情防控工作预案》放样南通。

海北幼儿园 海安市海北幼儿园位于隆政街道。2020年，学校拥有班级6个，在园幼儿193人，教职工19人，通过省优质园复审。夯实“青蓝工程”，发挥骨干教师“传、帮、带”作用，加快青年教师队伍建设。深化教育科研，组织教师参加教研活动、跟岗实习、书籍研读会等，提升教师素质，发表省级期刊论文3篇，1人获省中小学幼儿园优秀教育管理论文评比二等奖，2人分获省“蓝天杯”“行知杯”论文评比二、三等奖。开展集体活动研讨、课程计划审议、现场区域调研、一日活动指导、观察记录研讨等专题研讨活动，增强教学工作实效，《荷叶探秘》获南通市幼儿园游戏园本课程方案评比一等奖。加强课题研究，2项市级课题结题，2项课题通过市级课题申报。加强交流学习，先后接待陕西省略阳县等6所幼儿园教师跟岗学习，承办南通市中青年名师"校园行"活动。加强家校联系，组织"游戏——儿童的学习方式""3—6岁儿童学习与发展指南"等家长培训活动，开展"丰收节"亲子创意制作活动，举行食堂半日开放活动，关注幼儿成长。（何春光）

小学教育

【概况】 2020年，海安市拥有小学48所，其中，省级实验小学10所，南通市"新优质学校"7所。新建小学2所，新增小学教育学位2700个。在校学生3.54万人，教职工数2641人，其中专任教师2510人，义务教育毛入学率100%。在实施海陵中学、城南实验小学、明道小学、海安实验小学4个城区教育集团的基础上，探索区镇集团化办学模式，以曲塘镇为试点组建曲塘小学教育集团，带动双楼、章郭、李庄、顾庄等小规模学校发展。新增南莫镇中心小学、城东镇西场小学、雅周镇中心小学、开发区实验学校为南通市"新优质学校"，城南实小教育集团秦美娟团队获评南通市"四有"好教师建设团队。全面推进线上报名及阳光招生监管工作，小学招生平稳有序。秋季学期起全面开展课后服务工作，2.98万人接受服务，城区小学参与率75.2%，农村小学参与率94.6%，"学习强国"平台专题推介海安课后服务工作，海安在全省课后服务工作现场推进会上做经验交流。

疫情期间，细化"两案九制"（疫情防控工作方案、新型冠状病毒肺炎疫情应急处置预案，传染病疫情及突发公共卫生事件报告制度、师生晨午检制度、学生因病缺课登记追踪制度、复课证明查验制度、学生健康管理制度、应急接种制度、传染病防控健康教育制度、通风消毒制度、环境卫生检查通报制度），加强校园防控，研发资源开展线上教学，常态化做好复学后校园管理，教学秩序在最短时间内全面恢复。各学校与湖北相应小学结成友好学校，共同开展线上升旗、互通书信视频、微队会等活动，城南实小教育集团邀请援鄂医务人员为学生上"开学第一课"，海师附小师生创作抗疫儿童歌曲，角斜镇沿口小学开展"寻访抗疫英雄的母亲"活动。

【小学教育高质量发展】 2020年，海安市各小学以高质量为导向，以文化建设引领办学品质提升，以课程改革推动教育质量提高。城南实小教育集团"将红色文化融入学校幸福教育体系的实践探索"获评2020年省中小学品格提升工程项目。实验小学教育集团和城南实小教育集团的省前瞻性教学改革项目"为了共生理想的项目学习实践""着力思维素养的小学数学简约教学资源建设"课题结项。12月1日，海安市小学教育高质量发展专题展示活动在城南实小教育集团举办，城南实小教育集团通过主题报告、成果展示、读书沙龙等方式展示学校高质量发展情况，原国家督学、著名教育学者成尚荣应邀进行现场点评。构建德智体美劳"五育并举"教育体系，促进学生全面发展。实验小学教育集团获评全国生态文明教育特色学校，白甸镇瓦甸小学被认定为全国青少年校园篮球体育传统特色学校，高新区仁桥小学获评全国人工智能活动特色单位。角斜镇角斜小学获评省少年军校先进单位，雅周镇中心小学获评省体育特色学校，明道小学教育集团被列为省小学珠心算教育实验基地学校，白甸镇中心小学"绿色集结号"环保社团、大公镇北凌小学"地球护卫队"环保社团获评江苏省优秀红领巾小社团。开发区西场小学京剧社获全国少儿戏曲"小梅花"传承类集体节目奖，高新区隆政小学承办省级创意焊接比赛，李堡镇中心小学《花鼓新韵》参加全省乡村少年宫展演。曲塘小学教育集团章郭校区成为新时代劳动教育的先行者，顾庄校区获批南通市少年科学院团体会员学校。全年，小学生参加各类竞赛，获国家级一等奖1人、二等奖3人，省级特等奖6人、一等奖50余人、二等奖120余人。

【少先队工作】 2020年，海安市少先队辅导员与少先队员代表开展"苏鄂同战疫，经典永流传"主题队会、百人球操、千人花鼓以及微队会活动，城南实小教育集团、滨海新区角斜小学、开发区实验学校、墩头镇中心小学等学校开展"学习红色书刊、传承红色基因、争做时代新人"新时代文明实践主题活动。城南实小教育集团获评全国少先队优秀集体，海师附小"紫石中队"获评省级"英雄中队"，大公镇古贲小学崔榕获省少先队辅导员风采展示特等奖。省少年儿童研究会少先队组织专业委员会第十一次年会在海安举行。全市各小学拥有少

2020年12月5日，海安市西场小学"和润京韵"社团的孩子们在京剧教室训练
徐劲柏／摄

数民族学生374人，以少先队活动为载体，开展民族团结教育。城南实小教育集团开展“一次队会、一份小报、一场汇演、一项结对”主题教育活动，被表彰为南通市事业单位脱贫攻坚专项奖励记功集体。明道小学教育集团建立民族团结陈列馆，省、南通市民宗局先后4次到校视察指导民族团结教育工作，学校获评省首届民族团结工作“红石榴家园”。

【城南实验小学少先队大队获评全国优秀少先队集体】 2020年12月29日，海安市城南实验小学少先队大队被共青团中央、教育部、全国少工委表彰为全国优秀少先队集体，这是少先队集体最高荣誉，全省仅9所学校获此殊荣。城南实验小学少先队强化思想政治引领，坚定“为党培育红孩子”的少先队建设方向，引导全体少先队员爱党爱国爱人民。学校连续两年在长三角少工委主任沙龙上分享少先队工作经验。强化少先队基础建设，创优“幸福完整而有意义”的少先队组织生活，2020年入队仪式视频被“学习强国”学习平台报道。强化活动育人，以温暖的“乡土之爱”孕育炽热的“家国情怀”，以苏中七战七捷革命精神引领队员传承红色基因，争做新时代好队员。疫情期间，与湖北两所学校开展手拉手活动。培育优秀辅导员队伍，辅导员中有2人为省特级教师，2人为省优秀少先队辅导员，11人为南通市、海安市优秀少先队辅导员、德育工作带头人，5人在省、南通市辅导员比赛中获特等奖、一等奖。

【省少儿研究会少先队组织专业委员会年会在海安举行】 2020年10月19—20日，以“高举队旗跟党走，红色基因代代传”为主题的江苏省少年儿童研究会少先队组织专业委员会第十一次年会在海安举行，中国少年先锋队工作学会副会长、全国著名少先队工作专家华耀国，共青团江苏省委中少部部长、省少工委副主任张志方，海安市领导等出席活动，全省少先队工作者600余人参加活动。开幕式上，省少儿研究会少先队组织专业委员会副主任华丽红做年会工作报告，省少工委副主任张志方指导少先队工作遇到的问题，举行省少先队组织专业委员会实践基地授牌仪式，进行第十一次年会与第十二次年会承办地交接旗仪式，与会代表观看海安少先队工作专题片，城南实验小学教育集团做少先队工作报告。开幕式后，举行海安市贯彻落实全国第八次少代会精神主题大队会，观摩城南实验小学、实验小学、教师发展中心附属小学提供的少先队特色活动现场。其后，举办“学习中央贺信、贯彻第八次全国少代会精神”专题论坛，海安市明道小学等5家单位分享少先队工作品牌活动。

◆ **附**

海安市小学选介

海安市实验小学教育集团 2020年，海安市实验小学教育集团拥有东、西校区，累计班级数96个，在校学生5303人，教师数273人，其中名师114人。西校区全面投入使用，投入约1.05亿元实施东校区改扩建工程，北校区、乐百年校区工程正式立项。学校获评全国生态文明教育特色学校、省“诵读学传”示范学校、省优秀少年科学院、省青少年科技教育先进学校等。各媒体报道学校260多次，其中，《人民日报》、“学习强国”学习平台等主流媒体报道80多次。

学校以全面育人为目标，促进学生健康成长。加强德育阵地建设，成立“红领巾督查岗”“啄木鸟行动小队”，全年开展红领巾寻访活动20多次。挖掘社区教育资源，先后组织“驾驶哈士奇，相约北极光”“小小理财家”等江海小记者活动。狠抓课程常规管理，开齐、开足各类课程，分年级推进项目学习活动，一年级部“爱上共生园”、二年级部“祖国版图我留名，永远都是中国人”、三年级部“相逢秋叶浓，更值童心飞”、四年级部“问月少年行，‘月’问‘月’明”、五年级部“方寸之间天地宽，共生校园邮海香”、六年级部“共生娃赴时光之约，跨学科映百年老街”；按要求开展课后延时服务，服务学生3600人。关心特殊儿童成长，建立特殊儿童档案26例，着力推进融合教育。全年，学生参加竞赛35项，获国家级奖项6人次、省级69人次、南通市84人次。

以教研活动为载体，提升教育教学质量。深入“共生课程”研究，继续开展省级课题4项、南通市级7项、县级16项，新增省级教研课题3项，其中省前瞻性教学改革项目“为了共生理想的项目学习实践”结项，项目研究成果《项目学习：基于学校的行走》出版，《教育研究与评论》发表此项目学习论文，受南通市教育局委托编撰《南通教育参考》（项目学习专辑）。推进少先队研究，少先队活动课研修有序开展，辅导员专题征文活动和专题交流接续举行，教师获省级奖24人次、市县级奖26人次，承办省少年儿童研究会少先队组织专业委会第十一次年会。承办南通市中小学班会课优课评比活动（小学组）、教师发展·课堂教学展评活动等科教研活动，提升教学品质。

市外与陕西略阳、江苏南京江北新区和苏州吴中区，市内与雅周、李堡、仁桥等地区的学校开展校际交流活动，扩大办学影响。抓好校内教学研讨，启动“领航课、校级课、组内课”三级教研活动，管理人员全面走进随堂课，形成“走廊教研、办公室研讨”的独特教研文化。加强教师队伍建设，成立青年教师发展学院，《江苏教育》专题介绍教师“共生团队”。

海安市城南实验小学教育集团 2020年，海安市城南实验小学教育集团拥有班级139个，在校学生7774人，教师392人，其中，特级教师2人，南通市骨干教师、带头人16人，南通市教坛新秀7人，海安市骨干教师、带头人43人，海安市教坛新秀19人。东校区改扩建工程、南校区和西校区新址重建工程有序推进，学校获评南通市“节水型学校”、江苏省节能示范单位，蝉联南通市“依法治校示范校”，江苏教育新闻网报道学校宪法日主题教育活动。

学校坚持文明文化与幸福教育深度融合，“将红色文化融入学校幸福教育体系的实践探索”入选省中小学课程基地与学校文化建设项目，《江苏教育》专题推介幸福团队文化建设，学校蝉联省“文明校园”；《人民日报》《光明日报》《中国教育报》等媒体多次报道学校德育活动，仅“学习强国”学习平台就报道42次；承办江苏省少先队年会等重大活动，少工委主任许卫兵在长三角少先队工作论坛上发表主题讲话，少先大队获评全国优秀少先队集体。推进“五育并举”，推行“五好生”评选，学生1人获省诵读大赛一等奖第一名，各3人获全国生肖邮票创意大赛银奖、铜奖，2人作品被“学习强国”学习平台录用，3人获南通市现场绘画泥塑大赛一等奖；两个社团获评省优秀“红领巾社团”，街舞、啦啦操、快乐体操社团获南通市比赛一等奖，学生团队获南通市网络安全知识竞赛一等奖第一名；中央电视台社会与法频道报道学校劳动教育的经验做法。

以幸福党建引领发展，“红色光芒照亮校园”获评省中小学校党建品牌。教师队伍蓬勃发展，入选南通“四有”好教师建设团队，1人获评南通市“领航校长”，8人入选“海陵名师”一、二梯队，10人获评南通市学科带头人、骨干教师，1人成为南通市德育名师工作室主持人培养对象；参加教学比赛获省一等奖、二等奖4项和南通市一等奖8项，开设县级以上公开课（讲座）200多人次。教育科研成果丰硕，开展700多个微型课题研究，2项省级课题（项目）结题（项），3项省级教育科学规划课题开题，相关研究成果获第五届江苏省教育优秀成果奖，400多篇文章在报刊发表或在论文评比中获奖，学校获评江苏省陶研工作先进集体。深化教育帮扶协作，学校与湖北黄石、孝感等地8所学校结对共建，带动海南、河南、福建等地名师举行全国网络培训，到河南、陕西以及山东等地开展教师培训，研发的教学资源无偿分享给26个省160多所联盟校。

曲塘小学　海安市曲塘镇中心小学创建于1907年。2020年8月，成立曲塘镇小学教育集团，带动双楼、章郭、李庄、顾庄等小规模小学发展，促进义务教育均衡优质发展。2020年，曲塘镇中心小学拥有班级27个，在校生1345人，教师110人，其中名师38人，王玉东获评南通市教育家型教师、海陵名师一梯队培养对象，陈锋入选南通市卓越教师培养对象。

坚持立德树人教育理念，举行“立志向、修品行、练本领——听习爷爷的话，争做新时代好少年”开学典礼、“厉行节约，反对浪费”“高举队旗跟党走，星星火炬永传承”“民法典进校园”等系列活动，服务学生成长。强化教学管理，推进“立学课堂”改革，激发学生学习兴趣，注重以学定教；建立学科校本研修组，开展半日研修、专题研讨活动，提升教学质量，王玉东的《巧做无盖长方体》获评全国思维型教学优质课评比一等奖，1人获南通市语文课堂教学竞赛一等奖。推动教师德能协调发展，成立青年教师联盟，开展教师共读活动、课堂教学能力提升专题调研、青年教师基本功展示活动，搭建成长新平台。加强交流协作，与盐城市大丰区新丰小学、金墩小学、龙堤小学签订合作协议，共同制定发展规划。

教师发表省、南通市级期刊论文10多篇，执教市级以上公开课20多节，其中省、南通市级7节。完成“基于儿童种子观的小学科学闲意课堂探索实践”和南通市教育规划课题中期报告，“十三五”课题“促进农村集镇小学自由发展的闲暇文化研究”、省级规划课题“陶行知手脑并用思想在劳技教育中的实践研究”结题。章郭校区获评江苏省影响力学校建设共同体成员单位。顾庄校区科学教育论文《把“科学种子”种进师生的心田》入选《中国名校文化博览》。　（何春光）

中学教育

【概况】　2020年，海安市拥有普通中学31所，在校学生数2.66万人，其中，初中25所1.62万人、高中6所1.04万人。教职工总数3653人（专任教师3289人），其中，初中教职工数2115人（专任教师1925人），高中教职工数1538人（专任教师1364人）。

【初中教育】　2020年，海安市中考700分以上高分数段人数306人，高分群体比例居南通首位。初中教育注重强化学生核心素养培养，开齐开足艺术、科技、劳动实践等课程，以学生社团建设为平台，组织书画、科技发明、环保演讲等科技、艺术竞赛，推进高雅艺术进校园、科技创新在校园、绿色文明爱校园。紫石中学仲津仪、海陵中学阙鸣获“苏教国际杯”江苏省第二十届中学生阅读与写作大赛（初中组）特等奖（全省20人，南通市仅2人），6人获最佳人气奖（全省仅20人）。城南实验中学获第32届江苏省中小学生金钥匙科技竞赛团体比赛（初中组）一等奖第一名。按照国家新课程方案与学科课程标准、新高考和中考方案，以海安市初中课改联盟为平台，全面深化课程改革。以中学优秀校本课程评比为抓手，开发具有海安特色、区域共享、适应学生发展需求的高效学习资源和系列课程，加强高中学科课程基地、初中薄弱学校项目和校外综合素质活动基地的建设与管理，西场初中通过省课程基地中期评估。8月20日，南通市初中教育工作会议在海安召开。

【高中教育】　2020年，海安市高考400分以上高分段人数134人，占全省3%。高中教育以品牌建设扩容增量，江苏省海安高级中学通过省艺术教育特色学校现场评估，“高中生阳光品格自我建构提升工程”获评省中小学生品格提升工程精品项目；曲塘中学获评国家足球特色学校；南莫中学省级基础教育课程基地建设项目“水乡生态教育课程基地”结项。全面育人成效显著，86人获评省、南通市“三好”学生和优秀学生干部，10人获评江苏省、南通市新时代好少年；9个班级获评南通市优秀学生集体；江苏省海安高级中学劳动教育实践被教育部作为典型案例向全国推介；南通市普通高中心理健康教育研讨活动在立发中学举办，立发中学获评南通市首批优秀家长学校。开展志愿服务项目1678个，受众10万人次，1000多篇活动报道发表于《人民日报》《江苏教育报》、交汇点等媒体上，江苏省海安高级中学获评全国未成年人思想道德建设先进集体。

【海安中学获评全国未成年人思想道德建设先进集体】　2020年11月20日，江苏省海安高级中学在全国精神文明建设表彰大会上，被表彰为全国未成年人思想道德建设工作先进单位，成为江苏省唯一入选的普通高中。江苏省海安高级中学开展未成年人思想道德建设实践活动，在潜移默化中提升学生品格。以主题班会课为重要载体，宣讲党的先进理论、中华传统美德，弘扬英雄精神。实施“红色渐染工程”，挖掘开发“红色校本课程”，将其作为学生社团活动的主元素。学校话剧团先后把《家》《红岩》等红色经典故事搬上舞台，重温初心使命；自编自演《春晖堂的故事》《我们的奖状》等节目，将学校的感人故事搬上舞台，传播正能量。全国先进工作者、江苏省优秀党员吕建领衔整合学校省、南通市级劳动模范、优秀党员等优质资源，创建“劳模创新工作室党支部”，弘扬劳模精神。以名师工作室为阵地，以“青蓝工程”为纽带，对年轻教师进行双驻点式“影子培训”，打造教育发展共同体。通过评选“三好生”“校园之星”“美德少年”“最美少年”等形式进行榜样激励，引导学生向真崇善。创新打造“阳光高中生”品牌，设立读书改变命运、刻苦成就学业、态度决定一切等12个重点目标，每个学期围绕2个专题开展活动。实施“一米阳光行动”，要求每个学生都要从身边的一点一滴做起，把以自己为圆心、一米半径范围内的事做好。坚持实施农场劳动实践，通过劳动教育导师制、劳动技能过关制、劳动培训联动制，将劳动教育落到实处。建立以学校为主导、以家庭为基础、以社会为依托的“三维同向”未成年人道德建设思路，定期召开学校、社区和家长代表联席会，推动学校、家庭、社会的教育协调一致发展。

◆ 附

海安市中学选介

海安市城南实验中学　2012年8月，海安县城南实验学校（筹）作为海安县政府为民办实事工程开工建设。2013年9月1日正式启用。2020年，学校拥有班级52个，在校学生2576人，教师222人，其中教学名师66人。

学校狠抓教育教学高质量发展，承办南通市初中教育工作会议，入选省“十四五”学生体质健康监测点校（海安唯一）。素质教育全面开花，创新开设“南之力”体育社团、“南之禾”学科社团、“南之光”科学社团、“南之炫”艺术社团、“南之风”诵讲社团，举办双语诵讲大赛、阳光体育运动会和校园文化艺术节等活动，全方位展示学生才艺。学生99人次获得省、南通市比赛团体和个人奖项，其中，3人代表海安参加省中小学生金钥匙科技竞赛获团体一等奖，“南之力”体育社团女子篮球队获南通市青少年篮球锦标赛冠军；4人获“苏教国际杯”省作文大赛一等奖，各1人获全国、省计算机编程比赛一等奖，2人获省中小学生诵读大赛一等奖。中考成绩喜人，4人总分进入全市前十，21人被江苏省海安高级中学创新班录取，161人被省海中录取。

注重教师专业成长，加强教研组和主备课活动建设，开展命题解题比赛、读书沙龙、教学比赛、师徒结对等活动，不断壮大优秀教师群体。教师2人获省教学基本功比赛一等奖，8人获南通市教学基本功大赛、优课评比一等奖。11人获评南通市骨干教师和教坛新秀，22人获评海安市学科带头人、骨干教师、教坛新秀。推进教育精准扶贫，与陕西省略阳何家岩及白水江中学缔结友好学校，开展“苏陕协作·海略交流”活动，教师吕慧《帮扶“三峡”移民少年励志成长的故事》在“学习强国”学习平台上发表，获评省十佳资助育人好故事。安全工作领跑全市，江苏教育电视台《江苏校园安全报告》栏目报道学校安全工作。

江苏省曲塘高级中学　海安市曲塘中学创办于1952年，1998年升格为江苏省重点中学，2004年首批转评为江苏省三星级普通高中，2013年晋升为江苏省四星级普通高中。2020年，学校拥有班级45个，在校学生2192人，教师296人，其中，教学名师26人，拥有研究生学历31人。学校获评江苏省体育特色学校、南通市首批国际理解教育基地。

学校注重德育为首，促进学生全面发展。拓宽德育渠道，在雅周现代农业园建立研学实践教育基地，四大类21个社团正常开展活动，举办迎国庆跑操比赛、第62届秋季运动会、宿舍文化节等活动；彰显德育特色，“学会关心”教育申报省、南通市德育课题，在高一至高三年级分别实施习惯养成教育、感恩教育、职业生涯设计为主题的德育教育。抓好教学常规落实，探索教学改革创新，实现教学成绩稳步提升，633人参加高考，本科达线率99.1%，其中，400分以上3人，390分以上18人。

创新开展“两语”（汉字、英文）书写比赛、“读书之星”“管理之星”评比、“领航力量——教研摆渡人”推荐、教师优课展评等活动，展示师生风采。全年，教师1人获省中小学实验说课比赛一等奖；2人获南通市高中教师教学基本功比赛一、二等奖；7人获南通市高中优质课评比一、二等奖，其中2人代表南通参加省优课评比；近20人参加省内四星级高中的“同课异构”展示活动。深化课堂教学改革，推进课堂教学“四效”（有效预学、高效课堂、强效训练和实效辅导）改革，实现先学后教、以学定教、以教务学、以练固学；开展“立学课堂”展示课活动，各备课组每两周安排一次组内公开课活动，11月27日举办的“立学课堂”公开教学研讨活动吸引省内30多所学校的领导和教师300多人参加活动。教学团队教科研成果丰硕，2项南通市“十三五”规划课题通过结题鉴定，省“十三五”规划课题“‘和合共生’引领下的‘学会关心’的德育实践研究”等其他课题取得阶段性成果，教师累计发表论文80多篇；各3人通过中小学高级、一级教师资格评审，6人入选首批“海陵名师”。

江苏省海安高级中学　江苏省海安高级中学是国家级示范高中、首批江苏省四星级普通高中、江苏省首批通过验收的省重点中学和省教育厅首批命名的模范学校。1939年秋，由著名爱国人士、原江苏省省长韩国钧创办，校训为“敦品励学、自强不息”。2020年，学校拥有班级55个，在籍学生2670人，在岗任教教师250人，其中，县级以上骨干教师19人，学科带头11人，教坛新秀8人。

学校聚焦“五育融合”，学生综合素质不断发展。强化立德树人，学校获评全国未成年人思想道德建设工作先进单位，全国仅15所普通高中入选，江苏唯一；承担的省中小学生品格提升工程“高中生阳光品格自我建构提升工程”获评该工程最高等级——精品项

2020年9月14日，江苏省海安高级中学高一学生在乐百年健康小镇开启“劳动周”实践活动
江苏省海安高级中学／供图

目；“融入式双提升”党建文化品牌获省中小学“一校一品”党建文化品牌项目建设成果奖，《新华日报》《江苏教育报》“学习强国”学习平台等媒体报道学校党建经验做法。整合体育、美育、劳动教育特色项目，先后举办英语演讲比赛、2020级学生“海中农场劳动周”实践活动、“致青春”合唱节、足球联赛等活动，打造“苗圃计划”创新中心，省三门球协会展览馆（课程基地）落户学校并建成开馆，劳动教育实践被教育部作为典型案例向全国推介。学校获批北京师范大学数学科学学院京师数学建模教育中心实践基地、清华大学基础学科拔尖创新人才大学中学衔接培养基地，获评全国青少年校园篮球体育传统特色学校、省中小学艺术教育特色学校。各学科集训、竞赛和特长生培养工作有序开展，学生26人次在国家级比赛中获等级奖，86人次在省级比赛中获等级奖。高考高分段人数继续在全省保持领先，全省前10名1人，前100名7人，前1000名71人；400分以上131人。

聚焦师德师能，教师专业素养不断提高。两次承办省普通高中校长任职资格培训班的跟岗学习培训。教师撰写的论文发表于核心期刊6篇、国家级刊物6篇、省级刊物54篇，学校获评全省教科研工作先进集体、南通市“校园诗教”创新实践共同体成员学校。1项国家级课题、1项省级课题、11项南通市规划课题结题，三门球项目入选南通市教学成果培育项目，吕建主持的“学生成长记录平台的研发与实践”获省教育科学优秀成果奖。在各级课堂教学比赛中，获南通市级比赛一等奖13人次、二等奖6人次。吕建获评全国先进工作者、南通市“领航校长”，何咸钧获评感动江苏教育人物——“最美班主任”，李勤入选“苏教名家”培养对象，张锋获南通市“园丁奖”。 （何春光）

职业教育

【中等职业教育】 2020年，海安市拥有中等职业学校2所，其中，江苏省海安中等专业学校（简称海安中专）是公办的国家级重点职业中学、国家重点技工学校、江苏省四星级中等职业学校、江苏省高水平示范性中等职业学校，海陵技校是民办的省重点技校。海安中专、江苏省海安双楼中等专业学校、海安技工学校、海安市建筑工程学校完成实质性整合，海陵技校与海安中专合署办学。在校职校生5920人，其中，2018级1951人、2019级1928人、2020级2041人。教职工总数621人，其中，海安中专576人、海陵技校45人。是年，毕业生2509人，其中，海安中专1319人，海陵技校1190人；2062人升入高校，其中，海安中专1165人，海陵技校897人；250人就业，其中，海安中专110人，海陵技校140人。毕业生在海安实习率100%、在海安就业率83.6%。建有计算机、机电省级专业群，机电、计算机、机电一体化省级专业实训基地，省建筑施工特种作业人员考核基地、省中小学生职业体验中心和南通市级智能装备操控职业体验中心。实施网络系统建设与运维、网店运营推广、业财一体信息化应用3个“学历证书+若干职业技能等级证书”试点项目。推进产教融合、校企合作，建立餐饮、建筑、机器人、电梯4个职教产教联盟，职校准毕业生745人顶岗实习，助力海安企业复工复产，职校生在海安就业率80%以上。

【高等职业教育】 2020年，海安市拥有高等职业学校1所，海安开放大学是江苏省联合职业技术学院海安办班点，与海安中专合署。学校开设机电一体化技术、工程造价、会计、电子商务、计算机网络技术、幼儿发展与健康管理等五年一贯制高职专业6个，新申报数字媒体应用技术专业、电梯工程专业。在校高职生892人，其中，16级112人、17级97人、18级129人、19级215人、20级339人。顺应“互联网+”发展趋势，坚持信息技术与教育教学深度融合，开展学历、技能“双提升”教育，是大连理工大学、西南大学、福建师范大学、国家开放大学、江苏开放大学等知名高校网络教育办学点，在籍函授学生1700人。

◆ 附

海安市职业学校选介

江苏省海安中等专业学校 海安中专由原海安县海陵职业中学、南通市广播电视大学海安分校、江苏省海安农业工程学校、海安教师进修学校（海安艺术学校）、江苏省双楼中等专业学校、海安市技工学校、海安市建筑工程学校先后合并而成。2020年，学校获评江苏省现代化示范性职业学校，创建国家级人才培训基地、省级家庭服务职业培训基地、省建筑施工特种作业人员考核基地、省职业技能等级认定机构、南通市职业技能鉴定站、海安市数字经济人才培训基地等。

学校思政工作持续作为，参加江苏省第十一届中等职业学校文明风采竞赛活动，获省优秀作品奖7件，获省文明风采大赛组织奖；承办南通市职校班主任班会课比赛，并获一等奖、二等奖；开展核心价值观、文明礼仪、工匠精神等主题教育活动，编发校本课程《护航花季雨季》。教育教学成绩突出，参加江苏省对口高考，67人达本科线，储瑞雪、潘婉榕分获工艺美术、音乐专业南通市高考第一名；参加天津职业技术师范大学对口单招考试，14人达本科线，本科达线率70%，录取率、本科录取人数均为江苏省第一，3人进入全省前十名。参加省职业院校技能大赛获二等奖1个、三等奖5个；参加南通市职业院校技能大赛，11人次获一等奖、26人次获二等奖、30人次获三等奖，获奖人数创新高。录取与审批新生1800人，组织2400人参加学业水平测试。

教育科研成果丰硕，承办南通市职业学校"主题型、情境化、活动式"综合实践主题教研活动、南通市职业学校体育与健康课程教研活动；教师继续教育签证合格率100%，教师发表论文50篇；新增南通市级课题1项，2项省级、1项南通市级课题完成结题；3项成果获南通市职业教育课程建设与教学改革优秀成果评选一等奖，3项成果通过南通市职业教育公共选修立项课程建设成果验收，其中2项成果获评优秀级；参加南通市技工院校教师职业能力大赛，获一等奖1个；参加省陶研会第十二届"行知杯"征文评选，4篇文章获二等奖、8篇获三等奖。援疆支教教师徐冬青指导学生在全国无人机职业技能大赛中获一等奖，于友林、陆金生获评省教科研先进个人，胡高贵领办的烹饪工作室成为海安教育系统首个南通市技能大师工作室。

社会培训稳步实施，开展技能提升、新型学徒制、退役士兵、特种作业人员等培训工作，培训5272人，其中，劳动就业培训中心培训4363人、建筑培训中心培训909人，省建筑施工特种作业人员考核基地通过复核评估，柔性装备操控职业体验中心被认定为省中小学生职业体验中心。学历教育效益提升，招收成人学历教育学生685人，其中，国家开放大学招生60人、江苏开放大学招生360人、远程教育招生265人，招生人数比上年增长50%，在籍学生1700多人。　（何春光）

高等教育

【概况】 海安市拥有全日制普通本科高校南通理工学院海安校区，海安校区常住3个二级学院，开设20个本科专业。商学院开设财务管理、电子商务、金融工程、物流管理、酒店管理、市场营销、标准化工程7个专业，建筑工程学院开设工程管理、工程造价、环境设计（艺术类）3个专业，计算机与信息工程学院开设计算机科学与技术（嵌入式培养）、软件工程（嵌入式培养）、数字媒体技术（嵌入式培养）、网络工程（嵌入式培养）、视觉传达设计（艺术类）5个专业。2020年，在校学生4236人，首届（2016级）学生1200余人毕业，新招收（2020级）学生2270人。常住教职工157人，流动任课教师81人。因疫情影响，4月16—17日，海安校区完成学生分批返校复学工作，5月4日正式开课。

【校区基础设施建设】 2020年，南通理工学院海安校区完成学校11.25公顷土地的招、拍、挂工作，完成3.33公顷教职工住宅用地报征及方案设计。完成图书信息大楼、5号学生公寓、科技服务楼（一）、专家楼的规划核实、消防及竣工验收备案工作。基本完成与中国科学开发院合作开发的科技孵化器项目，建筑面积约6.78万平方米。完成海安校区总平面及单体调整，启动校区四期项目建设（4栋学生公寓），建筑面积约2.7万平方米。配合南通理工学院本部完成已建项目的审计结算工作，完成一、二期建设项目农民工工资保证金及墙改基金的返还工作。协调将新生幼儿园交接给海陵技校使用，完成海陵技校运动场地硬化及围墙搭设，与海陵技校实现校区分离。

【教育教学管理】 2020年，南通理工学院海安校区数字媒体艺术获批本科专业，物流管理专业获批2019年江苏高校一流本科专业，计算机科学与技术、软件工程、网络工程、数字媒体技术、数字媒体艺术等专业的嵌入式人才培养项目通过2019年高等学校服务外包类专业嵌入式人才培养项目备案审核。《中级财务会计》《插画设计》《现代工程图学（非机类）》入选省重点教材立项，"电子商务概论"获江苏省高校在线开放课程立项建设。开展课堂教育改革，实现随堂听课全覆盖，开展疫情期间线上课程"优秀课堂笔记"评选活动，累计收集500余份课堂笔记。教学基础设施不断完善，建有千兆网络系统、校园广播系统、标准考场管理系统和多媒体教室管理系统。建成多媒体教室110间、录播教室5间、微课教室1间、计算机房11间、实验室9间、画室3间，建成第一个智慧教室。图书馆新增典藏纸质图书13万余册，总量33万余册；馆藏纸质期刊433种、报纸58种；新增备用书库1个、过刊库1个。

【学生养成教育】 2020年，南通理工学院海安校区深入推进学生养成教育，开展文明礼仪教育、学习习惯养成、劳动能力培养、志愿服务开展、社会实践调查、科学研究活动等系列主题活动，实施的"扶娃"工程、"四点半学堂""麦田守望者"等志愿服务活动深受好评，与海安开发区结对共建云上"青"课堂和共建"鲁班传人"志愿服务项目，推动学生志愿服务走出校园。鼓励学生投身社会实践，大学生"三下乡"社会实践多支重点团队被表彰。加强理论学习研究，5项课题获省高校哲学社会科学研究项目立项，结题1项。做好党员发展工作，举办南通理工学院海安校区第十四期入党积极分子培训班，参加培训学生171人，新发展学生党员8人、教工党员2人。

【合作办学】 2020年，南通理工学院海安校区依托海安各类资源办学，推进政校企合作共建，分别与海安经济技术开发区、海安软件园以及苏中集团等数十家政企单位签订战略合作协议。与苏中集团在高性能大体积混凝土研发、超高装配率装配式建筑关键施工技术研究、智能制造、智慧监测、BIM技术应用等多方面展开科研合作，并为工程一线提供核心技术服务。11月22日，双方投资共建的苏中建筑产业学院在南通理工学院建校二十周年暨高水平应用型本科高校发展论坛上正式揭牌。实施人才联合培养和精准帮扶工程，在校就读的经济困难学生与中国天楹、跃通数控等9家海安企业与签订委培协议，企业每年资助100人，每月资助800元，由海安市财政和企业各负担50%，学生毕业后留在海安就业。参与实施“海陵英才”计划，制定《“海陵英才”计划联合培养手册》，从学业和假期到企业实践锻炼等方面对学生提出明确要求，同时明确校企工作职责，建立“校企生”三方沟通联络机制，第二批“海陵英才”计划中10余人与企业达成签约意向。与海安市委宣传部及“海安花鼓”传承人联合开展“海安花鼓”研究。在海安市七战七捷纪念馆、角斜“红旗民兵团”史绩陈列馆建立大学生思想政治教育基地。

（何春光）

社会教育

【概况】 2020年，海安市形成以海安开放大学（社区学院）为龙头、10个区镇社区教育中心为骨干、227个居民学校为基础的社区教育三级网络运行体系。开展“全民终身学习活动周”活动，向社区开放教育资源，组织各类学习型组织创建和扶持群众学习团体活动，组织海安市第五批优秀学习型组织评选表彰激励活动（每两年一次），评选出优秀学习个人150人、学习型家庭100个、学习型组织50个。市教体局制定《海安市社区教育公共课程表（试行）》《海安市社区教育百分考核细则》等文件，定期组织社区教育事业督导评估活动，促进全市社区教育规范化和优质化发展。市各级社区教育机构师资队伍结构较为合理，社区教育教师培训被纳入市级中小学骨干教师培训体系。实施校外培训机构办学行为负面清单积分管理办法，限期整改10家，暂停办学17家，关停无证无照经营12家。

【社区教育培训】 2020年，海安市各级社区教育学校实施新型职业农民教育、老年教育、青少年校外教育和居民快乐生活教育四大工程，组织青少年校外教育培训3051人、新型职业农民教育培训2769人、企业职工教育培训3408人、老年人教育培训2260人。各区镇社区教育中心全部挂牌成立老年学校，老年人社区教育活动年参与率22%以上。创新“互联网+社区教育”模式，通过线上、线下相结合的形式组织开展各类讲座、论坛、培训、观摩、展览等学习活动，开展国情教育、科学普及、创业再就业、职业技能提升、抗疫防疫、环境保护等社区教育学习和宣传活动。

【社区教育品牌项目建设】 2020年，海安市在县（市）级层面上，试点社区教育公共课程建设、社区教育教师专业化成长和培育学习型组织三大品牌项目建设，提升社区教育服务社会的能力。在区（镇）层面上，打造区域社区教育特色品牌，高新区社区教育中心“文化养老，幸福银龄”项目、白甸镇社区教育中心“唱响水乡号子，传承农耕文化”项目获评省社区教育特色品牌项目。全市社区教育学校承接省级以上社区教育研究课题4项，获省级社区教育专项表彰5个。曲塘镇社区教育中心获评省优秀成人继续教育院校（培训机构），南通市唯一。累计建成南通市特色社区教育基地7个。在《中国社区教育》等省级以上报刊上发表专业论文6篇，在南通市级以上媒体发表社区教育宣传报道1220多篇。

（何春光）

特殊教育

【概况】 2020年，海安市拥有特殊教育学校1所，在校学生197人，教职工38人，其中专任教师30人。加大特殊教育发展经费投入，特殊教育学校学生及所有随班就读学生的生均公用经费是普通学生的8倍，小学6720元，初中9600元。通过普通学校随班就读、特教学校就读、康复机构特教办学点就读、送教上门等多种方式，落实“一人一案”，做好教育安置，全市残疾儿童少年义务教育入学率巩固在99%以上。

【融合教育资源中心建设】 2020年，海安市贯彻落实《海安市第二期特殊教育提升计划实施方案（2018—2020年）》，新建初中融合教育资源中心10所，全市累计建成融合教育资源中心35所，实现幼儿园、小学、初中和职中融合教育资源中心全学段、全区镇覆盖。11月，南通市融合教育资源中心认定工作会议在海安召开。全市融合教育资源中心全部通过南通市级认定。角斜镇中心幼儿园承担南通市融合教育年会现场展示任务，促进融合教育经验在南通市推广应用。

（何春光）

教师队伍

【概况】 2020年，海安市拥有在职教职工8958人，其中专任教师6294人；新招聘补充人员319人，其中，中小学教师149人，幼儿园编内教师50人、编外人员113人，另有会计6人，校医1人。加大干部队伍建设力度，出台《关于加强海安市中小学校（幼儿园）校（园）长队伍建设的实施意见（试行）》，江苏省海安高级中学吕建、城南实验小学许卫兵、曲塘镇中心幼儿园顾晓梅获评南通市首届“领航校长”；实行教育干部试用期考核，2019年新提拔的校（园）级干部38人全部考核合格；遴选年轻干部19人参加市委组织部举办的专业领域优秀青年干部培训，遴选65人参加教育系统青年干部培训。江苏省海安中学何咸钧获评江苏省“最美班主任”。1人被授予南通市五一劳动奖章，5人获评南通市教育系统“双带”型党员标兵，5人获评南通市优秀共产党员，1人获南通市园丁奖，51人获评南通市优秀教育工作者。

【名师团队建设】 2020年，海安市紫石中学钱文波教师团队、城南实验小学秦美娟教师团队获评南通市第二批“四有”（有理想信念、有道德情操、有扎实学识、有仁爱之心）好教师建设团队，累计获评4个团队。实施“海陵名师”工程，引进名校优生7人，遴选梯队培养对象86人，其中，第一梯队培养对象20人、第二梯队培养对象30人、第三梯队培养对象36人。新评选海安市学科带头人104人、骨干教师354人、教坛新秀160人；新推选南通市学科带头人43人、骨干教师63人、教坛新秀35人。新建南通市级乡村骨干教师培育站1家，累计5家；新建海安市级乡村骨干教师培育站3家，累计11家。（何春光）

教育研究

【教育课题研究】 2020年，海安市教育科研成果丰硕，规划课题获省级新立项13项，其中省重点资助课题1项，获批南通市级规划课题50项，3项成果介绍入选南通市《教育参考》，在南通市推广交流。实验小学教育集团的项目学习研究成果出版。实验小学教育集团“为了共生理想的项目学习实践”、城南实验“着力思维素养的小学数学简约教学资源建设”、明道小学“‘明道文化’引领下的特色课程建设”、曲塘中学“农村高中学生两语阅读实践的课程开发研究”4个省前瞻性教学改革项目结项。江苏省海安高级中学吕建领衔申报的“学生成长记录平台的研发与实践”和城南实验小学集团许卫兵领衔申报的“剖宫产儿童学习关怀的案例研究”获省教育科学优秀成果二等奖。11月25日至26日，江苏省、南通市优秀课题研究成果展示暨2020年度小学、幼儿园省市教育科学规划课题主持人培训会议在海安举行，南通市教育系统400余人参加会议。

【教师研训】 2020年，海安市教师培训扎实有效，开展学科素养全员远程培训、省中小学（幼儿园）教师开学第一课培训、省信息技术应用能力提升培训、学前教育专业本科函授等，培训各学科骨干教师440人、新教师405人、毕业五年的定向师范生42人、青年干部65人。发挥学科带头人和名师工作室作用，开展菜单式培训和教学示范活动30场，培训教师2813人次。教育调研视导工作覆盖全市所有中小学，全体研训员听课总量超3000节，人均听课量超120节，组织海安市级研训活动10次以上。推进“共学”课堂建设，研发授课视频500余节，指导各学校开展抗疫助学，成效显著。9月24—26日，江苏省教育厅“名师送培”初中数学命题与教学能力提升培训活动在海安举行，海安市城南实验中学教师刘海兵和曲塘中学附属初级中学教师肖亚东展示两节教学研讨课。教师参加优课评比和基本功比赛，获省级一等奖4人，南通市一等奖21人、二等奖18人，城南实验中学陈树梅获省初中语文基本功大赛一等奖、杨佳佳获省初中英语青年教师教学基本功大赛一等奖，实验中学徐志宏和教师发展中心朱永侃获省第七届中学化学创新实验展评一等奖。市教师发展中心获评南通市2020年度教研工作先进单位。

【电化教育】 2020年，海安市教育系统电化教育推陈出新，以省网络名师工作室活动和省教育科学研究院现代教育技术所的重点支助课题“互联网+多学科融合的项目化教学”研究为契机，开展“互联网+项目化教学”研究、培训及专项竞赛活动，探索信息化教育教学模式，引领信息技术与教学深度整合的普及和应用。承担“省名师空中课堂”录像课的拍摄任务，征集优质课录像200多节共享给全市教师。新增省级“智慧校园”41所，累计建成57所，占学校总数的75%。12月2日，南通市“江苏省网络名师工作室”现场交流活动在海安举行。组织“教育技术逐月行”、信息化教学能手培训、比赛、专项课题研究等活动14次，培训1500余人次。各1人获“领航杯”江苏省信息化教学能手大赛特、一等奖；11月28日，“领航杯”南通市青少年网络信息安全应用能力竞赛在海安举行，海安选送的4支代表队均获一等奖，其中，城南实验小学代表队、海陵中学代表队分获小组第一名。1人获省中小学生电脑制作活动一等奖。承担南通市教育技术专项课题6项，通过中期检查。

【教育网络安全建设】 2020年，海安市教育系统更新完善教育云数据中心网络安全设备系统软件，新建堡垒机、数据库审计系统等网络安全设备并开展管理应用培训。日常跟踪服务全市教育网站群，定期备份网站群数据，及时升级、更新所有网站、网站群永久序列号。创新开展校园门户网站年审工作，重要时期和节假日，安排专人值班，排查风险隐患。9月20—22日，开展海安市校园网络安全管理培训和应急演练，对全市所有中小学（幼儿园）校（园）长及网络管理员进行“网络安全法”、校园网络管理、网络安全防范的理论和实践培训，300余人参训。教育云数据中心、教育城域网承载全市学校及教育管理机构144个门户网站的教育网站群运行稳定，无重大网络安全事件。

【语言文字工作】 2020年，海安市教育系统配合市委宣传部在全市开展“我们都讲普通话”全民践行活动，教育服务平台组建志愿队12支，发动志愿者近2000人同步开展“大手推小手拉，我们都讲普通话”进学校、进机关、进企业、进银行、进社区、进农村、进家庭等“七进”志愿服务活动，通过朗诵比赛、演艺演出、窗口普通话志愿服务等形式，营造全民都讲普通话的氛围，推动语言文字工作发展。参加全国中华经典诵写讲比赛成绩突出，1人获国家级一等奖，1人获省级特等奖、2人获一等奖。

（何春光）

支教帮扶

【概况】 2020年，海安市在西部地区支教教师53人，新派支教教师到广西东兰10人、云南宁蒗4人、新疆伊宁4人、陕西略阳3人。6月29日，海安与广西东兰签订首轮教育合作协议，分别在国清中学、东兰高级中学成立“海安实验班”，开展为期三年的支教活动。海安每年选派优秀教师团队到东兰举办专题讲座、交流经验、上示范课等，选派教育专家团队开展学校管理及教研活动，为东兰教育事业发展提供人力资源和智力支持。海安选派的支教教师较好完成支教任务，广受好评。

【略阳支教】 2020年，海安市继续协助办好“略阳海安班”，9月，再次选派初中语文、数学、政治教师各1人到略阳县荣程中学“海安班”任教。中考“海安班”有37人参加中考，其中30人达高中录取线，2人进入全县前10名，1人获全县语文第一名。“略阳海安班”事迹被“学习强国”学习平台、《汉中日报》等媒体报道。疫情期间，创新开展两地教育线上交流协作，江苏省海安高级中学、海陵中学、紫石中学、城南实验中学、实验小学、明道小学、城南实验小学、第二实验幼儿园、海安中专9所学校通过互联网等途径与略阳县天津高中、荣程中学、乐素河初级中学、何家岩初级中学、白水江初级中学、郭镇初级中学、两河口初级中学、东关小学、高台小学、嘉陵小学、育红幼儿园、略阳天津职业技术教育中心12所结对学校开展教师在线教学交流，海安市城南实验小学通过网络平台邀请结对学校略阳县高台小学共同开展“结构化教学”课题研究。开展“送教上门”活动，选派42人次到略阳开展教育考察、帮扶送教活动，其中，6人到荣程中学支教1年，4人到略阳开展为期一个月的艺术教育、教育教学研究专题培训，9所与略阳结对帮扶的学校先后选派老师到略阳对口学校帮扶送教。海安教师到略阳帮助培训中小学教师500多人次。做好略阳教师到海安跟岗学习工作，略阳县到海安进行教育考察、跟岗学习的领导、教师100人次，其中，由略阳县教育局派出教师40人，各结对帮扶学校派出教师60人。

【宁蒗支教教师群体获评江苏“时代楷模”】 2020年9月，海安市宁蒗支教教师群体被省委宣传部授予江苏“时代楷模”称号，被南通市委、市政府授予“立德树人奋进担当，教育脱贫托举希望”特别贡献奖。海安市宁蒗支教教师群体是由213人组成的支教队伍。1988年起，先后10批281人次到云南省宁蒗县支援教育。32年间，他们创造宁蒗教育史上诸多奇迹，从首次获得丽江中考第一名、普及六年义务教育，到中高考升学率连续九年列丽江地区第一位、10人次获高考第一名，宁蒗教育成为丽江乃至云南教育的一面旗帜，进入全国民族教育先进县行列。他们先后累计为宁蒗培养初中、高中毕业生2万多人，输送大专生、中专生1万多人，开创东西部教育合作先河，探索出“扶贫必扶智、治贫先治愚”的支教扶贫之路。　（何春光）

◆ 链接

教育开启智慧之门

脱贫既要富口袋，也要富脑袋，再苦不能苦孩子，再穷不能穷教育。从“宁海之约”发展为“宁海模式”，再到产生“宁海效应”，是观念上的进步，也正是激活了竞争机制的结果。宁蒗教育由长期在低谷徘徊一跃成为连年稳居全丽江第一方阵，对全市乃至全省的民族教育都产生了冲击波和催化剂的效果。

重视教育、发展教育在宁蒗蔚然成风。16年前，第四轮支教的王加云、陆瑞华夫妇，结束了在宁蒗3年的支教生活回到了海安。去年，夫妇二人再次来到了宁蒗加入了第十轮支教队伍。他们惊喜地发现，很多同事都是他们的学生。

王加云15年前教过的学生杨学英就坐在斜对面。杨学英感慨，15年前的她很难相信，那句“长大后我就成了你”会真实地在她身上发生。同样也是王加云的学生熊辉，大学毕业后，毅然回乡走上三尺讲台，接过接力棒，“我选择回到家乡，是希望能有更多的孩子飞到更高更远的地方”。

自此，宁蒗人深知，只有撸起袖子加油干，才能拥有光明未来。教育的发展和进步，促进了全县人口素质的整体提高，激荡起宁蒗孩子青春的梦想，带动了贫困县经济社会的快速发展，“宁海效应”从教育领域延伸向更加宽广的文化领域和经济领域，“宁海模式”的内涵也有了新的发展。

近年来，已陆续有一万名走出大山的学子毕业后回到家乡，他们传承支教精神，承担起建设、管理宁蒗的重任，在当地经济、社会各领域大显身手，成为宁蒗全面脱贫奔小康的中坚力量。

走在脱贫路上的宁蒗，搭上了中华民族共同体的快车，开始奔跑在全面建成小康社会的现代化建设大道上。据悉，全县财政收入从1988年的696万元到2019年的3.1亿元，增长了45倍；人均纯收入从1988年的197元到2019年的19360元，增长了98倍。

党的十八大以来，宁蒗宁海民族中学和海安班共培养了大中专毕业生7454人，近三年里有5名学生考入清华大学、北京大学。今年，海安班全班45人参加高考，仅1人差一本线两分，其他全部达到一本线。

群山阻隔，阻挡不了宁蒗发展奋进的步伐；大江横断，阻断不了宁蒗各族人民渴求幸福的希望。教育打开了这个民族上千年来的闭塞之门，开启了他们的智慧，更助推了各民族的进步与发展。

（《光明日报》2020年9月6日第1版　郑晋鸣）

2020年9月7日，江苏省委宣传部在南京举行发布会，授予海安市宁蒗支教教师群体江苏“时代楷模”荣誉称号

市教体局／供图

科技

Science and Technology

高科技创业园

综　述

【概况】 2020年，海安市推动国家创新型县（市）建设向纵深迈进，持续深化科技创新体制综合改革，打好企业创新能力提升三年行动收官战，实现“十三五”科技创新规划圆满收官。高新技术企业培育实现重大突破，净增高新技术企业105家，总数374家。重大项目加速涌现，国家重点研发计划“蓝色粮仓科技创新”重点专项立项1项，省科技成果转化专项资金项目立项2项。重大平台培育成效显著，新增省级院士工作站、省级企业重点实验室各1家。科技合作深入推进，举办第七届“创新创业在海安”“中科院专家走进海安”活动，新增产学研合作项目248个、“首台套”重大装备及首创产品项目30个。入选省“双创团队”科技类项目、“双创博士”世界名校类项目各1个。1月7日，海安在全省科技工作会议上作为唯一县级单位代表做经验交流。3月9日，市科技局被南通市委、市政府记集体二等功，南通科技系统唯一。5月29日，海安连续三年被省政府通报表彰为全省落实“科技创新40条”“科技改革30条”成效明显的地区，全省仅5家。

【国家创新型县（市）建设】 2020年，围绕国家创新型县（市）指标体系和科技创新体制综合改革任务，研究出台“关于加快创新驱动推动经济高质量发展的政策意见”，强化科技政策供给，加大科技创新投入力度，在体制改革、高新技术企业培育、载体建设、科技金融、人才引进等方面给予重点支持，优化创新创业生态，更大力度激发全社会创新活力。借疫情防控助企复工复产、科技项目申报、高新技术企业申报辅导等时机，走访调研企业，加大科技政策宣传力度，让企业知晓政策红利，为企业创新“减负”。高新技术企业减免所得税1.67亿元，比上年增长33%；企业研发费用税前加计扣除减免税额9.39亿元，比上年增长61%。海安列中国创新百强县（市）第15位。

（王　寅）

科技人才

【概况】 2020年，海安市新增专业技术人员8630人，累计拥有各类专业技术人员9.93万人，其中，高级职务7382人、中级职务2.27万人。完成专业技术人员知识更新约2万人。组织教育系统、南通华新建工集团有限公司建设工程、江苏省苏中建设集团股份有限公司建设工程、南通市达欣工程股份有限公司建设工程、海安市综合工程中级评审会5场，1045人通过工程类中级评审。审核转中、高级职务2148人，其中副高以上600多人。完成大、中专毕业生初定3001人，继续教育证书晋升验证3000多人。

◆ 链接

“双创”潮涌逐浪高

——江苏海安招才引智推动经济社会全面进步（摘要）

近年来，江苏省海安市围绕“大众创业、万众创新”，大力招才引智，以科技创新推动经济社会全面进步，连续8年在南通市综合考核中名列第一，被表彰为全省推进高质量发展先进县（市）。今年4月份，江苏省2019年度高质量发展红榜揭晓，海安进位13个位次。

2014年，海安借力“创新创业在海安”主题活动，“撬开”全国各地专家学者的大门，集聚创新智慧，播撒创新种子。海安先后引进78名国家级人才、2813名高层次人才，6人入选国家级人才计划、154人入选省“双创计划”、147人入选省“333”与南通市“226”人才培养工程，入选数量均居南通第一。

六年多来，海安累计实施近1500个产学研合作项目，引进260多个成果转化项目，支付合作经费超10亿元，在“双创”风口跑出了创新加速度。海安建成的长三角海归创新创业海安基地，被评为江苏省人才工作先进地区，人才综合竞争力位居全省前五，长江以北第一。如今，海安全社会研发投入占比、高新技术产业产值占比、万人发明专利拥有量等指标均居江苏第一方阵，成为全省制造业创新转型成效明显地区。

海安市委书记顾国标介绍，海安积极围绕产业链部署创新链，促进科技与经济紧密结合、创新成果与产业发展紧密对接，科技创新对经济增长的贡献率不断提升。扎实开展企业创新能力提升三年行动，每年新增近300个产学研合作项目和成果转化项目，年净增工业开票销售50%以上来自产学研合作项目，工业应税销售在南通率先突破2000亿元。培育269家高新技术企业，4家入选全国制造业单项冠军示范企业、23家成为江苏省专精特新“小巨人”企业，均居南通第一、全省前列。持续打造高端创新平台，拥有3家国家级研发平台、4家国家火炬特色产业基地，亿元企业、高新技术企业校企共建率达到100%。

2014年，海安就将机器人产业作为新兴产业和未来十分重要的经济增长点大力培育，致力打造在全国具有较强竞争力和影响力的百亿级机器人特色产业基地。

2018年，海安机器人及智能制造产业园区揭牌，海安上海交通大学研究院、海安交睿机器人科技有限公司等多家研究院、研发中心、企业纷纷入驻，助力海安企业机器换人，提升产业智能制造能力。载体打造掀起企业创新发展的“千层浪”，目前海安70多家企业实现机器换人、7家企业拥有省级智能车间。前不久，海安交睿机器人科技有限公司参与的技术项目获上海市科学技术奖一等奖。作为海安上海交通大学研究院孵化公司，这家企业目前已研发出10多种机器人，为各领域企业提供了300多条各系列机器人及配套生产线，为海安重点产业板块企业转型升级提供了有力支撑。

（《中国县域经济报》2020年7月23日第1版　张伟伟　郝荣峰）

【人才引进与培养】 2020年，海安市继续推进“招才引智”工作，开展“一对一”敲门引才、“点对点”项目对接活动，对接国家级人才31人次、高层次科技人才412人次，52个科技人才创业项目落户海安。引进产业领军人才10人、高层次创新创业人才156人，12人入选省“双创人才”，2个人才项目入选“双创团队”。20家企业入选南通市首批“双创”

型优质人才企业，列南通第一位。新增享受政府特殊津贴人员1人。推进省乡土人才"三带两助"行动计划，评选首批示范点15个，新建省级乡土人才大师示范工作室1家，新增省乡土人才"三带名人"1人、"三带能手"10人，25人入选省第二批培养对象。新建南通市技能大师工作室2家，1人获南通市高技能人才成就奖。落实人才新政"40条"，出台"海陵英才"计划政策补充意见10条，强化对高层次人才、青年人才和蓝领技能人才队伍建设支持，174人被纳入首批梯队培养。海安锦华服饰有限公司焦宝林等39人入选第一批"海陵名家"工程培养对象，城南实验小学周正娟等86人入选"海陵名师"工程培养对象；市人民医院储建华等49人入选"海陵名医"工程培养对象。

【人才服务保障】 2020年，海安市继续推行人才"一站式"服务，人才"一站式"服务窗口受理引才计划项目申报和奖励补助、人才培养奖励、人才落户补助、生活津贴、个税补贴、购房补贴以及申购人才公寓和办理人才"一卡通"等业务，受理各项人才政策申报1000余件，汇总上报兑现人才资助、奖励等费用4689.94万元，其中，"海陵英才"计划资助3740万元、医学重点学科及重点人才资助82.05万元。7月1日，海安"引才引智直通车"招聘求职平台上线运行，这是在海安人才网基础上升级打造的集"智能化业务办理、人性化对外服务、多样化服务方式"于一体的人才服务平台，主要有招聘信息发布、人才在线求职、人才政策查询、高校毕业生档案查询、现场招聘会、网上招聘会、新闻公告等服务功能。（曹晓婕　王　敏）

科技载体

【企业研发平台建设】 2020年，海安市引导企业联合高校院所提升研发平台建设层次，江苏铁锚玻璃股份有限公司技术中心获批国家企业技术中心。海安开发区、江苏鹏飞集团股份有限公司获批国家级博士后科研工作站，海安开发区管委会工作总站是在南通县级市落户的首家工作总站，海安累计有省级以上博士后科研工作站18家，总数列全省县级市第一位。南通华强布业有限公司获批成立江苏省创新实践基地。江苏繁华玻璃股份有限公司获批省院士工作站，南通市唯一，合作院士为中国科学院院士、南京大学教授邢定钰；全市累计有省院士工作站3家。新增省级工程技术研究中心3家，累计77家，均列南通第一位。省工程技术研究中心绩效评价优秀等级9家，南通最多。江苏铁锚玻璃股份有限公司获批建设江苏省高性能特种玻璃重点实验室，全市累计有省企业重点实验室3家，总数列南通市第一位。海安南京大学高新技术研究院获批省级新型研发机构奖补支持，南通市唯一。江苏东恒光电有限公司、江苏亚威变压器有限公司、江苏东材新材料有限责任公司获批省级工程技术研究中心，海安累计拥有省级工程技术研究中心77家，新增数、总数均列南通市第一位。

【科技创业载体建设】 2020年，海安市构建"众创空间+孵化器+加速器"科技创业孵化体系，新引进孵化器、加速器项目92个，新增省级海安高创智谷科创园孵化器。海安高创智谷科创园孵化器是海安高新区打造的科创园区，可容纳入孵企业200余家，园区先后引进海安南京大学高新技术研究院、中国纺织科学研究院纤维新材料产业技术研究院等多家科研院所，累计入孵企业53家，向6家企业提供创业种子资金扶持。推动建设"创业功能、产业功能、文化功能、社区功能"有机融合的众创社区，海安机器人及智能制造众创社区获批第四批省级众创社区备案试点单位，南通唯一。海安机器人及智能制造众创社区成立于2016年，总规划面积8平方千米，建有研发核心区、生产制造区、配套加工区、企业集聚区和生活服务区，社区以机器人本体及核心零部件、智能装备、系统集成为产业核心，累计落户亿元以上项目20个，孵化加速企业110多家，培育高新技术企业突破20家。

【科技金融服务】 2020年，海安市稳步推进"科创贷"业务，发挥南通和信科技小额贷款股份有限公司、南通市金石科技小额贷款有限公司融资渠道作用，服务好中小微科技型企业，推动科技银行建设，探索开发科技创新领域低成本贷款业务。省科技成果转化风险补偿专项资金贷款（简称"苏科贷"）合作银行8家，65家企业获"苏科贷"2.23亿元，备案金额比上年增长89.3%。疫情期间，"苏科贷"业务实施财政贴息194.48万元；"苏科贷Ⅰ"按照同期基准利率的40%进行补贴，单个企业不超过5万元；"苏科贷Ⅱ"按照贷款利率的20%进行补贴，单个企业不超过10万元。实施租金减免政策，对承租科创园、孵化器、标准厂房等各类国有资产经营用房的企业免缴2个月租金；对租用其他经营用房、运营载体的，鼓励业主（房东）为租户减免租金，具体由双方协商解决。海安农商银行助力科技型中小企业发展，向21家企业发放贷款7824万元。创业投资规模突破10亿元。（王　寅）

高新技术产业

【概况】 2020年，海安市大力发展机器人及智能制造、电子信息、节能环保、新材料、高端装备制造等重点产业，完成高新技术产业产值501.11亿元，比上年增长13.96%，占规模以上工业产值的34.87%。高新技术产业投资占比持续走高，完成高新技术产业投资212.87亿元，比上年增长35.5%，占工业投资的64.9%；完成高新技术制造业投资187.73亿元，占工业投资的57.2%，比上年提高18.8个百分点。

【高新技术企业】 2020年，海安市开展企业创新能力提升三年行动，实施高新技术企业培育"小升高"计划，建立高新技术企业培育库，分三批申报高新技术企业232家。高新技术企业净增105家，总数374家，净增数和总数均列南通市第一位。130家企业成为省高新技术企业培育库2020年度入库企业，获省级奖励资金650万元，均列南通市第一位。江苏联发纺织股份有限公司再次入选江苏省百强创新型企业。科技型中小企业评价入库233家，列南通市第一位。南通极栗软件科技有限公司被认定为2020年度省技术先进型服务企业，全省仅19家。（王　寅）

2020年5月15日，江苏图灵智能机器人有限公司生产车间内，员工在进行工业机器人本体的研发、生产，满足市场需求　　姜明／摄

科技成果

【省级以上科技计划项目】 2020年，海安市获省级以上科技计划项目立项33项，争取经费3844万元。南通龙洋水产有限公司实施的“黄渤海循环水精准养殖与清洁生产模式示范项目”入选科技部国家重点研发计划“蓝色粮仓科技创新”重点专项，全国仅12项，是“十三五”期间江苏省唯一由企业牵头实施的国家农业科技创新重点专项，争取资金320万元。江苏铁锚玻璃股份有限公司实施的“强辐照核环境作业多自由度遥操作机器人研发及产业化项目”、江苏天楹环保能源成套设备有限公司实施的“固废焚烧残余物先进等离子体成套装备研发及产业化项目”获批江苏省科技成果转化专项资金项目，争取资金各1000万元。

【3个项目获江苏省科学技术奖】 2020年，海安市获省科学技术奖3个。江苏铁锚玻璃股份有限公司实施的“极端服役条件下高性能特种安全玻璃的研发及产业化项目”、江苏联发纺织股份有限公司参与实施的“基于机器视觉的织物智能整花整纬技术产业化研究及应用项目”、鑫缘茧丝绸集团股份有限公司参与实施的“天然染料纺织品印染关键技术及产业化项目”获省科学技术三等奖。

2020年海安市省级以上科技计划立项情况表

表39　　单位：万元

序号	项目类别	项目（人才）名称	承担单位	争取资金
1	国家重点研发计划“蓝色粮仓科技创新”重点专项	黄渤海循环水精准养殖与清洁生产模式示范	南通龙洋水产有限公司	320
2	江苏省科技成果转化专项资金项目	强辐照核环境作业多自由度遥操作机器人研发及产业化	江苏铁锚玻璃股份有限公司	1000
3	江苏省科技成果转化专项资金项目	固废焚烧残余物先进等离子体成套装备研发及产业化	江苏天楹环保能源成套设备有限公司	1000
4	江苏省创新能力建设计划（省企业重点实验室）	江苏省高性能特种玻璃重点实验室	江苏铁锚玻璃股份有限公司	300
5	江苏省院士工作站	江苏省院士工作站	江苏繁华玻璃股份有限公司	—
6	江苏省创新能力建设计划	新型研发机构奖补	海安南京大学高新技术研究院	40
7	江苏省企业工程技术研究中心	江苏省亚威变压器在线智能检测工程技术研究中心	江苏亚威变压器有限公司	—
8	江苏省企业工程技术研究中心	江苏省光学膜材料工程技术研究中心	江苏东材新材料有限责任公司	—
9	江苏省企业工程技术研究中心	江苏省东恒高强度节能型金具工程技术研究中心	江苏东恒光电有限公司	—
10	江苏省重点研发计划（现代农业）	无抗条件下家禽功能性核苷酸生物饲料添加剂的研发	美亚药业海安有限公司	50
11	江苏省农业科技社会化服务后补助	海安茧丝绸产业分店	鑫缘茧丝绸集团股份有限公司	30
12	江苏省基础研究计划（自然科学基金）	从电子云视角研究前驱体结构对掺杂碳氧还原反应和（或）析氧反应催化性能的影响规律	海安南京大学高新技术研究院	10
13	省级高新区奖励	—	—	350
14	江苏省科技型创业企业孵化计划资金	绩效评价A类	海安高新技术创业孵化中心	25

续表 39

序号	项目类别	项目（人才）名称	承担单位	争取资金
15	江苏省科技型创业企业孵化计划资金	绩效评价B类	海安高科技创业园管理中心	6
16	第二批江苏省科技型创业企业孵化计划资金	绩效评价A类	海安高新技术创业孵化中心	10
17	第二批江苏省科技型创业企业孵化计划资金	绩效评价B类	海安高科技创业园管理中心	3
18	江苏省高新技术企业培育入库奖励	—	130家企业	650
19	江苏省农业科技型企业	—	南通尔康生物有机肥有限公司	—
20	江苏“外专百人计划”	基于超级绝热材料的物联网质量控制关键生产工艺研发	南通远顺耐纤有限公司	50
21	江苏省“双创团队”	—	江苏弘琪工业自动化有限公司	—
22	江苏省世界名校类“双创博士”	—	海安常州大学高新技术研发中心	—
23	江苏省科技副总	杨玮林	江苏海建股份有限公司	—
24	江苏省科技副总	张　娟	南通众兴磁业有限公司	—
25	江苏省科技副总	吕太之	海安能达电气有限公司	—
26	江苏省科技副总	周　弟	江苏飞亚化学工业有限责任公司	—
27	江苏省科技副总	黄　菲	江苏绿叶机械有限公司	—
28	江苏省科技副总	黄德奇	海安中丽化工材料有限公司	—
29	江苏省科技副总	万超一	南通通途机电制造有限公司	—
30	江苏省科技副总	潘宝珠	江苏东恒光电有限公司	—
31	江苏省科技副总	韩晨晨	南通双弘纺织有限公司	—
32	江苏省科技副总	羊箭锋	江苏万淇生物科技股份有限公司	—
33	江苏省优秀科技特派员	陈忠立	鑫缘茧丝绸集团股份有限公司	—

（王　寅）

科技合作

【概况】 2020年，海安市以第七届“创新创业在海安”和“中科院专家走进海安”两大主题活动为抓手，持续开展“机关部门服务企业科技行”活动，打造“政府搭台、校企唱戏”产学研合作模式。全市56个机关部门挂钩服务350家企业，组织企业到中国科学院系统、南京大学、上海交通大学、东南大学、苏州大学等40多家高校院所开展产学研对接活动100多次。实施产学研合作项目248个，其中30万元以上项目131个，新增首台套重大装备及首创产品项目30个，实施国际科技合作项目10个。入选省“双创团队”科技类项目、“双创博士”世界名校类项目各1个。6月29日，市政府与苏州大学签订全面合作协议，聚焦科技产业发展、战略决策咨询、人才教育培养、医疗卫生平台共建、城乡规划设计建设等领域展开合作。

【“创新创业在海安”主题活动】 2020年7月18日，第七届“创新创业在海安”主题活动开幕，高校院所专家教授，创投公司负责人，国家级孵化器、众创空间和高科技创业园负责人以及高科技项目投资客商，省、南通市有关部门领导等300多人出席活动。开幕式上，推介海安“支持人才创新创业、鼓励校企人才合作、落实生活服务特定待遇、推进科技成果转化、加强创新载体建设、发展科技服务业、促进科技金融结合”等创新创业方面的7个优待政策。表彰中机锻压江苏股份有限公司等16家企业为2019年度海安市创新型领军企业，江苏繁华玻璃股份有限公司王群华等16人为2020年“海陵英才”计划资助的创新创业人才，中国科学院过程工程研究所研究员黄云、王庚超等10人为“十佳星期天工程师”，中国天楹股份有限公司技术总工程师、天楹设计研究院院长李军等10人为“十佳技师、工程师”。现场签约原创性成果项目、人才项目、平台合作项目、高科技投资项目31个。活动期间，分别举行机器人及智能制造、装备制造，电子信息、汽车及轨道交通、节能环保，新材料、现代建筑、现代家具，纺织丝绸、时尚锦纶4个专场科技成果发布会。此外，开展区镇产学研对接、校企对接等活动，30多家“双一流”高校与企业线上互动，达成合作意向100多项。新华社、《经济日报》等30多家媒体报道活动开展情况。

【“中科院专家走进海安”主题活动】

2020年11月7日，海安市举办第七届“中科院专家走进海安”主题活动，中国科学院院士张淑仪等院士12人，中国科学院59家院所的专家200多人，省、南通市有关部门领导，海安市351家科技型企业主要负责人参加活动。海安市企业和中国科学院专家达成合作意向64

项，与往届相比合作范围更广，除工业制造企业寻求合作外，农业和建筑业企业也展开合作，上海微电子研究所与江苏中洋集团股份有限公司就渔业养殖智能监测项目达成合作意向，中国科学院合肥研究院与南通华新建工集团有限公司对接洽谈。《新华日报》等19家媒体报道活动开展情况。（王　寅）

知识产权

【概况】 2020年，海安市实施知识产权战略，完善知识产权政策体系，先后出台《海安市政府关于加快创新驱动推动经济高质量发展的政策意见》《海安市2020年质量强市工作的意见》，将科技经费和工业项目资金向拥有自主知识产权的企业倾斜投入，对知识产权运用效益显著的企业予以奖励。专利申请总量8277件，其中发明专利申请量1789件；专利授权总量6063件，比上年增长53.49%，其中发明专利授权量598件，比上年增长15.22%；有效发明专利拥有量4474件，比上年增长27.93%；万人发明专利拥有量51.84件。商标申请量3600件，比上年增长59.86%；注册量2060件，比上年增长27.48%。南通市广益机电有限责任公司“一种喷雾机及其风送喷雾装置专利”、南通跃通数控设备股份有限公司“门框生产线专利”获第二十一届中国专利优秀奖，高新区获批江苏省知识产权示范园区，东部家具获评江苏省“正版正货”示范街区（海安首家），“海安桑蚕茧”完成省地理标志商标注册。

【知识产权运用】 2020年，海安市组织企业申报各级各类知识产权项目，排查全市企业知识产权现状和技术创新基础，分批推进高新技术企业及后备企业贯彻执行《企业知识产权管理规范》标准，引导企业建立健全知识产权管理制度，将知识产权管理贯穿研发、采购、生产、销售和资本运营等全过程，逐步建立系统化、规范化、常规化的知识产权管理体系。江苏威尔曼科技有限公司知识产权战略推进计划获省立项，江苏中洋集团股份有限公司“南通长江河豚（养殖）”获批省地理标志运用促进项目。全年，23家企业通过国家标准认证，4家企业获评省企业知识产权管理标准化绩效评价合格单位，27家企业入选省企业知识产权管理贯标备案单位。江苏鹏飞集团股份有限公司王家安、鑫缘茧丝绸集团股份有限公司储呈平获评全国企业知识产权工作先进个人。

【知识产权执法维权】 2020年，海安市开展“双打”（打击侵权盗版、打击假冒伪劣）和执法维权“护航”专项行动，建立“双随机一公开”专利行政执法机制，组织执法检查4次，出动执法人员10多人次，主要检查苏果超市等大型商品流通场所，检查日用品、小家电等与百姓生活密切相关的商品300多件，其中带有专利标识的产品百余件，查处假冒专利产品70件，比上年增长15%，结案率100%。执法人员向商家宣传专利标注、假冒专利等方面的知识，督促经营单位做好商品知识产权动态管理，严把进货知识产权关。完善南通市知识产权维权援助中心海安分中心建设，提供知识产权法律法规咨询、专利法律状态查询等服务百余次。

【知识产权宣传培训】 2020年，海安市全面普及知识产权相关知识与政策，结合“知识产权日”“中国专利周”等重大节日，开展知识产权科普广场宣传咨询活动4场，发放“专利实务操作手册”等宣传材料2000多份。开展“知识产权助力高质量发展”政策专题宣讲、科级干部培训班等活动，组织企业参加知识产权培训、专利挖掘与布局培训、海外知识产权风险控制培训等培训班，中国天楹股份有限公司韩飞飞获评第三批江苏省知识产权骨干人才。（李洁莲）

科技服务

【农业科技服务】 2020年，海安市农业科技进步贡献率69.43%，加快以鑫缘桑蚕茧丝产业园、中洋长江珍稀鱼类产业园、雅周现代农业示范园等为主体的国家农业园区海安示范区建设。新增省级农业科技型企业1家，总数21家。获国家重点研发计划“蓝色粮仓科技创新”重点专项立项1项，获中央财政资金支持320万元。获省级重点研发计划（现代农业）项目立项1项，获省财政资金支持50万元；获省级农业科技社会化服务后补助项目立项1项，获省财政资金支持30万元；获省级基础研究计划（自然科学基金）项目立项1项，获省财政资金支持10万元；获省级在研项目分批拨款250万元。获南通市基础科学研究计划和社会民生科技计划项目立项30项。（王　寅）

【气象服务】 2020年1月，海安市气象站迁至海安街道三里闸村19组，全面实现观测自动化。通过“重要天气公报”“气象服务专报”“海安生态与农业气象”等书面形式提供决策气象服务和常规气象服务，利用“农业气象灾害预警”“特色农业气象服务”开展现代农业气象服务，发布各类书面服务材料328期，发布灾害性天气预警信号118次，启动应急响应命令8次。通过手机短信、电子显示屏、微信等手段及时发布气象信息，针对农业大户提供农用天气预报，实现预警信息进村入户，气象预警短信平台用户3000余人，实时发布各类气象天气和预警信息300万条（次）。市气象局与市应急管理局合建海安市突发事件预警信息发布中心，12月通过试运行测试验收；与市生态环境局联合发布重污染天气空气质量预报（试运行）；与市文广新局合作，通过全市应急广播系统的3571个大喇叭实时发布突发气象预警信息；与市融媒体集团合作，重点加强对重要天气过程、重大节假日和重要社会活动的信息发布，逐日发布一周天气趋势预报，接收电视台采访23次；为市防汛抗旱指挥部、市人武部提供雨晴、天气预报信息336期。（彭　伟　彭小燕）

【地震监测】 江苏省海安地震台为省级基本地震台站，位于海安市宁海南路82号，承担苏中及沿海地区中、小地震活动监测和地震前兆监测，下辖顾庄观测站和桑周观测站。2020年，海安地震台加强地震群测群防监测与管理，及时处置各种异常情况，密切跟踪震情趋势，开展防震减灾科普宣传活动，累计发放防震减灾知识彩页2万多份。有序推进应急避难场所及江苏省海安高级中学科普馆建设，市少年宫活动中心地震科普馆全年接待参观8000人次。胡集街道田庄社区创建全国综合减灾示范社区。（陆金成）

文化 Culture

文化艺术中心

综 述

【概况】 2020年，海安市文化艺术中心、图书馆新馆、博物馆新馆和青墩遗址博物馆正常对外开放。文化艺术中心（文化馆）、市图书馆获评部颁一级馆，被省文化和旅游厅确定为总分馆制先行建设单位，两馆总分馆覆盖率100%。文化站覆盖率100%，“24小时城市书房”建成并对外开放。村级文体活动室、共享工程服务点设置率100%，231个村（社区）建成集宣传文化、党员教育、科学普及、普法教育、体育健身等功能于一体的综合性文化服务中心，总覆盖率100%。文艺精品生产成果丰硕，美术作品《唐氏天使》入展全国中国画展，美术论文《以古人之规矩 开自己之生面》入选全国美术高峰论坛，小戏《偷牌记》获全国小戏小品大展优秀作品奖，音乐类男女表演唱《勿忘父母》、舞蹈类群舞《草狮子》、美术作品《我的喜马拉雅》参加江苏省“五星工程奖”优秀作品展演，四重唱《勿忘父母》、评话《火烧城隍庙》、女声独唱《最美的脸》参加省优秀群众文艺作品展演。实施文化惠民工程，开展“乐一天”农民艺术节和“行万里路、进千家门”项目。市文化艺术中心（文化馆）获评全国服务基层、服务农民文化建设先进集体。图书馆总藏书量61.1万册，流通图书45.83万册次，“书香海安”微信公众号获评江苏全民阅读十佳推广媒体平台。公共博物馆年接待游客80万人次、团队2000多个，免费讲解服务人数超过6.5万人次。全市拥有文物保护单位16处，非遗项目88个。市融媒体中心通过全省融媒体建设试点单位，获全省首批互联网新闻信息服务许可证。市档案馆获评省AAAAA级数字档案馆，累计拥有AAAAA级数字档案室2家、AAAA级2家、AAA级12家、AA级16家。《海安年鉴（2020）》《海安市情（2020）》等地方志书出版发行，修订再版《中共海安地方史（第一卷）》,《海安年鉴（2019）》获评江苏省一等年鉴，《海安“故乡风物地情馆”》获评江苏省2019年市县地方志特色创新十大项目。

【以艺战疫】 2020年疫情期间，海安市文艺工作者创作演绎歌曲《最美的脸》《等你回来》《将爱传递》《爱在你身边》《假如》《出征》、舞蹈《隔·离》、小品《口罩》《卡口》、情景剧《平凡儿女》、美术作品《黄鹤腾云翔九天》《总书记心中的第一》《负重前行》等主题作品2383件，用艺术助力疫情防控。市美协、市书协举办“战疫”——海安市书法美术优秀作品展、“我们童战疫”——海安少儿书画作品展等展览，连续推出“庚子战疫，众志成城”——海安市美术书法作品网络展10期，200多幅作品分批次通过网络展出。市音协创作的40多件主题音乐作品和市戏曲朗诵协会演绎的抗疫主题作品在网络上展播，《最美的脸》新华网上线两天内点击量42.7万人次，《最美的脸》《出征》参加“我们在一起”南通·黄石两地战役情网络歌会，《卡口》和情景剧《平凡儿女》入选“学习强国”学习平台。市摄影家协会用相机记录海安疫情防控工作和复工复产情况，为支援湖北的11名海安医护人员拍摄“全家福”，复工复产作品刊载于《人民日报》《新华日报》等媒体。

【文化产业】 2020年，海安市推进文化产业高质量发展，入选南通市重点文化产业项目15个，列南通第一位，实际投资额13.74亿元。组织南通市级文化产业基地复核8家，新申报1家。获批省级文旅发展专项资金70万元、文旅纾困资金30万元。获评南通市“纳税十强文化企业”2家，“十佳文化产业示范园区”1家，“文化产业十佳创新人物”1人，净增规模以上文化制造业、限额以上文化批发零售业、规模以上文化服务业文化产业单位7家，文化娱乐业国内生产总值核算工资总额增幅列南通市第二位。523文化产业园成立丝路文化艺术交流中心，举办523文化艺术节暨“一带一路”丝路国际文化交流节，完善园区景观照明和绿化，出租率90%以上，新招引文化产业单位9家。

【文化志愿服务】 2020年，海安市文化系统成立文化服务平台建设领导小组，由市文广旅局主要负责人任组长；区镇综合文化站为二级阵地，文化站站长为区镇一级文化服务负责人；村（社区）综合文化服务中心为三级阵地，专职文化管理员为村（社区）一级文化服务负责人。明确文联组织、文化馆、博物馆、图书馆、歌舞剧团、农村公益电影放映队及各区镇等16个文化志愿服务分队职责，全市拥有文化志愿者3500多人，文明实践文化服务平台组织文化志愿服务活动2500多场次，受益人数超过15万人次。

【523文化艺术节】 2020年5月23日，523文化艺术节暨“一带一路”国际文化艺术交流节开幕式在海安市523文化产业园举行。活动现场，塔吉克斯坦、埃及等国家驻华大使通过视频连线方式，祝贺活动成功举办，选送82件代表各自民族文化的艺术品参加活动展览。举行523“一带一路”国际文化交流中心揭牌仪式。“一带一路”文创网络直播平台启动开播。上海宝库文化发展股份有限公司、上海瀚裕实业有限公司、浙江万众达旅游投资有限公司、星湖梦工厂等公司针对8个重点文化项目现场签约。

523文化产业园创建于2009年，以美术文化为核心，以人文景观旅游为载体，建成一个集文化、旅游及产品研发、生产、交易推广的特色文化街区。先后招引苏隅美术馆、艺游小镇等一批优质文化产业项目，举办高规格艺术展览70多次，成为南通唯一的国家级文化产业示范基地。园区响应国家“一带一路”倡议，与“一带一路”国家驻华使馆合作，多次举办各类国际文化交流活动，不断提升海安文化知名度、影响力。

【青墩文化艺术节】 海安将青墩、漕运、花鼓、龙舞等海安文化元素融入城市工程建设，依托“文化和自然遗产日”、重要传统节日开展青墩文化展示传播活动，设立青墩文学艺术奖、编撰《青墩文化》期刊，青墩文化成为海安标志性的“文化符号”。至2020年，海安市举办11届青墩文化艺术节。11月13日，“青墩情未了”——中国·海安青墩文化艺术节在海安大剧院开幕。开幕式以“青墩情未了”为主题，分“千古丰碑”“情系家园”“拥抱未来”三个章节，通过原创音乐、舞蹈、戏剧类本土节目展现青墩文化的生命力和艺术感染力。开幕式上，发布青墩遗址勘探调查情况，颁发2019年青墩文学艺术奖一等奖，发布市民文化季活动评选结果。　（金　欣）

文化设施

【文化馆】 2020年，海安市拥有市级文化馆1座，文化分馆15座，家庭文化室200余家，村级文体活动室、共享工程服务点设置率100%，231个村（社区）全部建成综合性文化服务中心。文化艺术中心（文化馆）获评国家一级馆，被中宣部表彰为全国服务农民、服务基层文化建设先进集体，被省文化和旅游厅确定为总分馆制先行建设单位，两馆总分馆覆盖率100%。

市文化艺术中心入选第八届全国服务农民、服务基层文化建设先进集体，成为江苏省唯一一家获评全国县级文化馆、图书馆、乡镇（街道）综合文化站、村（社区）综合性文化服务中心先进集体。举办“阳光路上幸福年”2020年海安春晚、海安市群众文艺节（剧）目会演、海安市“有事好商量”专题文艺演出等大型文化活动，承办“新时代正气歌”——海安市“5·10思廉日”廉洁文化专场文艺演出、“经典咏流传”中华传统诗文吟诵演唱会等文化活动近20场。中心大剧院演出芭蕾舞剧《天鹅湖》、红色经典舞剧《白毛女》等60场。书画院、美术馆常态化举办“跨界”葛志华、吴田玉舞台摄影艺术作品展以及新春书画展等书画展览20多场次，每场参观人数超1500人次。推动区域文化交流，“在水一方”海安民俗风情歌舞专场演出先后到上海嘉定区和苏州吴江区震泽古镇演出，引进“情深深雨濛濛”——宿迁市小大姐合唱团专场音乐会、“幸福好家园”苏州市吴江区群众文艺专场演出、“青春的翅膀”——南通大学艺术学院走进海安、“一路芬芳一路情”扬州曲艺专场演出。市文化艺术中心作为江苏省基层公共文化服务效能提升“十百千”示范工程单位，实施的“艺术导赏汇项目”被列入2020年度创新示范任务，全省仅13个、南通唯一，先后举办关于朗诵语言艺术的魅力、儿童戏剧公开课等导赏活动。疫情期间，利用网络拓展传播渠道，举办“庚子战疫，众志成城”海安市美术书法网络作品展10期，分批次展出作品200多幅；举办“文艺助力，同心抗疫”群众文艺书法、美术作品评选活动，收到投稿约60件。举办“众志成城 艺起抗疫”南通书画名家义捐作品展、“战疫”海安市书法美术优秀作品展、“我们童战疫”海安市少儿书画作品展、“我们艺起来”——庚子战疫海安市美术、书法、摄影优秀作品大展。辅导培训有序开展，7月，艺术大学暑期班、“七彩夏日”暑期未成年人公益培训、“文明艺起来”暑期成人公益培训开班；8月，举办海安市青年舞蹈人才培训班；9月，市民艺术大学公益培训班恢复正常上课，每周开设声乐、二胡、太极拳等40多节培训课程，新增设茶道、香道、红酒礼仪等生活文化课程，每周培训2000多人次。开展新时代文明实践活动，组织文化志愿者到区镇（街道）举办八段锦普及、戏曲普及、摄影知识讲座等公益培训100场，其中，“戏曲进校园项目”被“学习强国”学习平台、人民网、《中国日报》、中国文明网等媒体报道；走进特殊群体开展“欢乐暖万家——文化志愿者在行动”志愿活动10场；“江苏公共文化云”得到有力推广，市文化艺术中心获评“机构推广之星”、职工个人获评“个人推广之星”。

【博物馆】 2020年，海安市拥有市博物馆、青墩遗址博物馆2座公共博物馆，海安博物馆获评国家三级馆。公共博物馆累计拥有文化藏品1284件，其中二级品6个；公用房屋建筑面积7280平方米，其中，陈列展览用房6350平方米、文物库房450平方米。全年，接待游客80万人次、团队2000多个，免费讲解服务人数超6.5万人次。

公共博物馆开展端午说礼仪知识讲座、小珠算波动大梦想、韩公馆里过大年等社会教育活动20多次，举办韩国钧作品、乡贤书画、廉政书画、大运河文化等主题展览9次。疫情期间，制作推广“足不出户逛海博”线上专题展览17期、“云游青墩”线上展览2期。创新开展馆校衔接工作，先后接待明道小学、城南实验小学、实验小学、城南实验中学、江苏省海安高级中学等10余所学校进馆参观，继续举办小讲解员志愿者培训班，组织送文博知识进校园、送历史名人展进校园、红色故事宣讲会三项志愿服务活动。实施文物数字化保护工程，科学挖掘、精准分析博物馆主要业务数据，推进文物信息资源开放共享，用活文物资源。做好青墩遗址考古相关工作，与南京大学签订青墩遗址文化研究战略合作协议书、海安市青墩考古工作协议书，协助完成青墩遗址、吉家墩遗址考古勘探文件审批和南京大学专家考察、考古队进场等相关事宜；完成《海安市青墩遗址、吉家墩遗址及遗址周边区域考古调查、勘探阶段性工作报告》，弄清地下遗址范围、主要遗迹分布、遗迹保存状况、周边区域有无同时期遗址等情况。加强馆际交流，引进展出“海安时常入梦来”——戴盟捐赠作品展、“夕阳如火寸心丹”——仲贞子金石书画精品展、东台发绣艺术展等7期临时展览，分别与市档案馆、仲贞子艺术馆完成“戴盟捐赠书画作品”“仲贞子书画作品”移交手续。

【图书馆】 2020年，海安市拥有图书馆及图书馆分馆19家，其中，公共图书馆1家、图书馆分馆18家（文化站分馆10家，企业分馆5家，看守所、少年宫、检察院分馆各1家）。市图书馆获评国家一级馆，被省文化和旅游厅确定为总分馆制先行建设单位，总分馆覆盖率100%。全市图书馆总藏书量61.1万册，流通图书45.83万册次；采购新书1.51万册，征订报纸120种、期刊475种；持证读者15.93万人，新增约7300人。图书馆新馆接待读者47.99万人次，新办证6094张，外借部门流通25.31万人次49.55万册次。

市图书馆举办大型展览12次、各类讲座27次，组织各类读书用书活动6次，“名师讲堂”“经典阅读”等品牌阅读推广活动深受读者欢迎，“书香海安”微信公众号获评江苏全民阅读十佳推广媒体平台。“名师讲堂”活动结合传统节日，举办自创自书春联技法、漫谈少儿水墨画的世界等专题讲座。“书香润童心”亲子绘本阅读活动先后开展《我们的节日·春节》《月亮的味道》等“我们的节日”主题阅读以及绘本故事阅读分享14期，吸引近千名读者参与。开展“朗诵的魅力”公益讲座进校园活动5期，分别走进城南实验小学、隆政小学、墩头镇中心小学、沙岗小学以及仁桥小学，为1100多名未成年人传授朗诵技巧。“书香海安，魅力海图”专题展览举办预防新型冠状病毒肺炎“你问我答”知识展、“回眸五四 敬礼青年”——纪念五四运动101周年图片展等阵地展览12期，近万余人次观展。以“缤纷的冬日”为主题的第四届“我来露一手写春联”，以“七彩的夏日”为主题的“童心之旅，乐游中国”数字资源主题线下推广活动、“我的21天阅读分享活动”等，引导未成年人体验阅读的魅力。此外，还开展“美丽三人行”——海安女作家创作心路历程分享、四大名著漫谈以及“猜灯谜、闹元宵”线上答题等多项阅读活动，吸引社会普遍关注。开通“读者点单”服务，全年点单图书近500册。

1月24日至3月24日闭馆期间，整合海量视、听与阅读资源，利用微信平台开展线上阅读资源推广，先后推出“疫”战到底专题集、决胜战“疫”专题集、防疫抗议书单、新冠肺炎新书专辑、新冠肺炎知识专题推送等，万册图书、千条数字资源被下载运用。

【首家24小时城市书房对外开放】

2020年10月24日，海安市首家24小时城市书房对外试运营。城市书房位于曙光路黎明润景北门西侧，面积约300平方米，分上下两层，拥有阅览座席近百个，藏有图书1万余册，涵盖文学类、儿童类、科技类、医疗卫生类、海安市地方文献等。书房基础设施完善，依托智能设备，满足24小时自助借阅，与市图书馆及各级分馆实现“一卡通”通借通还，市民可持身份证、图书馆读者证、电子借阅证等有效证件进出。（金　欣）

公共文化

【概况】 2020年，海安市实施文化惠民工程，送戏165场次、送展览80场、送培训75场。以村“两委”为承办主体，举办“乐一天”农民艺术节230多场；实施“行万里路、进千家门”项目，选拔农村文艺小分队到村民家门口演出900多场。海安文艺轻骑队入选文化和旅游部“春雨工程”志愿服务项目，到云南宁蒗开展文化惠民活动。进一步叫响“名师讲堂”“紫石讲坛”等阅读品牌，开展“朗读者进校园”等未成年人读书推广活动。12月26日，海安市广场舞协会成立。南莫镇青墩村、雅周镇许家庄村获评省“文旅e乡村”公共数字文化服务试点村，全省仅16个。

【群众文化】 2020年，海安市拥有家庭文化室200余家，举办“乐一天”农民艺术节231场；实施“行万里路、进千家门”项目，选拔农村文艺小分队每年每村演出4场，累计演出924场。举办海安春晚、青墩文化艺术节、青墩文化论坛、523文化艺术节、紫金文化艺术节、海安金陵两地庆元旦联欢晚会、海安市群众文艺创作节（剧）目会演等大型活动，并通过“新华社”“江苏公共文化云”等网络平台全程直播，在线观看人数累计100万人次。5月30日，2019年度海安市群众文艺创作节（剧）目会演决赛在市文化艺术中心剧场举行，通过“江苏公共文化云”等平台现场直播，在线观看人数超过10万人。10月19日，紫金文化艺术节海安群文广场演出在南莫镇青墩遗址博物馆广场举行，通过歌舞、戏曲、小品、相声、杂技等形式展现海安人民决战决胜全面小康和万众一心战“疫”情的精神风貌，观看群众1000多人。11月19日，海安泛书房举办“流金岁月——电影艺术家红色之旅”特别活动，电影表演艺术家马树超、李铁军、李显刚等参加活动，活动再现部分红色电影的经典片段，艺术家们分享电影拍摄时的花絮。

【社会文艺团队】 2020年，海安市有优秀社会文艺团队37个，洪家滩黄梅戏剧团、尚法文化剧社、慈善文工团等10多个社会文艺剧团在文艺创作、新时代文明实践、文化惠民方面发挥重要作用。7月25日，江海剧社开展“剧说海安、红色故事”走进雅周老区活动。11月28日至12月12日，洪家滩黄梅戏剧团承演的大型黄梅戏经典剧目《荞麦记》巡演先后在全市各镇、街道举办，整台演出两个多小时，参演演员30多人。12月3日，海安市“五中全会‘耀’乡野、文明实践展风采”新时代文明实践走进曲塘镇活动在刘圩村举行，尚法文化剧社说唱十九届五中全会精神《五中全会明方向》。慈善文工团全年演出68场次。

【第十届全民读书节活动】 2020年4月20日，以“读书赏景悦人生”为主题的海安市第十届“新华杯”全民读书节启动仪式在市文化艺术中心举行。活动期间，市图书馆开展“我的战疫故事”征文活动，利用“书香海安”微信公众号、图书馆阵地推出“让经典走向大

2020年4月21日，海安市阅读推广志愿者正在录制好书推荐视频　翟慧勇／摄

众”——《中华传统文化百部经典》推介全国行10期，推荐《周易》《尚书》《诗经》等经典书目，举办“知兴替，明得失”——资治通鉴插图展1期，开展“书中风景‘读’好”《海安胜迹录》《再燃激情——苏州“三大法宝”读本》《瘟疫与人》《孩子，把你的手给我》等“读一本好书，赏不一样的风景”好书推荐活动。

【海安市民文化季活动】 2020年8月18日，以“文化盛会，全民共享”为主体的“我们的中国梦、文化进万家”——江苏省优秀群众文艺走进新时代文明实践中心暨青墩·2020年海安市民文化季开幕式在市文化艺术中心大剧院举行。活动期间，市文化艺术中心组织开展文艺演出、文化走亲、艺术引领、精彩赛事、展览展示、公益培训六大类100项文化活动，“国家公共文化云”“江苏省公共文化云”直播、报道市民文化季相关活动。（金　欣）

文学艺术

【概况】 2020年，海安市文艺界活力迸发，创作氛围浓厚，创作歌曲《你是民族英豪》《想你回来》《情深恩重》等音乐作品10个，《父辈的天水茶》《追》《道情》等舞蹈作品10个，《一碗面》《一枚戒指》《故事》等语言类节目小品9个，原创美术作品《唐氏天使》《我的喜马拉雅》等近20件，出版《触摸心灵的阳光》《坐在树上听风吹》《月亮湾的两个世界》等各类图书多部。长篇小说《朝阳警事》获第七届江苏省紫金山文学奖和第二届泛华文网络文学“金键盘”奖。小戏《偷牌记》获“中华颂”第十一届全国小戏小品大展优秀作品奖。舞蹈《草狮子》、音乐《勿忘父母》、美术《我的喜马拉雅》入选江苏省“五星工程奖”优秀作品展演。美术《唐氏天使》入展中国美协“悲鸿精神”——第四届全国中国画展，《家园》入展第十二届中国水彩粉画作品展（入会资格），《故园之恋》入展江苏省第十届油画展，《花间系列》三幅作品入展全国新文艺群体作品展，《水乡小戏台》入展江苏省美术奖作品展，《丑》入选2020年戏曲百戏（昆山）盛典“戏曲百戏百人百画”作品展，美术论文《以古人之规矩开自己之生面》入选全国美术高峰论坛（扬州）征稿评选。《宁静致远——致敬蓝染时尚作品》获批省优秀版权作品产业转化重点培育项目，扎染作品《撞色》《“缬之绿”——生命之树常青扎染植物拓染艺术系列》入围省紫金文创作品大赛。四重唱《勿忘父母》、评话《火烧城隍庙》、女声独唱《最美的脸》参加江苏省优秀群众文艺作品展演。南通市第二届文学艺术大赛中，创作的文学作品《少年将要远行》、杂技《男女爬杆》获特别奖，音乐《等你回来》、群舞《伏击》获一等奖，儿童文学《月亮湾的两个世界》、杂技《滚环》等8个作品获二等奖，小品《躲生日》、快板书《逆行者》等9个作品获三等奖，张佳玺、吴丹、邓春黎获新人奖。（金　欣）

【文学艺术奖评比】 2020年，海安市文联组织2019年度全市群众文艺创作节（剧）目会演比赛，62件作品参加初赛，28件作品入围决赛，其中，音乐类作品9件、舞蹈类作品11件、语言类作品8件，《糯米陈》《男将出海》《躲生日》《他俩》获区镇、部门和单位组一等奖，《决口》《阿杰鲁》《喊一声青墩》获专业组一等奖。组织2019年度青墩文学艺术奖文学、美术、书法、摄影、民间工艺等五个门类的评选和展示活动，蒋琏的散文《扁担瘤》、秦爱梅的儿童文学《月亮湾的两个世界》、吴晓明的散文集《触摸心灵的阳光》获文学类一等奖，夏剑峰的书法《桃源诗序》、徐海明的小楷《朱子家训》、徐勇的篆刻《印屏》获书法类一等奖，郑忠的国画《海韵系列》、丁旭的综绘《印迹·10》、吴田玉的水墨画《远山的足音》获美术类一等奖，张海东的《龙腾盛世》、徐劲柏的《追梦少年》、薛忠彬的《潮涌》获摄影类一等奖，莫俊的木雕《留得残荷听雨声》获民间工艺品类一等奖。（谭承燕）

文化遗产保护

【概况】 2020年，海安市拥有文物保护单位16处，其中，全国重点文物保护单位2处、省级文物保护单位5处、南通市级文物保护单位6处、县级文物保护单位3处；其中，革命文物保护单位7处（国家革命文物保护单位1处、省级保护单位4处、县级保护单位2处）。拥有省级非遗项目7个（海安花鼓、罗汉龙、苍龙舞、焦氏扎染、钩针技艺、莲花落、糯米陈酒酿造技艺）；南通市级非遗项目21个，比上年增加7个；县级非遗项目60个。仲美娟（苍龙舞）、丁永生（罗汉龙）、谭维维（钩针技艺）获评省级非遗传承人，周莉（南通扎染技艺）、华江明（苍龙舞）、贲道宽（南通剪纸）获评南通市级非遗传承人。泛书房获评省级非遗创意基地。新增莲花落（艺术中心）、南通红木家具（富丽红木、陈加国翎视界）、南通扎染技艺（华艺集团）4个南通市级非遗传承基地。

【扬泰盐通非遗精品展演在海安举行】 2020年6月13日，“苏韵流香”——扬泰盐通四市非遗精品展演在海安市文化艺术中心广场举行，扬州、泰州、盐城、南通各县（市、区）文化系统相关负责人和海安群众数百人现场观看展演。参演团队进行《远去的吆喝》、茅山号子《小妹妹》、民间舞《海安糯米陈》、盐都民歌《荡里的汉子》、宝应民歌《绣兜兜》等非遗文艺演出。展演由“江苏公共文化云”现场直播，线上观看近8万人次。

【非遗文化传承与保护】 2020年1月3日，海安市首届非遗集市在市文化艺术中心广场开幕，冰雪酒、剪纸、葫芦画、糖画等近30个非物质文化遗产项目及传承人通过活动平台，展现出地域传统文化的精粹与保护成果，以展演与展销相结合的方式，让市民零距离感受非遗传统工艺产品的魅力。4月24日，海安市非遗传承人工作会议在市广电中心召开，会议解读非遗传承的重要性，要求各文化站高度重视非遗保护工作，鼓励非遗传承人积极配合日常非遗保护工作。借助“文旅海安”公众号，推介糯米陈酒、剪纸等海安非遗项目及其传承人，挖掘其文化底蕴，让人们更好地认识非遗、理解非遗、尊重非遗，从而保护非遗。开展“5·18国际博物馆日”“非遗保护，中国实践”文化和自然遗产日系列活动，“海安花鼓”“海安龙舞”等

2020年6月11日，海安城南实验小学东校区三年级的孩子在操场上跳起“海安花鼓”舞，传承非物质文化遗产　　翟慧勇／摄

非遗品牌影响力持续扩大。端午节期间，结合非遗相关知识，举办“我们的节日·端午节”——2020海安市浓浓端午情有奖知识竞答活动，近3000人次参与活动。开展非遗进校园活动，苍龙舞、花鼓、剪纸等非遗项目逐步走入小小非遗传承人的生活之中。6月11日，城南实验小学东校区三年级的学生100多人以跳非遗舞蹈“海安花鼓”，庆祝十岁“成长礼”。（金　欣）

传　媒

【概况】 2020年，海安市融媒体中心抢抓媒体变革先机，推进“一体策划、一次采集、多种生成、多元传播”融媒体新闻生产新模式，促进媒体融合发展。8月20日，市融媒体中心通过全省融媒体建设试点单位，获全省首批互联网新闻信息服务许可证。市融媒体中心围绕抗击新冠肺炎疫情、“六稳”“六保”、全面小康、创建全国文明城市及卫生城市、新时代文明实践、乡村振兴战略、人居环境提升等重点工作，在全媒体平台开辟栏目30多个，开展“区镇街道党（工）委书记访谈”“决胜全面小康，决战脱贫攻坚”“创建文明城市，感受幸福生活”“走向我们的小康生活”“头雁风采”等全媒体新闻行动20多次，实现全方位、全覆盖、多样化宣传。

全年，91件作品在新闻竞赛中获奖，其中，21件作品获中国县市报研究会新闻竞赛奖（《“好人现象”催生“涟漪效应”》等作品获一等奖），23件作品获江苏省县市报研究会、江苏省广播电视局创优奖（《“中央一号文件”到田头》等作品获报纸类二等奖、《唱响京韵童年》等作品获广播电视类二等奖），43件作品获南通市广播电视报纸精品创优奖（《中宣部副部长孙志军点赞海安新时代文明实践中心建设试点工作》等5件作品获一等奖）。

【市外宣传】 2020年，海安市融媒体中心在南通市级以上媒体用稿用片1388篇（条），其中，中央电视台用片27条，《海安企业使用自动测温仪防疫复工》《长三角至东盟国际货运班列在海安首次开行》登上中央电视台《新闻联播》，《人民日报》用稿4篇，“学习强国”学习平台录用稿件188篇；《新华日报》用稿19篇（头版4篇），江苏电视台用片67条（“江苏新时空”18条），荔枝网、我苏网、交汇点、《扬子晚报》等网端用稿270篇；南通市级媒体用稿用片476篇（条），《南通日报》用稿169篇（头版50篇、头版头条12篇），南通电台用稿85条，南通电视台《NTTV新闻》《城市日历》用片141条，在《南通日报》、南通电视台用稿用片均列南通六县市（市、区）第一位。

【移动新媒体运营】 2020年，海安市强化互联网思维，优化资源配置，在“海安发布”和“海安播报”微信公众号、“悦海安”APP以及“海安融媒”抖音等新媒体平台上推出“‘枢纽海安，物流天下·产业高地，幸福之城’高铁冠名列车首发仪式”“海安融媒乘风破浪的小姐姐带你‘不出海安，购遍全球’乐享百国百品”“链接世界的海安2020年北京国际经贸合作推介会”等微直播活动，累计收看超百万人次。全年，新媒体平台点击量“1万+”作品168篇，“海安发布”微信公众号累计发布资讯2110篇，阅读总量599万人次，平均每天阅读总数1.64万人次，头条平均阅读总数超万人次，关注人数超20万人。（徐瑞平）

【五一新闻奖评选】 2020年，海安市委宣传部、市总工会组织评选2019年度“海安市五一新闻奖”，设新闻记者组和工会干部、职工通讯员组两个组别。新闻记者组，市融媒体中心选送的《市总工会：实施“建家工程”夯实工会基础》《王瑞根：做职工最贴心的“娘家人”》获一等奖，《我市推行建筑用工实名制，保障农民工工资按时发放》等4篇作品获二等奖，《除夕夜：400多环卫工人坚守岗位，守护城市洁净》等6篇作品获三等奖，《海安首批25个户外劳动者驿站运行》等20篇作品获优秀奖。工会干部、职工通讯员组，高新区选送的《海安高新区：“思政课进车间”助推主题教育走深走实》获工会干部组一等奖、李堡镇选送的《江苏海安：百姓名嘴走进车间思政课》获职工通讯员组一等奖，开发区选送的《推广工间操》等4篇作品获二等奖，江苏联发纺织股份有限公司选送的《节后开工忙》等6篇作品获三等奖，曲塘镇选送的《三大机制、四式服务，增强青工的幸福生产力》等20篇作品获优秀奖。（高美卉）

社会科学

【概况】 2020年，海安市社科联有团体会员23个，涵盖政治、经济、文化、网络、法学、教育等主要学科。建有社科普及示范基地13家，其中，省级1家、南

通市级7家、市级6家。加强学会自身建设，1月7日召开市社科联一届九次理事会议，会议选举涂祖凤为社科联主席。组织各协学会（研究会）学习党的十九届五中全会精神、省社科界第九次代表大会精神、市委十三届十次全会精神。12月16日，市社科联被省人社厅和省社科联表彰为江苏省社科联系统先进集体，全省仅10家获此殊荣。

【应用理论研究】 2020年，海安市社科联组织热点课题申报研究，《海安开发区管理体制重构路径研究》《县（市）基层公共文化服务精准性研究——以海安实践为例》被立项为南通市社科基金项目市县协作课题。发挥智库建言资政作用，海安智库发表《加快企业上市挂牌进程增强工业发展动力——关于企业上市挂牌的调研与思考》《疫情下海安工业企业持续发展的调研报告》《为“十四五”高质量发展探路——海安构建现代产业体系的思考》等15项课题调研成果，获市领导多次批示认可并组织专题研讨，编撰完成《2020年海安市工业经济发展研究中心、海安市工业经济智库调研成果汇编》。6月10日，“南通社科专家企业行”走进海安，组织海安企业家代表与南通市各领域的专家学者实地走访重点企业，为企业发展出谋划策。

【社科知识普及】 2020年，海安市社科联不断普及社科知识，参与省第十七届社科普及宣传周主题知识有奖竞答活动，市各社科协学会、社科普及示范基地先后开设学习苏州“三大法宝”、《四大名著》漫谈、“民法典”解读等社科知识讲座200余场，受众6万余人次，“传承家风家训”“阅读中国红”2个项目获批2020年度省社科联社科普及项目资助。推进社科普及示范基地建设，苏中七战七捷纪念馆通过江苏省社科普及示范基地复评，在南通市社科普及业务培训班上做经验介绍。

【第四届哲社奖评选】 2020年，海安市开展第四届哲学社会科学优秀成果奖评选活动，收到作品62件，评出优秀成果奖22项，其中，著作《永忆录校注》、系列论文《思想政治课简实教学研究》获一等奖，著作《中共海安地方史（第三卷）》、论文《去功利化愿景下高中综合素质评价路径探析》《关于社会保险费费基的国际比较及经验借鉴》、调研报告《赴江西南康考察学习家具产业发展情况的报告》获二等奖，论文《县级财政中期规划的若干思考》《新形势下地方经济发展与财政收入的相互促进研究》《激励教育在培养学生核心素养方面的实践研究——以如何激励学生提高诵读效率为例》《破产管理机构本土化构建路径——基于英美比较视野的研究》《论通扬运河在江淮东部地区的“母亲河”地位》、调研报告《海安实施乡村振兴战略调查研究》获三等奖，10件作品获优秀奖。（涂祖凤）

档　案

【概况】 2020年，海安市档案馆馆藏档案231个全宗，纸质档案42.35万卷、32.47万件，照片档案3273张，字画105幅，荣誉档案661件。馆藏档案主要有民国档案、革命历史档案、中华人民共和国成立后档案，史志谱牒档案和人物、声像档案，科技、专门档案，实物档案等。

【档案保管】 2020年，海安市档案馆建立馆库安全、实体安全、信息安全、安全保障机制，排查梳理风险隐患，参加消防安全培训暨应急演练，定期巡查档案库房、清点核查馆藏重要档案，加强档案库房安全消防、温湿度控制记录等日常管理。开展档案破损及消毒保护抽样，抽查档案218卷5444件，填写问卷上报省档案馆。加强档案数据管理，实现档案数据定期多套备份，定期维护巡查数字档案馆系统及安全监管平台、防火墙等安全设备，及时更新病毒库、修补漏洞。定期检查温湿度调控设备、消毒设备、门禁设备、库房监控报警设备、消防设备以及档案阅览、复制设备等，确保设备安全。

【档案利用】 2020年，海安市档案馆根据不同的利用需求和特点，开展函电代查、委托代查、预约查询等服务方式。接收10个区镇土地确权补确户档2362件，接待查档利用6599人次，调阅档案15.23万卷次、1.19万件次，为社会公众核实工龄、落实待遇、明晰产权、编史修志等提供有力凭证。疫情期间，通过电话、网络等不见面方式查阅档案3032人次，5.62万卷次、3915件次。强化政府公开信息查阅中心建设，健全政府信息公开查阅工作制度和工作机制，做好政府信息的接收、管理、查阅利用、登记备案等工作，配备专门的计算机、打印机，为公众查阅政府公开信息提供优质服务。强化爱国主义教育基地功能建设，联合实验小学、明道小学开展文明礼仪公益培训、“宣讲红色故事，争当时代先锋”宣讲比赛、“小康之路”探寻等系列社会教育实践活动；以“海安1949—2019——70年变迁与发展”为主题，举办爱国主义教育专题展览，发挥档案传承历史文化、践行社会主义核心价值观的作用。先后举办“档案与你相伴”“档案与民生”等主题宣传活动，累计提供咨询人数近200人次，发放档案宣传材料150余册。

【档案规范化建设】 2020年，海安市规范机关单位档案管理，市档案馆对96家机关单位、企事业单位、区镇（街道）2019年度档案工作开展调研指导。举办全市档案人员业务培训会，各区镇、市级机关、国有企业的档案工作人员110人参训。调研新成立街道档案工作，举办街道建档工作培训会，将街道档案工作列入年度督查。协助市卫健委制订《海安市出生医学证明档案管理实施方案》《海安市出生医学证明档案数字化加工项目招投标相关要求》，开展医学证明档案进馆前调研，完成2003年后出生医学证明档案的整理和数字化建设。联合市扶贫办、市疫情防控指挥部指导精准扶贫、疫情防控档案材料收集，并开展专题培训。向社会征集疫情防控照片档案、电子文档等近100件。加强档案工作业务指导，指导各单位档案管理规范化工作，指导市农业农村局补确权农地档案业务，指导市政府办、市公安局、市退役军人事务局、市医保局、市人民法院、海安农村商业银行、高新区财政所等单位档案库房建设，指导江苏三零面粉海安有限公司、张垛粮库码头工程档案业务，指导上湖创新区建立档案总分类方案及工程档案业务，指导市政府办、烟草公司档案室制度建设，调研指导市纪委监委巡察档案业务。推进档案法治化建设，利用“海安发布”推送宣传“新档案法”解读与全文，组织区镇（街道）、机关代表参加“新档案法”公益大讲堂活动。

【档案信息化建设】 2020年，海安市档案馆获评省AAAAA级数字档案馆，全市拥有AAAAA级数字档案室2家、AAAA级2家、AAA级12家、AA级16家。升级、维护虚拟档案远程利用平台功能，与雅周镇、滨海新区、胡集街道、洋蛮河办事处签订远程服务协议，区镇（街道）远程利用档案63件、民政局婚姻登记处远程利用档案752件。安装、维护江苏省民生档案服务平台、长三角民生档案服务平台客户端。推广使用虚拟档案室系统，开展纯电子文件接收、管理试点工作。推进“互联网+政务服务”工作，实现网上运行；完善和维护行权事项及公共服务事项办事指南和拓展信息工作，做好省行政执法监督平台日常维护工作。（王素兰）

史　志

【概况】 2020年，海安市委史志工委贯彻落实《江苏省地方志工作条例》，编纂出版《海安年鉴（2020）》《海安市情（2020）》《红色海安》，修订再版《中共海安地方史（第一卷）》，联合海安市新四军研究会编纂出版《新四军“联抗”人物谱》，联合市融媒体中心开辟《历史上的今天》专栏，开展“红色海安”宣传教育。《海安年鉴（2019）》获评江苏省一等年鉴，《海安“故乡风物地情馆”》获评江苏省2019年市县地方志特色创新十大项目。

【年鉴编纂】 2020年，海安市委史志工委制定年鉴编纂方案并以海安市委办公室、市政府办公室文件下发。2月底基本完成年度工作资料的征集，上半年完成年鉴初稿编辑和印刷招投标工作，9月底送印刷厂排版并报出版社审核。11月，江苏人民出版社公开出版发行《海安年鉴（2020）》，同步推出《海安年鉴（2020）》手机版。《海安年鉴（2020）》设31个类目，238个分目，1042个条目，表73张，随文插图100幅，计107.5万字，全面记述2019年度海安市基本面貌和各行各业的发展情况。海安市委史志工委编辑32K袖珍异形开本口袋书《海安市情（2020）》，在2019年版本的基础上，整合规范栏目编排，创新设置特色板块，突出展示海安的年度亮点和地方特色，10月签字付印，服务于市委、市政府举办的海安投资贸易合作洽谈会、中国科学院专家走进海安以及海安“两会”等大型会议。

【区镇志、部门（行业）志编修】 2020年，海安市委史志工委加大《江苏省地方志工作条例》宣传贯彻力度，制定差别化考核办法，从整体框架梳理、设计、内容及文字的规范化、科学化等方面指导推进区镇志修编。同步指导部分区镇做好已撤并乡镇志的抢修工作。至年底，《角斜镇志》通过终审，形成验收稿；《南莫镇志》《白甸镇志》《大公镇志》形成复审稿。启动已撤并乡镇志修编，《西场志》形成终审稿。《城东镇志》获评江苏省2020年地方志书质量评定优秀成果。

【党史资料征研与编纂】 2020年，海安市委史志工委继续加强对海安地方党史的研究。完成《中共海安地方史（第一卷）》的修订再版工作。《中共海安地方史》第一至三卷均出版发行。推进红色文化进校园，编辑出版《红色海安》，为全市在校学生提供地方党史读本。《红色海安》分4个部分系统整理收录31篇红色故事、19处革命遗址、8处红色教育场馆以及63位与海安革命历史紧密相关的红色人物，以点带面，全面反映海安人民在中国共产党领导下开展武装斗争、推动抗日救国、争取民主解放的革命斗争历程。年底，市委史志工委与市教育体育局共同开展“传承红色基因、牵手幸福教育”活动，向市教育系统27支新时代文明实践服务队赠送《红色海安》300册。

【党史宣传教育】 2020年，海安市委史志工委加大党史学习宣传教育力度，围绕重要时间节点和重大事件、重要人物纪念，组织开展活动。在《海安日报》开辟《历史上的今天》宣传专栏，记述海安历史上发生的重大事件。在“学习强国”平台发表《郜鸿基——四度入狱，初心不改，革命岂能半途而废》《朱克靖——壮士非无泪，不为断头流》，在《江海春秋》“史志通”发表《红色海安1940》，在《海安日报》发表《紫石老人与紫石县》，在《三角洲·青墩》发表纪念戴盟文章《穿越时光纷披的枝叶》等，促进地方党史宣传。9月，全程协助央视七套到海安拍摄党史专题片《敢教日月换新天——走进革命老区县海安》，并为其提供所需资料。10月，市委、市政府召开纪念新四军“联抗”部队成立80周年座谈会，市委史志工委承办，扬州、泰州、盐城等地及南通各县（市、区）党史、军史专家以及新四军研究会代表参加会议。11月，承办南通市新四军研究会在海安召开的“粟裕与苏中研讨会”，泰州、盐城、南通等地区新四军研究会80多人参加。

【海安市新四军研究会】 2020年，海安市新四军研究会组织会员收集一批海安籍或曾经在海安战斗过的老战士资料，撰写论文，宣扬新四军铁军精神。全年发表《毛泽东与苏中战役》《粟裕与苏中战役》《抗战时期优秀的文化工作者贝岳南》等文章20多篇。完成“苏北抗日根据地开辟80周年学术研讨会”征文10篇，其中，何苏平在研讨会上做题为《浅谈海安在华中抗战中的独特地位》交流发言。10—11月，与海安市委史志工委共同承办纪念新四军“联抗”部队成立80周年座谈会和南通市新四军研究会在海安召开的“粟裕与苏中研讨会”。与市委史志工委联合编纂出版《新四军“联抗”人物谱》，详细介绍“联抗”部队成立的历史背景及意义、“联抗”人物的生平及伟大事迹，大力弘扬新四军铁军精神，传承红色基因。

（赵蓉蓉）

卫生健康

Healthfulness

中医院大楼

综　述

【概况】　2020年，海安市拥有医疗机构194家。市级医院4家，分别为市人民医院、市中医院、市第三人民医院、市皮肤病医院；市级以下医院56家，其中，卫生院10家、民营医院45家（含专科医院4家）、护理院1家；城区卫生服务站19家；急救中心（站）1家；疾控中心1家；卫生监督所1家；妇幼保健机构1家；体检中心3家；卫生保健所、医务室108家，其中，门诊部6家，卫生所、医务室14家，诊所88家。上湖三甲医院启动建设。医疗机构总床位6181张，其中，医院床位5391张，卫生院、社区卫生服务站床位790张。卫生技术人员5617人，其中，执业医师、执业助理医师2424人，注册护士2199人。公开招聘卫生专业技术人员92人、编外技术人员153人，编外援鄂一线医务人员5人实行直接入编。每村均设有医疗点，村卫生室人员753人，新型农村合作医疗覆盖面100%。

【海安创建国家卫生城市】　2021年1月，全国爱国卫生运动委员会下发《关于命名2018—2020周期国家卫生城市（区）的决定》通知，江苏省海安市被正式命名为国家卫生城市。这是江苏省唯一获此殊荣的县市区。此外，海安《卫生创建不停步，提档升级再出发》被省爱卫办推荐，在国家卫健委《国家卫生城市创建专刊》上发表交流。2006年，海安启动创建国家卫生县城，2010年、2014年、2017年先后通过国家三次复评。2018年海安撤县设市后，市委、市政府迅速启动国家卫生城市创建工作，成立创建工作指挥部。市创建国家卫生城市办公室从19个重点部门抽调人员集中办公，建立8个业务指导组，分片包干检查指导、问题反馈和督查督办等工作。2020年年初，新冠肺炎疫情暴发后，海安市第一时间成立疫情防控指挥部，与创建卫生城市指挥部合署办公，推进全国文明城市、国家卫生城市、国家慢性病综合防控示范区"三城同创"。在抓好疫情防控的同时，进一步加大"创卫"工作组织力度，高标准推进国家卫生城市创建；不断健全爱卫组织，普及健康教育，美化市容市貌，严守环保底线，强化监管，持之以恒推动创建提质增效；全力增强公共卫生突发事件应急能力，打造优质医疗环境，夯实公共卫生基层基础，不断提升公共卫生服务保障水平，着力构建"大创卫"体系。6月，海安市被国家卫健委评为第五批国家慢性病综合防控示范区。8月，通过创卫省级技术评估。9月，接受国家卫生城市技术评估专家组评估验收。12月，海安市被国家卫健委评为国家卫生城市，进入公示阶段，成为江苏唯一一家入选城市。2018—2020年，海安累计建成国家卫生镇4个、省级卫生镇10个、省级卫生村182个。

2020年6月6日，海安市举行上湖三甲医院项目开工仪式　　濮端建／摄

【"健康海安"工程】　2020年，海安市继续实施"健康海安"工程，不断健全爱卫组织，打造优质医疗环境。建成城乡社区10分钟体育健身圈，镇、村公共体育设施覆盖率100%。推广全民健身运动，先后举办全国自行车公路赛、"舞动江苏"广场舞大赛、全民健身运动会、奔跑海安迷你马拉松赛、"万步有约"等活动。彰显农村体育特色，农民体育之乡大公镇连续57年举办乡镇运动会。至2020年年底，海安创建省级健康镇2个、省级健康社区（村）16个；健康促进学校75所，其中金牌学校7所；健康示范单位15家、健康主题公园10个、健康小屋5个、健康步道12条、健康街3条、健康食堂与健康餐厅（酒店）15家。居民健康素养水平24.2%。　（唐雨露）

卫生管理

【医改管理】　2020年，海安市出台关于进一步深化海安市城乡基层医疗卫生机构运行机制改革的实施方案、关于完善海安市实施国家基本药物制度的实施方案、海安市公立医院薪酬制度改革实施方案、建立海安市紧密型医疗联合体实施方案等10多个文件，研究制定建立现代医院管理制度实施办法、"海陵名医工程"培养对象选拔与培养管理办法、海安市创建省级临床重点（建设）专科实施方案、海安市临床重点专科能力提升实施方案等政策。12月，市中医院党总支升格为党委，市人民医院和市中医院均实行党政分设并配备总会计师，市疾控中心和卫生监督所升格为副科级事业单位。

【卫生监督执法】　2020年，海安市办结公共场所卫生许可377件、放射诊疗卫生许可17件、生活饮用水卫生许可3件。实施行政处罚案件51起，其中，医疗市场管理案件16起、公共场所管理案件12起、餐具集中消毒案件3起、传染病防治案件10起、放射卫生案件3起、职业卫生案件5起、其他案件2起，罚没款54.8万元，2起案件移送相关部门，未发生一起卫生行政复议或行政诉讼案

件。接受国家"双随机"监督抽检任务272家，监督检查单位267家，完成任务数225家，检查时单位已关闭43家，完成率82.72%，完结率100%；接受省"双随机"监督抽检任务213家，监督检查202家，完成任务数202家，检查时单位已关闭11家，完结率100%。"双随机"检查中，依法立案查处传染病防治案1起、公共场所案件2起，罚款3000元，同时分行业将"双随机"检查结果通过"健康海安"公众号、市卫健委网站向社会公示。摸排全市229家非法行医监测哨点，开展"打非巡查"8786户次，上报监测信息39条。开展中医养生保健服务、医疗服务质量、医疗机构依法执业、非法医疗美容、违法开展计划生育手术等专项整治，查处非法行医案件15起，罚没款15.3万元。加强职业卫生监管，对全市26家化工企业、角斜镇（滨海新区）80家石材加工企业及家具生产企业、曲塘镇13家家具生产企业开展专项检查，立案处罚职业卫生案件6起，罚款27万元。结合疫情防控、文明城市和卫生城市创建，对全市170家住宿场所、191家沐浴场所和512家美容美发场所开展顾客用品用具卫生专项整治，卫生检测率和公示率100%。

【医疗机构监督管理】 2020年，海安市完成医疗机构准入及注销现场验收28家，8家医疗机构增设口腔科、康复科、妇科，1家医疗机构增设血透室，2家医疗机构增设床位，4家医疗机构完成诊所及医院整体搬迁，4家医疗机构注销。开展一级以上医疗机构年中、年终医疗质量督查，检查医疗机构60家，抽查住院病历600多份，点评处方5000多张，通报不合理检查、用药、治疗情况，查处不良执业行为医疗机构12家，罚款9.6万元，没收违法所得2.4万元。10月，举办"全国安全用药月及医疗器械安全宣传周"宣传活动。探索建立短缺药品市级储备机制，设立短缺药品保障资金20万元。落实市级处方点评机制，提高安全用药水平，举行市级处方点评1次、现场处方点评1次，公开点评不合理、不规范用药行为，500多人次参加培训，门诊处方质量合格率85%以上。

2020年6月3日，苏州大学—海安市人民医院临床医学协同创新中心成立

市卫健委／供图

【医药科研】 2020年，海安市卫生系统发表论文180篇，其中，SCI论文7篇、北大核心期刊4篇、科技统计源期刊118篇、省级期刊47篇。市人民医院获批南通市科研课题19个、南通市卫健委医学科研课题2个、南通市妇幼健康专科联盟科研课题目1个，成立苏州大学—海安人民医院协同创新中心，神经外科、肿瘤科、骨科、心血管内科争创省重点专科。市中医院获批省"333"人才科技项目立项1个、南通市科技计划指导性项目立项10个、南通市卫健委科技项目立项7个、南通市中医联盟科技项目立项3个，申报新技术、新项目21项，实施省级中医药继续教育项目3个、市级继续医学教育项目3个。

【医学培训】 2020年，海安市卫生系统选派年轻干部20人参加南通市专业领域青年干部培训班，举办院长暨党务干部培训班1期，组织市级医院骨干专科医师2人和乡镇卫生院、社区卫生服务中心骨干医生、管理人员19人参加国家级基层卫生人才能力提升培训班，组织基层医护人员15人参加中国急诊培训学院南通分院第四期急救技能培训班暨南通第十五期急救技能实训班，组织乡镇卫生院医护人员6人及乡村医生48人参加南通市农村基层卫生工作人员"务实进修"班，组织临床医生7人参加全科医生转岗培训班。市人民医院选送医务人员17人到北京、上海、南京、苏州等地医院进修学习，接受市外医院进修医务人员17人；组织医务人员外出参加学术活动215人次，邀请上海、江苏南京等地知名专家讲学15人次，举办江苏省继续教育学习班2期、南通市继续教育学习班10期；接受实习生68人，完成南通大学和江苏卫生健康职业学院两个班的临床教学任务；开展住院医师规范化培训，通过南通市卫健委住院医师规范化培训基地专项检查。（唐雨露）

公共卫生

【基本公共卫生服务】 2020年，海安市国家基本公共卫生服务项目补助标准人均100元，其中新增的5元在疫情防控初期及时全额下拨用于基层医疗机构疫情防控工作。项目资金采取当年"先预拨、后结算"的方式，6月前预拨经费58%，12月前依据考核结果决算。全年，下拨基本公共卫生服务项目补助资金6969.52万元。

【妇幼健康服务】 2020年，海安市分娩活产数3593人，新生儿访视率98.64%。3岁以下儿童总数1.32万人，7岁以下儿童总数3.28万人，0~6岁儿童保健管理率97.28%，筛查出高危儿1069人、体弱儿4311人，在园儿童建立视力健康电子档案1.9万人。3岁以下儿童接受中医调养服务1.2万人，中医药健康服务指导完成率91.54%。0~6岁儿童家庭医生签约2.95万人，签约服务率89.7%。全市产妇数3546人，产妇建册率100%、早孕建册率90.04%、产前5次检查率90.43%、住院分娩率100%、产后访视率97.97%。筛查出高危孕产妇2779人，筛出率78.37%，高危孕产妇按分级分类管理要求，规范筛查、评估、随访管理服务。孕产妇家庭医生签约3178人，签约服务率98.2%。发生危重孕产妇36例、危重新生儿135例，抢救成功率100%。开展妇幼重大公共卫生服务，实施增补叶酸预防出生缺陷项目，发放叶酸3038人，叶酸服用率97.6%；实施农村妇女宫颈癌和乳腺癌服务项目，宫颈癌检查3.90万人，乳腺癌检查3.92万人；实施预防艾滋病、梅毒和乙肝母婴传播服务项目，免费为接受婚前保健服务的2748人、初次产前保健的孕妇3685人和住院分娩的产妇3405人提供艾滋病、梅毒和乙肝检测及咨询服务，为乙肝表面抗原阳性产妇所生的活产儿123人免费注射乙肝免疫球蛋白，开展乙肝表面抗原阳性孕产妇所生儿童接种乙肝免疫球蛋白和乙肝疫苗后血清学的检测随访工作，提升预防母婴传播干预效果。开展免费基本避孕药具进规模企（事）业单位和高校活动，协议医疗卫生机构提供免费基本避孕手术3879例，上报避孕器械不良事件582例、避孕药品不良事件54例。

2020年，海安开展新型冠状病毒防控工作，引导市民做好自身防护。图为1月30日，市民在定点药店有序购买口罩 濮端建／摄

【出生缺陷干预】 2020年，海安市结婚登记2888对，5496人接受免费婚检，婚检率95.15%。为1903对夫妇提供孕前优生健康检查服务，面对面开展优生健康咨询指导257人次。孕中期产前筛查3456人，筛查率97.46%，确诊21-三体综合征1例。新生儿听力筛查3579人，筛查率99.61%，确诊听阈下降18人。先天性甲状腺功能低下和苯丙酮尿症筛查3587人，筛查率99.83%，无确诊病例。新生儿先天性心脏病筛查3439例，确诊40例。

【疾病预防控制】 2020年，海安市做好新型冠状病毒肺炎防控工作，开展相关的流行病学调查235人，向外发出协查函3份，参与外地协查48起。开展重点人群、食品样及环境样等应检对象核酸检测1.1万多份，其中进口冷链食品、外包装、环境样1355份。5月起，海安恢复肠道门诊，规范开展霍乱监测，无霍乱疫情报告。报告突发公共卫生事件8起，其中，新型冠状病毒肺炎聚集性疫情1起、水痘暴发疫情7起，均及时规范处置，无重症与死亡病例。升级全市接种门诊系统，接种一类苗、二类苗约20万剂次。开展入学体检结核筛查，规范筛查、处置学校结核病疫情4起。登记存活麻风病人432人。开展病媒生物防制工作，监测“四害”（蚊子、苍蝇、蟑螂、老鼠）密度。 （唐雨露）

2020年5月19日，海安高新区中心卫生院家庭医生服务团队为辖区老人测量血压 张成军／摄

基层卫生

【家庭医生签约服务】 2020年，海安市推动家庭医生签约服务扩面提质，全市常住人口签约率51.34%，重点人群签约率88.49%，“点单式”签约4.85万人，市级专家下乡446人次，服务签约居民1.08万人。按户建立家庭健康档案，建

立居民电子档案，免费提供健康体检，定期开展健康管理。参与多项省级家庭医生签约服务创新试点工作，其中，曲塘中心卫生院参与的“探索医联体支持下签约服务上下联动模式创新项目”，雅周镇、南莫镇、李堡镇、城东镇中心卫生院开展的“家庭医生预约上门和家庭病床服务试点项目”均通过省级评估验收；开发区南屏村建成省星级家庭医生工作室。李堡镇、南莫镇中心卫生院家庭医生团队在南通市“优质服务基层行”家庭团队感控技能竞赛中分获团体一等奖、优秀奖。

【基本药物制度】 2020年，海安市所有政府办区镇（中心）卫生院、村卫生室（社区卫生服务站）基本药物和非基本药物全面实行零差率销售，区镇民营医院结合基本药物使用量和药品销售规定价差核定综合补助总额，发放2019年基本药物制度财政补助资金1.64亿元。完善《海安市2020年基层医疗机构基本药物制度绩效考核细则》，明确基本药物补助经费暂缓拨付相关情形，修改完善村卫生室委托管理协议。开展基本药物制度执行情况考核督查4次，预拨基本药物补助经费1.15亿元，其中8家单位因安全生产、健康扶贫、信息化建设等工作暂缓预拨基本药物补助经费。（唐雨露）

医疗卫生

【概况】 2020年，海安市深入推进改善医疗服务行动计划，应用“互联网+”技术，创新医疗服务模式，以市人民医院和市中医院为试点，推广多学科诊疗模式。市人民医院、市中医院依托三级医院平台与上海、南京多家医院建立协作关系，开展合作交流。市人民医院建成国家远程卒中中心和心脑血管病海安分中心。推广临床路径管理，采取“线上申请、线下上门服务”的模式，10家乡镇（中心）卫生院全部接入平台，完善管理制度、服务人员资质、护理服务项目信息、服务流程，全年上门护理服务1273例。成立海安市护理管理质控中心；完成市人民医院护理专科联盟17家单位协议续签工作，分3个专科小组对17家单位开展现场督导；筹备组建市中医院护理专科联盟。

【重点专科建设】 2020年，海安市研究出台《海安市创建省级临床重点（建设）专科实施方案》《海安市临床重点专科能力提升实施方案》，临床专科发展数量在南通县（市、区）列第一位。市人民医院建成省级临床重点建设专科1个（肿瘤科）、南通市级临床重点专科20个、南通市级临床重点建设专科6个，市中医院建成省级中医重点专科1个（针灸科）、南通市级中医重点专科8个、南通市级中医重点建设专科2个。

【中医药事业】 2020年，海安市接受全国中医药先进单位复核评审，8家乡镇卫生院中医馆参评南通市基层医疗卫生机构星级中医馆。加强全国老中医药专家学术继承工作导师、江苏省名中医夏治平两个基层工作站建设。市中医院和苏州大学就人才培养、科研提升及学科建设签订战略合作协议。强化中医药适宜技术推广和培训，开展“中医中药中国行”活动，举办基层中医适宜技术培训班4期、中医药养生知识讲座10次，受惠群众1500余人。7人被南通市卫健委、南通市中医药管理局表彰为基层名中医。调整充实中医药文化科普宣传巡讲团专家库，开展第十届“中医药就在你身边”中医药健康巡讲活动，在城东镇、大公镇、墩头镇、雅周镇及白甸镇举行巡讲5场。举办海安市文明实践中医药健康行大型义诊活动和第二届中医养生功法表演竞赛暨学经典、讲经典、用经典推进活动。开展中医药文化推广与传播工作，推进市中医院“中国江苏—乌兹别克斯坦中医药中心”项目建设，扩大中医药国际影响力。

【医疗安全管理】 2020年，海安市开展医院感染管理工作质量检测，全市4家医疗机构血液净化中心加强感染预防与控制工作，市卫健委参加南通市新冠肺炎感染防控交叉检查，完成上湖医院、应急医院、4家乡镇中心卫生院发热门诊综合楼的感控流程设计，并通过南通市感染管理质控中心审核。加强实验室生物安全管理，组织南通市级实验室质控专家现场验收所有微生物实验室，落实实验室生物安全责任，48家二级生物安全实验室、1家一级生物安全实验室取得备案证书。建成市人民医院、市中医院医疗废物管理信息系统，同步推进其他医疗机构信息化平台建设；统一回收未被污染的输液瓶袋且全程二维码信息追溯，实现“闭环管理、定点定向、全程追溯”；定期收集医疗废物重量数据，专项督查医疗废物，防止医疗废物流失、泄漏、扩散。（唐雨露）

【医药服务管理】 2020年，海安市落实省医疗保障局、省卫生健康委员会关于降低新型冠状病毒核酸检测等项目价格、新增部分医疗服务项目价格、调整贫困精神残疾人基本用药范围等政策及全省医用耗材阳光采购政策。实施药品、医用耗材集中招标采购，取消耗材加成政策，降低药品、医用耗材虚高价格，节约医疗资金3000多万元，保证“两病”（高血压、糖尿病）患者用药，减轻就医负担。全年，组织定点医疗机构参加3批112个药品国家集中招标采购及3轮6类高值医用耗材江苏省组团联盟集中招标采购。1月1日起，全面取消公立医院医用耗材加成。

（周海东　王　琼）

市级医院

【海安市人民医院】 海安市人民医院建于1950年，是三级乙等综合性医院、国家级爱婴医院、南通大学附属医院，先后获评全国卫生系统先进集体、江苏省卫生系统先进集体、江苏省十佳医院、江苏省文明医院、江苏省爱国卫生先进单位。2020年，医院占地面积9.8公顷，总建筑面积15.8万平方米，实际开放床位1480张。拥有职工1250人，其中高级职称214人。新增在职博士1人、硕士3人，引进硕士5人。年门诊53.28万人次，比上年下降6.4%；急诊9.53万人次，比上年下降7.9%；收治病人5.53万人次，比上年下降12.7%；手术1.98万台次，比上年增长11.3%；三级、四级手术1.27万台次，比上年增长34%。医院胸痛中心、卒中中心、创伤中心、危重孕产妇及新生儿抢救中心运行良好，拥有省重点建设专科1个，南通市重点专科18个、重点建设专科6个，建成国家远程卒中中心和心脑血管病海安分中心。加强高层次人才培养，获批省“333工程”培养资金资助项目1项，海安市高层次人才科研资助项目2项。申报确定“海陵名医”工程培养对象9人，“中青年卫生健康骨干人才”培养对象13人。

【海安市中医院】 海安市中医院1981年选址兴建，1983年4月独立建院，以中医为主、中西医结合，是一家集医疗、教学、科研、保健于一体的三级乙等中医院、国家级爱婴医院、南京中医药大学教学医院、南京中医药大学翰林学院附属医院，与新疆伊宁市维吾尔医院缔结“友好医院”。2020年，医院占地面积3.3公顷，建筑面积7.51万平方米。设有20个病区，开放床位1000张。拥有17个一级临床科室，其中针灸科为“十二五”国家中医重点专科协作成员单位、全国第二批农村医疗机构中医特色专科（专病）、江苏省中医重点专科、南通市医学重点学科。拥有卫生技术人员714人，其中，国家级名中医1人、省名中医4人。年门诊、急诊42.3万人次，出院3.37万人次。发表医学类论文43篇，其中，SCI科学引文数据库2篇、科技核心（统计源）期刊6篇。医院通过三级中医医院复核评审，建成扬州大学医学院附属医院和苏州大学科研协同创新中心和南通市胸痛中心，与22家基层医院签署联合救治ASC（乙肝病毒携带者）、创伤等急危重症患者协议，加入南通大学附属医院牵头成立的南通市心血管内科孵化联盟，新增曲塘中心卫生院、皮肤病医院为紧密型医联体合作单位。医院拥有糖尿病、胆石症内病外治、甲状腺病、脾胃病等30多个具有中医特色优势的专科专病治疗科室。开展椎间盘射频消融，白内障超声乳化，骨科关节镜，外科、妇产科腹腔镜微创治疗，前列腺等离子电切术，肿瘤性疾病、血管性疾病等介入治疗。医院自行研制中药散剂、胶囊剂、膏药、糖浆等剂型51个品种。医院拥有东芝核磁共振、瓦里安医用直线加速器、飞利浦128排螺旋CT等大中型医疗设备。与上海、南京等地区的三甲医院长期保持合作关系，常规开展血管介入、多病种内镜下治疗等高精技术医学治疗方法。

【海安市第三人民医院】 海安市第三人民医院始建于1976年，是海安市唯一一所市级二级甲等精神病专科医院。担负着海安市基本医疗、精神心理疾病、预防康复、科研教学、精神残疾鉴定、社区防治和基层精防人员培训等任务。医院分设本部和仁济分院2个院区，本部以精神科为主，重点收治严重精神障碍患者；仁济分院以综合医疗为主，重点服务于海安开发区患者。2020年，医院占地面积1.33公顷，建筑面积2.56万平方米。拥有职工187人，卫生专业技术人员159人，其中，高级、中级职称65人，初级职称94人。拥有编制床位120张，实际开放床位300张以上，设有14个临床科室、12个医技科室、7个治疗中心。全年收治各类精神障碍患者1235人次，为1314名患者提供免费发药和健康体检服务。11月28日，第五届“江海港+”精神卫生论坛暨南通市医学会精神医学学术年会在市第三人民医院举办，国内知名专家学者、省内各县（市、区）精神卫生机构代表参加会议，会议期间举办精神病专科医院管理交流会、抑郁症专场学术讲座、精神卫生护理论坛暨精神科护理质量管理研讨班。

【海安市皮肤病医院】 海安市皮肤病医院始建于1959年，前身为海安县麻风病医院，是南通市唯一一家提供涵盖皮肤病诊治、性病诊治、化妆品不良反应监测、过敏原检测和内科、外科、妇科、全科等基本医疗卫生服务的医院。医院是上海复旦大学附属华山医院皮肤科联盟合作单位、江苏省人民医院皮肤科临床协作中心、南通市中医院紧密型医联体同盟单位。医院分设总院、人民东路门诊部、人民西路诊所，总院位于海安市曙光东二路31号，建筑面积4000多平方米。2020年，医院有职工44人，专业技术人员42人，其中，高级职称8人、中级职称15人。设有皮肤科、医疗美容科等科室，特色专科有面部年轻化、医学护肤、色斑、牛皮癣、白癜风、荨麻疹、灰指甲、生发等，开放病床35张，研制、生产特色制剂24种。

（唐雨露）

2020年，海安市第三人民医院改扩建工程全面完工。图为市第三人民医院新建成的门诊大楼

市卫健委／供图

体育

Sports

体育中心

HAIAN YEARBOOK 2021 海安年鉴

综　述

【概况】 2020年，海安市完善城区“15分钟健身圈”服务功能，人均体育场地面积3.77平方米。承办省级赛事3项、南通市级2项。举办第三届全民健身运动会、企业趣味运动会19场、青少年儿童公益性赛事4次、线上防疫和居家锻炼公益讲座6次，在电视、网站、报刊、移动客户端推广居家科学健身方法12种。注册运动员190人，注册教练员8人。参加南通市级以上比赛获奖牌数40块，比上年增加19块，其中金牌12块，比上年增加6块。加强体育人才培养，培训三级社会体育指导员与骨干650人、体育管理干部80人，5.16万人次参加体育类培训。培育大公农民体育、角斜军事体育品牌，推动手足双门球探索与实践，开展手足双门球项目省、南通市级课题研究活动3次，举办海安市首届成人手足双门球联赛。推进趣味跳绳、路格子、丢沙包等传统体育游戏进校园，丰富学生课间活动。新时代文明实践中心健身体育服务平台开展各类体育活动32次，公益培训2.97万人次。城乡居民体质测试合格率93.2%，经常参加体育锻炼人口比例40.3%。全市累计销售体育彩票1.42亿元，发放体育健身消费券6000张，吉姆帕克健康管理有限公司成为全市首家获得省级产业资金奖励的健身企业。

2020年9月27日，海安市城南实验小学西校区学生在课间快乐地跳格子

翟慧勇／摄

2020年海安市体育事业情况表

表40

指　标	单位	2020年	比2019年增加数
体育馆	个	10	7
田径场	个	15	4
室内游泳池	个	10	5
室外游泳池	个	5	-1
综合房馆	个	7	-1
体操房馆	个	6	0
乒乓球房馆	个	204	-97
健身房馆	个	277	150
棋牌房馆	个	127	-335
台球房馆	个	21	-9
小运动场	个	87	29
篮球场	个	357	-62
小篮球场	个	114	-6
排球场	个	50	-11

【体育设施】 2020年，海安市结合农村人居工程示范点和城市微空间整治，利用城乡公共绿地、口袋公园、小游园等区域，打造村级体育公园28个、镇级体育公园1个、市级体育公园1个，捐赠健身器材635件，提高城乡健身服务供给。稳步推进社会足球场地设施建设，新建5人制社会足球场5片、11人制足球场1片。新建健身步道4条，总长12千米。完善城区“15分钟健身圈”服务功能，排查109个老旧小区体育设施情况，为54个老旧小区配置体育健身器材407件；改造城市微空间健身公园，安装体育健身器材435件。

【国民体质监测】 2020年，海安市根据《全民健身条例》《国民体质监测工作规定》，以海安体育中心省级国民体质测定与运动健身指导站为中心，指导区镇（街道）市级国民体质测定与运动健身指导站建设。市健身体育服务平台开展国民体质测试人员培训，全面解读身体形态机能、素质指标和实际操作评价软件，60人参加培训。免费为5000人进行国民体质监测，并开具运动处方。城乡居民体质测试合格率93.15%，经常参加体育锻炼人口比例40.34%。

（何春光）

续表40

指　　标	单位	2020年	比2019年增加数
门球场	个	5	0
职工人数	人	6	−2
其中，专职教练员	人	1	0
全县举办各种运动会场次	次	16	0
举办单项比赛场次	次	62	−240
举办全民健身活动次数	次	114	14
体育彩票销售网点数	个	120	5
体育彩票总销量	万元	14208.92	−4962.31
参加南通市以上比赛获奖牌数	块	40	19
其中，金牌	块	12	6
银牌	块	13	6
铜牌	块	15	7

群众体育

【概况】 2020年，海安市实施全民健身战略，继续培训一线社会体育指导员，按计划开展好“全民健身日”主题活动、职工体育运动会、农民体育运动会、老年人体育节等健身活动，持续打造北凌农民体育、角斜军事体育品牌，创新海安健身花鼓、海安健身龙舞项目，推广三门球、手足双门球运动课程。举办第三届全民健身运动会，采取线上线下相结合的赛事组织方法，设置赛事项目线上6项、线下35项，全程赛事114场。组队参加全国健身气功网络大赛、健身操比赛均获一等奖；组队参加江苏省第九届农民体育运动会，获团体一等奖；组队百人参加省首届健身气功·八段锦网络赛达标赛，45人获优秀等级，全省168人，海安优秀人数列南通市第一位、全省前列。市体育社会组织举办社会足球、篮球、羽毛球、乒乓球、象棋、掼蛋、钓鱼等健身项目比赛。

2020年10月25日，隆政街道大里村农民运动会上，选手们在进行推车运稻比赛
市融媒体中心／供图

【第三届全民健身运动会】 2020年9月10日，以“生活体育、健康海安”为主题的海安市第三届全民健身运动会开赛，分为传统特色、时代健身两大项目，设置机关部、老年部、农民部、卫健部、教体部、职工部、残联部，新增卫健部、教体部。海安市首届百日健身线上跑赛事活动率先开赛，这是海安举办的第一次网络体育赛事，活动时间为9月10日至12月18日，为期100天，2214人报名参赛，选手在规定活动日期，使用“悦跑圈”APP，在海安境内任意地点通过“跑步”或“健步走”方式完成200千米，最先完赛的2020人获胜。8月16日至11月24日，举办江苏省老年人体育节（海安分会场），设太极、健步走、体育项目展示活动等。9月24日，海安中国农民丰收节“丹桂飘香乐丰年”特色项目比赛在雅周现代农业园举办。10月17日，举办海安市级机关全民健身运动会。10月31日，举办海安市卫健系统职工运动会，设跳绳、“巨人脚步”等个人赛8项、拔河团体赛。11月16—22日，举办海安市首届全民健身运动会网络赛事，比赛分11个分赛场，设八段锦、广场舞、健身操、海安健身花鼓、广播体操五个项目，1600余人参赛，其中，200余人参加八段锦项目，200余人参加广场舞项目，500余人参加健身操项目，200人参加海安健身花鼓项目，500余人参加广播操项目，参赛方式为居家独自参赛、组队合作比赛，参赛时间为一次完成或多次完成择优。11月28日，举办海安市第七届残疾人运动会，运动会设100米、200米、800米赛跑和推实心球四个项目，70余人参赛。11月29日，第五届职工运动会在海安中等专业学校举办，设拔河、4×100迎面接力、国家体育锻炼标准三个项目，各区镇（街道）以及系统行业直属工会的33支代表队近660人参赛。12月12—13日，举办首届成年人线下手足双门球联赛，41支代表队参赛。

【老年人体育】 2020年，海安市获评江苏省老年人体育特色项目“太极系列之乡”。5月22日，市老年人体育协会在南通德荣置业有限公司活动中心“拳心拳谊俱乐部”挂牌成立海安市太极俱乐

2020年11月24日，全国老年人健步走大联动海安分会场启动仪式在市体育中心举行
市教体局／供图

部，活动场所1000多平方米，拥有成员200多人。市老年人体育协会通过江苏省首批AAAAA级社会组织复评。8月16日，江苏省老年人体育节（海安分会场）暨太极俱乐部联赛开幕式在海安万达广场举行，11支代表队500余人参加活动，开幕式上进行太极拳、太极扇、太极刀、太极剑等项目展演。11月24日，全国老年人健步走大联动海安分会场启动仪式暨海安市老年人体育节闭幕式在海安体育中心举行，2000多人参加活动。活动上，表彰先进集体和个人，康姿百德健身队获全国健身操比赛一等奖，海安获全国健身气功网络大赛团体一等奖，海安体育中心健身队获江苏省广场舞最佳防疫宣传展演奖，李慧兰获评江苏省“公益之星”。同时，进行特色体育健身项目展演。

【大公农民体育】 海安市大公镇是全国农民体育的发祥地、全国群众体育先进单位、全国“亿万农民健身活动”先进乡镇，大公北凌1963年起就坚持每年举办农民运动会。2020年，海安市继续普及与推广大公农民体育运动，将农民运动会与新时代文明实践活动结合，丰富大公农民体育运动内涵，展现“三农”领域全面小康建设成就。11月13—14日，大公镇第57届农民体育运动会在大公初中举办，设拔河、乒乓球、一分钟跳绳、肩挑负重迎面接力、十字象限跳、男子篮球赛等比赛项目，全镇15个行政村的农民运动员400多人参赛。11月17日至20日，大公镇组队参加江苏省第九届农民运动会农民体育特色项目比赛，获100米双人麦收比赛男子金牌和女子银牌，大公凌东代表队获拔河金牌。大公农民马拉松运动员陈进带领海安市长跑爱好者在乡村道路、公园绿地、学校操场进行11场全程马拉松跑，南通市级以上媒体多次报道。 （何春光）

学校体育

【概况】 2020年，海安市出台《海安市中小学校体育工作评估方案》《海安市中小学生体能追溯评价实施办法》《海安市〈国家学生体质健康标准〉实施办法》，多举措提升学生体质健康水平，开展中小学生体质健康抽测、小学毕业生体能测试追溯评价、中小学《国家学生体质健康标准》抽测活动，学生体质健康合格率95%以上。推进校园阳光体育，确保学生每天体育活动不少于一小时，持续举办中小学大课间活动、田径赛、足球赛、篮球赛、排球赛等各项比赛，学生在省、南通市比赛中屡获奖项。深化体教融合，为体育特长生和优秀运动员在就学、升学等方面提供优惠政策，为健全完善青少年体育后备人才培养和保障体系提供政策支撑。推动体育文化进校园，创建全国篮球特色学校、全国校园足球特色学校等特色学校。推动学校体育设施对外开放，65所学校利用课余和节假日时间面向社会开放田径场、篮球场、排球场等体育设施，倡导学校健身服务志愿者为市民开展健身服务活动。1所学校被教育部评为全国足球特色学校，3所学校被教育部评为全国篮球特色学校，4所学校被省教育厅、省体育局评为2017—2019年度江苏省体育特色学校。

【青少年体育活动】 2020年，海安市举办校园足球联赛、少儿游泳比赛等市级赛事，推动青少年体育运动发展，发掘和培养优秀体育后备人才。各学校通过举办体育节（会）、组建特色学生社团，传承传统体育类项目，城东镇西场小学将“打连厢”、李堡镇中心小学将“海安花鼓”等非物质文化遗产引进校园。组队参加多项南通市体育竞赛活动，屡获佳绩。5支队伍参加南通市篮球校园联赛总决赛，1支队伍获第一名，4支队伍获第二名；参加南通市青少年篮球锦标赛囊括五个组别冠军；海陵中学获南通市校园足球联赛总决赛一等奖；城南实验小学获南通市青少年跆拳道锦标赛团体第二名；城南实验小学获南通市第二届“锐思杯”快乐体操锦标赛3个组别的二等奖；白甸镇中心小学获南通市青少年排球比赛第二名；市特殊教育学校获南通市第九届特殊教育学校学生阳光体育运动会团体奖以及优秀组织奖。

【体教融合发展】 2020年，海安市加强体育学科建设，篮球、足球课程聘请社会专业人员担任教练员，负责运动队训练与组队参赛工作；举办青少年体育赛事活动，社会体育机构、俱乐部与学校组队参加同场竞技，有效提升学校运动水平。疫情期间，江苏省海安高级中学开发“家庭体育课”课程，发布“居家运动菜单”，倡导每天居家锻炼不少于一小时。开展体育特色传统学校创建，推动形成学校体育“一校一品”“一校多品”，城东镇中心幼儿园获评2020年全国足球特色幼儿园，白甸镇瓦甸小学、城南实验中学、江苏省海安高级中学获评2020年全国青少年校园篮球特色学校，曲塘镇中心幼儿园获评2017—2019年度江苏省体育（快乐体操）特色幼儿园，雅周镇中心小学、李堡镇中心小学获评2017—2019年度江苏省体育特色（中小学）学校，实验小学获评2017—2019年度江苏省中小学体育特色学校（羽毛球）。12月25日，海安市健身体育服务平台、教育服务平台年度盛典在市体育中心举行，全市教育体育系统相关人员、参演人员等近1200人参加活动。活动中，检阅志愿服务队伍，举办专业技能比赛，展示特色服务项目，表彰先进志愿典型，促进体育和教育两个平台强化优质资源整合、推动融合发展。中国新闻网以《海安体育教育创新融合发展，志愿服务深入基层》为题，报道海安体教融合工作。

（何春光）

2020年8月28—31日，江苏省青少年乒乓球锦标赛在海安举办。图为8月29日比赛现场　濮端建　吉亚慧／摄

竞技体育

【概况】 2020年，海安新增注册运动员68人，累计190人，其中，国家一级运动员1人、国家二级运动员5人；注册教练员8人。参加省青少年乒乓球锦标赛、南通市校园足球联赛等南通市级以上体育比赛，获奖牌数40块，其中，金牌12块、银牌13块、铜牌15块，仅参加南通市级以上田径比赛获金牌7块、银牌7块、铜牌8块，海安市获省田径锦标赛暨县组田径比赛（第二赛区）体育道德风尚奖。承办省青少年羽毛球锦标赛、省青少年游泳锦标赛等南通市级以上体育比赛5项。

2020年10月10—13日，江苏省青少年游泳锦标赛在海安举办。图为10月11日比赛现场　濮端建　吉亚慧／摄

【3项省级体育比赛在海安举办】 2020年，海安市承办省级体育比赛3项，赛事组委会严格落实防疫要求，全面消杀清洁比赛场地、入住酒店、休息区等场所，配备好防护口罩、消毒液、红外测温仪等疫情防控用品，赛中对赛事场地实行“封闭式”管理，家长一律不得进入比赛场地，领队、教练、裁判及工作人员实行测体温和凭“健康码”方式进入场馆。8月22—25日，江苏省青少年羽毛球锦标赛在海安体育中心举办，南京、常州、苏州、南通等地15~17周岁的运动员近百人进行男、女单打，男、女双打，混双，男、女团体7个项目比赛。8月28—31日，江苏省青少年乒乓球锦标赛在海安体育中心举办，全省15~17周岁乒乓球运动员110人参加男、女团体，男、女单打，男、女双打竞赛项目。10月10—13日，江苏省青少年游泳锦标赛在海安体育中心举办，全省13支代表队的运动员339人参加比赛。赛事按照年龄设置15~17岁组、13~14岁组两个组别，男子、女子各27个竞赛项目。（何春光）

健身体育服务

【概况】 2020年，海安市健身体育服务平台作为新时代文明实践中心五大平台之一，组建志愿服务队伍11支，招募志愿骨干415人。市健身体育服务平台建立完善健身服务联席会议制度、健身服务经费保障机制、整体协作健身服务制度，优化文明实践工作考核机制，推进新时代文明实践试点工作，开展志愿服务156次，指导3万余人参加《国家体育锻炼标准》和国民体质测试。何亚获评“江苏省十佳健身达人”。作为“海

安志愿服务样板”接待省外交流学习6次，接受中央电视台、新华日报社等媒体采访4次，健身服务宣传报道被“中央文明实践”公众号、中国文明网、“学习强国”学习平台等媒体录用145篇，其中省级以上媒体33篇，《线上传技能，居家乐健身》获评全省最佳体育宣传案例，全省仅10篇获此殊荣。

【健身体育品牌建设】 2020年，海安市健身体育服务平台紧紧围绕“生活体育、文明社会”实践主题，实施“体育大超市，健康海安行”和“十百千万，快乐健身”系列志愿服务工程，开展送健身知识技能下乡、送健康体育活动下乡、送健身体育器材下乡“三下乡”惠民服务活动。累计投入230多万元为全市115个健身点配送安装户外成套健身器械1067件，捐赠小型健身器材3250件。培训志愿骨干1600多人，为群众免费体质监测2.79万多次，惠及全市80多万人。按照“文明实践日历”安排，打造“体育特色培训”进校园、“工间操培训”进企业、“田间操培训”到田间地头、“夕阳红健身”进敬老院、“微爱健童”入困难家庭五大服务品牌，创编的“全民共舞”田间操在“五中全会耀乡野”文明实践活动中到各区镇（街道）轮演，广受好评；培育大公镇“农民体育”、角斜镇“军事体育”、南莫镇“农民乐一天”、雅周镇“农民太极”、李堡镇“微马运动”、开发区“传统体育”、高新区“海安龙舞”、曲塘镇“闲暇体育”、白甸镇“群众八段锦”、墩头镇“水上律动体育”等“一区一特色、一镇一品牌”全域健身体育服务体系，实现文明实践健身体育服务到村。

【服务阵地建设】 2020年，海安市健身体育服务平台构建“网上”“线下”两个阵地，常态化开展健身体育服务活动。网上阵地着力打造健身体育服务平台资源库，整合优质资源，形成多元化、科学化、系统化、智能化服务模式，实现平台数据与移动端资源共享。发挥新媒体服务优势，优化“健身体育服务”公众号和抖音平台，精准创作符合百姓需求的健身服务项目，指导百姓科学锻炼，引导群众文明生活。疫情期间，创编发布20多期主题视频，录制2期健身服务“大喇叭”节目，引导市民居家健身。开拓与电视台、报刊、电台等传统媒体合作模式，不断研创优质健身资源，丰富海安群众体育娱乐生活。市健身体育服务平台和市融媒体中心联合编排、摄制《抗“疫”动起来》系列视频在海安电视台播出。

“线下”阵地注重提高平台基地——体育中心实践基地运营实效，实施免费、低收费开放政策，举办高水平赛演活动、公益培训、健身公益讲座及咨询等活动，发挥榜样示范作用，引领市民参与健身锻炼、休闲娱乐。拓展10个乡镇体育公园、26个体育健身中心、270个城乡健身工程点、128个体育健身场馆、1500多个晨晚健身点等全市健身场所功能，送健身项目到村居、送健身方法到家庭，构建“群众健身有去处、活动有场地、服务在身边”的全民健身体系。

【服务队伍建设】 2020年，海安市创新全民健身组织发展，加强志愿骨干队伍建设，评选表彰优秀志愿者10人、志愿明星10人、优秀志愿服务支队10个。开展健身体育志愿者培训，实施集中和区域培训健身服务志愿者4批次1200多人。实施社会体育指导员培训，举办健身操项目三级社会体育指导员培训10场，800人参训；举办龙骨大扇、五禽戏、太极拳、乒乓球、航模、广场舞、空竹等项目二级社会指导员培训，100人参训；举办省级健身秧歌、体育摄影、广场舞、纱巾操等项目一级社会指导员培训，20人参训；组织指导员10人参加国家级培训。推进乡村健身队伍建设，建立“20N”体育社团健身服务组织模式（20个市级体育协会，10个区镇多个体育俱乐部、群众文体协会和体育活动小组），完善城乡统筹、全域规划、一体发展的健身服务网络体系。 （何春光）

体育产业

【概况】 2020年，海安市筹集资金60万元，通过“云闪付”平台，向海安市民发放6000张体育健身消费券，市体育中心、海中游泳馆、吉姆健身公园、皇仕堡健身、星杰健身、星浩体育、翼锋足球等7家健身企业参与活动，直接和间接拉动体育消费百万余元。6月26日，海安市“全民健身优惠券”启动仪式暨“国际奥林匹克日宣传周”系列活动在海安万达广场举行。吉姆健身公园向海安援鄂医护人员，提供免费终生健身卡1张。南通佳兆业文化体育有限公司等4家单位申报江苏省体育产业发展专项资金，吉姆帕克健康管理有限公司“利用大型闲置厂房改扩建体育经营场所项目”成为全市首个获省级资金奖励的体育产业项目。

【体彩销售】 至2020年年末，海安市拥有体彩销售终端机136台，其中，在售终端机124台、闲置终端机12台。在售终端机网点120个，其中，竞彩型销售网点49个、传统型销售网点71个，城区及其市郊区销售网点70个、镇区集市及居民集聚区销售网点50个。全市体彩销售网点累计销售1.42亿元，比上年下降25.88%。

【海安体育中心】 海安体育中心位于海安市永安南路66号，占地16公顷，由游泳馆、体育馆及全民健身中心组成，总建筑面积4.29万平方米，其中体育馆建筑面积1.75万平方米，看台有5062座观众席、固定座椅约3000个，可承担篮球、排球、乒乓球、体操、游泳、轮滑等竞技项目的训练、比赛任务。2020年，市体育中心应对疫情影响，实施线上传技能、线下有序适度开放的健身惠民举措，游泳馆对市民开放296天（1月24日至4月2日，闭馆69天），体育馆、全民健身中心对市民开放306天，户外篮球场对市民开放307天，平均每天开放时间不低于12小时。市体育中心对学生、老年人、残疾人、军人等特定人群及特定节假日实行免费、低收费开放，全年为市民提供免费健身名额1.8万个。承办3项省级赛事、2项南通市级赛事，举办企业趣味运动会19场、青少年儿童公益性赛事4次。疫情期间，推行线上“一起吗”预订健身，前台不设现场售票；举办线上防疫和居家锻炼公益讲座6次。常年开展游泳、篮球、足球等体育类培训，全年培训人数5.16万人次。

（何春光）

社会生活

Social Life

太极拳表演

人口家庭

【生育服务】 2020年，海安市有育龄妇女17.27万人，其中已婚育龄妇女12.29万人。全市办理生育服务登记2740个，其中，一孩1594个、二孩1146个、再生育审核108个。出生人数2975人，其中，一孩1727人、二孩1188人、多孩60人。关心关爱计生特困家庭，计划生育家庭奖励扶助制度全面落实，做到应奖尽奖，兑现率100%；重要节日期间，全市40个市直部门单位集中走访慰问帮扶的计生特困家庭；为1户失独家庭实施危房改造；为全市失独对象2021人每人免费提供一份保费220元的综合医疗保险，并做好参保、理赔等服务工作。开展新一轮全国计划生育优质服务先进单位创建活动，海安获评2018—2020年全国计划生育优质服务先进单位。

【家庭发展能力建设】 2020年，海安市完善家庭发展支持体系，宣传新型人口文化，贯彻落实全面两孩政策，实施“新家庭计划”项目试点工作，鼓励按政策生育的制度体系和社会环境基本形成。制定出台《海安市3岁以下婴幼儿托育服务工作管理办法》，海安市红黄蓝方华幼儿园、海安萤火虫婴幼儿照护服务有限公司入选南通市2020年普惠托育实事储备项目名单；海安慧洲儿童早教培训中心有限公司取得国家发展改革委普惠托育服务专项行动项目，争取补助资金200万元。加快推进公共场所和用人单位母婴服务设施建设，全市建成爱心母婴室40家。（唐雨露）

【户籍管理】 2020年，海安市制定第七次人口普查户口整顿工作方案和海安市门楼牌标准地址管理工作规范，推进“一标三实”（标准地址、实有人口、实有房屋、实有单位）基础信息采集。加强18周岁以上无户口人员、人像比对疑似重户口人员核查，市公安局定期与民政、卫健委对接数据，核查死亡未注销人员。清理派出所基础工作平台中的不规范地址，督促派出所按照实际情况编制门牌号码，并配套做好群众证件变更等工作。（吴　栋）

就业创业

【就业招聘】 2020年疫情期间，海安市通过海安就业网、用工保障直通车、易企秀、QQ招聘群等线上服务载体，联合开展互联网招聘活动。4月1日起，海安公共人力资源市场在控制摊位规模的基础上有序开放。全年，市公共人力资源市场举办各类招聘会158场，其中网络招聘42场；940家单位提供就业工种1025个、岗位3.57万个，7113人达成就业意向。“用工保障直通车”微信公众号发布信息234条，3.78万人次实现求职报名。

【招工引劳】 2020年，海安市出台《海安市2020年用工保障服务意见》和招工（生）引劳考核办法，完善常态化招工引劳措施，招引高校毕业生8951人、蓝领技能人才8948人。成立江苏国诚人力资源有限公司，全方位开展人力资源服务。开展劳务协作，新增市外劳务合作基地5家，市人社局开展“赴外招聘10日攻坚战”，分12组到云南、陕西、四川等地劳务基地开展实地招聘活动，通过包机、包车等方式引进926人到海安就业。

【就业扶持】 2020年，海安市新认定就业困难人员1203人，发放灵活就业社保补贴320.55万元。对安置在公益性岗位的就业困难人员发放岗位补贴1329.16万元、社保补贴121.34万元。大力促进进城务工人员就业，3851人参加新成长劳动力技能培训，3352人参加新生代进城务工人员职业技能培训；550人参加岗前培训，657人参加岗位技能提升培训；新增转移农村劳动力1108人。（王　敏）

【残疾人就业】 2020年，海安市落实残疾人就业扶持政策，举办残疾人专场招聘会，新增残疾人就业154人。开展残疾人就业培训，新增培训277人，选拔4人参加省、南通市残联组织的职业技能提高班。开展残疾人就业年审，年审企业396家，安置残疾人2045人。疫情期间，为残疾人就业及残疾人机构纾困解难，发放残疾人自主创业补贴5人1.5万元，发放高校残疾人毕业生求职创业补贴6人9000元，发放盲人按摩机构歇业补贴16家3.2万元。（朱婷婷）

【妇女创业就业】 2020年，海安市妇联调查摸底在外优秀女性人才信息，建立海安优秀女性人才库，构建女性“双创”（创新创业）服务体系。联合海安开发区邀请上海、浙江、安徽、江苏女企业家协会会长、秘书长到海安考察，5月7日在海安召开长三角女企业家协会话发展座谈联谊会。11月8—10日，组织市女企业家协会部分会员到上海交交通大学、无锡惠山开展产学研对接活动，海安市女企业家协会会长申承秀与上海慧谷科技创业中心副主任俞静颖签订战略合作协议。

疫情期间，开展“三八架金桥、春风送岗位”网上专题招聘活动，线上推送女企业协会会员企业26家，发布就业岗位875个，提供免费线上服务，实现居家求职。主动联系，为江苏海建集团、鹰球集团、南通奇香食品有限公司等女企业家会员企业购买额温枪12把、口罩6000只。争取省级转移培训资金6万元，举办月嫂培训班3期，培训妇女260人，126人获得“母婴护理资格证书”。承接南通市妇联“送教下乡”培训，举办家居保洁、营养搭配、花卉养护等培训班5期，培训妇女240人。将妇女创业就业培训纳入市职业技能提升行动，针对不同层级的女性创业就业群体分批次开展养老护理、保育员、母婴护理培训，培训妇女130人次。创建“巾帼示范基地”12个，南通乐百年健康产业开发有限公司、江苏海安软件科技园电商产业园、海安港丰谷物农地股份合作社获评省级“巾帼示范基地”，获省奖补资金6万元。开展“巾帼文明岗”创建，市公安局交通警察大队车辆管理所业务受理岗获评“江苏省文明岗”，市实验小学教育集团一年级部等11家单位获评“南通市文明岗”，市人民法院高新区法庭等4家单位获评南通市巾帼建功先进集体，沈秋琴、陈文凤、吕红梅、周蓉获评南通市巾帼建功标兵。（丁雪晴）

【复工用工】 2020年，海安市制定出台

《海安市关于应对新冠肺炎疫情支持企业复工用工的政策意见》及相应配套实施细则，给予企业或职工稳岗返还、引工、交通、吸纳超龄人员从业伤害保险、岗前培训、以工代训等19项补贴，补贴金额3522万元，其中发放以工代训补贴3565家企业1775.25万元。市人社局组织7个工作组深入各区镇、街道规模以上企业开展“点对点、一对一”送政策送服务上门活动，走访服务企业525家，发放宣传资料2000余份。

【大众创业】 2020年，海安市出台《海安市富民创业担保贷款实施办法》，提高个人贷款至15万元，30万元及以下贷款前三年全额贴息，其他贷款前三年贴息50%。提供富民创业担保贷款99户1497万元，发放富民创业担保贷款贴息28户16.84万元。加大创业支持力度，提高个人创业综合补贴、初始创业一次性补贴、吸纳就业奖励等标准，支持城乡劳动者创业3060人，其中，分别扶持进城务工人员、大学生自主创业1707人、562人。创业带动就业1.16万人，发放各项创业奖补资金253.48万元。举办创业意识培训班11期、创业能力培训班2期，801人参训。（王　敏）

【青年创新创业】 2020年，海安市持续推进高校毕业生就业启航、创业引领、青年见习等计划，提供高校毕业生就业岗位1.10万个；引领大学生创业562人。依托基层人社服务平台，全面普查2020届高校毕业生2904人的就业情况，跟踪服务2020届离校未就业的高校毕业生1417人，调查率和跟踪服务率100%。依托共青团海安市委，实施“新动力”计划，助推青年创新创业。6月5日，举办“逐浪高质量，创富新时代”青年企业家发展大会，挂牌成立海安开发区、海安高新区2家“青年企业家创新创业基地”，并与海安农商行签订“金融服务战略合作协议”。8月11日，举办“创青春”海安青年创新创业大赛，10个青年创业项目参赛，2个项目入围省决赛。9月8日，举办海安市青年职工岗位技能竞赛，竞赛期2个月，涵盖工种11类。是月21日，举办海安市“百团大战、团购有你”共青团助农丰收直播节，开展助农直播带货15场，销售额30余万元。实施“新农菁英”培育发展计划，建立青年干部与青年农民结对机制，定期开展青年农民培训和讲座活动。全年，发放“新农菁英贷”83笔6413万元，寻访各类“新农菁英”人才47人，入选省级“新农菁英”农产品4件。落实“青春四进，建功乡村”行动，申报村企联建项目10个，其中，青商企业联建项目8个，投资额1.49亿元，5个青商企业联建项目被省信息平台录入，投资额1.49亿元。（张　弛）

【职业能力建设】 2020年，海安市出台《海安市职业技能提升行动实施方案（2020—2021年）》《海安市职业技能提升行动专账资金管理使用细则》等政策，推动各类群体参加技能培训，累计培训2.7万余人次，其中，395人参加线上培训，1.13万人参加城乡劳动者就业技能培训。专账拨付培训资金补贴2048万元。实施低收入农户劳动力等就业重点群体技能培训专项行动，依托人社基层平台，全面调查掌握就业重点群体就业、失业基本信息，建立精准到人的基础台账和数据库，确保劳动年龄内、有劳动能力和培训意愿的登记失业就业重点群体“应培尽培”、参培人员培训补贴政策“应享尽享”，全市低收入农户劳动力、低保户、就业困难人员等就业重点群体840人参加技能培训。全面推行企业新型学徒制，中洋集团、鹏飞集团等8家企业与海安技校、海陵技校合作培养学徒632人，开设班级15个，发放预支补贴资金126.4万元。落实疫情防控期间企业新录用职工岗前培训补贴政策，按照每人400元的标准，发放岗前培训补贴631人25.24万元。

2020年6月5日，海安市青年企业家发展大会在王府邦瑞大酒店召开 张弛／摄

【职业技能鉴定】 2020年，海安市10025人参加职业技能鉴定，7806人取得职业资格证书，874人取得专项职业能力证书。新增高技能人才2324人，新增技师和高级技师964人，每万名劳动力中高技能人才数1084人。建立区镇、培训机构以及企业申报高技能人才培养考核制度，动员建筑企业取得助理级以上职称的专业技术人才申报高技能人才鉴定考核。推动技能人才评价制度改革，逐步推行社会化等级认定，鼓励并动员技工学校和有条件的企业申报职业技能等级认定机构，海安技校、爱之教职业培训学校、双弘纺织3家机构申报等级认定机构备案评估。

【劳动用工管理】 2020年，海安市继续推进集体合同和工资集体协商工作，882家25人以上企业签订集体合同，涉及职工14.56万人，2158家企业参与签订区域（行业）工资集体协商合同。规模以上企业劳动合同签订率99.85%，已建工会企业集体合同签订率98.5%。集体合同及工资专项协议审查率100%。推进根治拖欠进城务工人员工资工作，出台《海安市建筑领域保障农民工工资支付实施办法》《海安市建设领域根治欠薪集中整治百日攻坚专项行动方案》等文件，建立和运行建筑工人信息管理系统，落实全市在建项目和进城务工人员实名制管理、按月足额发放工资、专用账户及银行代发等制度。抽查在建项目59个，处理工程建设领域欠薪案件63件，涉及进城务工人员1019人1285万元，结案率100%。开展劳动保障监察，受理各类举报投诉案件615件，立案查处109件，行政处罚6件，行政调解成功率98.8%；"双随机"执法检查用人单位386家；开展劳动保障书面审查工作，审查用人单位1.23万家，涉及职工23.62万人；开展人力资源市场秩序整顿和女职工、未成年工权益保护等专项行动，抽查用人单位2862家，涉及职工13.92万人。（王　敏）

收入与消费

【收入】 2020年，根据海安市城乡居民抽样调查数据显示，全市居民年人均可支配收入38900元，比上年增长6.1%。城镇常住居民年人均可支配收入50044元，比上年增长4.6%；农村常住居民年人均可支配收入25176元，比上年增长7.8%。年末，城乡居民储蓄存款余额704.29亿元。城镇居民人均住房面积58.7平方米，农村居民人均住房面积66.4平方米。

【消费】 2020年，海安市实现社会消费品零售总额356.06亿元，比上年增长0.33%。其中，城镇消费品零售额296.83亿元，比上年增长0.33%；乡村消费品零售额59.22亿元，比上年增长0.35%。居民年人均生活消费支出23265元，比上年下降0.4%。城镇居民年人均生活消费支出27231元，比上年下降0.2%；农村居民年人均生活消费支出18381元，比上年下降1.5%。

2020年海安市城乡居民人均可支配收入情况表

表41

指　标	城镇居民人均可支配收入（元）	比上年增长（%）	农村居民人均可支配收入（元）	比上年增长（%）
可支配收入	50044	4.6	25176	7.8
一、工资性收入	28639	4.7	14052	7.5
二、经营净收入	8377	1.1	5264	5.0
三、财产净收入	4176	4.5	1011	13.5
四、转移净收入	8852	8.0	4849	10.6

2020年海安市城乡居民人均生活消费支出情况表

表42

指　标	城镇居民		农村居民	
	人均生活消费支出（元）	比上年增长（%）	人均生活消费支出（元）	比上年增长（%）
合　计	27231	−0.2	18381	−1.5
食品烟酒	7775	2.9	5532	0.7
衣着	2093	−2.3	1036	1.9
居住	4953	7.2	3359	7.8
生活用品及服务	1640	6.1	1227	3.0
交通通信	3806	−1.1	2523	−7.5
教育文化娱乐	4413	−10.7	2926	−12.2
医疗保健	1720	−7.1	1379	2.2
其他用品和服务	831	5.5	399	−8.7

2020年海安市城乡居民耐用消费品拥有情况表

表43

指标（每百户耐用消费品拥有情况）	单位	城镇居民	农村居民	指标（每百户耐用消费品拥有情况）	单位	城镇居民	农村居民
家用汽车	辆	70	41	摩托车	辆	7	5
助力车	台	203	193	移动电话	部	289	246
洗衣机	台	113	105	其中：接入互联网	部	246	194
电冰箱（柜）	台	125	139	计算机	台	113	68
微波炉	台	96	90	其中：接入互联网	台	80	68
彩色电视机	台	230	185	照相机	台	24	29
空调	台	295	204	中高档乐器	架	17	6
热水器	台	130	138	健身器材	台	14	9
洗碗机	台	0	6	空气净化器（含新风系统）	台	7	0
排油烟机	台	83	63	吸尘器	台	43	20
固定电话	线	53	48				

（市统计局）

社会保险

【概况】 2020年，海安市发放社保卡90.8万张，实现全覆盖；在全市所有区镇和部分合作银行网点设立立等可取快速办卡点，全市工商银行、农业银行、建设银行、农村商业银行和邮政储蓄银行等被纳入社保卡发行银行，城乡居民可以就近办卡、自主选择合作银行；社保卡应用于所有人社领域，并拓展到医疗、民政、残联、住房公积金等民生领域；电子社保卡应用于定点药店购药结算、图书馆借书和人社身份认证；第三代社保卡正式启用，并应用于交通出行、旅游观光和文化体验等。继续落实上级阶段性降低社会保险费率政策，实施阶段性降低企业职工基本养老、工伤、失业费率政策，落实疫情期间社会保险费减免政策，减轻企业社保缴费负担，降低实体经济成本。规范退休人员社会化管理，将企业退休人员8401人纳入社会化管理服务，退休人员社区管理服务率100%，档案接收率100%；新增体检项目10项，体检标准由每次每人100元提高到每次每人170元，组织退休人员4.05万人参加免费健康体检，体检周期率100%；发放企业退休人员慰问金110.24万元；将12家国有企业单位退休人员1360人移交社会化管理。推进基本医疗保险南通市“六统一”（基本政策、待遇标准、基金管理、经办管理、定点管理、信息系统）工作，全市职工、居民基本医疗保险筹资缴费及待遇标准与南通市调整一致。落实失能（失智）长期照护保障政策，制定《海安市长期照护保险评定专家管理办法（试行）》《海安市长期照护保险失能（失智）评定操作规范》，组织失能（失智）人员现场评定297次，评定委员会复核13次，核定享受照护保险待遇4035人，支付待遇1278万元。开展打击骗取医保基金违法违规行为、医保基金监管“清源”行动等，下发医保违规告知书1314份，约谈定点单位16家，扣除违规费用754.32万元，罚款5.96万元，暂停违规村卫生室4家，取消医保医师资格4人，通过媒体曝光欺诈骗保案例15例，实现基金监管全覆盖。

【职工养老保险】 2020年，海安市企业职工养老保险参保人数21.77万人，享受离退休待遇人数9.79万人。基金收入26.45亿元，基金支出33.74亿元，累计结余4.41亿元。2005年起，连续第16年调整企业退休人员基本养老金，涉及企业退休人员8.9万人，人均月增加128.71元，调整后月养老金平均水平2082.2元，平均增幅6.59%。养老金按时足额发放率100%。

机关事业单位职工养老保险在编参保人数1.51万人，非编参保人数1852人。在编参保人员养老保险基金收入8.31亿元，基金支出8.25亿元，累计结余979.52万元；非编参保人员养老保险基金收入8159.69万元，基金支出7932.12万元，累计结余1193.55万元。享受在编离退休待遇人数1.04万人，非编离退休人数1654人。2016年起，连续第5年提高机关事业单位退休人员养老金水平。

【职工医疗保险与生育保险】 2020年，海安市职工基本医疗保险参保人数31.95万人，享受待遇人数390.30万人次。基金收入11.87亿元，基金支出11.20亿元，累计结余16.98亿元。调整2020年职工基本医疗保险参保人员住院待遇标准，职工基本医疗保险在一级及以下医疗机构起付标准由500元调整为一级医疗机构250元、社区卫生服务机构200元；住院医疗费用原0~2万元段并入2~10万元段，0~2万元段住院支付比例提高2~5个百分点。职工医保乙类项目个人先负担比例降低50%，部分丙1类材料被纳入基本医疗保险支付范畴。将肺动脉高压纳入基本医疗保险特殊病，全年医疗费用累计限额8万元，按在职人员80%、退休人员80%的比例结付，保障特殊群众就医需求。

1月1日起，职工医疗保险和生育保险合并实施，实现参保同步登记、基金合并运行、征缴管理一致、监督管理统一、经办服务一体化。生育保险参保人数15.93万人，办理生育保险待遇支付1.60万人次、生育津贴3130人次、生育营养费1688人次。基金收入6675.57万元，基金支出3823.66万元。

【城乡居民基本养老保险】 2020年，海安市城乡居民基本养老保险参续保缴费人数13.1万人，其中按标准档缴费12.88万人，占缴（续）费人数的98.4%。城乡居民基本养老保险基础养老金由每人每月148元提高到160元，全市约22.07万人享受养老金待遇，养老金发放率100%。基金收入8.53亿元，基金支出8.94亿元，累计结余12.51亿元。

【城乡居民基本医疗保险】 2020年，海安市城乡居民基本医疗保险参保人数51.84万人，享受待遇人数235.54万人次。统一城乡居民住院支付标准，2020年度城乡居民住院报销比例大幅度提升，政策范围内住院报销比例75%。完善城乡居民大病保险相关规定，将参保居民在规定的定点医疗机构发生的符合基本医疗保险政策范围内的医疗费用均纳入大病保险范畴，提高参保居民门诊医疗待遇。

【工伤保险】 2020年，海安市工伤保险参保人数17.13万人。基金收入2512.51万元，基金支出8101.01万元，累计结余7941.18万元。1月1日起，调整2020年工伤保险定期待遇，伤残等级为一级至四级的工伤职工，在原标准基础上根据伤残等级每人每月分别增加一级263元、二级234元、三级228元、四级223元；伤残等级为五级至六级并已按月享受伤残津贴的工伤职工，由用人单位按工伤职工调整前月伤残津贴的6.52%增加伤残津贴，调整后的伤残津贴低于当地最低工资标准的，由用人单位补足差额；生活完全、大部分、部分不能自理的护理费分别按每月260元、210元、160元调增，调增后不低于每月3222元、2578元、1933元。

【失业保险】 2020年，海安市失业保险参保人数15.58万人。基金收入5594万元，基金支出5835万元，累计结余1.93亿元。发放失业保险1.24万人次2465.47万元，阶段性失业补助金4254人次290.88万元。实施失业保险援企稳岗“护航行动”，用足用好稳岗返还政策，支持企业稳定就业岗位。全市1740家企业享受普惠性稳岗补贴1649.24万元，405家企业享受应急稳岗返还补差419.58万元，2家困难企业享受稳岗返还补差71.49万元，做到应发尽发、应享尽享。（王　敏　王　琼　李元敏）

社会救助

【基本救助】 2020年，海安市根据自然增长机制和上级统一部署，7月完成保障标准提高工作。全市保障城乡低保对象7497人，其中，城镇低保对象270户400人、农村低保对象5121户7097人，保障标准为每人每月1795元。城乡特困人员3981人，其中，城市特困供养人员25人，保障标准每人每月1795元；农村特困供养人员3956人，保障标准每人每月880元。特困人员供养标准达省定标准。农村“五保”对象3956人，城市“三无”老人25人。全市未发生“错保”“漏保”“人情保”“政策保”等问题，低保对象精准救助率100%。

适度扩大兜底保障面，将“单人保”（家庭中无法分户口但符合低保条件规定单人纳入低保的低保户）范围覆盖到城乡低收入家庭，将重残人员范围扩大到一级、二级重度残疾人和三级智力、精神残疾人，全市127人享受“单人保”政策，其中，重残“单人保”117人、重病“单人保”10人。强化贫困人口动态监测，密切关注易返贫户、易致贫户、“两骤户”（收入骤减或支出骤增家庭）和相对贫困户四类贫困边缘群体的基本生活状况，摸底排查出易返贫人员111人、易致贫人员123人，并将符合救助条件的易返贫、易致贫人员19人纳入救助范围。落实“两不愁三保障”（稳定实现农村贫困人口不愁吃、不愁穿，保障其义务教育、基本医疗和住房安全）工作，通过线上信息比对和线下入户走访等方式，每季度拉网式核查农村低保、特困供养和建档立卡低收入人口，全市建档立卡贫困户中92人新增为低保对象、87人新增为特困供养对象。重要时期，多次组织区镇、街道走访民政特殊困难对象，排查整改住房、饮水和用电用火等问题情况，确保其实际生活状态达到脱贫攻坚要求。市民政局实施精准挂钩帮扶，推进“帮村帮户”工作，多渠道为帮扶村、户提供资金和政策扶持，筹集资金10万元，帮助雅周镇杭窑村强化基础建设；每季度走访慰问结对帮扶对象，发放慰问金2.48万元。

【临时救助】 2020年，海安市分两批次下拨临时救助资金130万元，救助临时困难对象121人次，支出救助金15.2万元，平均救助每人次1258元。通过应急救助“绿色通道”，即时救助临时困难对象104人次，支出救助金14.5万元，平均救助每人次1376元。帮助困难家庭中需常住市第三人民医院治疗的精神病人17人，救助住院费用13万元。元旦、春节期间，走访慰问困难群众，发放节日慰问金1.18万人117.67万元；走访慰问“一村一户”困难群众235户，发放慰问金23.5万元；走访慰问海安市人民医院血透中心尿毒症患者，发放慰问品410份。支持引导社会力量参与救助，实现市、镇、村（居）三级慈善机构全覆盖，全市各级慈善组织开展“百户助困”“情暖学子”“阳光之肾”“千户阳光”等慈善救助项目27项，支出善款1190余万元，救助困难群众3.5万人次。

【流浪救助】 2020年，海安市救助站救助接待流浪乞讨人员76人次，其中，未成年人3人、精神障碍人员9人，实施跨省救助3人，护送返乡12人，购票返乡15人，救助率100%。冬季，开展“传递温暖，送去关爱”专项救助行动，加强工棚、桥梁、涵洞、车站、城乡接合部等重点区域巡查，及时救助露宿人员，确保其安全过冬。（蒋　颖）

社会福利

【残疾人福利】 2020年，海安市提高残疾人“两项”生活补贴标准，低保内重残提高至每月248.5元，低保内非重残提高至每月177.5元，低保外重残根据个人收入与低保标准按每月710元补差发放，一户多残、依老养残每月426元，将低保外无固定收入三、四级精神或智力残纳入补贴范围，标准为每月142元，护理补贴为城镇每月120元、农村80元。全年，享受生活补贴的残疾人6935人，补贴金额3819.88万元；享受护理补贴的残疾人5887人，补贴金额418.73万元。

2020年8月12日，海安市海安街道旺池社区大学生志愿者给社区老人讲解如何使用手机购物，帮助老年人开启“智慧生活” 翟慧勇／摄

【困境儿童福利】 2020年，海安市有困境儿童374人、孤儿38人。各区镇依托学校或村（社区）实体建设1家农村留守儿童和困境儿童“关爱之家”。出台“关于进一步完善海安市困境儿童分类保障制度的实施意见”，5月起，社会散居孤儿基本生活费补贴标准不低于儿童福利机构供养孤儿基本生活保障标准的70%发放，艾滋病病毒感染儿童按照市社会散居孤儿基本生活费补贴标准进行保障，父母监护缺失的儿童和父母无力履行监护职责的儿童按照社会散居孤儿基本生活费补贴标准的80%发放，贫困家庭中父母监护缺失的儿童和父母无力履行监护职责的儿童按照社会散居孤儿基本生活费补贴标准发放，重残、重病儿童基本生活补贴按照社会散居孤儿基本生活费标准的50%发放。

【老年人福利】 2020年，海安市有60周岁以上老年人口29.26万人，占总人口32.05%，其中，70~79周岁9.74万人，80~89周岁4.34万人，90~99周岁6471人，百岁老人（虚岁）184人。80周岁以上老人近5万人享受高龄老人尊老金，累计发放尊老金、长寿金3853万元。农村特困人员集中和分散供养总数3935人，农村留守老人数946人。海安市被省政府表彰为3个养老服务体系建设“真抓实干成效明显的地方”县级城市之一。

市财政安排资金48.15万元，资助困难老人8026人参保“老年人意外伤害保险”。投入738万元用于养老等社会服务机构安全生产专项整治和提升改造工作。实行“机构+社区+居家”的链式养老服务，全市拥有各类养老机构30家，其中，公办21家、民办9家；拥有机构养老床位6305张，其中，公办4954张、民办1351张。推动养老院服务项目建设，对照116项重大风险隐患排查整治要求，投资570万元，提档升级18家公办养老机构的45个项目。全市100张以上床位的19家敬老院均建立标准化医务室，为老年人提供医疗康复护理服务。全市失能（失智）特困人员照护实现全覆盖。7家居家养老服务中心（站）交由江苏金康信息技术有限公司运营。以小区为单位的23家城区居家养老服务站、2家日间照料中心建设工作有序推进。3.42万人通过智慧养老呼叫平台享受线上、线下服务，占老年人口总数的10%以上；享受居家养老“一助一”政府购买服务老人1000人；享受居家养老上门服务的老人9.05万人，占老年人口数的30%以上。政府购买服务老人评估率100%。启动750户家庭的居家适老化改造。

2020年海安市百岁老人一览表

表44

序号	姓　名	性别	出生日期（年/月/日）	家庭住址	序号	姓　名	性别	出生日期（年/月/日）	家庭住址
1	张顾氏	女	1911.09.20	墩头镇双新村1组	7	陆中银	女	1914.01.20	城东镇西场村3组
2	冯德兰	女	1911.10.25	大公镇仲洋村27组	8	王张氏	女	1914.03.15	城东镇葛家桥村19组
3	杨文奎	男	1913.02.17	李堡镇杨庄村27组	9	朱仲氏	女	1914.06.20	城东镇堑南村30组
4	黄宝平	女	1913.06.11	胡集街道北景庄村9组	10	夏伯兰	女	1914.12.21	胡集街道谭港村9组
5	韩召云	女	1913.09.06	城东镇三角村9组	11	姚桂英	男	1915.07.13	曲塘镇万庄村16组
6	蒋桂英	女	1913.11.05	墩头镇新舍村26组	12	周圣英	女	1915.08.01	大公镇嗄口村27组

续表44

序号	姓　名	性别	出生日期（年/月/日）	家庭住址	序号	姓　名	性别	出生日期（年/月/日）	家庭住址
13	王朋英	女	1915.10.15	城东镇南屏村23组	47	张会明	女	1918.01.17	雅周镇张莫天村17组
14	张玉平	女	1915.11.04	海安街道平桥村22组	48	郑唐氏	女	1918.01.22	南莫镇兴南村10组
15	陈友珍	女	1915.12.01	墩头镇千步村25组	49	吴春芳	女	1918.02.28	李堡镇光明村14组
16	王宝英	女	1916.03.05	曲塘镇大陈庄村2组	50	杨本英	女	1918.04.02	城东镇石庄村17组
17	张凤英	女	1916.03.16	雅周镇周机村4组	51	彭锦云	女	1918.04.04	海安街道人民西路6号
18	陆文美	女	1916.05.06	孙庄街道界河村8组	52	冯宝金	男	1918.04.06	曲塘镇胡庄村11组
19	丁学贵	女	1916.06.02	孙庄街道夏岔村20组	53	徐凤英	女	1918.04.28	城东镇泰宁村12组
20	田同桂	男	1916.06.06	城东镇界墩村23组	54	崔陆氏	女	1918.05.26	隆政街道德兴村17组
21	祁凤英	女	1916.07.21	角斜镇五虎村5组	55	季宜美	女	1918.07.12	城东镇堑南村4组
22	王宏生	男	1916.09.25	大公镇北凌村4组	56	陈远英	女	1918.07.13	大公镇星河村3组
23	吴松凤	女	1916.11.12	城东镇壮志村2组	57	周克英	女	1918.07.23	大公镇王院村5组
24	刘高氏	女	1916.11.19	南莫镇邓庄村8组8号	58	曹祥英	女	1918.07.26	角斜镇老庄村12组
25	张友珍	女	1916.12.13	李堡镇红旗村14组	59	朱桂芳	女	1918.09.20	海安街道凤山村15组
26	张邓氏	女	1917.01.03	曲塘镇中桥村22组	60	章玉秀	女	1918.09.27	孙庄街道银杏村11组
27	颜圣礼	男	1917.01.05	墩头镇凤阳村12组	61	张远圣	男	1918.09.28	城东镇石庄村21组
28	吴玉凤	女	1917.01.27	李堡镇储洋村12组	62	张加美	女	1918.10.14	孙庄街道银杏村17组
29	张知庆	男	1917.02.15	大公镇群益村25组	63	何子英	女	1918.10.30	城东镇葛家桥村20组
30	贲　云	女	1917.03.12	大公镇群益村25组	64	邓金友	男	1918.11.10	曲塘镇万庄村23组
31	田桂英	女	1917.03.12	南莫镇邓庄村16组	65	任启茂	男	1918.11.21	孙庄街道仁桥村12组
32	王则芳	女	1917.03.22	城东镇上湖村9组	66	柳在云	女	1918.12.21	南莫镇沙岗村3组
33	胡桂英	女	1917.05.06	南莫镇高杨村15组80号	67	龚渭琴	女	1919.01.08	角斜镇汤灶村9组
34	季兰芬	女	1917.05.18	李堡镇堡河村6组	68	顾维芳	女	1919.01.16	曲塘镇兴花村13组
35	何世盈	男	1917.05.26	海安街道中大街16号	69	顾祖凤	女	1919.01.30	李堡镇李灶村22组
36	薛仪太	男	1917.05.27	孙庄街道营溪村6组	70	周桂英	女	1919.02.08	曲塘镇银树村4组
37	储赵氏	女	1917.06.14	角斜镇新坝村5组	71	康宜凤	女	1919.02.26	李堡镇新庄村21组
38	徐永英	女	1917.06.22	高新区田庄村15组	72	朱伯香	男	1919.02.27	雅周镇东夏村29组
39	夏桂发	男	1917.06.27	曲塘镇大陈庄村29组	73	李仁英	女	1919.03.01	大公镇王院村5组
40	丁林英	女	1917.08.17	海安街道复兴路257号	74	仲兆凤	女	1919.03.14	李堡镇丁所村15组
41	王连珍	女	1917.09.03	城东镇油坊头村19组	75	陈悦卿	男	1919.03.16	海安街道海陵新村
42	周如英	女	1917.10.07	曲塘镇李庄村14组	76	丁怀凤	女	1919.03.21	角斜镇顾陶村9组
43	吴功凤	女	1917.10.08	李堡镇新庄村19组	77	刘元英	女	1919.04.02	孙庄街道祖师庙村2组
44	杨勤美	女	1917.11.15	城东镇南屏村2组	78	陈加凤	女	1919.04.12	城东镇葛家桥村11组
45	圣于芳	女	1917.12.20	胡集街道西园社区8组	79	杨仁英	女	1919.04.13	墩头镇仇湖村26组
46	姚桂英	女	1917.12.30	白甸镇朱于村4组	80	曹桂兰	女	1919.04.13	墩头镇双新村10组

续表44

序号	姓　名	性别	出生日期（年/月/日）	家庭住址	序号	姓　名	性别	出生日期（年/月/日）	家庭住址
81	江广清	女	1919.04.15	南莫镇林庙村9组	115	夏秀林	女	1920.01.11	雅周镇东楼村28组
82	景学普	男	1919.05.01	城东镇界墩村24组	116	王仕英	女	1920.01.13	雅周镇庞庄村23组
83	张林余	男	1919.05.19	雅周镇迮庄村17组	117	戴贤英	女	1920.01.15	大公镇群益村
84	孙守如	男	1919.06.12	雅周镇迴垛村6组	118	陶永英	女	1920.01.19	大公镇贲巷社区
85	唐必兰	女	1919.07.14	南莫镇严马村16组	119	朱康荣	男	1920.01.20	孙庄街道营溪村14组
86	黄宝英	女	1919.07.19	胡集街道连港村14组	120	唐维社	女	1920.02.01	南莫镇高杨村16组
87	邓学凤	女	1919.07.28	海安街道安平中路69号	121	王启方	女	1920.02.02	雅周镇雅周村5组
88	夏兰英	女	1919.07.31	李堡镇光明村16组	122	吴桂英	女	1920.02.02	隆政街道联合村7组
89	邓桂芳	女	1919.08.04	隆政街道联合村21组	123	王巧英	女	1920.02.03	南莫镇黄陈村20组
90	梅广凤	女	1919.08.24	角斜镇沿口村2组	124	姜连玉	女	1920.02.09	海安街道人民巷12号
91	侯桂珍	女	1919.08.29	曲塘镇中池巷23号	125	王世英	女	1920.02.16	墩头镇禾庄村6组
92	陆忠英	女	1919.09.13	城东镇石桥村19组	126	孔锦文	男	1920.02.16	城东镇嘉麟社区
93	李十英	女	1919.09.22	角斜镇新坝村8组	127	周克玲	女	1920.02.17	城东镇韩徐村20组
94	范存凤	女	1919.10.02	城东镇石庄村6组	128	周宏元	男	1920.02.19	雅周镇庞庄村14组
95	丁秀兰	女	1919.10.17	雅周镇王垛村10组	129	吴志兰	女	1920.02.23	角斜镇沿口村18组
96	张桂英	女	1919.10.19	城东镇韩洋村11组	130	黄金山	男	1920.02.25	李堡镇中凌村13组
97	赵正芳	女	1919.10.28	海安街道谭港花苑	131	钱桂芳	女	1920.02.25	隆政街道自由村26组
98	王圣和	女	1919.11.05	城东镇刘缺村	132	吉和英	女	1920.02.28	曲塘镇刘圩村32组
99	杜元英	女	1919.11.08	大公镇贲巷村13组	133	崔元珍	女	1920.03.01	大公镇嗹口村30组
100	丁荣方	女	1919.11.10	城东镇壮志村	134	陈长庆	男	1920.03.01	墩头镇墩北村41组
101	俞春芳	女	1919.11.19	李堡镇堡河村3组	135	许逢真	男	1920.03.09	海安街道东宁桥南60号
102	李　勤	女	1919.11.19	城东镇蓉塘社区	136	郭广凤	女	1920.03.18	城东镇热港村9组
103	黄桂兰	女	1919.12.01	南莫镇黄陈村28组	137	丁成峰	女	1920.03.21	海安街道金海国际花园
104	高礼和	男	1919.12.03	城东镇洪旺村10组	138	杨玉英	女	1920.03.30	海安街道海陵新村
105	林春芳	女	1919.12.18	角斜镇五凌村14组	139	田宝年	男	1920.04.05	城东镇韩徐村14组
106	徐德英	女	1919.12.20	胡集街道田庄村7组	140	李章古	女	1920.04.15	隆政街道联合村9组
107	季仲达	男	1919.12.25	城东镇立发桥村12组	141	丁桂英	女	1920.05.08	雅周镇王垛村11组
108	王德余	男	1919.12.25	墩头镇禾庄村5组	142	陈义堂	男	1920.05.10	墩头镇千步村10组
109	王文英	女	1920.01.01	海安街道闸东路33号	143	周宏英	女	1920.05.12	大公镇于坝村3组
110	吉成英	女	1920.01.01	曲塘镇顾庄村10组	144	许俊英	女	1920.05.27	墩头镇千步村20组
111	顾佩荣	男	1920.01.01	曲塘镇刘圩村34组	145	奚祥玲	女	1920.06.05	海安街道凤山村20组
112	张长凤	女	1920.01.02	城东镇洪旺村15组	146	王维凤	女	1920.06.12	李堡镇李灶村21组
113	许录英	女	1920.01.02	曲塘镇富民村20组	147	陈　英	女	1920.06.18	大公镇贲集村4组
114	周志兰	女	1920.01.10	白甸镇施溪村7组	148	于有凤	女	1920.06.19	城东镇界墩村15组

续表44

序号	姓　名	性别	出生日期（年/月/日）	家庭住址	序号	姓　名	性别	出生日期（年/月/日）	家庭住址
149	王蔼凤	女	1920.06.23	城东镇戚庄村12组	167	王积云	女	1920.10.08	曲塘镇郭楼村9组
150	陈友才	男	1920.06.28	曲塘镇李庄村8组	168	明桂芳	女	1920.10.10	雅周镇鸭湾村2组
151	顾才彬	男	1920.06.29	角斜镇镇海村2组	169	孙其英	女	1920.10.20	李堡镇杨庄村1组
152	刘亚林	女	1920.06.29	雅周镇钱庄村14组	170	邵怀英	女	1920.10.22	角斜镇滩河村25组
153	曹宝英	女	1920.06.30	白甸镇瓦甸村3组	171	陈国萍	女	1920.10.22	城东镇新生村6组
154	任广兰	女	1920.07.09	大公镇贲集村23组	172	顾云凤	女	1920.10.24	李堡镇曹园村3组
155	汪国文	女	1920.07.09	雅周镇钱庄村2组	173	张得秀	女	1920.11.01	角斜镇江海村5组
156	夏子存	女	1920.08.15	胡集街道兴环村5组	174	闾成桂	男	1920.11.19	雅周镇鸭湾村22组
157	吴宝珍	女	1920.08.24	胡集街道周吴村14组	175	庞井英	女	1920.12.01	白甸镇傅舍村1组
158	顾宝英	女	1920.08.26	隆政街道德兴村3组	176	周韩氏	女	1920.12.09	南莫镇青墩村16组
159	曹翠兰	女	1920.08.28	李堡镇李堡村3组	177	江景氏	女	1920.12.12	南莫镇砖桥村18组
160	刘正英	女	1920.09.01	墩头镇千步村23组	178	付士芬	女	1920.12.01	白甸镇傅舍村5组
161	周　云	女	1920.09.01	南莫镇林庙村8组	179	朱有旺	男	1920.12.01	李堡镇李灶村16组
162	张桂芹	男	1920.09.03	曲塘镇郭楼村10组	180	丁霞云	女	1920.12.01	孙庄街道韩庄村18组
163	袁兆凤	女	1920.09.15	城东镇爱凌村15组	181	万宝英	女	1920.12.01	孙庄街道仁桥村19组
164	邰炳格	女	1920.09.22	海安街道城南新村	182	何志珍	女	1920.12.01	海安街道长江西路58号
165	华龙云	女	1920.10.01	白甸镇丁华村7组	183	卞宝伍	男	1920.12.18	角斜镇双龙村13组
166	吉承芳	女	1920.10.05	胡集街道胡集村16组	184	钱仁凤	女	1920.12.27	雅周镇钱庄村7组

（蒋　颖）

住房保障

【市民安居工程】 2020年，海安市加快棚户区改造，向上争取专项资金368万元、棚改专项债12.5亿元，新开工建设城市棚户区（危旧房）安置住房931套。4户家庭成功申请2020年度城镇低收入住房困难家庭住房保障，2019年正常申报的8户经济适用住房轮候家庭完成摇号安置。继续推进城区旧城和城中村改造，全面加快新通扬河生态区建设，实施新通扬河二期、闸东路周边等区域房屋征收，完成征地区片综合地价制定，拟定和下发7个批次“征收土地公告”“补偿安置方案公告”，办结征收项目422个358.53公顷。抓好棚户区改造，省政府下达海安保障性安居工程目标新开工城市棚户区（危旧房）安置住房900套，瑞海·幸福城安置房项目和凤凰城A、B地块安置房项目作为2020年棚户区改造新开工项目，完成开工931套，超额完成省下达任务。

【农村危房改造】 2020年，海安市全面落实中央和省委、省政府有关决策部署，完善农村危房改造工作实施方案，明确补助对象、补助标准、申报程序、竣工验收等内容，开展两轮住房安全排查，准确掌握全市贫困农户存量疑似危房情况，并组织专家对排查出的建档立卡贫困户疑似危房进行现场核实，排查危房106户，指导镇村组织实施危房改造工作，实现脱贫攻坚“两不愁三保障”住房安全有保障的目标。（陆金成）

【住房公积金管理】 2020年，海安住房公积金归集金额13.14亿元。新建单位339个；新建人数14042人，净增人数9499人。受理网上及柜面支取住房公积金事项1.36万件，支取金额5.96亿元，其中办理网上业务1962笔。疫情期间，推行部分业务“零跑腿”，办理64家企业住房公积金缓缴审批手续。发放贷款2532笔，发放金额9.88亿元，延续贷款绝对零逾期。

（住房公积金海安管理部）

社会信用

【概况】 2020年，海安市持续将社会信用体系建设工作纳入海安市创建全国文明城市考核，严格落实责任至30家社会信用体系建设重点部门，每月通报督查情况，常态化推进信用体系建设任务。详细解读信用政策，同时以政策问答、在线访谈、媒体专访、新闻发布会等形式，扩大信用信息受众面，增强影响力。强化数据归集，通过发函授权、召开协调会等方式，推进水、气、志愿者、不动产等信用数据归集，市公共信用信息平台归集社会法人和自然人信用数据

100余万条、“双公示”（行政许可、行政处罚等信用信息作出决定后上网公示）数据1.10万余条，信用数据归集总量居南通市前列，实现信用信息跨领域、跨部门共享。信用海安网有序运行，疫情期间开通企业信用在线申请查询。海安市信用监测排名列全国382个县级市第17位。

【企业信用管理】 2020年，海安市加强对重大项目申报、荣誉评选认定、政府采购、财政资金补助拨付等领域的企业信用审查，在行政审批、食品药品安全、环境保护、安全生产、交通运输、工程建设等重点领域，推进实行信用报告、信用承诺制度。提供省、南通市一体化信用信息服务，免费为企业开展信用审查3035家（次），出具信用法人审查报告和查询报告230份、自然信用报告23份。开展企业信用修复工作，指导43家企业完成信用修复。8月20日，举办海安市企业信用修复培训班，参训企业102家。培育信用管理示范企业，江苏美勒家具科技有限公司、南通恒通机械制造有限公司等14家企业通过2020年度南通市企业信用管理贯标认定，南通江中光电有限公司、江苏海建股份有限公司被认定为2020年度南通市级信用管理示范企业。开展“与信用同行，筑梦新时代”知识竞赛等诚信建设宣传，近7万人关注“苏信服”公众号并参赛，海安获南通市优秀组织奖，南通双弘纺织有限公司杨广泽获评江苏省“十大法治人物”，海安市兴华胶带股份有限公司获评江苏省工业企业质量信用AAA级企业。

【政务诚信建设】 2020年，海安市出台《海安市党政领导干部防范和惩治统计造假、弄虚作假责任制实施方案》《海安市统计领域政务诚信建设实施办法》《海安市公共资源交易信用管理暂行办法》《海安市工程建设领域招标人不良行为处理暂行办法》等18项政务诚信建设制度，规范有序推进重点领域政务诚信制度建设，开展政府失信治理，提升政务诚信建设水平，持续优化营商环境。8月，推进文化市场信用监管，开展旅行社经营情况整治，查处旅行社低价揽客、低于成本操作、不签订旅游合同或者签订虚假合同、擅自增加购物和另行付费项目以及强迫或者变相强迫、诱骗游客消费等行为，督促相关企业或者平台限期整改、下架、删除涉嫌“不合理低价游”的在线旅游产品及信息，累计检查旅行社（门市部、分公司）36家次，立案查处6家，没收违法所得200元，罚款2万元。海安市获评2019年度全省各设区市和县级地区政务诚信建设“一等次”，列2020年南通市营商环境政务诚信建设第一位。

【“红黑榜”发布】 2020年，海安市继续发挥“红黑榜”引导作用，各职能部门对企业、单位开展信用评价，及时公开褒扬守信“红名单”，曝光企业和个人失信“黑名单”。除常规在海安信用网上定期发布外，在海安人流量聚集区张贴“红黑榜”。全年，发布“红黑榜”102期，“红榜”涉及市场监管、商务流通、住建等领域，涵括法人490家，自然人354人；“黑榜”涉及失信执行人等领域，涵括法人5家，自然人201人。

（下　颖）

慈善事业

【概况】 2020年，海安市慈善总会实现慈善总收入5296万元，救助支出3088万元，年末慈善基金会净资产1.9亿元。全市村居慈善工作站募款2041万元，下拨村居慈善救助款1030万元，高新区谭港村、开发区泰宁村、李堡镇李灶村等6个村居年救助款超过10万元。规范村居慈善工作站建设，37个村居被表彰为南通市基层慈善先进单位。加强区镇慈善分会管理，新建立7个街道慈善分会；制定《区镇慈善分会重点工作考核实施意见》，4月，全面考核检查10个区镇分会，并将随机抽样检查延伸到重点村居，倒推区镇慈善分会工作。支持义工联、福缘大队和惠心社等慈善志愿服务组织开展公益活动，将志愿服务活动纳入慈善年度工作总体规划，联合开展“5·12”海安慈善日、“9·5”中华慈善日系列公益活动，“中华慈善日”期间，义工联等4家志愿服务组织发动服务者300人开展志愿服务活动，受到广泛好评。市慈善总会修订完善基金会章程及有关财务管理、重大事项汇报等制度，自觉接受财务审计和社会监督，并延伸审计区镇慈善分会、村居慈善工作站和项目实施单位，审计结果在《海安日报》和海安慈善网上公示。全市8家慈善分会获南通市慈善总会表彰，袁金官被省政府授予第五届“江苏慈善奖”。

【善款募集】 2020年，海安市慈善总会以“5·12”海安慈善日为平台，开展机关事业单位工作人员“一日捐”慈善募捐活动，募集善款366.6万元。推动村居慈善工作站募捐工作，要求村居慈善工作站加快实现南通市慈善总会要求的村村达40万元的目标；引导并鼓励将慈善活动纳入村规民约，市慈善总会、市文明办、市农业农村局将“慈善日”活动纳入文明区镇、村居考核内容；在村居慈善工作站中开展星级评比和争创十佳慈善工作站活动，评出最佳慈善工作站12个。全年，村居慈善工作站募款2041万元，233个村居慈善工作站有126个村居慈善基金超40万元，68个村居超30万元，分别占村居数的54.3%、29.4%，地处海安边远地区的雅周镇15个村、白甸镇10个村，村村超40万元。下发“致全市企业家一封信”，向企业家通报全市慈善工作情况，动员企业家参与慈善事业，全市企业捐款1212万元，企业参与率75%。在确保基金安全增值的前提下，争取市政府支持，与瑞海集团、城投集团等国有企业联系，将存量善款实施投资增值，实现善款投资增值收益1292万元。以防疫抗疫为主题，募集防疫专项善款287万元；联合市红十字会募集善款486万元和价值9.2万元的物资。

【慈善基本救助】 2020年，海安市慈善总会实施“百户爱心助困”项目，救助标准为每户1万元；1月20日，举行助困金集中发放仪式，救助2019年度确定的205户特困家庭；确定2020年度救助对象111户特困家庭。实施“阳光之肾”项目，加大对尿毒症患者救助力度，救助对象范围从低保家庭扩大到低保边缘户、建档立卡户以及机关事业人员中的困难户，救助标准为机关事业人员尿毒症患者每人3000元，其他每人5000元；1月20日，对2019年度确定的631人发放救助款287万元；确定2020年度救助对象648人。开展“千户阳光”送温暖活动，支出善款50多万元，购置1600份春节慰问物资，救助孤寡老人和困难群众，1月15日举行慰问品集中发放仪式。实施“情暖学子”项目，救助标准为初中生每人每年2000元、高中生每人每年3000元、大学生和研究生每人每年4000元；8月25日，举行“情暖学子、放飞梦想”新时代文明实践扶贫帮困平台助学款发放仪式，救助首批学生249人，发放助学款89.4万元；10月，救助第二批学生109人；全年，累计救助大学生180人、高中生122人、初中生56人，发放救助总金额119.8万元。设在市慈善总会的德荣置业公司助学基金继续资助贫困大学生50人每人4000元，蔡振咏、蔡小雪爱心助学基金资助贫困大学生、高中生、初中生、小学生各10人，分别为每人4000元、3000元、2000元、1000元。

【联动救助】 2020年，海安市慈善总会联合相关单位开展帮扶活动，推进专项救助，联合区镇实施“月月浓情”项目，对遭遇天灾人祸及其他特殊困难的家庭给予及时解困，资助1500人80万元。联合教育部门实施“园丁慰藉”项目，帮扶因病因残致贫的教职工家庭14万元。联合市妇联实施“贫困母亲”项目，支出救助款15万元。联合市卫健委、市红十字会实施“健康扶贫”“生育关怀”“博爱送万家”项目，用于低保和建档立卡户大病救助、贫困失独家庭和计划生育后遗症对象救助及人道主义救助，累计支出救助款145万元。联合市老区促进会实施“老区扶贫项目”，资助老区扶贫开发工程，支出救助款60万元。联合市机关工委、市邮政局、市癌友协会等单位，实施“慈善关爱”“爱心包裹”“癌友之家”等项目，累计支出善款110万元。实施慈善义工项目，支持义工联、福缘大队、惠心社、江海志愿者等慈善志愿服务组织开展助老、助医等公益服务，支出善款15万元。联合市老年体协实施“美丽夕阳”等项目，资助慈善文艺宣传活动，支出善款12万元。为全市90~100岁老年人购买意外伤害保险，支出善款30万元。配合省慈善总会实施儿童大病救助项目，进入救助程序的儿童15人，报支医疗费59.5万元，其中市慈善总会支出30.4万元；配合南通市慈善总会实施“情暖江海”项目，资助200人20万元。发放专项防疫救助款287万元，按捐款人意愿全部拨发受捐人（单位），为在防疫一线工作的社区工作者524人发放慰问金39.3万元。9月，河北柔云日化企业向市慈善总会捐赠价值20多万元的5000桶洗衣液，由区镇慈善分会发放给困难群众。

【慈善宣传】 2020年，海安市慈善总会借助《海安日报》、海安电视台、“海安发布”等主流媒体，报道慈善新闻、慈善动态、慈善先进典型以及慈善募捐情况、慈善项目实施进度，扩大慈善宣传覆盖面。在“海安发布”上发稿“慈善美篇”“志愿服务美篇”20多篇，联办“慈善之光”征文活动，收到征文66篇，评选优秀征文16篇，将征文汇编成《十年飞歌》。在江苏慈善网、南通慈善网等南通市级以上媒体上发布海安慈善信息450多篇，其中，《慈善公益报》《中国社会报》《慈善》等国家级媒体上用稿50多篇，《耕耘牧海弄春潮》被《共产党人》等媒体刊发。构建慈善宣传平台，办好海安慈善网、《海安慈善》，及时发布信息，《海安慈善》全年出刊6期、用稿140多篇，扩大慈善社会影响力。修订完善慈善文艺宣传工作意见，慈善文工团全年创作排演节目15个，到镇、村（居）演出55场次。（章万凤）

扶贫开发

【概况】 2020年，海安市老区开发促进会、扶贫开发协会、南通市老区扶贫基金会海安办事处（简称“两会一处”）践行“弘扬老区精神、传承红色基因、服务海安人民、助力全面小康”宗旨，高质量做好全市老区与扶贫工作。根据“区街分设”体制改革，新成立市“两会”7个街道分会并有序工作。7月29日，在李堡镇召开全市老促会工作现场会。12月24日，召开海安市老促会五届四次、扶贫协会四届四次理事会暨市老促会成立30周年总结会，会议授予在市、区镇、街道老促会任职10年以上人员“海安市老区建设与扶贫工作贡献奖”，表彰老区建设与扶贫工作先进单位、老区宣传工作先进个人、老区扶贫工作先进个人，通报市“两会一处”2019年度扶贫资金财务收支情况。组织市老促会建会30年庆祝活动，编辑《海安市老区开发促进会30年大事记（1990.9—2020.6）》《海安市弘扬老区精神·传承红色基因文集（2016—2020年）》。市老促会获评全国老区宣传工作先进单位、南通市扶贫开发和老区建设优秀单位，获江苏省扶贫“三会”《全国革命老区县发展史丛书（江苏卷）》编纂工作优胜奖；市老促会陈强、市委史志工委杨斌获评《全国革命老区县发展史丛书（江苏卷）》编纂工作先进个人。

【老区扶贫】 2020年，海安市实施产业扶贫项目39个，扶持总额196万元，其中，实施江苏省“三会”扶贫示范项目（无息借款）4个，借款总额50万元；实施南通市、海安市“三会”产业扶贫项目35个，南通、海安两级贴息146万元。累计带动5631户农户1.54万人增加收入，其中低收入和建档立卡户395户791人。当年脱贫322户627人，人均年收入2.29万元，比上年增加2890元，扶贫成效平均为1∶2.19。资助贫困家庭学生546人97.5万元。按照省及南通市扶贫“三会”要求，初中贫困学生4人被广东国华中学录取，享受该校为其免去所有学习、生活费用等优惠。春节前夕，南通市台协到海安慰问市麻风残养院老人46人，给每人赠送慰问金300元、一床毛毯等。市区镇老促会组织慰问老区贫困家庭50户2万元。

【学用红色书刊活动】 2020年，海安市老促会持续开展以“学习习近平革命老区思想、海安革命老区发展史、红色文化书刊（红刊即《中国老区建设》《大江南北》《铁军》）、革命英雄和时代楷模以及道德模范等身边好人事迹，争做创新发展的带头人、扶贫帮困的热心人、促进和谐的解难人、新时代的好师生”为主要内容的“四学四争”学用红色书刊活动，分全市、区镇、教育系统召开“四学四争”学用红色书刊心得体会交流会，2600多人分享心得体会，精选174篇优秀心得体会在大会上交流，评选出全市“四学四争”学用红色书刊活动优秀组织奖（单位）6个、优秀心得体会作者30人。海安连续五年开展“四学四争”学用红色书刊活动的做法被“学习强国”学习平台、《中国老区建设》报道，并为南通市革命老区发展史学习宣传暨老区宣传工作会议提供现场。编辑《海安市弘扬老区精神·传承红色基因文集（2016—2020年）》，汇编110篇学用红色书刊优秀心得体会，向市老促会成立30周年献礼。学习宣传《海安市革命老区发展史》，向机关企事业单位、学校等赠送《海安市革命老区发展史》2600本，各单位结合新时代文明实践活动开展“读、讲、看、创、演、谈”活动，各区镇、街道交流优秀心得体会51篇，其中《海安日报》发表8篇、《海安老区》“学习《海安市革命老区发展史》专刊”用稿6篇。

【老区调研与宣传】 2020年，海安市老促会系统撰写调研材料23篇，其中，《精准施策、凝心聚力，务实推进双六双帮脱贫攻坚奔小康工程》呈报省、南通市老促会；《以“四学四争”新成效，助力海安高质量发展》发表于《海安日报》，在《中国老区网》“调查研究”栏目发表调研文章6篇，《海安老区》编辑调研专刊3期11篇。宣传省、南通市老促会关于开展抗击疫情捐款活动的倡议，35人次向省老促会捐款1.81万元，撰写的《海安老区干群在战胜“疫”情中的一股精神》《海安抗疫战场上的一个特殊群体》发表在中国老区网。《海安日报》“弘扬老区精神，助力高质量发展”栏目用稿27篇，在市外老促会系统刊网平台用稿702篇，其中《中国老区建设》3篇、《大江南北》28篇、《铁军》4篇、《江苏老区》13篇；人民网“红色老区”专页3篇、《学习强国》江苏平台3篇、中国老区网406篇、江苏扶贫之窗网站29篇、南通老区网213篇。编印《海安老区》会刊13期。 （顾兴余）

关心下一代工作

【概况】 2020年，海安市关工委根据“区街分设”体制改革，新组建7个街道关工委；调整充实村（社区）关工委班子成员76人，其中常务副主任24人。市关工委陈广顺被中国关工委、中央文明办表彰为全国关心下一代工作先进工作者。市关工委获评全省校外教育辅导站工作先进集体、“颂时代楷模、赞中国精神”老少同台讲好中国故事朗诵比赛先进单位等。市关工委系统在南通市以上媒体上发表关心下一代作品130多篇。《海安日报》“关工园地”专栏逢双月出版，《海安关工》用稿539篇，海安街道关工委在公众号平台上展播“爱党爱国，立德立行”18集，大公镇关工委出版《大公关工剪报》12期。《“梅”花香自“扶”“创”来》《让小凉山“索马花”展蕊怒放》《寻求新突破，展现新风貌》等20多篇文章在《新华日报》《薪火》《关心下一代周报》等媒体上发表，市教育体育局关工委赵庭、周道基的《19年的关工情》刊于国家级刊物《社区与教育》。

【主题教育活动】 2020年，海安市关工委开展“爱党爱国，立德立行”主题教育活动，5月12日，南通市关工委主题教育现场推进会在海安召开。

围绕抗击疫情，组织“五老”（老党员、老干部、老战士、老教师、老模范）志愿者参加村（社区）疫情防控工作，海安街道凤山村关工委吴兴宝撰写10多万字的疫情防控宣传材料，创作《防疫小段子》《战疫顺口溜》《抗疫三字经》等抗疫宣传作品；开设特殊课堂，引导学生参加线上升国旗仪式、线上学习活动，通过绘画、书法、童谣、朗诵等方式助力疫情防控；3月4日前，组织1745人为疫情重灾区捐款18.6万元。采取“讲、写、演、颂、访”等多种形式，加强青少年爱党、爱国、爱社会主义教育。曲塘镇关工委以“从抗击新冠肺炎看中国伟大”为主题对青少年进行爱国主义教育；城东镇新立村关工委“云连线”采访青年农民尤晨光，宣讲其逆行武汉的先进事迹10多场次，受众5000多人次；大公镇关工委开展主题教育征文活动，征集文章88篇，择优选取40篇编辑成集；曲塘镇关工委宣讲“抗疫先锋”王汉文家庭的先进事迹，并制作朗诵视频到基层播放，参加视频朗诵的“一老一少”被省关工委表彰为优秀朗读者。

围绕全面建成小康社会，市教体局关工委组建13人的宣讲团，深入中小学校开展“爱党爱国”“梦圆小康”等宣讲活动895场次，受众24.5万人次；在省关工委组织的“老少同台讲好中国故事”朗诵比赛中，5个单位获评先进单位，8人获评优秀诵读者；在江苏少年网开展的“我为国旗点个赞”活动中，组织青少年点赞5万多个，6个基层单位获组织奖；开办“外来务工人员子女小课桌”，利用“四点半学校”帮助照料孩子，节假日组织开展思想道德教育、课业辅导、科技才艺兴趣培养等互动活动，1042名“五老”结对关爱外来务工人员子女925人。苏中纺织有限公司设立“石榴籽”少数民族同胞站，关爱外来务工人员。农业系统关工委开展“三扶两创”（扶志、扶技、扶创业，培育青年农民创业示范基地、评选青年农民创业之星）活动，筛选青年农民创业典型10个，组织老科技人员、专家实行“一对一”帮扶，雅周青年农民创业标兵韩瑜梅撰写的《小康路上一枝梅》获南通市关工委“爱党爱国，立德立行”征文竞赛一等奖。全市306名“五老”结对关爱孤残儿童260人。

围绕新时代文明实践建设，组织红枫志愿者和青少年开展文明实践活动，墩头镇禾庄村关工委组织学生参与星级清洁文明户评比。白甸镇傅舍村关工委组织学生宣传秸秆禁烧禁抛。白甸镇关工委制作的校外教育特色项目“水乡劳动进行曲”被省关工委在江苏少年网上重点推介，相关工作经验在南通市关工委第十一期基层关工委干部培训班上做交流。

【校外教育辅导站建设】 2020年，海安市拥有村（社区）中心辅导站235个。实施的16个子项目平均满分率84.71%。各村（社区）校外教育辅导站坚持因地制宜发展，大公镇关工委倡导“一村一品”，常河村校外教育辅导站开展书画培训，于坝村校外教育辅导站倡导学习梨文化，北凌村校外教育辅导站传承北凌农运精神；墩头镇宝祥村校外教育辅导站围绕孝老敬亲开展系列活动，活动教案《弘扬孝道，感恩父母》获南通市校外教育辅导站活动案例评选一等奖。重点抓好暑期校外辅导，雅周镇暑期夏令营活动做到村村“五保证”（保证活动场所、保证活动器材、保证教学资料、保证值班人员、保证活动经费），曲塘镇校外教育辅导站继续坚持联合办班与单独办班相结合，城东镇洋蛮河村校外教育辅导站与校外教育机构联手开展“我是小小卖报童”等实践活动。暑期，全市中心辅导站拥有辅导员3443人，其中，“五老”1063人、大学生村官227人、在职教师350人、村干部853人、其他志愿者950人，组织主题宣讲、参观寻访、寄语征文等活动2408次，参加青少年5.52万人次。

【关爱帮扶】 2020年，海安市关工委围绕预防和减少未成年人违法犯罪工作要求，推动12家公安派出所建立关爱工作站，由派出所负责人担任工作站站长，1至2名退休老民警担任工作站常务副站长，负责日常工作。4—5月，市关工委巡查指导全市关爱工作站建设。各基层关工委持续深化“零犯罪”村（社区）创建，有效开展结对帮教和社区矫正工作，全市93名“五老”结对关爱问题青少年72人，68名“五老”义务监督22家网吧。市关工委配合市人民检察院安排城东镇立发办事处关工委结对帮教外来失足未成年人3人，并组织爱心企业和人士帮助他们。（李晓星）

社区建设

【基层社区治理】 2020年，海安市继续实施全省现代社区治理创新实验项目“农村居民集中安置区社区治理服务体系建设探索”。针对农村集中安置区社区治理体系建设，提出“土地集约化、资产股份化、居住城镇化、管理属地化”总体思路和“健全治理架构、助推身份转换、完善服务体系、重建邻里文化”建设目标，解决农村居民集中安置区“管理机制不畅、治理力量薄弱、便民设施短缺”等问题，指导各区镇、街道合理划分安置区居民组，搭建社区党组织和居委会架构。切实做好被征地农民社会保障工作，被征地农民应纳入社会保障人数4.91万人，其中，3.41万人对接企业职工养老保险，8433人对接城乡居民基本养老保险，5968人领取养老补助金。

【基层自治】 2020年，海安市继续深化城乡社区“微自治”，建设村居民小组议事室和城市社区邻里之家，全面验收2019年度示范点和覆盖点，加快建设2020年度邻里中心，全市基本建成以1043个新型网格为单元的“邻里乐吧”。规范社区自治行为，城乡社区完善修订自治公约，编辑出版《海安市优秀基层组织公约选集》，推荐复兴、西园、谭港等优秀社区工作法。依法指导第十二届村民委员会和第七届城市社区居委会换届选举，先期开展238个城乡社区基层自治运行情况调研，编制《村居委会换届选举城镇规程》《全市村（社区）党组织换届选举工作指导手册》《换届政策口袋书》等1200余册。组织市镇两级换届业务培训，系统化解读村（社区）党支部委员会、村（居）民委员会“两委”换届政策要点，现场模拟换届流程。至年底，全市236个村（社区）“两委”换届人事安排方案全部确定，党组织换届“两推”（党员推荐、群众推荐）环节全面完成。城东镇西场办事处、白甸镇的22个村（社区）党组织作为换届试点，完成换届选举工作。全市累计上报村（社区）“两委”初步人选1660人（含差额），队伍整体呈现出年轻化、高知化趋势。（蒋　颖）

民政事务

【地名管理】 2020年，海安市深入开展地名管理，实施地名命名21个。完成《江苏省地名词典》（第一部分）和《江苏省地名志》（第一部分）海安级行政区域类、居民点类、城镇交通运输类词条的编撰工作。规范地名更名、命名程序，向社会公开征集朝阳路、海化路（南北向）、镇南路合并更名方案。镇南路、海化路（南北向）、朝阳路统一更名为隆安路，隆安路北起隆政街道自由村16组十字路口，南至南海大道，全长12.9千米，以人民西路和黄海大道为界实施分段命名，人民西路以北为隆安北路，人民西路至黄海大道为隆安中路，黄海大道以南为隆安南路，原以主道名称命名的朝阳桥更名为隆安桥。同时，对东西向海化路起讫点实施变更，变更为东起永安路、西至如海河，全长800米，名称仍沿用海化路。

【登记管理】 2020年，海安市依法办理结婚登记4149对，补领婚姻登记证1551本；办理离婚登记1358对，补领离婚登记证96本。办理收养登记16件。新登记社会团体3家，变更18家，注销1家；新登记民办非企业单位12家，变更34家，注销4家；全市累计拥有注册登记社会组织860家，其中，社会团体186家，民办非企业单位674家。强化社会组织管理，2019年12月31日之前登记的社会团体和2019年6月30日之前登记的民办非企业单位年检率分别为85%和92%。实施公益创投项目43个，其中新增15个。

【殡葬管理】 2020年，海安市推进文明殡葬长效管理，全程掌握逝者“死亡—火化—安葬”信息，全市未发现一例装棺重葬和新立坟头行为。倡导文明节俭办丧，全市平均守灵时间由7天以上缩短为4天，平均安葬率85%。完善殡葬服务设施，加快推进“安福园”项目建设，完成原火化区改造，规划各类殡葬服务设施130多处，建成镇级公益性公墓14处、骨灰堂8处、集中守灵中心1处、经营性公墓1处，生态葬区1处，村级集中安葬点19处。（蒋　颖）

街道镇场

Neighborhood Committee & Towns & Farms

滨海商务大厦

海安街道

【概况】 2020年5月18日，海安街道正式揭牌成立，办事处驻海安市江海西路86号镇南居委会。辖区总面积14.02平方千米，由原新陵、中心、镇南、宁海办事处以及永安办事处下辖的闸东、新园、中坝社区组建而成，下辖旺池、育才、星海、新桥、海陵、洋港、黎明、曙光、新宁、海光、镇南、二里12个社区以及平桥村。年末总人口27.8万人。

【街道基础设施建设】 2020年，海安街道加速主城区建设，闸东路、旺池路改造工程建成通车，新通扬河生态区、外国语学校、生态长廊、山河宸院、高新区实验小学等重点工程有序推进，中医院南侧地块完成上市。辖区内实施海安市、高新区重点工程75项，全力推进重点工程房屋征收工作，闸东路、旺池路房屋征收任务快速推进，大地幼儿园、中医院南侧、万豪国际等重点户房屋征收工作全面完成，累计签订协议600多户，完成率80%以上。拆除华银小区、团结花苑破旧建筑14处，建成曙光东路、安平西路、洋港路美丽街区3个。完成微空间治理69个，新增绿化面积9.87万平方米。完成82个老旧小区雨污分流改造工程，美化道路两侧绿化29处，补植绿化1.4万平方米，刷新墙面3万平方米，修复道路2万平方米，施划小区停车位190个，新安装路灯600多盏。

【生态建设】 2020年，海安街道建立2处省考监测点"点位长"巡查制度，组织扬尘专项检查270余次，整改处理问题360多条。督促指导工地规范设置高压冲洗设施20台，增设围挡面积约3.54万平方米，硬化出入口道路5360平方米。狠抓水环境质量提升，各级"河长"巡河中发现并整改问题13条；完成镇宁桥、西楹桥两处水质自动监测站"三通一平"（水通、电通、路通和场地平整）工作。建立环境信访问责制度，受理环境信访问题583件，回复率98.6%，闭环率97.7%。

【社会事业与民生保障】 2020年，海安街道流动党员管理基站、"红色管家"等提供观摩现场21次，经验做法被省委组织部推广、新华社报道；成立海安街道大工委，与133家单位开展共建活动。统战工作接受省、南通市观摩，旺池社区"统战馆"南通放样，二里社区"红石榴家园"少数民族之家全省示范。海陵社区妇女维权工作全省观摩。在全市率先完成基层辅助力量整合试点工作，新转隶的专职网格员159人全部到位。开展信访矛盾化解"百日攻坚"行动，调处各类矛盾纠纷156起；开展纠纷排查48余次；接待信访群众6248人次，受理矛盾纠纷1354件，直接调处1354件，调处成功1354件，其中，街道调处中心调解案件31件；吸引社会力量参与矛盾纠纷化解工作，打造规范化个人调解工作室4个、家事调解社区工作室1个，旺池社区小罗家事调解社区工作室获省人大调研组好评。开展法制宣传活动30场次，举行"美好生活、法典相伴"专场文艺巡演5场次，凤山村法治文化园接待参观团队15次。复兴社区获评全国"扫黄打非"进基层示范点。常态化开展新时代文明实践活动600多场次，线下参与40多万人次，复兴社区获评"志愿江海"2020年度优秀志愿服务社区，蒋龙生家庭获评全国"文明家庭"。

街道组建安全生产委员会办公室，逐户摸排登记定报工业企业15家、非定报工业企业64家、建筑工地41处、烟花爆竹个体经营户36家、加油站5家、农贸市场8家，三产经营单位4365家，全面落实安全生产主体责任。组织工贸企业安全检查活动893余次，发现安全隐患2689条，整改2662条，整改率99%。海安风险管控平台监管检查率和企业自查率、自报率、自改率实现4个100%。依法处理非法经营生产单位2家，"两断三清"（断水、断电、清原料、清设备、清场地）通过南通市验收。各级安全生产督导巡查组和国务院安委会现场考核巡查发现的问题实现全部清零。开展安全生产"百团进万企"宣讲活动12场，参与1400多人次。举办安全、消防、防灾减灾演练观摩活动45场次，参与6500多人。

辖区有建档立卡困难家庭51户、相对贫困户16户、民政工作服务对象5870人，实现应保尽保。定期开展走访慰问活动26场，开展就业技能培训2场，督促社区（村）提供公益岗位2个，51户贫困户实现脱贫。贯彻落实扶企政策，向企业赠送防疫物资，减免经营户租赁费200多万元。完成退役军人社保接续工作，每月发放优抚对象补助552人约80万元，慰问优抚对象1228人60多万元。建成街道退役军人服务站。新建居家养老服务站（点）15个。16个社区新增健身器材347个，增加健身场地面积1705平方米。建成"邻里乐吧"84个，其中示范点23个。"村企联建"助跑乡村振兴，募捐善款10多万元，惠及困难党员群众220人次。20个村居慈善工作站募集善款226万元。

（王文之）

孙庄街道

【概况】 2020年5月18日，孙庄街道正式揭牌成立，办事处驻海安市祖师庙村开元大道188号。辖区总面积65.45平方千米，由原海南、仁桥、孙庄3个办事处组建而成，下辖南海社区和营溪、界河、孙庄、黄柯、夏岔、祖师庙、银杏、韩庄、谢庄、仁桥、陈港、海南、通学桥13个村。年末总人口4.66万人。

【街道基础设施建设】 2020年，孙庄街道新建村庄污水治理工程9个，其中，陈港村、谢庄村、银杏村建设集中式生活污水治理工程，祖师庙村、陈港村、韩庄村、谢庄村、黄柯村建设无动力分散式生活污水生态化处理工程，仁桥村建设微动力分散式生活污水治理工程。新建仁桥工业园污水管网、过河管道2个市政污水管网工程。推进电子信息产业园工程建设，新建相关基础设施配套工程7个，完成支一路（开元大道以东）、支二路（开元大道以东）道路工程，完成支一路、支三路（开元大道以东）绿化工程，完成润泽水务、南海大道西延污水管道工程，新建开元大道（支一路至南海大道）改建工程、开元大道以东路灯工程。提档升级老集镇，新建工程3个，完成海南老集镇提升改造、海南路西侧道路绿化提升、南海大道路灯迁移工程。

【生态建设】 2020年，孙庄街道完成营溪大桥、栟茶河二桥、向阳桥3个断面水质自动监测站建设，栟茶河二桥、营溪大桥2个断面年度平均水质为Ⅲ类水质，孙庄污水处理厂尾水湿地工程、鹰泰水务尾水湿地工程建成并投入使用。2家企业完成低VOCs清洁原料替代工作，2家企业对3台锅炉进行低氮燃烧改造，4家重点企业完成土壤监测报告编制。完成农村改厕任务1430户。

【社会事业与民生保障】 2020年，孙庄街道拥有中学2所、小学2所、幼儿园3所，在校学生1275人，教职员工171人。仁桥中学投入1850万元新建教学大楼6000平方米，孙庄幼儿园投入2940万元新建教学大楼5300平方米。拥有医院3所、养老机构2家。城乡居民基本养老保险参保人数6776人，基本医疗保险参保人数4.29万人。完成企业职工“五险”扩面650人，净增389人。鼓励低收入家庭劳动力进入农场、合作社、福利企业劳动就业，新增就业147人。完成被征地农民对接社会保障255人。救助低保人员461人、集中供养人员75人、分散供养人员122人。13个村慈善工作站募捐善款97.03万元，比上年净增6.53万元。街道、村均建立退役军人服务站，街道、谢庄、黄柯、营溪退役军人服务站获评五星级服务站。完成村两委会换届选举。（赵　孟）

胡集街道

【概况】 2020年5月18日，胡集街道正式揭牌成立，办事处驻田庄村开元大道88号。辖区总面积66.82平方千米，由原胡集、青萍、园庄3个办事处组建而成，下辖西园社区和光华、东庙、周吴、北景庄、兴环、连港、青萍港、胡集、谢河、拥徐、钟涵、园庄、田庄、谭港14个村。常住人口4.69万人，外来人口1.29万人。

【街道基础设施建设】 2020年，胡集街道疏浚清理河道6条，新建桥涵12座。完成国泰路、经五路等4条道路新建、改造工程。铺设胡集花苑、经四路、纬二路等污水管网3000米。恒海路、海福路污水管道铺设和恒坤路、达欣大道改造工程有序推进。新建公厕5座。完成新通扬河畔生态区27户房屋搬迁任务。东庙村9组、10组房屋整体搬迁。完成土地挂钩复垦31.27公顷，清理骨干林带260公顷。

【生态建设】 2020年，胡集街道高标准打造乡村振兴示范带和人居环境示范村，实施重点环境工程和“点对点”整治项目436个，新增公益广告32处、高炮广告17处，提升道路绿化180千米。实现垃圾分类进企业、进学校、进社区、进村组全覆盖，志愿者一对一培训100多场次。实施工业危废专项整治项目106个，落实各项减排措施清单，有效管控在建项目扬尘，完成13家燃爆锅炉低氮燃烧升级改造和8家企业VOCs污染专项整治，大气环境明显提升。加大饮用水源地上游2千米保护力度，水质稳定达标。

【社会事业与民生保障】 2020年，胡集街道推进平安法治建设，开展“幸福村居·警民守望”“农民乐一天”以及“民法典”宣传解读等文艺演出、宣讲活动105场次，培育3家企业、3所学校、4个村居为全市“七五”普法现场，西园社区代表海安接受南通市“七五”普法现场检查。街道“云溢彩、党旗红”、西园社区“凤栖梧桐”、谭港村“流动党员家园”等为全市流动党员管理创新提供示范、为南通市观摩会提供现场。谭港村的敬老慈善、田庄村的青少年关爱、光华村的藏书用书、胡集村的“铁头军精神”传承等文明新风典型全市有影响，光华村“好人长廊”、胡集村家风家训园、谭港村照明书屋、达欣公司“鲁班传人·新时代文明实践站”等文明实践示范点辐射广、影响大，朱兴乔家庭获评全国“五好家庭”。街道建档立卡贫困户334户全面脱贫。改造贫困户危房19户，解决饮水问题54户，实施农村住户改厕977户。加大“五保”老人、失独老人、困难儿童、农村留守儿童关爱力度。胡集街道和田庄村退役军人服务站被列为全市试点服务站。街道募集善款165万多元，6个村慈善工作站慈善基金超40万元。（王　良）

隆政街道

【概况】 2020年5月18日，隆政街道正式揭牌成立，办事处驻海北村丹凤路199号。辖区总面积51平方千米，由原海北、隆政办事处以及永安办事处下辖的三里闸村、大里村组建而成，下辖闸东、新园、中坝、中大街、复兴5个社区和三里闸、三塘、凤山、大里、海北、新丰、隆政、林桥、联合、自由、建设、德兴12个村。年末总人口4万人。新丰村入选全国第十批“一村一品”示范村，南通唯一。

【街道基础设施建设】 2020年，隆政街道完成水源保护区、隆政幼儿园、新通扬河生态区、闸东路区域等房屋搬迁任务323户。土地挂钩复垦28.17公顷。海安殡仪馆改扩建工程房屋搬迁工作全面启动，一期工程签订房屋征收协议36户。开展宁启铁路、新长铁路、盐通高铁周边安全整治，完成问题整改并销号15处。完成三里闸村福利院路南侧交通站台建设、隆田大桥接口修复工程等，修复新丰村海新路、惠民路。持续整治老集镇“道乱占”“车乱停”“摊乱摆”现象，三里闸集镇区设置摊贩疏导点，堵点变成亮点；隆政集镇路口设置交通信号灯，增设停车位；集中整治出店和占道经营72户、乱堆乱放46处，拆除广告牌25处、违章铁皮棚4处，取缔旧式砖混垃圾房2组，清理农贸市场外违规种植4户。海北老集镇完成主干道拓宽工程、垃圾回收站和便民服务点等建设工程。

【生态建设】 2020年，隆政街道开展村庄污水治理，规划以德兴村龙湖山庄为中心，辐射德兴村、联合村部分区域，率先建设2平方千米的人居环境示范区域，实施沿线居民生活污水管网及分散式污水处理设施建设。至年底，污水管网工程基本竣工，累计铺设主管道4757米、安装检查井75座，实现污水达标处理，受益农户122户。新建公厕3座，改造农村厕所311座。整治辖区内的10家砂石场，拆除6家无资质混凝土搅拌站。常态化开展环保巡查，环境信访量比上年下降19%。

【社会事业与民生保障】 2020年，隆政街道在海安市率先成立选民代表议政会并召开首届一次会议，隆政街道在南通市街道建立选民代表议政制度工作交流会上做经验交流；成立街道驻宁流动党员工作站，流动党员管理典型案例在全市流动党员管理现场会上展示；实施的“党建+生态”工程和“红枫监督员和村监委会将监督例会开到‘田间地头’”的相关做法被《新华日报》报道。成立街道“451”志愿微讲堂，发挥党员干部、巾帼模范、“小喇叭”青年骨干、退役军人4支志愿队伍典型示范作用，采取“五化”（宣讲规模庭院化、宣讲内容精准化、宣讲形式多样化、宣讲语言鲜活化、宣讲对象大众化）方式，宣讲党的创新理论50余场，受众1万多人次，“微聊会”志愿服务项目获评南通市优秀志愿服务项目，并受邀在南通首届江海文化节上展示。

项目化推进文明城市创建主题活动20场次；举办“邻里节”以及端午、重阳等传统节日活动30多场次；深入200多个新时代文明实践点，收集微心愿300多个，并全部实现。以“援法议事微聊团”为平台，创新“三微”模式（创建微聊会，引领援法崇德新气象；推出微清单，构建依法共治新局面；立足微网格，打造自治、法治、德治“三治融合”新模式），将“援法议事”融入法治乡村建设实践。钱惠萍家庭获评江苏省“五好家庭”，美时洁姐妹微家获评南通市示范姐妹微家，全省妇联系统维权工作能力建设培训暨基层维权工作现场推进会在隆政街道林桥村召开。开展“安全生产啄木鸟”“企业风险扫描仪”“隐患排查显微镜”以及违法违规“小化工”专项整治等活动，全面推进37个重点行业领域安全生产专项整治，并实施分色提醒、分类监管。开展铁路周边安全整治，加固7处临时房屋（彩钢瓦），拆除12米范围内建筑物7户，全部实现销号处理。促进农民增收，引进牡丹示范种植和籽油加工2个亿元项目；在土地流转中培育新的经营主体，新增纳税个体工商户40户、纳税私营企业20家；走访排摸262户建档立卡贫困户，确保“两不愁三保障”落实到位，13户危房全部改造完成。 （周钰翔）

2020年海安高新区社会经济主要指标完成情况表

表45

项　　目	计量单位	数量	项　　目	计量单位	数量
一、基本情况			市级以上农业龙头企业销售收入	万元	1799675
区镇行政区域面积	平方千米	212.72	粮食总产量	吨	81226
居民委员会数量	个	41	肉类总产量	吨	9564
村民委员会数量	个	17	禽蛋产量	吨	27153
耕地灌溉面积（有效灌溉面积）	亩	99180	水产品总产量	吨	4688
农业机械总动力	千瓦	129419	油料总产量	吨	2799
二、人口与就业			蔬菜总产量	吨	49453
年末总户数	户	113132	水果（含果用瓜）总产量	吨	2636
年末总人口	人	292341	五、企业情况		
区镇从业人员数	人	181983	法人企业数量	个	6075
第一产业	人	11051	其中：规模以上工业企业	个	334
第二产业	人	99847	法人企业从业人数	人	257657
第三产业	人	71085	其中：规模以上工业企业	人	38295
三、区镇经济			六、贸易与投资		
地区生产总值	万元	3959099	限额以上社会消费品零售总额	万元	45513
第一产业	万元	105012	商品交易市场数量	个	25
第二产业	万元	2196799	固定资产投资完成额	万元	2218900
第三产业	万元	1657288	七、财政收入与支出		
四、农业生产			镇财政总收入	万元	699519
农作物播种面积	亩	185550	其中：一般公共预算收入	万元	200000
其中：粮食作物播种面积	亩	157485	镇财政总支出	万元	491500
市级以上农业龙头企业个数	个	24	其中：一般公共预算支出	万元	218600

续表45

项　　目	计量单位	数量	项　　目	计量单位	数量
八、社会事业			医疗卫生机构床位数	床	3683
区镇公路里程	千米	456	执业（助理）医师数	人	1280
金融机构网点数	个	80	自来水用水户数	户	109368
农民专业合作社数量	个	160	住楼房户比重	%	91.9
农民专业合作社成员数	户	35615	人均住房面积	平方米	60
学校总数	个	26	农村居民人均可支配收入	元	25176
在校学生总数	人	34131	城乡居民基本养老保险参保人数	人	108463
教师总数	人	2870	城乡居民基本医疗保险参保人数	人	222042
幼儿园、托儿所个数	个	24	城乡居民最低生活保障人数	人	1907
医疗卫生机构数量	个	135			

说明：海安高新区与海安、隆政、胡集、孙庄街道实行统分结合、分工协作的管理体制，海安高新区聚焦经济、城市建设等方面发展，街道功能定位为服务社会民生

（市统计局）

城东镇

【概况】 城东镇是全国文明乡镇，地处江苏省南通、盐城、泰州三大省辖市的结合部。文化底蕴深厚。境内的发繇口遗址为古邗沟（现通扬运河）的入海口，发繇亭遗址是春秋吴、鲁、卫、宋四国的会盟之地；立发桥遗存折射着苏北三十六盐场必经之地的繁华，成为江苏盐场文化的标志；“先有立发桥，后有如皋城”的传说考证着江海平原城镇发展的最早历史。交通区位独特。境内2条高速、2条国道、2条运河、3条铁路纵横交错。风景名胜有七星湖生态园、523文化产业园、蓉和怡心园、万缘宝塔等。主要特产有杏鲍菇、桑葚酒、茧丝绸等。2020年，海安市优化调整海安开发区和城东镇管理体制，实行统分结合、分工协作的“区街道（办事处）分设、职能分离”管理新体制，海安开发区聚焦经济、城市建设等方面发展，城东镇下设以服务社会民生为主的办事处。镇域面积170.93平方千米，其中耕地灌溉面积8.63万亩。下辖壮志、洋蛮河、西场3个办事处，4个社区、31个村，年末总户数5.07万户、总人口14.83万人。实现地区生产总值285.73亿元，比上年增长7.79%。财政总收入27.68亿元，其中一般公共财政收入16.14亿元；财政总支出28.02亿元，其中公共财政支出7.91亿元。

【立发办事处】 2020年5月18日，立发办事处正式揭牌成立，办事处驻海安市城东镇天发路9号。立发办事处地处海安市城区东南部，铁路二级编组站海安火车站坐落于此，是海安“高铁新城第一站”。辖区总面积50.9平方千米，下辖七星湖、嘉麟、东城3个社区和泰宁、油坊头、葛桥、南屏、立发桥、界墩、开屏、五坝、刘缺、南阳10个村。户籍人口约6.2万人，百岁老人超过10人。

生态建设　立发办事处开展区域水环境治理，清理河坡垃圾147处、漂浮物1.2吨、林下种植31处。强化污水处理管控力度，推进葛家桥村污水管网建设，687家“十个必接”“六小行业”单位建设污水管网。省考核南新桥断面水质达Ⅲ类标准。加大扬尘污染管控力度，取缔无资质砂石码头5家，拆除搅拌罐15个，实现砂石厂等建筑材料露天堆放全遮盖。全面实施农村人居环境大提升行动，新建、修缮农村和城中村户厕390座，建成界墩、南阳等10个人居环境示范点。

社会事业与民生保障　立发办事处城乡居民人均可支配收入“两个收入”监测、精准扶贫工作全市领先，完成村营收入2874.18万元，实现120万元村全覆盖。实现劳动力转移就业90人，超龄人员就业510人，建档立卡人员就业8人。七星湖幼儿园通过南通市优质园验收，南屏幼儿园、南屏小学异地新建工作稳步推进。“523残疾人之家”通过南通市验收。村居慈善基金全部超20万元，平均超40万元，全部达五星级慈善工作站标准。华新御园三期、国华百盛园等4家居家养老服务站建成。参与食品安全城市创建，开展新宁南路食品示范街评比。创新社会治理，“三治融合”等品牌放样全市，长安法治工作接受南通市级以上观摩调研22次。成立海安市首个商圈党支部，首个互联网企业党支部等“两新”组织党支部33家，“红色物业、幸福之城”“雨润心田”等“两新”组织党建项目放样海安，相关经验做法被《新华日报》报道，云端党员活动室的创新做法被人民网、交汇点新闻客户端等媒体报道，南屏社区老干部党支部被省委老干部局评为“六有一提升”示范党支部。

【洋蛮河办事处】 2020年5月18日，洋蛮河办事处正式揭牌成立，办事处驻海安市城东镇和谐路9号。洋蛮河办事处地处海安市城区东部，拥有沈海高速海安出入口、启扬高速海安南出入口，西临海安火车站，北近沈海高速海安北出入口，328国道、221省道穿境而过，栟茶运河贯穿东西。拥有南通理工学院等学校6所，是海安唯一实现从幼儿教育到高等教育全覆盖的街道。洋蛮河办

事处形成北部产业兴旺、南部人文荟萃的“南隽北雄”发展局面。辖区总面积56.8平方千米，下辖堑南、品建、韩洋、韩徐、农林、民桥、上湖、三角、洋蛮河、三丰10个村。户籍人口约4.1万人。

生态建设　洋蛮河办事处全面推进“点位长”制度，在海安率先推行大气“点位长”述职工作，开展大气污染综合治理攻坚行动，30家家具企业通过南通组织的环评验收，39家建筑工地在管在控。抓好秸秆双禁工作，严格执行秋冬季重污染天气应急管控。区域水环境治理成效明显，清理48条河道河坡垃圾、漂浮物1.2万吨，清理林下种植223.87公顷。推进“河长”巡河履职，排查整治骨干河道及支流污染源，封堵入河排污口38个，启动建设东部家具艺术小镇河道整治工程，全面完成三角中心河、三角南河黑臭水体整治，高标准打造10条生态样板河道。“六小行业”“十个必接”单位污水全面接管，安置小区实现雨污分流。开展亚太轻合金（南通）科技有限公司、佳马机械涂覆（海安）有限公司、南通市通润汽车零部件有限公司土壤地下水自行监测，有效处置江苏骆氏减震件有限公司、海安弘鑫焊材有限公司等企业的危废垃圾。全面实施农村人居环境大提升行动，完成农村改厕271座，建成上湖、品建等10个人居环境示范点。

社会事业与民生保障　洋蛮河办事处实现村营收入120万元村全覆盖，累计村营收入1868.02万元。新增扶持群众自主创业120人，劳动力转移就业90人，超龄人员就业140人，建档立卡人员就业25人。企业职工累计参保1.05万人，比上年净增774人。立发中学新校区建成。加强食品安全监管，对270家食品流通单位、2家农贸市场、8家学校幼托机构食堂常态化开展食品安全风险隐患排查。周梅芳家事调解社区工作室入选首批江苏省标准化家事调解社区工作室。成立海安“两新”组织党支部29家，新成立驻南京、驻石家庄流动党支部。街道有基层党组织33个，2家获评海安市五星级党组织，实现三星级以上党组织全覆盖。洋蛮河村获评2020年度南通全面建成小康社会暨决战“过万亿”先进集体。

【西场办事处】 2020年5月18日，西场办事处正式揭牌成立。西场办事处西临沈海高速，东与李堡镇、南与如皋市东陈镇、北与大公镇接壤。南通首家省级南北共建合作示范区常安纺织科技园坐落于此，沈海高速、328国道、353省道等纵贯街道。一、二、三产业特色分明，形成南片现代农业、中部现代服务业、北部工业集聚区的产业发展格局。文化积淀深厚，语言文字学家、教育家魏建功，书画家、书画理论家范韧庵，诗人胡西宅，书画家仲许、仲贞子等文化名人蜚声中外；历史文化与现代文明相得益彰，拥有刘公平倭冢记石碑、仲贞子艺术馆；原西场乡获评江苏省民间艺术之乡——书法之乡。辖区总面积约63.32平方千米，下辖蓉塘社区和爱凌、戚庄、新立、热港、丰产、石桥、洪旺、施秦、石庄、壮志、西场11个村。户籍人口约4.67万人，常住人口约6万人。

生态建设　西场办事处完成7家企业10台锅炉改造任务。加强20多处在建工程、11家码头砂石场扬尘管控。完成景凤6号河、景凤7号河等5条河道清淤、驳岸整治工程。195家企业实现污水管网接管。完成土壤污染状况调查，加强退出企业土壤环境风险管控，督促企业按程序安全处置危废。整治提升西场老集镇环境，完成栟茶河沿岸污水管网工程、4个村庄生活污水收集处理工程、2个村庄散户生活污水收集处理工程，完成壮志康养小镇、常安纺织园房屋征收工作。

社会事业与民生保障　西场办事处实现村营收入50万元村全覆盖，累计村营收入1420万元。实现劳动力转移就业80人，超龄人员就业120人，建档立卡人员就业20人。西场中学中考成绩居全市农村初中前列。高标准成立退役军人服务站，加快推进村居退役军人服务站标准化建设。村居慈善基金全部超20万元，平均超40万元，达五星级慈善工作站标准。西隆粮油党支部在南通实行首家党建入章试点，实现市三星级以上党组织全覆盖，4个村居党组织获评五星级党组织。实施村企共建项目11个，壮志村与江苏海迅实业集团股份有限公司结对项目获评省共建优质项目。完成《西场志》修编，进入终审阶段。在南京等地建立流动党支部，与“宁”有约流动党员云端项目接受省委组织部观摩。西场籍空军飞行学员崔翀接受国家主席、中央军委主席习近平检阅。新立村村民尤晨光获评“中国好人”。

【经济社会发展大事】 2020年7月23日，城东镇籍空军飞行学员崔翀接受国家主席、中央军委主席习近平检阅。

7月26日，海安首个商圈党支部——星湖001商圈党支部在立发办事处七星湖社区成立。

9月17日，中央文明办发布2—7月“中国好人榜”，城东镇新立村村民、货车驾驶员尤晨光被评为“助人为乐好人”。

12月9日，全省婚姻家庭纠纷预防化解工作现场推进会通报首批江苏省标准化家事调解社区工作室，城东镇周梅芳家事调解社区工作室入选。

（陈　林）

2020年城东镇社会经济主要指标完成情况表

表46

项　目	计量单位	数量	项　目	计量单位	数量
一、基本情况			村民委员会数量	个	10
区镇行政区域面积	平方千米	171	耕地灌溉面积（有效灌溉面积）	亩	86280
居民委员会数量	个	25	农业机械总动力	千瓦	118324

续表 46

项　　目	计量单位	数量	项　　目	计量单位	数量
二、人口与就业			六、贸易与投资		
年末总户数	户	50691	限额以上社会消费品零售总额	万元	223305
年末总人口	人	148341	商品交易市场数量	个	12
区镇从业人员数	人	83038	固定资产投资完成额	万元	1807455
第一产业	人	5552	七、财政收入与支出		
第二产业	人	41605	镇财政总收入	万元	276787
第三产业	人	35881	其中：一般公共预算收入	万元	161369
三、区镇经济			镇财政总支出	万元	280237
地区生产总值	万元	2857326	其中：一般公共预算支出	万元	79147
第一产业	万元	112714	八、社会事业		
第二产业	万元	1556690	区镇公路里程	千米	630
第三产业	万元	1187922	金融机构网点数	个	25
四、农业生产			农民专业合作社数量	个	100
农作物播种面积	亩	183480	农民专业合作社成员数	户	39665
其中：粮食作物播种面积	亩	137526	学校总数	个	12
市级以上农业龙头企业个数	个	20	在校学生总数	人	13270
市级以上农业龙头企业销售收入	万元	1190666	教师总数	人	1171
粮食总产量	吨	71894	幼儿园、托儿所个数	个	12
肉类总产量	吨	6784	医疗卫生机构数量	个	56
禽蛋产量	吨	23976	医疗卫生机构床位数	床	1010
水产品总产量	吨	4071	执业（助理）医师数	人	277
油料总产量	吨	2235	自来水用水户数	户	45224
蔬菜总产量	吨	65510	住楼房户比重	%	99
水果（含果用瓜）总产量	吨	8680	人均住房面积	平方米	53
五、企业情况			农村居民人均可支配收入	元	30833
法人企业数量	个	5440	城乡居民基本养老保险参保人数	人	80086
其中：规模以上工业企业	个	283	城乡居民基本医疗保险参保人数	人	136880
法人企业从业人数	人	105344	城乡居民最低生活保障人数	人	777
其中：规模以上工业企业	人	36105			

（市统计局）

曲 塘 镇

【概况】 曲塘镇是千年古镇，地处南通、泰州交界处，是“南通西大门”。交通发达，新老328国道、启扬高速贯穿东西，并设有曲塘高速道口，新老通扬运河、焦港运河在此交汇。2020年，镇域面积119平方千米，下辖2个社区、26个行政村。年末总户数3.44万户、总人口8.81万人。实现地区生产总值126.31亿元，比上年增长7.9%。财政总收入5.98亿元，其中公共财政预算收入1.87亿元；财政总支出3.89亿元，其中公共财政支出1.08亿元。固定资产投资28.97亿元，比上年增长17.4%，其中制造业投资21.24亿元，比上年增长20.26%。实现外资到账810万美元，完成进出口贸易4亿元。曲塘镇获评南通市全面建成小康社会暨决战“过万亿”先进集体，人居环境考核蝉联南通市第一名。

【农业生产】 2020年，曲塘镇实现农业总产值13.64亿元，比上年增长8.95%。新增千万元以上农业项目12个，流转土地3240公顷，花庄、顾庄406.67公顷高标准农田建设项目有序推进，建成以村集体为经营主体的新型合作农场8家。实施三年扩桑行动计划，建成现代蚕业示范园1个。推进“引凤还巢”和全民创业，实现村营收入50万元以上的村全覆盖。

【工业经济发展】2020年，曲塘镇实现工业总产值100.35亿元，比上年下降3.98%。实现工业开票销售121.6亿元，比上年增长19%。精准实施大企业培育计划，新增亿元以上企业6家，总数28家；新增规模以上企业17家，总数101家。3家企业完成“新三板”上市入轨工作、2家企业完成股改工作。

【服务业发展】2020年，曲塘镇完成服务业应税销售53亿元，比上年增长20.2%，营利性服务业营业收入比上年增长37.53%，服务业固定资产投资比上年增长22.15%。月度新增规模以上企业3家，新增限额以上批零住餐业企业6家，新增农产品电商5家，新增内河码头合作企业6家。推进旅游项目建设，曲水湖生态休闲农庄项目一期工程建成，国恒品悦酒店开业运营。开展特色美食街区老旧建筑和店招整治行动，新增停车位近200个。新朗商业广场开业，大润发、肯德基等知名品牌入驻。曲水美食广场启动两轮招租程序，近30家商户入驻。组织外贸企业境外参展8次，新增外贸进出口企业7家。

【科技创新】2020年，曲塘镇企业研发投入占主营业务比重2.7%。实施产学研合作项目14个，其中100万元以上产学研项目2个。新增“首台套”重大装备或首创产品3个。8家企业入选省高新技术企业培育库；新认定国家高新技术企业12家，总数26家。完成专利授权总量219件，净增有效发明专利60件，申请国际专利5件。技术合同认定登记项目数7个，技术市场成交合同额16亿元。

【招商引资与项目建设】2020年，曲塘镇围绕“优质亿元项目为基础，10亿元项目为核心，20亿元以上项目为突破”，举办招商推介活动27次，邀请市领导拜访项目25次，签约亿元以上项目28个。新开工亿元以上产业项目17个，其中，10亿元项目3个、50亿元项目1个。新竣工亿元以上项目14个，达产12个。恒科众创城一期项目建设有序推进。

【镇村建设】2020年，曲塘镇新建花园路等沥青道路6条，总长度3.6千米。实施农村公路提档升级4.2千米，完成双楼路、新328国道（曲塘段）路灯建设12千米，新增太阳能节能路灯366盏。曲塘新客运站投入运营。启动中大街老街保护性开发研究。新划设停车位3000多个。高标准完成农村公路环境整治，通过合理设置路肩绿化、边沟硬质化、设置格栅等方式实施路田、路宅分隔73.4千米。提档升级老328国道、双楼路、章工路等6条主干道绿化20千米。建设人民路、金都路等街头绿地约1万平方米，新建双楼路、中心北街休闲小游园约1万平方米。全面实施人居环境整治提升工程，打造5个省、南通市级人居环境示范村。推进老旧小区提升改造，新增汽车停车位，配套建设电动车智能充电桩，投入620万元解决联抗路两侧居民以及店面雨污水排放问题。

【生态建设】2020年，曲塘镇新建村庄污水处理设施3座、污水管网8千米，在全市率先完成学校生活污水收集处理，摸排并整治7条骨干河道及支流污染点源，整治河道38条50千米，新建水质自动监测站2座，4个南通市考以上上游断面平均水质达Ⅲ类标准。排查重点区域涉气单位，完成大气治理工程项目16个，其中，省级5个、南通市级4个。新建大气自动监测站1座，全镇PM2.5平均浓度为每立方米35.2毫克，空气优良天数比例81.8%。

【社会事业与民生保障】2020年，曲塘镇新建曲塘中心幼儿园分园，改扩建2所幼儿园，曲中附中、曲塘小学获评南通市优质学校。26家村卫生室完成标准化建设，其中4家建成省示范村卫生室；曲塘中心卫生院与市中医院组建医疗联合体，建成省级“中医馆”。舞蹈《草狮子》入围江苏省五星工程奖。安全生产常抓不懈，获评南通市安全生产执法工作先进单位；率先启用海安工贸企业安全生产信息化监管平台，排查并整改隐患4297条；开展安全生产专项整治行动31次，执法检查生产经营单位120家次，行政处罚企业22家。实现基层社会网格治理全面覆盖，打造镇域治理现代化指挥中心，整合环保、安全监管、公安各条线管理网格。开展“五中全会耀乡野”“老兄弟聊全会”等主题宣讲活动300多场次，受众10万多人次。常态化开展志愿活动，成立志愿服务队伍40支，拥有志愿者5000多人。王汉文家庭“抗疫三人行”先进事迹被10多家媒体报道，王汉文获评“江苏最

2020年6月7日，海安市曲塘镇崔母村农民集中居住区、鱼塘、高速公路与金色的麦浪相映成景，构成一幅美丽的生态画卷　姜明／摄

美人物”。曲塘镇城镇居民人均可支配收入5.11万元、农民人均可支配收入2.54万元，城乡居民基本养老保险参保人数1.38万人、基本医疗保险参保人数5.44万人，享受城乡居民最低生活保障1320人。

【经济社会发展大事】 2020年2月17日，南通双弘纺织有限公司在全省复工企业中率先启用“热成像体温筛查”新技术，服务企业复工复产。

7月8日，集养老、护理、康复、健康管理等于一体的综合型医养服务机构——海安至康护理院高端养老项目在曲塘镇开工奠基。至康高端养老项目由倪智投资兴建，项目总投资1亿元，占地面积1.11公顷，规划配备养护床位500张。

7月31日，海安恒科众创城招商恳谈会暨项目集中签约仪式在曲塘镇举行，首批签约优质项目20个，总投资11.8亿元。恒科众创城是江苏省第一个规模化的都市工业综合体，项目规划用地约54公顷，总建筑面积近100万平方米，总投资超50亿元，是集高端装备制造、汽摩配件、电子电气、时尚轻工四大产业板块为一体的高端产业园。

10月22日，曲塘镇通过江苏省特色美食之乡（羊肉）现场评估验收。曲塘镇拥有羊肉馆50多家，连续举办6届羊肉美食文化节。

12月30日，曲塘镇新朗商业广场举行开业典礼。 （常 俊）

2020年曲塘镇社会经济主要指标完成情况表

表47

项　　目	计量单位	数量	项　　目	计量单位	数量
一、基本情况			油料总产量	吨	1720
区镇行政区域面积	平方千米	119	蔬菜总产量	吨	50578
居民委员会数量	个	10	水果（含果用瓜）总产量	吨	5560
村民委员会数量	个	18	五、企业情况		
耕地灌溉面积（有效灌溉面积）	亩	93300	法人企业数量	个	1317
农业机械总动力	千瓦	73994	其中：规模以上工业企业	个	101
二、人口与就业			法人企业从业人数	人	30020
年末总户数	户	34354	其中：规模以上工业企业	人	6704
年末总人口	人	88080	六、贸易与投资		
区镇从业人员数	人	39127	限额以上社会消费品零售总额	万元	14818
第一产业	人	8324	商品交易市场数量	个	8
第二产业	人	22042	固定资产投资完成额	万元	289700
第三产业	人	8761	七、财政收入与支出		
三、区镇经济			镇财政总收入	万元	59831
地区生产总值	万元	1263103	其中：一般公共预算收入	万元	18696
第一产业	万元	66534	镇财政总支出	万元	38885
第二产业	万元	667594	其中：一般公共预算支出	万元	10794
第三产业	万元	528975	八、社会事业		
四、农业生产			区镇公路里程	千米	395
农作物播种面积	亩	176715	金融机构网点数	个	17
其中：粮食作物播种面积	亩	158037	农民专业合作社数量	个	128
市级以上农业龙头企业个数	个	6	农民专业合作社成员数	户	27625
市级以上农业龙头企业销售收入	万元	151445	学校总数	个	8
粮食总产量	吨	82971	在校学生总数	人	5568
肉类总产量	吨	6022	教师总数	人	660
禽蛋产量	吨	15650	幼儿园、托儿所个数	个	12
水产品总产量	吨	2682	医疗卫生机构数量	个	40

续表47

项　　目	计量单位	数量	项　　目	计量单位	数量
医疗卫生机构床位数	床	301	农村居民人均可支配收入	元	25394
执业（助理）医师数	人	128	城乡居民基本养老保险参保人数	人	13759
自来水用水户数	户	30007	城乡居民基本医疗保险参保人数	人	54351
住楼房户比重	%	81	城乡居民最低生活保障人数	人	1320
人均住房面积	平方米	60			

（市统计局）

李堡镇

【概况】 李堡镇地处海安、如皋、如东、东台四县（市）交界，周边9个城镇环绕，是全国千强镇、江苏省重点中心镇、南通市中心镇，是国家火炬计划江苏海安锻压装备特色产业基地、全省唯一的出口锻压机械质量安全示范区。2020年，镇域面积96平方千米，下辖2个社区、18个村。年末总户数2.73万户，总人口7.51万人。年内出生人口383人，死亡人口874人。实现地区生产总值86.16亿元。财政总收入2.42亿元，其中公共财政收入1.48亿元；财政总支出2.66亿元，其中公共财政支出6810.23万元。完成固定资产投资20.6亿元，其中制造业投资17.6亿元。实现外资到账810万美元，外贸进出口总额5.6亿元，其中高新技术产品出口占比8%。

【农业生产】 2020年，李堡镇实现农业总产值11.12亿元，比上年增长8.81%。现代农业加快发展，村级集体经济不断壮大，实现村营收入50万元以上村全覆盖，村营收入100万元以上的10个，平均村营收入超100万元。放大智慧农业效应，建成李堡镇杨庄智慧农业园，挂牌成立海安市数字经济人才培训基地。新签约植物加工厂、智能温室、盆景园等一批亿元项目，奕森食品加工亿元项目主体工程建设基本完成。光明村入选全国乡村特色产业亿元村。

【工业经济发展】 2020年，李堡镇实现工业总产值37.11亿元，比上年下降3.76%。完成工业开票销售55.96亿元。新增规模以上企业6家，累计45家。完成开票销售超亿元企业10家。扶持培育大企业发展，江苏江海机床集团有限公司完成开票销售6.5亿元；江苏广达医材集团有限公司完成纳税超2000万元；南通明诺电动科技股份有限公司获得三轴、四轴电动环卫车改装资质；南通东海机床制造集团有限公司投入5000万元，建设数控加工中心；南通市广益机电有限责任公司海安分公司与同济大学开展产学研合作，与常州江南通用航空有限公司签订4000万元的订单。

【服务业发展】 2020年，李堡镇实现服务业应税销售38.2亿元，比上年增长20.8%。营利性服务业收入4.6亿元，全社会消费品零售额2.2亿元。海安市第六航运有限公司项目完成转化达产，新引进丁所百佳超市、巴十克新馆、欢乐时光KTV等服务业项目。李堡镇农村电商培育中心成立，开展电子商务培训20场次以上，培育农产品电商企业5家。4家镇内企业与铁路物流基地、内河码头开展有效合作。

【科技创新】 2020年，李堡镇开展产学研活动15次，其中，组织企业到高校开展产学研活动3次，邀请专家到李堡开展产学研活动12次，产学研活动覆盖企业30家，达成合作意向18个，签订产学研合作项目12个。申请国际专利5件，授权发明专利15件，引进发明专利38件。引进符合省“双创人才”申报条件人选4人，入选海安市“海陵英才”计划3人。

【招商引资与项目建设】 2020年，李堡镇在上海、北京、深圳等地举办招商活动26场次。新签约亿元以上项目11个，其中，总投资25亿元重特大项目1个，注册3000万美元项目1个，注册1080万美元项目2个。储备2021年签约优质亿元以上项目11个，跟进重特大项目信息9个。新开工亿元以上工业项目9个，其中10亿元以上重特大工业项目1个。益纳森智能照明、鹏亚精密机械、金隆车用配件、凯奥无尘设备等6个项目竣工投产。震海、雅特兰续建重特大项目基本建成。

【镇村建设】 至2020年年底，李堡镇226省道拓展改造工程、海启高速建设工程和新建路、东环路等改造工程竣工通车，“七纵八横”道路体系成型，实现“交通全覆盖、村村通公交、组组通公路”。累计建设“农四路”131.2千米，比“十二五”期末增长74.93%。建成区面积8.5平方千米，是“十二五”末的1.42倍。累计建设安置房面积12万平方米，实施房地产开发15万平方米。年内，新建镇区绿化休闲停车场6000平方米，实现集镇区主要干道机动车位全覆盖。

【生态建设】 2020年，李堡镇成立生态文明建设指挥部，整合污染防治攻坚办公室、“河长制”办公室等多个部门，组建生态环境保护管理办公室，试行水环境治理保证金考核机制。启动污染点源排查整治“回头看”专项巡察工作，41处新增污染点源全部整改销号。打造镇级样板河道1条、村级样板河道18条，村庄集中污水处理设施实现全覆盖，镇污水处理厂尾水排放湿地项目建成投入运行。镇内北凌河、栟茶运河平均水质均达Ⅲ类标准。建成大气自动监测站，PM2.5平均浓度为每立方米33.8微克，优良天数比例85.1%。环境信访总量比上年下降31.4%。人居环境整治提升工作代表海安在南通市人居环境现场推进会做经验交流，蒋庄村、红旗村、富庄村获评南通市美丽宜居乡村。

【社会事业与民生保障】 2020年，李堡镇实施10件为民办实事工程。教育事业发展更优，完成李堡中心初中标准操场、校门、绿化工程；李堡中心小学在校生人数镇级最多；投资近4000万元，新建的6轨新区幼儿园竣工开园。文体事业繁荣发展，新时代文明实践工作接受省委农村工作领导小组办公室调研，“小蚂蚁”青年志愿者理论宣讲团获评2020年度南通市优秀志愿服务组织。公共卫生服务能力更强，启动海安东部区域医疗中心建设前期工作，李堡中心卫生院通过南通市组织的二级甲等医院评审。全面开展第七次人口普查工作。国防动员和民兵预备役建设持续加强。社会保障体系不断完善，开发公益性岗位23个，提供就业岗位882个，新增城镇失业人员再就业124人。基层社会治理能力持续提升，镇域治理现代化指挥中心建设放样南通，“矫务长制”试点工作得到省、南通市肯定，先后接待调研考察20多批次。李堡镇农民人均可支配收入2.67万元，城乡居民基本养老保险参保人数4.41万人、基本医疗保险参保人数7.32万人，享受城乡居民最低生活保障556人。

【经济社会发展大事】 2020年4月28日，李堡镇中心小学获评2017—2019年度江苏省体育特色学校。

6月10日，全省2019年度高标准农田建设项目竣工验收工作推进暨现场观摩会议在李堡镇召开，会议现场验收李堡镇2019年度高标准农田建设项目。

8月21日，由浙江万洋集团总投资25亿元的众创城项目签约落户李堡镇。

9月20日，李堡镇被省委组织部、省委宣传部评为2019年度全省基层党员冬训工作示范镇。

10月2日，第五届苏中围棋邀请赛暨海安市围棋定级定段赛在李堡镇举行，海安、如皋、通州、东台等地16个围棋俱乐部的棋手412人参加比赛。

10月25日，海安市首个电商培育中心“村播人才培训基地”在李堡镇正式启用。

11月1日，李堡（跨江融合）企业家商会成立，这是海安首个跨江融合企业家商会。

11月20日，李堡镇杨庄村获评“全国文明村”，海安唯一。

12月18日，李堡镇新区幼儿园正式开园。 （刘垦择）

2020年李堡镇社会经济主要指标完成情况表

表48

项　目	计量单位	数量	项　目	计量单位	数量
一、基本情况			农作物播种面积	亩	170715
区镇行政区域面积	平方千米	94.53	其中：粮食作物播种面积	亩	105678
居民委员会数量	个	6	市级以上农业龙头企业个数	个	1
村民委员会数量	个	14	市级以上农业龙头企业销售收入	万元	4790
耕地灌溉面积（有效灌溉面积）	亩	70650	粮食总产量	吨	53852
农业机械总动力	千瓦	56910	肉类总产量	吨	6265
二、人口与就业			禽蛋产量	吨	11014
年末总户数	户	27383	水产品总产量	吨	1692
年末总人口	人	75069	油料总产量	吨	1032
区镇从业人员数	人	39574	蔬菜总产量	吨	146870
第一产业	人	6118	水果（含果用瓜）总产量	吨	7132
第二产业	人	23080	五、企业情况		
第三产业	人	10376	法人企业数量	个	1279
三、区镇经济			其中：规模以上工业企业	个	51
地区生产总值	万元	861579	法人企业从业人数	人	20895
第一产业	万元	66638	其中：规模以上工业企业	人	3446
第二产业	万元	435745	六、贸易与投资		
第三产业	万元	359196	限额以上社会消费品零售总额	万元	25730
四、农业生产			商品交易市场数量	个	3

续表48

项　　目	计量单位	数量	项　　目	计量单位	数量
固定资产投资完成额	万元	206183	教师总数	人	385
七、财政收入与支出			幼儿园、托儿所个数	个	6
镇财政总收入	万元	24176	医疗卫生机构数量	个	26
其中：一般公共预算收入	万元	14822	医疗卫生机构床位数	床	479
镇财政总支出	万元	26609	执业（助理）医师数	人	206
其中：一般公共预算支出	万元	6810	自来水用水户数	户	28735
八、社会事业			住楼房户比重	%	96
区镇公路里程	千米	203	人均住房面积	平方米	49
金融机构网点数	个	13	农村居民人均可支配收入	元	26730
农民专业合作社数量	个	35	城乡居民基本养老保险参保人数	人	44065
农民专业合作社成员数	户	15176	城乡居民基本医疗保险参保人数	人	73152
学校总数	个	6	城乡居民最低生活保障人数	人	556
在校学生总数	人	4204			

（市统计局）

角斜镇

【概况】 角斜镇地处临海高等级公路与328国道交接处，是海安市唯一的临海区镇，也是南通沿海八个重点区镇之一。角斜镇是全国闻名的角斜“红旗民兵团”所在地、“海安花鼓”发源地，拥有“紫菜之乡”“河豚之乡”“鳗鱼之乡”等众多荣誉称号。2020年，辖区面积146.22平方千米，其中滩涂面积33平方千米。下辖20个村及1个社区（角斜社区），年末总户数2.08万户、总人口6.15万人。实现地区生产总值66.49亿元。财政总收入6.11亿元，其中一般公共预算收入2.10亿元；财政总支出4.88亿元，其中一般公共预算支出9265万元。

【农业生产】 2020年，角斜镇农业总产值17.13亿元，比上年增长5.68%。全镇村营收入1582万元，15个村村营收入达50万元。新增千万元以上农业项目18个，其中，亿元开工项目7个、亿元竣工项目4个。鹏程鳗业养殖项目、建泽现代渔业烤鳗深加工项目、天成智慧农场项目按序时推进。创新新型农业经营方式，建成以村集体为经营主体的新型合作农场9家，流转土地1718.67公顷，范堑村建成300公顷高标准农田建设项目。江苏中洋生态鱼类股份有限公司获评南通市级农业龙头企业。开展新兴职业农民培训4期，服务农户300多户。

【镇村建设】 2020年，角斜镇提档升级凤翔南路1.7千米、滨海东路3.5千米，新建供水管网5千米、10千伏线路6千米，启动建设328国道、205县道、港府东路等8千米亮化工程。完成范堑、新坝、老庄、五凌4座村庄污水处理设施建设，实现20个行政村污水处理设施全覆盖。角斜污水处理厂完成提标改造，老坝港镇区集中纳污工程完工，80户分散式污水处理设施建设按序推进。海港工业园污水管网改造工程全面完成。在南通市率先启动撤并老镇区整治，“角斜经验”获南通市高度肯定。

【生态建设】 2020年，角斜镇以国控、省考断面水质提升为重点，袁庄水站、海港大桥断面平均水质达Ⅲ类标准，北凌新闸断面平均水质达Ⅳ类标准。完成14条农村黑臭河道治理、22条河道疏浚和43座拆坝建涵工程。开展污染点源整治“回头看”行动，排查污染点源1368个，销号率98.8%。完成燃煤锅炉整治、堆场扬尘治理、挥发性有机物综合治理等年度任务，全镇PM2.5指数为每立方米21毫克，连续空气优良天数率88.8%。完成农村改厕任务5000户。

【社会事业与民生保障】 2020年，角斜镇教育特色进一步彰显，角斜小学被教育部评为国防教育示范学校，角斜中心幼儿园入选江苏省国防教育试点园。加大教育基础投入，角斜小学综合楼开工建设，角斜中心幼儿园户外软质场地完成图纸设计。医疗卫生服务体系不断完善，20家村卫生室全面完成标准化建设，国家基本公共卫生服务项目完成率90%以上，群众满意度95%以上。社会保障工作稳步推进，城乡居民养老保险参保人数1.72万人，其中，到龄领取退休工资人员8000多人，享受基础养老金9000多人，养老金发放率100%。城乡居民基本医疗保险参保人数4.4万人。享受城乡民居最低生活保障人数519人。建档立卡低收入户974户1785人全部实现脱贫目标，实现“两不愁三保障”全覆盖。

【经济社会发展大事】 2020年9月19日，角斜镇撤销所属的事业单位角斜镇农业服务中心、角斜镇企业服务中心、角斜镇招商服务中心、角斜镇社会事业服务中心、角斜镇建设环保服务中心，成立角斜镇综合服务中心，核定事业编制69人。

11月22日，第七届海安乡村旅游节暨风情滨海海鲜节开幕式在滨海新区举行，活动现场推介角斜镇旅游资源、旅游线路，展示海鲜美食产品制作、品尝、渔家劳作，海安市文广旅局与上海深微文化传媒有限公司，江苏广纳房地产开发有限公司、南通天成现代农业科技有限公司与角斜镇签约文旅合作项目。活动期间，开展滨海风情自由骑行、滨海风情摄影行等系列活动，上海、苏州等地游客1万多人参加活动。

12月19日，中国海安第五届国际石材展暨石材与地产国际设计论坛在滨海新区石材城展览中心开幕，160家国内外知名石材企业参展，集中展示石材生产的新技术、新产品，吸引客商6000多人。活动期间，举办石材与地产国际设计论坛。（陈　思）

2020年角斜镇社会经济主要指标完成情况表

表49

项　目	计量单位	数量	项　目	计量单位	数量
一、基本情况			五、企业情况		
区镇行政区域面积	平方千米	146.22	法人企业数量	个	1606
居民委员会数量	个	3	其中：规模以上工业企业	个	42
村民委员会数量	个	17	法人企业从业人数	人	17852
耕地灌溉面积（有效灌溉面积）	亩	69945	其中：规模以上工业企业	人	3061
农业机械总动力	千瓦	76800	六、贸易与投资		
二、人口与就业			限额以上社会消费品零售总额	万元	8251
年末总户数	户	20843	商品交易市场数量	个	4
年末总人口	人	61545	固定资产投资完成额	万元	274000
区镇从业人员数	人	31019	七、财政收入与支出		
第一产业	人	7046	镇财政总收入	万元	61078
第二产业	人	17934	其中：一般公共预算收入	万元	21017
第三产业	人	6039	镇财政总支出	万元	48765
三、区镇经济			其中：一般公共预算支出	万元	9265
地区生产总值	万元	664912	八、社会事业		
第一产业	万元	103726	区镇公路里程	千米	263
第二产业	万元	296656	金融机构网点数	个	6
第三产业	万元	264530	农民专业合作社数量	个	106
四、农业生产			农民专业合作社成员数	户	23117
农作物播种面积	亩	189210	学校总数	个	5
其中：粮食作物播种面积	亩	125621	在校学生总数	人	2839
市级以上农业龙头企业个数	个	5	教师总数	人	234
市级以上农业龙头企业销售收入	万元	194529	幼儿园、托儿所个数	个	6
粮食总产量	吨	63491	医疗卫生机构数量	个	28
肉类总产量	吨	4450	医疗卫生机构床位数	床	112
禽蛋产量	吨	18785	执业（助理）医师数	人	64
水产品总产量	吨	16318	自来水用水户数	户	21123
油料总产量	吨	883	住楼房户比重	%	77
蔬菜总产量	吨	138215	人均住房面积	平方米	58
水果（含果用瓜）总产量	吨	8632	农村居民人均可支配收入	元	24650

续表49

项　　目	计量单位	数量	项　　目	计量单位	数量
城乡居民基本养老保险参保人数	人	17158	城乡居民最低生活保障人数	人	519
城乡居民基本医疗保险参保人数	人	44000			

（市统计局）

大 公 镇

【概况】 大公镇位于南通与盐城两市交界处，海安市区北郊，于1992年撤乡建镇。镇名“大公”源自《礼记》中“大道之行天下为公”。大公镇是全国农民体育运动之乡，名人有陈家驹、仲满、储春霞、洪梅等，乡村旅游景点有于坝万亩梨园，主要特产有“五水一高”梨、水晶羊肉。2020年，大公镇总面积104.5平方千米，其中耕地灌溉面积6.73万亩，下辖3个社区、12个村。年末总户数2.17万户，总人口5.85万人。年内出生人口236人，人口出生率3.9‰；死亡人口719人，死亡率12‰。实现地区生产总值69.80亿元，比上年增长7.7%。财政总收入3.37亿元，其中公共财政预算收入1.16亿元；财政总支出1.98亿元，其中公共财政支出6797万元。固定资产投资15.03亿元。实现外贸进出口总额7.5亿元。大公镇获评国家卫生镇。

【农业生产】 2020年，大公镇实现农业总产值13.68亿元，比上年增长9.79%。实现村营收入1265万元。开工、竣工农业亿元项目1个，开工、竣工千万元农业项目8个，其中农产品加工项目2个。加快东部农业科技现代园建设，推进核心展示区、精品示范区、融合发展区和乡村振兴带建设。高质量推进王院、于坝高标准农田项目建设，整体工程完成并投入使用。

【工业经济发展】 2020年，大公镇实现工业总产值44.41亿元，比上年增长23.19%。拥有规模以上工业企业57家，实现规模以上工业总产值44.4亿元，比上年增长14.2%。工业应税销售68.34亿元，比上年增长17.57%。工业开票销售63亿元，技改设备投入1.2亿元。新增规模以上企业9家，累计54家。全力推进企业上市工作，创能电气科技（南通）股份有限公司签订入轨协议，江苏腾威彩钢集团有限公司等入选企业上市挂牌后备库。

【服务业发展】 2020年，大公镇完成服务业应税销售25.37亿元，比上年增长76%。营利性服务业营业收入8200万元。完成服务业固定资产投资3.68亿元，新增限额以上服务业企业3家。新增农产品电商经营主体6家、100万元电商主体2家。新开工海安永康之家养老项目。

【科技创新】 2020年，大公镇完成全社会研发投入1.27亿元。实现高新技术产业产值18.9亿元，高新技术产业投资8.83亿元，拥有高新技术企业13个。完成产学研合作项目15个，科技成果转化项目2个。专利申请208件，授权170件，其中发明专利23件。招引“双创人才”3人、蓝领技术人才163人、高校毕业生257人。

【招商引资与项目建设】 2020年，大公镇开展“重特大项目突破年”活动，签约项目7个，其中，20亿元项目1个、5亿元项目2个，外资项目2个。新开工工业项目10个，其中，10亿元工业项目1个、1亿元工业项目6个。完成南通市新开工工业重特大项目1个，南通市续建重特大项目新增设备投资额2.02亿元。新竣工工业项目6个，其中亿元工业项目1个。完成南通市新竣工项目3个，新达产项目2个。盘活低效产业用地13.17公顷。

【镇村建设】 2020年，大公镇完善集镇总体规划，开展镇区、工业园区详细规划设计和胜利路东延等3条道路实施方案设计。建设污水管道工程4.7千米。推进“十个必接”项目排查及截污纳管建设，完成146家企业污水接管。推进安海路交安工程等城建工程建设。实施水利工程，建成黑臭水体项目扫尾工程14条，疏浚河道8条，拆坝建桥建涵24座，改造钢闸门6座，实施北凌河小型驳护工程约570米。争取上级奖补资金189万元，建设村级“一事一议”财政奖补工程水泥路5条。实施农户房屋征收882户，完成建设用地增减挂钩入库46.12公顷。

【社会事业与民生保障】 2020年，大公镇建档立卡户648户1088人全部脱贫。围绕“两不愁三保障”突出问题，改造危房28户；新增推荐进企业和公益性岗位务工45人；建立返贫监测预警和动态帮扶机制，19户脱贫监测户、3户边缘户全部消除易致贫风险；成立镇扶贫救助基金。社会和谐稳定，不断完善基层网格建设，畅通信访渠道，调解各类矛盾纠纷614件，深入开展建筑施工、交通等领域安全生产大排查、大整治，加大食品、药品等安全监管力度，坚决防范和遏制各类事故发生。城镇居民可支配收入5万元，比上年增长4.6%；农村居民可支配收入2.52万元，比上年增长7.8%。城乡居民基本养老保险参保人数1.87万人、基本医疗保险参保人数3.37万人，享受城乡居民最低生活保障411人。

【经济社会发展大事】 2020年3月29日，海安市第十届梨花节开幕仪式在大公镇于坝村举行。

7月29日，大公镇被全国爱国卫生运动委员会评为国家卫生镇。

11月15日，大公镇第57届北凌农民体育运动会在大公初中操场举行，400多名农民运动员参加比赛。

（谈晓燕）

2020年大公镇社会经济主要指标完成情况表

表50

项目	计量单位	数量	项目	计量单位	数量
一、基本情况			其中：规模以上工业企业	个	56
区镇行政区域面积	平方千米	104.5	法人企业从业人数	人	20730
居民委员会数量	个	3	其中：规模以上工业企业	人	4048
村民委员会数量	个	12	六、贸易与投资		
耕地灌溉面积（有效灌溉面积）	亩	67260	限额以上社会消费品零售总额	万元	39059
农业机械总动力	千瓦	63870	商品交易市场数量	个	3
二、人口与就业			固定资产投资完成额	万元	170152
年末总户数	户	21657	七、财政收入与支出		
年末总人口	人	58479	镇财政总收入	万元	33701
区镇从业人员数	人	25161	其中：一般公共预算收入	万元	11557
第一产业	人	4594	镇财政总支出	万元	19782
第二产业	人	13881	其中：一般公共预算支出	万元	6797
第三产业	人	6686	八、社会事业		
三、区镇经济			区镇公路里程	千米	228
地区生产总值	万元	697988	全融机构网点数	个	9
第一产业	万元	69495	农民专业合作社数量	个	71
第二产业	万元	342641	农民专业合作社成员数	户	23608
第三产业	万元	285852	学校总数	个	4
四、农业生产			在校学生总数	人	1462
农作物播种面积	亩	146250	教师总数	人	204
其中：粮食作物播种面积	亩	116375	幼儿园、托儿所个数	个	4
市级以上农业龙头企业个数	个	7	医疗卫生机构数量	个	20
市级以上农业龙头企业销售收入	万元	34136	医疗卫生机构床位数	床	130
粮食总产量	吨	60330	执业（助理）医师数	人	69
肉类总产量	吨	8586	自来水用水户数	户	19987
禽蛋产量	吨	17340	住楼房户比重	%	96
水产品总产量	吨	2403	人均住房面积	平方米	48
油料总产量	吨	491	农村居民人均可支配收入	元	25176
蔬菜总产量	吨	89324	城乡居民基本养老保险参保人数	人	18701
水果（含果用瓜）总产量	吨	5217	城乡居民基本医疗保险参保人数	人	33703
五、企业情况			城乡居民最低生活保障人数	人	411
法人企业数量	个	1034			

（市统计局）

雅 周 镇

【概况】 雅周镇地处海安、如皋、姜堰、泰兴四市（区）交界处。2020年，辖区总面积83.3平方千米，其中耕地灌溉面积5.86万亩。下辖15个村（兴雅社区与东楼村为村居合一），年末总户数2.09万户、总人口5.39万人。实现地区生产总值43.58亿元，比上年增长7.92%。财政总收入1.06亿元，其中公共财政收入5839.35万元；财政总支出5.55亿元，其中公共财政支出6711.58万元。完成固定资产投资9.44亿元。实现外资到账460万美元，外贸进出口总额约7000万元。

【农业生产】 2020年，雅周镇实现农业总产值10.22亿元，比上年增长10.40%。村营收入1320万元以上，实现村营收入超50万元的村全覆盖。以项目促进农业结构调整，新开工亿元农业项目2家，竣工亿元农业项目1个。新开工千万元农业项目6个，竣工千万元农业项目6个。建成蚕业农场2家，新栽桑280亩，打造现代蚕桑示范园300亩。建成高效设施渔业面积150亩。整治中小规模生猪养殖场18家，申报省级生态健康养殖示范基地1家。开展新型职业农民培训，254人参训。新增物联网1个、规模电商1家，农产品电商销售额1.71亿元。

【工业经济发展】 2020年，雅周镇实现工业总产值18.42亿元，比上年增长8.29%。完成工业开票销售17.36亿元，工业技改项目设备投入2200万元，其中南通德和布业有限公司投入1000万元，引进新设备。培育优质规模以上企业56家，新增江苏新晶合安装工程有限公司、南通市兆弟建材科技有限公司、南通固美特钢建筑产品有限公司3家规模以上企业。企业上市挂牌工作稳步推进，金固德包装材料（南通）股份有限公司完成股改。

【服务业发展】 2020年，雅周镇完成服务业应税销售10亿元，比上年下降约25%。实施千万元服务业项目2个、亿元服务业项目1个，千万元康养休闲项目1个。新增服务业规模以上企业、限额以上商贸企业5家。新培育农产品销售电商经营主体3家，新注册游泳馆、茶室等3家。玉果农庄申报亿元旅游业项目。现代农业园区稻米与蚕桑文化主体广场工程和204国道亮化工程完工。

【科技创新】 2020年，雅周镇完成产学研合作5项，其中30万元以上2项，100万元以上规模合作项目1项，与国外高校合作项目1项。南通中菱电力科技股份有限公司引进首创产品1项。专利授权70多件，其中发明专利授权7件，PCT专利申请1件。南通中菱电力科技股份有限公司、南通久振机械制造有限公司被认定为国家高新技术企业；新入库科技型中小企业4家，新增省民营科技企业1家。

【招商引资与项目建设】 2020年，雅周镇在上海、苏南、广（州）深（圳）等地区举办招商推介活动24场次，签约项目10个，其中，1亿元新能源自行车产业项目4个、2亿元医疗器材产业项目1个。新开工1亿元以上项目5个。2019年前开工项目基本实现投产，2018—2020年新招引项目在全镇规模以上企业数量、开票销售中的比重均超过40%。聚焦以商招商、以项目招商，以已落户的电动自行车项目为突破，打通上下游产业链，招引电动自行车配件项目3个。

【镇村建设】 2020年，雅周镇提档升级“农四路”4.2千米，建成周埭桥、夏殷庄桥2座桥梁，完成亮化工程16.5千米。全面改造提升人民路北延两侧绿化，在许家庄村和庞庄村规划建设小游园2座。东夏村、迮庄村和金庄村建成村庄污水处理设施，配套建设管网5.2千米；建成分散式污水处理设施760户。黑臭水体整治工程、孙雅河疏浚工程、南塘河整治工程完工。各村均建成垃圾中转站。建成公共厕所5座。完成绿化建设26.66公顷。

【生态建设】 2020年，雅周镇实施污染防治“百日攻坚”行动，常态化开展污染源排查，完善相关流域污染点源核查图，推进污染源排查、整治、销号工作。农药包装废弃物回收率98%。关停养殖场178家，完成主干河道畜禽养殖污染源整治428个。营溪大桥、周机桥、周机西桥3个重点考核断面全部达Ⅲ类标准。拆除无资质混凝土搅拌场10家，关停海安市力宝化工有限公司。迥垛村华柱管桩公司天然气锅炉低氮燃烧改造完成。对驾驶员考试车辆实施电气化改造。全力整治垃圾清运、码头砂石场、工地、道路、施工等扬尘，最大限度控减扬尘。严厉打击电捕鱼行为4起，其中办理海安第一例电捕鱼入刑案件。

【社会事业与民生保障】 2020年，雅周镇城乡居民基本养老保险参保人数2.98万人，城乡居民基本医疗保险参保人数4.78万人，城乡居民最低生活保障人数576人。实施失业保险援企稳岗“护航行动”，扶持31家企业8.50万元。雅周镇为民服务中心启用。慈善工作全市领先，15个村居慈善工作站全部获评五星级慈善工作站，慈善基金均超40万元；募集善款149.7万元；救助困难群众1838人次，救助额77.4万元。雅周敬老院建成医疗护理站，适老化改造100户低保、五保户家庭。落实计生家庭奖励扶助制度，累计发放计生奖励金613万多元。

【经济社会发展大事】 2020年5月31日，首届海安市雅周现代农业园摄影大赛暨媒体采风行活动开幕式在雅周镇举行。

9月11日，以“海陵飘香庆小康”为主题的“中国农民丰收节”新时代文明实践系列活动启动仪式在雅周镇举行。（季　然）

2020年雅周镇社会经济主要指标完成情况表

表51

项　　目	计量单位	数量	项　　目	计量单位	数量
一、基本情况			村民委员会数量	个	12
区镇行政区域面积	平方千米	83.3	耕地灌溉面积（有效灌溉面积）	亩	58620
居民委员会数量	个	3	农业机械总动力	千瓦	48189

续表51

项　　目	计量单位	数量	项　　目	计量单位	数量
二、人口与就业			六、贸易与投资		
年末总户数	户	20917	限额以上社会消费品零售总额	万元	1320
年末总人口	人	53915	商品交易市场数量	个	3
区镇从业人员数	人	28637	固定资产投资完成额	万元	88347
第一产业	人	6438	七、财政收入与支出		
第二产业	人	16928	镇财政总收入	万元	14552
第三产业	人	5271	其中：一般公共预算收入	万元	5829
三、区镇经济			镇财政总支出	万元	14721
地区生产总值	万元	435866	其中：一般公共预算支出	万元	6568
第一产业	万元	49617	八、社会事业		
第二产业	万元	204446	区镇公路里程	千米	397
第三产业	万元	181803	金融机构网点数	个	6
四、农业生产			农民专业合作社数量	个	111
农作物播种面积	亩	131220	农民专业合作社成员数	户	21929
其中：粮食作物播种面积	亩	104107	学校总数	个	4
市级以上农业龙头企业个数	个	1	在校学生总数	人	1535
市级以上农业龙头企业销售收入	万元	5513	教师总数	人	190
粮食总产量	吨	54925	幼儿园、托儿所个数	个	6
肉类总产量	吨	5799	医疗卫生机构数量	个	19
禽蛋产量	吨	6533	医疗卫生机构床位数	床	217
水产品总产量	吨	1415	执业（助理）医师数	人	65
油料总产量	吨	2951	自来水用水户数	户	19110
蔬菜总产量	吨	52078	住楼房户比重	%	59
水果（含果用瓜）总产量	吨	6751	人均住房面积	平方米	56
五、企业情况			农村居民人均可支配收入	元	25176
法人企业数量	个	690	城乡居民基本养老保险参保人数	人	29846
其中：规模以上工业企业	个	35	城乡居民基本医疗保险参保人数	人	47782
法人企业从业人数	人	8603	城乡居民最低生活保障人数	人	576
其中：规模以上工业企业	人	1768			

（市统计局）

南莫镇

【概况】 南莫镇位于海安市西北部，地处里下河地区，与盐城、泰州两市接壤，著有“鱼米之乡”“水乡明珠”之美称，于1934年设镇。境内有国家重点文物保护单位“青墩新石器遗址”，主要特产有“青墩”牌大闸蟹、食用菌等。2020年，全镇总面积74.2平方千米，耕地灌溉面积5.11万亩，下辖16个村。拥有居民18741户、47685人。年内出生人口179人，死亡人口692人。实现地区生产总值45.2亿元，比上年增长16%。财政总收入2.85亿元，其中一般公共预算收入7686.4万元；财政总支出2.54亿元，其中一般公共预算支出5500万元。固定资产投资9.32亿元，比上年增长17.5%。实现外资到账460万美元，比上年增长64.3%。外贸进出口总额1.2亿元，比上年增长6%，高新技术产品出口占比列全市第一位。南莫镇获评江苏省耕地保护激励单位、江苏省里下河水鲜美食之乡。

【农业生产】 2020年，南莫镇实现农业总产值7.94亿元，比上年增长8.77%。农业现代化加快发展，拥有农民专业合作社55家，合作社成员数1.98万户。新扩桑园1389亩，新建蚕业农场25家。海安荣昌家庭农场、海安鱼翔家庭农场被认定为省级示范家庭农场。实现村营收入50万元以上村全覆盖，完成村级集体经营性收入1367.3万元，唐庄村、青墩村入选南通市乡村振兴先进村培育名单。

【工业经济发展】 2020年，南莫镇实现工业总产值55.96亿元，比上年增长5.92%。实现工业应税销售47.5亿元，比上年增长25%。实施“1226”重点企业培育工程，实现工业应税销售48.6亿元，比上年增长25.8%，增幅全市第一。完成技改设备投入1.08亿元，比上年增长68.4%，增幅全市第一。净增亿元企业1家，总数11家。净增规模以上企业6家，总数51家。

【服务业发展】 2020年，南莫镇完成服务业应税销售19.7亿元，比上年增长21%。完成社会消费品零售总额1.31亿元，比上年增长37.74%。完成现代服务业投资6719万元，比上年增长12%。加快文旅项目建设，加大青墩旅游项目招商力度，稳妥推进四川中大集团项目，青墩旅游开发环境提升工作有序推进，青墩遗址博物馆创建国家AAA级景区，南莫镇获评江苏省里下河水鲜美食之乡。新增限额以上批发业企业5家，规模以上服务业企业1家。

【科技创新】 2020年，南莫镇新增产学研合作项目9个，其中，100万元项目2个、国际合作项目1个、院士合作项目1个。完成“首台套”重大装备、首创产品项目认定1个。新增国家高新技术企业5家，总数14家，高新技术企业专利申请及发明专利授权实现全覆盖。新增省民营科技企业3家。技术合同登记备案3.2亿元。引进国家级领军人才1人，引进符合省“双创人才”项目3个，入选“海陵英才”计划4人。

【招商引资与项目建设】 2020年，南莫镇开展“重特大项目突破年”活动，新开工重特大项目1个、亿元项目8个。重点聚焦北（京）上（海）广（州）深（圳）、苏南等区域，开展重特大项目“百日招商攻坚行动”，签约10亿元项目1个、亿元项目3个、千万美元项目1个，瑞思泰环保设备项目被认定为南通市级新招引外资项目。

【镇村建设】 2020年，南莫镇新建财政奖补路5.6千米，提档升级农村公路6千米，“农四路”创建在海安市首家通过南通市验收。新安装路灯594盏，新改建公共厕所5座。实施水利工程项目建设6处，改造钢闸门32座。新增小游园2处，新增街头绿地面积2300平方米。兴南路、建设西路竣工通车。人民路建设工程、353省道西延亮化工程稳步推进。

【生态建设】 2020年，南莫镇新建镇村污水管网5.95千米。完成土地增减挂钩35.17公顷，盘活闲置低效用地11.6公顷。新通扬运河、海溱河断面水质指标达Ⅲ标准。实施农村人居环境整治提升工程，南莫镇获南通市2020年度农村人居环境整治提升“百千工程”先进奖。姜刘村获评省农村人居环境整治综合示范创建村、南通市“百村示范”创建村，唐庄村获评省级“绿美乡村”，朱楼村、青墩村、林庙村获评南通市美丽宜居乡村。

【社会事业与民生保障】 2020年，南莫镇加快推进民生实事工程建设，沙岗幼儿园、高凤英烈士纪念馆建成使用。海安市人民医院南莫院区门急诊病房综合楼建设主体工程封顶。镇域社会治理现代化指挥中心、为民服务中心及公共资源交易中心相继投入使用。城乡居民基本养老保险参保人数1.53万人，参保率99.2%。城乡居民基本医疗保险参保人数3.5万人，参保率99.6%。城乡居民最低生活保障人数466人。被征地农民对接社保工作推进有序。优化阳光扶贫、健康扶贫等举措，建档立卡低收入农户全面脱贫。全市新时代文明实践移风易俗现场推进会在南莫镇举行，文明殡葬改革工作综合考核列全市第一位。安全生产形势总体平稳。柳亚西家庭、陈义生家庭、邓文学家庭分别被南通市妇联表彰为“五好家庭”“最美家庭”“美丽庭院”。

【经济社会发展大事】 2020年10月19日，紫金文化艺术节海安群文广场演出在南莫镇青墩遗址博物馆广场举行。

11月6日，南莫镇通过江苏省特色美食之乡（里下河水鲜）创建现场评估工作。（曹　振）

2020年南莫镇社会经济主要指标完成情况表

表52

项　　目	计量单位	数量	项　　目	计量单位	数量
一、基本情况			年末总户数	户	18741
区镇行政区域面积	平方千米	74.2	年末总人口	人	47685
居民委员会数量	个	3	区镇从业人员数	人	22960
村民委员会数量	个	13	第一产业	人	4818
耕地灌溉面积（有效灌溉面积）	亩	51090	第二产业	人	12324
农业机械总动力	千瓦	51397	第三产业	人	5818
二、人口与就业			三、区镇经济		

续表52

项　　目	计量单位	数量	项　　目	计量单位	数量
地区生产总值	万元	421542	七、财政收入与支出		
第一产业	万元	41375	镇财政总收入	万元	28516
第二产业	万元	205004	其中：一般公共预算收入	万元	7686
第三产业	万元	175163	镇财政总支出	万元	25428
四、农业生产			其中：一般公共预算支出	万元	5500
农作物播种面积	亩	102975	八、社会事业		
其中：粮食作物播种面积	亩	84905	区镇公路里程	千米	162
市级以上农业龙头企业个数	个	1	金融机构网点数	个	7
市级以上农业龙头企业销售收入	万元	9055	农民专业合作社数量	个	55
粮食总产量	吨	45155	农民专业合作社成员数	户	19812
肉类总产量	吨	2432	学校总数	个	4
禽蛋产量	吨	6683	在校学生总数	人	1940
水产品总产量	吨	3464	教师总数	人	295
油料总产量	吨	848	幼儿园、托儿所个数	个	3
蔬菜总产量	吨	30812	医疗卫生机构数量	个	22
水果（含果用瓜）总产量	吨	1250	医疗卫生机构床位数	床	170
五、企业情况			执业（助理）医师数	人	115
法人企业数量	个	966	自来水用水户数	户	17491
其中：规模以上工业企业	个	50	住楼房户比重	%	80
法人企业从业人数	人	12837	人均住房面积	平方米	46
其中：规模以上工业企业	人	2284	农村居民人均可支配收入	元	22433
六、贸易与投资			城乡居民基本养老保险参保人数	人	15300
限额以上社会消费品零售总额	万元	13087	城乡居民基本医疗保险参保人数	人	35000
商品交易市场数量	个	3	城乡居民最低生活保障人数	人	466
固定资产投资完成额	万元	85309			

（市统计局）

白甸镇

【概况】 白甸镇地处南通、盐城、泰州三市接合部，东毗墩头镇，南接南莫镇，西、北分别与东台市溱东镇、时堰镇、安丰镇隔河相望。远古时代白甸地区曾是大草甸，白茫茫的一片，故名“白甸”。白甸名人有李近之、李文瑞、志开法师。主要特产有鲢鱼、鳙鱼、红膏蟹、小龙虾、有机米、草莓、豆制品、菱角等，“西泊”牌无公害水产品获省级认证。2020年，镇域面积53.1平方千米，下辖10个村。年末总户数1.08万户、总人口3.12万人。出生人口137人，出生率4.37‰；死亡人口314人，死亡率10.2‰；人口自然增长率-5.65‰。实现地区生产总值33.22亿元，比上年增长7.61%。财政总收入2.55亿元，其中一般公共预算收入10005万元；财政总支出2.06亿元，其中一般公共预算支出5111万元。固定资产投资完成额8.11亿元。实现进出口贸易总额1.3亿元，比上年增长23%。白甸镇获评南通市全面建成小康社会暨决战“过万亿”先进集体、南通市首批乡村振兴示范村创建试点单位。

【农业生产】 2020年，白甸镇实现农业总产值5.08亿元，比上年增长28.93%。建立水稻优质高效示范片2400亩，规划建设800亩现代蚕业示范园，新建蚕业家庭农场3家。创建省绿色优质小麦基地，优良品种“南粳 9108”推广普及率90%。积龙顺、桃园通过有机绿色食品复检认证。10个村村营收入均超50万元，其中施溪、傅舍、刘季、白甸4个村村营收入超100万元。村级税收返还

大暑时节，海安市白甸镇种植的菱角陆续进入采摘期，村民划着菱桶在水面采菱，有效增加当地村民的收入。图为2020年7月22日，白甸镇的村民正在采摘菱角
翟慧勇／摄

建33个，面积超3600平方米，整治占道经营80余次。常态化开展“四清四化”工作，204国道沿线骨干林带整治工作通过验收。完成城乡用地增减挂钩22.13公顷，耕地占补平衡7.67公顷，盘活闲置低效用地10.4公顷。强化基础设施配套建设，在镇政府西侧建设货车停车场700平方米和小型车辆停车场1400平方米。率先在全市安装智能分类垃圾亭9套，集中采购二分类垃圾分类亭150套、120升分类垃圾桶1000套，改造提升垃圾中转点7个。改造公厕3处，建成白甸人居点小游园、瓦甸老镇区绿化小游园。新建丁华、邹冯、朱于三村4千米财政奖补水泥路；加固圩堤6条，长度2.33千米；拆建老旧圩口闸改造3座，完成闸门改造17座。

实现全覆盖，其中10万元以上村7个，刘季村超60万元。白甸村、周垛村分别入围南通市乡村振兴示范村、先进村培育对象。

【工业经济发展】 2020年，白甸镇实现工业总产值37.69亿元，比上年下降14.34%。完成工业开票销售42.34亿元，比上年增长11.89%。实施100万元以上工业技改项目10个，工业设备投入7600万元。推进“5123”大企业培育，新增规模以上工业企业2家，累计39家；新增开票销售亿元企业10家，累计16家。南通科星化工股份有限公司完成“新三板”挂牌股改工作。

【服务业发展】 2020年，白甸镇完成服务业应税销售13.87亿元，比上年增长23%。完成社会消费品零售总额8178万元，比上年增长48.15%。依托里下河水乡，打造集农业观光、农旅体验、生态养生于一体的特色旅游产业链，建成26.67公顷的“西泊渔乡”核心区，汉铭文化青少年教育实践基地、洪家滩樱桃园里下河风情民宿酒店主体工程完工。举办第九届捕鱼节、江苏首届竞钓大师争霸赛，吸引众多外地游客。

【科技创新】 2020年，白甸镇新认定省高新技术企业11家，总数19家。组织企业与中国科学院、南京理工大学、太原理工大学等高校院所开展产学研活动，实施100万元产学研合作项目2个、30万元产学研合作项目8个、10万元以下项目5个。引进国家级人才1人、省“双创人才”2人，落户高层次人才创业项目2个，建成海外人才工作站1家，获评省“三带”能手2人。

【招商引资与项目建设】 2020年，白甸镇组织招商推介活动18次，完成注册外资1000万美元，引进总投资10亿元项目1个、5亿元项目1个、亿元项目2个。沃思钢结构、杰欣精密机械、晋屹精密机械等6个工业亿元项目开工建设，正红彩印、聪茵新材料等工业亿元项目通过南通市竣工达产验收。落户总投资10亿元、建筑面积20万平方米、年出栏30万头生猪的牧原现代化生猪养殖项目，成为全省挂牌推进的农业重特大项目。

【镇村建设】 2020年，白甸镇实施农贸市场整治，拆除农贸市场南侧车库、车棚21间，平整停车场场地800平方米，制作文化墙200平方米。宏和珈都北侧道路主体工程建设到位。启动“甸上云庐”开发工程。拆除违章搭

【生态建设】 2020年，白甸镇疏浚整治河道11条，整治黑臭水体3.9千米，清理网簖5处、网箱17口、围网9600平方米，整治河坡垃圾68处，“三清两拆一放”工作成效明显。全面开展重点河流污染点源整治“回头看”行动，79处重点河流面源水质常态保持Ⅲ类标准。完成污水处理二厂尾水生态湿地系统建设，新建丁华、邹冯村居小型污水处理设施，行政村村委会所在地农村生活污水收集实现全覆盖。协议关停化工企业2家，强化养殖户监管网络体系建设，大气自动监测站及4个热点网格监测点数据全面达标。

【社会事业与民生保障】 2020年，白甸镇实施民生实事工程8个。城乡居民基本养老保险参保人数7627人，城乡居民基本医疗保险参保人数2.22万人，城乡居民最低生活保障人数285人。发放低保、特困供养、尊老金等资金超500万元。推进退役军人服务保障体系建设，发放优抚经费383万元。募集善款86.83万元，实现慈善工作站资金超40万元村全覆盖。探索全要素网格化社会治理，入选“警格+网格”联动融合、“基层组织网格化服务管理”省级双试点。张芸家事调解社区工作室获评省首批标准化工作室。信访总量持续下降，无南通市级以上信访。开展31个行业领

域安全生产专项整治行动，组织执法检查生产经营单位35家次，行政处罚企业12家。白甸镇商会获评省“四好商会”。全面落实“两不愁三保障”帮扶政策，318户建档立卡户脱贫率100%。安排30万元专项资金，创新试点“防贫险”工作。

【经济社会发展大事】 2020年1月18日，海安市第九届里下河捕鱼节在白甸镇西泊乡村旅游集聚区开幕。

2月6日，河南牧原集团与白甸镇签订“年存栏10万头生猪农业产业化项目”投资协议。3月25日，举行项目开工仪式。

10月20日，白甸镇社区教育中心“唱响水乡号子，传承农耕文化”项目入选省社区教育特色品牌。

11月18日，江苏省第19届钓鱼高手赛暨江苏首届竞钓大师争霸赛在白甸镇西泊景区开赛，全省钓鱼爱好者60人参赛。（裴桂荣）

2020年白甸镇社会经济主要指标完成情况表

表53

项目	计量单位	数量	项目	计量单位	数量
一、基本情况			五、企业情况		
区镇行政区域面积	平方千米	53.05	法人企业数量	个	610
居民委员会数量	个	2	其中：规模以上工业企业	个	39
村民委员会数量	个	8	法人企业从业人数	人	10497
耕地灌溉面积（有效灌溉面积）	亩	37095	其中：规模以上工业企业	人	3059
农业机械总动力	千瓦	26071	六、贸易与投资		
二、人口与就业			限额以上社会消费品零售总额	万元	8178
年末总户数	户	10805	商品交易市场数量	个	2
年末总人口	人	28799	固定资产投资完成额	万元	81108
区镇从业人员数	人	14967	七、财政收入与支出		
第一产业	人	3217	镇财政总收入	万元	25520
第二产业	人	8344	其中：一般公共预算收入	万元	10005
第三产业	人	3406	镇财政总支出	万元	20561
三、区镇经济			其中：一般公共预算支出	万元	5111
地区生产总值	万元	332195	八、社会事业		
第一产业	万元	22039	区镇公路里程	千米	160
第二产业	万元	175088	金融机构网点数	个	4
第三产业	万元	135068	农民专业合作社数量	个	19
四、农业生产			农民专业合作社成员数	户	10357
农作物播种面积	亩	58455	学校总数	个	4
其中：粮食作物播种面积	亩	47667	在校学生总数	人	861
市级以上农业龙头企业个数	个	3	教师总数	人	145
市级以上农业龙头企业销售收入	万元	7707	幼儿园、托儿所个数	个	2
粮食总产量	吨	25054	医疗卫生机构数量	个	15
肉类总产量	吨	6570	医疗卫生机构床位数	床	85
禽蛋产量	吨	2682	执业（助理）医师数	人	45
水产品总产量	吨	3428	自来水用水户数	户	10805
油料总产量	吨	829	住楼房户比重	%	62
蔬菜总产量	吨	20771	人均住房面积	平方米	52
水果（含果用瓜）总产量	吨	621	农村居民人均可支配收入	元	25176

续表53

项　　目	计量单位	数量	项　　目	计量单位	数量
城乡居民基本养老保险参保人数	人	7627	城乡居民最低生活保障人数	人	285
城乡居民基本医疗保险参保人数	人	22153			

（市统计局）

墩　头　镇

【概况】 墩头镇地处南通、盐城、泰州三市交界，是南通市的北大门。新204国道与353省道、宁启铁路穿镇而过，先后获评国家级生态镇、全国环境优美合格镇、江苏省平安乡镇、江苏省卫生镇、江苏省生态文明建设示范镇、江苏省基层党员冬训工作示范镇。2013年3月，被南通市委、市政府列为首批19家市级中心镇之一。2020年，辖区总面积116平方千米，其中水面面积约26平方千米，下辖18个村、484个村民小组，年末总户数2.28万户、总人口5.92万人。实现地区生产总值70.67亿元，比上年增长7.83%。财政总收入1.6亿元，其中公共财政收入8462万元；财政总支出1.38亿元，其中公共财政支出6800万元。固定资产投资13.11亿元，比上年增长13.60%。外贸进出口总额3亿元，比上年增长9.89%。

【农业生产】 2020年，墩头镇实现农业总产值12.96亿元，比上年增长8.36%。完成新开工亿元以上农业项目2个，新竣工2个，完成新开工千万元以上农业项目10个，新竣工7个。完成农产品出口12.8万美元。耕地地力保护补贴惠农20149户，补贴面积6.62万亩，补贴资金794万元。完成新扩桑980亩，成片造林350亩。实现村营收入50万元村全覆盖。凤阳村获评省级“绿美村庄”。

【工业经济发展】 2020年，墩头镇克服疫情影响，有序推进复工复产，完成工业总产值60.22亿元，比上年增长0.67%。实现工业开票销售70.23亿元，其中规模以上企业实现开票销售54.37亿元，比上年增长23.67%。完成工业技改设备投入1.18亿元。月度新增规模以上企业5家。南通磊鑫生物质能源科技股份有限公司完成“新三板”入轨、股改工作，江苏江山红化纤有限责任公司、南通鑫弘电梯产品有限公司、南通金伟农畜牧科技有限公司等企业上市挂牌后备企业主动对接资本市场。

【服务业发展】 2020年，墩头镇实现服务业一般纳税人应税销售3.75亿元，比上年增长57.43%。新培育服务业规模以上企业1家，限额以上服务业企业6家。新开工千万元服务业项目1个，新竣工亿元服务业项目1个。乐百年小镇项目都市牧场水上木屋完工、温泉度假酒店有序推进。白龙禅寺项目主体工程封顶。新四军联抗纪念馆创建AAA级景区。举办第五届荷花文化艺术节，吸引省内外游客2万多人。

2020年5月21日，墩头镇千步村种植大户进行机械收割油菜秸秆粉碎全量还田作业　　姜明／摄

【科技创新】 2020年，墩头镇完成产学研项目12个，其中100万元2个。新引进首创产品项目1个。申请国际专利3个，授权发明专利12件，专利授权总量150件，发明专利净增40件，其中，授权11件、高维持13件。申报高新技术企业10家，通过8家，入库1家。引进省“双创人才”申报人选3人、创业类高层次人才1人，2人入选“海陵英才”计划。

【招商引资与项目建设】 2020年，墩头镇新批工商注册外资3000万美元，外资到账601万美元。签约10亿元项目1个（富尔达智能门窗）、亿元项目13个，其中外资项目3个（昆山重久机械、昆山溪云环保、上海圣燕建筑）。新开工10亿元以上重特大工业项目1个（沃德丰）、亿元项目5个（佳声、裕临、纳硕、中丽、亘卓），新竣工亿元项目1个（嘉禾），亿元达产转化项目1个（金余）。

【镇村建设】 2020年，墩头镇完成水韵中路与通海路连通方案，实现全镇18个村污水处理设施全覆盖。完成土地增减挂钩50.67公顷。启动仇湖老集镇改造工程，仇湖农贸市场改造工程完成设计、招标，有序推进。实现农四路提档升级4.5千米、亮化15千米，完成21座钢门闸改造，新建和拆建圩口闸12座、闸站7座、排涝站6座，退圩加固险工险段圩堤14.5千米。

【生态建设】 2020年，墩头镇深入开展区域水环境治理，4条骨干河道均实现Ⅲ类水质标准，“以鱼养水”生态治水相关创新做法被江苏电视台《江苏新时空》栏目专题报道。集中开展违法违规“小化工”专项整治行动，关闭化工企业2家。建成大气自动检测站，空气质量居全市前列。建立环境信访问责制度，环境信访比上年下降42.7%。全镇18个村按要求实施“四清四化”工程，全面创建“整洁村、先进村、示范村”，农村环境整体提升。18个村全部建立人居环境示范点，禾庄村人居环境示范创建通过南通市验收。

【社会事业与民生保障】 2020年，墩头镇墩头中学、仇湖中学综合楼、吉庆中学食堂陆续竣工并投入使用，墩头幼儿园异地重建稳步推进。卫生医疗资源配置不断优化，墩头医院易地重建工程有序推进，2个敬老院高标准医疗室建成并通过验收。城乡居民基本养老保险参保人数2.06万人，参保率99.6%。城乡居民基本医疗保险参保人数4.34万人，参保率99.7%。城乡居民最低生活保障人数646人。劳动监察“两网化”建设实施全覆盖。就业创业政策惠及用人单位105家、职工906人，发放金额近80万元。社会保险减免惠及3000人，减免金额2100万元。高标准建成镇域治理现代化指挥中心，发挥“大数据+网格化+铁脚板”治理机制优势，闭环处置各类问题隐患和群众诉求。打造“法治庭院”墩头品牌，健全联调快处机制。常态化开展安全生产大检查，推进31项安全生产专项整治。

【经济社会发展大事】 2020年9月27日，墩头镇第五届荷花艺术节在双溪幼儿园开幕，人民网、新华网等主流媒体报道活动情况。

12月4日，墩头镇获评江苏“味稻小镇”。（邵婷婷）

2020年墩头镇社会经济主要指标完成情况表

表54

项目	计量单位	数量	项目	计量单位	数量
一、基本情况			粮食总产量	吨	72534
区镇行政区域面积	平方千米	115.56	肉类总产量	吨	4783
居民委员会数量	个	4	禽蛋产量	吨	17277
村民委员会数量	个	14	水产品总产量	吨	7230
耕地灌溉面积（有效灌溉面积）	亩	87090	油料总产量	吨	1543
农业机械总动力	千瓦	64469	蔬菜总产量	吨	31449
二、人口与就业			水果（含果用瓜）总产量	吨	2903
年末总户数	户	22870	五、企业情况		
年末总人口	人	59189	法人企业数量	个	818
区镇从业人员数	人	32440	其中：规模以上工业企业	个	51
第一产业	人	5710	法人企业从业人数	人	12714
第二产业	人	18492	其中：规模以上工业企业	人	6120
第三产业	人	8238	六、贸易与投资		
三、区镇经济			限额以上社会消费品零售总额	万元	18247
地区生产总值	万元	706754	商品交易市场数量	个	3
第一产业	万元	71956	固定资产投资完成额	万元	131101
第二产业	万元	339282	七、财政收入与支出		
第三产业	万元	295516	镇财政总收入	万元	25246
四、农业生产			其中：一般公共预算收入	万元	8463
农作物播种面积	亩	154140	镇财政总支出	万元	16726
其中：粮食作物播种面积	亩	136113	其中：一般公共预算支出	万元	7002
市级以上农业龙头企业个数	个	7	八、社会事业		
市级以上农业龙头企业销售收入	万元	71892	区镇公路里程	千米	456

续表54

项　目	计量单位	数量	项　目	计量单位	数量
金融机构网点数	个	9	执业（助理）医师数	人	73
农民专业合作社数量	个	86	自来水用水户数	户	22392
农民专业合作社成员数	户	22213	住楼房户比重	%	82
学校总数	个	7	人均住房面积	平方米	51
在校学生总数	人	1360	农村居民人均可支配收入	元	21202
教师总数	人	220	城乡居民基本养老保险参保人数	人	20647
幼儿园、托儿所个数	个	4	城乡居民基本医疗保险参保人数	人	43420
医疗卫生机构数量	个	27	城乡居民最低生活保障人数	人	646
医疗卫生机构床位数	床	204			

（市统计局）

海安农场

【概况】 海安农场位于海安市区东北，北与东台市富安镇相邻，东、西、南均与大公镇接壤。2020年，海安农场下辖农业管理区5个，社区1个，代管天鹅村。辖区国有企业有江苏省海安农场有限公司、苏垦农发股份有限公司海安分公司、江苏省大华种业有限公司海安分公司、苏垦农业服务有限公司海安分公司，民营企业有江苏铭安电器有限公司农场基地、南通海林染整有限公司、江苏玉艺扬纺织有限公司、南通1号食品有限公司等。年末总户数920户、总人口2386人，其中，农场415户890人、天鹅村505户1496人。实现地区生产总值1.55亿元，比上年增长1.31%。营业收入12.56亿元，其中国有营业收入622万元；实现国有净利润75万元。

【农场管理体制改革】 2020年，海安农场三期农网改造工程完工，至此，海安农场农电管理权全部移交结束，场域用电户全部移交海安供电公司管理。社会职能改革持续推进，社区运营费用持续纳入地方政府预算，并逐年提高。核实修改国家下发的三调变化图斑。加强属地管理，稳妥推进公司及场域内企业复工复产、秸秆禁烧禁抛综合利用等工作。海安农场与大公镇签订共驻共建协议，与天鹅村签订村企联建协议，与海安市纪委主动对接“企地廉洁共建”工作。

【经济发展】 2020年，海安农场种植苗木面积190亩，新栽种红叶石楠球2300株、中山杉3.8万株，试嫁接金森女贞取得成功；利用场域内树木对铭安变压器西侧空地进行绿化改造；做好前期种植的中山杉、黄金槐等树木日常管护、销售工作，累计完成销售额11.66万元，比上年增长25.1%。持续盘活存量资产资源，收取各类土地及房屋租金61万元；加快海林工业园和葡萄园等闲置资产处置，与沐圣农业公司签订五年期的工业园区租赁协议，年租金26.9万元。

【社会事业与民生保障】 2020年，海安农场完成退休人员人事档案整理和移交工作，与海安市人社局签订“国有企业退休人员社会化管理移交协议书”；组织档案一并移交给市委组织部，达成党员委托管理协议，50名退休党员仍由农场纳入管理，组织关系不变。投资540.54万元用于环境整治及小城镇提升，民生项目工程全部完工。

发放民政优抚24人30.5万元，发放独生子女奖励扶助182人37.5万元。成立海安农场退役军人服务站，发放补助慰问金30.4万元。开展第二届“海农众帮”互助基金募捐活动，捐献爱心款4.38万元。完成人口普查工作，调查1235户1281人。全面实施文明殡葬整治行动，按要求通过统一招标、统一施工、统一专人管理，规范公墓管理。

（丁丽萍）

人物荣誉

Figures & Honor

HAIAN YEARBOOK 2021 海安年鉴

七星湖喷泉

新任市领导

张亚曦

海安市人大常委会主任、党组书记。

1966年2月生，江苏海安人。1987年8月参加工作，1993年6月加入中国共产党。省委党校研究生学历。1985年9月至1987年7月，南通师范专科学校中国文学专业学习并毕业。1987年8月，海安县双楼职中教师。1989年5月，海安县政府办公室办事员、秘书、综合二科副科长、科长。1996年12月，海安县政府办副主任（其间，1998年8月至2000年12月，中央党校函授学院法律专业本科学习并毕业）。2001年9月，海安县隆政镇党委书记（其间，2002年3月至2003年1月，江苏省第十二期青年干部培训班学习并结业）。2004年3月，海安县隆政镇党委书记、人大主席团主席（其间，2003年2月至2004年7月，江苏省委党校政治经济学专业在职研究生学习并毕业）。2004年8月，海安县委组织部副部长、老干部局局长。2006年3月，海安县委组织部副部长、老干部局局长、党代表常任制联席会议办公室主任。2007年3月，海安县政府办公室主任，县行政服务中心主任、党组书记。2008年12月，海安县政府县长助理，县政府办主任，县行政服务中心主任、党组书记。2009年3月，海安县政府县长助理，县委办主任，县政府办主任，县行政服务中心主任、党组书记（其间，2009年5月，明确为副处级）。2010年9月，海安县政府副县长、党组成员，县委办主任，县政府办主任，县行政服务中心主任、党组书记。2011年3月，海安县政府副县长、党组成员。2012年1月，海安县委常委、县政府副县长、党组成员。2012年3月，海安县委常委、县政府副县长，高新区党工委书记、海安镇党委书记。2014年8月，海安县委常委，县政府常务副县长、党组副书记。2018年6月，海安市委常委，市政府常务副县长、党组副书记。2018年7月，海安市委副书记，市政府党组副书记。2018年8月，海安市委副书记、党校校长。2020年1月，海安市人大常委会主任、党组书记。

张　浩

海安市委副书记、党校校长。

1974年2月生，江苏如皋人。1994年3月加入中国共产党，1995年8月参加工作。中央党校研究生学历。1991年9月至1995年8月，南京化工大学化工系化学工程专业学习并毕业。1995年8月，如皋市长江镇科教文卫助理。1997年3月，如皋市吴窑镇镇长助理。1998年6月，如皋市委组织部办事员。1998年11月，如皋市场南乡党委副书记。2000年4月，如皋市磨头镇党委副书记。2001年10月，如皋市磨头镇党委副书记、纪委书记。2002年11月，南通市纪委党风室（纠风室）副科级纪检监察员、正科级纪检监察员。2006年7月，南通市纪委办公室副主任（正科长级）。2009年3月，南通市纪委效能监察室副主任（正科长级）。2009年6月，南通市纪委效能监察室副主任（正科长级，主持工作）。2010年9月，南通市纪委效能监察室主任（副处长级）（其间，2011年9月至2014年7月，中央党校函授学院经济学专业研究生学习并毕业）。2013年7月，南通市纪委常委、效能监察室主任。2014年8月，南通市纪委常委。2014年9月，南通市纪委常委、秘书长（其间，2016年5月至2016年7月，挂职海安县委常委）。2016年7月，南通市纪委常委、秘书长，海安县委常委、纪委书记。2016年9月，南通市纪委常委，海安县委常委、纪委书记。2018年1月，南通市纪委常委，海安县委常委、纪委书记、县监委主任。2018年6月，南通市纪委常委，海安市委常委、纪委书记、市监委主任。2020年1月，海安市委副书记、党校校长。

杨春红

海安市委常委、纪委书记、监委主任。

女，1977年2月生，江苏如东人。1999年3月加入中国共产党，1999年8月参加工作。中央党校研究生学历。1995年9月至1999年8月，江苏海洋大学汉语言文学专业学习并毕业。1999年8月，如东县司法局办公室秘书。2001年10月，如东县司法局办公室副主任（其间，2000年9月至2002年6月，南京大学法律专业大学学习并毕业）。2004年2月，如东县司法局基层工作管理科科长。2005年1月，如东县大豫镇副镇长。2006年3月，如东县大豫镇党委委员、副镇长。2007年11月，如东县招商总局（东安科技园区）党组副书记、副局长（副主任）。2009年1月，如东县河口镇党委副书记、镇长。2011年1月，如东县河口镇党委书记（其间，2011年9月至2014年7月，中央党校函授学院经济学专业研究生学习并毕业）。2012年1月，崇川区副区长、党组成员。2020年1月，海安市委常委、纪委书记、监委主任。

王巧荣

海安市委常委、政法委书记。

1975年2月生，江苏海安人。1994年7月加入中国共产党，1996年8月参加工作。省委党校研究生学历。1994年9月至1996年8月，南通师范专科学校小学教育专业大专学习并毕业。1996年8月，海安县实验小学教师。1998年7月，海门市实验小学教师。2001年10月，海门市委办公室综合三科助理秘书、秘书。2003年3月，海门市委办公室综合三科副科长。2004年8月，海门市委办公室综合三科科长（其间，2006年8月，明确为副科级）。2007年5月，海门市委副秘书长、办公室副主任（其间，2007年9月至2010年7月，江苏省委党校党的学说与党的建设专业研究生学习并毕业）。2010年9月，海门市委办公室副主任、市委市政府研究室主任（其间，2011年2月至2012年2月，借调南通市委政法委工作）。2012年2月，南通市委政法委办公室（研究室）主任。2013年12月，南通市社会管理综合治理委员会办公室副主任，南通市委政法委办公室（研究室）主任。2015年5月，南通市社会治安综合治理委员会办公室副主任，南通市委政法委办公室（研究室）主任。2016年4月，南通市社会治安综合治理委员会办公室副主任。2019年1月，南通市委政法委员会副书记。2020年1月，海安市委常委、政法委书记。

张明星

海安市委常委、组织部部长、统战部部长。

1975年2月生，江苏如东人。1996年12月加入中国共产党，1997年8月参加工作。省委党校研究生学历。1993年9月至1997年7月，华中理工大学社会学系应用社会学专业大学学习并毕业。1997年8月，南通市妇联办公室秘书（其间，1998年1—12月，南通市港闸区永兴乡国土所挂职；2001年6月至2002年4月，南通市委组织部组织科帮助工作）。2002年4月，南通市委组织部组织科、组织处工作人员。2003年1月，南通市委组织部副科级组织员（其间，2004年4月至2004年7月，借省委组织部组织二处帮助工作）。2006年3月，南通市委组织部正科级组织员。2007年7月，南通市委组织部组织处、干部监督处主任科员（其间，2007年9月至2007年10月，借省委组织部组织二处帮助工作）。2009年1月，南通市委组织部公务员管理处副处长、主任科员。2012年2月，南通市委组织部组织处副处长、"两新"工作处副处长、主任科员（其间，2011年11月至2012年12月，挂职南通市崇川区狼山镇街道党工委副书记；2009年9月至2012年7月，江苏省委党校社会学专业在职研究生学习并毕业）。2012年12月，南通市委组织部组织处副处长、"两新"工作处处长。2018年1月，南通市委组织部组织处处长。2019年6月，南通市委组织部组织处处长、党代表联络工作处处长。2020年1月，南通市委组织部一级主任科员，组织处处长、党代表联络处处长。2020年2月，南通市委组织部四级调研员，组织处处长、党代表联络工作处处长。2020年7月，海安市委常委、组织部部长、统战部部长。

郝三旺

海安市委常委。

1978年4月生，陕西富平人。1998年12月加入中国共产党，1999年8月参加工作。省委党校研究生学历。1997年9月至1999年7月，西安公路交通大学文秘专业学习并毕业。1999年8月，海门市公路管理站工作。2002年1月，海门市政府办公室秘书。2002年12月，海门市政府办公室综合一科副科长。2004年2月，海门市政府办公室综合一科科长。2005年1月，南通市委办公室工作。2006年6月，南通市委办公室科员。2006年12月，南通市委办公室副科级秘书。2008年7月，南通市委办公室综合一处副处长。2011年12月，南通市委办公室综合二处处长（其间，2010年9月至2013年7月，江苏省委党校研究生班经济管理专业学习并毕业）。2016年5月，南通市委办公室副主任。2017年11月，南通市发展和改革委员会副主任、党组成员。2020年9月，南通市发展和改革委员会副主任、党组成员，海安市委常委（挂职）。

卢　林

海安市人民政府副市长、党组成员。

1985年8月生，安徽广德人。2004年12月加入中国共产党，2007年7月参加工作。研究生学历，硕士学位。2003年9月至2007年6月，河海大学机电工程学院工业设计专业学习并毕业。2007年7月，海安县海安镇工作人员。2008年10月，海安县海安镇团委书记（其间，2009年3月至2009年10月，借海安县委组织部干部科工作）。2009年10月至2011年5月，海安县委组织部干部科科员。2011年5月，海安县委组织部干部一科副科长、县远程办副主任（其间，2011年6月至2012年1月，借南通市委组织部办公室工作）。2012年6月，崇川区委组织部工作（其间，2012年1月至2012年8月，挂职崇川区虹桥街道党工委副书记）。2012年8月，共青团崇川区委书记。2014年6月，共青团崇川区委书记，南通园博园（滨江公园）管理处主任、党支部书记。2015年8月，崇川区虹桥街道党工委副书记、办事处主任（其间，2013年9月至2015年12月，南京师范大学公共管理专业硕士研究生学习并毕业）。2017年2月，崇川区任港街道党工委副书记、办事处主任。2017年8月，共青团南通市委员会副书记、党组成员（试用期一年）。2018年8月，共青团南通市委员会副书记、党组成员（其间，2020年6月至2020年9月，挂职通州区政府副区长）。2020年9月，海安市人民政府副市长、党组成员，市红十字会会长。

夏卫军

海安市政府副市长。

1970年5月生，江苏海安人。1989年7月参加工作，1996年6月加入中国共产党。省委党校大学学历。1989年7月，海安县双溪文化站、南通市悬挂输送机厂管理员。1993年9月至1996年7月，江苏省文化学校群众文化艺术专业中专学习并毕业。1996年8月，海安县文化馆辅导干部。1997年8月，海安县文化局文化市场稽查员（其间，1998年7月至2001年7月，江苏省委党校函授学院经济管理专业大专学习并毕业）。2002年1月，海安县墩头镇副镇长。2002年12月，海安县墩头镇党委副书记（其间，2001年9月至2003年12月，江苏省委党校函授学院法律专业大学学习并毕业）。2003年10月，海安县墩头镇党委副书记、县政府驻上海招商局局长。2005年5月，海安县外经局副局长、驻上海招商局局长。2007年3月，海安县外经局副局长、党组副书记，驻上海招商局局长。2008年1月，海安县外经局副局长、党组副书记，县招商局副局长、纪委书记、驻上海招商局局长。2010年8月，海安县商务局副局长、党委副书记，招商局副局长、纪委书记、驻上海招商局局长。2011年3月，海安县李堡镇党委副书记、镇长。2012年1月，海安县李堡镇党委书记。2014年2月，海安县李堡镇党委书记、李堡镇科技产业（锻压机械）园党工委书记。2014年12月，海安县发展和改革委员会主任、党委书记。2017年4月，海安县发展和改革委员会主任、党组书记。2018年6月，海安市发展和改革委员会主任、党组书记。2019年2月，海安市发展和改革委员会主任、党组书记，市粮食和物资储备局局长、工业和信息化局局长（其间，2019年7月至2020年2月，海安市大数据中心党组书记）。2020年2月，海安市政府办公室主任、研究室主任、外事办公室主任。2020年6月，海安市政府办公室主任、研究室主任、外事办公室主任，一级主任科员。2020年10月，海安市政府副市长，海安市政府办公室主任、研究室主任、外事办公室主任。

李如生

海安市政协副主席、党组成员。

1964年7月生，江苏海安人。1981年12月参加工作，1986年7月加入中国共产党。中央党校大学学历。1981年12月，海安县财政局雅周区税务所营溪乡、仁桥乡税务专管员（其间，1986年9月至1988年7月，扬州税务职工中等专业学校税务专业学习并毕业）。1987年4月，海安县税务局海南税务所税务专管员[其间，1989年5—12月，海安县建（购）房清理办公室借用]。1990年1月，海安县纪委办事员。1991年10月，海安县纪委纪检监察员。1993年11月，海安县纪委监察局纪检监察室副主任。1997年3月，海安县纪委监察局纪检监察室主任。1999年11月，海安县审计局副局长、党组成员（其间，1999年9月至2001年12月，中央党校函授学院法律专业大学学习并毕业）。2003年7月，海安县西场镇党委书记。2008年5月，海安县劳动局局长、党组副书记。2010年7月，海安县人社局局长、党组副书记。2016年1月，海安县人社局局长、党组书记。2017年2月，海安县政府办主任。2018年6月，海安市政府办主任。2019年2月，海安市政府办主任、研究室主任、外事办主任。2020年1月，海安市政协副主席、党组成员。（海　鉴）

先进人物

吕　建

全国先进工作者。

1963年11月生，江苏海安人。1985年6月加入中国共产党，1986年8月参加工作。大学本科学历，中小学高级教师。1983年9月，南通师范专科学校英语专业学习。1986年8月，海安县立发中学英语教师、团委副书记。1990年9月，江苏省教育学院英语专业学习。1992年9月，海安高级中学英语教师、团委书记。1997年4月，海安县城西中学校长、党支部书记。2001年4月，海安县外经贸局局长、党组书记。2003年8月，江苏省海安高级中学（简称海安中学）校长、党委书记。

2003年，吕建出任海安中学党委书记、校长以后，严格自律并团结和带领班子成员，创建校劳模工作室，开展与社区结对共建活动。2019年，被省委评为江苏省优秀共产党员。他坚持“为学生的终身发展奠基，为教师的幸福成长铺路”的办学理念，积极推进教育教学改革，全面实施素质教育，海安中学成为江苏省首批高品质示范高中创建立项学校，一批又一批莘莘学子在这里成长成才。他一直把立德树人的根本任务落实到教育教学的各个环节中，海安中学“四自”（思想上自育、学习上自研、生活上自理、体艺上自练）活动放样全省德育工作，“阳光高中生工程”获评江苏省中小学生品格提升工程最高等级——精品项目，劳动教育实践被教育部向全国推介。2020年，海安中学被中央文明委表彰为全国未成年人思想道德建设工作先进单位。

吕建关注学生的全面发展，注重“五育”融合发展，推进学校育人方式改革，建立起“六个一”艺术项目（每年举办合唱节、话剧节、中英文诵读音乐会、声乐舞蹈专场晚会、器乐专场音乐会、迎新晚会等校园传统艺术活动各一场），学校原创三门球体育项目被《义务教育体育与健康课程标准》专门推介。学生在青少年科技创新大赛、机器人创新大赛中频获国家级奖项，多篇学生科研论文在国际著名学术期刊上发表。海安中学高考成绩稳居全省前列，2008年以后，高考中累计2人获全省第一名、6人获省第二名，160多人考取清华大学和北京大学。

吕建带头开展教育科研，在省级以上期刊发表教育论文10多篇，主持省级科研课题4个、省级研究项目3个。2004年起，吕建带领教师自主研发综合素质评价电子平台，省教育厅以海安中学的平台为基础，构建省级综合素质评价管理平台，该项目获2017年省教学成果奖特等奖、2018年国家教学成果二等奖。他还带领教师主动学习研究，形成具有海安中学特色的“345高效课堂教学范式”。

吕建的敬业精神深深影响了海安中学全体教职员工，形成广受社会赞誉的高尚师德师风。海安中学先后涌现出江苏省“333”高层次人才培养工程培养对象、江苏人民教育家培养工程培养对象、江苏省“最美教师”、感动江苏教育人物“最美班主任”和“苏教名家”培养对象等一大批先进人物。他秉持“天下教育是一家”的共同发展理念，努力为基础教育高质量发展提供海安中学经验、贡献海安中学力量。连续10多年派出优秀教师团队分赴省内外30多所学校支教，主动示范辐射，实行资源共享；每年数百个团体、数千人次到海安中学参观交流，数百个外地教师跟岗培训。

2020年11月，吕建被中共中央、国务院评为全国先进工作者。（何春光）

储呈平

全国脱贫攻坚奖奉献奖获得者。

1963年10月生，江苏海安人。大学学历，正高级经济师，鑫缘茧丝绸集团股份有限公司（简称鑫缘集团）党委书记、董事长兼总经理。2002年8月，储呈平离开公务员岗位到鑫缘集团的前身江苏海安茧丝绸集团股份有限公司，正式成为一名企业家。自此，他奋发自强，敢为人先，将鑫缘集团发展为全国茧丝绸行业的领军企业。他发展企业带领群众奔小康“不让一个人在致富路上掉队”。

储呈平深耕茧丝绸行业，打造“鑫缘”金字招牌。2002年，鑫缘集团经营业务主要为蚕茧收购和转卖，利润非常微薄。他认为，“海安有着丰富的湖桑资源，就丝绸公司而言，无论是向前或向后延伸产业链条，都蕴藏着无限生机。”在他精心谋划下，鑫缘集团构建“龙头企业为核心、鑫缘茧丝绸产业园为载体，一产往后延和二、三产连两头”的运营模式。依托技术支撑，鑫缘集团先后推出真丝绵衬衫、精品女装、桑茶、护肤品、丝绸名画等一系列新产品成为市场新宠，受到消费者广泛好评。丝绸文创产品、丝绸装修材料等众多产业链创新产品的面市，推动品牌多元化发展路径，推进鑫缘集团实现茧丝绸全产业链发展。

储呈平情牵贫困地区，扶贫车间内拔掉“穷”根。他在经营企业的同时，积极投入到产业扶贫中，响应国家东西部扶贫协作部署，先后在广西环江县和德保县、江西永新县、安徽潜山县、陕西略阳县等贫困地区发展蚕桑产业，累计在全国贫困地区建有桑园蚕业基地30.4万亩，带动贫困地区5.8万户蚕农增收，带动建档立卡低收入蚕农1.3万人就业。他将“输血式”扶贫转变为“造血式”扶贫，以点带面实施产业扶贫，有效带动农民增收脱贫。2007年，鑫缘集团在广西环江毛南族自治县投资建立广西江缘茧丝绸有限公司。2009年，广西江缘茧丝绸有限公司拥有36组自动缫丝及全套生产辅助设备，具备年产900吨白厂丝的生产能力；吸纳贫困家庭人员1200人就业，其中，毛南族360人、壮族720人、苗族120名人，建档立卡家庭人员52人；进入广西民营企业制造业100强名单。2020年5月，广西环江毛南族自治县宣布退出贫困县序列，鑫缘集团起到强力推动作用。

储呈平用心履职，“一腔热情”为民代言。他作为一名南通市人大代表和企业家，时刻不忘深入基层、了解民情的职责，时刻不忘为民代言、依法履职的使命。鑫缘集团建立“公司+高校院所（工程中心）+品牌+基地（农场、合作社）+农户”的产业化经营机制，探索建立“建场、组社、联农”（建设蚕业农场、组建蚕业合作社、以蚕业合作社联结蚕农）的规模化种桑养蚕“鑫缘模式”。鑫缘集团强化企业与基地、蚕农等各方的利益联结，有力推动蚕业精品化、规模化、高质化、立体化、标准化、现代化发展，走出一条“以一体化带动规模化，以规模化促进一体化”的路子。2020年，鑫缘集团在海安建立蚕业家庭农场229家、蚕业联合体农场169家，单个蚕业家庭农场的亩均收益最高1.5万元。储呈平还热心社会公益事业，他关注残疾人，将他们安排到企业，为他们购买保险；定期帮扶困难家庭，帮扶资金每年在50万元以上。

2020年10月17日，全国脱贫攻坚奖表彰大会暨脱贫攻坚先进事迹报告会在北京举行，储呈平获全国脱贫攻坚奖奉献奖，南通唯一。　（海　鉴）

王世荣

全国抗击新冠肺炎疫情民营经济先进个人。

1965年2月生，江苏海安人。1983年参加工作，2002年4月入党。1983年，从事个体服务业。1986年，江苏省建工学校学习。1993年，成立海安县宏佳建材装潢综合厂，任厂长。2004年，南通市民营经济协会副会长。2005年，创办南通润泽娱乐休闲有限公司，任董事长。2006年，创办南通特琪荣服饰有限公司，任董事长。是年，国家工商总局推荐中央党校学习。2007年，与香港聚融有限公司联合创办南通汇益食品有限公司，任董事长兼总经理。2011年，投资兴建长三角地区最大的冷链物流中心——丰源食品城。2012年，厦门大学MBA夏季班学习。2012年，创办海安县慧通教育培训中心。2014年，海安个体私营协会党委副书记，主持党委工作。2019年，江苏民营经济协会副会长。政协海安县委员会第十二、十三届委员，中共海安县第十三次代表大会代表，海安人民法院陪审员。

王世荣坚持诚信是立业基础，顾客口碑是最好广告。他从一分钱一杯的茶水生意开始，到经营资产逾5亿元的民营企业，几十年间，把“真心换取真诚，信誉赢得实惠”作为企业宗旨，用不屈不挠的韧劲和朴素的“茶水论”，走出了诚信创业路。20世纪90年代初，海安掀起旧城改造的热潮，王世荣看准建筑行业的市场行情，成立海安市宏佳建材装潢厂，进入建筑机械设备租赁业。成立之初，公司便有一个承诺：“送货上门，24小时随时提供服务。”王世荣“惜诺如金”，只要与公司签订协议的，不管遇到任何情况，保证服务到位。正是凭借着这份诚信以及吃苦耐劳的精神，海安建筑行业都称呼他为“钢模大王”“塔吊大王”。2009年，王世荣投资创办南通汇益食品有限公司，并建成南通地区最大的万吨冷库两座，主要从事农副产品的冷链物流配送服务。他坚持以顾客为中心，以市场为导向，坚持不懈狠抓产品质量。对于冷链物流来说，最重要的就是温度的控制。2014年某个夏日，一位水果批发商将一批货值30万元的梨送至汇益食品冷链中心，当天下午4时左右收入冷库储藏。不料，下午5时左右，恶劣天气突至，雷击将变压器烧坏，造成冷库停电四五个小时。刚入库的梨未完全冻透，品质受到影响。王世荣第一时间将实情告知客户，并主动赔付11万元。此后，王世荣的诚信行为被广为传播，海安水果批发市场的大部分商贩都成了他的忠实客户。公司不断做大做强，成为中国物流和采购协会AAAA级物流企业、中国物流50强企业。王世荣对外践行承诺，对自家员工同样以诚相待。2004年，国家鼓励企业为员工缴纳保险，而王世荣的公司从1995年就开始为部分员工缴纳保险，至1998年，公司为全体员工依法办理养老、医疗、失业、工伤等各项社会保险或意外伤害保险，从未发生瞒报、漏报、欠缴社会保险费等行为。王世荣先后获评江苏省“百名诚信之星”“十大诚信标兵”“诚信最美人物”等，所经营的公司获评江苏省优秀诚信单位、优秀服务品牌单位、消费者信得过诚信房地产公司等。

王世荣热心公益事业，弘扬社会正能量。1994年起，王世荣就不间断地参加社会公益事业，坚持为伤残、转业、退伍军人和军属，孤寡老人以及儿童送温暖、献爱心，资助少数民族特困学生，不定期上门看望身患重症的特困户，捐资助力城乡道路改造。2004年获评江苏省“民营企业光彩之星”。2012年，王世荣和共青团海安市委合作举办“丰源杯”百万基金青年创业大赛，捐赠100万元作为获奖青年的创业基金，并为10名创业新秀提供3年免租金的创业场地和基础办公设施以及不间断的创业辅导与跟踪服务，伸出“托起明天的太阳”的手，让更多年轻人想创业、敢创业、会创业、创大业。2013年，江苏电视台《江苏纵横》栏目专门采访王世荣，推广其公司的冷链物流项目和对社会公益事业的贡献。至2020年，王世荣参加政府组织的各项公益活动，为社会捐款、捐物累计450多万元。

王世荣践行共产党员初心使命，主动担当作为，帮助地方政府排忧解难，帮助家乡老百姓共渡难关。2020年1月，王世荣经营的海安聚润缘大酒店春节期间预订的宴席达到1000桌。新冠肺炎疫情突如其来，他主动打电话给客户取消订单，面对客户们的不理解，他耐心疏导，甚至还补偿了部分违约金。疫情期间，王世荣响应政府号召，无偿援助钢管扣件30吨，及时完成了卡口设施的安装；无偿捐助1万多只口罩给镇村疫情防控办，最大限度确保了疫情防控工作的开展。复工复产期间，王世荣甘当食品城的“守门人”，从早到晚，排查登记，并主动与食品城置业公司负责人商量，减少租户的损失，为经营户争取租金优惠100多万元。

2019年11月，王世荣获评江苏“最美诚信之星”，全省仅4人获此殊荣。2020年11月，王世荣被中央统战部、工业和信息化部、市场监督管理总局和全国工商联联合表彰为全国抗击新冠肺炎疫情民营经济先进个人，南通唯一。

（海　鉴）

杨海燕

全国家庭工作先进个人。

女，1973年3月生，江苏海安人。1996年6月加入中国共产党，1996年8月参加工作。大学学历。1992年9月，扬州大学学习。1996年8月，先后在海安县仁桥镇人民政府团委、妇联、农业、科技岗位工作。2001年4月，历任海安县纪委监察局纪检监察员、办公室副主任、教育调研室副主任（主持工作），副科级纪检监察员。2010年11月，历任海安县纪委监察局教育调研室主任、宣传教育室主任，海安县纪委常委。2017年8月，海安县委第一巡察组组长、县纪委常委。2018年1月，海安县委第一巡察组组长，县纪委常委、监委委员。2018年6月，海安市委第一巡察组组长，市纪委常委、监委委员。2018年8月，海安市妇联主席、党组书记。

杨海燕担任海安妇联主席以后，统筹整合家庭领域工作内容，大力实施“家家幸福安康”工程，分阶段分层次推进家庭文明创建行动、家庭教育支持行动、家庭服务提升行动、家庭研究深化行动。常态化寻访“最美家庭”、打造“家长学吧”、创建美丽庭院，科学化传播家教理念、指导家教服务、举办家育论坛，引导广大妇女带动家庭成员建设好家庭、传承好家教、弘扬好家风，用幸福“小家”构建和谐“大家”，切实履行支持服务家庭教育的“娘家人”职责。市妇联先后获评江苏省妇女儿童工作先进集体、江苏省“平安家庭”创建活动先进集体、江苏省妇联宣传工作先进单位、南通市文明单位等，连续多年获南通市妇联系统综合考核一等奖、创新工作奖。杨海燕获评南通市“三八红旗手”。

2020年12月，杨海燕被全国妇联表彰为全国家庭工作先进个人。

（丁雪晴）

陈广顺

全国关心下一代工作先进工作者。

1945年11月生，江苏海安人。1964年9月参加工作，1965年10月加入中国共产党。中专学历。历任中共海安县委常委、办公室主任、监督局局长、农村工作部部长、农委主任、县人大常委会副主任等职。退休前任海安县人大常委会副主任。2005年10月，海安县关工委副主任。2016年7月，海安县关工委主任。2018年6月，海安市关工委主任。

陈广顺认真学习贯彻习近平总书记关于关心下一代工作的重要指示、批示，不忘初心使命，坚守关心下一代工作方向，踏踏实实工作，有强烈的事业心和责任感。积极主动争取党委领导和有关部门的支持，落实党建带关建机制，促进了全市各区镇关工委在同级党委领导下开展关心下一代工作一系列制度的巩固和完善，有力地推进关工委工作的开展。团结带领广大“五老”，围绕中心，服务大局，在为青少年办实事做好事解难事上下功夫，坚持服务青少年“所需所求”和“实事实做”。经常深入基层，以问题和发展为导向，研究新情况，解决新问题，创新工作思路和方法，在加强基层、抓实基础、促进平衡发展和校外教育辅导站建设、结对关爱帮扶帮困帮教、推进未成年人零犯罪村（社区）创建、将主题教育融入中心工作取得实效、健全完善关工考核机制等方面，研究探索和总结实施创新举措，狠抓基层关工委班子建设，在村（社区）关工委和中心辅导站考核中，创造出一整套切实可行的考核制度，提高了海安关心下一代工作的整体水平。平时注重自身学习，能较熟练地掌握和运用电脑知识。抓好市关工委的组织建设，“一班人”团结和谐，各展所能，为关心下一代事业贡献自己的智慧和力量。

2016年，陈广顺被省关工委、省文明办表彰为关心下一代工作先进个人。2020年10月，陈广顺被中国关工委、中央文明办表彰为全国关心下一代工作先进工作者。

（李晓星）

薛晨东

检察听证互联网直播试点工作先进个人。

1990年9月生，江苏海安人。2014年8月参加工作。本科学历。2009年9月，南京林业大学学习，2014年8月，海安市人民检察院技术科工作。

2014年，薛晨东进入技术科工作后，一直奋战在技术条线，基层检察院检察技术人员工作琐碎而繁杂，从电脑无法开机、电话线路故障等琐事，到服务器宕机、网络故障、设备保密工作等疑难问题都需要技术人员解决。工作期间，市人民检察院网络环境、办公软件不断升级发展，倒逼着他坚持学习提升自己的业务水平。2015年，他参加南通市公务员网络安全与信息化技能竞赛，获团体第二名的成绩。2020年疫情期间，为保障检察办案不中断，他协同部门48小时内搭建云视频会议平台。2月，薛晨东接到最高人民检察院部署检察听证互联网直播试点工作后，认真研读文件，学习文件精神，钻研每个设备参数细节，积极沟通厂家，打磨项目每个步骤，高标准、严要求，多次演练听证环节，查漏补缺，确保检察听证互联网直播试点工作通过最高人民检察院验收。

2020年11月，薛晨东被最高人民检察院表彰为检察听证互联网直播试点工作先进个人。（刘合臻）

好人群像

中国好人

尤晨光　1987年生，海安市城东镇新立村村民、货车驾驶员。2020年2月1日，正逢新冠肺炎疫情肆虐之际，南通东平公司急需一辆大货车及驾驶员为武汉运送蔬菜。尤晨光看到信息后主动接下任务，冒着被病毒传染的风险义务前往武汉。一路上，他不畏辛劳、不分昼夜，历经786千米，终于顺利到达目的地，卸完货来不及休息又即刻返程。返乡后，他主动到定点医院接受集中隔离观察。在隔离14天后，他又当起义务宣讲员，向周围群众宣讲防疫知识，引导广大群众切实提高防范意识。2020年2月，尤晨光当选“江苏好人”“中国好人”。11月，入选南通市第41次文明新风典型。

江苏好人

岳继峰　1978年生，海安市供电公司胡集供电所技术员，海安福缘志愿服务大队宣传部部长。他从1996年在胡集供电所从事抄表工作开始，就经常自掏腰包为独居老人购买安全插座，帮助排除安全用电隐患。2018年起，他结对帮扶孤儿小峰，呵护小峰健康成长。在抗击新冠肺炎疫情中，他带动志愿者近2000人制作防护面罩送到定点医院、防控检测点。2020年4月，岳继峰当选“江苏好人”。11月，入选南通市第41次文明新风典型。

王加银　1970年生，海安市大公镇早稼村人，旧家电回收个体经营户。他以收废品为生，收入极其不稳定。妻子在厂里打工，儿子上学需用钱，家中年迈的父母在家务农，家境皆不富裕。但是当他在收来的废品中发现40多万元存折的时候，却不为所动，毫不犹豫地送还给失主。2020年1月，王加银当选“江苏好人”。

南通市文明新风典型

王汉文　王　丽　王　群　王汉文，1962年生，中共党员，海安市公安局交通警察大队曲塘中队民警；王丽，1990年生，中共预备党员，南通市第一人民医院急诊科护理组组长；王群，1998年生，入党积极分子，海安市曲塘中心卫生院曲园村卫生室社区医生。2020年除夕夜，根据海安市委、市政府统一部署，在全市设立24小时疫情查控点。临近退休的曲塘交警中队民警王汉文主动前往抗击疫情第一线——启扬高速海安段曲塘卡口（328国道海安姜堰界疫情查控点）。在他的动员下，王丽奔赴武汉市江夏区第一人民医院承担危重病人救治工作，王群前往海安姜堰界疫情查控点承担过往车辆驾驶员测量体温工作，父女二人携手连续值守28天，累计检查车辆1.8万余辆、人员3.5万余人。2020年11月，王汉文父女三人入选南通市第41次文明新风典型。

黄荣华　1988年生，中共预备党员，海安市融媒体中心记者。2020年1月25日（正月初一），仅休息3个小时的黄荣华接到新冠肺炎疫情防控的采访指令后立即赶往疫情防控前线。2月3日至3月中旬，他连续坚守在防控一线报道。2月13日，他主动到市人民医院的发热病区零距离采访报道坚守在防疫最前线的医护人员。4月11日，他一天两次穿上防护服进入境外回国人员集中医学观察点和核酸检测室拍摄，记录下海安外防输入的现场画面。他采写、拍摄的《高速收费站24小时设卡，多部门联合防控新冠肺炎入侵》《交警王汉文：父女三人齐上阵，冲锋在前抗击疫情》《海安战“疫”十二时辰》被“新闻空间站”栏目、“学习强国”学习平台等媒体采用。2020年11月，黄荣华入选南通市第41次文明新风典型。

海安好人

2020年，海安市继续开展“我推荐，我评议身边好人”活动，汇聚道德力量，引领文明风尚。23人当选“海安好人”，其中，10人当选敬业奉献“海安好人”，6人当选助人为乐“海安好人”，3人当选孝老爱亲“海安好人”，3人当选见义勇为“海安好人”，1人当选诚实守信“海安好人”。

◆ **阅读延伸**

海安：礼遇好人构建“好人之城”

海安市因地制宜，积极创新，推出礼遇好人举措，在社会上营造“做好人光荣，好人有好报”的氛围，使崇德向善的好人不断涌现，构筑海安精神文明建设一道亮丽风景。

通过组织开展结对帮扶，定期走访慰问道德模范、身边好人，给予道德模范优厚礼遇，让关爱礼遇常态化、制度化。2019年7月，在海安高新区第二届好人节上，“中国好人”孙晓春、蒋龙生，“江苏好人”王国章、刘志富等获得“礼遇大礼包”。当年10月，南通林润置业有限公司捐助50万元与海安经济技术开发区联合成立“001好人基金”，28名海安市级以上“好人”分享首笔“好人奖励金”5万余元。2020年1月22日，在“时代好人，温暖海陵”道德典型礼遇慰问活动中，海安市为各级好人代表颁发证书和奖金，并赠送福包。此外，编创好人故事，建设好人墙、好人街、好人园，提供志愿服务……至2020年年末，海安累计有“全国道德模范”提名奖获得者1人、“江苏省道德模范”3人、“中国好人”18人、“江苏好人”31人、“海安好人”180人。

坚持以“好人文化”为抓手，以弘扬榜样典型示范作用为引擎，擦亮“好人”品牌，培育道德沃土，催生“好人效应”。3月9日，新修订的《海安市道德模范与身边好人奖励帮扶和礼遇实施办法》再次“升级”好人礼遇。道德模范与身边好人凭“礼遇卡”，享受免费旅游、体检、乘车、订刊、优先窗口、观影、停车等服务，让有德者感受到党和政府的温暖与关爱，让见贤思齐、争当道德模范成为人们的价值追求和自觉行为。

2020年海安好人一览表

表55

姓　名	类　　别	单位与职业	姓　名	类　　别	单位与职业
陈　宏	第一季度敬业奉献	市融媒体中心技术部工程师	杨长英	第二季度孝老爱亲	隆政街道自由村村民
王汉文	第一季度敬业奉献	曲塘镇交警中队民警	江承年	第三季度敬业奉献	曲塘镇银树村村民
王　丽		南通市第一人民医院急诊科护士	褚国权	第三季度见义勇为	李堡镇三里村党总支副书记
王　群		曲塘镇社区医生	郭如成	第三季度助人为乐	海安街道复兴社区居民
姜　海	第一季度敬业奉献	市人民医院传染科副主任医师	陈厚根	第三季度助人为乐	林润置业有限公司董事长
徐兴礼	第一季度敬业奉献	高新区田庄村校外辅导站副站长	张冬晴	第三季度孝老爱亲	滨海新区川港村村民
吉小军	第一季度见义勇为	市人民医院儿科副主任医师	袁金富	第四季度敬业奉献	隆政街道隆政村村民
赵兴实	第一季度助人为乐	城东镇油坊头村村民	杨庄爱心帮扶姐妹团	第四季度助人为乐	李堡镇杨庄村村民
梁永熙	第二季度敬业奉献	苏中纺织公司员工	陈茂荣	第四季度助人为乐	原南通市茂荣铝业有限公司董事长
曹永泉	第二季度敬业奉献	海安曹永泉皮肤诊所医生	焦广存	第四季度孝老爱亲	城东镇三角村村民
王永山	第二季度见义勇为	白甸镇白甸村村民	储祥美	第四季度诚实守信	城东镇刘缺村村民
张建华	第二季度助人为乐	市档案馆干部			

（费海霞）

先进人物表

2020年海安市获评全国先进个人一览表

表56

姓　名	工作单位	称　　号	授予单位	授予时间
陆吟秋	市人民检察院	2019年全国检察宣传先进个人	检察日报社	2020.07
储呈平	鑫缘茧丝绸集团股份有限公司	全国脱贫攻坚奖奉献奖	国务院扶贫开发领导小组	2020.10
陈广顺	市关工委	全国关心下一代工作先进工作者	中国关工委、中央文明办	2020.10
吕　建	江苏省海安高级中学	全国先进工作者	国务院	2020.11
薛晨东	市人民检察院	检察听证互联网直播试点工作先进个人	最高人民检察院	2020.11
严圣军	中国天楹股份有限公司	2020年中国经济新闻人物	中国经济传媒协会	2020.11
王世荣	市个体私营经济协会	全国抗击新冠肺炎疫情民营经济先进个人	中央统战部、工业和信息化部、市场监督管理总局和全国工商联	2020.11
杨海燕	市妇联	全国家庭工作先进个人	全国妇联	2020.12
储呈平	鑫缘茧丝绸集团股份有限公司	2019年度企业知识产权工作先进个人	国家知识产权局	2020.12
王家安	江苏鹏飞集团股份有限公司			

2020年海安市获评省先进个人一览表

表57

姓　名	工作单位	称　　号	授予单位	授予时间
顾国标	市委	江苏省2019年度推进高质量发展先进县（市、区）委书记	省委、省政府	2020.05
王汉文	市公安局	江苏省优秀共产党员	省委	2020.06
袁金官	市慈善总会	第五届“江苏慈善奖”	省政府	2020.08
王晓波	市委统战部	全省民族团结进步模范个人	省政府	2020.10
王汉文	市公安局	全省抗击新冠肺炎疫情先进个人	省委、省政府	2020.11
吕书军	市人民医院			
杨小健	市人民医院			
崔一峰	市疾病预防控制中心			
郭　峰	市交通运输局			
储张刘	市人民检察院	全省检察机关信息工作先进个人	省人民检察院办公室	2020.01
沈松慧	市统计局	基层统计岗位标兵	省统计局	2020.01
王汉文	市公安局	江苏省“最美防疫先锋”	省委宣传部	2020.02
储祥国	市信访局	2019年“江苏最美信访干部”	省政府信访局	2020.03
许晓莉	市人民法院	江苏省扫黑除恶专项斗争成绩突出个人	省扫黑除恶专项斗争领导小组	2020.03
江　彬	市公安局	全省“禁毒2019两打两控”专项行动成绩突出个人	省公安厅	2020.04
邱德国	市退役军人服务中心	江苏省退役军人工作模范个人	省委组织部、省人社厅、省退役军人事务厅等	2020.04
梁永熙	南通市苏中纺织有限公司	江苏省五一劳动奖章	省总工会	2020.04
杨广泽	南通双弘纺织有限公司	江苏省第四届“十大法治人物”	省委依法治省办公室、省委宣传部、省司法厅	2020.04
江承年	曲塘镇	江苏省模范退役军人	省委组织部、省人社厅、省退役军人事务厅等	2020.04
蒋　浩	市税务局			
韩飞飞	江苏天楹环保能源成套设备有限公司	第三批江苏省知识产权骨干人才	省知识产权局	2020.04
刘国良	市公安局	记嘉奖	省公安厅	2020.05
王益娟	市公安局	江苏省“五一巾帼标兵”	省总工会、省公安厅、省妇联	2020.05
马小平	市中医院	江苏省名中医	省卫健委	2020.05
韩湘云	市气象局	2019年度江苏省气象局观测网络业务质量先进个人	省气象局	2020.05
耿学彬	耿学彬艺道工作室	全省自强模范	省残联	2020.06
花　艳	市公安局	全省公安机关执法示范岗位	省公安厅	2020.07
郭富兵	市公安局	全省公安机关校园安全稳定工作成绩突出个人，记三等功	省公安厅	2020.08
谢　群	市人民医院	江苏省“百名医德之星”	省卫健委	2020.08

续表57

姓　名	工作单位	称　　号	授予单位	授予时间
杨玮林	江苏海建股份有限公司	江苏省科技副总	省人才工作领导小组办公室、省科技厅	2020.08
张　娟	南通众兴磁业有限公司			
吕太之	海安能达电气有限公司			
周　弟	江苏飞亚化学工业有限责任公司			
黄　菲	江苏绿叶机械有限公司			
黄德奇	海安市中丽化工材料有限公司			
万超一	南通通途机电制造有限公司			2020.08
潘宝珠	江苏东恒光电有限公司			
韩晨晨	南通双弘纺织有限公司			
羊箭锋	江苏万淇生物科技股份有限公司			
陆吟秋	市人民检察院	政法宣传舆论工作先进个人	省委政法委	2020.09
陈　强	市老促会	《全国革命老区县发展史丛书（江苏卷）》编纂工作先进个人	省老区开发促进会、省扶贫基金会、省扶贫开发协会	2020.09
杨　斌	市委史志工委			
陈　瑜	高新区社区教育中心	2020年省级社区教育先进工作者	省成人教育协会	2020.09
曹小强	南莫镇社区教育中心			
贲友兰	江苏省慧源文化传播集团有限公司			2020.09
吉功明	曲塘镇社区教育中心			
曹晓山	市交通运输局	全省交通干线沿线环境综合整治五项行动工作先进个人	省交通干线沿线环境综合整治五项行动工作领导小组	2020.09
吴　兰	市委宣传部	江苏省基层理论宣讲先进个人	省委宣传部	2020.10
吴广华	市人民法院	全省破产审判工作先进个人	省高级人民法院	2020.10
陈　彦	市人民检察院	二等功	省人民检察院	2020.11
姜小亮	城东镇品建村	江苏好青年	共青团江苏省委	2020.12

2020年海安市获评南通市先进个人一览表

表58

姓　名	工作单位	称　　号	授予单位	授予时间
周　锋	市人大办公室	2019年度南通高质量发展先进个人	南通市委、市政府	2020.03
戴志勇	市政协办公室			
朱　斌	市纪委监委			
崔　葳	市委政法委			
钱秀玲	市委统战部			
邓卫东	市住建局			
缪　云	市农业农村局			

续表58

姓　名	工作单位	称　　号	授予单位	授予时间
吕　远	市商务局	2019年度南通高质量发展先进个人	南通市委、市政府	2020.03
季婷婷	市科技局			
王海梅	市生态环境局			
沈松慧	市统计局			
田　飞	市卫健委			
常义红	市财政局			
张雨森	李堡镇杨庄村村委会			
赵志宏	白甸镇傅舍村村委会			
戎益华	市人民检察院	二等功	南通市委、市政府	2020.03
张羽翼	市信访局			
王明霞	墩头镇农业服务中心	南通市“绿色生态南通”建设先进个人	南通市委、市政府	2020.03
彭清晨	白甸镇人民政府			
陈爱山	市农业农村局			
陆　阳	市住建局			
陆美蓉	市自然资源局			
徐其军	市政府办公室			
祝应平	海安开发区管委会			
周建军	市公安局城北派出所	新中国成立70周年大庆暨2019中国森林旅游节全市安保维稳工作先进个人	南通市委、市政府	2020.03
汤海华	市公安局			
王汉文	市公安局	南通市优秀共产党员	南通市委	2020.06
史友进	市卫健委			
于　敏	市人民医院			
袁国民	江苏省苏中建设集团股份有限公司	南通市劳动模范	南通市委、市政府	2020.07
周　森	江苏联发纺织股份有限公司			
周　莉	江苏华艺服饰有限公司			
乐荣庆	南通双弘纺织有限公司			
王利伟	江苏四新界面剂科技有限公司			
吴阿红	邮政海安分公司老坝港支局			
唐玉婷	市供电公司			
陶宝华	南通昌达控股集团有限公司			
江炜鑫	海安农村商业银行股份有限公司			
刘　蓉	江苏文凤化纤集团有限公司			
温鹤华	南通市达欣工程股份有限公司			
张　勇	胡集街道谭港村			

续表58

姓　名	工作单位	称　　号	授予单位	授予时间
王琪峰	海安港丰谷物农地股份合作社	南通市劳动模范	南通市委、市政府	2020.07
于清荣	海安俞万家庭农场			
杨小冬	海安市荣盛铝业有限公司			
顾元圣	曲塘镇周桥村			
邓加忠	海安高新区	南通市先进工作者	南通市委、市政府	2020.07
崔　淳	市人民检察院			
陈　宏	市融媒体中心			
邱德国	市退役军人事务局			
吕　建	江苏省海安高级中学	南通市首届“领航校长”	南通市政府	2020.09
许卫兵	城南实验小学			
顾晓梅	曲塘镇中心幼儿园			

（海　鉴）

高级人才名录

2020年，海安市新增高级人才454人，其中，68人取得正高级职称，386人取得高级职称。

正高级职称人员

正高级工程师（电力）

李　军

正高级工程师（建设）

崔　磊　马　冰　景生俊
杭小建　刘厚纯

思想政治研究员

储秋霞

正高级教师中小学（幼儿园）

丁义国　丁生军

卫生正高级

吕忠美　储红梅　葛春燕
葛仁美　包海林　罗　兰
徐晓英　陈志刚　刘晓岗
杨小华　吴　斌　刘荣伟
姜　海　王　祥　谢友华
徐珑嫣　陈晓红　吉　哲
梅　莉

社区卫生正高级

王　祥　邓传国　王瑞琴
陶　烨　濮　明　刘小平
朱广梅　吕松梅　许萍萍
江俊华　陈淑芸　仲晓建
陆春莲　荀文军　顾为芳
吴秀芳　孙素琴　包信勇
郜俊兵　储建国　顾玉霞
徐仁宏　周小勇　王文斌
徐成俊　徐珍兰　张仁凤
顾晓红　倪　荟　陈德堃
贲道宏　黄　艳　焦国宏
周亚琴　徐培茄　杨小应

正高级经济师（高层次和急需紧缺人才）

赵桂锋　王瑞根　于拥军

农业技术推广研究员（高层次和急需紧缺人才）

仇裕斌

高级职称人员

高级工程师（高层次和急需紧缺人才）

王银茂　吴树谦

高级乡村振兴技艺师（乡土人才）

唐继华　袁　兵　陆　华

高级教师中小学（非乡村幼儿园）

肖亚东　顾志勇　吴林华
吉拥军　江　俊　曹　华
朱志红　卢海莉　唐慧彬
王学红　徐仁凤　张　勇
田华松

高级教师中小学（乡村幼儿园）

苏中兰　丁忠芹　李华明
毛艳云　朱生华　朱国生
戴　路　居红兰　刘进云
吉承玲　陈建云　陈　军
刘春慧　王美兰　缪海霞
秦建彬　李宝盛　汪秀玲
朱亚兵　王志强　崔玉琴
申春华　谢海平　朱晓红
孙美华　陈　红　王海燕
吴永生　李朋根　於慧敏
姜　勇　王峰鸣　徐　琴
陆晓玲　梅　峰　储呈云

高级教师中等职业学校

刘月华　王晓云

高级工程师（机械）

王冬生　李晓平　卢立新
王复光　赵正萍　严江萍
丁孝荣　吉　祥　崔恒全
刘　军　顾清亚　岳慧斌

高级人力资源师

陈云萍

思想政治副研究员

吕广山　周龙彬

主任记者

杨　鹏　丁晓红　陈　育

高级工程师（公路）

孙珍群　张志勇

高级工程师（纺织）

刘　蓉

高级工程师（建设）

陈玉萍　王　梅　吉伯林

朱 恩 姜 松 崔 成
许 芳 王义兵 吴伟伟
单亚兰 袁 彬 王利萍
杨东山 卜志富 陆大林
王业召 孙国栋 张 宁
刘中觉 汤卫华 孟庆允
范汉琪 孙 峰 常 春
何兴华 郑加兵 吉 峰
丁祥勇 朱宏明 孙 雪
吉爱华 于跃平 邱兵兵
周存清 刘明华 崔世庆
钱 勇 高维龙 王其军
王玉军 崔荣俊 杨国友
孙 亮 唐义雄 王兴奎
朱长进 张志巍 钱 锋
周赤平 董德勤 方占兵
肖建华 鲁 锴 窦克勤
王金洲 陈大明 霍 京
仲爱兵 缪 荣 任碧波
钱锦标 徐利霞 曹文祥
苏永升 戴晓辉 陆 为
周成虎 夏伟国 范崇林
吉 晖 魏来根 顾 雷
张伏兵 陶勤贵 杨会龙
柏 永 唐文明 林 春
张海荣 韩世稳 张吉明
吴长楼 张从银 章士华
钱 峰 顾永年 贾元龙
奚可俊 丁正桂 徐敏喜
屠 伟 许小兴 顾世新
吉 军 王维春 端木传水
柯圣群 严 兵 陈朋哲
陶志根 范来建 陈永明
谢海燕 陈 旭 童 斌
蒋冬生 王成山 李坤明
马善安 陈 磊 张 春
胡旭红 殷风余 陈 州
孟圣国 黄 峰 邵定雷
顾金堂 丁惠山 郑 浩
孟树萍 刘传兵 许馨文
邵怀坚 刘稳山 袁保国
魏志强 李小峰 肖登平
黄红云 王丽华 刘 旭
陈卫东 卢小振 卢铭和
罗玉平 钱祥贵 吴守明
郭洪学 王卫华 王生明
韩忠春 王宏宝 陈金鑫
薛卫东 丁兆均 居益民
庞 烨 崔业荣 纪兴荣
陆 斌 张 建 薛 华
蒋乙中 高伯明 陆 磊
张勇建 范正东 任国强
梅从金 张征民 陆晓军
王华军 丁秀海 杨 洋
陈德华 陈 贵 梅崇明
贲飞飞 储开富 刘 勇
祝 踊 孙永华 徐守荣
毛春明 何连俊 杨国民
丁连进 于建华 傅 鹏
丁佐金 陆九梅 王 青
黄爱明 徐珍飞 梅崇林
王继飞 于志凤 潘国军
谢文俊 曹海春 于志东
吉 阳 吉顺斌 谢存宏
吉乐其 姜德稳 丁园园
马和春 吉顺祥 周进均
丁邦坤 周 伟 王 泉
黄冬梅 马晓军 邱继兵
张 杰 高小峰 孙锦荣
顾海峰 储夏满 解 俊
刘 进 颜文明 吉祖君
田桂楼 王田俊 崔恒明
余 恒 仲从林

社区卫生高级

邱小燕 仲重阳 杨晓维
王 坡 丁卫东 丁祥珠
陈启林 顾裕平 盛 丽
赵婷婷 何志华 王 璐
苏文娟 王小平 马秀琴
史 培 包亚梅 陶 娟
储亚萍 顾祝琴 刘 卉
吉达玲 仇丽丽 储成存
王国梅 段爱梅 申秋琴
季建平 崔益梅 金晓红
万 霞 王 微 张 勇
李小宾 朱爱林 周世春
万惠萍 仇建军 王雪娇
陆国梅 周小林 陈丽华

卫生高级

杨 云 顾和燕 徐晓美
段明珍 左美云 丁亚梅
景秀梅 王 琴 严冬梅
石 红 范汉芳 孙爱霞
王海燕 秦亚丽 王小芳
刘志红 戴世斌 薛 白
张 琴 周 敏 许 兵
丁荷蓓 李春香 丁修明
刘玲玲 周丽佳 张信娟
陈国栋 徐小虎 钱 烨
周晓林 刘中平 许小伟
李 媛 于清泳 向晓燕
毛玉春 雍 峰 周海荣
秦希成 吉宜宏 何春慧
濮忠建 陈清清 杨 波
王士兵

（苏春进）

先进集体表

2020年海安市获得主要荣誉一览表

表59

获奖单位	荣誉称号	授予单位	授予时间
海安市	江苏省海上国家安全人民防线突出贡献奖	省国家安全人民防线建设领导小组办公室	2020.01
海安市	2019年省养老服务体系建设真抓实干成效明显地方	省政府	2020.03
海安市	全国信访工作“三无”县（市、区）	国家信访局	2020.04
海安市	江苏省农村电商示范县	省商务厅	2020.04

续表59

获奖单位	荣誉称号	授予单位	授予时间
海安市	江苏省2019年度推进高质量发展先进县（市、区）	省委、省政府	2020.05
海安市	全省落实“科技创新40条”“科技改革30条”成效明显地区	省委、省政府	2020.06
海安市	国家慢性病综合防控示范区	国家卫健委	2020.06
海安市	2019年省级耕地保护激励单位	省自然资源厅	2020.06
海安市	江苏省国土资源节约集约利用模范县（市、区）	省自然资源厅	2020.06
海安市	江苏省建立解决相对贫困长效机制试点县	省扶贫工作领导小组	2020.09
海安市	2019—2020年度全省基层党员冬训工作示范市	省委组织部、省委宣传部	2020.10
海安市	全国文明城市	中央文明委	2020.11
海安市	全国第五批率先基本实现主要农作物生产全程机械化示范县（市、区）	农业农村部农业机械化管理司	2020.12
海安市	2019—2020年度畜牧业统计监测工作综合考评优秀生产监测县	农业农村部畜牧兽医局	2020.12

2020年海安市机关部门、企事业单位获得省部级以上表彰的荣誉一览表

表60

获奖单位	荣誉称号	授予单位	授予时间
海安开发区	国家新型工业化产业示范基地	工业和信息化部	2020.01
市人武部	军事训练先进单位	省军区	2020.01
市税务局	2019年度按比例安排残疾人就业工作优秀单位	省政府、省残工委	2020.05
市公安局	全国公安机关执法示范单位	公安部	2020.07
中国天楹股份有限公司	2020年《财富》中国500强	中金公司财富管理部等	2020.07
市人民检察院	全国检察宣传先进单位	最高人民检察院检察日报社	2020.10
市人民检察院	检察听证互联网直播试点先进单位	最高人民检察院	2020.11
李堡镇杨庄村	全国文明村	中央文明委	2020.11
蒋龙生家庭	全国文明家庭	中央文明委	2020.11
江苏省海安高级中学	全国未成年人思想道德建设工作先进单位	中央文明委	2020.11
市飞鹤公共交通有限公司	第五届全国119消防先进集体	应急管理部	2020.11
隆政街道新丰村（蚕桑）	全国“一村一品”示范村镇	农业农村部	2020.11
海安市富民蔷菜专业合作社、海安市苏鹏禽业专业合作社、海安市婷婷禽蛋专业合作社	第三次监测合格国家农民合作社示范社	农业农村部	2020.11
市文化艺术中心	第八届全国“双服务”文化建设先进集体	中央宣传部、文化和旅游部、国家广播电视总局	2020.11
江苏威尔曼科技有限公司	全国第二批专精特新“小巨人”企业	工业和信息化部中小企业局	2020.11
市老促会	2020年度全国老区宣传工作先进单位	中国老区建设促进会	2020.11
鑫缘茧丝绸集团股份有限公司	2020年度全国茧丝绸行业创新企业	中国丝绸协会	2020.11

续表60

获奖单位	荣誉称号	授予单位	授予时间
江苏鑫缘医疗科技有限公司	全国茧丝绸行业抗击新冠肺炎疫情先进单位	中国丝绸协会	2020.11
苏中建设集团股份有限公司	2020年长三角百强企业	长三角三省一市企业联合会	2020.11
市卫生健康委员会	全省抗击新冠肺炎疫情先进集体	省委、省政府	2020.11
江苏铁锚玻璃股份有限公司技术中心	国家企业技术中心	国家发展改革委、科技部、财政部、海关总署、税务总局	2020.12
城南实验小学少先队大队	全国优秀少先队集体	共青团中央、教育部、全国少工委	2020.12
朱兴乔家庭	全国“五好家庭”	全国妇联	2020.12
西场小学	全国第二届“童颂中华”选区优秀组织单位	共青团中央网络影视中心	2020.12
市人民法院	司法宣传和通联工作先进单位	人民法院新闻传媒总社	2020.12
海安实验小学	2020年全国生态文明教育特色学校	环境教育杂志社、中国环境文化教育专家委员会	2020.12
海安街道复兴社区	第四批全国“扫黄打非”进基层示范点	全国“扫黄打非”工作小组办公室	2020.12

2020年海安市机关部门、企事业单位获得省直单位表彰的荣誉一览表

表61

获奖单位	荣誉称号	授予单位	授予时间
市人民检察院	全省检察机关信息工作先进单位	省人民检察院办公室	2020.01
市统计局	2019年全省统计基层基础规范化建设先进单位	省统计局	2020.01
海安开放大学教育处	2019年度国家开放大学江苏分部优秀管理团队	江苏开放大学	2020.01
海安开放大学	2019年度国家开放大学江苏分部网上教学优秀单位	江苏开放大学	2020.01
市纪委监委	全省带头建设模范机关工作走前列纪检监察组织	省纪委监委	2020.02
市委政法委	全省政法系统先进集体	省委政法委、省人社厅	2020.02
市公安局城南派出所	二等功	省公安厅	2020.02
市财政局	2019年度财政重点工作考核先进市（县）二等奖	省财政厅	2020.02
江苏兴华胶带股份有限公司	2019年度江苏省质量信用AAA级企业	省市场监管局、省发展改革委	2020.02
市财政局	2019年全省财政系统信息宣传工作考评优秀单位	省财政厅	2020.03
市人民检察院	2019年江苏省健康单位	省爱国卫生运动委员会办公室	2020.03
江苏慧源集团泛书房	江苏省首批家庭亲子阅读体验基地	省妇联	2020.03
海安启弘纺织科技有限公司	江苏省五一劳动奖状	省总工会	2020.04
南通市达欣工程股份有限公司第十一工程公司、市第三人民医院精神科护理组	江苏省工人先锋号	省总工会	2020.04
张贵驰家庭	江苏省“书香家庭”	省妇联	2020.04
市公安局雅周派出所	江苏省“五四红旗团支部”	共青团江苏省委	2020.05
王汉文家庭	江苏省抗疫“最美家庭”	省妇联	2020.05
钱惠萍家庭	江苏省“五好家庭”	省妇联	2020.05

续表61

获奖单位	荣誉称号	授予单位	授予时间
李国强家庭	江苏省“最美家庭”	省妇联	2020.05
高新区谭港村	江苏省“美丽家园”省级示范点	省妇联	2020.05
市生态环境局党总支	市县生态环境系统基层党组织标准化规范化基层党组织示范单位	省生态环境厅	2020.05
海安高新区科技人才局	2019年度科技宣传工作成效突出单位	省科技厅	2020.06
市公安局刑警大队	全省禁毒工作先进集体	省禁毒办公室	2020.06
白甸镇中心小学“绿色集结号”环保社团、大公镇北凌小学“地球护卫队”环保社团	优秀红领巾环保小社团	共青团江苏省委、省教育厅、省生态环境厅、省少工委	2020.06
江苏联发纺织股份有限公司	2019年江苏省百强创新型企业	省科技发展战略研究院	2020.06
市公安局城东派出所	全省公安机关执法示范所队	省公安厅	2020.07
海安宁蒗支教教师群体	2019年江苏教师年度人物	省教育厅、省教育科技工委	2020.07
城南实验小学、实验小学、墩头小学、丁所小学、曲塘小学、开发区实验学校、城南实验中学、紫石中学、海陵中学、南莫中学、实验中学、李堡中学	2019年江苏省“智慧校园”	省教育厅、省工业和信息化厅	2020.07
海安高新区	2020年度江苏省知识产权示范园区	省知识产权局	2020.07
市天仙儿童康复中心	江苏省“残疾人之家”	省人社厅、省残联	2020.07
墩头镇仇湖幼儿园	2019年度省青少年科技教育三星级先进集体	省青少年科技教育协会	2020.07
市财政局	2019年度农村河道长效管护一等次	省财政厅	2020.08
市财政局	2019年度农田水利工程管护优秀等次	省财政厅	2020.08
市财政局	2019年度公共基础设施等行政事业性国有资产报告工作表扬单位	省财政厅	2020.08
海安宁蒗支教教师群体	江苏“时代楷模”	省委宣传部	2020.09
市老干部青松艺术团	全省离退休干部先进集体	省委组织部、省委老干部局	2020.09
市委政法委	全省政法宣传舆论工作先进单位	省委政法委	2020.09
海安机器人及智能制造众创社区	江苏省众创社区	省科技厅	2020.09
海安高创智谷科创园孵化器	2020年度省级科技企业孵化器	省科技厅	2020.09
南莫镇青墩村、雅周镇许家庄村	江苏省“文旅e乡村”公共数字文化服务试点村	省文化和旅游厅	2020.09
市老促会	《全国革命老区县发展史丛书（江苏卷）》编纂工作优胜奖	省老区开发促进会、省扶贫基金会、省扶贫开发协会	2020.09
曲塘镇社区教育中心	2020年省级优秀成人继续教育院校（培训机构）	省成人教育协会	2020.09
市交通运输局	全省交通干线沿线环境综合整治五项行动工作先进集体	省交通干线沿线环境综合整治五项行动工作领导小组	2020.09
江苏省海安中等专业学校	2020年度江苏省现代化示范性职业学校	省教育厅	2020.10
市财政局	全省法治财政标准化管理先进单位	省财政厅	2020.10

续表61

获奖单位	荣誉称号	授予单位	授予时间
共青团海安市委	2020年全省团属报刊宣传工作先进单位	共青团江苏省委	2020.10
海安开发区科创园、江苏瑞恩电气股份有限公司	江苏省新侨创新创业基地	省侨联	2020.10
市关工委	全省优秀校外教育辅导站	省文明办、省关工委	2020.10
城南实验小学	江苏省陶研工作先进集体	省陶行知研究会	2020.10
海安市桃梨满园创意园、海安市盛雅大樱桃主题园	2020年江苏省主题创意农园	省农业农村厅	2020.11
南通尔康生物有机肥有限公司	江苏省农业科技型企业（第十批）	省科技厅	2020.11
开发区实验学校上湖少年科学院	第五届江苏省优秀少年科学院	省少工委办公室、省少年儿童研究会、省青少年科技教育协会	2020.11
角斜小学	2019—2020年度“少年军校”工作先进单位	省少工委办公室、省少年儿童研究会	2020.11
市教体局	省二十届中学生阅读与写作大赛优秀组织奖（高中组）	省教育厅、江苏教育报刊社	2020.11
市人民检察院办案中心	江苏省检察机关示范办案中心	省人民检察院	2020.12
墩头镇吉庆小学	2020年度江苏省餐饮质量安全示范店（食堂）	省市场监督管理局	2020.12
海安天楹环保能源有限公司、南通双弘纺织有限公司	江苏省“绿色工厂”	省工业和信息化厅	2020.12
南通极粟软件科技有限公司	江苏省2020年度技术先进型服务企业	省科技厅、省商务厅、省财政厅等	2020.12
鑫缘茧丝绸集团股份有限公司、江苏泛书房创客空间有限公司	2020年度江苏省科普教育基地	省科协、省科技厅、省教育厅	2020.12
南通极粟软件科技有限公司	江苏省2020年度技术先进型服务企业	省商务厅、省税务局、省发展改革委	2020.12
城南实验小学	2020年度江苏省公共机构节能示范单位	省机关事务管理局、省工业和信息化厅、省财政厅	2020.12
角斜镇川港村、滩河村、周庄村，李堡镇陈庄村、丁所村、蒋庄村、李堡村，城东镇刘缺村、油坊头村、五坝村、韩洋村、韩徐村、品建村、施秦村、石庄村、洪旺村、新立村、热港村、戚庄村，高新区青萍港村、周吴村、建设村、联合村、通学桥村，曲塘镇陆庄村、章郭村，雅周镇东夏村	江苏省卫生村	省爱国卫生运动委员会办公室	2020.12
李堡镇职工法律援助站	全省第一批“三化”建设成效明显职工法律援助中心（站）	省总工会	2020.12
市节能环保业商会、市浙江商会、市东部家居全产业链商会、市色织业商会、市白甸镇商会、市曲塘镇商会	江苏省“四好”商会	省工商联	2020.12
市住建局	全省市县防震减灾工作综合考核先进单位	省地震局	2020.12

续表61

获奖单位	荣誉称号	授予单位	授予时间
市关工委	“颂时代楷模、赞中国精神”老少同台讲好中国故事朗读比赛先进单位	省关工委	2020.12
雅周现代农业园区	江苏休闲旅游农业精品企业（园区）四星级	省休闲旅游农业协会	2020.12
市农业机械技术推广站	2020年度江苏省农机推广工作先进单位	省农业机械技术推广站等	2020.12
市农业教育培训指导站	2020年度全省农民教育培训工作先进集体	省农业广播电视学校	2020.12
城南实验小学生态环保社团、白甸镇中心小学“环保转转转”社团、开发区实验小学智能家居社团	省优秀红领巾小社团	省少工委办公室、省少年儿童研究会	2020.12
明道小学	省少先队文化建设基地学校	省少工委、省少年儿童研究会	2020.12

2020年海安市机关部门、企事业单位获得南通市级表彰的荣誉一览表

表62

获奖单位	荣誉称号	授予单位	授予时间
市委、市政府，市委宣传部，市委组织部，市发展改革委，市行政审批局，市自然资源局，海安高新区，常安纺织园，墩头镇，老坝港滨海新区（角斜镇），西城街道谭港村，城东镇爱凌村，曲塘镇郭楼村，大公镇仲洋村	2019年度南通高质量发展先进集体	南通市委、市政府	2020.03
市农业农村局果蔬站、市自然资源局林业管理科、市生态环境局、市数字化城管信息中心、海安高新区规划建设局环境保护科、海安开发区综合文化服务中心、李堡镇人民政府、墩头镇经济发展局	南通市绿色生态南通建设先进集体	南通市委、市政府	2020.03
市公安局城东派出所、市科技局	二等功	南通市委、市政府	2020.03
市公安局、市公安局巡特警大队	新中国成立70周年大庆暨2019中国森林旅游节全市安保维稳工作先进集体	南通市委、市政府	2020.03
江苏瑞海投资控股集团有限公司、中投融资担保海安有限公司、江苏省苏中建设集团股份有限公司、江苏联发纺织股份有限公司、中国天楹股份有限公司、江苏鹏飞集团股份有限公司、南通华强布业有限公司、西蒙电气（中国）有限公司、海安开发区管委会、市税务局、市疾病预防控制中心	南通市先进集体	南通市委、市政府	2020.07
宁蒗支教教师群体	南通市“立德树人奋进担当，教育脱贫托举希望”特别贡献奖	南通市委、市政府	2020.09

（海　鉴）

附录

Appendix

孔子广场

海安市组织机构与负责人

市领导机构

中共海安市委员会

书　记　顾国标
副书记　于立忠　张亚曦（1月免）
　　　　吴　炜（4月起挂职）
　　　　张　浩（1月任）
常　委　顾国标　于立忠
　　　　张亚曦（1月免）
　　　　吴　炜（4月，挂职）
　　　　盛慧琴（女，1月免）
　　　　陈鹏军（12月免）　张　浩
　　　　卢忠平（12月免）　严长江
　　　　夏鹏飞　奚荣华（7月免）
　　　　王荣贵　杨春红（女，1月任）
　　　　王巧荣（1月任）
　　　　张明星（7月任）
　　　　郝三旺（9月起挂职）

海安市人民代表大会常务委员会

主　任　周宗泉（1月辞）
　　　　张亚曦（1月任）
副主任　储开泉　肖正明
　　　　屈祖平　张忠宏
党组书记　周宗泉（1月辞）
　　　　　张亚曦（1月任）
党组副书记　储开泉
党组成员　屈祖平　张忠宏

海安市人民政府

市　长　于立忠
副市长　吴　炜（4月起挂职）
　　　　陈鹏军（12月辞）
　　　　卢忠平（9月辞）　葛志祥
　　　　丁兴育
　　　　彭晓红（女，9月辞）
　　　　卢　林（9月任）
　　　　夏卫军（9月任）
　　　　刘志国（4月起挂职）
　　　　戴晓晨（女，4月起挂职）
党组书记　于立忠
党组副书记　陈鹏军（12月免）
党组成员　卢忠平　葛志祥
　　　　　张元春　彭晓红（女，9月免）
　　　　　卢　林（9月任）
　　　　　夏卫军（9月任）
　　　　　刘志国（挂职）
　　　　　杨永辉（9月起挂职）
　　　　　宋　燕（女，11月起挂职）

政协海安市委员会

主　席　李春旺
副主席　彭为杰　蔡祝平
　　　　赵剑波　周于红（女，1月辞）
　　　　王　怀　李如生（1月任）
党组书记　李春旺
党组成员　周于红（女，1月免）
　　　　　王　怀　李如生（1月任）
　　　　　张　华

市纪检监察、武装、审判、检察机构

中共海安市纪律检查委员会

书　记　张　浩（1月免）
　　　　杨春红（女，1月任）
副书记　朱　斌（3月免）　王启涛
　　　　韩春生（4月任）
常　委　韩春生　祝增福
　　　　张加勤（女）　单　全
　　　　丁金林（8月任）

海安市监察委员会

与市纪律检查委员会合署。
主　任　张　浩（1月辞）
　　　　杨春红（女，1月任）
副主任　朱　斌（3月免）　王启涛
　　　　韩春生（4月任）
委　员　丁金林（8月免）　鲁珍明
　　　　印创新（8月任）

3月，纪委监委第八、第九、第十、第十一、第十二纪检监察室更名为纪委监委第七、第八、第九、第十、第十一监督检查室，正科级，原纪检监察室领导职务自然免除。第八至第十一监督检查室分别挂市监委第一、第二、第三、第四派出监察员办公室牌子。

纪委监委第七监督检查室
主　任　韩春生（3月任）
　　　　丁金林（11月任）
副主任　樊　华（3月任）

纪委监委第八监督检查室
副主任　王桂明（3月任）
　　　　何学富（3月任）

第一派出监察员办公室
在第八纪监督检查室挂牌。

纪委监委第九监督检查室
主　任　钱文亮（8月任）
副主任　陆殿勇（3月任，11月免）
　　　　吴丽华（女，11月任）

第二派出监察员办公室
在第九监督检查室挂牌。
主　任　钱文亮（8月任）

纪委监委第十监督检查室
主　任　印创新（3月任，8月免）
　　　　姜小兵（8月任）
副主任　吴丽华（女，3月任，11月免）

第三派出监察员办公室
在第十监督检查室挂牌。
主　任　印创新（8月免）
　　　　姜小兵（8月任）
副主任　陈兴明（8月任）

纪委监委第十一监督检查室
主　任　于志军（3月任）
副主任　缪爱华（3月任）

第四派出监察员办公室
在第十一纪检监察室挂牌。
主　任　于志军

3月，撤销纪委监委派驻第一、二、三、四、五、六、七、八、九、十、十一、十二、十三、十四、十五、十六、十七、十八纪检监察组，原领导职务自然免除。组建新的派驻纪监组、纪监工委。

派驻市委办纪监组
组　长　徐海明（3月任）

派驻人大机关纪监组
组　长　王　剑（3月任）

派驻政府办纪监组
组　长　吕继虎（3月任）

派驻政协机关纪监组
组　长　王劲松（3月任）

派驻组织部纪监组
组　长　刘卫锋（3月任）

派驻宣传部纪监组
组　长　王立新（3月任）

派驻政法委纪监组
组　长　程华波（3月任）

派驻法院纪监组
组　长　王佳旺（3月任）

派驻检察院纪监组
组　长　朱文生（3月任）

派驻发展改革委纪监组
组　长　管秀祥（3月任，11月免）
　　　　陆殿勇（11月任）

派驻市场监管局纪监组
组　长　徐永全（3月任）
派驻教体局纪监组
组　长　秦丽平（女，3月任）
派驻公安局纪监组
组　长　章群峰（3月任，11月免）
　　　　管秀祥（11月任）
派驻财政局纪监组
组　长　王　立（3月任）
派驻住建局纪监组
组　长　崔益宏（3月任）
派驻交运局纪监组
组　长　戎世春（女，3月任）
派驻卫健委纪监组
组　长　王　云（女，3月任）
派驻民政局纪监组
组　长　凌　峰（3月任）
派驻城建集团纪监组
组　长　储瑞斌（3月任）
派驻市级机关纪监工委
书　记　朱圣红（女，3月任）

海安市人武部

党委第一书记　顾国标

海安市人民法院

院　长　任智峰
副院长　许金海　李宏林
　　　　周国庆　孙卫华
专职委员　毛中海
党组书记　任智峰
党组副书记　许金海

海安市人民检察院

检察长　夏琪斌
副检察长　秦建军　钱义华
　　　　　陈　彦（女）
党组书记　夏琪斌
党组副书记　秦建军

市委工作机构及直属单位

办公室
市委工作机关，挂市委研究室、市委机要局、市国家保密局、市国家密码管理局、市档案局牌子。市委全面深化改革委员会办公室设在市委办公室。
主　任　陈兴俊
副主任　王群飞　王晓聪
　　　　陈闽安（5月免）　曹　骥
　　　　于长海（11月任）
专职副书记　景圣余

研究室
在市委办公室挂牌。
主　任　陈兴俊
专职副主任　王　旭（11月任）

全面深化改革领导小组办公室
在市委办公室挂牌。
主　任　陈兴俊
专职副主任　薛　军（3月任）

机要局
在市委办公室挂牌。
局　长　陈兴俊
专职副局长　顾元清　王代军

国家保密局
在市委办公室挂牌。
局　长　陈兴俊

国家密码管理局
在市委办公室挂牌。
局　长　陈兴俊

档案局
在市委办公室挂牌。
局　长　陈兴俊
专职副局长　崔　君（8月免）
　　　　　　杨光俊（11月任）

接待办公室
市委、市政府直属事业单位，相当正科级建制。
主　任　周　晔（8月任）

组织部
市委工作机关，挂市委非公有制企业和社会组织工作委员会、市委党建工作领导小组办公室、市委市级机关工作委员会、市公务员局牌子，设市考核工作委员会办公室。
部　长　奚荣华（7月免）
　　　　张明星（7月任）
常务副部长　陈锦璜
副部长　景　凯　景世泽
　　　　刘建军（11月免）
　　　　陈　焱（5月任）
　　　　张　虎（9月任）
　　　　吴　兰（11月任）
部务委员　于长海

非公有制企业和社会组织工作委员会
在市委组织部挂牌。
书　记　刘建军（11月免）
　　　　吴　兰（11月任）

市级机关工委
在市委组织部挂牌。
书　记　刘建军（11月免）

市委党建工作领导小组办公室
在市委组织部挂牌。
专职副主任　王桂江
市考核工作委员会办公室设在组织部。
专职副主任　杨成龙（3月任）

人才工作办公室
主　任　景　凯

宣传部
市委工作机关，挂市精神文明建设指导委员会办公室、市新闻出版局（版权局）、市互联网信息办公室牌子，设市委网络安全和信息化委员会办公室。
部　长　王荣贵
常务副部长　刘万春
副部长　陈　琳　杨国来
　　　　吴　兰（女，11月免）

精神文明建设指导委员会办公室
在市委宣传部挂牌。
主　任　杨国来
专职副主任　刘友斌

新闻出版局
在市委宣传部挂牌。
局　长　吴　兰（女，11月免）
专职副局长　徐　勇（2月任）

统一战线工作部
市委工作机关，挂市民族宗教事务局、市政府侨务办公室牌子。
部　长　奚荣华（7月免）
　　　　张明星（7月任）
常务副部长　王晓波
副部长　陈　杰（2月免）
　　　　黄婧婧（女，2月任）

民族宗教事务局
在市委统战部挂牌。
局　长　王晓波
副局长　刘和军

政法委员会
市委工作机关，市国家安全办公室与其合署。
书　记　盛慧琴（女，1月免）
　　　　王巧荣（1月任）
常务副书记　严长军（8月免）
副书记　葛志祥（兼）　张元根
　　　　徐　泷　张长春

国家安全办公室
与市委政法委合署。
主　任　张元根

副主任　张　建

机构编制委员会办公室

市委工作机关，挂市事业单位登记管理局牌子，归口市委组织部管理。

主　任　陈　焱

副主任　陈文进

事业单位登记管理局

在市委机构编制委员会办公室挂牌。

局　长　陈　焱

专职副局长　周　东

台湾工作办公室

市委工作机关，挂市政府台湾事务办公室牌子。

主　任　刘建华

副主任　袁铁明（2月免）　周　兵
　　　　朱素荣

巡察工作办公室

市委工作机关，办公室设在市纪委。

主　任　王启涛

副主任　杭兴华（8月免）
　　　　王宝刚（8月任）

第一巡察组

组　长　陈金国（8月免）
　　　　丁祥宏（11月任）

副组长　盛宝稳　朱文生（3月免）
　　　　姜　锋（3月任）

第二巡察组

组　长　王长荣（女，8月任）

副组长　陈仁旭　丁祥宏（11月免）

第三巡察组

组　长　张庆寿

副组长　王宝新（8月免）
　　　　郜永宏（2月免）　刘海军
　　　　赵呈平（2月任）

第四巡察组

组　长　姚仕友（2月免）
　　　　李　澄（3月任）

副组长　杭兴华（8月任）　邓锡存
　　　　王宝刚（8月免）
　　　　汪刚文（3月任）

老干部局

市委工作机关，挂市委离退休干部工作委员会牌子，归口市委组织部管理。

局　长　景世泽（8月免）
　　　　张　虎（8月任）

副局长　杨训荣　张庆华

离退休干部工作委员会

在市委老干部局挂牌。

党工委书记　景世泽（8月免）

史志工作委员会

市委直属参公事业单位。

主　任　王宝勇（8月免）
　　　　杨　斌（8月任）

副主任　唐仲荣

党　校

挂行政干部学校牌子，市委直属参公事业单位。11月，组建校务委员会。

校　长　张亚曦（1月免）
　　　　张　浩（1月任）

常务副校长　张　虎（8月免）
　　　　　　王宝勇（8月任）

副校长　程卫国　朱　栋

党校校务委员会

主　任　张　浩（11月任）

委　员　王宝勇（11月任）
　　　　程卫国（11月任）
　　　　朱　栋（11月任）

档案馆

市委直属事业单位。

馆　长　吴　晶（女）

副馆长　陆海鸥（女）
　　　　崔益丰（3月任）

融媒体中心

市委直属事业单位，市传媒集团与其合署。

总编辑　陈　琳

主　任　周颖亚

副主任　陆志强　周龙彬
　　　　张　斌　徐世华
　　　　杨　鹏

传媒集团

与市融媒体中心合署。

董事长　陈　琳

总经理　周颖亚

副总经理　陆志强　周龙彬
　　　　　张　斌　徐世华
　　　　　杨　鹏

融媒体中心（传媒集团）党委

书　记　陈　琳

副书记　周颖亚

市人大常委会工作机构

办公室

研究室、信访督办室与其合署。

主　任　李仁平

副主任　周　锋　韩世洋（11月任）

研究室

与办公室合署。

主　任　印丽琳（女）

副主任　周时兰（女）

信访督办室

与办公室合署。

主　任　郭恒俊

副主任　陈光明（11月免）

财政经济工作委员会

主　任　花桂平（2月辞）
　　　　吉临兆（2月任）

内务司法工作委员会

主　任　许应军（2月任）

副主任　姜同泉（8月辞）
　　　　张媛媛（11月任）

人事代表工作委员会

主　任　仲向阳（2月辞）
　　　　周　道（2月任）

副主任　储祥兰（女，5月辞）

环境资源城乡建设工作委员会

主　任　童明昆

副主任　何继生

农业和农村工作委员会

主　任　王希桂

副主任　盛秋卉（女）

教科文卫工作委员会

民宗侨台工作委员会与其合署。

主　任　崔世平

民宗侨台工作委员会

与教科文卫工委合署。

主　任　陈　鸣（8月辞）
　　　　张　育（8月任）

副主任　马艺文（女，2月任）

人大专职委员　马善华（8月辞）
　　　　　　　严国和　周小平
　　　　　　　陈关飞　邓正如
　　　　　　　钱　钧　董玉龙
　　　　　　　吴忠林

市人民政府工作机构及直属单位

办公室

政府工作部门，挂市政府研究室、市政府外事办公室牌子，市委外事工作委员会办公室设在市政府办公室。

主　任　李如生（2月免）
　　　　夏卫军（2月任）

副主任　程　杰（8月免）
　　　　周　平（女，2月免）　陈兴斌
　　　　张志刚　吴叶青
　　　　吴海荣（3月任）
　　　　顾成勇（8月任）

研究室
在市政府办公室挂牌。
主　任　李如生（2月免）
　　　　夏卫军（2月任）
专职副主任　顾成勇（8月免）
外事办公室
在市政府办公室挂牌。
主　任　李如生（2月免）
　　　　夏卫军（2月任）
市委外事工作委员会办公室
设在市政府办公室。
专职副主任　吴海荣（3月免）
　　　　　　于　萍（11月任）
发展和改革委员会
政府工作部门，挂市粮食和物资储备局、市工业和信息化局牌子。
主　任　夏卫军（2月免）
　　　　周小军（2月任）
副主任　吉拥海　康　健
　　　　王　勇　张晨曦（女，8月任）
总工程师　冯海平
党组书记　夏卫军（2月免）
　　　　　周小军（2月任）
党组副书记　吉拥海
副科职干部　黄元成
粮食和物资储备局
在市发展和改革委员会挂牌。
局　长　夏卫军（2月免）
　　　　周小军（2月任）
工业和信息化局
在市发展和改革委员会挂牌。
局　长　夏卫军（2月免）
　　　　周小军（2月任）
专职副局长　陈　皞
教育体育局
政府工作部门。设市政府教育督导室。市委教育工作委员会与其合署。
局　长　章晓丽（女）
副局长　吉清海　华卜泉（3月免）
　　　　颜　敏（8月免）
　　　　祝和娟（女）
　　　　万芝锋（11月任）
党组书记　章晓丽（女）
党组副书记　吉清海　杭　华
中共海安市委教育工作委员会
党工委书记　章晓丽（女）
党工委副书记　吉清海
纪工委书记　戴丽君（女，2月免）
　　　　　　秦丽平（3月任）

科学技术局
政府工作部门。
局　长　罗正锡
副局长　任　镇　蒋增鹏（5月免）
　　　　刘礼文（8月任）
　　　　陈进荣（11月任）
党组书记　罗正锡
党组副书记　孙　祥
公安局
政府工作部门。
局　长　葛志祥
督察长　葛志祥
副局长　杨　军　季峥嵘
　　　　于志海　杨宝虎
　　　　杨林根
政　委　章群峰
党委书记　葛志祥
党委副书记　章群峰
　　　　　　杨宝虎（11月任）
纪委书记　章群峰（3月免）
民政局
政府工作部门。
局　长　吉临兆（2月免）
　　　　袁加根（2月任）
副局长　于俊卿　顾庆瑜
　　　　曹瑞敏（女）
党组书记　吉临兆（2月免）
　　　　　袁加根（2月任）
党组副书记　于俊卿
司法局
政府工作部门。
局　长　徐向东（2月免）
　　　　周　平（女，2月任）
副局长　沙祥生（2月免）　周　林
　　　　黄德春　芦　霞（女）
党组书记　徐向东
党组副书记　沙祥生（2月免）
　　　　　　周　林（2月任）
市委全面依法治市委员会办公室
设在市司法局。
主　任　盛慧琴（女，1月免）
　　　　王巧荣（1月任）
专职副主任　张英存
财政局
政府工作部门，挂市政府国有资产监督管理办公室牌子。
局　长　潘世华（11月免）
　　　　段海峰（11月任）
副局长　周月琴（女）　崔　惠（女）
　　　　许秀平　刘兴逢（11月任）
党组书记　潘世华（11月免）
　　　　　段海峰（11月任）
国有资产监督管理办公室
在市财政局挂牌。
主　任　潘世华（11月免）
　　　　段海峰（11月任）
人力资源和社会保障局
政府工作部门。
局　长　周　道（2月免）
　　　　沈宏华（2月任）
副局长　王　鲲　刘　勇
　　　　钟晓卫　王筱莉（女，2月任）
党组书记　周　道（2月免）
　　　　　沈宏华（2月任）
党组副书记　王　鲲
住房和城乡建设局
政府工作部门，挂市人民防空办公室、市地震局牌子。
局　长　沈宏华（2月免）
　　　　许金龙（2月任）
副局长　贾伯根　吴　昊（2月免）
　　　　曹瑞敏（女）
　　　　董德荣（8月免）　邓卫东
　　　　杨　勇（2月任）
总工程师　夏永琴（女）
党组书记　沈宏华（2月免）
　　　　　许金龙（2月任）
党组副书记　贾伯根　吴　昊（2月免）
建筑工程管理局
局　长　贾伯根
市住房和城乡建设局副科职干部
　　　　储祥文　徐培鸿（女）
城市管理局
政府工作部门，挂市综合行政执法局牌子。
局　长　袁加根（2月免）
　　　　吴　昊（2月任，9月免）
　　　　许祥法（9月任）
副局长　吕兴中（8月免）　周晓建
　　　　钱晓兵（5月免）　黄晓兵
　　　　沈卫星
党组书记　袁加根（2月免）
　　　　　吴　昊（2月任，9月免）
　　　　　许祥法（9月任）
综合行政执法局
在市城市管理局挂牌。
局　长　袁加根（2月免）
　　　　吴　昊（2月任，9月免）

许祥法（9月任）

交通运输局

政府工作部门。

局　长　崔　剑

副局长　陈　峰（2月免）　高卫东

党组书记　徐　毅

党组副书记　高卫东（2月任）

总工程师　曹劲松（女）

水利局

政府工作部门。

局　长　顾维斌

副局长　章本林（8月免）

邓　琴（女）　吴建国

党组书记　顾维斌

总工程师　张宏林

农业农村局

政府工作部门，挂市政府扶贫工作办公室牌子，设市委农村工作领导小组办公室。

局　长　臧　忠

副局长　王虎林　徐幼松（8月免）

王德明（2月免）　张　杰

杜明军　张　宇

曹剑华（11月任）

总畜牧兽医师　董　飞（8月任）

党组书记　臧　忠

党组副书记　王虎林　徐幼松（8月免）

于木军（2月任）

扶贫工作办公室

在市农业农村局挂牌。

主　任　臧　忠

副主任　于木军（2月任）

市委农村工作领导小组办公室

设在市农业农村局。

专职副主任　陆爱红（女）

商务局

政府工作部门。

局　长　冯永进

副局长　陆学祥　陆秋艳（女）

李　玮　史霞兵

党组书记　冯永进

党组副书记　陆学祥

投资服务中心

市商务局下属正科级事业单位。

主　任　陆秋艳（女）

副主任　梅　军　周先宇

杨晓飞（11月任）

文化广电和旅游局

政府工作部门，挂市文物局牌子。

局　长　华志刚

副局长　吴秋月（女）　王　飞

党组书记　华志刚

党组副书记　周颖亚

文物局专职副局长　范小磊（5月任）

卫生健康委员会

政府工作部门。

主　任　卢礼华（女）

副主任　季永东　蔡红卫（女）

李传忠（2月免）

孙瑞根（8月免）

陈礼柏（2月免）

仲重阳（2月任）

刘爱明（11月任）

党组书记　卢礼华（女）

党组副书记　季永东

退役军人事务局

政府工作部门。

局　长　韦宝军

副局长　臧网华　吴文中

祝春涛

应急管理局

政府工作部门。

局　长　凌　勇

副局长　王建群　陈银君

顾世和（2月免）　周卫东

顾宏俊

总工程师　曹　进（2月任）

党组书记　凌　勇

党组副书记　王建群（11月任）

安全生产委员会办公室

设在市应急管理局。

专职副主任　罗进明（2月任）

审计局

政府工作部门。

局　长　杭亚军

副局长　吉远忠　崔爱莲（女，2月免）

陆　飞

总审计师　胡广君

市委审计委员会办公室

设在市审计局。

专职副主任　许稳兰（女）

行政审批局

政府工作部门，挂市政务服务管理办公室牌子。

局　长　钱祥健

副局长　陈　铭（8月免）

曹　青（女）　张海斌

丁爱武　印军荣（11月任）

总工程师　印军荣（11月免）

总规划师　沈林玲（女）

党组书记　钱祥健

政务服务管理办公室

在市行政审批局挂牌。

主　任　钱祥健

专职副主任　张晨曦（女，8月免）

储　海（11月任）

市场监督管理局

政府工作部门，挂市知识产权局牌子。

局　长　张　育（8月免）

朱志亮（8月任）

副局长　韩志刚（2月免）

郑延江（2月免）

陈　洪（女）

苏海涛（8月免）

金晓晋　徐瑞竹（11月免）

杨妹莉（女）　顾　斌

党组书记　张　育（8月免）

朱志亮（8月任）

统计局

政府工作部门。

局　长　花　平

副局长　刘海凝（女）　王　庆

总统计师　王丽君（女）

党组书记　花　平

党组副书记　邓木林（2月任）

医疗保障局

政府工作部门。

局　长　杨云根

副局长　葛铁宏　童　军

党组书记　杨云根

党组副书记　葛铁宏

信访局

政府工作部门，市委信访局与其合署。

局　长　张羽翼（女）

副局长　陈　峰（2月任，9月免）

崔元兵　程广元

罗桂潜

督查专员　景　春　钱海兵

党组书记　杨　军（2月免）

陈　峰（2月任，9月免）

地方金融监督管理局

政府工作部门，挂市政府金融工作办公室牌子。

局　长　仲伟平

副局长　崔海德

金融工作办公室

在市地方金融监督管理局挂牌。

主　任　仲伟平

机关事务服务中心

市政府直属事业单位。

主　任　许祥法（9月免）
　　　　陈　峰（9月任）

副主任　景存甫　陈克军（8月免）
　　　　崔世华

党组书记　许祥法（9月免）
　　　　　陈　峰（9月任）

政府投资项目工程建设中心

市政府直属事业单位。

主　任　唐仁圣

副主任　周建华（2月免）　邓壮志
　　　　周　健（女，3月任）

党组书记　唐仁圣

党组副书记　周建华（2月免）

社会矛盾纠纷调处中心

市政府直属事业单位。

主　任　周　林（2月任）

副主任　包珊龙（11月任）

市域治理现代化指挥中心

5月，市大数据中心更名为市域治理现代化指挥中心，原大数据中心领导职务自然免除。市政府直属事业单位，相当正科级。

主　任　丁　乙（5月任）

副主任　钱晓兵（5月任）
　　　　王　慧（5月任）
　　　　王国华（5月任）
　　　　徐晓辉（9月任）

党组书记　王巧荣（5月任）

党组副书记　钱晓兵（5月任）

政协海安市委员会工作机构

秘书长　张　华

办公室

主　任　季永华

副主任　韩　鹏　顾东升

提案委员会

主　任　范建铭

政协经济科技和农业农村委员会

主　任　黄玉斌（8月辞）
　　　　景世泽（8月任）

副主任　黄存书

政协委员工作委员会

主　任　朱昌军

教文卫体和文史委员会

主　任　汪　宁

环境资源和城乡建设委员会

副主任　史礼根

社法民宗和港澳台侨委员会

主　任　于清山

垂直管理单位

南通市海安生态环境局

局　长　吴金祥

副局长　柳培文　周　晖
　　　　吕红梅（女）
　　　　杨文峰（11月任）

党组书记　吴金祥

江苏省海安地震台

台　长　于　华

副台长　徐连胜

税务局

局　长　薛海俊

副局长　解应贵　刘　平
　　　　朱海雷　唐圣俊
　　　　蒋雪俊　张东栋
　　　　陆　进　刘兴逢（9月免）

党组书记　薛海俊

党组副书记　解应贵

纪检组长　王　欣

自然资源和规划局

挂市林业局、市海洋局牌子。

局　长　茆根明

副局长　茆根明　唐友根
　　　　季宜海　陶　明
　　　　夏　晶

总工程师　丁荣坤

党组书记　茆根明

供电公司

总经理　唐玉婷（女）

副总经理　周奕兵　张荣华
　　　　　吴金明　李其军

党委书记　周奕兵

党委副书记　唐玉婷（女）

纪委书记　夏　令

电信公司

总经理　储晓慧（女）

副总经理　丁　赵　杨晓红（女）

党委书记　储晓慧（女）

纪委书记　杨晓红（女）

邮政公司

总经理　邱　郡

副总经理　邓壮忠　王则亚（女）
　　　　　陈允球

党委书记　邱　郡

纪委书记　王则亚（女）

气象局

局　长　郁　健

副局长　吉慧明（12月免）
　　　　赵成诚（12月任）
　　　　葛　鹏（12月任）

盐业公司

经　理　袁忠汉

副经理　王　新（女，8月免）

烟草专卖局、烟草公司

局长、经理　刘　群

副经理　刘　生（4月免）
　　　　花培均（4月任）

副局长　花培均（4月免）
　　　　刘　生（4月任）

党组书记　刘　群

中国人民银行海安支行

行　长　刘长进（3月免）
　　　　汤晓枫（3月任）

副行长　崔晨霞（女，5月免）　陈冯军
　　　　章美娟（5月任）

党组书记　刘长进（3月免）
　　　　　汤晓枫（3月任）

中国工商银行海安支行

行　长　彭　瑞

副行长　陈利涛（8月任）
　　　　丁晓莉（女）
　　　　夏晓黎（8月任）

党委书记　彭　瑞

纪委书记　徐冬梅（女，5月免）
　　　　　周光磊（5月任）

中国银行海安支行

行　长　陈震宇

副行长　韩　燕（女）
　　　　罗　敏（女，6月免）
　　　　吴庆霞（女）
　　　　钱剑波（2月任）
　　　　方　念（8月任）

党支部书记　陈震宇

党支部副书记　戴亚琴（女）

中国建设银行股份有限公司海安支行

行　长　施汉平

副行长　陆亚建（11月免）
　　　　蔡晓虹（女）　徐晓成
　　　　章仕斌　徐晓成

党委书记　施汉平

纪委书记　陆亚建（11月免）
　　　　　章仕斌（11月任）

中国农业银行海安市支行

行　长　曹　煜

副行长　张　梅（女）　黄红军
　　王云阳　万　佳（2月免）
　　周书学（2月任）
党委书记　曹　煜
纪委书记　黄红军

海安农村商业银行

董事长　徐晓军（8月免）
　　钱海标（8月任）
行　长　江炜鑫
副行长　解　文（8月免）
　　章　勇（8月免）　秦宏卫
　　冯增荣　严德明（8月任）
　　吴海燕（女，8月任）
　　邓晓程（女，8月任）
监事长　金　泳
党委书记　徐晓军（8月免）
　　钱海标（8月任）
党委副书记　江炜鑫
纪委书记　金　泳

中国农业发展银行海安市支行

行　长　赵　雨
副行长　程　伟　瞿　华
党支部书记　赵　雨
纪委书记　瞿　华

中国人民财产保险股份有限公司海安支公司

经　理　张　华
副经理　李　峰
党支部书记　张　华

中国人寿保险股份有限公司海安支公司

经　理　曹　军　陈莉莉（女）
副经理　吉迎春（女）　鲍红梅（女）
　　陈莉莉（女）
党支部书记　曹　军

中国人寿财产保险股份有限公司海安支公司

经　理　汤海元
副经理　蔡宏建
党支部书记　汤海元

市群众团体组织

总工会

主　席　周小军（2月免）
　　李如生（2月任）
副主席　柴宝清（女）
　　陆威生（2月免）
　　王　华（女，11月任）
党组书记　柴宝清（女）
党组副书记　周小军（2月免）

共青团海安市委员会

书　记　何　隽（女，11月免）
　　徐　立（11月任）
副书记　姜朔昶（11月免）
　　张　成（5月任）

妇女联合会

主　席　杨海燕（女）
副主席　马冬花（女）　金　华（女）
党组书记　杨海燕（女）

供销合作总社

主　任　邓　澄
副主任　吉让余　梁晓东
党组书记　邓　澄
党组副书记　吉让余

供销合作总社理事会

主　任　邓　澄
副主任　吉让余
监事会主任　梁晓东

科学技术协会

主　席　孙　祥
副主席　刘礼文（8月免）
　　杭永明（不驻会）
　　任　镇（不驻会）
　　颜　敏（不驻会）
　　申承秀（女，不驻会）
　　储呈平（不驻会）

归侨侨眷联合会

主　席　刘冬梅（8月任）
副主席　林克文（不驻会）
　　陈　飞（不驻会）
　　张贤贵（不驻会）
　　崔建军（不驻会）

工商业联合会（总商会）

主席（会长）　蔡祝平
副主席（副会长）　陈　杰（2月免）
　　黄婧婧（女，2月任）
　　吕建华　于爱均
　　储呈平（不驻会）
　　薛庆龙（不驻会）
　　卞　童（不驻会）
　　王家安（不驻会）
　　申承秀（女，不驻会）
　　周经成（不驻会）
　　杨忠国（不驻会）
　　笪鸿鹄（不驻会）
　　李春涛（不驻会）
　　陈友华（不驻会）
　　仲跻和（不驻会）
　　孙秀芳（女，不驻会）

副会长　曹洪新（不驻会）
　　常　琦（不驻会）
　　陈　敏（不驻会）
　　周和春（不驻会）
　　徐晓军（不驻会）
　　王卫东（不驻会）
　　王传威（不驻会）
　　林克文（不驻会）
　　殷文元（不驻会）
　　贲友兰（女，不驻会）
党组书记　陈　杰（2月免）
　　黄婧婧（女，2月任）

残疾人联合会

理事长　王　健
副理事长　沈广军
党组书记　王　健

哲学社会科学界联合会

主　席　刘万春（11月免）
　　涂祖凤（女，11月任）
副主席　涂开生　王晓聪（不驻会）
　　康　健（不驻会）
　　程卫国（不驻会）
　　周花荣（不驻会）

文学艺术界联合会

主　席　徐　进
副主席　叶晨玲（女）
　　葛志华（不驻会）
　　陈　稷（不驻会）

红十字会

会　长　彭晓红（女，9月免）
　　卢　林（9月兼）
常务副会长　季永东（8月任）
副会长　陈松梅（女）
　　卢礼华（女，不驻会）
　　王群飞（8月任，不驻会）
　　陈兴斌（8月任，不驻会）
　　于长海（8月任，不驻会）
　　吴　兰（女，8月任，11月免）
　　章晓丽（女，8月任，不驻会）
　　于俊卿（不驻会）
　　周月琴（女，8月任，不驻会）
　　章群峰（8月任，不驻会）
　　张建平（不驻会）
　　朱时林（不驻会）
　　李仁平（8月免）
　　崔世平（8月免）
　　刘万春（8月免）
　　田卫军（8月免）
监事长　崔世平（8月任，不驻会）

副监事长　王　云（女，8月任，不驻会）

法学会

会　长　盛慧琴（女，1月免）
　　王巧荣（1月兼）

常务副会长　张元根

专职副会长　王霖玉（女，11月免）

不驻会副会长　于清山　周　平（女）
　　秦建军　张长春
　　毛中海　章群峰
　　张英存

市企事业单位

江苏省海安高级中学

校　长　吕　建

副校长　杨　斌（9月免）　董裕华
　　吴明山　周　峰
　　罗湘军（9月任）

党委书记　吕　建

纪委书记　罗湘军（9月任）

11月，组建江苏省海安高级中学校务委员会。

主　任　杨　斌（11月任）

江苏省海安中等专业学校

挂江苏广播电视大学海安学院、海安双楼中等学校、海安市技工学校、海安市建筑工程学校牌子。

校　长　杭　华

副校长　刘东明（2月免）
　　李加平（2月免）　董　辉
　　唐素云（女，2月任）
　　唐永红（2月免）
　　徐培根（2月免）

党委书记　杭　华

党委副书记　李加平（2月免）
　　刘东明（2月任）

纪委书记　李加平（2月免）
　　刘东明（2月任）

人民医院

院　长　张建平（11月免）
　　吕书军（11月任）

副院长　董德平　吕书军（11月免）
　　吉华亮（11月免）　刘晓峰
　　颜永进（2月任）
　　储建华（2月任）

党委书记　张建平

党委副书记　朱余德（8月免）

纪委书记　朱余德（8月免）

中医院

11月，党总支改建党委，原党总支部领导职务自然免除。

院　长　朱时林（11月免）
　　吉华亮（11月任）

副院长　季　瑜（2月免）　魏爱淳
　　周建军　葛　飞

党委书记　朱时林（11月任）

党委副书记　徐通生（11月任）

江苏瑞海投资控股集团有限公司

董事长、总经理　张　健

副总经理　缪卫国　周晓勇
　　张自力

财务总监　王良斌

党委书记　张　健

党委副书记　储开华

纪委书记　储开华（3月免）

水务集团有限公司

董事长、总经理　蒋爱东

副总经理　韦安华　周玉宇
　　屈　正

党委书记　蒋爱东

纪委书记　韦安华（3月免）

中投融资担保海安有限公司

董事长、总经理　周和春

副总经理　张振梅（女）　徐　敏（女）

监事会主席　周　彪

保安集团公司

11月，组建市保安集团有限公司，原保安公司领导职务自然免除。

董事长、总经理　赵松山（11月任）

副总经理　吉加德（11月任）
　　徐永章（11月任）
　　吉　皓（11月任）

国有资本运营集团有限公司

董事长、总经理　孙友庚

副总经理　谭学平

区镇机构

海安经济技术开发区（城东镇）

海安经济技术开发区党工委、管委会，分别为南通市委、市政府的派出机构，由海安市委、市政府代为管理，规格为正处级。5月，重新核定开发区内设机构，分别为党政办公室（区域治理现代化指挥中心、网格化服务管理中心、组织人事局、审计办公室）、经济发展局、科技和人才工作局、财政局、建设局、招商局、投资促进局（重大项目推进管理办公室）、现代服务业局、安全生产监督管理局、行政审批局，级别均为正科级；按有关规定，设纪工委副书记2名，级别为正科职。原开发区内设机构领导职务自然免除。

党工委

常务副书记　严长江

副书记　任永峰（9月任）
　　吴建华（9月任）

委　员　吴　玲（女，3月免）
　　张英来　王晓晖
　　陈崇进　郁　江
　　朱　斌（3月任）
　　田卫军（11月任）

管委会

副主任　任永峰　吴建华（9月免）
　　张英来　王晓晖
　　陈崇进　郁　江

纪工委

书　记　吴　玲（女，3月免）
　　朱　斌（3月任）

副书记　张增云（女）

党政办公室（区域治理现代化指挥中心、网格化服务管理中心、组织人事局、审计办公室）

主　任　杨小进（5月任）

副主任　丁　勇（5月任）
　　高金珠（女，5月任）
　　陈兴峰（5月任）

经济发展局

局　长　谢国华（5月任）

副局长　季小云（5月任）
　　胡　恺（5月任）
　　韩忠兰（5月任）

科技和人才工作局

副局长　季婷婷（5月任）

财政局

局　长　田卫军

副局长　王　进　薛　珉（2月任）

建设局

局　长　包如峰

副局长　黄　红（女）　袁　飞
　　包华海（5月任）

招商局

局　长　于雪晴（5月任）

副局长　程　森（5月任）
　　雷晓刚（5月任）
　　薛　杰（5月任）

投资促进局（重大项目推进管理办公室）

局　长　孙宝军（5月任）

副局长　张小飞（女，5月任）
　　　　倪　明（5月任）

现代服务业局

局　长　何　伟
副局长　丁建峰

安全生产监督管理局

局　长　许　鹏
副局长　刘祥根　王卫东

行政审批局

局　长　储瑞明（5月任）
副局长　万继文（5月任）

海安开发区高科技创业园管理办公室

5月，海安开发区高科技创业园管理委员会更名为海安开发区高科技创业园管理办公室，原管委会领导职务自然免除。

主　任　贲道明（5月任）
副主任　姚　峰（5月任）

江苏海安软件科技园管理办公室

5月，江苏海安软件科技园管理委员会更名为江苏海安软件科技园管理办公室，原管委会领导职务自然免除。

主　任　杨　军（5月任）
副主任　洪　俊（5月任）

江苏海安商贸物流产业园

党工委

书　记　吴建华
副书记　周小军（2月免）
　　　　冯永进（2月兼）
委　员　周克荣（女）　李海燕（女）
　　　　王存宝

管委会

主　任　周小军（2月免）
　　　　冯永进（2月兼）
副主任　周克荣（女）
纪工委书记　周克荣（女）

江苏海安保税物流中心管委会

主　任　吴建华
副主任　李海燕（女）　王存宝

上湖创新区（中意海安生态园）

党工委

书　记　陈崇进
副书记　杨　治　郜生华

管委会

主　任　杨　治（8月任）
副主任　季成伟　马守军
纪工委书记　储瑞勤（2月任）

城东镇

中共城东镇委员会

5月，区街分设，城东镇保留书记、镇长、人大主席，其他领导职务自然免除。

书　记　严长江
副书记　任永峰

镇人民代表大会

主　席　王银俊（5月辞）
　　　　张书伟（5月任）

镇人民政府

镇　长　任永峰

海安高新技术产业开发区

海安高新技术产业开发区党工委、管委会为海安市委、市政府的派出机构。5月，重新核定高新区“三定方案”，设党工委副书记3名（其中1名由管委会主任兼任），管委会副主任4名，按有关规定设纪工委书记1名，级别均为正科职。设置9个内设机构，分别为党政办公室（区域治理现代化指挥中心、网格化服务管理中心、组织人事局、审计办公室）、经济发展局、科技和人才工作局、财政局、建设局、招商局、投资促进局（重大项目推进管理办公室）、安全生产监督管理局、行政审批局，按有关规定设纪工委副书记2名，级别均为副科职。原高新区党工委、管委会领导班子副职职务自然免除。

党工委

书　记　张勇华（副处职）
副书记　邓加忠（9月明确副处职）
　　　　仲月军（5月任）
　　　　陆建银（挂职）
　　　　陈　昕（5月任）
党工委委员　尤　建（5月任）
　　　　　　孙卫华（5月任）
　　　　　　刘来稳（5月任）
　　　　　　秦海建（5月任）
　　　　　　吉　锋（5月任）

管委会

主　任　邓加忠（9月明确副处职）
副主任　尤　建（5月任）
　　　　刘来稳（5月任）
　　　　秦海建（5月任）

纪工委

书　记　孙卫华（5月任）
副书记　邓卫红（女）　秦长军

党政办公室（区域治理现代化指挥中心、网格化服务管理中心、组织人事局、审计办公室）

主　任　何咸平（5月任）

经济发展局

局　长　郜国圣（5月任）

科技和人才工作局

局　长　刘晓燕（女，5月任）

财政局

局　长　秦海建（5月兼）

建设局

局　长　吴建华（5月任）

招商局

局　长　张　锋（5月任）

投资促进局

局　长　吉　锋（5月任）

安全生产监督管理局

局　长　张　露（5月任）

行政审批局

局　长　邹广芳（女）

海安高新区高科技创业园管理办公室

高新区高科技创业园管理委员会更名为高新区高科技创业园管理办公室，原管委会领导职务自然免除。

主　任　陆建银（5月任）
副主任　吉亚玲（女，5月任）
　　　　王　亮（8月任）
　　　　张　俊（5月任）
　　　　史益华（11月任）

老坝港滨海新区（角斜镇）

老坝港滨海新区党工委、管委会为海安市委、市政府的派出机构，与角斜镇实行“区镇合一”管理体制，根据授权和委托，统筹辖区内经济社会事务。

党工委

书　记　王　晨
副书记　周树群　季小平（2月免）
　　　　丁小军（2月任，8月免）
　　　　陶　华（8月任）
委　员　王　军（2月免）
　　　　丁小军（8月免）　陶　华
　　　　韩　俊　郭　龙
　　　　鲁　竞（女，2月任，11月免）
　　　　金爱兵（2月任）
　　　　张　吉（2月任）
　　　　周美琴（女，11月任）

管委会

主　任　周树群

副主任　王　军（2月免）
丁小军（2月免）
陶　华（8月免）　韩　俊
鲁　竞（女，2月任，11月免）
金爱兵（2月任）
张　吉（2月任）
周美琴（女，11月任）

纪工委

书　记　郭　龙

角斜镇

中共角斜镇委员会

书　记　王　晨
副书记　周树群　季小平（2月免）
丁小军（2月任，8月免）
陶　华（8月任）
委　员　顾仁军（5月免）
王　军（2月免）
丁小军（8月免）　郭　龙
王　林

镇人民代表大会

主　席　顾仁军（5月免）
何　隽（11月任）

镇人民政府

镇　长　周树群
副镇长　王　军（2月辞）
丁小军（2月辞）
陶　华（8月辞）　韩　俊
鲁　竞（女，2月任，11月辞）
金爱兵（2月任）
张　吉（2月任）
周美琴（女，11月任）

中共角斜镇纪律检查委员会

书　记　郭　龙

曲塘镇

中共曲塘镇委员会

书　记　吉祖荣
副书记　刘小松　黄婧婧（女，2月免）
丁小军　陈　忱（2月任）
组织委员　刘桂倩（女）
宣传委员　周学锋
统战委员　黄宝红（女，8月免）
黄　鑫（8月任）
政法委员　成存孝
人武部长　徐从兵

镇人民代表大会

主　席　陈锦璜（3月任）
副主席　丁仁清（5月辞）
黄宝红（女，8月任）

镇人民政府

镇　长　刘小松
副镇长　贾伯平　陆从兵
季小云（8月辞）
唐　勇（5月辞）　丁帮钧
潘国华（女）
贲智峰（8月任）

中共曲塘镇纪律检查委员会

书　记　杨　啸

李堡镇

中共李堡镇委员会

书　记　朱志亮（8月免）
许　栩（8月任）
副书记　鲁　斌（2月免）
丁小军（8月任，主持政府工作）
陈万荣　颜　荔（女，5月免）
何　隽（女，5月任，11月免）
顾爱群（女，11月任）
组织委员　吴　兵（2月免）
缪陈志（2月任）
宣传委员　徐　峰（11月免）
统战委员　徐旭东
政法委员　郭小飞（2月免）
唐忠军（2月任）
人武部长　王国根

镇人民代表大会

主　席　王国权（5月辞）
仲浩然（5月任）
副主席　苏国华（2月辞）
张　华（2月任）

镇人民政府

镇　长　鲁　斌（2月辞）
副镇长　储瑞勤（2月辞）
张　华（2月辞）
贲栋斌（5月辞）　顾登峰
冒石宏　成雅秋（女）
吴　兵（2月任）
郭小飞（2月任）

中共李堡镇纪律检查委员会

书　记　陆存梅（女）

大公镇

中共大公镇委员会

书　记　刘成亮
副书记　段海峰（11月免）
闫　彦（女，5月免）
杭小燕（8月任）
组织委员　倪亚冬
宣传委员　贲道颖（女，6月免）
谈晓燕（女，8月任）
统战委员　贺栋梁
政法委员　周建国（8月免）
朱玉龙（11月任）
人武部长　朱玉龙

镇人民代表大会

主　席　王　军（2月任）

镇人民政府

镇　长　段海峰（11月辞）
鲁　竞（11月任）
副镇长　顾德桐　沈　军
杭小燕（8月辞）
顾爱群（女，11月辞）
曹　阳（8月任）
姜朔昶（11月任）

中共大公镇纪律检查委员会

书　记　李红梅（女）

墩头镇

中共墩头镇委员会

书　记　许金龙（2月免）
周亚东（2月任）
副书记　陆从俊　申如东（2月免）
杨　华（2月任）
组织委员　张艺凡（女，2月免）
王　伟（2月任）
宣传委员　陈　晨（2月任）
赵　孟（女，2月任，11月免）
邵婷婷（女，11月任）
统战委员　陈长燕（女，8月免）
费国平（8月任）
政法委员　赵星星
人武部长　顾海亮

镇人民代表大会

主　席　许应军（2月辞）
申如东（2月任）

镇人民政府

镇　长　陆从俊
副镇长　孙常青（5月辞）
王志栋
鲁　竞（女，2月辞）
杨　华（2月辞）
陈　晨（2月任）
张艺凡（女，2月任）
顾海亮（8月任）

中共墩头镇纪律检查委员会

书　记　郁　磊

白甸镇

中共白甸镇委员会
书　记　秦广荣
副书记　许　栩（2月免）
　　　　陆枳彤（女，2月任）
　　　　陈方明（5月免）
　　　　崔　君（8月任）
组织委员　孙小进（2月免）
　　　　　施佳男（女，2月任）
宣传委员　黄俊杰（5月免）
　　　　　徐　峰（11月任）
统战委员　郭　勇
政法委员　刘　臻
人武部长　唐仕全（11月免）
镇人民代表大会
主　席　陆枳彤（女，2月辞）
　　　　华留春（2月任）
镇人民政府
镇　长　许　栩（2月辞）
　　　　陆枳彤（女，2月任）
副镇长　章再兵　曹　鹏
　　　　乔爱华（2月免）
　　　　钱　炜（女）
　　　　孙小进（2月任）
中共白甸镇纪律检查委员会
书　记　贲顺荣

南莫镇

中共南莫镇委员会
书　记　余星星
副书记　杨　睿　华留春（2月免）
　　　　王俊华（2月任）
组织委员　徐　立（8月免）
　　　　　薛钧尹（女，8月任）
宣传委员　何　儒（2月免）
　　　　　季　然（2月任）
统战委员　王亚芳（女）
政法委员　王金根
人武部长　毛国平
镇人民代表大会
主　席　于木军（2月辞）
　　　　吴剑英（女，2月任）
镇人民政府
镇　长　杨　睿
副镇长　王俊华（2月辞）　陈广进
　　　　王　亮（8月辞）
　　　　王芳芳（女）
　　　　何　儒（2月任）
　　　　徐　立（8月任）
中共南莫镇纪律检查委员会
书　记　朱素华（5月免）
　　　　丁小震（8月任）

雅周镇

中共雅周镇委员会
书　记　周亚东（2月免）
　　　　鲁　斌（2月任）
副书记　单　蓓（女，5月免）
　　　　陈苏六（11月免）
　　　　颜　荔（女，5月任，主持政府工作）
　　　　苗德强（11月任）
组织委员　鞠汶佑（8月免）
　　　　　高玲玲（女，8月任）
宣传委员　许海如
统战委员　吉顺莉（女）
政法委员　万海建
人武部长　周顺济
镇人民代表大会
主　席　王长荣（女，8月辞）
　　　　陈苏六（11月任）
镇人民政府
镇　长　单　蓓（女，5月辞）
副镇长　陈　辉（5月辞）　朱圣东
　　　　苗德强（11月辞）　钱祥生
　　　　鞠文佑（8月任）
　　　　范　鼎（11月任）
中共雅周镇纪律检查委员会
书　记　施小军
海安苏台农业合作示范区管理办公室
挂海安雅周现代农业园区管理办公室牌子，与雅周镇政府合署办公。
主　任　曹剑华（11月免）
　　　　张　宇（11月任）
副主任　梅　进

根据《南通市人民政府关于变更海安市部分行政区划的批复》（通政复〔2020〕41号）文件通知，海安市中城街道、西城街道、南城街道、北城街道更名为海安街道、胡集街道、孙庄街道、隆政街道，正科级建制。原中城街道、西城街道、南城街道、北城街道党工委、办事处、人大工委领导职务自然免除。

海安街道

党工委书记　徐爱军（5月任）
副书记　闫　彦（女，5月任）
　　　　岳加华（5月任）
组织委员　纪　臻（女，5月任）
宣传委员　岳加华（5月任，11月免）
　　　　　王文之（11月任）
统战委员　黄俊杰（5月任）
政法委员　崔　葳（5月任）
人武部长　陆　建（5月任）
人大工委主任　季拥军（5月任）
办事处主任　闫　彦（女，5月任）
办事处副主任　解利稳（5月任）
　　　　　　　唐　勇（5月任）
　　　　　　　陈友德（5月任）
纪工委书记　张晓艳（女，5月任）

胡集街道

党工委书记　单　蓓（女，5月任）
副书记　孙　坚（5月任）
　　　　王希成（5月任）
组织委员　王　宇（5月任）
宣传委员　王　良（5月任）
统战委员　王　宇（5月任）
政法委员　杨　明（5月任）
人武部长　王贤峰（5月任）
人大工委主任　周龙法（8月任）
人大工委副主任　周龙法（5月任，8月辞）
办事处主任　孙　坚（5月任）
办事处副主任　顾　斌（5月任）
　　　　　　　贲道斌（5月任）
　　　　　　　王　伟（5月任）
纪工委书记　邓宝林（5月任）

孙庄街道

党工委书记　蒋增鹏（5月任）
副书记　闾文海（5月任）
　　　　贲　越（5月任）
组织委员　周　静（女，5月任）
宣传委员　贲　越（5月任，11月免）
　　　　　赵　孟（女，11月任）
统战委员　周　静（女，5月任）
政法委员　张红玲（女，5月任）
人武部长　丁爱华（5月任）
人大工委主任　周海冰（5月任）
办事处主任　闾文海（5月任）
办事处副主任　丁爱华（5月任）
　　　　　　　周德进（5月任）
　　　　　　　卢桂根（5月任）
纪工委书记　周海冰（5月任，8月免）
　　　　　　吉　磊（8月任）

隆政街道

党工委书记　郭玉祥（5月任）
副书记　顾仁军（5月任）
　　李存根（5月任）
组织委员　张　伟（5月任）
宣传委员　田美娟（女，5月任）
统战委员　张　伟（5月任）
政法委员　吕　伟（5月任）
人武部长　范建峰（5月任）
人大工委主任　储祥兰（女，5月任）
办事处主任　顾仁军（5月任）
办事处副主任　孙常青（5月任）
　　王　正（5月任）
　　徐培林（5月任）
纪工委书记　朱素华（5月任）

根据《江苏省委办公厅、省政府办公厅关于推进基层整合审批服务执法力量的实施方案》《江苏省省级以上开发区机构编制管理暂行办法》和《南通市委、市政府关于进一步优化提升省级以上开发区管理体制机制的指导意见》等精神，为进一步促进海安经济技术开发区将工作重心向经济管理、投资服务等聚焦，2020年5月，市委决定，筹备成立立发街道、洋蛮河街道、西场街道党工委、办事处、人大工委。

立发街道（筹）

党工委书记　陈闽安（5月任）
副书记　景爱喜（女，5月任）
　　李　峰（5月任）
组织委员　钱　鹏（5月任）
宣传委员　杨惠平（女，5月任）
统战委员　钱　鹏（5月任）
政法委员　贲剑波（5月任）
人武部长　李　峰（5月任，11月免）
　　唐仕全（11月任）
人大工委副主任　丁仁清（5月任）
办事处主任　景爱喜（5月任）
办事处副主任　金育红（5月任）
　　陈蓉蓉（女，5月任）
　　陈兴军（5月任）
纪工委书记　姜飞燕（女，5月任）

洋蛮河街道（筹）

党工委书记　谢志军（5月任）
副书记　王国权（5月任）
　　李鹏飞（5月任）
组织委员　黄　峰（5月任）
宣传委员　陶　艳（女，5月任）
统战委员　黄　峰（5月任）
政法委员　闾　玺（5月任）
人武部长　钱　锋（5月任）
人大工委副主任　徐小宏（5月任）
办事处主任　王国权（5月任）
办事处副主任　蒋政纲（5月任）
　　李晓亮（女，5月任）
　　许志刚（5月任）
纪工委书记　储瑞勤（5月任）

西场街道（筹）

党工委书记　金山存（5月任）
副书记　陈方明（5月任）
　　李德余（5月任）
组织委员　马梦展（女，5月任）
宣传委员　李德余（5月任）
统战委员　马梦展（女，5月任）
政法委员　傅　军（5月任）
人武部长　李　进（5月任）
人大工委副主任　魏　旭（5月任）
办事处主任　陈方明（5月任）
办事处副主任　陈　辉（5月任）
　　单玉宏（5月任）
　　许应忠（5月任）
纪工委书记　杨　进（5月任）

国营海安农场

场长、党委书记　崔静波（11月免）
　　邱海涛（11月任）
党委副书记　邱海涛（11月免）
总经理　吴小鹏（11月任）
纪委书记　胡　双

说明：组织机构及领导人名单不作为干部任免依据　（市委组织部）

文　献

振奋精神再出发　科学谋划谱新篇
奋力开启全面建设社会主义现代化新征程

——在市委十三届十次全体会议上的报告

顾国标

（2020年12月31日）

同志们：

这次会议的主要任务是，全面贯彻党的十九大、十九届二中、三中、四中、五中全会以及中央经济工作会议精神，深入落实习近平总书记视察江苏重要讲话指示精神，按照省委和南通市委全会要求，回顾总结今年工作，研究部署“十四五”和明年工作，审议市委关于制定国民经济和社会发展第十四个五年规划和二〇三五年远景目标的建议，动员全市上下振奋精神再出发，科学谋划谱新篇，奋力开启全面建设社会主义现代化新征程。

现在，我根据市委常委会讨论的精神，讲四个方面的意见。

一、万众一心团结拼搏，有力应对前所未有的风险挑战，决胜高水平全面建成小康社会取得决定性成就

2020年是极不平凡的一年，面对新冠肺炎疫情造成的巨大冲击、外部环境深刻变化带来的重大考验，全市上下坚持以习近平新时代中国特色社会主义思想定向领航，紧紧围绕“枢纽海安，物流天下”“产业高地，幸福之城”战略定位，凝心聚力应对变局、开拓新局，展现了不一般的担当、取得了不平凡的业绩。

预计实现地区生产总值1200亿元左右、增长6.2%，工业应税销售2300亿元、服务业应税销售1850亿元、建筑业施工产值1800亿元，完成一般公共预算收入64.5亿元、固定资产投资519亿元、社会消费品零售总额346亿元，较好完成全年目标任务。在南通市聚焦“三个全方位”比学赶超争先锋发展指标月度评估中持续位居第一。成功创建全国文明城市和国家卫生城市。“高质量发展争第一、百强排名进二十”稳步推进，在全国百强县（市）排名中跃升5个位次，被表彰为全省推进高质量发展先进县（市），整体工作继续走在省市前列。

这一年，面对百年不遇的疫情冲击，我们坚持人民至上、生命至上，众志成城打赢疫情防控阻击战。疫情发生后，我们及早研判、快速反应，启动重大突发公共卫生事件一级响应，以最快速度进入战时状态。坚持精准防控、联防联控，充分运用“大数据+网格化+铁脚板”进行精准排查，采取有效管控措施，做到“外防输入、内防反弹”。选派3批次11名医护人员驰援武汉、驰援黄石，坚决完成上级防疫物资调拨任务，为全国大局做出海安贡献。在这场严峻斗争中，广大党员干部日夜坚守，白衣天使勇毅逆行，社区工作者、公安干警、网格员、志愿者，千千万万的普通劳动者同舟共济、守望相助，用一个星期时间实现本地确诊病例零新增，再用近一个月实现本地确诊病例清零，两个月基本实现生产生活秩序全面正常化。这场大战大考，展示出我们的判断力、决策力、行动力，展示出全市人民的凝聚力、战斗力、向心力。

这一年，面对极为严峻的发展环境，我们坚持危中抢机、主动作为，千方百计保持经济平稳运行。把疫情之下经济平稳运行作为“重中之重”，坚决贯彻中央“六稳”“六保”部署要求，率先提出一手抓疫情防控、一手抓经济发展，做到“两手抓、两手硬”，较快稳住了经济基本盘。一季度，GDP在南通率先出水，全年GDP增幅保持南通领先。针对企业复工复产、资金紧张、物流不畅、用工不足等难题，出台系列助企、扶企政策，和企业一起抢市场、抢工人、抢订单、抢发展，抱团取暖、共渡难关。全面落实上级各项助企纾困政策，研究出台我市各类惠企政策，全年减税降费超过17亿元，真正把政策红利转化为企业发展的动力。召开制造业高质量发展大会，出台“财力贡献增量共享”激励政策，旗帜鲜明支持企业做大做强、提升质效。全年超50亿元工业企业7家，超百亿元企业3家。天楹集团主营业务收入突破210亿元，首次跻身《财富》中国500强，被评为国家制造业单项冠军示范企业。铁锚玻璃入选国家企业技术中心、获批省级军民融合创新平台，联发纺织获评国家技术创新示范企业，威尔曼科技入选全国第二批专精特新“小巨人”企业，中洋集团成为全国行业“单打冠军”，繁华玻璃获批省级企业院士工作站。

这一年，面对异常激烈的竞争态势，我们坚持项目为零、一切为零，努力实现项目建设扛旗夺杯。持续开展“重特大项目突破年”活动，全年新开工亿元以上产业项目119个，其中10亿元以上重大项目44个，5个项目入选省级重大项目，37个项目入选南通市级重大项目。在南通项目建设考评激烈竞争的严峻形势下，上半年夺得三面红旗，全年扛回两面红旗。敏锐洞察项目落地难等问题，全力破解项目审批难题，千方百计促进项目实质性开工，以项目建设的稳定性对冲疫情带来的不确定性。认真分析疫情过后恢复生产、布局调整、行业重构等新的特点，积极推进精准招商、智慧招商、专业招商，华东重机、比克电池等一批50亿元、100亿元以上重特大项目相继签约落户。高度关注外资外贸工作，全年完成外贸进出口总额175亿元，新增3000万美元以上外资项目19个、外资到账3.59亿美元，实现逆势上扬。以事不避难、义不逃责的态度完成开发区、高新区管理体制机制改革，实现了“区街分设、职能分置、统分结合、形成合力”的目标，充分展现体制机制创新活力。七大专业园区健康发展，常安纺织园生态环境政策集成改革试点工作全省放样。

这一年，面对文明创建的最终大考，我们坚持补好短板、整体提升，多措并举丰富城市发展内涵。始终坚定“首创必成、高分创成”的信心和决心，全市上下凝心聚力、尽锐出战，将全国文明城市创建成败作为检验全年工作成效的重要标尺，拿出背水一战的勇气，再整治、再提升，以全省第一的总成绩进入国测，最终国家测评全国前十，一举摘得“全国文明城市”桂冠，在海安发展史上留下浓墨重彩的一笔。成功创建国家卫生城市，实现三年任务一年完成，成为全国创建周期最短的县级城市。全力建设现代化中等城市，省委娄书记视察海安，给出“井然有序、人气旺盛、建设很好、颇具活力”的高度评价。通榆路快速化改造工程高标准建成通车，成为内联外通、展示形象的第一道风景。火车站通道改造工程在极为不利的外部环境下精心组织，与盐通铁路同步投入使用，海安全面迈入高铁时代。旺池路、闸东路建成通车，成为城区东西串联多条主次干道的新走廊。成功创建全国无障碍环境示范城市。微空间整治和街头绿地建设工作赢得群众广泛赞誉，老旧圩口闸改造工程在防汛期间发挥重要作用。上湖创新区（中意生态园）湖面整治和环湖生态景观工程基本完成，中开院上湖创新广场、同方飞立科创园、上湖三甲医院等一批重点工程推进有序，上湖高中即将投入使用。新通扬河生态区道教文化中心、外国语学校等重点工程进展顺利，广福路及生态廊道工程全线贯通。两大新区已经成为海安城市发展的新增长点。

这一年，面对全面小康的收官之

战，我们坚持以人为本、共建共享，用心用情提高民生幸福指数。据初步测算，全面小康实现程度可达到96.8%，将如期建成高水平小康。深入排查解决突出民生问题，全力兜牢托稳民生“底线”。15项民生实事工程全面完成。城乡居民人均可支配收入分别达到49997元、24987元，城乡基本养老、基本医疗保险覆盖率分别达到97.6%、98.7%，均居南通前列。持续巩固脱贫攻坚成果，成为全省建立解决相对贫困长效机制试点县（市）。教育现代化进程加快，中高考再创佳绩，立发中学接受省四星级普通高中评估验收。“健康海安”建设扎实推进，成功创建国家慢性病综合防控示范区。文化事业和文化产业健康发展，海安博物馆成功创建国家三级博物馆，文化艺术中心被表彰为“全国服务基层服务农民先进集体”。市融媒体中心建设首批通过省级验收。市域治理现代化指挥中心在南通率先建成运行，打造市镇两级一体化、实战化、智能化的区域治理现代化指挥体系。“政法干警能力提升年”活动成效明显，市公安局获评全国公安机关执法示范单位。纵深推进扫黑除恶专项斗争，扎实开展信访矛盾化解“百日攻坚”行动，获评全国信访工作“三无”县（市）。深入开展安全生产专项整治行动，全面压实安全生产责任，安全生产形势总体平稳，社会大局和谐稳定。

这一年，面对“两个战场”的现实考验，我们坚持党建引领、党员带头，一以贯之推进全面从严治党。在大战大考面前，市委常委会带头，组织全市各级党组织认真学习贯彻新思想，全面推进党建“十大工程”，让党旗在常态化疫情防控和经济社会发展一线高高飘扬。出台“两个担当”18条46项措施，激励广大党员干部担当作为，全力打造“狼性”干部队伍。深化运用“三项机制”，为干部澄清正名典型案例被省纪委监委通报表扬。创新实施流动党员管理“风筝”“云端”工作法，获省委组织部充分肯定。村书记专职化管理试点工作全省放样，村（社区）“两委”换届有序推进。加强党对意识形态工作的领导，在南通率先制定意识形态工作个性化责任清单。探索推行中心组学习“三立”“三会”工作法，市委中心组获评全省县以上党委（党组）理论学习中心组示范点，南通唯一。深化全国新时代文明实践中心建设试点，新时代文明实践助力抗“疫”经验全省推广，全省文明实践试点工作“海安样本”研讨会在海安召开。宁蒗支教教师群体被授予江苏“时代楷模”荣誉称号，李堡镇杨庄村获评全国文明村，蒋龙生家庭获评全国文明家庭，海安中学获评全国未成年人思想道德建设工作先进单位。市委书记作为唯一的县级代表，在全国民族团结进步创建经验交流现场会上交流发言。全省民族团结进步创建经验交流会、全省商会党建工作会议在海安召开。积极推进“双聚双争”主题教育，深入开展“机关作风整治月”活动，驰而不息纠正“四风”、改进作风。充分运用“四种形态”，持续保持惩治腐败高压态势，风清气正的政治生态进一步巩固，典型案例获评“全省党纪政务精品案件”。深化政治巡察，省委巡视反馈的40个具体问题全部整改落实到位，南通市委脱贫攻坚、基层减负等6个专项巡察反馈问题整改工作推进有序。纪委监委获评全省“带头建设模范机关工作走前列纪检监察组织”。支持政府在统筹推进疫情防控和经济社会发展中发挥重要作用，支持人大、政协服务大局、履职尽责，退役军人事务、机构编制、党校、工青妇、老干部、老龄、侨联、关心下一代、老区开发和慈善等工作取得新进展。

总的来看，今年我们顶住了压力、经受住了考验，展现出积极进取的精神和良好的工作状态，各项工作总体好于预期、好于周边，为开启全面建设社会主义现代化新征程奠定了坚实基础。一是经济运行稳中有进。规上工业增加值、固定资产投资、工业用电量等重点指标逐月向好，规模企业、亿元企业数稳居全省第一方阵。开发区获批国家新型工业化产业示范基地。成功开行中欧（海安—东盟）国际班列以及铁海快线班列，全年铁路到发量和集装箱吞吐量实现历史性突破，获批苏中唯一的进境肉类指定监管场站，连续4年获评全国优秀物流园区。建筑业健康发展，新增鲁班奖2项。稻麦单产连续十五年全省第一，总投资10亿元的牧原30万头现代化生猪养殖项目顺利投产，全省夏收夏种暨促进粮食稳产增效现场推进会等4个省级现场会先后在我市召开。落实有关重大政策措施真抓实干成效明显，3项工作被省政府通报表彰。二是新旧动能加速转换。国家创新型县（市）建设和全省科技创新体制综合改革试点成效彰显，全年净增高新技术企业105家、总数达到374家，南通第一。人才综合竞争力稳居全省前列，全年引进产业领军人才10人，高层次创新创业人才156人，入选省“双创人才”12人、“双创团队”2个。开发区获批国家级博士后科研工作站。三是生态环境持续改善。省考断面水质优Ⅲ比例达到66.7%，市考以上断面水质优Ⅲ比例接近100%。PM2.5浓度为35.4微克/立方米、同比下降13.2%，优良天数比率84.7%、同比上升5.8个百分点，创历史最好水平。环境信访总量、南通市级以上越级信访量实现“双下降”。农村人居环境整治工作连续三年位列南通第一，在全省率先通过调度销号。四是发展瓶颈有效破解。各项贷款余额、制造业贷款余额和占比均居南通前列。盘活闲置低效用地5837亩，获评全省国土资源节约集约利用模范县（市）。全年引进高校毕业生、蓝领技能人才超1.5万人，有效解决疫情之下企业用工难题。尽管我市经济社会发展总体情况在全省和南通较好，但也要看到，宏观经济形势复杂多变，受疫情等外部不确定因素影响，经济下行压力加大；项目建设面临较大挑战，50亿元、100亿元以上重特大项目必须有更大突破；美丽海安建设、安全生产、环境保护的任务还很艰巨；少数干部在困难与挑战面前信心还不够足、办法还不够多、作风还不够实。这些问题，亟待更加精准、务实、系统地解决。

“事非经过不知难”。回望这一年的艰苦奋斗，面对空前严峻的风险挑战，我们能够取得这样的成绩十分不易，能够战胜这样的艰难险阻绝非偶然。实践更加有力地证明，以习近平同志为核心的党中央坚强领导是战胜一切风险挑战的根本保证，习近平新时代中国特色社会主义思想是战胜一切风险挑战的行动指南，任何时候都必须坚决地以新思想定向领航。实践更加有力地证明，发展是时代永恒的主题，党的事业总是在磨难挫折中前进、在攻坚克难中壮大，发展遇到问题是常态，关键是如何积极应对。我们必须保持战略定力，高扬发展大旗，用发展的办法解决发展中的问题，更好地把心思和精力集中到加快建设与发展上，持续打造海安高质量发展的竞争优势和领先态势。实践更加有力地证明，人民群众是我们力量的源泉，是真正的英雄。全市上下必须自觉践行以人民为中心的发展思想，把人民对美好生活的向往作为奋斗目标，把群众的愿望和要求作为决策依据，牢牢依靠人民群众，最大限度赢得群众理解、拥护和支持，努力形成强大的凝聚力和战斗力。实践更加有力地证明，人无精神不立、国无精神不强，越是面对风险挑战和复杂局面，越需要有"那么一股子劲、一股子气"，压倒一切困难而不被困难所压倒。在全面建设社会主义现代化新征程上，只要我们保持越是艰险越向前的斗争精神，拿出迎难而上之勇、担当作为之能、科学应对之智，就没有趟不过去的河、迈不过去的坎。

同志们，所有的奋斗、奉献和牺牲都必将载入史册。在此，我代表中共海安市委，向在座的同志们和全市广大党员干部群众，向关心、支持海安经济社会发展的各界人士、各界朋友，致以诚挚的问候和衷心的感谢！

二、深入学习贯彻党的十九届五中全会精神，认真领会落实习近平总书记视察江苏重要讲话指示精神，科学谋划"十四五"时期海安发展蓝图

党的十九届五中全会是在我国即将全面建成小康社会、乘势而上开启全面建设社会主义现代化国家新征程的关键时刻召开的一次重要会议，系统谋划部署"十四五"时期经济社会发展，擘画了我国未来五年以及十五年的发展蓝图。习近平总书记深刻阐述了事关现代化建设的一系列方向性、根本性、战略性问题，特别是对把握新发展阶段、贯彻新发展理念、构建新发展格局，作出了一系列新论断新部署新要求。总书记视察江苏，勉励江苏"着力在改革创新、推动高质量发展上争当表率，在服务全国构建新发展格局上争做示范，在率先实现社会主义现代化上走在前列"。总书记的重要讲话指示精神，管根本、管全局、管长远，是指导推动海安"十四五"发展乃至整个现代化建设的总目标、总纲领、总要求。我们要以高度的政治自觉，认真学习领会总书记重要讲话指示和十九届五中全会精神，增强"四个意识"、坚定"四个自信"、做到"两个维护"，在"两争一前列"的时代征程中书写海安精彩答卷。

做好"十四五"发展的谋划，是今年市委的一件大事。市委、市政府对编制"十四五"规划高度重视，成立了由我任组长、于立忠同志任第一副组长的规划编制工作领导小组，在市委常委会领导下承担起草工作，市委办、发改委分别牵头负责《建议》和《纲要》起草工作。市委常委会多次召开会议研究讨论，就"十四五"发展的基本思路和市委建议稿的指导思想、发展目标、重大举措提出重要意见。建议稿起草大致分为三个阶段：第一阶段，从去年6月到今年5月，重点对36项重大课题开展基础调研，广泛听取各地各部门和基层干部群众对"十四五"发展的意见和建议。第二阶段，从今年6月到11月，主要是《建议》和《纲要》起草工作，同步开展65项专项规划编制工作。11月中旬，《建议》和《纲要》相继形成初稿。第三阶段，从11月至今，主要是认真落实上级精神，结合社会各界意见，对《建议》反复修改完善，最终形成提请全会审议的讨论稿。可以说，整个编制的过程，是科学决策、民主决策的过程，是总结过去、谋划未来的过程，是统一思想、凝聚共识的过程，也是坚定信心、鼓足干劲的过程。

（一）准确把握海安"十四五"发展的基础条件

今年是"十三五"规划收官之年。五年来，全市上下坚持以习近平新时代中国特色社会主义思想为指导，坚定信心、埋头苦干，经济社会实现了跨越发展，成为综合实力提升最快、高质量发展效率最高、城乡面貌变化最大、人民群众获得感最强的时期之一。这当中，尤为值得总结的，一是"十三五"规划确定的目标任务即将完成，高水平全面建成小康社会胜利在望，为开启全面建设社会主义现代化新征程奠定了坚实基础。二是成功撤县设市，创成全国文明城市和国家卫生城市，全面提升了海安的发展能级，极大提高了全市人民的自信心和自豪感。三是始终走在前列，高质量发展、项目建设、党的建设、营商环境等各项考评持续位居南通前列、全省第一方阵，争先、率先、领先成为全市上下的共同追求。四是新发展理念深入人心，走出了一条经济发展速度快、生态环境质量优、群众富裕程度高，既体现时代特点、又富有海安特色的发展之路，高质量发展成为时代最强音。"十三五"发展令人瞩目的过硬成果，为未来发展拓展了新的空间。

（二）深刻认识海安"十四五"时期面临的形势和机遇

谋求"十四五"更大发展，必须明大势、看大局，深刻洞察和把握发展的新趋势、新特征、新要求，把海安所处的发展形势和阶段分析透，把机遇挑战看明白，把目标任务理清楚，不断推动各项工作迈上新台阶。展望"十四五"和今后一个时期的发展，尽管挑战前所未有，但应对好了，机遇同样前所未有，我们仍处于重要的战略机遇期：从国际形势看，世界百年未有之大变局加速演变，不稳定不确定因素明显增多，特别是中美战略博弈具有长期性，新冠肺炎疫情对全球的深度影响仍在发展，经济全球化遭遇回头浪，但大势不可逆，发展仍然是当今时代主题，外部需求正在逐步回暖，世界经济有望出现恢复性增长。从国内发展看，我国拥有强大的生产能力、完善的配套能力和超大规模的内需市场，发展韧性强、内需潜力足、回旋空间大，经济稳定转好、长期向好的基本面没有改变。疫情之下，我国成为全球唯一实现经济正增长的主要经济体，显示出强大的抗风险能力。与此同时，中央作出构建"双循环"新发展格局的战略部署，也将为我们充分利用两个市场、两种资源，增强竞争力创造广阔空间。从海安实际看，我们在推动高质量发展中积累了更为雄厚的物质基础，在应对风险挑战中积累了成功的探索经验，在走在前列的进程中凝聚了强大合力，外界普遍看好海安，特别是看好我们的产业基础、项目优势、营商环境、城市功能、文明程度以及各方面均衡领先的整体发展态势。全市上下心齐气顺、团结奋进，将一个个不可能变为可能、从一个个胜利走向新的胜利，必将焕发出强大的凝聚力、战斗力、竞争力，在全面建设社会主义现代化新征程中勇立潮头、走在前列。

（三）牢固确立“十四五”发展的指导思想、原则和目标

“十四五”时期，海安发展的指导思想是：高举中国特色社会主义伟大旗帜，深入贯彻党的十九大和十九届二中、三中、四中、五中全会精神，坚持以习近平新时代中国特色社会主义思想为指导，深入落实习近平总书记对江苏工作重要讲话指示精神，统筹推进“五位一体”总体布局，协调推进“四个全面”战略布局，坚定不移贯彻新发展理念，坚持稳中求进工作总基调，以推动高质量发展为主题，以深化供给侧结构性改革为主线，以改革创新为根本动力，以满足人民日益增长的美好生活需要为根本目的，统筹发展和安全，积极服务构建新发展格局，紧紧围绕“枢纽海安，物流天下”“产业高地，幸福之城”的战略定位，全力打造江苏东部综合交通枢纽、长三角北翼产业高地、全省创新驱动发展示范地区、宜居宜业幸福之城，致力打造枢纽海安、智慧海安、健康海安、平安海安、宜居海安，逐步建成产业强市、文化强市、教育强市、科技强市、人才强市，加快建设现代化中等城市、创新型工商城市，朝着实现第二个百年奋斗目标迈进。

根据上述指导思想，“十四五”时期海安的发展，需要重点把握好以下五个方面的原则：

——*坚持党的全面领导*。坚持和完善党领导经济社会发展的体制机制，在经济社会发展各领域各方面切实贯彻“两个维护”的要求，不断提高贯彻新发展理念、构建新发展格局能力和水平。

——*坚持以人民为中心*。坚持人民主体地位，坚持共同富裕方向，始终做到发展为了人民、发展依靠人民、发展成果由人民共享，维护人民根本利益，不断实现人民对美好生活的向往。

——*坚持新发展理念*。把新发展理念贯穿海安经济社会发展全过程和各领域，推进创新、协调、绿色、开放、共享发展，实现更高质量、更有效率、更加公平、更可持续、更为安全的发展。

——*坚持改革开放创新*。坚持深化改革、扩大开放、创新驱动协同发力，进一步解放思想，坚决破除体制机制障碍，充分释放开放活力，大力推进科技创新和制度创新，持续增强高质量发展的动力和活力。

——*坚持系统观念*。科学谋划、统筹推动各方面工作，做到全局与局部相统一、当前与未来相协调、整体推进与重点突破相衔接，着力固根基、扬优势、补短板、强弱项，注重防范化解重大风险挑战，实现发展质量、结构、规模、速度、效益、安全相统一。

“十四五”期间，我市经济社会发展的主要目标是：

——*更高质量推动经济发展*。地区生产总值年均增长7.5%左右，到2025年可比价突破1750亿元、现价突破1850亿元，一般公共预算收入力争实现100亿元，经济总量在南通位次实现前移，发展质量和效益显著提高，综合实力和竞争力明显增强。以先进制造业为主体、现代服务业为支撑、现代农业为基础的现代产业体系更加完善。创新型城市、人才强市建设取得重大进展，高新技术企业和科技型中小企业大幅增加，高质量创新成果不断涌现。

——*更高起点推进改革开放*。体制机制创新取得重大进展，高质量发展、高效能治理、高品质生活的体制机制更加完善，市场化法治化国际化营商环境建设取得明显成效，经济社会发展活力进一步增强。抢抓“一带一路”、长三角区域一体化等重大机遇，全面融入苏南、接轨上海，更高水平开放型经济新体制基本形成。

——*更高标准改善人民生活*。居民人均可支配收入年均增长6.8%左右，中等收入群体比重明显提高，就业更加充分更有质量，公共服务体系优质均衡，多层次社保体系更加完善，教育现代化走在前列，高质量公共卫生健康体系基本建成，养老服务体系不断完善，人口结构更加优化，青年及高层次人才比重显著提高，人民群众生活全面迈向高质量。

——*更高品质建设美丽海安*。城乡融合发展走在前列，基本实现城乡协调发展、共同繁荣。国土空间布局持续优化，生产生活方式绿色转型步伐加快，资源节约集约利用水平明显增强，生态环境质量根本改善，宜居宜业质量显著提升，人文特色进一步彰显，美丽江苏海安样板建设取得标志性成果。

——*更高水平提升文明程度*。社会主义意识形态凝聚力和引领力显著增强，核心价值观深入人心，文化事业繁荣发展，文化产业实力壮大，青墩文化品牌、文化标识充分彰显，现代公共文化服务体系基本建成，市民文明素质和城市文明程度不断提升，建设全国文明城市典范城市。

——*更高效能推进市域治理*。党的全面领导落实到各领域各方面的高效执行体系基本形成，社会主义民主法治更加健全，系统完备、运行规范、智能高效、富有特色的市域治理制度体系基本建成，防范化解重大风险的体制机制更加健全，突发公共事件应急能力显著增强，自然灾害防御水平明显提升，发展安全保障更加有力，群众安全感和法治建设满意度显著提高。

展望“十四五”，海安将努力实现经济实力更强、改革开放更深入、社会文明程度更高、生态环境更优美、人民生活更幸福、治理体系更完善，在全面建设社会主义现代化新赛程中跑出精彩、赢得未来。展望2035年，海安要努力在率先基本实现社会主义现代化上走在前列，经济高质量发展迈上新台阶，地区生产总值可比价突破3600亿元、现价突破4000亿元，人均生产总值达到5万美元以上，基本实现新型工业化、信息化、城镇化、农业农村现代化，创新型城市建设取得重大突破，建成省级综合交通枢纽，城乡发展一体化，人民生活更加美好，共同富裕取得更为明显的实质性进展，社会文明程度达到新高度，生态环境根本好转，建成美丽江苏海安样板，市域治理体系和治理能力现代化基本实现，初步展现出现代化图景。

三、切实抓好明年经济社会发展各项工作，确保“十四五”开好局，在全面建设社会主义现代化新征程中迈好第一步、展现新作为

明年是开启全面建设社会主义现

代化新征程、向第二个百年奋斗目标进军的起步之年。全市上下要胸怀“两个大局”，对国之大者心中有数，集中力量办好自己的事，努力在危机中育新机、于变局中开新局，牢牢把握各项工作主动权。

根据“十四五”发展指导思想，明年全市经济社会发展的主要预期目标是：地区生产总值增长确保7%、力争7.5%，一般公共预算收入确保68亿元、力争70亿元，工业应税销售增长确保15%、力争18%，服务业应税销售增长12%以上，固定资产投资增长6.5%，其中工业投资增长7%以上，城乡居民人均可支配收入分别增长7%、7.5%，城镇登记失业率控制在3%以内，全社会研发投入占地区生产总值比重达2.73%，生态环境质量持续改善，万元地区生产总值能耗和主要污染物减排完成上级下达任务。重点抓好以下十个方面工作：

（一）不断壮大实体经济，加快构建现代产业体系。坚定实施工业立市、产业强市战略，持续扩大经济总量，工业、服务业应税销售分别达到2600亿元、2000亿元。

积极培育一批优质企业。深入实施“5123”工业大企业培育工程，完善滚动培育、挂钩服务机制，力争应税销售超200亿元企业1家、超100亿元企业4家、超50亿元企业8家、超20亿元企业10家，超10亿元企业25家。推动中小企业提档升级，规模企业数、亿元企业数分别突破1200家、300家。更加注重有效益的发展，设立税收突出贡献奖，实施税收超亿元企业培育行动，打造更多“纳税大户”“亩产英雄”。支持企业深耕主业，专注细分领域，新增全国制造业单项冠军企业1~2家、省专精特新“小巨人”企业3~4家。抢抓资本市场改革机遇，新增主板上市企业2家、报会企业3家、新三板挂牌企业3家。

全面提升产业发展质效。支持电子信息、机器人及智能制造、高端纺织丝绸等板块加快发展，形成超百亿产业集群6个，其中300亿级1个、200亿级3个。大力推进产业数字化、数字产业化，促进新一代信息技术与制造业深度融合，新增市级以上智能车间2家、星级“上云”企业20家。推进建筑业加快发展，力争新增鲁班奖、国优奖3项，完成施工产值确保1900亿元、力争2000亿元。实施质量标准提升工程，全面推行首席质量官制度，争创省市质量奖各1个，新增国家、行业、地方标准8项。推进国有经济布局优化和结构调整，完善国有企业运营管理，促进国有资产保值增值。支持总部经济可持续、规范化发展。

加快发展现代服务业。实施居民消费升级工程，加快文旅融合、健康养老、教育培训、家政托育等领域提质扩容。鼓励发展夜间经济、网红经济、首店经济等新业态新模式，促进线上线下消费融合发展。加快发展枢纽经济，积极创建“国家物流枢纽”“国家骨干冷链物流基地”。全力推进保税物流中心二期、进境肉类指定监管场站、万吨冷链港等项目建设，确保竣工运营。加快凤山码头二期建设，保持铁海快线常态化运行，集装箱吞吐量和铁路到发量均增长20%。积极对接国内三大期货交易所，新增交割品种1~2个。大力发展生产性服务业，招引培育科技研发、金融服务、检验检测、创意设计等服务类规上企业10家。不断壮大以软件园为核心的软件信息和服务外包产业规模，完成服务外包执行额8.4亿美元。

不断优化营商环境。深化“不见面审批（服务）”改革，全面提升软硬件建设水平，确保营商环境评价省市领先。常态化开展“领导服务企业现场办公行”“进企业、促发展”等活动，构建民企发展全生命周期服务体系，保护和激发市场主体活力。进一步关心爱护企业家，引导广大企业家以张謇为楷模，坚持实业报国、担当社会责任、带动共同富裕。加大金融支持实体经济力度，新增贷款100亿元，提供转贷应急资金40亿元，制造业贷款总量占比持续保持南通第一。全力破解土地瓶颈制约，盘活闲置低效用地5000亩。切实解决企业用工难题，引进蓝领技能人才、高校毕业生1.2万人。加强重点指标、重点产业、重点企业动态监测，有效开展运行调度。

（二）全力推进项目建设，持续增强发展后劲。树牢“项目为零，一切为零”理念，突出项目建设两个“两手抓”，稳定制造业投资，全面提升项目建设质效。

聚力抓好重大项目招引。持续开展“重特大项目突破年”活动，开发区、高新区实现“10亿元、20亿元项目大发展，50亿元、100亿元项目新突破”，其他区镇做到“优质亿元项目为基础，10亿元项目作支撑”，新招引亿元以上产业项目125个，其中10亿元以上项目34个、50亿元以上项目4个，100亿元项目2个以上。完善重大项目AB表动态管理制度，盯紧盯牢在手在谈项目，定期会商解决难题，加快把投资意向转化为实际成果。三个市直属招商机构、五大招商服务督查中心要继续靠前作战、协同发力，精准招引一批重特大项目。进一步提升招商工作组织化水平，锻造一支专业、精干、高效的招商队伍，精心开展高频度、多形式、宽领域的招商活动，强化招商引资实效。优化政府产业基金管理，更好发挥财政资金撬动作用，为重特大项目落户创造条件。

高效推进项目建设。千方百计突破项目审批薄弱环节，推行项目预审、容缺审批、联合审图等制度。全面提升项目管理和服务水平，推动比克电池、华东重机等重特大项目开工建设，攻坚一批服务业大项目，新开工10亿元以上产业项目35个，其中20亿元以上10个、50亿元以上4个、100亿元以上2个。谋划一批优质“二期”项目和重大技改项目，实施500万元以上技改项目100个，完成技改设备投入25亿元。常态化开展项目督导，推动项目早竣工转化、早达产达效。探索建立达产达效评价体系，对设备投入、亩均税收等进行严格审核，努力实现投资强度和亩均产出“双提升”。密切跟踪省市级重大项目组织申报，入选数再创新高，力争更多重大项目开工建设。

全面提升园区能级。启动高新区创建国家级高新区工作，争取尽快创成。持续深化开发园区体制机制改革，推动开发区、高新区在国家级、省级开发园区中争先进位。完善园区空间规划和产业布局，高质量建设集聚区，高标准做强“区中园”“区外园”，推进“一区多园”深度融合发展。用好省级以上开发区全链审批赋权改革政策红利，缩减审批流程时间,加快优质项目落户。推动中意生态园实体化运行,完善组织架构,配强专职人员,设立发展基金,加快推进"一基地、三园区"建设。全面深化常安纺织园省级生态环境政策集成改革试点,不断提升七大专业园区发展能级,打造国内一流、全省领先的特色园区。建好建强区镇亿元项目集聚区,支持发展现代工业综合体,推动亿元项目成片建设、集聚发展、提高效益。

(三)持续扩大开放开发,加快拓展发展空间。坚持内外联动,深度对接国家开放开发战略,实施更大范围、更深层次对外开放,更好更快融入"双循环"新发展格局。

加快融入长三角一体化。抢抓沪苏通铁路、盐通高铁开行机遇,放大省级综合交通枢纽优势,全方位融入苏南、全方位对接上海,争当融入长三角一体化高质量发展先行军。主动对接上海、苏南产业链分工体系,强化产业链协同发展、供应链双向融合,推动更多重大项目跨区域布局,在发展理念、产业培育、营商环境等方面全面对标苏南。积极对接上海全球科创中心、苏南国家自主创新示范区、合肥综合性国家科学中心建设,主动融入沪宁产业创新带,加速推进长三角科技、人才、项目等资源向海安集聚。加快发展常安纺织科技园、上海杨浦(海安)工业园、上海奉贤(海安)工业园等合作园区,打造"飞地经济"海安样板。支持各板块深化教育、文旅、卫生、生态等全方位合作,在更宽领域、更深层次、更高水平上实现一体化发展。

持续提升外资外贸质态。全面落实《外商投资法》及负面清单管理制度,促进外资利用量质齐升,实现外资到账3.4亿美元。密切关注后疫情时代国际资本流动趋势,着力引进一批带动力大、辐射力强的外资大项目,新招引注册1000万美元以上项目32个,其中3000万美元以上4个、1亿美元以上2个。落实外贸预报制度,对外贸前30强企业加强运行监测,针对性解决实际困难,实现外贸进出口总额190亿元。实施重点外贸企业培育计划,力争培育1家大型外经贸集团进入南通前10强,新增进出口亿元企业4家、10亿元企业1家。加快外贸新业态发展,鼓励传统外贸公司向外贸综合服务企业转型,大力推进电商产业园建设,力争获批南通市级跨境电子商务工作站。提升中欧班列、沪苏通铁海快线班列开行质效,积极谋划海安至俄罗斯国际货运班列,推动外贸优进优出。

不断深化对外经济合作。抢抓"一带一路"、RCEP建设重大机遇,加快纺织服装、节能环保、装备制造等优势产业拓展新兴市场,支持重点企业开展境外投资合作和优质资产跨国并购,鼓励建筑企业参与境外总包工程项目,实现境外投资中方协议额1亿美元、对外直接投资额7000万美元、境外承包劳务营业额1.3亿美元。强化与国企、央企深度合作,推广本土企业"抱团出海"经营模式,促进境外投资、承包工程与优势产业多向融合。加快境外投资回归反哺,把优质项目、利润红利、先进技术"请回来",实现互动发展。

(四)坚持科技创新引领,增创区域核心竞争力。深入实施创新驱动、人才强市战略,高点定位、高端突破,努力打造全省创新驱动发展示范地区、国家创新型县(市)建设标杆城市。

强化企业创新主体地位。巩固企业创新能力提升三年行动成果,高新技术产业产值占比提高10个百分点。深入实施"小升高"培育计划,促进科技型中小企业加速成长,净增高新技术企业70家,高企总数继续保持南通领先。加强企业与中科院、"双一流"高校有效对接,新增产学研合作项目200个,其中30万元以上100个。注重解决"卡脖子"技术难题,培育原创性科技成果20个。实施企业研发平台提升工程,加快产业研究院、企业研究院、重点实验室等高层次创新平台建设,创建省产业技术研究院专业研究所或分中心,南通市级以上工程技术研究中心15家,实现规模以上工业企业研发活动全覆盖。

营造一流创新生态体系。圆满完成国家创新型县(市)建设、全省科技创新体制综合改革试点工作,确保高标准通过评估验收。加快科技成果转移转化,新增首台套、首创产品30个,完成技术合同成交额30亿元。持续加大科技投入,扩大"苏科贷"规模,启动"科创贷"项目,科技贷款2亿元以上。深入实施知识产权强市战略,国家知识产权强县工程试点县(市)建设通过验收,万人发明专利拥有量达到48件。

建设创新人才高地。持续实施"海陵英才"计划和"人才新政40条",引进产业领军人才10人,高层次创新创业人才150人,财政资助人才项目40个,人才综合竞争力保持全省前五。实施"海陵名家""海陵名师""海陵名医"工程和乡土人才"三带两助"行动计划,培育壮大应用型、技能型民生人才队伍。实施海外人才引进计划,引进国外高端人才和专业人才60人。精心组织国家级人才工程、省"双创计划"等人才项目申报,确保入选数南通领先。完善人才激励和评价机制,强化"一站式"人才服务,赋予高端人才更大的自主权,充分激发人才创新活力。

(五)统筹城乡融合发展,建设现代化中等城市。围绕"让我们的城市更美丽"的目标,加快建设"环境优美、功能完善、品位现代、文化彰显、生活便捷、管理精细"的现代化中等城市。

着力提升城市功能。坚持"城市是给人住的、不是给人看的",继续实施一批重点工程,建设更多的精品力作。开工建设黄海路大桥和长江路大桥改造、328国道快速化改造等重点城建交通工程,进一步提升城市建设品质和内涵。有序推进土地上市,不断提升城市开发建设总体水平。认真编制国土空间总体规划,实现国土空间开发保护"一张图"。高标准建设城市规划展览馆,成为展示海安城市形象的新窗口。

全力加快新区建设。上湖创新区(中意生态园)积极推进中开院上湖创新广场、同方飞立科创园、上湖三甲医院等重点项目建设。加快基础设施建设,完善各类配套功能,不断提升吸引力和整体形象。编制地块上市计划,有序实施开发建设。上湖高中一次性搬迁到位,打造四星级优质高中。新通扬河生态区积极推进道教文化中心、外国语学校等重点工程,加快各类配套设施建设。两个新区作为城市建设的两大重点,要进一步增强使命感和紧迫感,切实加大组织推进力度,保证质量,加快进度，不辜负全市人民的期待。

加快美丽城市建设。按照建设全国文明城市典范城市的要求，建立健全常态长效机制，持续提升城市整体文明程度。开展“物业管理提升年”活动，以“绣花”功夫管好城市，不断提高城市精细化科学化规范化管理水平。积极推进垃圾分类管理，打造垃圾分类“海安样本”。加快老旧小区改造，推动基础类改造向完善类、提升类改造转变。实施海光东路、旺池东路等美丽街区建设，不断提升城市宜居品质。

（六）践行绿色发展理念，推动环境质量持续改善。坚持标本兼治、治本为主，深入打好污染防治攻坚战，持续改善生态环境质量，努力实现根本好转。

大力提升水环境质量。认真落实河长制、断面长制，积极应对考核新变化，力争省考、市考以上断面全部达到优Ⅲ水质。全面实施重点断面周边环境综合整治，加强断面上下游定期巡查，及时调查和处置水质异常问题。完善监测网络，新建水质自动监测站10座，实现考核及管控断面全覆盖。推进城乡污水处理一体化，实施城镇污水处理提质增效精准攻坚“333”行动，新建污水管网60公里。加快常安纺织园、鹰泰水务等重点污水处理工程建设，确保早日建成、发挥作用。

有效改善大气环境质量。围绕PM2.5和臭氧浓度“双控双减”，力争PM2.5浓度、优良天数比率持续改善向好。深入开展“蓝天行动”，狠抓扬尘治理，推进工业炉窑、挥发性有机物和柴油货车专项整治，对重污染管控清单企业全面布控。深入落实点位长制，加大巡查整治力度，提升省控站点周边3公里重点区域精细化防控水平。发挥区镇大气自动监测站和监控微站作用，加强监测数据整合，为精准治气提供科学依据。

积极抓好突出环境问题整改。认真实施一批环境基础设施工程，补好短板，为生态环境根本好转提供保障。严格执行环境信访问责制度，把问题化解在基层、化解在萌芽，实现环境信访总量和南通市级以上越级信访量“双下降”。开展重点环境信访“回头看”专项行动，防止问题反弹回潮。压紧压实企业环境治理主体责任，加强信息公开，加大典型环境违法案件公开曝光力度。发挥督查问责“利剑”作用，着力整治不作为、慢作为、乱作为等问题，强化责任传递，形成齐抓共管的良好氛围。

（七）实施乡村振兴战略，推进农业农村现代化。坚持农业农村优先发展，围绕“南通争一流、全省创特色、全国有影响”总体目标，促进农业高质高效、乡村宜居宜业、农民富裕富足。

大力发展特色优势产业。坚持以工业理念发展现代农业，推动优质稻米、现代蚕桑等五大优势产业转型升级。突出重大项目招引建设，新开工亿元以上农业项目15个，积极培育50亿元特色农业产业。大力推进农业绿色化、优质化、特色化、品牌化，确保绿色优质农产品占比80%以上。完善现代农业产业技术体系，组建植物组培实验室，加大种子技术攻关，提高优质稻麦种植占比。提升农业智能化水平，争创省级农业生产全程全面机械化示范县（市）。集中连片推进高标准农田建设，建成高标准农田4.7万亩，打造全国一流的高标准稻麦种植示范区、现代农业科技示范集成基地。积极培育新型经营主体，建成省级以上龙头企业20家。以雅周农业园创建国家级农业示范园区为引领，形成“1+N”产业园区发展布局，构建农业园区梯次发展格局。

大力实施乡村建设行动。以培育示范村和先进村为抓手，梯次培育15个示范村、35个先进村，确保走在南通前列。坚持先规划后建设，统筹考虑产业发展、人居环境整治等，分类编制“多规合一”的实用性村庄规划。加强农村住房建设管理，推进新型农村社区建设。启动实施新一轮镇村人居环境整治提升三年行动，常态化开展“四清四化”行动，打造美丽宜居乡村。因地制宜、分类施策，有序推进农村分散式污水治理。抓好秸秆“双禁”与综合利用，支持天楹集团做好秸秆就近能源化利用试点工作。实施河道绿化及区域水系连通工程，巩固骨干林带管护工作成效。推进数字乡村建设，加快信息化与农业农村现代化深度融合。

大力提升富民强村水平。坚持产业富民主体地位，构建农民收入稳定增长机制，不断提升农民收入水平。推动乡村人才振兴，开展职业农民培训不少于2000人，认定新型职业农民200人以上。以税收返还型收入为重点，发展壮大村级集体经济，实现税收返还型收入超5500万元，村营收入超100万元的村40%以上。深入推进“百企联百村·共走振兴路”行动，以村企联建开创乡村振兴新局面。扎实推进省级解决相对贫困长效机制试点工作，与乡村振兴有效衔接，创造更多海安经验。

（八）持续保障改善民生，增强群众获得感幸福感。坚持以人民为中心的发展思想，切实增进民生福祉，让人民群众更好共享改革发展成果。

深入推进文化强市建设。坚定文化自信，打造文化品牌，繁荣文化事业。充分挖掘青墩文化、红色文化、运河文化和海安花鼓、海安龙舞等文化资源，提升城市软实力。切实发挥青墩遗址研究所作用，不断提高青墩文化的知名度、影响力。精心组织角斜“红旗民兵团”55周年纪念活动。加大对文艺团体、队伍的支持力度，培育更多“海陵名家”。实施文化精品创作培育工程，推出更多体现海安特色、具有时代特征的精品力作，积极创建“中国文学之乡”。大力促进文旅融合发展，加大旅游重大项目招引和建设，持续叫响“河豚之乡、休闲海安”城市旅游品牌，高标准打造长三角知名生态休闲城市和苏中旅游集散地。

认真抓好教育卫生事业。坚持立德树人，建立学校、家庭、社会协同育人机制，完善全民终身教育体系，推动学前教育普惠发展、义务教育均衡发展、高中教育优质发展，教育教学质量始终走在省市前列。实施“海陵名师”工程，打造一支师德高尚、业务精湛、敬业奉献的教师队伍。加大校长培养力度，多渠道选拔、培养和引进优秀校长。深化医疗卫生改革，完善“互联网+医疗健康”服务体系，解决好看病难、看病贵问题。加快优质医疗资源扩容和区域均衡布局，注重与上海、南京、北京等知名医院合作，促进市级医院提档升级。实施“海陵名医”工程，抓好医疗队伍建设。巩固国家卫生城市创建成果，深入开展新时代爱国卫生运动，引导市民养成文明健康生活方式。

统筹发展各项社会事业。认真办好新一轮民生实事工程。全力做好就业创业工作，突出抓好重点群体就业，加大企业稳岗支持力度，千方百计稳定和扩大就业，鼓励更多社会主体投身创业。深入实施全民参保计划，不断提升保障水平，兜牢基本民生底线。着力解决“一老一小”问题，积极应对人口老龄化，大力发展养老事业，办好老年医院、老年大学；大力发展普惠幼教和托育服务，优化生育支持举措。强化退役军人服务保障，深化军民共建，实现全省双拥模范城“七连冠”，全面启动全国双拥模范城创建工作。持续做好社会救助、慈善事业、老区开发等工作，促进社会事业全面进步。

（九）切实加强社会治理，提升社会治理现代化水平。完善共建共治共享的社会治理制度，着力健全以党建为统领、以德治为先导、以自治为基础、以法治为保障、以智治为支撑的“五位一体”社会治理海安模式。

不断完善治理体系。全面推进市域社会治理现代化试点市创建工作，完善“大数据+网格化+铁脚板”机制，做优做实市镇两级治理现代化指挥中心，打造社会治理综合指挥中枢。大力建设现代化网格体系，将网格打造成高效的社会治理基本单元。切实加强“有事好商量”协商议事室及工作机制建设，进一步创造更多可复制、可借鉴、可推广的经验典型，不断提升基层治理的群众参与度。大力推进新时代文明实践中心试点建设工作，推动基层党建与基层治理深度融合，持续打造“全省示范、全国领先”的文明实践“海安样本”。

不断增强社会治理效能。深化平安海安、法治海安建设，抓好扫黑除恶常治长效机制建设。扎实开展政法队伍教育整顿活动。建设新一代雪亮技防工程，完善社会治安防控体系，提升立体化、智能化防控水平。推进网格化社会治理提质增效，拓展“网格+”融合发展机制，闭环处置各类问题隐患和群众诉求。强化风险防控“四项机制”建设，健全矛盾纠纷多元化解机制，坚持领导干部包案、带头接访下访制度，确保各类社会矛盾预防在先、发现在早、处置在小。

不断提升本质安全水平。深入开展安全生产专项整治三年行动，加强危化品、交通运输、建筑施工等重点行业领域安全专项整治，确保行业发展与保障安全同步推进。全力创建省级安全发展示范城市，力争首创必成。健全安全生产责任体系，压紧压实属地责任、部门责任、企业责任，坚决遏制重大安全生产事故发生。持续深化食品安全示范城市创建，切实保障食品药品领域安全。加强安全生产监管执法，严格执行安全生产失信惩戒和“黑名单”管理制度，从严处理安全生产违法违规行为。推进安全生产治理体系和治理能力现代化，全面提升应急响应能力，努力构建事前防范、事中响应、事后恢复并重的应急管理体系。

（十）毫不松懈抓好常态化疫情防控。当前，国外疫情防控形势依然严峻，我国局部地区也时有散发病例，对疫情可能出现反复的警惕性不能降低。要牢牢把握“防得住才能放得开”这个辩证法，“外防输入、内防反弹”这个策略，“可知可控、精准防控”这个要求，紧盯重要时段、重点场所、重点人群，突出“人”“物”同防，加强进口冷链食品集中监管，全方位提升应急处置能力，把防控工作抓紧抓细抓实。

四、纵深推进全面从严治党，不断提升党组织和党员干部的战斗力，汇聚全面建设社会主义现代化的强大合力

明年，我们将迎来建党100周年，新的重大使命对全市广大党员干部提出了更高要求。要深入贯彻落实新时代党的建设总要求，系统推进党建“十大工程”，不断提高党建工作水平，为开启全面建设社会主义现代化新征程提供坚强政治保证。

突出政治引领，打造坚强领导核心。政治建设是党的根本性建设，必须摆在首位、落到实处。要把稳思想之舵，学好用好《习近平谈治国理政》第三卷，坚持不懈对标对表习近平新时代中国特色社会主义思想，不断增强“四个意识”、坚定“四个自信”、做到“两个维护”，真正从规律上学深学透、行动上紧跟紧随、工作上落细落实。要高扬信念之旗，举办纪念建党100周年系列主题活动，深入开展党史、新中国史、改革开放史、社会主义发展史学习教育，严格落实意识形态工作责任制，教育广大党员干部不忘初心、牢记使命、接续奋斗。充分发挥党委总揽全局、协调各方的作用，把党的领导贯穿各个领域各项工作，形成推动全局工作的强大合力。严格落实民主集中制、新形势下党内政治生活若干准则、党的组织生活等制度，不断提升政治能力，增强政治免疫力。

强化基层基础，筑牢坚实战斗堡垒。党的基层组织是党全部工作和战斗力的基础。要全面贯彻落实新时代党的组织路线，牢固树立“一切工作到支部、一切工作靠支部”的鲜明导向，提升基层党组织的组织力、凝聚力、战斗力。深入实施农村“头雁领航巩固提升”、城市社区“红色管家引领突破”、两新领域“品牌党建示范领航”和国有企业“三强三优”强企先锋四大行动，推动各领域党建全面进步、全面过硬。巩固深化“风筝”“磁铁”“云端”三大工作法，切实做好流动党员教育管理工作。坚持“三个全覆盖”，全面深化“第一书记”制度。以村（社区）“两委”集中换届为契机，抓实村书记专职化管理省级试点工作，推进社区工作者职业体系建设。持续打造“幸福党建来敲门”“红枫家园”等一批省市有影响的基层党建工作品牌，努力把每个基层党组织都建设成为推动发展、服务群众、凝聚人心的坚强堡垒。

提高能力本领，打造过硬干部队伍。习近平总书记强调，必须着力提高广大干部尤其是年轻干部解决实际问题的能力。市委也反复强调，要不断增强研究问题、分析问题、解决问题的能力和本领。要严格落实20字好干部标准，加强干部教育培养，强化思想淬炼、政治历练、实践锻炼，将干部特别是年轻干部放到发展前沿练本领、放到吃劲岗位壮筋骨、放到基层一线经风雨，打造具有“狼性”特质的高素质专业化干部队伍。要统筹推进市镇两级领导班子换届，全面增强领导班子整体功能，注重加强换届后的领导班子建设，成为扛起使命、担当作为的坚强集体。要更加注重提高干部的专业化能力，提升各级干部对严峻挑战下做好经济工作的规律性认识，干什么学什么、缺什么补什么，培养更多行家里手。要进一步增强“三项机制”的引领力和穿透力，旗帜鲜明宽容探索中的失误、改革中的过错，及时为受到不实举报的干部澄清正名、消除顾虑，真正让优秀者优先、吃苦者吃香、有为者有位。

*坚持挺纪在前，营造良好政治生态。*严格执行全面从严治党制度，强化履责监督，刚性落实“两个责任”。认真抓好中央八项规定精神贯彻落实，更深层次整治形式主义和官僚主义。深入开展作风效能建设主题教育活动，持续纠“四风”、改作风。精准运用“四种形态”，不断增强监督执纪质效。持续深化政治巡察，抓好问题整改落实。大力推进政治生态优化工程，健全完善政治生态监测评价指标体系，推动全市政治生态持续净化优化。加强廉洁文化建设，常态化抓好警示教育，不断筑牢党员干部拒腐防变的思想防线。坚持“三不”一体推进，严惩群众身边腐败和不正之风，不断巩固发展反腐败压倒性胜利，营造风清气正的良好政治生态。

同志们！只要奔跑就不会遥远，只要奋斗就定会精彩。让我们更加紧密地团结在以习近平同志为核心的党中央周围，在省委和南通市委的坚强领导下，坚定必胜信心，秉持实干精神，激发奋斗豪情，奋力开启全面建设社会主义现代化新征程，以优异成绩庆祝建党100周年！

政府工作报告

——2021年1月15日在海安市第十六届人民代表大会第五次会议上

于立忠

各位代表：

现在，我代表市人民政府向大会报告工作，请予审议，并请政协委员和其他列席人员提出意见。

2020年及“十三五”工作回顾

刚刚过去的2020年，是极不平凡的一年。面对新冠肺炎疫情带来的严重影响和巨大考验，我们高举习近平新时代中国特色社会主义思想伟大旗帜，在南通市委、市政府和海安市委的正确领导下，在市人大、市政协的监督支持下，紧紧团结和依靠全市人民，坚持稳中求进工作总基调，坚持新发展理念，落实高质量发展要求，不忘初心、牢记使命，凝心聚力、攻坚克难，统筹推进疫情防控和经济社会发展，扎实做好“六稳”工作，全面落实“六保”任务，有力有效对冲疫情影响，较好完成了市十六届人大四次会议确定的目标任务，高水平全面建成小康社会取得决定性成就，“十三五”规划圆满收官。预计实现地区生产总值1218亿元，增长6.2%；在减税降费17.8亿元的基础上，一般公共预算收入64.5亿元，增长3%；固定资产投资519亿元，增长7%，其中工业投资313.3亿元，增长7.5%；社会消费品零售总额346亿元，稳中有升；城乡居民人均可支配收入49997元、24987元，分别增长4.5%、7%。在南通市聚焦“三个全方位”、比学赶超争先锋发展指标月度评估中持续位居第一。被表彰为全省推进高质量发展先进县（市、区）。历经汗水浇灌，成功收获全国文明城市、国家卫生城市、全国无障碍环境示范城市等一批“国字号”荣誉。在全国县域经济综合竞争力百强榜、最具投资潜力中小城市百强榜、工业百强县市排名中分别列第24位、第7位、第17位。

——*疫情防控取得重要成果。*面对突如其来的严重疫情，我们坚持人民至上、生命至上，迅速打响疫情防控的人民战争、总体战、阻击战。坚持科学防治、精准施策，第一时间成立疫情防控指挥部，调动社会各方面力量投入到疫情防控之中，健全及时发现、快速处置、精准管控常态化防控机制；根据疫情形势变化，适时调整防控策略，牢牢守住“外防输入、内防反弹”防线。通过艰苦努力，从1月24日确诊首个病例，一周内实现本地确诊病例“零新增”，一个月内实现本地确诊病例全治愈。11名医护人员临难不惧、逆行出征，社会各界人士积极捐款捐物，有力支援湖北抗击疫情，为全国疫情防控大局作出了海安贡献。加速健全公共卫生应急、防灾减灾救灾等工作体系，完善各类应急预案，建成南通首家县级核酸检测实验室，市应急医院、4家二级区镇中心卫生院发热门诊及核酸检测实验室全面布局。不失时机、动员部署推进复工复产、复商复市、春季农业生产等工作，市财政设立1亿元应急纾困资金，争取抗疫特别国债3.7亿元，迅速出台支持企业抗疫情稳发展“18条”、支持服务业企业健康发展“10条”、支持建筑业健康发展“11条”、助企稳岗“8条”等一系列政策措施，全市企业共计获得稳岗返还资金2118.9万元、抗疫贷款234.8亿元。扎实开展消费促进季活动，累计投放消费券1145.8万元，拉动消费1亿元以上。工业企业3月中旬实现全面复工复产，7月份各行各业全面恢复正常水平。全年新增市场主体2.9万户，累计13.5万户，增长26.9%。

——*实体经济保持稳健发展。*积极主动应对纷繁复杂的国内外环境，坚持阳光普惠与精准滴灌相结合，推动实体经济稳中有进、稳中提质。预计实现工业应税销售2300亿元，增长15%，总量南通第一。工业规模企业、亿元企业分别达1102家、280家，均居全省第一方阵。深入推进“5123”工业大企业培育工程，应税销售超10亿元、20亿元、50亿元、100亿元企业分别达20家、12家、7家、3家，其中天楹集团超210亿元、跻身《财富》中国500强。新增省级军民融合创新平台1个、省级以上专精特新科技小巨人企业5家、全国制造业单项冠军示范企业1家、全国两化融合贯标认证企业12家。开发区获评国家新型工业化产业示范基地，高新区获评国家锦纶功能纤维新材料示范基地。跃通数控创业板报会；新三板挂牌企业新增3家、总数18家，均为南通第一。现代服务业提效增能，预计实现应税销售1850亿元，增长12%。商贸物流园蝉联全国优秀物流园区。铁路物流基地到发量突破100万吨，凤山港集装箱吞吐量超1.3万标箱，保税物流中心进出区贸易额达3亿美元，新增AAAA级以上物流企业5家。软件科技园获评省级生产性服务业集聚示范区。家具、石材、五金机电“三大博览会”品牌影响力持续提升。积极打造温泉、人文等特色旅游，乐百年小镇温泉酒店、魏建功纪念馆等一批项目加快建设。乡村振兴纵深推进，农业现代化水平稳居江苏第一方阵。粮食生产全省十五连冠，全省首家“楼房猪舍”建成投产，重要农产品稳定供给，省级粮食物流产业园成功获批。获评全国基本实现主要农作物生产全程机械化示范市。扩桑三年行动全面启动，新栽桑5200亩。牵头组建南通市蛋鸡、渔业、稻米三大产业联盟，墩头镇获评省“味稻小镇”。新增省级农业龙头企业2家。长江十年禁捕禁售全面落实。隆政街道新丰村、李堡镇光明村分别入选全国“一村一品”示范村、全国乡村特色产业亿元村。“百企联百村、共走振兴路”行动成效显著，村营收入超50万元全覆盖。建筑产业现代化高效推进，预计实现施工产值1800亿元，增长8.9%。入选省级建筑产业现代化示范项目2个，华新集团获评国家装配式建筑产业基地。新增鲁班奖2项、国优奖2项、詹天佑奖4项、中国安装之星奖1项。

——开放开发水平不断提升。深入开展重特大项目突破年活动，全面扩大对外开放合作，持续厚植发展后劲。中国直播经济产业峰会暨中国主播海安行、投资贸易合作洽谈会、高质量发展恳谈会、海安名品境外展等重大活动成果斐然，海安影响力、美誉度持续提升。总投资100亿元的华东重机、比克电池项目成功落户。新批外资项目35个，实现外资到账3.6亿美元。全年新开工10亿元以上重特大项目44个，其中二期项目12个，入选省级重大项目5个、南通市级重大项目37个，再次夺得南通市项目建设年度综合考评流动红旗。全方位融入长三角一体化发展，与苏州大学建立全面战略合作关系，一批区镇与苏南强镇达成深度合作，全面实现长三角区域医保互认互通。高铁“海安号”列车驰骋长三角。积极开拓对外开放新空间，率先开行长三角地区至东盟国际货运班列、沪苏通铁海快线班列，万吨海安冷链港、保税物流中心二期工程等项目加快建设。进境肉类指定监管场地成功获批，填补苏中地区空白。主动应对国际贸易形势变化，组建出口信用保险统保平台，大力开辟拉美、非洲等“一带一路”沿线地区出口替代市场，完成进出口总值175亿元，增长25.5%。稳步开拓海外市场，实现境外投资中方协议额2亿美元。机器人及智能制造产业园、电子信息产业园等重点专业园区建设稳步推进。

——改革创新激发新的活力。坚持抓改革、促创新，不断优化营商环境，最大限度激发内生活力。持续深化“放管服”改革，“3550”成果进一步巩固。企业开办0.5天办结成为常态，工程建设项目审批制度改革扎实推进。不断优化水、电、气等服务，办电实现“一证通办”，降低企业用能成本近1.5亿元。通关便利化再提速，逾九成原产地证书可自助打印。统筹推进自然资源资产产权制度改革，开展集体经营性建设用地入市试点。4个项目获省土地点供指标872亩，盘活闲置低效用地5837亩，获评省国土资源节约集约利用模范市。金融支持更加有力，截至2020年11月末，各项贷款余额1385.5亿元，较年初增加164亿元，存贷比75.1%；其中制造业贷款余额296.5亿元，占比22.2%，均居南通第一。惠业转贷提供应急转贷资金超26亿元，中投保海安公司担保额达66亿元。推动设立金融母基金、政策性纾困基金、产业链专项子基金。完成开发区、高新区管理体制机制改革。常安纺织产业园生态环境政策集成改革试点工作全省放样，创新推行废水总量动态分配、绿色金融等7项举措。全面推进国家创新型县市建设和省级科技创新体制综合改革，企业创新能力提升三年行动圆满收官，净增高新技术企业105家，总数达374家，均居南通首位。新增国家级博士后科研工作站2家、省企业重点实验室1家、院士工作站1家。联发集团入选国家技术创新示范企业。铁锚集团获批国家企业技术中心。加强关键核心技术攻关，新增产学研合作项目246个，首台套及首创产品30个。获省科技成果转化专项资金项目2个、省“333”工程科研项目5个，南通最多。中机锻压、交睿机器人获省级科学技术一等奖。中洋集团获国家“蓝色粮仓科技创新”重点专项支持。深入实施“海陵英才”计划及海陵“名家、名师、名医”工程，引进国家级领军人才10人、高层次创新创业人才156人。新增省双创博士1人、双创人才12人、双创团队2个。推进人才“一站式”服务，办理人才政策事项1321项，兑现资金2816万元。大力推进质量强市，首席质量官制度规上企业全覆盖，新增省长质量奖提名奖1个、江苏精品2个。主导或参与国家、行业标准19项，建成省级以上标准化试点示范项目8个，超力卷板机获批全国锻压机械标准化技术机构。万人发明专利拥有量南通第一，荣获中国专利奖优秀奖2个，高新区获评省级知识产权示范园区。

——城乡面貌发生显著变化。围绕现代化中等城市建设，突出建管并重、内外兼修，城乡形象和品质不断提升。金融集聚区、金融服务中心、党校综合楼等重点工程推进有序，闸东路、旺池西路、南海大道等市政道路完成改造。洋港南路、曙光东路、安平路街区提档升级。累计出让经营性用地35宗1373亩。万达广场、财富客厅、百国百品开业运营，商业氛围日趋浓厚。新区建设日新月异，上湖创新区中科创新广场孵化器、上湖高中竣工交付，同方飞立科创园、黑龙江工商学院长三角产教融合基地成功签约；新通扬河生态区生态廊道形象初显，城隍庙道教文化中心加快建设。综合交通网络日益完善，通榆路快速通道建成通车，沪苏通铁路、盐通高铁开通运营，火车站出站通道加快建成。新通扬线航道整治工程竣工验收。“四好农村路”提档升级50千米、亮化改造150千米。扎实推进“微治理”行动，改造144个老旧小区和20个城中村。全面开展城乡小区、机关企事业单位垃圾分类工作。建筑装修垃圾资源化利用项目建成运营。19个居民小区试点建设地面电动车集中充电设施。智慧停车平台优化升级，新增停车泊位222个。污染防治攻坚成效显著，扬尘、油烟等专项整治持续深化，空气质量优良天数比率、PM2.5平均浓度“一升一降”实现“双达标”。河长制、断面长制、滩长制全面落实，市考以上断面平均水质优Ⅲ比例达91.7%。城乡污水处理一体化初步实现，尾水生态湿地项目获中央环保专项资金1825万元。镇村人居环境整治工作连续三年位列南通第一。推进高速道口增绿护绿工程，新增成片林5300亩，骨干林带管护实现常态化。入选省“绿美村庄”8个。

——保障和改善民生更具温度。用心用情解决疫情影响下的民生难题，预计全市一般公共预算中民生投入106.7亿元，占一般公共预算总支出82.8%。15项民生实事全面完成。新增就业、再就业1.4万人。城乡基本养老、基本医疗保险覆盖率分别达97.6%、98.7%，均居南通第一。全面实施长期照护保险，城乡低保、城镇住房保障、社会救助、抚恤优待和残疾人“两项补贴”等标准稳步提高。加强优质教育资源供给，4所幼儿园、2所小学投入使用，海中东扩三期、海中外国语学校等工程加速推进，立发中学通过省四星级高中初验，海安中专创成省级现代化示范职业学校，教育现代化省级监测得分创历史新高。教育教学质量省市领先，南通市中高考第一名花落海安。海安中学吕建荣获“全国先进工作者”称号。宁蒗支教群体被授予江苏“时代楷模”荣誉称号。深入实施健康海安战略，上湖三甲医院加快建设，省级现代医院管理制度试点深入推进，通过全国基层中医药工作先进单位复核评审。大公镇创成国家卫生镇。公共文化事业蓬勃发展，人均接受公共文化场馆服务次数南通领先，青墩、523文化艺术节成功举办，文化艺术中心被表彰为全国服务基层、服务农民先进集体。脱贫攻坚与对口协作成效显著，建档立卡低收入群体稳定脱贫，入选省建立解决相对贫困长效机制试点；略阳县实现脱贫摘帽。鑫缘集团储呈平获评“全国脱贫攻坚奖”奉献奖。民族团结进步工作全国示范。建成镇村殡葬设施44处，文明殡葬深入人心。在全省率先成立退役军人志愿者服务联盟，军供保障工作全省放样。及早部署推进疫情防控期间矛盾纠纷排查化解工作，有效预防和化解一批矛盾纠纷，信访积案化解率100%，获评全国信访工作“三无”县市。扫黑除恶专项斗争向纵深推进，公安机关执法工作全国示范。落实安全生产责任制，加强安委办实体化运作，扎实推进省安全发展示范城市创建，深入开展37个行业领域安全生产专项整治行动，相关工作获国务院督察组充分肯定。食药安全监管等工作持续加强。反走私综合治理扎实推进。建成救灾应急物资储备库，应急处突能力不断增强。社会大局和谐稳定，群众安全感、满意度保持省市前列。

——政府自身建设进一步加强。认真学习贯彻习近平总书记视察江苏重要讲话指示精神和党的十九届五中全会精神，巩固深化“不忘初心、牢记使命”主题教育成果，扎实开展学习苏州“三大法宝”、答好南通“发展四问”专题研讨，积极推进政府治理能力现代化。率先在南通建成市镇两级区域治理现代化指挥中心，一体化、智能化、实战化运行机制初步形成。扎实推进基层整合审批服务执法力量改革，赋予镇街权力事项清单49项。全面放开政府投资工程招标代理市场。推动国有企业市场化转型和竞争力提升，水务集团开展混合所有制改革，国有资本运营集团实体化运营，保安集团正式组建，高新区开投公司获评AA+信用评级。持续深化政务公开，建立健全府院良性互动机制，行政机关负责人出庭应诉率连续14年100%，“七五”普法工作顺利通过终期评估。加强与人大、政协工作联系，自觉接受市人大及其常委会法律监督、工作监督和市政协民主监督，扎实做好人大评议政府部门问题整改，积极参与政协专题协商并高效落实协商成果。办理人大代表建议362件、政协提案261件，办结率、答复率均达100%。认真落实党组主体责任，切实强化“一岗双责”，持续改进政府工作作风，扎实推进巡视巡察、督查督导问题整改落实。全面落实过“紧日子”要求，一般性支出及“三公”经费按要求压降到位。建立健全内审工作机制，加强审计问题整改。政府性债务风险等级进一步优化。坚持开门问策、问计于民，高质量做好“十四五”规划、国土空间规划编制。全面开展第七次全国人口普查。落实上级重大政策措施真抓实干成效明显，科技创新、养老服务体系建设、河长制等3项工作获省政府通报表扬。

积极支持工会、妇联、共青团、工商联、侨联、慈善会、关工委、科协等群众团体开展工作。人武、外事、机关事务、史志、档案、供销、老干部、老区开发、气象等工作取得新的成绩。海关、新长车务段、邮政、通讯、烟草、保险等部门和红十字会、商会、行业协会等组织为地方高质量发展作出新的贡献。

各位代表，事非经过不知难。一年来，通过全市上下勠力同心、艰苦奋战、共克时艰，顺利完成了2020年各项工作任务，为“十三五”画上了圆满的句号。

回顾过去的五年，我们始终坚持新发展理念，综合实力迈上更高台阶。与“十二五”末相比，全市地区生产总值增加485亿元，年均增长7.7%；农业增加值增加22亿元，年均增长6.6%；工业应税销售增加1280亿元，年均增长18.1%；服务业应税销售增加1427亿元，年均增长34.3%；建筑业总产值增加775亿元，年均增长12.3%。新增规模企业237家、亿元企业60家、国家制造业单项冠军示范企业5家、省级以上专精特新科技小巨人企业25家。全社会研发投入占地区生产总值比重达2.7%，产学研合作经费超10亿元，实施国家重点研发计划项目3项，净增高企255家。南通综合考核实现八连冠。全国县域经济综合竞争力百强榜排名前移11位。成功撤县设市，实现由“县”变“市”的华丽转身。

回顾过去的五年，我们始终坚持深化改革，内生动力活力持续释放。与“十二五”末相比，三次产业结构占比由7.4∶54.5∶38.1优化调整为5.7∶54∶40.3。新开工亿元以上工业项目575个、新竣工308个，较“十二五”均增长50%左右。71个重特大项目新开工“二期项目”。在南通市项目建设18次综合考评中，17次扛旗、12次夺冠。金融机构新增贷款687亿元，是“十二五”末的1.9倍。成功打造常安纺织产业园、机器人及智能制造产业园、时尚锦纶产业园、电子信息产业园、商贸物流产业园、两区台商产业园等七大专业园区。新批境外投资项目43个。南通海关海安办事处、铁路海关监管场站、保税物流中心（B型）等一批对外开放平台相继建成。

*回顾过去的五年，我们始终坚持城乡统筹发展，城市形象实现全面提升。*城镇化率达62.9%，与“十二五”末相比，提升7.6个百分点。城乡建设投入超500亿元，建成区面积近50平方千米。新通扬河生态区、上湖创新区全面启动建设。提档升级46条市政道路，完成189个老旧小区、72个城中村改造，建设安置房115万平方米，城镇常住人口保障性住房覆盖率100%。城区燃气普及率100%。通榆路快速通道、226省道、353省道、宁启复线电气化改造、盐通高铁、连申线航道等一批重点交通工程相继建成，综合交通运输体系基本成型，现代化中等城市框架进一步拓展。

*回顾过去的五年，我们始终坚持绿色发展，生态文明建设不断深化。*与“十二五”末相比，PM2.5平均浓度从55.9微克/立方米下降到35.4微克/立方米，空气质量优良天数比率从68.5%上升至84.9%。市考以上断面优Ⅲ比例从最初的零达标提升至91.7%，全面消除劣V类水体。水利总投入超20亿元，实施河道整治等重点工程86项，城乡防洪排涝抗旱能力持续增强。获评国家节水型社会达标市。新增绿化造林5.1万亩，建成区绿化覆盖率达41.3%，人均公园绿地面积达14.3平方米，成功创建全国绿化模范城市。新增省生态文明建设示范镇9个、示范村11个。累计投入8亿元，新建污水管网570千米，城镇污水集中处理率93.8%。金属表面处理中心、家具产业危废暂存中心等一批“绿岛”项目全面实施。万元地区生产总值能耗从0.35吨标准煤下降到0.26吨标准煤。

*回顾过去的五年，我们始终坚持以人民为中心，人民生活质量普遍提高。*民生投入累计达431亿元，与“十二五”相比，增长75.9%。完成为民办实事项目75项。城乡居民人均可支配收入分别增长45.2%、51%。8581户14171名建档立卡低收入人口实现稳定脱贫。37.6万人纳入城乡各类养老保险，83万人纳入城乡各类医疗保险，覆盖率均列南通第一。4.9万失地农民实现应保尽保、即征即保。累计投入16.6亿元，建成各类学校23所，新建改建学校校舍45万平方米。累计投入10.8亿元，促进医疗卫生事业发展，市、镇、村三级医疗服务体系逐步完善，创成全国慢性病综合防控示范区。建成博物馆新馆、图书馆新馆、青墩遗址博物馆，实现村级综合性文化服务中心全覆盖。社会公众安全感满意度名列省市前列，连续16年获评江苏省平安县（市）。7人入选中国好人榜。入选全国新时代文明实践中心建设试点城市，获评全国民族团结进步示范市。

各位代表，看似寻常最奇崛，成如容易却艰辛。我们深知，政府工作取得的每一份成绩，离不开历届历任班子打下的坚实基础，是上级党委政府和市委正确领导、市人大和市政协监督支持的结果，是百万海安儿女同舟共济、团结奋进的结果。在此，我代表市人民政府，向过去五年来所有关心、支持、参与海安建设发展的全市人民和海内外朋友，包括向过去一年里，投身于疫情防控战斗的广大市民群众、支援支持我市疫情防控的社会各界人士，致以崇高的敬意和衷心的感谢！

在肯定成绩的同时，我们也清醒地看到问题和不足，主要表现在：宏观经济形势复杂多变，实体经济发展面临一些困难，企业抗风险能力有待增强；产业规模化、集约化水平仍需提升，重特大项目还不够多，土地、资金、环境等要素保障亟待进一步加强；城乡协调发展存在短板，城市管理还不够精细，公共服务与人民群众对美好生活期待相比尚有差距；生态环境、安全生产、公共卫生应急管理等领域仍存在薄弱环节；提升政府现代化治理能力和水平需要进一步探索和实践，等等。对于上述问题，我们将坚持系统思维，增强发展定力，直面困难矛盾，采取更加精准有力措施，切实加以解决。

“十四五”工作展望

“十四五”时期是我市坚定扛起历史使命、阔步迈向现代化的起步期，是加快战略机遇转化、全面融入长三角一体化发展的关键期。当前及今后一个时期，世界百年未有之大变局加速演变，国际环境日趋复杂，新冠肺炎疫情影响广泛深远，不稳定性不确定性明显增强。与此同时，随着构建“双循环”新发展格局以及长江经济带发展、长三角一体化发展等国家战略的深入推进，沪苏通铁路、盐通高铁等重大工程的顺利建成，特别是习近平总书记视察江苏和南通，勉励江苏“两争一前列”，并对南通发展寄予厚望，让我们倍受鼓舞、信心倍增。按照省委“高起点、大手笔建好江苏开放门户”要求，南通高位谋划，提出“跑赢新赛程、勇当排头兵，建设长三角一体化沪苏通核心三角强支点城市”的奋斗目标。市委十三届十次全会根据南通对海安确定的“高质量发展争第一、百强排名进二十”目标定位，在科学分析、综合研判的基础上，全面发出“振奋精神再出发、科学谋划谱新篇，奋力开启全面建设社会主义现代化新征程”的动员令。可以说，挑战前所未有，机遇也前所未有。我们必须明大势、看大局，深刻洞察和把握发展的新趋势、新特征、新要求，牢牢抓住战略机遇，积极应对新的挑战，保持定力、久久为功，一步一个脚印向着宏伟目标阔步前行。

我们高度重视“十四五”规划编制工作，进行了深入的调查研究，听取了方方面面的建议意见。现将《海安市国民经济和社会发展第十四个五年规划和二〇三五年远景目标纲要（草案）》提请大会审议。

“十四五”时期政府工作的总体要求是：高举中国特色社会主义伟大旗帜，深入贯彻党的十九大和十九届二中、三中、四中、五中全会精神，坚持以习近平新时代中国特色社会主义思想为指导，深入落实习近平总书记对江苏工作重要讲话指示精神，按照省委和南通、海安市委部署要求，统筹推进“五位一体”总体布局，协调推进“四个全面”战略布局，坚定不移贯彻新发展理念，坚持稳中求进工作总基调，以推动高质量发展为主题，以深化供给侧结构性改革为主线，加强需求侧管理，以改革创新为根本动力，以满足人民日益增长的美好生活需要为根本目的，统筹发展和安全，积极服务构建新发展格局，紧紧围绕“枢纽海安，物流天下”“产业高地，幸福之城”的战略定位，全力打造江苏东部综合交通枢纽、长三角北翼产业高地、全省创新驱动发展示范地区、宜居宜业幸福之城，致力打造枢纽海安、智慧海安、健康海安、平安海安、宜居海安，逐步建成产业强市、文化强市、教育强市、科技强市、人才强市，加快建设现代化中等城市、创新型工商城市，朝着实现第二个百年奋斗目标迈进。

“十四五”期间，我市经济社会发展的主要目标是：

——*更高质量推动经济发展*。地区生产总值年均增长7.5%左右，到2025年可比价突破1750亿元、现价突破1850亿元，一般公共预算收入力争实现100亿元，经济总量在南通位次实现前移，发展质量和效益显著提高，综合实力和竞争力明显增强。以先进制造业为主体、现代服务业为支撑、现代农业为基础的现代产业体系更加完善。创新型城市、人才强市建设取得重大进展，高新技术企业和科技型中小企业大幅增加，高质量创新成果不断涌现。

——*更高起点推进改革开放*。体制机制创新取得重大进展，高质量发展、高效能治理、高品质生活的体制机制更加完善，市场化法治化国际化营商环境建设取得明显成效，经济社会发展活力进一步增强。抢抓“一带一路”、长三角一体化发展等重大机遇，全面融入苏南、接轨上海，更高水平开放型经济新体制基本形成。

——*更高标准改善人民生活*。居民人均可支配收入年均增长6.8%左右，中等收入群体比重明显提高，就业更加充分更有质量，公共服务体系优质均衡，多层次社保体系更加完善，教育现代化走在前列，高质量公共卫生健康体系基本建成，养老服务体系不断完善，人口结构更加优化，青年及高层次人才比重显著提高，人民群众生活全面迈向高质量。

——*更高品质建设美丽海安*。城乡融合发展走在前列，基本实现城乡协调发展、共同繁荣。国土空间布局持续优化，生产生活方式绿色转型步伐加快，资源节约集约利用水平明显增强，生态环境质量根本改善，宜居宜业质量显著提升，人文特色进一步彰显，美丽江苏海安样板建设取得标志性成果。

——*更高水平提升文明程度*。核心价值观深入人心，文化事业繁荣发展，文化产业实力壮大，青墩文化品牌、文化标识充分彰显，现代公共文化服务体系基本建成，市民文明素质和城市文明程度不断提升，建设全国文明城市典范城市。

——*更高效能推进市域治理*。党的全面领导落实到政府工作各领域各方面的高效执行体系基本形成，社会主义民主法治更加健全，系统完备、运行规范、智能高效、富有特色的市域治理制度体系基本建成，防范化解重大风险的体制机制更加健全，突发公共事件应急能力显著增强，自然灾害防御水平明显提升，发展安全保障更加有力，群众安全感和法治建设满意度显著提高。

展望2035年，海安要努力在率先基本实现社会主义现代化上走在前列，经济高质量发展迈上新台阶，地区生产总值可比价突破3600亿元、现价突破4000亿元，人均地区生产总值达到5万美元以上，基本实现新型工业化、信息化、城镇化、农业农村现代化，创新型城市建设取得重大突破，建成省级综合交通枢纽，城乡发展一体化，人民生活更加美好，共同富裕取得更为明显的实质性进展，社会文明程度达到新高度，生态环境根本好转，建成美丽江苏海安样板，市域治理体系和治理能力现代化基本实现，初步展现出现代化图景。

各位代表，蓝图已绘就，奋进正当时。相信有历届领导班子打下的良好基础，有广大干部的团结奋斗，有人民群众的广泛支持，尤其是我们海安人勤劳苦干、脚踏实地、善于拼搏、敢于争先，必将谱写海安全面建设社会主义现代化的崭新篇章！

2021年工作任务

今年是两个百年目标交汇与转换之年，也是实施“十四五”规划的开局之年，更是中国共产党成立100周年。做好今年各项工作，意义十分重大。必须积极应对错综复杂的发展环境，坚定发展的信心决心，善于在危机中育先机、于变局中开新局，奋力开启全面建设社会主义现代化新征程。

今年全市经济社会发展的主要预期目标是：地区生产总值增长确保7%、力争7.5%，一般公共预算收入确保68亿元、力争70亿元，工业应税销售增长确保15%、力争18%，服务业应税销售增长12%以上，固定资产投资增长6.5%，其中工业投资增长7%以上，高新技术产业投资增长5%，城乡居民人均可支配收入分别增长7%、7.5%，城镇登记失业率控制在3%以内，全社会研发投入占地区生产总值比重达2.73%，生态环境质量持续改善，万元地区生产总值能耗和主要污染物减排完成上级下达任务。

落实总体要求，实现上述目标，我们必须做到：

——认真学习贯彻习近平总书记视察江苏重要讲话指示精神和党的十九届五中全会精神，坚持新发展理念，以“六稳”“六保”为抓手，积极融入“以国内大循环为主体、国内国际双循环相互促进”的新发展格局，为全面建设社会主义现代化开好局、起好步，在争当表率、争做示范、走在前列中彰显海安担当。

——抢抓长三角和省域一体化发展战略机遇，全方位融入苏南、全方位对接上海，主动参与上海大都市圈同城化建设，在营商环境、平台载体、产业链条、科技创新、开放枢纽、资源配置、公共服务等方面加强深度合作、谋求协同发展，打造全面融入长三角一体化高质量发展新高地。

——聚焦产业基础高级化、产业链现代化，坚持质量第一、效益优先，突出创新核心地位，扎实开展延链补链强链行动，加快推动传统优势产业信息化、数字化、智能化，大力培育新技术、新产品、新业态、新模式，全面提升产业发展质效和核心竞争力，打造自主可控、安全高效的现代产业体系。

——统筹推进治理体系和治理能力现代化，坚持共建共治共享，注重数字赋能，推动有效市场和有为政府更好结合，进一步完善“大数据+网格化+铁脚板”工作机制，以系统化、科学化、法治化为基本准则，强化底线思维，突出源头防控，坚决防范和化解影响现代化进程的各种风险隐患。

——始终坚持以人民为中心的发展思想，推动经济发展质量与社会民生保障同提升、人民生活品质与精神文明程度齐发展、美丽人居环境与安全发展示范城市共建设，更好满足人民群众对美好生活的向往和期盼，努力让经济发展更有“温度”、城市建设更有“魅力”、民生幸福更有“质感”。

新的一年，我们将重点在八个方面精准发力、务求实效。

一、聚焦提质增效升级，更大力度构建县域现代产业体系

推动工业经济迈向中高端。聚焦质量效益明显提升，扎实推进实体经济健康发展，确保工业应税销售达2600亿元。新增规模企业80家，净增亿元企业20家。打好“5123”工业大企业培育工程收官战，力争如期实现既定目标。实施税收超亿元企业培育行动，打造更多“纳税大户”“亩产英雄”。引导企业深耕行业细分市场，力争新增国家制造业单项冠军示范企业2家，省级以上专精特新科技小巨人企业4家。全面对接央企军企，深度推进央地共建。深入推动企业精准对接多层次资本市场，新增主板上市企业2家、报会企业3家，新三板挂牌企业3家。全力打造更具竞争力的现代产业集群，推动现代家具、装备制造、节能环保等行业向高水平全产业链升级，形成超百亿集群6个。坚持质量强市，新增省、南通市质量奖各1个，培育江苏精品3个。

增创服务业发展新优势。做强做优枢纽经济，加快建设现代流通体系。实施服务业规上企业培育工程，净增规上企业50家。服务业应税销售达2100亿元。常态化运营沪苏通铁海快线班列、海安至东盟国际货运班列，谋划开行至俄罗斯国际货运班列，主动对接和服务通州湾长江集装箱运输新出海口建设。规划铁路新货场建设，提升“公铁水联运”水平和竞争力。实现铁路到发量120万吨，凤山港集装箱吞吐量1.4万标箱。持续扩大期货交割库群规模，力争新获批交割品种2个。加快保税物流中心二期工程建设，发挥进境肉类指定监管场地、粮食物流产业园集聚带动作用。有序推进重点专业市场规范发展和提档升级。不断丰富“一核两翼”旅游元素，加快家具艺术小镇、乐百年健康小镇等项目推进，温泉度假酒店、固定翼飞机起降点建成运营，打造一批网红打卡地、夜间文旅消费集聚区。博物馆争创AAAA级景区。深挖历史、人文、地理等特色资源，精心开发旅游新产品，着力增强旅游业比较优势，提升旅游体验层次，接待游客350万人次，实现旅游收入50亿元。

提升建筑产业核心竞争力。统筹抓好国内、国外两个市场，在新老基建、城市更新、装配式建筑、援外项目等领域持续发力，力争实现施工产值2000亿元。推进建筑工业化、数字化、智能化，引导建筑企业延长产业链、融合价值链，转型工程总承包、投建运一体化、“BIM+”业务、全过程咨询服务等发展模式，大力开拓城市轨道交通、高速公路、市政公用、水利水电、港口与航道工程等市场。培育和壮大年龄结构合理、职业化程度较高的产业工人队伍。积极推动现代建筑产业园区、示范基地和项目建设。支持企业升级综合资质，升级资质6项以上。新增鲁班奖、国优奖3项。

加快“数字经济”高质量发展。大力开展数字赋能行动，积极发展5G、人工智能、大数据、区块链、工业互联网等前沿产业和应用场景。推动数字技术与产业高效融合，加强与腾讯、盘石等智能云领军企业合作，推广“数字化制造、平台化服务”。支持行业龙头企业发挥云平台优势，整合数据链、共享数据库，更好服务全行业、全产业链发展。加快推进企业“数字化”智能改造和装备升级，确保技改设备投入25亿元，新增星级上云企业20家，创建南通市级以上智能车间3家，研发智能终端产品20项，建成数字化重点示范工程10个。大力发展直播带货、“网红经济”“宅经济”等新业态，多渠道培养电商直播人才，引导企业建立线上带货与线下销售互动的新营销模式。加快5G、工业互联网等新型基础设施建设，开展“5G+互联网”应用场景69个。

二、聚焦创新核心地位，更大力度发挥科技引领作用

更宽领域实施创新。巩固企业创新能力提升三年行动成效，推动企业技术创新、产品创新和制造方式升级，培育一批核心技术能力突出的创新型领军企业、活跃的科技型中小微企业。高企净增70家、总数突破440家，高新技术产业产值占比提高10个百分点。持续拓展创新领域和成果应用，加强生命健康、安全发展、生态环境、农业、建筑业等领域科技创新，推进最新成果在民政、教育、医疗、交通等城乡各领域的广泛应用，努力让群众生产生活更美好。高质量通过国家创新型县市建设评估和省科技创新体制综合改革试点验收。

更高层次推进创新。提升产学研合作水平，完成技术合同成交额30亿元，新增产学研合作项目200个，实施国际科技合作项目6个。更加聚焦关键核心技术、“卡脖子”领域，打牢基础零部件、基础工艺、关键基础材料等基础，促进产业基础高级化。鼓励基础研究和原始创新，支持企业积极承担国家重大科技项目和省级专项，培育原创性科技成果20个，开发首台套、首创产品30个。提升企业专业实验室建设水平，吸引国家级专家团队入驻，力争新增省级企业重点实验室3家。加快蚕源种业科研中心建设，组建植物组培实验室，开展种源技术攻关。持续开展标准化建设提升行动，领衔和参与制修订国家、行业、地方标准8项，支持非标产品企业提升行业话语权。

更优人才激活创新。深入实施“海陵英才”计划、海陵“名家、名师、名医”工程，广纳天下英才，确保人才综合竞争力稳居全省前五。引进产业领军人才10人、高层次创新创业人才150人、财政资助人才项目40个，入选国家级人才、省双创人才数量南通领先。拓宽海

外人才招引渠道，引进海外高端人才、专业人才60人。实施产业实用人才开发三年行动，招引法律、金融、涉外等高层次跨专业实干型人才以及实体经济领域高技能人才2000人，培育战略性新兴产业高水平工程师50人。优化“一站式”人才服务，完善人才激励和评价机制，赋予高端人才更大自主权。

更强支撑促进创新。加强制度创新、组织创新、模式创新，促进创新链、产业链、资金链、政策链深度融合。引导领军企业、关联企业共建创新联盟，推动科技创新互惠共享。加强共性研发技术平台建设，新增省级以上重大科技创新平台、公共技术服务平台各1家，省级以上研发平台6家。高标准打造科创园、留创园等创新载体。建立财政对科技投入稳定增长机制，健全多元化科技投融资体系，确保“苏科贷”“科创贷”等科技贷款达2亿元。依托省级中试孵化母基金，设立科创子基金，保障科技成果高效转移转化。加强知识产权保护，新增省级以上知识产权贯标企业20家，万人发明专利拥有量54件，高水平通过国家知识产权强市工程建设验收。

三、聚焦落地转化达产，更大力度抓好重大项目建设

持续攻坚重大项目。持续开展“重特大项目突破年”活动，加强招商动态研究，精准制定产业链清单，进一步突出延链、补链、强链项目招引。充分发挥枢纽、产业、营商和人文环境、金融以及科技等比较优势，紧盯世界500强、国内100强和央企国企，大力引进一批链主型、龙头型、科技型项目。新招引亿元以上产业项目125个，其中10亿元以上34个、50亿元以上4个、100亿元以上不少于2个。新招引注册1000万美元以上项目32个，其中3000万美元以上4个、1亿美元以上2个，实现外资到账3.4亿美元。全力保持项目建设升温态势，推动华东重机、比克电池、阿尔法智能等一批重特大项目开工建设。新开工10亿元以上项目35个，其中20亿元以上10个、50亿元以上4个、100亿元以上2个。入选省级重大项目4个、南通市级重大项目18个以上。实行全过程跟踪服务，推动项目早竣工转化、早达产达效，新竣工项目60个、达产项目40个。

做大做强开发园区。突出开发园区主战场地位，推动开发区、高新区在产业集聚、科技创新、开放水平、集约水平等方面走在全省前列，不断提升土地产出率、资源循环利用率、智能制造普及率。启动国家级高新区创建工作。常安纺织产业园建好废水集中预处理和中水回用、公共印染等平台，增强综合承载力。机器人及智能制造产业园加快万石中欧国际、科创服务中心等载体推进，叫响“智造海安”品牌。电子信息产业园发挥好金属表面处理中心比较优势，持续攻坚重特大项目。时尚锦纶产业园突出龙头企业带动，不断扩大规模和影响力。两区台商产业园持续主攻1亿美元以上项目，形成台商集聚高地。中意海安生态园进一步加强欧洲国家和地区项目招引、交流合作，打造国际化产业集聚区和生活街区。在紧抓重大项目的同时，建好区镇亿元项目集聚区，支持现代工业综合体发展，推动亿元项目集聚集约发展。完善并用好“共引共建共享”机制。

强化支撑保障机制。建立健全项目建设联动会商机制，推进项目预审、容缺审批、联合审图等制度，及时解决项目推进突出问题。高效保障重大项目用地需求，深入推进土地综合整治，实施占补平衡2000亩、增减挂钩5000亩。加快推进“退二优二”，盘活闲置低效用地5000亩。有序清理闲置、废弃厂房等资产，腾出更多空间资源。坚持“亩产论英雄”，探索将达产达效、人才密度、创新强度作为重要评价指标。强化劳务用工快速反应和保障机制，扎实开展产教融合、“学子归巢”、招工引劳，引进高校毕业生、蓝领技能人才1.2万人。

四、聚焦先行示范引领，更大力度深化改革开放

持续优化营商环境。深入贯彻《江苏省优化营商环境条例》，积极探索原创性、差异化举措，全力打造全省一流营商环境。持续深化“放管服”改革，优化企业全流程、一站式服务。深入推动工程建设项目审批制度改革，加快实现数据信息集成共享。深入推进“双随机、一公开”，对新产业新业态包容审慎监管。健全完善社会信用评价、联合奖惩机制，促进信用信息产品应用社会化和市场化。持续释放减税降费红利，全面落实清费降本减负政策。强化银政企对接合作、应急转贷、担保等机制，确保惠业转贷规模30亿元、中投保海安公司担保额60亿元，制造业贷款余额及占比保持南通第一。传承和弘扬“张謇精神”，培育壮大优秀企业家队伍。坚持纾困惠企政策、“五个一”服务机制常态化，依法保障各类市场主体待遇平等和财产安全，不断提升民企“全生命周期”服务水平。进一步发挥商会和行业协会桥梁纽带作用。

深化重点领域改革。统筹推进自然资源资产产权制度改革，探索建立市场化运作、可持续的生态保护补偿机制。完善集体土地征收办法，探索实施集体经营性用地入市配套制度。构建更加完善的要素市场化配置体制机制，积极推进用能权、用水权、排污权等市场化交易，赋予环保指标金融属性。深入开展常安纺织产业园生态环境政策集成改革试点工作，形成经验、作出示范。加快国企转型升级，探索国有企业混合所有制改革。推进建筑企业股权改革，健全现代化公司管理体系。充分发挥财政金融“乘数效应”，完善优化财税激励政策，加快组建和壮大金融母基金、政策性纾困基金、产业链专项子基金。做好动产和权利担保统一登记，以苏中集团为试点加快供应链金融平台建设。推动保险机构在支持企业创新、参与新基建等方面实现更大作为。深化开发园区体制机制改革，精准推进开发园区审批事项赋权，理顺区街权责关系，形成更强合力。

全面加强开放合作。深化与长三角龙头城市分工合作，在产业协同、园区共建、文旅合作、农产品展销等方面建立更高层次协作关系，与苏南重点地区达成战略合作，提升南北共建园区合作水平。加强里下河区域合作，争创里下河一体化发展先行示范区。坚定不移“走出去”，拓展国际新兴市场，促进外贸稳定增长，新增进出口亿元企业4家、10亿元企业1家，实现进出口总额190亿元。认真研究和主动把握RCEP、中欧投资协定新机遇，加大对日韩、欧盟国家招商力度，开辟东盟等地新市场。

大力发展跨境电商、外贸供应链等新业态，借助国际展销、"互联网+"、建设海外仓等方式加快全球布局，力争获批南通市级跨境电子商务工作站。搭建外经合作综合服务平台，支持优质企业境外发债、海外并购、直接投资，带动技术、装备、产品和服务协同走出去。实现境外投资中方协议额1亿美元、境外承包劳务营业额1.3亿美元。

五、聚焦宜居宜业宜商，更大力度打造现代化中等城市

*以高标准建设完善城市功能。*围绕现代化中等城市、创新型工商城市，不断丰富城市内涵，提升城市能级。强化规划引领，合理设计建筑物高度、密度、立面，彰显品位特色。做好国土空间规划编制。加快邮政物联大厦等重点工程推进，完成金融服务中心建设。实施黄海大道通扬河桥、长江路世纪大桥、草坝路改造，新建宁海南路、广场南路。统筹推进海绵城市、地下综合管廊建设和数字化管理。高质量实施城市修补和更新改造，推进新通扬河生态区三期、海安丝厂等区域房屋征收。加强精致商品房、保障性住房、人才公寓等住房供给，探索利用集体建设用地和企事业单位自有闲置土地建设租赁住房，满足不同对象多层次需求。上湖创新区统筹推进市政基础设施、综合能源站、同方飞立科创园等项目，加快建成黑龙江工商学院长三角产教融合基地。新通扬河生态区加快安置房建设，完成生态廊道、流域整治等工程，统筹推进道教文化中心等项目。

*以立体化交通强化城市枢纽。*系统谋划综合交通发展战略规划，深入研究海安铁路总图规划、328国道改线方案、张皋过江通道北延方案等，加强争取对接，构建内联外畅的大交通格局。实施沈海高速海安道口至城区快速化改造。续建黄海大道西延1.9千米，新建李堡垒开发区353县域通道，缓解主要干道通行压力。新建212南娄线，提升与周边地区互联互通水平。加快智慧交通建设，全面实现交通信号自适应控制。优化城乡公交线路和站点设置，新购纯电动公交车60辆，探索发展定制公交、微循环公交、通勤班车等特色公共交通服务。

*以市场化手段繁荣城市经济。*以聚人气、促消费为重点，完善"吃住行游购娱"配套，让城市更有"烟火气""生活味"，有效增强对周边地区的辐射力。高标准打造万达广场、文峰大世界、星湖001等城市商圈，启动实施中大街高品位步行街改造提升工程。进一步提升商业购物、娱乐休闲等功能，加强"首店经济""国际潮牌"、高端商业等项目招引，新增南通首店5家以上，海安首店20家以上。鼓励"老字号"创新经营模式，扩大市场份额和影响。大力发展夜间经济，鼓励购物、餐饮、健身、娱乐等场所延长营业时间，发展"24小时"不打烊、夜间展会等新业态，打造特色鲜明的夜间经济生活集聚区3个以上。常态化举办车展、房博会、农产品展销会等活动，激活本地市场消费潜力。进一步叫响教育之乡、长寿之乡等品牌，打造知名医疗特色专科，更好满足本地及周边地区群众需求，提升城市吸引力。

*以多元化供给促进城市发展。*依据城市规划和市场需求，有序推进地块收储和土地出让，增强经营城市能力。鼓励和引导社会资本积极参与基础设施建设运营，加强与国开行、农发行等政策性银行深度合作。更好发挥国有企业服务城市发展作用，全面参与建成区、小城镇和撤并镇建设。瑞海集团积极参与城市更新行动，高品位打造新通扬河生态区。城建集团在做好市政主营业务基础上，深耕智慧城市、新农村建设等领域。国有资本运营集团加快盘活闲置资产，拓展人力资源、金融业务板块。保安集团积极发展城市安防、金融服务外包、区域现金处理业务。水务集团完成引江供水三期和鹏鹞水厂深度处理工程，加快提升集团外部信用评级。

六、聚焦乡村全面振兴，更大力度推动农业农村发展

*做强现代农业。*发挥产业联盟作用，推广"龙头+基地+农户"模式，推动稻米、蚕桑等五大产业提质增效。落实"粮食安全""菜篮子"责任制，稻麦单产保持全省领先，生猪产能恢复到存栏30万头。扎实推进扩桑行动，新增桑园5000亩、蚕业农场20家。突出重大产业项目、精深加工项目招引，新开工亿元以上农业项目15个。培育和壮大新型农业经营主体，建成新型合作农场80家、农业产业化联合体2家。新增南通市级以上龙头企业4家、农产品电商40家。加快"1+N"农业园区建设，争创省级农业高新技术产业示范区、国家现代农业产业园。强化农产品质量安全监管和品牌建设，培植一批有影响力的区域公用品牌，绿色优质农产品占比达80%。实施"互联网+"农产品出村进城工程，推动更多农产品进入连锁餐饮、大型商超供应链、采购链。

*做优基础配套。*实施乡村建设行动，推动城镇基础设施向农村延伸，公共服务向农村覆盖，促进城乡基础设施共建共享。深化农村公共基础设施管护体制改革，夯实管理、维护和监督责任。坚持藏粮于地、藏粮于技，启动新一轮高标准农田提档升级工程，打造千亩示范区1个。完成旱地改水田1000亩。争创省级农业生产全程全面机械化示范市。加快重点水利工程建设，整治疏浚河道95条，打造生态河道18条，拆坝建涵156座。探索构建"公交+物流"新模式，拓展农村物流配送功能，建成农村物流服务站10个。规范建设公交首末站9个、农村客运站1个。全面推行"路长制"，争创"四好农村路"全国示范。创新金融支农服务模式，扩大信贷担保范围，加大涉农资金争取和统筹力度，引导金融和社会资本投入农业农村。

*做精特色镇村。*注重功能完善、品质升级、彰显特色，打造一批现代化宜居城镇和特色村庄。支持曲塘镇、李堡镇发展成为现代新型小城市，推动城郊接合部、撤并集镇产业发展、闲置资产盘活、基础设施和公共服务能力提升，增强人流、物流、资金流吸附力，构建多层次城镇化体系。加快补齐城镇短板，完善购物、餐饮、文体娱乐、托幼康养等服务功能，促进镇村消费升级。坚持分类指导、梯度培育，打造乡村振兴示范村15个、先进村35个，确保走在南通前列。分类编制"多规合一"实用性村庄规划，实现全覆盖。规范农村宅基地和农房建设管理，探索农村宅基地有偿退出机制。拓宽村级集体经济增收渠道，深入开展"百企联百村、共走振兴路"行动，建成运营"强村加油站"3个，实现村营收入超100万元村占比

达40%以上。

七、聚焦一流人居环境，更大力度打造美丽江苏海安样板

*持续抓好污染防治。*扎实开展工业源、移动源、扬尘等大气污染源综合治理，加强秸秆综合利用，PM2.5平均浓度不高于37微克/立方米，优良天数占比不低于82%。进一步落实河长制、断面长制、滩长制，开展8条省考以上断面河道及其支流污染源再摸排再整治，省考以上断面水质优Ⅲ比例不低于62.5%。启动实施一批土壤污染调查、风险管控、治理修复项目，提升土壤环境质量。有序推进危废集中收集贮存试点，构建危废专项整治信息化平台，强化全生命周期监管，危废处置利用率达到100%。加快推进城乡污水处理一体化，实施建成区提质增效、精准攻坚“333”行动，规划建设尾水再生利用工程配套管网。试点建设重点断面生态缓冲带。持续提升环境监测监管和应急处置能力，加强走航车、无人机、自动监测站等新技术、新装备的引入、应用和推广，雾炮车配备、重点断面自动监测站实现全覆盖。坚持治标治本，各级环境信访持续下降。

*聚力扮靓美丽城乡。*巩固提升全国文明城市创建成果，建立健全常态长效管理机制，强化“绣花”式精细管理。持续开展违法建设、户外广告设施、扬尘防控、餐饮油烟等专项整治，继续改造提升农贸市场，改善城郊接合部、火车站周边、撤并工业园区等区域形象。高质量推进城市绿化美化亮化工程，积极创建国家生态园林城市。提标垃圾分类治理，固化群众分类意识，完成智慧环卫工程。统筹推进老旧小区改造，强化小区业委会建设，探索创新维修基金管理使用，以党建引领提升物业管理水平。启动实施新一轮镇村人居环境整治提升三年行动，学习浙江“一米菜园”经验，让房前屋后美起来。点亮城乡空间景观特色，建设一批美丽街区、美丽社区、美丽庭院、美丽阳台。依托里下河、南黄海等自然禀赋，系统推进绿化、水利、环保等工程，打造一批沿河特色景观带、沿海生态景观带，展现“新鱼米之乡”的时代风貌。

*全面推动绿色发展。*严格落实能源总量和强度“双控”机制，启动碳排放达峰行动，实施分行业节能减排提标工程，推动经济结构、能源结构和产业结构低碳转型。完善“三线一单”划定和规划环评编制审查机制，严把项目准入关。推动“环保管家”服务模式向一般企业延伸。支持建筑装修垃圾资源化利用、飞灰等离子体资源化处理、秸秆移动式处理等项目做大做强，全力打造“无废城市”。积极争取绿色发展基金，推动绿色金融供给与绿色产业需求有机对接。常态化抓好长江禁捕禁售等大保护有关工作。高标准实施绿化造林工程，新增成片林800亩以上，建成省级绿美村庄5个。实现省级生态文明建设示范镇全覆盖，争创国家级生态文明建设示范市。

*加快打造文化强市。*精心打造海安文化品牌，突出青墩、红色、名人、大运河等特色文化元素，进一步丰富城市内涵，提升城市气质。建好用好青墩遗址研究所，建成魏建功纪念馆，扩大523国家文化产业园影响。办好“红旗民兵团”命名55周年纪念活动。繁荣发展文化事业，高水平运营文化艺术中心、图书馆、博物馆等文化阵地，推动老旧影院沉浸式观影升级改造，满足群众高品质、个性化需求。积极创建“中国文学之乡”。实施文艺作品质量提升工程，围绕建党100周年、海安人文故事等，完成原创作品8件以上，冲刺“五个一工程奖”。健全海安文化遗产名录，建成非遗工坊1个以上。实施人才强文行动，加大海安杂技团、歌舞团等扶持力度，大力培养高素质文化骨干，打造省内知名文艺团队。健全现代文化产业体系和市场体系，加快发展新型文化企业、文化业态、文化消费，高标准打造泛书房、鑫缘、“印象三塘”等区域性文化产业品牌。

八、聚焦更高品质生活，更大力度保障和改善民生

*提高民生保障水平。*健全公共就业服务体系，构建常态化援企稳岗帮扶机制，新增就业、再就业1.25万人。不断完善覆盖全民的社会保障体系，稳步落实企业职工基本养老保险全国统筹改革方案，推进失业保险制度改革，健全重大疾病医疗保险和救助制度。积极实施应对人口老龄化战略，深入推进“链式养老”服务和医养融合发展，积极开发老龄人力资源，发展“银发经济”，保障“智能时代”老年人日常交通出行便利。健全完善城乡低保、抚恤优待、社会救助等自然增长机制，关爱保护留守儿童、困境儿童。大力营造拥军优属浓厚氛围，完善退役军人服务保障体系，争创省双拥模范城七连冠、全国重点军供站，全面启动全国双拥模范城创建。扎实推进省级建立解决相对贫困长效机制试点，力争为全省乃至全国探索更多经验。扎实做好民族团结进步、社会福利、慈善事业、红十字等工作。

*优化公共服务供给。*大力实施教育现代化，扩大优质教育资源供给，加快推进海中外国语学校、城南实小西校区等12项重点工程。积极应对新高考方案，高标准实施教育综合改革，推动高中教育多元特色发展，确保高考持续领跑全省。强化师德师风、名师队伍建设，提升学生综合素养，争创国家义务教育质量监测实施优秀县（市）。建立完善与城市、产业发展相匹配的现代化职业教育体系，培育服务终身学习的社区教育品牌。支持南通理工学院高品质发展，吸引一流高校落户海安。深入实施全民健身战略，多渠道保障群众健身需求。高位推进健康海安战略，加快中医院急救中心、科研教学病房综合楼、妇幼保健院、上湖三甲医院等重点工程建设，加强与国内外一流医院、医学院合作。稳步推进医药卫生体制改革，健全现代医院管理制度，加强紧密型医联体、新型互联网医院建设，优化分级诊疗制度，推动优质医疗资源下沉。扩面提质家庭医生签约服务，标准化、智能化推进慢性病健康管理。提高优生优育服务水平，促进普惠托育发展。

*提升社会治理效能。*因时因势调整完善常态化疫情防控措施，扎实抓好进口冷链食品集中监管、疫苗接种等工作，巩固来之不易的疫情防控成果。健全公共卫生应急管理体系，构建分级、分层、分流的传染病等重大疫情救治机制，提升医疗物资设备调集和后勤保障能力。优化升级社会治安防控体系，构建服务实战的现代化警务联动机制，深化“平安前哨”工程，扎实推进新一代

雪亮技防工程。常态化开展扫黑除恶专项斗争。启动看守所迁建工程。深入贯彻《江苏省城乡网格化服务管理办法》，不断深化"大数据+网格化+铁脚板"的工作机制，打造高素质、多功能网格员队伍。坚持自治、法治、德治、智治相结合，扎实做好信访工作，加强调解、公证、仲裁、行政裁决、行政执法等与司法衔接联动，提升矛盾多元化解水平。进一步深化新时代文明实践试点工作，打造良好文明乡风，助推社会治理。以安全生产为基础，加快建立综合性、全方位、系统化的城市安全发展体系，高标准创成省安全发展示范城市。深入开展安全生产专项整治三年行动，全链条压实安全生产责任。提高食品、药品、疫苗等监管水平。加大财政对安全保障力度，完善消防、道路等安全基础设施，不断提升本质安全水平。加强非法金融活动防范和处置。持续强化国家安全、宗教事务、保密通讯、反走私、治欠保支等工作。

人民群众对美好生活的向往，是政府一切工作的出发点和落脚点。今年，我们将继续大力实施15项民生实事工程。1.促进就业创业。提供就业岗位不少于2.3万个，其中高校毕业生岗位6000个；支持成功自主创业1800人以上。完成企业新型学徒制培训600人、城乡劳动者技能培训4500人、新生代农民工职业技能培训1800人、职业农民培训1000人，新增高技能人才1200人、新型职业农民200人。2.济困扶弱助残。为250户困难老人、100户贫困残疾人家庭分别实施居家适老化改造和无障碍改造。免费为500名贫困残疾人发放辅助器具，为150名残疾儿童提供基本康复服务，为持证残疾人购买意外伤害保险。持续开展因病支出型贫困家庭医疗救助。3.助力强农惠农。建设高标准农田5万亩。改造里下河地区171座圩口闸钢闸门。建设农产品寄存点（生鲜驿站）10个以上。4.加强公益优抚保障。全面优化长期照护保险服务体制，享受长期照护失能（失智）待遇达4000人。推进婴幼儿照护服务，新增托育服务机构8家、幼儿园托幼班级13个。办理发放拥军优待卡2万张。5.提升养老服务。新增养老机构1家、养老床位200张以上。新建1家老年人日间照料中心，实现主城区街道全覆盖。试点建设老年人助餐市场化服务体系。实施"百岁老人健康有约服务"项目。6.改善教育教学环境。建成3所幼儿园，异地新建南屏小学，完成实验小学和开发区实验小学改扩建工程。实施中学教室照明更新和中小学教室新风设备安装工程。全面开展中小学课后延时服务。7.提档医疗服务水平。推进市应急医院建设，完成李堡、南莫中心卫生院发热门诊及核酸检测实验室建设。建设2家互联网医院，形成"互联网+医疗健康"服务体系。8.丰富群众文体生活。送戏190场次，送展览100场次，送培训100场次。文化艺术中心举办免费公益培训班30个，大剧院高质量演出60场。建成24小时城市书房1个、街道综合文体服务中心5个、村史馆和农村大舞台各22个。举办"乐一天"农民艺术节231场、"万里千家"惠民文艺演出924场。新增体育场所6个，配备健身器材1000件。9.提高交通便利程度。改造农桥70座。实施农村公路亮化工程150千米和一事一议财政奖补路50千米。主城区引进共享电单车系统，方便市民出行"最后一公里"。10.开展环境综合整治。建设降尘智能化监管系统，新增雾炮车5台、空气质量微型监测站31个。整治农村黑臭水体38条。实施1.7万户分散农户生活污水设施建设。11.加强公共安全建设。建成既有物业小区电动自行车充电位3500个，在1300部电梯加装电动自行车禁入系统。启动新时代技防城智能化建设（一期）。处置报废钢瓶1万只。建成食品（食用农产品）快速检测室5家。12.开展法律援助服务。建成7个街道公共法律服务中心，办理法律援助案件1300件。13.实施便民政务服务。开展政务服务提升年行动，常态化开展"综合窗口"便利化服务。14.推进智慧城市建设。启动智慧小区试点建设。新改建5G基站800个，新增智慧家庭用户4万户、"三千兆"示范小区2个，建设省内领先的5G网络。15.建设"三馆二中心"。完成规划展览馆建设，启动科技馆、安全教育警示馆以及残疾人综合服务中心、教师发展中心建设。

全力建设人民满意的服务型政府

新阶段新形势新任务，对政府工作提出了更高要求。我们一定坚持党的全面领导，紧扣政府治理能力现代化目标，坚决扛起推动经济社会发展、管理社会事务、服务人民群众的重大职责，加快建设人民满意的服务型政府。

*打造高效政府名片。*深入学习贯彻习近平新时代中国特色社会主义思想，增强"四个意识"，坚定"四个自信"，做到"两个维护"，自觉在思想上政治上行动上始终同以习近平同志为核心的党中央保持高度一致。加强政府系统党的建设，严格落实意识形态工作责任制，把党的领导和制度融入政府治理各领域各方面各环节。强化制度意识，维护制度权威，抓好制度执行，从速从细落实上级和市委决策部署。落实《政府督查工作条例》，建立健全领导挂钩、狠抓落实、督查督办、跟踪问效等工作推进制度，做到说一件、干一件、成一件。

*打造创新政府名片。*善于突破思维定式和采用现代化新技术、新手段，更有创造性开展工作。着力打造数字政府，全力抓好市域治理现代化指挥中心、新型基础设施建设，推进5G、大数据、人工智能等新技术在便民服务、经济监测、营商环境、城市运行、社会治理、民生保障、环境保护等领域的应用和创新。完善"互联网+政务服务"体系。启动"数据中台""业务中台"建设，促进数据共享共用、业务系统互联互通，提升数据利用水平。进一步加强"我的海安"APP宣传和推广，拓展服务深度和范围，不断提升县域治理现代化水平。

*打造法治政府名片。*强化法治思维，积极构建职责明确、依法行政的政府治理体系。健全重大政策事前评估和事后评价制度，丰富政社互动内涵，提高决策科学化、民主化、法治化水平。扎实推进政务公开，打造"阳光政府"。推进基层综合执法体制改革，严格规范公正文明执法。深化府院联动机制。支持公益诉讼工作，强化联合惩戒。持续做好行政机关负责人出庭应诉工作。做好"八五"普法规划实施。自觉接受党内监督。依法接受人大、政协监督，高

质量办理人大代表议案、建议和政协建议案、提案。自觉接受司法监督、监察监督和舆论监督。

打造有为政府名片。主动适应现代化的新要求，深入推进学习型政府建设，切实加强对宏观经济、政策法规、战略规划、重点工作、新兴业态的分析研究，不断提升政府公务人员专业素养和干事创业激情。强化统计数据分析和运用。大兴调查研究之风，坚持“沉下去”服务企业、服务群众、服务基层，一线解决实际问题。综合运用系统思维、战略思维、辩证思维、底线思维，增强工作的主动性、系统性、专业性和预见性，有效应对和防范化解风险挑战，牢牢把握工作主动权。注重实绩实效导向，建立健全正向激励和容错纠错机制，推动广大干部勇于担当、敢于作为。

打造廉洁政府名片。严格落实中央八项规定精神，驰而不息纠正“四风”，持续为基层减负。厉行勤俭节约，规范执行财政预算，严控“三公”经费支出，积极化解政府性债务，切实做到政府带头过“紧日子”，让群众和企业过“好日子”。纵深推进政府系统党风廉政建设，加强公共资金使用、公共资源交易、公共权力运行等重点领域关键环节动态监管和审计监督，规范村级“三资”管理。全面构建亲清新型政商关系，做到干部清正、政府清廉、政治清明。

各位代表，路虽远，行则将至；事虽难，做则必成。面对新征程、新挑战、新任务，让我们更加紧密地团结在以习近平同志为核心的党中央周围，在中共海安市委的坚强领导下，在市人大、市政协和社会各界的监督支持下，坚定“高质量发展争第一、百强排名进二十”奋斗目标，不忘初心、牢记使命，只争朝夕、不负韶华，加快建设江苏东部综合交通枢纽、长三角北翼产业高地、全省创新驱动发展示范地区、宜居宜业幸福之城，奋力实现全面建设社会主义现代化新征程良好开局，以优异成绩庆祝中国共产党成立100周年！

调研报告

南通夺冠　苏中领先　全省前列

——海安市“十三五”工业高质量发展迈上历史新台阶

市工业经济发展研究中心课题组

高位走强　圆满收官

“十三五”是海安发展史上综合实力提升最快、高质量发展效率最高、城乡面貌变化最大、人民群众获得感最强的五年。全市上下围绕“枢纽海安，物流天下”“产业高地，幸福之城”战略定位，全面实施“工业立市”“产业强市”战略，坚定贯彻新发展理念，推动工业高质量发展南通夺冠、苏中领先、全省前列，迈上历史新台阶。工业应税销售在南通率先突破千亿大关后四年实现翻番，成为苏北苏中首个超2000亿元的县级城市，在“全国工业百强县（市）”位居17位、“全国制造业百强县（市）”位居12位，成为全省制造业创新转型成效明显仅有的9个县（市、区）之一。2020年全市上下全面落实中央、省市重要决策部署，坚决夺取双胜利，在南通市聚焦“三个全方位”比学赶超争先锋发展指标月度评估中持续位居第一，在全国百强县（市）排名中跃升5个位次，被表彰为全省推进高质量发展先进县（市），市委书记顾国标被表彰为“江苏省2019年度推进高质量发展先进县（市、区）委书记”，南通唯一。“十三五”工业高质量发展圆满收官，规上工业增加值、固定资产投资、工业用电量等重点指标逐月向好，实现工业应税销售2310亿元，增幅16%；规模以上工业总产值增幅9.7%，规上工业增加值增幅8.7%；新增规模工业企业184家，工业贡献了全市40%的GDP、缴纳了40%以上的税收、实现了60%以上的投资，在南通市高质量发展综合考核中勇夺第一名。

产业集群企稳回升。十大产业集群应税销售额1170亿元，同比增长3%，时尚锦纶、现代纺织两大主导产业集群双超200亿元。锦纶丝产量占全国的八分之一，蚕丝被和生丝产量全国第一，色织布产量全国第二；机器人产业初步形成全产业链发展格局；电子信息产业扩展至各类电子原材料制造、电子仪表仪器制造、LED灯具制造、自动化操作系统制造等多个领域；获评国家级时尚锦纶、装配式建筑、纺织产业基地、中国家具行业创新示范集群奖，荣获“中国茧丝绸之乡”等美誉。新增国家新型工业化产业示范基地，南通唯一，获批国家锦纶功能纤维新材料示范基地、国家装配式建筑产业基地、江苏服装供应链基地等，国家级、省级示范基地累计60余个。

优质企业做大做强。应税销售超10亿元、20亿元、50亿元、100亿元企业分别达20家、12家、7家、3家，其中天楹集团预计实现全球营收210亿元、鑫缘集团成为继文凤、天楹之后我市第三家百亿级企业。规模工业企业、亿元企业数分别达1102家、280家，均居全省第一方阵。铁锚、鹏飞、通润、亚太获评工业和信息化部制造业单项冠军示范企业；天楹集团获评国家制造业单项冠军示范企业，全市共5家，继续保持南通第一。鑫缘入围总数30家的工信部重点跟踪培育纺织服装品牌企业，南通唯一。威尔曼、海迅、通洋机电等19家企业获评省隐形冠军、专精特新科技小巨人企业，总数南通第一；威尔曼入选全国第二批专精特新“小巨人”企业，繁华玻璃获批省级企业院士工作站。天楹入选《财富》中国500强，天楹、福克斯等7家企业入围省民营企业200强，联发入围省民营企业创新100强，鑫缘、文凤入围民营制造业企业200强。鑫缘、鹏飞上榜省“自主工业品牌五十强”企业名单；26家企业入围南通市营业收入百强民营企业，南通第一；新三板挂牌企业数南通第一。

园区平台全面提升。建成国家级海安经济技术开发区、省级高新技术产业开发区、省级商贸物流产业园区、省级滩涂综合开发试验区滨海新区，完成开发区、高新区管理体制机制改革任务。开发区获批国家新型工业化产业示范基地、国家知识产权示范园区，软件园获评中国数字服务暨服务外包领军企业特色园区，物流园连续4年获评全国优秀物流园区。高新区建成工业应税销售千亿级园区，荣获省融合发展示范基地。加快建设七大产业园区，园区新开工亿元以上项目28个，其中10亿元以上项目11个，20亿元以上项目2个，50亿元以上项目1个。恒科众创城建成省内最早落户、规模最大的高端工业综合体项目。常安纺织园生态环境政策集成改革试点工作全省放样。北科大、上海交大、南大等国内知名院校在海安设立产业研究院8家，21家行业龙头企业建成企业研究院，其中省院士企业研究院1家，全省仅2家。建成省级以上科技企业孵化器、加速器、众创空间10家。建成电梯、变压器、化纤、磁性材料等行业检验检测公共服务平台，南大海安磁性材料检测中心成为全国第三家国家磁材检测中心。金融平台驱动效应放大，经省、南通市金融服务平台注册企业突破2200家，累计获批贷款26亿元。“用工保障直通车”微信公众平台启动运行，建成一批覆盖中西部的劳务基地和校企合作“冠名班”。

科技创新成果喜人。全面实施创新驱动发展战略，国家创新型县（市）建设和全省科技创新体制综合改革试点成效彰显。全市高新技术企业总数、省高企培育入库数、年新增产学研合作项目数、成果转化项目总数均为南通第一，被省政府表彰为落实“科技创新40条”“科技改革30条”成效明显的县（市、区）之一，全省仅有4家；130家企业通过省高企培育库入库评审，南通最多；跃通数控自动化生产示范线项目获国家重点专项支持，争取国家项目资金1385万元，南通唯一；鑫缘集团、中洋集团、广益机电获得国家科技进步二等奖。人才综合竞争力全省第五，中机锻压联合研发的最大规格海上作业液压打桩锤，成为国家自主创新示范区首台（套）重大技术装备，打破国外技术和市场垄断。联发集团建成染色、面料制造两个省级“智能车间”，获评国家技术创新示范企业和江苏省百强创新型企业；铁锚玻璃入选国家企业技术中心、获批省级军民融合创新平台，获得南通唯一的江苏省企业技术创新奖。人才综合竞争力稳居全省前列，全年引进产业领军人才10人，高层次创新创业人才156人，入选省“双创人才”12人、“双创团队”2个。开发区获批国家级博士后科研工作站。

项目建设扛旗夺杯。全年新开工10亿元以上重特大项目39个，创历史新高；其中20亿元以上高端制造业项目8个，38个续建重特大项目新增设备投资额98.5亿元，投资完成率57.5%；工业竣工项目85个，竣工率85%；转化达产项目74个，达产率43.8%，达产项目平均产出2.2亿元。省市重大项目数、项目开工率、投资完成率南通第一；固定资产投资增幅、高技术产业投资占比及提高值南通第一。5个项目列入省级重大项目，项目数全省县级城市前列；37个项目入选南通市级重大项目，全年完成投资额236.5亿元，完成计划的182.6%，在月度评估中连续保持南通第一。28个参加全省集中开工活动的项目全部开工建设。上半年夺得3面红旗、下半年夺得2面红旗。资金争取再创新高，11个项目获批中央预算内投资、省工信转型升级资金项目，鹏飞获省战略性新兴产业专项资金立项；22个项目获批一般债、专项债、特别国债21.78亿元。东材新材料等一批10亿元以上二期项目密集开工，“二期”现象获新华日报等媒体关注点赞。

质量标准做响品牌。紧扣质量强市战略，争创省市质量奖，鑫缘集团获中国质量奖提名奖，联发、天楹、鑫缘、中洋集团、双弘纺织等7家企业获南通市市长质量奖；天楹获江苏省质量管理优秀奖；鑫缘、中洋成功入选“我最喜爱的江苏商标品牌”。制修订国家、行业、地方等标准23项，在建国家、省级标准化试点示范项目18项，数量全省县级第一；海安作为唯一县级政府在全省标准化工作会议上介绍经验；开发区获批国家知识产权示范园区，完成专利申请5093件，完成省专利资助申报，获省级资金317万元。

融合发展亮点纷呈。军民融合高效对接。高新区获批省级军民融合新材料产业示范基地；新增6家企业取得军工资质，3家企业加入“军队采购网”，9家企业获得订单。铁锚玻璃成功创建省级军民融合创新平台。永通新材料、品德科技等与央企国企达成合作。天楹上市后，成功收购全球环保巨头Urbaser，成为中国环保企业海外并购史之最；鹏飞集团在香港成功上市。两化融合纵深推进，联发入选全省首批工业互联网发展示范企业，南通仅3家；天楹环保、华艺服饰、铭利达科技3家企业获得省级技术中心认定；瑞恩电气等12家企业通过工信部两化融合管理体系贯标认证；铁锚玻璃等12家企业申报省两化融合贯标试点企业，申报数南通第一；申菱电器等7家企业获评四星级上云企业，跃通数控等65家企业获评三星级上云企业，总数南通第一；铁锚玻璃等10家企业获评南通市首台套；天楹环保获评省首台套，“节能环保等离子体无害化废灰处置技术”项目入选省关键核心技术攻关项目；成功举办2020年“5G+工业互联网”高峰论坛，出台第五代通信网络建设《实施意见》，拟订三年目标计划，加快5G基站建设，推进5G应用。外贸外资量质提升。全年完成外贸进出口总额175亿元，新增3000万美元以上外资项目19个、外资到账3.59亿美元，实现逆势上扬。

绿色经济提质发展。持续推进煤炭减控，非电行业煤炭消费量22.27万吨，超额完成南通市下达减煤任务。推动节能降耗，单位GDP能耗下降率提前完成“十三五”目标要求，实施节能与循环经济项目24项；常安纺织园热电联产项目获批中央预算投资；天楹环保和双弘纺织入选省第一批绿色工厂。加强化工行业专项整治，上年关闭的全部完成验收。当年关停的2家完成转型退出，6家已“两断三清”，达到省市验收标准。我市在2019（2020）年度全国绿色发展百强县市排名中位列第22位。扎实做好安全生产工作。深入推进电力等领域安全生产专项整治，强化企业安全生产主体责任，全面落实“四清五化”工作要求，做严做实“三级复查复核”。深化“安全生产月”“百团进万企”等宣讲活动，形成良好社会效益，持续保持重点行业领域安全生产形势稳定。

营商环境持续优化。深化“放管服”改革，全面落实支持民营企业改革创新发展的相关政策，高效运行“海安政企通”服务平台，有效破解企业发展瓶颈。各项贷款余额、制造业贷款余额和占比均居南通前列，入选全省首批金融综合服务平台试点市，网上对接企业数、融资额南通领先。盘活闲置低效用地5837亩，获评全省国土资源节约集约利用模范县（市）。加强煤电油气等能源的保障协调工作，增强能源保供能力。全市工业用电量44.7亿千瓦时，增幅5.59%。全年引进高校毕业生、蓝领技能人才超1.5万人，有效缓解用工难。定期宣传、报道、表彰有突出贡献的优秀企业家，加快培养高质量企业家队伍，保护企业家合法权益，营造全社会尊重、关爱、支持企业家的良好氛围。

创新亮点　海安品牌

抓产业发展创新。建立部门“一对一”挂钩培育十大产业机制，充分调动部门、商会、企业发展积极性创造性，制定实施产业三年培育壮大计划，推动优势特色产业集中集聚集群集约化，迈向中高端水平。

抓企业培育创新。实施“5123”大企业培育计划，坚持阳光普惠与精准滴灌相结合，因企制宜，综合施策，做大做强做优重点企业，建成以规模企业、亿元企业为主体，全国制造业单项冠军、专精特新、科技“小巨人”为硬核，大中小企业融通发展的优质企业群。

抓发展赋能创新。我市作为全省两家科技创新体制综合改革试点地区之一，以创新型县、市建设为抓手，全面实施创新驱动发展战略，深入推进科技体制系列改革，扎实开展“机关部门服务企业科技行”“创新创业在海安”“中科院专家走进海安”等活动，深化实施企业创新能力提升三年行动计划，实施“海陵英才”计划，入选省“双创计划”数量南通领先，有效提升创新驱动在高质量发展中的贡献度，被评为全省制造业创新转型成效明显地区，表彰为我省落实“科技创新40条”“科技改革30条”成效明显县，全省4家，苏中唯一。

抓项目建设创新。深化“重特大项目突破年”活动，持续开展“月月看、家家到”观摩活动和每月技改项目“回头看”见成效等专题活动，完善重大项目“周督查、周指导、周通报”制度，坚持20亿元以上高端制造业项目日报制度，强化“市领导、部门、区镇、企业”四方联动的项目推进机制，有效推动项目建设，确保在南通项目工作考核中季季争第一、连年夺红旗。

抓服务企业创新。开展“服务企业百日行”“进企业、促发展”活动，推行项目服务全程代办、不见面审批改革，放大“人才新政”效应；开辟用工保障“绿色通道”；盘活闲置土地、厂房；扩大电力市场交易，实行重点行业、企业燃气、蒸汽阶梯价格；建立“五个一”长效服务机制，做优“海安政企通”服务平台，以创新服务优质服务推动工业高质量发展。

可贵经验　重要启示

始终将发展工业作为“第一方略”。工业是立市之本、兴市之器、强市之基。海安历届党委、政府坚持以发展为第一要务、以工业为重中之重，始终把“工业立市”“产业强市”作为“头版头条”主战略，奋力推动工业高质量领先发展，做到一张蓝图绘到底，一任接着一任干，一步一个脚印，沿着以工立市、以工兴市、以工强市、以工富市的成功之路越走越自信、越走越宽广。

始终将优化发展环境作为“第一保障”。全市上下凝心聚力营造工业发展最佳氛围，打造重点突出的良好政策环境，对企业做大做强、产业集群培育、军民融合、上市挂牌、并购重组等出台了一系列“硬核”举措，极大地激发了企业加快发展、提质发展的积极性创造性，保证和促进了工业领先持续高质量发展走在前列。

始终将内涵优化提升作为“第一动力”。坚持创新强工不动摇，始终以科技创新为主引擎，不断开拓高质量发展新境界，全市高新企业数、高水平研发机构数、重大成果转化等均居苏中前列，人才综合竞争力位居全省第五，江苏长江以北第一。大力实施品牌质量战略，国家制造业单项冠军、省“专精特新”小巨人企业和国家级特色产业基地数量全省前列、南通夺魁，省级以上品牌保有量南通领先。

始终将企业家队伍建设作为“第一抓手”。工业大发展，企业家是核心。海安有一批优秀企业家，薛庆龙、严圣军、吴赍华、陈文凤、储呈平、王家安、周福海、朱建国等，是其中的优秀代表。他们困难面前不低头，成绩面前不自满，专心致志做实业、心无旁骛干主业，坚持做到发展不动摇、改革不停步、创新不懈怠，为工业高位走强、高质量发展走在前列作出重大的历史性贡献。建设高质量企业家队伍，是工业高质量发展的“第一需要”。抓好这支队伍，就是抓住了根本，抓住了关键，就能确保企业在高质量发展的工业主战场冲得上、攻得下、顶得住、打得赢，夺取新的“七战七捷”！

（晨阳　陈楷　执笔：顾宇飞　晓理）

勠力同心攻坚克难　创新争先跨越发展

——“十三五”海安经济社会发展成就

“十三五”时期是海安发展史上实现跨越发展的五年，是综合实力提升最快、高质量发展效率最高、人民美好期望实现最多的时期之一。面对错综复杂的国际形势、艰巨繁重的改革发展稳定任务，全市人民坚持以习近平新时代中国特色社会主义思想为指导，深入贯彻党的十八大、十九大精神，紧紧围绕“枢纽海安，物流天下”“产业高地，幸福之城”战略定位，突出高质量发展导向，坚持稳中求进工作总基调，深化供给侧结构性改革，积极应对疫情防控重大挑战，有序化解不平衡不充分的矛盾问题，顺利实现“十三五”规划确定的主要目标，高水平全面建成小康社会取得决定性成就，为开启全面建设社会主义现代化新征程打下坚实基础。

一、“十三五”发展成果

（一）综合实力跃上新台阶

“十三五”期间，海安主要经济指标实现历史性跨越，多项成绩实现“首次”突破。

*经济总量迈上新台阶。*全市地区生产总值迈上千亿级台阶，由2015年的733.3亿元增加到2020年的1221.6亿元，年均增速达7.7%。社会消费品零售总额从2015年的251.6亿元增加到2020年的356.1亿元，是2015年的1.4倍。工业应税销售在南通率先突破2000亿大关，服务业应税销售突破1800亿元。财政总收入从2015年的140.7亿元增加到2020年的255.9亿元。

发展速度领先全市。“十三五”期间，海安经济保持较快增长态势，主要指标增速好于全市。地区生产总值年均增速高于南通0.7个百分点。固定资产投资年均增长10.5%，高于南通2.5个百分点。社会消费品零售总额年均增长7.2%，高于南通0.3个百分点。进出口总额年均增长12.9%，高于南通8.5个百分点。

*人均水平大幅跃升。*人均地区生产总值连年跃上新水平，2017年突破10万元，达到10.60万元/人，2020年达到14.13万元/人，是2015年的1.7倍。人均财政收入2.96万元/人，是2015年的1.8倍。人均住户存款2019年突破10万元，2020年达到11.49万元/人，是2015年的1.6倍。

（二）经济结构呈现新趋势

“十三五”时期，海安经济发展由高速增长向中高速转型，经济结构加快调整，三次产业结构由2015年的7.4∶54.5∶38.1调整为2020年的5.9∶52.6∶41.5，显现出一、二产比重趋于下降，三产比重明显上升的趋势。

*农业基础地位更加稳固。*2020年，海安实现农林牧渔业增加值81.1亿元，是2015年的1.5倍，年均增长2.0%。2020年实现粮食总产62.35万吨，粮食单产全省“十五连冠”，粮食生产总体稳定，“压舱石”“稳定器”地位更加巩固。农业现代化水平稳居全省第一方阵。

工业主体地位更加增强。“十三五”期间，海安工业经济发展态势良好，2020年海安规模工业企业数1067家，较“十二五”末增加204家。实现工业增加值543.7亿元，是2015年的1.6倍，年均增长8.0%。从占比看，2020年工业增加值占GDP比重为44.5%，对GDP增长贡献率达53.6%。

服务业引领作用更为显著。“十三五”以来，海安聚焦经济转型升级，引导服务业向中高端迈进，现代服务业发展稳健快速，多个行业迸发活力亮彩。服务业应税销售由2015年的758.3亿元增加到2020年的1820.2亿元，增量1061.9亿元，增量接近2016年全年规模。实现服务业增加值507.3亿元，是2015年的1.8倍，年均增长8.4%，增速快于第二产业增速0.8个百分点，快于地区生产总值0.7个百分点。

（三）发展后劲得到新提升

*固定资产投资较快增长。*2020年，海安实现固定资产投资536.88亿元，年均增长10.5%，增速保持南通首位。从投资结构看，三产增速快于二产，第三产业完成投资206.4亿元，年均增长12.6%，分别快于全部投资和二产投资2.1个、3.7个百分点。三产投资占比38.4%，较2015年提高0.9个百分点。

*消费需求不断扩大。*2020年，海安实现社会消费品零售总额356.1亿元，年均增长7.2%。分行业看，批发业、零售业、住宿业、餐饮业销售额年均分别增长19.9%、5.1%、14.1%、7.5%，分别拉动社会消费品零售总额13.4个、22个、0.5个、5.7个百分点，消费方式趋于多样化、个性化，互联网相关消费成为新的增长点。

外需市场稳中有进。“十三五”期间，海安积极策应“一带一路”，对外开放水平持续提高，实际利用外资总额和质量逐年提升。2020年，海安实现进出口总额175亿元，与“十二五”期末相比，年均增长12.9%；实际利用外资3.6亿美元，年均增长6.4%。

（四）运行质量取得新成效

*发展效益逐渐增强。*2020年，海安规模以上工业企业主营业务收入1448.1亿元，年均增长11.1%。实现利润总额73.9亿元，年均增长20.9%，主营业务利润率5.1%，企业主营业务获利能力持续提升。全员劳动生产率达到每人23.01万元。

*创新驱动质量提升。*与“十二五”期末相比，海安净增高新技术企业255家，总数达到374家。各类专业技术人员数较2015年增加2.1万人，年均增长6.6%。2020年，R&D经费（研究与试验发展经费）支出占GDP比重为2.69%，较2016年提高0.1个百分点。

能源利用效率显著提高。“十三五”以来，海安三次产业用能结构逐步优化，三次产业用能比重由2015年的8.1∶66.7∶16调整为3.1∶61.7∶20.3。能源加工转换效率不断提高，供热效率、发电效率分别提高14.4个、10.7个百分点。单位国内生产总值能耗每万元0.26

吨标准煤，较“十二五”期末累计下降23.7%。绿色清洁能源发电量增长较快，光伏发电量年均增速达87.3%。

（五）民生改善取得新成果

居民收入保持增长。2020年，海安全体居民人均可支配收入38900元，是2015年的1.6倍，年均增长9.3%。从常住人口看，城镇居民人均可支配收入突破5万元，达到50044元，是2015年的1.5倍，年均增长7.8%；农村居民人均可支配收入25176元，是2015年的1.5倍，年均增长8.8%，农村居民收入增速高于城镇居民1个百分点。2020年，城乡居民人均可支配收入比为1.99，较2015年缩小0.09。

消费水平持续增强。2020年，海安全体居民人均生活消费支出23265元，是2015年的1.3倍，年均增长6.1%，八大类消费呈现全面增长。其中，用于居住类的支出增长最快，年均增幅达到9.0%，居民用于装修维修及管理消费等大幅提高，增速居八大类消费之首；生活用品及服务类支出年均增长7.4%，高品质、智能化、个性化正成为消费的新趋势。

人民生活得到改善。2020年，海安全体居民恩格尔系数29.1%，较“十二五”期末下降0.7个百分点。2019年，海安在岗职工平均工资83141元，较2015年增加19155元，年均增长6.8%。2020年，城镇和农村人均住房面积分别达58.7平方米、66.4平方米，分别较2015年增加9.1平方米、10.9平方米。2020年，居民人均居住支出4239元，居住消费领跑增长，居民住房改善意识增强，居住环境持续改善。

二、“十四五”对策建议

（一）推进产业转型升级，加快构建现代产业体系

全面提升现代农业。一是构建更加完善的农业产业体系。以现代农业提质增效工程为抓手，突出粮食安全保障，强化产业发展基础设施建设，巩固提升主导优势产业。二是构建更为现代的农业生产体系。强化农业基础设施提升，推进特色产业全程全面机械化。三是构建更具活力的农业经营体系。积极推广“龙头企业+基地+农户”产业发展模式，拓宽农产品销售渠道，抢抓电商快速发展机遇，发展农产品线上线下融合销售新模式。

全面发展先进制造业。一是打造核心竞争优势。聚焦“新基建”和新兴产业，在科技自主创新、产业结构调整领域超前谋划，加快推动龙头标杆企业提质增效，做大做强主业。二是构建智能制造体系。以新一代信息技术与制造业深度融合发展为主线，加快推进工业互联网创新发展，积极应用智能制造新技术提高产品质量和生产效率。三是提升智能化应用水平。依托重点园区和重点行业企业，大力推广5G信息网络服务，推进智能化应用及产业链协同发展。

全面做强现代服务业。一是加快发展生产性服务业。提升现代物流业能级，充分发挥枢纽经济优势，推进“枢纽·物流·产业”三大优势相互转化。二是提升发展生活性服务业。加强基础性、公益性服务业供给。推动城区商业向高端化、品质化，农村市场向网络化、便利化发展。三是培育新兴领域服务业。创新发展电子商务模式，加快发展电子商务和跨境电商。丰富新兴金融业态，提升金融服务实体经济能力。

（二）扩大对内对外开放，服务构建新发展格局

落实扩大内需战略。一是构建现代消费格局。优化商贸流通空间布局。促进商旅文体等跨界融合发展，提升消费体验。二是培育消费新增长点。挖掘智能消费、体验消费、定制消费等新兴消费热点潜力，释放消费潜能。三是积极扩大有效投资。发挥政府投资撬动作用，鼓励和引导民营资本投向新型基础设施、先进制造业、民生及生态等重点领域。

推动开放型经济。一是升级利用外资结构。引导外资投向交通运输、信息传输、基础设施等新开放领域，加快先导产业集聚发展。二是优化利用外资布局。抢抓与“一带一路”沿线国家投资贸易不断深化的重大机遇，大力拓展新兴市场国家招商市场。三是提升外贸发展质态。加快形成以技术、品牌、质量、服务为核心的外贸竞争新优势，实施“科技兴贸”，突出高新技术外贸产品研发。

拓展开放合作空间。一是深入推进沿海开发。瞄准叠加机遇，积极推动与沪、苏、通融合发展区域规划对接、产业合作、园区共建。二是积极融入“一带一路”交汇点建设。鼓励优势产业加快向“一带一路”优质国别市场布局，推动国际产能深度合作。三是深度融入长三角一体化。主动融入长三角一体化发展大局，积极承接上海、苏南高端制造产业转移，深度融入长三角创新体系。

（三）优化提升公共服务，持续改善人民生活品质

提升城市功能内涵。一是健全城市综合功能。健全完善商业、教育、卫生健康、养老、文化、体育、公共活动等居住配套功能。二是提升城区发展能级。突出绿色、宜居、文化理念，着力打造宜居家园。三是提升城市治理效能。聚焦城市管理难点，实施网格化、精细化管理，提升城市治理效能。

全面推进乡村振兴。一是深入推动镇域发展。加快城区与各区镇的有机融合、联动发展，支持各区镇立足区位特点、资源禀赋、产业基础等独特优势，走各具特色高质量发展之路。二是实施乡村建设行动。因地制宜、分类施策，有序推进农村分散式污水治理，全域推行农村垃圾分类治理等重点工作。三是提升富民强村水平。坚持产业富民主体地位，构建农民收入稳定增长机制，推动乡村人才振兴，积极推进农民由“身份”向“职业”转变。

持续促进居民增收。一是持续扩大就业。强化政府促进就业责任，为各类群体就业提供更多政策供给，扩大就业规模。促进劳动者多渠道就业创业。二是强化就业服务。加大对高技能、高业绩职工的收入分配激励力度，强化人力资源市场供求数据挖掘和信息利用，提升市场化社会化就业服务水平。三是鼓励支持创业。充分发挥政策的激励作用，鼓励和支持各类人员想创业、能创业、创成业。（李忠梅）

文章题录

2020年中央级媒体有关海安报道题录（选录）一览表

表63

日　期	标　题	媒　体	版面、频道	作　者
3月3日	长江行：南通海安看花鼓	中国中央电视台	中文国际频道	—
2月12日	直通疫情防控一线	中国中央电视台	国防军事频道	—
2月21日	全能的江苏民兵！口罩、消毒水、救护车生产线他们都在	中国中央电视台	国防军事频道	—
3月3日	海安企业使用自动测温仪防疫复工	中国中央电视台	综合频道	—
3月12日	保春耕，红旗民兵助农战“疫”抓生产	中国中央电视台	新闻频道	—
3月18日	农技志愿者深入田间指导春耕	中国中央电视台	综合频道	黄荣华
4月3日	四月春光好，千亩梨花“香雪海”	中国中央电视台	综合频道	—
4月9日	订单量回升，一方草坪见证市场复苏	中国中央电视台	财经频道	—
5月2日	为10对抗疫青年举办集体婚礼	中国中央电视台	新闻频道	—
5月13日	公筷公勺引领市民文明新风尚	中国中央电视台	财经频道	—
5月22日	需求上升人气渐旺，招聘市场火爆	中国中央电视台	财经频道	—
5月26日	长三角至东盟国际货运班列首次开行	中国中央电视台	综合频道	—
5月27日	3200多亩贝母迎来收获季	中国中央电视台	财经频道	—
5月27日	长三角至东盟物流新通道正式开通	中国中央电视台	新闻频道	—
5月30日	雅周现代农业园无人驾驶农机收割插秧	中国中央电视台	新闻频道	—
6月1日	春茧上市，江苏海安启动保护价收购	中国中央电视台	财经频道	许小健
6月26日	迎端午商场开业，促消费增加就业	中国中央电视台	财经频道	—
7月8日	走出课堂走进生活，上好劳动教育这门“必修课”	中国中央电视台	社会与法频道	—
7月11日	沪苏通铁路迎首趟铁海联运班列	中国中央电视台	新闻频道	—
7月19日	江苏海安：双创基因融入城市根脉	中国中央电视台	新闻频道	—
8月10日	千名农技志愿者深入田间助力秋粮丰收	中国中央电视台	新闻频道	—
8月15日	推广病虫害绿色防控技术效果好	中国中央电视台	农业农村频道	—
9月10日	“海安舅舅”让山里娃圆梦清华北大	中国中央电视台	农业农村频道	—
10月19日	千亩早熟稻收割，新品种新技术助农增收	中国中央电视台	新闻频道	—
10月29日	5小时，更换宁启铁路受损桥梁	中国中央电视台	新闻频道	—
11月4日	河豚“无毒”大揭秘	中国中央电视台	农业农村频道	—
11月17日	发力直播新业态，打造增长新亮点	中国中央电视台	中文国际频道	—
2月7日	图片新闻：加班加点	人民日报	头版	翟慧勇
6月14日	图片新闻：海安花鼓，我来传承	人民日报	头版	翟慧勇
1月31日	图片新闻：抓生产，保供应	人民日报	4版	翟慧勇
3月27日	图片新闻：海安市海光社区“非遗小课堂”学习快速扎风筝	人民日报	10版	翟慧勇
4月23日	图片新闻：全民阅读，文化志愿者推荐好书	人民日报	12版	翟慧勇

续表63

日　期	标　题	媒　体	版面、频道	作　者
4月24日	图片新闻：企业复产，水运繁忙	人民日报	7版	翟慧勇
5月7日	图片新闻：墩头苏源化纤赶制出口订单	人民日报	3版	翟慧勇
6月29日	图片新闻：海安市体育中心内，许多家长带领孩子积极参加体育活动	人民日报	15版	翟慧勇
7月9日	图片新闻：海安市美佳医用敷料有限公司车间内，工人正在为出口订单赶制口罩和防护服	人民日报	3版	翟慧勇
7月17日	图片新闻：草坪铺就脱贫路	人民日报	14版	翟慧勇
9月4日	图片新闻：浅水藕，喜丰收	人民日报	18版	翟慧勇
12月15日	这款“公安联名奶茶”，真·越喝越醒脑！	人民日报微信公众号	—	—
6月8日	图片新闻：专场招聘会，助力稳就业	人民日报海外版	头版	翟慧勇
2月25日	图片新闻：“家门口”就业	人民日报海外版	3版	翟慧勇
3月10日	图片新闻：复产又达效	人民日报海外版	3版	翟慧勇
3月14日	图片新闻：生产满负荷，复工更复能	人民日报海外版	3版	翟慧勇
3月17日	图片新闻：农家书屋里的“专业伴读”	人民日报海外版	4版	翟慧勇
3月24日	图片新闻：海安坚持“生态兴市”战略，“甜蜜经济”带动村民脱贫增收	人民日报海外版	4版	翟慧勇
5月15日	图片新闻：乡娃学京剧	人民日报海外版	4版	翟慧勇
8月28日	图片新闻：海安市城东镇壮志村引导农民大力发展花卉产业	人民日报海外版	4版	翟慧勇
10月17日	图片新闻：丝绸产业促就业	人民日报海外版	3版	翟慧勇
11月2日	2020年直播经济产业峰会举行	人民日报海外版	3版	叶子
9月6日	大山深处奏响教育合作凯歌——江苏海安和云南宁蒗的32年教育结对之路	光明日报	头版头条	郑晋鸣
1月23日	让党的创新理论“飞入寻常百姓家”——江苏海安“理论年货节”见闻	光明日报	10版	朱波
3月19日	帮扶困难户，践行脱贫攻坚	光明日报	3版	翟慧勇
3月10日	“逆行”司机尤晨光—— 满载蔬菜奔赴武汉	经济日报	7版	薛海燕、刘文奇
3月19日	助合作伙伴渡难关 ——记江苏海安与意大利曼托瓦省的深厚友谊	经济日报	10版	薛海燕、顾倩倩
5月1日	图片新闻：开足马力生产，助力垃圾分类	经济日报	4版	翟慧勇
5月14日	图片新闻：江苏海安化纤产品受青睐	经济日报	7版	翟慧勇
5月15日	图片新闻：产品提档升级，产业绿色发展	经济日报	4版	向中林
6月17日	图片新闻：经济回暖，生产渐忙	经济日报	2版	翟慧勇
11月9日	江苏海安厚植中科院成果转化“沃土”	经济日报	4版	薛海燕、刘文奇
10月22日	图片新闻：以说唱艺术宣讲治理基层“微腐败”	农民日报	头版	季春鹏
7月23日	“双创”潮涌逐浪高，江苏海安招才引智推动经济社会全面进步	中国县域经济报	头版头条	张伟伟、郝荣峰
11月2日	江苏海安举行投资贸易合作洽谈会	中国县域经济报	头版	张伟伟
7月30日	一个江北小城成为创新明星的秘诀	科技日报	7版	张晔
9月29日	32年，“海安舅舅”助宁蒗娃改写人生	科技日报	4版	刘园园、赵汉斌、张琦

续表63

日　期	标　　题	媒　　体	版面、频道	作　者
11月19日	一个苏北小县与中科院不得不说的故事	科技日报	4版	张晔
1月17日	图片新闻：返乡过年顺便“充充电”	中国新闻出版广电报	头版	翟慧勇
5月11日	图片新闻：脱贫攻坚用好农家书屋	中国新闻出版广电报	头版	姜明
3月25日	图片新闻：海安市白甸“银发护绿水”志愿服务队	中国环境报	头版	翟慧勇
6月18日	图片新闻：海安市人民法院普法志愿者到企业开展“民法典让生活更美好”普法宣传	法制日报	8版	翟慧勇
4月10日	图片新闻：海安市城东镇纺织企业开足马力，研发新产品	中国国门时报	头版	向中林
4月24日	图片新闻：海安发挥传统支柱产业优势，复工复产有序推进、积极向好	中国国门时报	头版	姜明
7月30日	图片新闻：稳民企，保就业	中国国门时报	头版	翟慧勇
8月6日	图片新闻：扶贫车间推动少数民族职工脱贫增收	中国国门时报	2版	翟慧勇
6月17日	图片新闻：海安企业通过广交会直播平台向全球客商介绍企业和产品	国际商报	头版	翟慧勇
4月6日	图片新闻：江苏海安打造特色“枢纽经济”	中国城市报	20版	姜明
4月20日	图片新闻：我为家乡“云代言”	中国教育报	头版	翟慧勇
7月3日	图片新闻：海安曲塘中学高三学生快乐跳绳迎接高考	中国教育报	头版	翟慧勇
8月14日	图片新闻：城南实小暑期活动	中国教育报	头版	翟慧勇
9月29日	图片新闻：课间快乐跳格子	中国教育报	头版	翟慧勇
11月5日	一段32年的山海之约	中国教育报	头版头条	缪志聪
11月5日	图片新闻：健康连厢舞动校园	中国教育报	头版	翟慧勇
4月17日	图片新闻：江苏海安千亩白桦林成网红打卡地	中国绿色时报	2版	翟慧勇
5月6日	海安摄影志愿者为援鄂“天使”造像	人民摄影报	2版	向中林
5月12日	图片新闻：玫瑰花成为江苏海安“致富花”	中国质量报	头版	向中林
6月17日	图片新闻：江苏海安工人们生产出口到“一带一路”沿线国家的大型建材装备	中国质量报	头版	翟慧勇
6月24日	图片新闻：海安市积极推进企业5G融合应用和创新发展	中国质量报	头版	姜明
6月30日	图片新闻：“植物微工厂”赋能高效农业	中国信息报	头版	向中林
6月2日	图片新闻：海安雅周农业园展示装备北斗导航的无人驾驶收割机	中国商报	头版	翟慧勇
7月10日	图片新闻：特色种植助农增收	中国商报	头版	翟慧勇
7月28日	图片新闻：海安老旧小区改造	中国商报	头版	翟慧勇
6月2日	图片新闻：海安税务局携手学校开展“税收伴我共成长”活动	中国税务报	头版	翟慧勇
1月18日	图片新闻：江苏海安举办冬季捕鱼节	新华社	—	许丛军
2月14日	众志成城抗疫情，“红旗”民兵冲一线	新华社	—	季小平、康传广
6月26日	江苏海安流动党员南京“安新家”	新华社	—	—
8月10日	图片新闻：世界模特大赛在江苏海安举行	新华社	—	徐劲柏

续表63

日　期	标　　题	媒　　体	版面、频道	作　者
8月10日	老骥伏枥，江苏海安带出一群乡村校园京剧娃	新华社	—	李德余、李建华
9月28日	图片新闻：以“荷”为媒秀出水乡风情	新华社	—	翟慧勇
11月18日	图片新闻：钓鱼大赛带动乡村生态游	新华社	—	翟慧勇

2020年省级媒体有关海安报道题录（选录）一览表

表64

日　期	标　　题	媒　　体	版面、频道	作　者
1月5日	图片新闻：美好心愿画出来	新华日报	头版	翟慧勇
3月26日	海安：礼遇好人构建“好人之城”	新华日报	头版	蔡诚、濮端建、丁亚鹏
4月18日	大型都市工业综合体落户海安	新华日报	头版	丁亚鹏、常俊
3月1日	战“疫”中跑出复工加速度	新华日报	头版	丁亚鹏、金文、卢洋
4月26日	海安：便民利民，细微之处见文明	新华日报	头版	陈明、徐超、顾爱东
5月5日	海安：“微变化”中感受“微幸福”	新华日报	头版	金文、吴薇、卢洋、丁亚鹏
6月21日	海安：扛旗夺标，高质量跑道争领先	新华日报	头版头条	陈明、徐超、贲腾
8月5日	接力赋能，海安淬炼“创新名城”	新华日报	头版	徐超、陈明
8月10日	“少数民族村”，小康路上一户不落	新华日报	头版	严磊、刘文奇
10月3日	海安：“微心愿”解决群众大难题	新华日报	头版头条	孙敏、吴兰
11月2日	海安：项目建设“二期现象”成风景	新华日报	头版	徐超、陈明、吴薇
12月06日	党建联建，加速海安高新区追“新”逐“高”	新华日报	头版	胡军、丁亚鹏
1月7日	海安市墩头镇严肃执纪问责，“提效护航”出实招求实效	新华日报	15版	郁磊
1月19日	一条青鱼卖了26680元—— 海安里下河捕鱼节直击	新华日报	11版	陈明、徐超、卢锋、郝荣峰、常俊
1月21日	再想找“老鼠孔”，难咯！	新华日报	3版	陈明、徐超、卢锋、郝荣峰、常俊
2月8日	海安墩头精准监督助力打赢疫情防控阻击战	新华日报	6版	郁磊
2月18日	曲塘镇咬定目标战疫情保生产	新华日报	12版	常俊
2月18日	海安高新区：党组织“三靠前”，引领非公企业“两手抓”	新华日报	14版	朱强宇
2月24日	百名陕西民工搭上海安“就业直通大巴”	新华日报	4版	丁亚鹏、顾华夏、陈松来
2月25日	防控生产“两不误” 复工复产“加速度”——海安高新区：防疫复工一线党旗红干劲足	新华日报	8版	胡军、朱强宇
2月26日	你来我“网”，海安李堡警民携手战“疫”	新华日报	7版	徐峰 、许海涛、李霞
2月29日	海安123个逾亿元项目集中开工	新华日报	5版	陈明、徐超、郝荣峰
3月5日	图片新闻：江苏铁锚玻璃股份有限公司向湖北十堰和江苏海安捐赠39台进口医用呼吸机	新华日报	5版	许丛军
3月9日	海安高新区——志愿服务构筑战“疫”线上最美风景	新华日报	5版	周慧、孙锋
3月10日	高新区抓实抓细防控，协调解决企业复工复产	新华日报	2版	翟慧勇

续表64

日　期	标　　题	媒　体	版面、频道	作　者
3月11日	战疫情谋发展！海安市白甸镇复工复产率逾九成	新华日报	7版	黄俊杰、丁亚鹏
3月16日	海安开发区：疫情阻击战成党员冬训“试金石”	新华日报	5版	陶艳、徐晓艇
3月18日	海安李堡镇党员冬训网格实训课堂“学习防疫复工一手抓”	新华日报	9版	刘昱择、顾楠楠
3月24日	海安高新区打好疫情防控宣传主动战——用“四心”书写“双考”优秀答卷	新华日报	5版	周德进、孙锋
4月7日	聚才筑梦，演绎高质量发展“加速度”	新华日报	9版	胡春、王桂江、卢会伶
4月22日	图片新闻：海安充分发挥传统支柱产业优势，助力企业用工服务	新华日报	5版	姜明
4月24日	创新理论送上门，先进理念带回来——海安高新区党员冬训走深走实	新华日报	7版	周德进、孙锋、张海澄
4月26日	办好“小事”，微行动收获大幸福	新华日报	2版	陈明、徐超、顾爱东
4月28日	图片新闻：“世界知识产权日”，海安东城社区“绿书签行动”	新华日报	9版	翟慧勇
6月3日	海安市西场办事处：现代农业“金扁担”挑起百姓致富梦	新华日报	5版	徐晓艇、俞桂群、李向阳
6月4日	图片新闻：奋力谱写高质量充分就业新篇章	新华日报	10版	胡春、周杰华、谢志军
6月9日	图片新闻：机器人产业，为智造赋能	新华日报	3版	翟慧勇
6月16日	来了海安，就是自己人	新华日报	7版	徐超、贲腾
6月16日	海安：禽蛋产业绿色转型	新华日报	5版	顾华夏、朱国俊
6月18日	王汉文：一线战疫，上阵“父女兵”	新华日报	3版	徐超
7月7日	努力答好“中国之治”的“海安答卷”	新华日报	19版	顾国标
7月9日	海安市曲塘镇党委树立安全发展理念，为企业织密“安全网”	新华日报	16版	常俊、刘桂倩、张晶
7月17日	图片新闻：海安隆政街道废弃沟塘种荷花养藕养鱼美乡村	新华日报	5版	翟慧勇
8月9日	海安“一只茧”带动22万农户奔小康	新华日报	3版	刘潇卉、刘宁、丁亚鹏
8月25日	让“思想生辉、实践生动、文明生根”	新华日报	12版	孙敏
9月5日	探路东西部教育扶贫的时代楷模	新华日报	5版	—
9月5日	32载接力支教，小凉山遍开“索玛花”——记江苏“时代楷模”海安市宁蒗支教教师群体	新华日报	5版	王梦然、陈明、徐超、严磊
9月11日	海安市墩头镇拓宽产业兴旺新路径	新华日报	4版	赵孟
9月17日	海安:协同监督向侵害群众利益问题“亮剑”	新华日报	11版	张俊、洪娟、康传广
9月17日	海安开发区：实干争先，激荡高质量发展磅礴力量	新华日报	4版	储成来、徐晓艇
10月26日	图片新闻：海安大公镇举办第五届农民艺术节	新华日报	5版	仇稳山
10月27日	海安爱心团队结对帮扶西部地区230名贫困生	新华日报	12版	刘华梅
10月29日	党建领航，海安工青妇聚力共创助学“新名片”	新华日报	8版	冯婧
11月15日	新时代文明实践中心建设全国试点“海安样本”研讨会举行	新华日报	10版	孙敏、颜云霞
11月19日	海安市曲塘镇走出“网”“信”整合的社会治理新路	新华日报	20版	常俊、成存孝

续表64

日　期	标　　题	媒　　体	版面、频道	作　者
11月20日	海安市曲塘镇罗町村：“诚信建设”为乡村振兴引活水	新华日报	8版	周学锋、常俊
11月23日	“田间讲堂”宣讲全会精神	新华日报	4版	赵孟、周强
12月23日	品牌产品线上丝路行举办海安专场	新华日报	6版	俞圣彤
10月14日	海安“就业扶贫行动”专项活动	江苏省电视台	江苏卫视	—
4月26日	海安泰宁村：发展村集体经济，富了口袋，美了生态	江苏省电视台	公共新闻频道	—
11月2日	江苏海安发力直播经济，打造增长新亮点	江苏省电视台	公共新闻频道	—
12月17日	品牌产品打造“永不落幕”博览会	江苏省电视台	公共新闻频道	—
11月13日	海安“最强大脑”赋能城市发展“加速度”	现代快报	头版	花宇、刘文奇
12月9日	筑好民生之本，江苏海安多措并举“织牢”就业经纬线	现代快报	头版	陈俐君
4月10日	海安市总工会：实施职工思政“小项目”，凝聚高质量发展“大力量”	江苏工人报	头版头条	冯婧

（刘文奇）

海安市主要经济指标在全省位次

2020年海安市地区生产总值在全省县（市）位次一览表

表65

位次	县（市）	绝对量（亿元）	比上年增长（%）	位次	县（市）	绝对量（亿元）	比上年增长（%）
1	昆山市	4276.76	4.0	18	东台市	893.35	5.8
2	江阴市	4113.75	3.0	19	高邮市	838.18	3.4
3	张家港市	2686.60	3.9	20	仪征市	815.05	3.4
4	常熟市	2365.43	3.6	21	沛　县	805.01	3.9
5	宜兴市	1832.21	3.0	22	宝应县	763.04	3.6
6	太仓市	1386.09	3.9	23	新沂市	692.22	3.1
7	如皋市	1305.20	5.3	24	句容市	675.48	3.6
8	启东市	1223.10	4.2	25	睢宁县	619.34	2.8
9	海安市	1221.60	5.8	26	建湖县	593.88	3.3
10	如东县	1155.10	5.9	27	射阳县	592.36	4.1
11	丹阳市	1145.36	4.1	28	阜宁县	574.22	2.4
12	泰兴市	1127.47	3.9	29	涟水县	554.05	3.3
13	溧阳市	1072.20	5.3	30	东海县	553.81	4.1
14	沭阳县	1011.20	4.3	31	泗阳县	528.53	4.2
15	靖江市	1004.80	3.0	32	泗洪县	525.41	4.5
16	邳州市	1001.26	3.9	33	滨海县	503.86	0.2
17	兴化市	900.92	3.0	34	扬中市	489.59	3.8

续表65

位次	县（市）	绝对量（亿元）	比上年增长（%）	位次	县（市）	绝对量（亿元）	比上年增长（%）
35	丰　县	486.53	3.1	38	灌南县	396.94	2.9
36	盱眙县	435.32	3.1	39	灌云县	381.64	4.4
37	响水县	405.74	6.1	40	金湖县	337.03	3.2

2020年海安市人均地区生产总值在全省县（市）位次一览表

表66

位次	县（市）	绝对量（元）	位次	县（市）	绝对量（元）
1	江阴市	231239	21	东台市	100495
2	昆山市	204737	22	建湖县	96503
3	张家港市	188045	23	响水县	88861
4	太仓市	167382	24	兴化市	79380
5	扬中市	155179	25	沛　县	77409
6	仪征市	152660	26	射阳县	77221
7	靖江市	151109	27	阜宁县	72498
8	宜兴市	142501	28	新沂市	71411
9	常熟市	141308	29	盱眙县	71037
10	海安市	139273	30	邳州市	68479
11	溧阳市	137457	31	涟水县	66369
12	如东县	129381	32	灌南县	64711
13	启东市	126021	33	泗阳县	63577
14	高邮市	117871	34	滨海县	61252
15	丹阳市	115974	35	泗洪县	61001
16	金湖县	115461	36	沭阳县	60609
17	泰兴市	112843	37	睢宁县	56927
18	宝应县	111101	38	东海县	53042
19	句容市	105765	39	灌云县	52330
20	如皋市	104858	40	丰　县	51949

2020年海安市一般公共预算收入在全省县（市）位次一览表

表67

位次	县（市）	绝对量（亿元）	比上年增长（%）	位次	县（市）	绝对量（亿元）	比上年增长（%）
1	昆山市	428.00	5.1	7	泰兴市	85.43	6.0
2	江阴市	259.66	1.2	8	溧阳市	73.80	5.0
3	张家港市	250.30	1.3	9	启东市	72.01	1.9
4	常熟市	213.66	5.2	9	如皋市	72.01	2.9
5	太仓市	171.12	5.0	11	靖江市	68.67	3.1
6	宜兴市	127.59	3.0	12	海安市	64.54	3.0

续表67

位次	县（市）	绝对量（亿元）	比上年增长（%）	位次	县（市）	绝对量（亿元）	比上年增长（%）
13	丹阳市	64.02	3.2	27	射阳县	30.90	8.0
14	如东县	60.02	4.0	28	丰　县	30.01	5.5
15	句容市	54.85	2.5	29	阜宁县	28.31	2.2
16	东台市	54.60	5.0	30	泗洪县	27.31	3.7
17	沭阳县	51.00	6.5	31	泗阳县	26.69	3.7
18	仪征市	48.00	−4.7	32	宝应县	24.87	0.0
19	沛　县	46.13	2.5	33	东海县	24.68	2.6
20	邳州市	43.90	2.4	34	滨海县	24.36	5.0
21	兴化市	41.48	4.3	35	涟水县	23.98	4.5
22	睢宁县	38.50	1.2	36	灌南县	23.93	1.7
23	高邮市	37.91	3.0	37	金湖县	23.54	4.7
24	新沂市	37.50	5.5	38	响水县	23.10	5.0
25	扬中市	35.01	2.9	39	灌云县	22.61	0.1
26	建湖县	31.66	5.0	40	盱眙县	19.29	1.0

2020年海安市规模以上工业增加值增长率在全省县（市）位次一览表

表68

位次	县（市）	比上年增长（%）	位次	县（市）	比上年增长（%）
1	灌云县	10.7	21	涟水县	6.5
2	响水县	10.5	21	建湖县	6.5
3	丰　县	10.1	23	太仓市	6.4
4	海安市	8.7	23	泰兴市	6.4
5	溧阳市	8.5	25	睢宁县	6.2
5	射阳县	8.5	26	新沂市	6.1
5	东台市	8.5	26	启东市	6.1
8	如东县	8.3	28	沛　县	6.0
9	昆山市	7.8	28	仪征市	6.0
10	高邮市	7.6	28	兴化市	6.0
11	丹阳市	7.4	31	沭阳县	5.9
12	东海县	7.0	32	泗阳县	5.7
13	邳州市	6.9	33	宝应县	5.4
13	如皋市	6.9	34	盱眙县	5.3
13	扬中市	6.9	35	宜兴市	4.8
16	江阴市	6.8	36	金湖县	4.6
16	常熟市	6.8	37	灌南县	4.1
16	张家港市	6.8	37	靖江市	4.1
16	句容市	6.8	39	阜宁县	1.0
20	泗洪县	6.7	40	滨海县	−9.8

2020年海安市实际使用外资及港澳台资在全省县（市）位次一览表

表69

位次	县（市）	绝对（亿美元）	比上年增长（%）	位次	县（市）	绝对量（亿美元）	比上年增长（%）
1	昆山市	10.48	40.3	21	睢宁县	1.47	−1.4
2	江阴市	9.20	−1.2	22	涟水县	1.34	−4.2
3	常熟市	6.31	26.7	23	盱眙县	1.25	18.7
4	太仓市	4.63	5.2	24	金湖县	1.25	−2.3
5	宜兴市	4.51	18.9	25	句容市	1.18	−3.6
6	张家港市	4.41	10.7	26	泗阳县	1.12	27.4
7	泰兴市	3.76	0.2	27	东台市	1.11	11.2
8	海安市	3.59	12.6	28	沭阳县	1.10	1.8
9	启东市	3.43	12.7	29	丰　县	1.07	21.5
10	溧阳市	3.34	11.2	30	宝应县	1.01	15.4
11	如东县	3.18	10.2	31	东海县	1.00	−1.8
12	邳州市	2.93	10.1	32	射阳县	0.91	7.0
13	靖江市	2.90	150.0	33	泗洪县	0.91	7.4
14	如皋市	2.54	−10.2	34	扬中市	0.74	17.2
15	仪征市	2.50	24.8	35	灌南县	0.87	−10.6
16	新沂市	2.08	−38.8	36	滨海县	0.61	121.0
17	沛　县	2.00	7.9	37	响水县	0.39	454.7
18	丹阳市	1.85	31.5	38	阜宁县	0.23	−36.0
19	兴化市	1.73	6.9	39	建湖县	0.22	−38.2
20	高邮市	1.50	61.4	40	灌云县	0.49	767.5

2020年海安市社会消费品零售总额在全省县（市）位次一览表

表70

位次	县（市）	绝对量（亿元）	比上年增长（%）	位次	县（市）	绝对量（亿元）	比上年增长（%）
1	昆山市	1398.08	0.5	13	邳州市	332.68	−1.5
2	常熟市	1031.62	0.1	14	溧阳市	317.50	−1.2
3	张家港市	688.52	−4.1	15	沭阳县	306.45	−4.7
4	江阴市	675.07	−3.0	16	丹阳市	302.25	−1.1
5	宜兴市	512.26	0.8	17	新沂市	286.75	−9.7
6	如皋市	457.83	−0.1	18	泰兴市	274.70	0.2
7	沛　县	427.63	−6.3	19	丰　县	260.05	−9.9
8	太仓市	425.04	0.1	20	东台市	245.63	1.3
9	睢宁县	422.29	−9.7	21	东海县	243.68	−2.2
10	启东市	413.58	0.7	22	兴化市	240.00	−3.3
11	如东县	406.95	0.6	23	阜宁县	229.06	−2.9
12	海安市	356.06	0.3	24	滨海县	227.21	−1.6

续表70

位次	县（市）	绝对量（亿元）	比上年增长（%）	位次	县（市）	绝对量（亿元）	比上年增长（%）
25	射阳县	222.26	1.3	33	句容市	152.63	−1.9
26	涟水县	204.84	0.5	34	泗阳县	152.54	−3.8
27	靖江市	197.50	−2.5	35	扬中市	133.30	−0.9
28	建湖县	187.94	−1.6	36	金湖县	120.40	1.6
29	高邮市	171.56	−2.5	37	仪征市	114.52	−2.7
30	盱眙县	164.97	−2.8	38	响水县	104.99	−4.3
31	宝应县	159.38	−4.0	39	灌南县	90.81	−7.6
32	泗洪县	156.84	−4.3	40	灌云县	76.00	−6.6

2020年海安市居民人均可支配收入在全省县（市）位次一览表

表71

位次	县（市）	绝对量（元）	比上年增长（%）	位次	县（市）	绝对量（元）	比上年增长（%）
1	昆山市	62238	4.2	21	建湖县	32220	4.9
2	江阴市	61859	4.8	22	金湖县	31461	4.9
3	张家港市	60623	4.6	23	盱眙县	30258	4.8
4	常熟市	60439	4.5	24	射阳县	29799	5.2
5	太仓市	59442	4.4	25	邳州市	29744	5.3
6	宜兴市	50987	5.1	26	宝应县	29579	5.0
7	扬中市	49144	4.8	27	沛县	29241	5.3
8	溧阳市	45140	5.0	28	滨海县	28162	5.1
9	丹阳市	43937	4.5	29	东海县	28121	5.4
10	靖江市	43027	5.1	30	阜宁县	27958	5.1
11	句容市	40697	4.6	31	响水县	27070	5.2
12	启东市	40099	6.0	32	新沂市	26940	5.3
13	海安市	38900	6.1	33	沭阳县	26071	5.8
14	泰兴市	38556	5.3	34	涟水县	25820	4.9
15	如东县	37735	5.9	35	泗阳县	25764	5.9
16	如皋市	37646	6.1	36	泗洪县	25186	6.0
17	仪征市	36862	4.8	37	睢宁县	25038	5.2
18	东台市	36303	5.0	38	丰县	24961	5.4
19	兴化市	34312	5.1	39	灌南县	24355	5.4
20	高邮市	32551	4.7	40	灌云县	23828	5.3

（市统计局）

索引

Index

HAIAN YEARBOOK 2021 海安年鉴

江淮文化园

说　明

一、索引采用主题分析索引方法，按事物事件主要内容提炼主题词，依据首字汉语拼音字母同音字同词语顺序排列。

二、主题词后的数字表示内容所在的页码，有几个数字的表示同一主题的内容在不同的页码，数字后面的a、b、c分别表示从左至右主题词所在栏别。

A

B

C

D

H

J

K

L

M

N

P

Q

R

S

T

W

X

Y

Z